제11판

가족치료 개념과 방법

. Nichols, Sean D. Davis 지음

김영애 옮김

 Pearson

Σ 시그마프레스

가족치료 개념과 방법, 제11판

발행일 | 2017년 8월 25일 1쇄 발행
2020년 3월 25일 2쇄 발행

지은이 | Michael P. Nichols, Sean D. Davis
옮긴이 | 김영애
발행인 | 강학경
발행처 | (주)시그마프레스
디자인 | 이상화
편 집 | 이지선

등록번호 | 제10-2642호
주소 | 서울시 영등포구 양평로 22길 21 선유도코오롱디지털타워 A401호
전자우편 | sigma@spress.co.kr
홈페이지 | http://www.sigmapress.co.kr
전화 | (02)323-4845, (02)2062-5184~8
팩스 | (02)323-4197

ISBN | 978-89-6866-964-4

Family Therapy: Concepts and Methods, 11th Edition

＊ 책값은 책 뒤표지에 있습니다.

이 도서의 국립중앙도서관 출판예정도서목록(CIP)은 서지정보유통지원시스템 홈페이지(http://seoji.nl.go.kr)와 국가자료공동목록시스템(http://www.nl.go.kr/kolisnet)에서 이용하실 수 있습니다.(CIP제어번호: CIP2017019245)

차례

제1부 가족의 기원

제3장 가족치료의 기본 개념

제2부 가족치료의 고전학파

제4장 보웬 가족체계 치료

제5장 전략적 가족치료

제6장 구조적 가족치료

제7장 경험적 가족치료

제8장 정신분석적 가족치료

제9장 인지행동적 가족치료

제3부 가족치료 분야의 최신 발전

제10장 21세기의 가족치료

제11장 해결중심 치료

제12장 이야기 치료

제4부 가족치료의 평가

제13장 비교 분석

제14장 가족치료 개입에 대한 연구

가족 발달주기 단계

가족 발달주기 단계	변환기의 정서적 과정 : 주요 원칙	발달 이행을 위한 가족의 이차 수준의 변화
청년기에 들어가면서 가족을 떠남	자신을 위한 정서적·재정적 책임을 수용	• 원가족으로부터 분리 • 동료들과의 친밀한 관계 형성 • 일과 재정적 측면에서 자율성과 책임감 형성
결혼을 통해 두 가족이 합류 : 새 부부의 탄생	새로운 체계에 책임과 의무를 가지고 참여	• 부부체계의 형성 • 배우자를 포함한 원가족체계, 친구들과의 관계 재형성
자녀의 탄생으로 새로운 가족 형성	체계에 새로운 구성원을 수용	• 자녀를 위해 부부 사이의 공간을 마련 • 자녀 양육, 재정 문제, 가사에 대해 공동 책임 • 원가족과의 관계, 조부모 역할의 변화
사춘기 자녀 가족	자녀의 자율성을 수용하기 위해 경계선의 유연성 증가 필요 조부모의 노쇠	• 부모-자녀 관계에서 사춘기 자녀의 경계선 완화 • 중년기의 부부관계와 직업에 초점 • 노화되어 가는 부모에 대한 돌봄
자녀가 떠남	가족체계에 다양한 들고남	• 이인 가족에서 부부 역할 재조정 • 자녀와 성인, 성인 대 성인 관계 형성 • 조부모와 손주를 포함한 관계 재형성 • 조부모의 병과 죽음을 다룸
노년의 가족	세대의 역할의 변화를 수용	• 노년기의 신체적 질병 직면, 새로운 가족 및 사회적 관계 형성 • 중심축인 중년기 가족의 역할을 지지 • 노년의 풍부한 삶의 경험과 지혜를 적절히 수용하고 지지 • 배우자, 형제자매, 그리고 친구들의 사망을 수용하고 자신의 죽음을 준비하기

가족치료 역사의 중요한 사건

	사회·정치적 배경	가족치료의 발전
1945	• F.D.R 사망, 트루먼 미국 대통령 선출 • 제2차 세계대전 유럽 종결(5월 8일) • 태평양 종결(8월 14일)	• 베르탈란피 : 일반체계 이론 발표
1946	• 후안 페론 아르헨티나 대통령 선출	• 보웬 : 메닝거 클리닉 재직 • 위태커 : 에모리대학교 재직 • 메이시 콘퍼런스 개최 • 베이트슨 : 하버드대학교 재직
1947	• 인도가 인도와 파키스탄으로 분할	
1948	• 트루먼 미국 대통령 재선출 • 이스라엘 국가 설립	• 위태커 : 조현병에 대해 논의 시작
1949	• 중화인민공화국 설립	• 보울비 : '가족 내 집단의 긴장 완화에 관한 연구'
1950	• 북한의 남한 침공	• 베이트슨 : 팔로 알토에서 연구 시작
1951	• 간첩 줄리어스와 에설 로젠버그 사형 • 에스테스 키포버 상원 의원이 조직 범죄를 청문회에서 세움	• 러시와 베이트슨 : *Communication: The Social Matrix of Society* 출간 • 보웬 : 모자를 위한 거주치료 시작 • 리츠 : 예일대학교 재직
1952	• 아이젠하워 미국 대통령 선출	• 록펠러 재단 : 팔로 알토의 베이트슨에게 의사소통 연구비 지원 • 윈 : NIMH에 재직
1953	• 조세프 스탈린 사망 • 한국 휴전협정	• 위태커, 멀론 : *The Roots of Psychotherapy* 출간
1954	• 연방대법원의 인종별(흑인) 학교차별 위헌 판결	• 베이트슨 : 조현병의 의사소통 연구 프로젝트 • 보웬 : NIMH 재직
1955	• 로사 팩스가 버스의 뒷자리(흑인들의 자리)로 움직이는 것을 거부한 것이 발단이 되어 마틴 루서 킹이 앨라배마 주의 몽고메리에서 '몽고메리 버스 보이콧 투쟁'을 벌임	• 위태커 : 조지아 주 애틀란타에서 개인 상담소 개소
1956	• 나세르 이집트 대통령 선출 • 소련이 헝가리 침입, 반공산주의 폭동 진압	• 베이트슨, 잭슨, 헤일리, 위클랜드 : '조현병 이론에 대해서'
1957	• 소련이 세계 최초 인공위성 '스푸트니크 1호' 발사 • 아이젠하워 대통령이 아칸소 주 리틀록에 학교 통합 보호를 위해 군대 파견	• 잭슨 : '가족항상성에 대한 의문' • 애커먼 : 뉴욕에 유대인 가족치료를 위한 가족 정신건강 클리닉 개설 • 보스조르메니-나지 : 필라델피아의 EPPI에 가족치료 전담 부서 설치
1958	• 유럽 공동시장 출범	• 애커먼 : *The Psychodynamics of Family Life* 출간
1959	• 카스트로 쿠바 총리 취임 • 샤를 드골 프랑스 대통령 선출	• 돈 잭슨이 최초로 가족치료연구소 설립

(계속)

	사회 · 정치적 배경	가족치료의 발전
1960	• 케네디 미국 대통령 선출	• 나단 애커먼 : 가족연구소 설립(1971년, 애커먼 인스티튜트로 개명) • 미누친 등 : 월트윅에서 가족치료 시작
1961	• 베를린 장벽 설치 • 피그스 만 침공	• 벨 : *Family Group Therapy* 출간 • 애커먼, 잭슨 : *Family Process* 발간
1962	• 쿠바인들이 미사일 위기에 봉착	• 베이트슨 : 팔로 알토 연구 종료 • 헤일리 : MRI에 재직 연구
1963	• 케네디 암살	• 헤일리 : *Strategies of Psychotherapy* 출간
1964	• 존슨 미국 대통령 선출 • 마틴 루서 킹 노벨평화상 수상	• 사티어 : *Conjoint Family Therapy* 출간 • 노버트 위너 사망(1894년생)
1965	• 의료보험제도 안건 통과 • 맬컴X 암살	• 미누친 : 필라델피아 아동상담클리닉의 수장 재직 • 위태커 : 위스콘신대학교 재직
1966	• 중국의 홍위병 시위 • 인디라 간디 인도 수상	• 리처드 피시의 통솔 아래 MRI의 단기치료 가족치료 시작 • 애커먼 : *Treating the Troubled Family* 출간
1967	• 이스라엘과 아랍 국가들의 6일간 전쟁 • 클리블랜드, 뉴어크, 디트로이트에서 폭동	• 바츨라빅, 배빈, 잭슨 : *Pragmatics of Human Communication* 출간 • 딕스 : *Marital Tensions* 출간
1968	• 닉슨 미국 대통령 선출 • 로버트 케네디, 마틴 루서 킹 암살	• 돈 잭슨 사망(1920년생) • 사티어가 에솔렌 인스티튜트 디렉터로 취임
1969	• 베트남 전쟁 반대 시위 확산	• 밴듀라 : *Principles of Behavior Modification* 출간 • 울프 : *The Practice of Behavior Therapy* 출간
1970	• 켄트 주에서 발생한 베트남 전쟁 반대 시위에서 4명의 학생이 사망	• 매스터스, 존슨 : *Human Sexual Inadequacy* 출간 • 랭, 에스터슨 : *Sanity, Madness and the Family* 출간
1971	• 헌법 수정 제26조로, 18세에게 투표권 부여	• 나단 애커먼 사망(1908년생)
1972	• 닉슨 미국 대통령 재선출	• 베이트슨 : *Steps to an Ecology of Mind* 출간 • 원 : 로체스터대학교 재직
1973	• 연방대법원이 각 주의 낙태금지법 철폐 규정 • 오일 부족에 의한 에너지 위기 발생	• 필립 게린 : 가족학습센터 설립 • 보스조르메니–나지, 스파크 : *Invisible Loyalties* 출간
1974	• 닉슨 대통령 사임 • 제럴드 포드 미국 대통령 선출	• 미누친 : *Families and Family Therapy* 출간 • 바츨라빅, 위클랜드, 피시 : *Change* 출간
1975	• 베트남 전쟁 종료	• 말러, 파인, 버그먼 : *The Psychological Birth of the Human Infant* 출간 • 스튜어트 : '부부 문제에 대한 행동치료'
1976	• 카터 미국 대통령 선출	• 헤일리 : *Problem-Solving Therapy* 출간 • 헤일리가 워싱턴 D. C.로 이주
1977	• 카터 대통령 베트남 파병 기피자 사면	• 베티 카터 : 웨스트체스터의 가족연구소 개설 • AFTA 설립

(계속)

	사회 · 정치적 배경	가족치료의 발전
1978	• 이집트와 이스라엘 간의 캠프 데이비드 협정 체결 • 미국과 중화인민공화국이 외교 협정을 맺음	• 하레 머스틴 : '가족치료의 여성주의적 접근' • 셀비니 파라졸리 등 : *Paradox and Counterparadox* 출간
1979	• 마가렛 대처 영국 수상 취임 • 이란의 투쟁주의자들이 테헤란에서 영국대사관을 습격하여 인질극을 벌임	• 인수 김 버그 : 밀워키 단기치료센터 설립 • 베이트슨 : *Mind and Nature* 출간
1980	• 레이건 미국 대통령 선출 • 미국 모스크바 올림픽 참가 거부	• 헤일리 : *Leaving Home* 출간 • 밀턴 에릭슨 사망(1901년생) • 그레고리 베이트슨 사망(1904년생)
1981	• 샌드라 데이 오코너 여성 최초 대법원 판사 임명 • 사다트 이집트 대통령 암살	• 호프만 : *The Foundations of Family Therapy* 출간 • 마다네스 : *Strategic Family Therapy* 출간 • 미누친, 피시먼 : *Family Therapy Techniques* 출간
1982	• 평등권 개정안이 통과되지 못함 • 포클랜드 군사 분쟁	• 길리건 : *In a Different Voice* 출간 • 피시, 위클랜드, 시걸 : *Tactics of Change* 출간 • 리처드 사이먼 : *The Family Therapy Networker* 출간
1983	• 미국 그레나다 침략 • 베이루트 해군사령부에 폭탄 테러	• 도허티, 베어드 : *Family Therapy and Family Medicine* 출간 • 키니 : *Aesthetics of Change* 출간
1984	• 레이건 미국 대통령 재선출 • 소련이 LA올림픽 참전 거부	• 바츨라빅 : *The Invented Reality* 출간 • 마다네스 : *Behind the One-Way Mirror* 출간
1985	• 고르바초프 소련 대통령 선출	• 드 세이저 : *Keys to Solution in Brief Therapy* 출간 • 거겐 : '현대심리치료의 사회구성주의 운동'
1986	• 우주왕복선 '챌린저호' 폭발	• 앤더슨 등 : *Schizophrenia and the Family* 출간 • 셀비니 파라졸리 : '정신병리적 가족의 게임 모델'
1987	• 미 국회 잉란-콘트라 사건 조사	• 톰 앤더슨 : '반영 팀' • 게린 등 : *The Evaluation and Treatment of Marital Conflict* 출간 • 샤프, 샤프 : *Object Relations Family Therapy* 출간
1988	• 조지 H. W. 부시 미국 대통령 선출	• 커, 보웬 : *Family Evaluation* 출간 • 버지니아 사티어 사망(1916년생)
1989	• 베를린 장벽 제거	• 보이드 프랭클린 : *Black Families in Therapy* 출간
1990	• 이라크 쿠웨이트 침공	• 머레이 보웬 사망(1913년생) • 화이트, 엡스턴 : *Narrative Means to Therapeutic Ends* 출간
1991	• 이라크 걸프 전쟁	• 해럴드 굴리시안 사망(1924년생)
1992	• 클린턴 미국 대통령 선출	• 모니카 맥골드릭 : 뉴저지의 가족연구소 개설
1993	• 보스니아 내전 • 로드니 킹 폭행 LA경찰들 유죄 선고	• 이즈리얼 즈웰링 사망(1917년생) • 미누친, 니콜스 : *Family Healing* 출간
1994	• 의회에서 공화당이 다수를 얻음 • 넬슨 만델라 남아프리카공화국 대통령 선출	• 데이비드와 질 샤프 : 워싱턴 정신의학교를 떠나 국제 대상관계치료 연구소 개설

(계속)

	사회 · 정치적 배경	가족치료의 발전
1995	• 오클라호마시티 연방 건물 폭발	• 칼 위태커 사망(1912년생) • 존 위클랜드 사망(1919년생) • 살바도르 미누친 은퇴 • Family Studies Inc: 미누친 센터 개명
1996	• 클린턴 미국 대통령 재선출	• 에드윈 프리드먼 사망(1932년생) • 에런, 룬드 : *Narrative Solutions in Brief Therapy* 출간 • 프리드먼, 콤스 : *Narrative Therapy* 출간
1997	• 다이애나 왕세자비가 교통사고로 사망 • 홍콩이 중국에 반환	• 마이클 골드스테인 사망(1930년생)
1998	• 클린턴 대통령이 하원 의원들에 의해 탄핵됨	• 미누친, 콜라핀토, 미누친 : *Working with Families of the Poor* 출간
1999	• 클린턴 대통령 탄핵 공판에서 무죄 판정	• 닐 제이콥슨 사망(1949년생) • 존 엘더킨 벨 사망(1913년생) • 마라 셀비니 파라졸리 사망(1916년생)
2000	• 조지 W. 부시 미국 대통령 선출	• 캐나다 토론토에서의 밀레니엄 회의
2001	• 9월 11일 테러리스트 습격	• 제임스 프라모 사망(1922년생)
2002	• 카톨릭교회의 성학대 스캔들 • 엔론사의 기업 부패	• 립치크 : *Beyond Techniques in Solution-Focused Therapy* 출간
2003	• 미국의 이라크 침공	• 그리난, 터넬 : *Couple Therapy with Gay Men* 출간
2004	• 조지 W. 부시 대통령 재선출	• 잔프랑코 체친 사망(1932년생)
2005	• 뉴올리언스 허리케인으로 황폐화	• 스티브 드 세이저 사망(1940년생)
2006	• 민주당의 상하원에 대한 지배권 탈환	• 미누친, 니콜스, 리 : *Assessing Families and Couples* 출간
2007	• 버지니아 공과대학 총기 사건	• 제이 헤일리 사망(1923년생) • 리만 윈 사망(1923년생) • 인수 김 버그 사망(1934년생) • 앨버트 엘리스 사망(1913년생) • 토머스 포가티 사망(1927년생)
2008	• 버락 오바마 미국 대통령 선출	• 마이클 화이트 사망(1949년생)
2009	• 세계 경기 침체	• 스프렝클, 데이비스, 리보 : *Common Factors in Couple and Family Therapy* 출간
2010	• 아이티 대지진	• 라살라 : *Coming Out, Coming Home* 출간 • 다틸리오 : *Cognitive-Behavioral Therapy with Couples and Families* 출간
2011	• 일본 지진과 쓰나미	• 코세 : *The End of Anger* 출간
2012	• 코네티컷의 집단 총살 • 버락 오바라 대통령 재선출	• 베티 카터 사망(1929년생)
2013	• 넬슨 만델라 사망 • 건강돌봄공약(Affordable Healthcare Act)	• 알란 구르만 사망(1945년생)
2014	• 서아프리카에서 에볼라 전염병 창궐	• 도널드 블로크 사망(1923년생)

역자 서문

이 책은 매우 인기 있는 가족치료 개론 책이다. 인기에 힘입어 저자는 11판까지 출판하고 있다. 그러나 초기에는 번역 작업에 책임자로, 지금은 홀로 번역을 맡고 있는 역자나 매번 교정과 편집을 새로 해야 하는 출판사로서는 새 판이 나온다는 것이 그리 반가운 일만은 아니다. 또다시 고된 노동이 시작되기 때문이다. 그러나 번역이 끝나고 나면 저자가 왜 새 판을 출판하였는지 그 의도를 알 수 있게 된다. 이번 개정판도 새로운 정보가 추가되고, 불필요한 내용은 정리되어 깔끔한 개론서로 거듭났음이 분명하게 드러났다. 저자나 출판사의 노고만큼 이 책이 가족치료를 배우는 치료사들에게 도움이 되기를 바란다.

김영애가족치료연구소에서

김영애

추천사

이 책에서 마이클 니콜스Michael Nichols는 가족치료에 대해 잘 서술하고 있다. 이 책보다 가족치료에 대해 더 잘 설명하거나 좋은 정보를 줄 수 있는 책을 찾기란 그리 쉽지 않을 것이다.

1950년대 후반부터 몇몇의 이론가와 치료사들에 의해서 형성되기 시작한 가족치료는 전성기를 거쳐 완숙 단계에 도달했다고 여겨졌다. 그러나 40여 년이 지난 지금, 이렇게 믿었던 확신에 대해 한편에서 회의를 갖기 시작하였다. 가족치료는 서부에서는 최초로 가족을 하나의 체계로 본, 장신의 잘생기고 지적인 그레고리 베이트슨Gregory Bateson으로부터 시작되었으며, 동부에서는 가족을 감정 · 비이성 · 욕망 간의 조화를 이루려고 분투하는 개인들의 집합으로 보았던, 수염이 덥수룩하고 풍채가 당당한 전형적인 카리스마적 치유자인 단신의 나단 애커먼Nathan Ackerman으로부터 시작되었다. 아이디어가 풍성한 베이트슨과 정열적인 애커먼은 마치 돈키호테와 산초처럼 가족치료의 혁명을 이루는 데 서로를 완벽하게 보완하였다.

1960년대에는 다양한 이름의 가족치료 방법론(체계론적 · 전략적 · 구조적 · 다세대주의적 · 경험주의적)이 등장하였으며, 비록 치료 기법에는 차이가 있었지만 정신분석을 거부하고 체계론적 사고방식을 받아들이는 데는 일치된 입장을 취하였다.

1970년대 중반에서부터 가족치료는 약물중독, 입원한 정신병동의 환자들, 사회복지 수혜자, 가정 폭력 등의 특정한 집단의 내담자들을 위한 치료 개입을 시작함으로써 내담자 집단을 폭넓게 흡수하면서 계승되고 확장되었다. 그러나 가족치료사들이 이런 내담자들이 제시하는 문제들을 새롭고 다양한 치료 방법으로 다루게 되면서 때로는 가족치료의 체계적 입장에 도전하는 방법론을 사용하게 되었다.

가족치료의 공인된 이론인 체계이론에 대한 도전은 이론 자체에 대한 비판과 이론과 실제의 적용에 대한 비판이었다. 즉 체계적 사고를 모든 인간의 기능을 설명하는 보편적 준거틀로 적용할 수 있다는 가족치료 이론의 가정에 대한 비판이다. 특히 여성학자들은 성(性)과 권력의 개념이 부재하는 체계적 사고를 가정 폭력과 같은 문제에 적용할 경우에 발생할 수 있는 왜곡된 결과를 지적하면서 거세게 비판하였다. 또 다른 비판은 체계적 이론을 바탕으로 하는 가족치료 임상에 관한 것으로, 가족에만 초점을 두는 방법론 자체에 대한 회의이다. 필연적으로 가족치료는 가족치료의 금기였던 개인의 심리내적 역동, 정서, 생물학적 입장, 과거의 경험, 그리고 특정한 문화와 사회 내의 가족의 위치 등을 점검하기 위해 문을 열기 시작하였고, 이 모든 것을 고려하면서도 특수성을 지켜야 할 입장에 처하게 되었다.

이러한 과제에 대해 가족치료는 새로운 답을 요구하는 특수 사례들에 대해 실용적인 관심을 보이면서도 기존의 고유한 개념을 보존하고자 하였다. 결과적으로 현재는 베이트슨의 가족치료를 그대로 계승하는 가족치료사들과 기존의 가족치료와는 사뭇 다른 효율적인 치료를 실시하는 다양한 종류의 치료사로 나뉘고 있다.

나 자신은 치료 과정을 서로 다른 문화를 지닌 사람들의 만남이라고 생각한다. 따라서 문화가 다른 내담자의 인격을 진정으로 존중한다면, 치료사는 내담자를 지나치게 신중하게 대하기보다는 내담자로 하여금 솔직하고 진솔하고 때로는 정직하고 도전적이 되도록 지지해 줄 수 있어야 한다고 믿는다.

치료 과정에서 치료사가 취해야 할 자세는 치료사 자신과 가족들을 능동적으로 알고자 하는 태도로서, 구성주의의 중립적인 치료사의 입장과는 매우 다르다. 이렇게 구분하는 것이 지나치게 단순하게 보이지만 대부분의 치료사는 이 두 가지 입장 사이에 있다.

"행동과 개입이냐, 아니면 의미와 대화냐?"와 같은 논쟁은 오늘날 가족치료 분야가 안고 있는 다양한 논쟁거리의 하나일 뿐이다. 인간 본질과 가족 기능에 맞는 유용한 모델이 있는가? 혹은 각각의 상황에 새롭게 반응해야 하는가? 인간 행동과 가족 기능에 어떤 규범이 있는가, 아니면 정치적이고 이념적인 문화로 인해 구성된 산물인가? 치료사가 전문가라는 사실을 어떻게 알 수 있는가? 우리가 안다는 것을 우리가 어떻게 알 수 있는가? 우리가 전문가가 된다면 우리가 발견한 것을 가지고 이 분야를 위해 새로운 것을 만들어 가고 있는가? 우리가 사람들에게 영향을 미칠 수 있는가? 우리가 사람들에게 영향을 안 미칠 수 있는가? 우리가 사회의 통제 역할을 대리하고 있는 것은 아닌가? 우리가 그 무엇이라도 이루어 낸다는 것을 어떻게 알 수 있는가? 사람들이 다르게 살 때 그것과는 다른 존재 양식을 부여할 권리가 우리에게 있는가? 질문 형태가 서술 형태보다 나은가?

이 책은 이러한 질문, 가족치료의 역사, 그리고 현재 행해지고 있는 가족치료에 대해서 매우 훌륭하게 서술하고 있다. 니콜스는 방대한 내용의 가족치료의 개념과 기법에 대해서 조화를 잃지 않고 공평하게, 그리고 자세하고 사려 깊게, 그러면서도 지루하지 않게 설명하고 있다. 아마도 그 비밀은 독자를 끌어들이는 글 솜씨가 아니면, 실제 임상에 분명하게 초점을 맞추어 내용이 추상적으로 흐르지 않는 데 있을 것이다. 이 책이 오랫동안 가족치료 개론 교과서로서, 또 가족치료의 실제 임상에 도움이 되는 책으로서 최고의 위치를 누릴 것이라는 데는 의심의 여지가 없다.

플로리다 주 보카라톤에서
살바도르 미누친 의학박사

저자 서문

대학원 수업에 대해서 아쉬운 것은 행복하지 못한 내담자 가족을 만났을 때 어떻게 그들을 도와야 할지에 대한 논의가 충분히 이루어지지 못한다는 점이다. 대학원 과정을 마쳤지만 임상경험이 적은 초보 치료사들이 불안해하고 치료를 어떻게 진행시켜야 할지 모르는 것은 이해할 만하다. ("어떻게 식구들을 모두 치료에 끌어들이죠?") 그러나 숙련된 치료사들조차 치료 과정에 대해 자세하게 설명하지 않고 있다. 그들은 자신들의 의견과 포스트모더니즘, 관리 치료, 이차 수준의 사이버네틱스 등 논의할 큰 주제들에 주로 관심을 가지고 있기 때문이다. 이 책에서 저자역시 그러한 중요한 주제들에 대해서 논하고 싶은 충동을 느끼지만 나는 내가 정말 중요하다고여기는 임상과 관련된 주제에 대해 쓰고자 한다. 그것은 고통받는 가족을 치료하는 것이 나에게는 말할 수 없는 큰 만족감을 주었기 때문에 여러분들도 그러한 기쁨과 만족감을 느끼는 것을 가장 큰 보람으로 여길 것이라고 믿기 때문이다.

제11판의 새로운 점

이 개정판에서는 임상에 초점을 맞추면서 가족치료의 역사, 전통적인 학파와 최근에 발달한 학파들을 포함한 가족치료의 전체적인 모습을 그리고자 노력하였다. 이 판에서 새로운 부분은 다음과같다.

◆ 오바마케어Affordable Care Act 영향에 대한 새로운 내용 추가
◆ 개인 상담실에서 상담할 때 상담료를 책정하는 데 참고해야 할 사항
◆ 애착이론의 교정과 확장
◆ 가계도를 작성할 때 할 수 있는 질문
◆ MRI 학파의 치료 개입에 있어서 좀 더 구체적인 질문
◆ 구조주의 접근 치료 개입에 있어서 구체적인 가이드라인
◆ 가족조각을 사용할 때의 가이드라인에 대한 소개
◆ 대상관계 가족치료에서의 좀 더 구체적인 치료 기법
◆ 영성과 종교에 대한 내용 확장
◆ 가족과 기술발달에 따르는 내용 확장

◆ 치료적 편지 쓰기의 가이드라인
◆ 연구와 실제 치료 현장과의 괴리에 대한 논의
◆ 새로운 사례 추가

◆ 감사의 글

알버트 아인슈타인은 이런 말을 한 적이 있다. "물리에 대해 배우려면 물리학자들이 하는 것에 관심을 갖고 그들이 말하는 것이 아니라 하는 것을 보아라." 여러분들이 치료에 관해 읽는다면 선구자들의 과거의 거대한 담론과 실제 치료 장면을 볼 것이다. 그래서 이 새 개정판을 만들면서는 치료사들이 실제로 하는 것을 책 내용에 포함시키기 위해 엄청나게 많은 치료사들을 찾아다니면서 그들의 실제 임상 장면을 참관하고 그 내용을 여기에 넣었다. 결과적으로 이 책은 매우 임상중심의 실용적이 책이 되었다. 나는 여러분들이 이를 좋아하기를 바란다.

많은 사람들이 가족치료를 발달시키는 데 공헌을 하였고, 또 이 책을 쓰는 데도 많은 사람들의 도움을 받았으며 그들 모두의 이름을 거론하는 것은 항상 부족하다. 그러나 그중의 몇 분을 거론한다면, 가족치료를 가르쳐 준 은사—리만 윈, 머레이 보웬, 살바도르 미누친—에게 감사를 표한다. 제11판을 준비하는 데 도움을 준 이본 돌란, 제롬 프라이스, 데보라 루프니츠, 윌리엄 마센, 프랭크 다틸로, 비키 디커슨, 더글라스 브뢴린, 살바도르 미누친에게 감사를 표한다. 그리고 숀 데이비스에게도 심심한 감사를 표한다. 그는 이론과 임상에 대한 뛰어나 통찰력을 지니고 있다. 존, 폴, 조지, 그리고 링고에게는 친구로서 너무나 고마움을 느끼고 있다. 특히 피어슨출판사의 줄리 피터슨에게 힘든 저작 작업을 좀 더 용이하게 해준 데에 대해 고마움을 표현하고자 한다.

마지막으로 대학원 시절의 은사들과 나의 가족들에게 감사를 표하고 싶다. 나의 아내 멜로디는 젊은 시절부터 마흔다섯 살이 되는 지금까지도 완숙하지 못한 내 곁에서 남편과 아버지가 되는 방식을 가르쳐 주었고, 나의 자녀 샌디와 파울은 나에게 한없는 기쁨과 즐거움을 선사했다. 나의 소중한 가족 모두에게 진심으로 사랑을 보낸다.

마이클 P. 니콜스

가족치료의 초석

가족을 떠나기

상담 신청서에는 대학교 4학년 홀리 로버츠, 현재 호소 내용은 '결단을 내리기 어려움'이라고 적혀 있었다.

홀리는 앉자마자 "제가 여기에 와도 되는지 모르겠어요. 치료사님은 저보다 더 도움이 필요한 사람들을 돌보셔야 할 텐데."라고 울먹였다.

때는 봄이었다. 튤립 꽃대가 올라오고, 나뭇잎들은 연초록빛을 띠고, 라일락꽃은 향기를 뿜어내고 있었다. 젊은 대학생 홀리 앞에는 삶의 모든 가능성이 펼쳐져 있었음에도 불구하고 그녀는 설명할 수 없는, 깊은 우울감에서 헤어나지 못하고 있었다.

홀리는 졸업 후의 진로 문제로 괴로워하였고, 고민하면 할수록 다른 일에는 집중할 수가 없었다. 점차 잠도 제대로 못 자고 강의까지 빼먹기 시작하자 룸메이트가 학생 상담실에 가보라고 권유하였다. 홀리는 "나는 여기에 올 필요가 없어요. 제 문제는 제가 해결할 수 있어요."라고 말했다.

그 당시 나는 가족치료보다는 감정정화 중심의 개인치료를 주로 실시했다. 우리 모두 말하고 싶은 이야기가 있고, 울고 싶을 때가 있지 않은가! 물론 어떤 사람들은 동정심과 관심을 유발하기 위해서 자기의 감정을 극화하는 경우도 있지만. 여하튼 우리는 합당한 이유가 있을 때에만 울 수 있다고 믿는 것 같다. 자신을 불쌍히 여겨 눈물을 흘리는 것은 매우 창피한 행동이 아닌가.

나는 홀리의 우울증의 원인은 몰랐지만 우울한 감정을 해결하는 데 도움을 줄 수 있다고 믿었다. 나도 우울한 감정에 익숙하지 않은가! 고등학교 졸업반 때 친구 알렉스가 자살한 이후, 나 또한 경미하게나마 우울을 경험해 왔기 때문에 우울한 사람들이 편했다.

❖ ❖ ❖

알렉스가 죽은 그 여름, 나는 세상이 칠흑 같이 어둡다고 느꼈고 슬픔에 싸여 엄청나게 울었다. 누군가가 알렉스의 죽음과 상관없이 그저 일상이 흘러가고 있다는 것을 넌지시 비출 때면 어김없이 화가 났다. 알렉스가 다니던 교회의 목사님이 '지금 알렉스는 천국에서 하나님과 함께 있기 때문에' 그의 죽음을 비극으로만 볼 것이 아니라고 이야기하였을 때, 나는 정말 소리를 지르고 싶었다. 그러나 나는 감정을 억누르고 있었다. 그 해 가을, 알렉스를 배반하는 것 같은 죄책감이 조금 들었지만 대학에 입학하였고, 삶은 아무 일이 없었던 것처럼 흘러갔다. 그 후로도 나는 여전히 알렉스를 떠올리며 울었지만, 그 눈물을 통해 다소 직면하기 힘든 진실을 발견하게 되었다. 사실 나의 슬픔이 전부 알렉스 때문만은 아니었다. 물론 나는 알렉스를 사랑했고 무척 그리워하였다. 하지만 한편으로는 친구의 죽음이 내 삶의 일상에서 느끼던 슬픔에 대해 울 수 있는 정당한 이유를 제공해 주었기 때문에 울 수 있었던 것이다. 아마도 나는 슬픈 감정을 외면하면서 살았던 것 같다. 그 순간 나는 이것이야말로 알렉스에 대한 배신이라는 생각이 문득 들었다.

❖ ❖ ❖

홀리가 왜 이렇게 우울하지? 홀리의 이야기에서 기막힌 사연을 발견할 수 없었기 때문에 슬픈 감정의 원인이 분명하지 않았다. 몇 달 동안 상담이 진행되었고 홀리는 더 이상 펑펑 울지 않았으며 단지 이야기 끝에 조금 훌쩍거리는 정도였다. 그녀는 주로 삶과 미래의 불확실성에 대해, 남자 친구가 없다는 것 등에 대해 이야기하곤 하였지만 실제 데이트를 한 경험은 거의 없었다. 그녀는 가족에 대해서 거의 말하지 않았고, 솔직히 말하면 나도 별로 관심이 없었다. 그 당시 나는 가족이란 우리가 성장하기 위해서 떠나야 하는 곳이라고 생각했다.

홀리는 고통받고 있었고, 누군가에게 기대고 싶어 했지만 치료사인 나를 충분히 신뢰하거나 안전하게 느끼지 못하고 있었기 때문에 이런 상황에서 내가 그녀를 어떻게 도와야 할지 답답하게 느껴졌다.

그 후 한 달이 지났을 때 홀리의 우울증은 더 나빠져, 일주일에 세 번씩이나 그녀를 만났지만 어떤 진전도 없었다. 어느 금요일 날, 홀리는 너무나 낙담한 상태여서 홀로 기숙사로 보내는 것이 위험할 것같이 보였다. 그래서 그녀를 내 사무실 소파에 눕히고 허락을 받은 후 부모에게 연락을 했다. 홀리의 어머니가 전화를 받았다. 나는 홀리의 어머니에게 남편과 함께 학교로 와서 홀리를 휴학시키고 집으로 데리고 가는 것이 어떻겠냐고 의논을 했다. 그때 나는 치료사로서의 내 권위에 대한 확신이 없어서 오히려 내 입장을 지나치게 강력히 전달하였기 때문에 홀리의 어머니는 놀라서 당장 그렇게 하겠다고 말했다.

홀리의 부모를 보는 순간, 나는 부부의 나이 차가 너무 커서 깜짝 놀랐다. 홀리의 어머니는 딸보다 약간 나이 들어 보이기는 하였지만 서른다섯 살 이상으로 보이지는 않았는데, 아버지는 예순이 넘어 보였다. 곧 그가 의붓아버지라는 사실을 알게 되었다. 두 사람은 홀리가 열여섯 살 때 재혼하였다.

그 당시를 되돌아볼 때 홀리의 부모와 처음 만나 무엇을 이야기하였는지 잘 생각나지는 않지만 부모 모두 홀리에 대해서 몹시 염려하였던 것만은 기억한다. "우리는 선생님이 최선이라고 생각하시는 것은 무엇이든지 할 것입니다."라고 홀리의 어머니는 말했다. 홀리의 의붓아버지도 '이 위기 상황에서 홀리를 돕기 위해' 훌륭한 정신과 의사를 만나 볼 의향이 있다고 말했다. 그렇지만 홀리는 지금껏 한 번도 들어본 적이 없는 강한 어조로 집에는 가고 싶지 않다고 말했다. 그날은 토요일이었고, 나는 서둘러 결정할 필요가 없으니 월요일에 다시 만나자고 했다.

월요일 아침에 홀리의 부모를 만났을 때, 부부 사이에 무슨 일이 벌어졌는지 쉽게 알 수 있었다. 홀리 어머니의 눈은 울어서 충혈되어 있었고, 홀리는 불안에 가득 찬 얼굴로 어머니를 쳐다본 뒤, 시선을 다른 곳으로 돌려 버렸다. 홀리의 아버지는 나를 보고 "우리는 주말 내내 싸웠습니다. 홀리가 저에게 몹시 심하게 굴었고, 제가 화를 내려고 하면 우리 집사람은 딸의 편을 듭니다. 결혼한 이후 내내 반복해 오던 것이죠."라고 말했다.

그날 나는 평범한 가족 구성원 사이의 사랑이 질투와 분노로 변해 모두가 상처 입고 멀어진 가족의 슬픈 역사를 들어야 했다. 홀리의 어머니가 지금의 남편을 처음 만났을 때는 젊음을 그대로 간직한 34세의 여인이었고 남편은 56세의 건장한 남성이었다. 두 사람은 나이 차이 외에도 경제적인 측면에서 매우 다른 위치에 있었다. 의붓아버지는 주식 중개인으로 부를 꽤 많이 축적하였고 은퇴 후에는 목장을 운영하고 있었다. 홀리의 어머니는 자신과 딸의 생계를 위해 식당 종업원으로 일하고 있었다. 두 사람 모두 재혼이었다.

홀리 어머니는 재혼을 하면 딸에게 잃어버린 아버지를 되찾아 줄 수 있을 것이라고 생각했다. 그러나 남편이 홀리에게 엄격한 규칙을 강요하는 것을 그대로 참고 볼 수가 없었다. 이렇게 되자 남편은 그야말로 못된 의붓아버지처럼 행동하게 되었다. 남편은 아버지로서 딸보다 우위에 있고자 했고, 이런 아버지에게 딸이 반항하면서 예상했던 싸움들이 잇달아 일어나면 어머니는 항상 딸의 편을 들었다. 이렇게 두 사람이 밤늦도록 싸우고 울고불고하는 난리법석이 이어졌다. 홀리는 두 번씩이나 친구 집으로 가출하였다. 이러한 삼각관계는 부모를 헤어지게 만들 뻔했지만, 홀리가 대학교를 가기 위해 집을 떠나면서 겨우 진정될 수 있었다.

홀리는 집을 떠나면서 다시는 집 생각을 하지 않으리라 결심했고, 대학교에서 새로운 친구들을 사귀고 공부를 열심히 해서 좋은 직장을 찾을 것이라고 생각했다. 자신은 어머니처럼 남자에게 절대 의존하지 않으리라 마음먹었다. 그러나 불행하게도 홀리는 해결되지 않은 감정을 안고 집을 떠났다. 홀리는 의붓아버지가 자신을 야단치는 것과 어머니를 대하는 방식이 몹시 싫었다. 의붓아버지는 어머니가 어디에 가는지, 누구와 만나는지, 언제 집에 돌아올 것인지에 대해 항상 알기를 원했고, 어머니가 조금이라도 늦으면 난리가 났다. 왜 홀리의 어머니는 그 모든 것을 참고 살아야만 했을까? 이런 경우, 부인을 지나치게 의심하는 것은 의붓아버지의 문제라고 비난해 버리는 것이 간단하고 만족스러운 해답이 될 것이다. 그러나 이렇게 간단히 판단하기에는 좀 더 복잡한 측면이 있었다.

홀리는 우울한 느낌 이외에도 다양한 부정적인 감정으로 가득 차 있었다. 홀리는 어머니가 의붓아버지와 결혼한 것, 그리고 의붓아버지가 어머니를 힘들게 하는 것에 대해 어머니가 그냥 참고 있었던 데에 화가 나 있었다. 도대체 어머니는 왜 그 남자한테 끌렸단 말인가? 큰 집과 멋진 차를 얻기 위해 자신을 팔았던 것인가? 홀리는 이러한 질문에 적절한 답을 찾을 수도 없었고, 명확한 답을 얻고 싶지도 않았다. 홀리는 이러한 질문과 부정적인 감정을 마음 한구석에 처박아 놓고 잊어버리려고 했지만 불행하게도 그렇게 되지 않았다. 그러나 감정을 이렇게 억압하는 데는 무척 많은 심리적 에너지가 소모된다.

홀리는 대학을 다니는 동안 집에 가고 싶지 않아 이 핑계 저 핑계를 대곤 하였다. 더 이상 집이 내 집 같지 않았기 때문이었다. 그녀는 공부에 파묻혀 지냈지만, 분노와 쓴 상처는 끊임없이 그녀를 괴롭혔다. 결국 졸업을 앞두고 미래에 대한 불확실함에 직면하고 또 집으로 다시 돌아갈 수는 없다고 느끼자, 무력감에 빠지게 되었다. 우울증에 빠지게 된 것은 당연한 결과였다.

나는 이들의 이야기에 슬픔을 느꼈다. 그러나 가족역동에 대해서 알지 못하였고, 또 재혼한 가족에 대한 경험이 전혀 없는 나로서는 도대체 이들이 왜 잘 지내려고 노력하지 않는지 이해할 수 없었다. 왜 이들은 서로에 대한 조금의 동정심도 가지고 있지 않은 것일까? 왜 홀리는 어머니가 사랑하는 사람과 재혼하여 제2의 인생을 살 권리에 대해 인정하지 않는 것일까? 왜 홀리의 의붓아버지는 부인과 딸의 관계를 먼저 존중하지 못할까? 왜 홀리의 어머니는 사춘기 딸의 분노를 방어적이지 않은 태도로 귀담아듣지 못할까?

나에게는 이들 가족과의 만남이 가족치료의 첫 경험이었다. 상담에서 각 구성원이 각자의 경험을 이야기할 때, 내가 발견한 것은 이들 각자의 이야기가 모두 원래의 벌어진 상황과 어느 측면에서는 연결되는 부분도 있지만, 각자 자신의 입장에서 재구성한 기억이라는 사실이다. 홀리의 기억은 어머니의 기억과 많이 달랐고, 아버지의 기억과는 전혀 맞지 않았다. 서로가 믿고 있는 사실 사이에 큰 차이가 있었지만, 나는 그 차이가 나타나는 이유를 찾지 못하였고, 그것을 찾고자 하지도 않았다.

홀리 가족과의 만남이 그렇게 효과적이지 않았을지는 몰라도, 홀리의 문제를 보는 나의 관점만은 분명히 달라졌다. 나는 더 이상 그녀를 세상에 홀로 남겨진 슬픔에 찬 젊은 여성이라고 생각하지 않게 되었다. 물론 그녀는 그런 사람이 맞기는 하지만 한 가족이라고 느낄 수 없는 가족으로부터 될 수 있으면 멀리 떠나고 싶으면서도, 믿을 수 없는 의붓아버지와 함께 어머니를 남겨 두기가 몹시 불안한 딜레마 속에서 울고 있는 딸이었다. 그 순간 나는 비로소 내가 가족치료사가 되었다고 생각했던 것 같다.

이렇게 말하는 것은 그 당시에 내가 가족에 대해서 아는 것이 그리 많지 않았다든가 가족을 도울 수 있는 기법을 잘 몰랐다는 이야기가 아니다. 가족치료가 단순히 어떤 새로운 기법을 사용하는 것만이 아닌, 기본적으로 '사회적 상황으로부터 형성된 인간 행동을 완전히 새롭게 이해하는 관점의 변화'라는 사실을 체험하였다는 것을 말하고 싶다.

영웅의 신화

서구의 문화는 개체성과 자율성을 가장 중요한 가치로 여긴다. 홀리의 이야기도 어린 시절의 편협성으로부터 벗어나 약속된 미래와 성인기에 들어서려고 고군분투하는 성장기 드라마라고 쉽게 치부할 수도 있다. 홀리의 문제도 발달 과제를 제대로 이루지 못한 젊은 성인의 문제라고 판단할 수 있고, 이런 관점에서 홀리의 문제를 살펴보려는 유혹을 느낄 것이다.

개인주의 사회에서는 모든 사람들, 특히 남성에게 끝없는 성공을 요구하기 때문에 성공해야만 한다는 부담은 우리 모두에게 짐으로 느껴진다. 물론 여성인 홀리에게는 관계성을 잘 이루는 것이 중요한 과제이지만 그것도 사회적 성공을 이룰 수 있을 때만 긍정적 평가를 받을 수 있다.

우리는 어렸을 때부터 론 레인저, 로빈 후드나 원더 우먼 같은 영웅의 이야기를 들으며 성장한다. 점점 나이가 들어가면서, 우리는 엘리너 루스벨트, 마틴 루터 킹, 넬슨 만델라와 같은 실생활 속의 영웅, 또는 멘토를 찾기 시작한다. 이들은 그들이 살고 있던 시대를 뛰어넘은 숭고한 가치관을 성취하기 위해 노력했던 사람들이었고, 우리는 이런 사람들의 삶을 따라가고 싶어 한다.

그러나 우리가 극복하고자 하는 환경은 인간이 가진 조건의 한 부분으로서 가족과 끊을 수 없는 연결고리 속에 있다는 것을 나중에야 깨닫게 된다. 어쩌면 정의를 위해 싸우겠다는 나의 고상한 가치관은 아버지에게 핍박받던 어머니를 목격하면서 형성된 가치관일 수도 있다. 그렇기 때문에 훌륭한 사람이 되고자 하는 소망은, 가족으로부터의 영향에서 벗어나 우리 자신이 일치적인 자기를 이룰 때 가능할 뿐이다. 그리고 훌륭한 일을 포함해서 많은 것을 해냈을 때 나 혼자서 이루었다고 생각하지만 실제로는 인간관계의 결과로서 이루어내고 유지되는 것이다. 이렇게 우리가 열심히 성공하려는 것은 자신의 연약함을 이겨내기 위한 소망이기도 하지만, 다른 한편으로는 절대로 자유로울 수 없는 가족 관계로부터 벗어나서 성공한 모습을 만들고자 하는 소망에서 비롯된다.

가족에 대해 생각할 때 우리는 흔히 가족이 요구하는 부담과 고통을 준 요인 등 부정적인 부분만을 떠올린다. 결국 우리가 주로 관심을 두는 것은 가족과의 차이점과 불협화음이다. 그리고 가족의 삶을 조화롭게 만드는 것들―충성심, 인내심, 상호 돌봄, 지원―은 당연히 있어야만 하는 것이기 때문에 우리는 아예 이러한 것들이 있다는 것조차 자각하지 못한 채 넘어간다. 그리고 우리가 원하는 모습의 내가 되지 못할 때 그 책임을 누군가에게 돌리고 싶고, 이때 가장 비난하기 쉬운 대상이 가족이 아닌가!

근래에 들어 역기능 가족에 대한 이야기들을 많이 한다. 불행하게도 이러한 이야기의 대부분은 부모에게 비난의 화살을 돌리고 있다. 사람들이 고통받는 것은 부모의 행동 때문이다. 어머니가 술을 마시고, 아버지의 기대가 너무 크기 때문에 나는 불행할 수밖에 없다. 이렇게 자신의 문제를 해결하면 죄의식과 수치심에서 벗어나는 데는 도움이 되겠지만 가족의 역동을 이해하는 데는 도움이 되지 못한다.

왜 우리는 가족의 문제를 부모의 탓으로만 돌리려 할까? 그 이유는 우리가 가족역동을 체계적 관점에서 파악하지 못하기 때문이다. 가족은 하나의 체계로서, 구조적 패턴을 반복하면서 형성된다. 가족체계는 겉으로 드러나지 않는 규칙에 의해 엄격하게 통제되고, 구성원은 네트워크를 이루면서 상호 연결되어 있다.

사람들은 부모의 잘못 때문에 희생당한 것이 아니라, 가족역동을 이해하지 못하기 때문에 통제당하고 무력감을 느끼는 것이다. 그렇기 때문에 사람들이 불안, 우울, 단순한 고민, 혹은 불확실한 감정에 빠지게 되면 심리치료를 받으려 한다. 반면에 치료 과정에서 자신을 상담실에 오게 한 문제, 주로 친구, 애인, 그리고 가족들과의 관계망의 문제는 파악하려 하지 않는다. 결국 사람들은 개인 심리치료를 받으려고 하고, 심리치료사와의 인위적이고 안전한 관계로 피신하면서, 가족과 화해하고 수용하려는 노력을 하지 않으려 한다. 이렇게 우리가 치료사와의 안전한 관계로 피신하려고 할 때, 가장 하고 싶지 않은 일이 있다면 그것은 가족을 치료 현장에 데리고 가는 일일 것이다. 그렇다면 프로이트Freud가 내담자의 내면의 역동을 탐색하는 동안 가족은 상담실 밖으로 쫓겨나게 되었던 것은 전혀 이상하지 않다.

성소로서의 심리상담

심리상담은 매우 사적인 전문 분야로 여겨 왔다. 물론 상담실은 치유가 이루어지는 장소였다. 그러나 동시에 문제로 가득한 세상으로부터 도망칠 수 있는 성소(聖所)이기도 했다.

사랑과 일 문제로 괴로움에 싸여 그 어느 곳에서도 위로받을 수 없을 때 사람들은 잃어버린 삶의 만족과 의미를 발견하고자 상담소를 찾는다. 또 부모는 자녀의 잘못된 행동, 지나친 수줍음, 혹은 학업 성적 부진 등의 문제에 대한 도움과 지도를 받고자 자녀를 상담소로 보낸다. 여러 면에서 심리치료는 일상적인 문제를 해결하는 가족의 기능을 대신하고 있다.

World History Archive/Newscom

프로이트는 내담자가 충분히 자신의 감정과 생각을 탐색할 수 있도록 정신분석 과정에서 가족을 배제시켰다.

이제 우리는 정신질환 환자를 가족과 분리해서 치료하던 치료사들, 또는 개인치료 방법만이 옳다고 여기던 사람들을 마음껏 비난할 수 있는 정당한 이유가 있다. 프로이트는 내담자가 안전한 분위기에서 그의 생각과 감정을 폭넓게 탐색하도록 돕기 위해서 가족을 배제하였다.

가족치료가 발생하기 전에 정신장애를 내담자의 뇌에 깊이 뿌리 내린 정신병리로만 이해하고 내담자를 가족과 분리해서 치료해야 한다고 주장하던 시기를 한번 되돌아보자. 1950년 중반까지 가족을 내담자와 함께 치료하지 않던 것을 생각하면 "왜 (가족과 함께 치료를 하는 가족치료를 하는 데) 그렇게 시간이 오래 걸렸지?"라는 질문을 하게 된다. 그러나 개인 상담을 사적 공간에서 진행하는 데는 그만한 이유가 있다.

20세기에 가장 영향력이 있었던 심리상담 접근법은 프로이트의 정신분석과 칼 로저스Carl Rogers의 내담자 중심 치료 방법이었다. 두 가지 접근법 모두 타인과의 건강하지 못한 상호작용으로부터 심리적 문제가 발생하며, 가장 효율적인 치료는 치료사와 내담자 사이의 사적인 관계 안에서만 가능하다는 가설을 주장하였다.

프로이트의 발견은 가족에 대해 처음에는 근친상간의 요람으로서, 이후에는 문화적 억압의 대리자로서 고발하고 있다. 만일 사람들이 본능적 욕구 표현이 두려운 나머지 욕구 표현을 억압하여 신경증이 된다면 부모 이외에 누구를 비난할 수 있겠는가?

신경증적 증상이 가족 안에서 생겨난 문제라고 본다면 내담자를 가족의 영향으로부터 분리시키는 것이 최선이고, 정신분석 치료 과정 또한 가족의 영향으로부터 오염되지 않도록 하는 것은 당연한 귀결일 것이다. 치료사는 내담자의 실제 가족이 내담자가 주관적으로 구성한 가족에 대한 기억과 환상을 흩어 놓기 때문에 치료에 방해가 된다고 생각하여 실제 살아 있는 가족에 대해서는 관심을 두지 않았다. 그는 내담자의 기억 속에 있는 가족, 즉 무의식 속에 기억되어 있는 가족에만 관심이 있었다.

프로이트는 사적인 공간에서 치료를 실시함으로써, 치료적 관계의 신성함 안에서 내담자의 신뢰가 유지될 수 있도록 했고, 그 결과 내담자가 어린 시절에 대해 이해한 것 혹은 잘못 이해한 것을 치료사와의 관계에서 최대한 반복할 수 있도록 했다.

❖ ❖ ❖

칼 로저스도 사람들의 심리적 문제가 어린 시절 파괴적인 상호작용에서 비롯된다고 믿었다. 로저스는 모든 인간이 자기실현을 하고자 하는 선천적인 경향을 지니고 태어났기 때문에 충분한 지지를 받으면 자신의 삶을 자유롭게 가장 자신에게 좋은 방법에 따라 살 수 있다고 믿었다. 그러나 불행하게도, 로저스는 자기실현을 하고자 하는 우리의 본능이 인정에 대한 욕구에 의해 뒤로 밀려나게 되고, 결과적으로 우리 자신에게 최선이 아님에도 불구하고 다른 사람들이 원하는 삶의 모습대로 살아가도록 길들여졌다고 보았다.

자기실현과 인정 욕구 사이의 갈등은 점점 내면에서 올라오는 자극, 또는 그러한 신호를 알리는 느낌마저도 부인하고 왜곡하도록 만든다. 우리는 분노를 삼키고 충만함을 질식시키면서 엄청난 기대에 눌려 내면의 욕구를 묻어 버린다.

로저스의 치료 방법론은 내담자가 자신의 참된 감정을 드러내는 것을 도울 수 있도록 고안되었다. 치료사는 이해와 존중을 가지고 내담자의 말을 공감하면서 잘 들으면 되었다. 치료사가 보여 주는 이러한 수용적인 경청의 모습에서 내담자는 자신이 안전하다고 느끼는 동시에 자신의 감정 그리고 내면에서 올라오는 욕구와 만나게 된다.

정신분석 치료와 같이 내담자 중심의 치료사 또한 내담자의 참된 감정이 인정받기 위한 욕구 때문에 왜곡될지도 모르는 어떠한 가능성도 배제하기 위해 완벽하게 사적인 치료 관계를 유지했다. 내담자가 자신의 진정한 자아를 되찾을 수 있도록 돕는 무조건적 수용은 객관적인 외부인에 의해서만 가능했다. 이러한 이유로 내담자 중심 치료 작업에는 가족이 있을 자리가 없었다.

가족치료 대 개인치료

이처럼 우리는 사적인 관계에서 심리치료를 실시해야 하는 이유를 알게 되었다. 그러나 이러한 주장은 개인치료뿐 아니라 가족치료 안에서도 마찬가지로 강하게 제기되고 있다.

개인치료와 가족치료는 각각 인간 행동에 대한 이해와 치료 접근법을 제시하고 있고, 둘 다 각각 나름대로의 특징과 장점을 지니고 있다. 개인치료에서는 내담자가 두려움을 이기고 자신의 문제를 직면하여 좀 더 온전한 자기 자신이 되도록 돕는 것에 초점을 둔다. 개인 심리치료사는 한 개인의 성격 형성에 가족이 미치는 영향력에 대해 항상 인식하였으나, 이러한 영향력은 내재화되고 심리내적 역동이 개인의 행동을 지배하는 강력한 힘이 된다고 보았다. 따라서 치료는 개인 또는 개인의 성격과 기질에 초점을 맞출 수 있고, 또 그렇게 해야만 한다. 한편, 가족치료사는 우리의 삶을 지배하는 힘이 내가 아닌 가족체계 안에 존재한다고 믿는다. 따라서 가족치료에서는 가족체계를 변화시키는 데 초점이 맞추어지고, 가족체계가 변하면 각 구성원의 삶도 이에 따라 변화한다고 믿는다.

가족의 변화가 곧 각 구성원의 삶의 변화로 이어진다는 핵심은 굉장히 중요한 이론이다. 가족치료는 단순히 가족이라는 맥락 안에서 한 개인을 변화시키는 것이 아니다. 가족치료는 가족 전체의 변화를 이루기 위해 애쓴다. 따라서 가족치료를 통한 변화는 꾸준히 지속될 수 있는데, 이것은 각 구성원이 변화할 뿐 아니라 이러한 변화가 서로에게 동시에 영향을 끼치기 때문이다.

거의 모든 인간의 문제는 개인치료 혹은 가족치료에서 다루어질 수 있다. 그러나 특정한 문제, 특히 아이들에게 문제가 있는 경우에는 상담실에서 좋은 결과가 있었다 하더라도 결국 부모의 영향을 받아야 하는 가족에게 돌아가기 때문에 가족치료가 더 적합하다. 또 부부문제, 이성 관계, 가족 간의 불화, 가족의 주요 전환기에 개인에게 증상이 발생한 경우에도 가족치료가 필요하다.

만약 가족의 주요 전환기에 문제가 발생한 경우 치료사가 가족의 역할에 대해서 먼저 관심을 갖는다고 가정한다면, 사람들이 어떤 변화를 시도하였지만 결국 실패하였고 동시에 외부 환경은 여전히 변화하지 않고 있을 때는 개인치료가 도움이 된다. 예를 들어 대학교 1학년 여학생이 우울증에 빠졌다면 치료사는 그 학생의 문제가 집을 떠나온 것, 또는 부모를 홀로 두고 온 것 때문이 아닐까 생각할 수 있다. 그렇지만 30대 여성이 매우 오랜 기간 동안 꾸준히 우울증에 빠져 있었다면, 우리는 그 여성의 삶의 방식에 문제가 있다고 생각할 것이다. 그러나 문제가 되는 인간관계를 고려하지 않은 채 그녀의 개인적인 삶만을 탐색하는 것은 옳지 않다.

사람은 독립적이고 개체적인 존재이지만 동시에 가족의 영향을 받는다는 관점은 우리가 경험하는 것과 일치한다. 그럼에도 불구하고 우리는 다른 사람들 — 특히 의무와 제한을 받는 타인들 — 의 관계망에 얽히게 되면 우리가 더 큰 관계망에 얽혀 있는 존재라는 사실을 깨닫기는 쉽지 않다.

단선적 사고, 순환적 사고

전통적으로 정신질환은 단선적 관점으로 의학적·심리학적 차원에서 설명되곤 하였다. 두 모델 모두 정서적 고통을 과거의 원인으로 인한 내면의 역기능적 증상으로 보았다.

단선적이란 A가 B의 원인이라고 보는 것이다. 순환적이란 서로 영향을 끼치는 상호작용을 고려하여 그 원인을 찾는 것이다. 단선적 인과론은 어떤 경우에는 상황에 적절한 설명이 될 수 있다. 만약 차를 타고 달리던 중 차가 갑자기 격렬한 소리를 내면서 멎는다면 차를 세우고 그 원인을 찾을 것이다. 어쩌면 휘발유가 떨어졌을 수도 있다. 그런 경우, 해답은 간단하다. 그러나 인간의 문제는 복잡하기 때문에 그렇게 단순하게 설명할 수 없다.

개인 심리치료사들은 사람들의 행동 방식을 이해하려 할 때 단선적 인과론으로 원인을 찾으려 한다. 젊은 여성의 낮은 자존감은 어머니가 지속적으로 비난하는 것이 원인이다. 반면에 가족치료사들은 어떻게 서로에게 영향을 미치는지, 즉 **순환적 인과론**으로 찾으려 한다. 젊은 여성이 집에 있을 때 심드렁하고 우울한 이유는 결점을 찾으려는 어머니의 행동에 반응하는 것이고, 어머니는 딸이 그러고 있으니까 잔소리를 더 하게 된다. 어머니가 더 야단칠수록 그 여성은 더 위축되고 어머니는 더 야단을 치게 된다.

순환적 인과론은 관계 내의 상호작용의 순환에 초점을 맞춘다. 그러나 이렇게 이름 붙이는 것은 좀 잘못된 부분이 있다. 왜냐하면 처음부터 원인을 찾는 것이 아니라 상호작용의 시작과 지속되는 순환 패턴을 찾는 것이기 때문이다. 몇몇의 사례에서는 바람직하지 않은 과거의 어떤 상호작용 패턴 때문일 수도 있다. 그러나 과거는 지나갔기 때문에 치료사는 현재 진행되는 것을 가지고 작업할 수밖에 없다. 앞의 사례에서 보았듯이 어쩌면 어머니는 딸이 사회생활을 회피하는 것이 속상해서 어떻게 하든지 밖으로 내보내려 노력하는 것이 철회-비난의 순환적 패턴을 반복하게 만들었을 수도 있다.

대부분의 사람은 관계에 문제가 발생하면 쉽게 그 원인을 다른 사람에게 돌리려 한다. 사람이란 각자의 관점에서 세상을 바라보기 때문에 두 사람의 문제에 있어서 상대방이 기여한 바를 찾아내기가 더 쉽기 마련이다. 그래서 상대방을 비난하는 것이 오히려 당연할 수 있다. 원인과 결과를 단선적으로 이해하고 싶은 마음은 치료사에게도 똑같이 있는데, 특히 한 사람의 이야기만 들었을 때는 더욱 그렇다. 그러나 인간관계를 지배하는 원칙이 상호성이라는 것을 이해한다면 치료사는 사람들에게 한 사람은 가해자이고 한 사람은 피해자라고 보는 관점에서 벗어날 수 있도록 도와줄 수 있다.

예를 들어, 아버지가 사춘기 아들의 행동에 대해 불평한다고 가정해 보자.

아버지 : 제 아들이 문제입니다. 버릇이 없고 반항적이죠.

치료사 : 누가 그 아들을 가르치셨나요?

치료사는 아들이 잘못 됐고 자신은 아들의 피해자라고 생각하는 아버지의 관점을 그대로 받아들이지 않고, 도전적인 질문을 던짐으로써 아들과 어떤 상호작용을 해 왔는지에 대해 생각해 볼 수 있는 기회를 제공하고 있다. 요점은 한 사람에게서 다른 사람에게로 비난을 돌리는 데 있지 않고 비난으로부터 두 사람 다 빠져나오게 하는 것이다. 아들에게 문제가 있다고 보는 아버지는 아들이 변해야만 한다고 생각하는 것 외에 다른 선택이 없다고 믿을 것이다(다른 사람이 변하기를 기다리는 것은 마치 복권에 당첨되기를 기다리는 확률과 같다). 우리가 단선적 사고에서 벗어나 순환적 사고를 배우게 되면 적어도 상호작용에 있어서 반은 우리가 통제할 수 있기 때문에 변화에 대한 힘을 갖게 된다.

가족치료의 영향력

가족치료의 힘은 부모와 자녀의 상호작용을 변화시키기 위해 그들을 한 자리에 데려오는 것으로부터 시작된다. 갈등을 일으키는 정서적 근원으로부터 개인을 분리시키는 것이 아니라 문제를 근원에서부터 다루는 것이다.

사람들이 문제에서 벗어나지 못하는 이유는 문제가 발생하는 과정에서 자신이 담당한 역할을 볼 수 없기 때문이다. 대부분의 사람이 다른 사람의 행동에만 눈을 부릅뜨고 있기 때문에, 그 행동이 자신과는 어떻게 연결이 되는지 보기 어렵다. 가족치료사의 역할은 이들에게 경종을 울리는 것이다. 부인의 잔소리를 불평하는 남편에게 그러한 부인의 행동에 대해 어떠한 원인을 제공했는지 치료사가 묻는다면, 치료사는 남편으로 하여금 남편과 부인 두 사람의 상호작용을 볼 수 있는 눈을 뜨게 해 주는 것이다.

❖ ❖ ❖

밥과 셜리가 부부 문제로 상담하러 왔다. 부인의 불평은 남편이 자신의 감정을 나누지 않는 것이고, 남편의 불만은 부인이 항상 자신을 비난한다는 것이다. 이것은 두 사람 모두 상대방이 참을 수 없는 행동으로 상대방을 자극하고 있다는 상호작용의 패턴을 보지 못하는 한 결코 벗어날 수 없는 전형적인 부부 갈등의 형태이다. 치료사는 "만일 당신이 개구리라고 합시다. 부인이 당신을 왕자로 바꾸려 한다면 당신은 어떤 모습이 될까요?"라고 물었다. 그러자 남편은 반격하면서, 자신이 부인과 말을 하지 않는 이유는 부인이 지나치게 비판적이기 때문이라고 대답했다. 이런 식의 반응은 이 부부가 오랫동안 반복해 왔던 논쟁이기도 했다. 그러나 치료사는 남편의 이런 응답을 변화의 시작으로 보았는데, 그것은 남편이 입을 열기 시작했기 때문이다. 경직되고 대화가 없는 가족 안에서 변화의 물꼬를 트는 방법은 주로 비난받아 오던 사람을 지지하면서 그가 대화의 장으로 들어올 수 있도록 돕는 것이다. 그러자 부인이 다시 남편을 비난하였고, 남편은 또다시 뒤로 물러서려 하였다. 이때 치료사는 "안 됩니다. 계속하십시오. 당신은 아직도 개구리입니다."라고 말하였다. 남편은 부인에게 책임을 전가하려 하였다. "저 사람이 먼저 나에게 키스를 해야 하는 것 아닌가요?"라고 말하자, "아닙니다."라고 치료사는 말했다. "실제 삶에서는 당신이 먼저 키스를 받을 만큼 준 것이 있어야 부인에게 키스를 받을 수 있습니다."

❖ ❖ ❖

톨스토이는 안나 카레니나의 서문에서 "모든 행복한 가족은 행복함에 있어서 서로 닮았다. 불행한 가족은 각자 그들만의 방식으로 불행하다."라고 말했다. 각각의 불행한 가족은 그들만의 이유로 불행하다. 그러나 그들 역시 평범한 가족이 부딪치는 보편적인 과제에 걸려 넘어졌을 뿐이다. 두 사람이 만나 같이 적응하며 살아야 하는 과제, 어려운 친척들을 다루어야 하는 과제, 자녀들을 쫓아다니며 돌보아야 하는 과제, 사춘기 자녀들에게 대처해야 하는 과제 등 전혀 생소할 것이 없는 과제들이다. 그러나 사람들이 조금이라도 자신들의 문제를 체계적 관점에서 이해하면 많은 통찰력을 얻게 되어 가족생활에서 예측되는 문제를 성공적으로 해결할 수 있다. 물론 가끔은 다른 치료사들과 마찬가지로 매우 어려운 문제를 지닌 가족들을 만나기도 하지만 대부분의 가족들은 삶의 교훈을 고통스럽게 배우고 있는 평범한 사람들이다. 이 책에는 이러한 어려움을 지닌 평범한 사람들의 이야기, 이들의 어려움을 해결하고자 애쓰는 치료사들의 이야기가 담겨져 있다.

제1장

가족치료의 발전

관점의 혁신적인 변화

학습 목표

◆ 가족치료의 탄생을 이끈 상황을 설명하라.

◆ 가족치료의 선구자들을 열거하고 그들이 연구
하던 곳을 적으라.

◆ 초기 가족치료 이론을 열거하고, 각 이론들이
창궐하던 시기를 적으라.

◆ 초기 가족치료 이론과 개념을 설명하라.

이 장에서는 가족치료의 초기 역사와 이론들, 그리고 선구자들을 소개하고자 한다. 무엇보다 먼저 선구자들에 관한 이야기를 하고자 하는 이유는 이들은 기존의 사람들의 문제를 그 사람 개인의 문제로 보던 관점에서 사람들의 문제가 그들이 속한 가족으로부터 형성된다는 체계적 관점을 제시하였기 때문이다. 이러한 관점은 그 당시로는 매우 획기적인 것으로서 인간 이해의 새로운 틀을 제공했다는 점에서 혁신적인 공헌을 하였다.

초기 선구자들의 이야기와 함께 이들이 제시한 가족치료의 기본 개념에 대해서도 함께 살펴보고자 한다. 가족치료 분야의 선구자들은 엄청난 호기심을 가지고 사람들의 삶을 바라보고 기발한 방식으로 개념화하였다. 처음에는 가족을 돕고자 해서 시작했던 이들의 노력이 나중에는 문제의 원인이 가족에 있다고 밝힘으로써 가족의 문제를 오히려 드러나게 하였다. 이제 가족치료의 역사를 읽어 가면서 당신은 놀라운 경험을 할 것이다. 당신이 당연하게 여겼던 가설들을 재점검할 준비를 해야 할 것이다.

선전포고되지 않은 전쟁

우리는 정신병원을 끔찍한 곳으로 생각하거나 사람들을 가두어 두는 곳으로 오해하지만, 원래의 설립목적은 사람들의 핍박이나 가족에 의한 감금과 가혹행위로부터 정신이상자를 보호하기 위한 것이다. 정신과 의사들은 환자를 보호하기 위해서 가족들이 치료비를 계산해야 될 때를 제외하고 서는 가족을 만나려 하지 않았다. 그러나 1950년대에 들어서 치료 과정에 미치는 가족의 영향을 새롭게 인식하게 되면서 치료 방향에 많은 변화가 생기게 되었다.

첫째는 내담자가 회복되면 또다시 다른 가족 구성원이 악화되는 것을 보면서 어떤 가족은 가족 체계를 유지하기 위해서 항상 구성원 중의 누군가가 증상을 가져야 될 필요가 있다는 사실을 깨닫 게 되었다. 마치 어린 아이들의 숨바꼭질 놀이처럼 놀이가 지속되기 위해서는 '술래'가 필요한 것 과 같은 현상이다. 돈 잭슨(Don Jackson, 1954)이 치료한 한 사례를 보면 좀 더 명확하게 알 수 있 다. 잭슨이 우울증을 앓고 있는 부인을 치료해서 증상이 호전되자 남편은 오히려 부인이 더 나빠 졌다고 불평을 하더니 결국은 직장을 그만두고, 부인이 우울증에서 완전히 벗어나자 자살을 하 고 말았다. 이 남편에게는 아픈 부인이 옆에 있어야 내적 안정감을 유지할 수 있었던 것이 분명 하다.

둘째는 병원에서 치료를 받아 증상이 호전된 내담자들이 가족에게 돌아가면 증상이 다시 악화 되는 공통점을 발견한 것이다.

사례 연구

살바도르 미누친Salvador Minuchin은 오이디푸스의 이야기처럼 자신의 눈을 자해하려고 하다가 여러 번 병원에 입원했던 젊은 남자를 치료하였는데, 이 내담자는 병원에서는 정상적으로 행동했지만 집에만 돌아가면 자해를 하였다. 마치 그는 미친 세상(정신병원)에서만 정상이 될 수 있었던 것 같았다.

그 젊은 내담자는 어머니와 극도로 가까운 사이였는데, 아버지가 갑자기 행방불명이 된 이후 7년 동안 어머니와 더욱 밀착되었던 것으로 드러났다. 법적으로 무능하다는 판정을 받자마자 말없이 사라졌던 아버지는 강박적인 도박꾼이 되었으며, 마피아에 의해 납치되었다는 소문도 떠돌았다. 어느 날 예상치 않게 아버지가 다시 돌아왔을 때, 아들은 자기 눈을 멀게 하려는 자해를 하기 시작하였는데, 이는 어머니에 대한 강박적 집착과 아버지에 대한 증오를 대면하지 않기를 원했기 때문인 것 같다.

그러나 이러한 가족이 과거 역사에 존재하는 고대인도 아니고 그리스인도 아니며, 미누친은 그리스 비극을 쓰는 작가도 아니다. 가족을 치료하려는 미누친은 우선 아버지에게 부인의 문제를 다룬 다음, 아들을 어머니로부터 보호하라고 촉구하였다. 이렇게 한 다음에 부인을 무시하는 남편의 태도를 다루었다. 남편이 부인을 무시할수록 부인은 자신을 보호하기 위해 아들을 자기 편으로 끌어들이고자 하는 마음이 들기 때문이었다. 이러한 치료는 가족구조에 대한 도전이었으며, 또한 이 젊은 내담자를 더 나빠지게 만들 수도 있는 집으로 보내려고 하는 (병원) 정신과 치료 팀에 대한 도전이었다.

미누친은 아버지에게 "위험에 처해 있는 아들의 아버지로서 당신이 취하고 있는 행동은 적절하지 않습니다."라고 직면시켰다.

(계속)

> 아버지는 "제가 무엇을 해야 하나요?"라고 물었다.
>
> 미누친은 "저도 모르겠습니다. 아들에게 물어보시지요."라고 대답했다. 그러자 몇 년 만에 처음으로 아버지와 아들은 서로 이야기를 시작하였다. 이야깃거리가 바닥날 즈음 미누친은 부모에게 말했다. "아드님은 이상한 방법으로 아버님에게 어린아이처럼 여겨지기를 좋아한다고 말하는 것처럼 보입니다. 아드님이 병원에 있을 때는 스물세 살 청년처럼 행동했는데 집에 가서는 다시 여섯 살 아이처럼 행동하고 있습니다."
>
> 이러한 사례는 부모 두 사람이 친밀감을 형성할 수 없을 때 상대방으로부터 자신을 보호하는 방패로서 자녀를 이용할 뿐만 아니라 이러한 역할을 자녀가 어떻게 받아들이고 있는지를 극적으로 보여 주고 있다. 미누친은 젊은 청년에게 "당신은 어머니를 위해 눈에 상처를 내려고 하는군요. 그렇게 되면 어머니에게 걱정거리를 안겨드리게 될 테니까요. 당신은 착한 아들입니다. 착한 아이들은 부모를 위해 자신을 희생하려고 하지요."라고 말했다.

이와 같은 사례는 가족이 이상한 접착제로 붙어 있어서 늘어나기는 하지만 결코 분리될 수 없는 것 같은 현상을 잘 보여 준다. 이렇게 가족치료 이론들은 가족제도를 비난하는 것은 아니지만, 가족을 이상적으로만 바라보지 않고 건강하지 못한 가족 내의 문제점을 찾아내는 데 주저하지 않았다. 마치 사춘기 자녀가 부모와 가족의 문제를 정확하게 알고 비판하는 것과 비슷하다고나 할까?

◆ 소집단 역동

가족을 치료하려 했던 초기의 치료사들은 가족과 소집단의 특성이 유사하다는 점을 발견하고 가족치료에 **집단역동**group dynamics을 적용하려 했다. 이들은 집단의 특성과 가족의 특성이 비슷하다고 보았다. 집단의 구성원들이 다양한 특징을 지니고 있고, 집단 특유의 고유한 속성을 지니고 있으며, 집단 구성원들은 집단의 특성을 공유하는 점이 가족과 유사하기 때문이다.

윌리암 맥두걸의 집단 이해 1920년에 사회심리학의 선구자였던 윌리엄 맥두걸William McDougall은 그의 저서 *The Group Mind*(McDougall, William, BiblioLife, 1920)에서 집단의 지속성을 유지시키는 요인을 세 가지로 나누어 설명하고 있다. (1) 집단을 중요하게 여기는 충성심, (2) 집단의 구조와 구성원 간의 경계선의 유무, (3) 집단의 습관과 관습에 대한 존중도에 따라 집단의 지속성이 결정된다고 설명하였다.

쿠르트 레빈의 장이론 집단역동에 대한 보다 과학적인 접근 방식은 1940년대에 쿠르트 레빈Kurt Lewin에 의해 시도되었다. 그의 장이론Field theory(Lewin, 1951)은 한 세대 동안 많은 연구자에게 큰 영향을 미쳤다. 레빈은 게슈탈트 학파의 지각체계에 대한 이해, 즉 전체는 부분의 합보다 크다는 개념을 발전시켰다. 집단의 이러한 초월적 속성은 개인뿐만 아니라 가족체계 전체를 다루어야 하고, 변화에 대한 가족의 저항을 다루어야 하는 가족치료사의 접근이 타당하다고 말해 주고 있다.

레빈은 유사-고정 사회형평성quasi-stationary social equilibrium에 대해 분석하면서 집단행동의 모든 변화 초기 가족치료사들은 집단상담을 모델로 하여 가족치료를 실시하였다.

는 '고정해제unfreezing'를 필요로 한다고 주장하고 있다. 한 집단의 신념이 외부 요인의 충격으로 인해 해제된 다음에야 구성원들은 변화를 받아들인다. 개인치료에서는 도움을 요청하게 만드는 불안한 경험이 바로 고정해제를 하는 과정을 촉발시킨다. 자신이 내담자라는 인식을 수용하고 치료사와 만나는 순간 이미 그 사람은 고정된 습관을 해제하기 시작한다. 그러나 가족이 치료에 임하게 되는 경우에는 다른 문제가 제기된다.

대개의 경우 가족 구성원은 증상을 보이는 구성원으로 인해 어느 정도의 혼란을 겪고서도 삶의 방식을 바꾸려 하지 않는다. 더구나 가족 구성원은 일차 준거집단이면서 전통과 관습, 그리고 습관을 공유한다. 결과적으로 진정한 치료적 변화가 일어나기 전에 가족을 고정해제하거나 동요시키려면 더 많은 노력이 필요하다. 가족을 동요시켜야 하는 필요성으로 인해 초기 가족치료사들은 가족의 항상성을 깨뜨리는 일에 큰 관심을 보였는데, 이것은 수십 년간 가족치료에서 매우 중요한 과제로 여겨졌다.

윌프레드 비온의 집단역동   윌프레드 비온Wilfred Bion은 집단을 그 집단만의 고유한 역동과 구조를 가지고 있는 하나의 총체로 보아야 한다고 주장하는 집단역동 학파의 주요한 학자였다. 비온(1948)에 따르면, 대부분의 집단은 싸우거나 도망가기, 의존하기, 혹은 편 가르기의 패턴을 형성하면서 집단이 우선 다루어야 하는 중요한 과제로부터 멀어진다고 설명하였다. 비온의 이러한 기본 가설은 가족치료 현장에서도 쉽게 찾아볼 수 있다. 어떤 가족은 갈등이 너무 두려운 나머지 마치 고양이와 뱀이 서로 꼬리를 물고 맴도는 것처럼 중요한 문제를 회피하고, 또 다른 가족은 치료를 마치 싸우기 위한 논쟁의 장으로 여기기도 한다. 이들은 결코 서로 타협하거나 변화하려 하지 않는다. 어떤 가족은 문제해결이라는 명목 아래 자신들의 자율성을 치료사에게 맡겨 버리면서 의존적으로 되어 버리기도 한다. 또는 1명의 부모가 다른 배우자를 무시하고 깎아내리기 위해 자녀와 담합하면서 편 가르기도 한다.

집단역동 안에서 **과정/내용**process/content을 구분한 것도 가족치료에 중요한 영향을 미쳤다. 숙련된 치료사는 가족이 토론하는 내용 자체보다는 그들이 어떻게 이야기하는가에 더 많은 관심을 기울인다. 예를 들어 천박스럽게 꾸미는 것에만 관심을 갖게 될까 봐 딸에게 바비 인형을 가지고 놀지 말라고 말하는 어머니가 있다고 하자. 어머니가 전달하고자 하는 메시지의 내용은 너 자신을 장식물로서가 아니라 한 인격으로 존중하라는 것이다. 만약 어머니가 딸의 감정을 부정하거나 공격하는 방식으로 자신의 관점을 표현한다면, 메시지가 전달되는 과정에서 어머니는 딸의 감정을 무시하는 것처럼 보이게 된다.

안타깝게도 어떤 경우에는 내용에 지나치게 몰두하여 치료사들조차도 과정에 초점을 맞추지 못하고 빗나갈 수 있다. 예를 들어 한 치료사가 10대 소년으로 하여금 학교를 그만두는 문제에 관해 어머니와 함께 이야기를 나누도록 했다고 가정하자. 그 소년은 학교가 엉터리라면서 혼자 중얼거리고, 어머니는 교육의 필요성을 언급하며 소년의 문제에 반응한다. 만약 어머니의 입장을 옹호하고 있는 치료사라면 큰 실수를 범하게 될지도 모른다. 내용 면에서는 고등학교 졸업장이 꼭 필요한 부분에 사용될 수 있기 때문에 어머니의 말이 옳을 수도 있다. 그러나 이 순간에 정말 중요한 것은 소년이 스스로 자신을 표현하는 법을 배우고, 어머니는 듣는 법을 배우는 것이다.

역할이론 정신분석학과 집단역동에 관한 저서에서 이야기하는 역할이론은 가족 연구에 매우 유용하게 적용할 수 있다. 역할이 정해지면 서로가 무엇을 할지 기대할 수 있기 때문에 규칙을 형성할 수 있다.

대부분의 집단에서 역할은 고정되는 경향이 있기 때문에 집단구성원의 행동 패턴이 특정한 모습을 띠게 된다. 버지니아 사티어(Virginia Satir, 1972)는 그녀의 책 사람만들기Peoplemaking에서 가족의 역할을 '회유하는 사람'과 '무뚝뚝한 사람'으로 설명했다. 여러분도 자신의 가족 내에서 분명히 예견할 수 있는 역할을 했다는 사실을 깨달을 수 있을 것이다. 아마도 여러분은 '도움이 되는 착한 아이', '시무룩한 아이', '반항하는 아이' 또는 '똑똑하고 뭐든 잘하는 아이'라는 말을 들었을 수 있다. 만약 여러분이 말썽꾸러기로 '낙인'찍힌 아이였다면 그 역할에서 벗어나기가 힘들었을 것이다.

가족을 이해하는 데 역할이론이 매우 유용한 이론적 틀이 되는 이유 중 하나는 역할이 상호적이며 보완적인 경향이 있다는 점 때문이다. 예를 들어 한 여성이 애인과의 관계에서 남자보다 좀 더 불안해한다고 하자. 남자는 그냥 내버려 두면 아마도 일주일에 두 번 정도 여자에게 전화를 걸 것이다. 그러나 여자가 일주일에 세 번씩 남자에게 먼저 전화를 건다면, 남자가 여자에게 먼저 전화를 걸 기회는 사라지게 된다. 이러한 식으로 관계가 진행되면 아마도 여자는 항상 쫓아가는 역할을, 남자는 거리를 두는 역할을 하게 될 것이다. 또 식사 시간에 자녀가 예의 바르게 행동하기를 바라는 부모의 예를 살펴보자. 아버지는 약간 성질이 급해서 화를 잘 낸다. 아이들이 소란을 피우기 시작하면 아버지는 5초도 안 되어 조용히 하라고 소리를 치는 반면, 어머니는 보통 30초까지는 기다린다. 만일 아버지가 항상 먼저 야단을 치게 되면 어머니에게는 아이들을 야단칠 기회가 없어질 것이다. 결국 한 사람은 엄격하고 다른 한 사람은 관대한 상호보완적 역할로 부모는 양극화될 것이다. 이러한 상호성을 변화시키기 어려운 이유는 역할이 서로를 강화시킬 뿐 아니라 각각 상대방이 먼저 변화되기를 원하기 때문이다.

가족과 집단   집단치료에서 대인관계 탐색을 위한 광범위하고 다양한 치료 방법이 개발되었기 때문에 가족치료사들이 집단치료 모델을 가족에게 적용하게 된 것은 매우 자연스러운 현상이다. 내담자가 집단의 다른 구성원과 상호작용하는 방식은 형제나 부모와 상호작용하는 방식과 비슷한 측면이 있다. 따라서 집단 구성원의 상호작용을 관찰하는 방식을 가족 구성원의 상호작용을 관찰하는 방식으로 활용할 수 있다. 가족이란 결국 개개인, 즉 많은 하위체계가 모인 집단의 모임이 아닌가?

기법도 집단치료와 가족치료가 유사한 면이 많다. 한 개인의 내면을 다루는 것은 그 개인만의 복잡한 역동을 다루기 때문에 일반적이라고 할 수 없지만, 집단치료나 가족치료는 다양한 사람들과 접촉하면서 진행하기 때문에 보다 더 복잡하다. 따라서 집단에서의 상호작용을 탐색하는 방식을 가족 구성원들의 상호작용을 탐색하는 방식으로 활용할 수 있다. 집단치료사들이 집단원들의 상호작용에 끼어들지 않고 필요할 때에만 개입하는 것처럼, 대부분의 가족치료사들도 가족 구성원들의 상호작용에 끼어들지 않다가 필요한 경우에만 개입한다. 그러나 이러한 방식도 학파마다 조금씩 다르다.

하지만 가족과 집단은 서로 다르기 때문에 집단치료 모델을 그대로 가족치료에 적용하는 데는 한계가 있다. 가족 구성원은 그 가족만의 역사, 그리고 함께할 미래가 있다. 정직하게 표현하는 것도 서로를 모르는 집단원들이 가족보다 더 편할 수 있다. 따라서 가족치료사가 가족 구성원에게 모든 것을 완전히 솔직하게 개방할 것을 요구하면 해가 될 수도 있다. 오래된 외도를 다시 들춰내거나, 사랑 때문에 결혼한 것이 아니라 돈 때문에 결혼했다는 이야기는 지금의 상황을 해결하는 데 도움이 되지 않기 때문이다. 이렇게 집단치료와 가족치료는 상이하다.

집단치료의 효과는 따뜻하고 지지하는 분위기가 좌우한다. 서로에 대해 잘 모르지만 공감할 수 있는 사람들 사이에서 안전감을 느끼는 것이 매우 중요한데, 가족치료에서는 이러한 분위기가 존재하지 않는다. 가족치료는 스트레스가 없는 상태에서 진행되는 것이 아니라 가족이 엄청난 스트레스를 느낄 때 가족치료를 받으러 오기 때문이다. 더구나 집단치료에서는 구성원 모두 동등한 힘과 위치에 있지만, 가족 내에서 엄격한 동등성은 존재하지 않는다. 가족 중 누군가는 다른 구성원을 통제하고 관리해야 되기 때문이다. 가족 내에서 문제라고 낙인찍힌 구성원은 이미 소외감을 느끼고 고립된 상태에 있기 때문에 '문제'로 치부된다. 따라서 동등함은 가족 내에서는 이루어지기 힘들다. 더 나아가 낯선 사람들로 구성된 치료 집단의 일원으로서 느끼는 안전감은, 사실 항상 얼굴을 맞대고 살아야 하는 가족에서는 물론 가족치료에서조차도 존재하지 않는다.

◆ 아동상담소 운동

프로이트는 성인기의 심리적 장애가 아동기의 해결되지 않은 문제로 인한 결과라고 이야기하고 있고, 그의 첫 번째 제자인 알프레드 아들러Alfred Adler도 성장기 아이를 치료하는 것이 성인 신경증을 예방하는 가장 효과적인 방법이라 주장했다. 이러한 신념으로 인해 아들러는 비엔나에 아동뿐만 아니라 가족과 교사도 상담을 해주는 아동상담소들을 세웠다. 아들러는 아동의 열등감을 단순하게 병리적으로 보기보다 누구나 조금씩은 열등감을 지니고 있고, 적절한 열등감은 우월감의 추구를 통해 성장의 원동력이 되기도 한다고 설명하고 있다. 아동의 열등감을 해결하기 위해서는 어린 시절 부모로부터 받지 못한 격려와 지지를 제공하여 기능적인 삶의 양식을 형성하고, 사회적 관심도 키우고, 성공과 자신감을 갖도록 도와야 한다고 믿었다.

제2차 세계대전 이후까지만 해도 아동상담소의 수는 별로 많지 않았었는데, 이제는 아동상담소가 미국의 전 도시에 퍼져, 아동기의 심리적 문제와 이러한 문제의 원인이 되는 복잡한 사회와 가족의 영향에 대해 많은 자료를 제공하고 있다. 점차 아동상담사들은 자녀의 증상이 자녀의 문제라기보다는 가족 내에 실재하는 긴장에 기인한다고 결론을 내렸다. 이런 관점 때문에 초기에는 아동의 문제의 원인이 부모, 특히 어머니에게 있다고 비난하게 되었다.

대비드 레비(David Levy, 1943)는 아이의 심리적 문제의 중요한 원인이 어머니의 과잉보호에 있다고 보았다. 자라면서 사랑을 받지 못한 어머니는 자녀를 과잉보호하게 되는데, 어떤 어머니는 힘을 휘두르는 방식으로, 또 어떤 어머니는 지나치게 방임하는 방식으로 자녀를 과잉보호한다. 힘을 휘두르는 어머니 아래에서 자란 자녀는 집에서는 순종적이지만 사회성은 떨어진다. 반면에 방임적인 어머니의 자녀는 집에서는 반항적이지만 외부에서는 모범적으로 행동한다.

이 시기에 프리다 프롬 라이히만(Frieda Fromm-Reichmann, 1948)은 **조현병적 어머니** schizophrenogenic mother라는 새로운 용어를 만들어 냈는데, 이는 정신의학사상 가장 부정적으로 어머니를 비난하는 표현이다. 그는 지배적이고, 공격적이며, 거부적인 여성이 수동적인 남성과 결혼했을 때, 조현병의 원인이 되는 병리적인 양육을 하게 된다고 주장하였다. 이렇게 가족의 문제에 대해 부모 중에서 어머니에게 책임을 돌리는 경향은 가족치료가 지속적으로 비판받는 부분이 되었다. 그럼에도 불구하고 부모와 자녀 사이에 대해 관심을 가진 라이히만과 레비의 노력은 가족치료의 발전에 중요한 영향을 끼쳤다.

타비스톡 클리닉Tavistock Clinic의 존 보울비John Bowlby의 연구는 개인치료에서 가족치료로의 전환을 보여 주는 좋은 예이다. 보울비(1949)는 한 아동을 치료하면서 변화가 매우 느리다는 것을 경험했다. 좌절감을 느낀 그는 아동과 부모를 치료시간에 함께 만나기로 했다. 두 시간 동안 진행된 치료 회기 전반부에서는 아동과 부모가 교대로 불만을 이야기하고 각각 서로를 비난하였다. 후반부에서 보울비는 그들의 문제에 각자가 기여하는 바가 무엇인지에 대해 해석을 해주었다. 이렇게 부모와 자녀가 함께 작업을 하게 되면서 세 사람 모두가 서로의 관점에 대해 어느 정도 공감하게 되었다.

보울비는 가족을 함께 인터뷰할 때 얻게 되는 유익한 점에 대해 흥미를 갖기는 했지만, 여전히 일대일의 치료 형태를 고수하였다. 보울비는 가족을 함께 만나는 것이 유용한 촉매제가 될 수도 있지만, 이것은 단지 진짜 치료를 일으키는 개인 정신분석적 치료에 부수적으로 따라오는 것뿐이라고 믿었다.

보울비가 실험적으로 시작했던 가족치료는 나단 애커먼Nathan Ackerman에 의해 결실을 맺었다. 아동의 문제를 진단하기 위해서 가족을 이해할 필요가 있다는 사실을 알게 되면서 애커먼은 곧 가족치료를 실시하였다. 이제까지 가족치료가 자리 잡기 이전에 사회사업과 조현병 연구가 가족치료의 발전에 음으로 양으로 영향을 미쳤다는 사실을 살펴보았다.

◆ 부부 상담

오랫동안 부부치료사라는 직업을 따로 분리해야 할 뚜렷한 이유가 없었다. 과거나 지금이나 부부 간에 문제를 가진 사람들은 정신건강 전문가를 찾기보다는 의사, 성직자, 변호사, 선생님들과 상의하는 경향이 있기 때문이다. 부부관계 상담을 위한 최초의 전문센터는 1930년대에 설립되기 시작하였다. 폴 포페노Paul Popenoe가 로스앤젤레스에 가족관계연구소American Institute of Family Relations를 설립했고, 에이브러햄Abraham과 한나 스톤Hannah Stone은 이와 비슷한 전문 병원을 뉴욕에 개설했다. 세 번째로 개설된 센터는 필라델피아 결혼생활상담소Marriage Council of Philadelphia로 1932년에 에밀리 하트숀 머드Emily Hartshorne Mudd에 의해 시작되었다(Broderick & Schrader, 1981).

이렇게 부부 상담이 발전하면서 점차 몇몇 정신분석가들도 부부를 함께 치료하기 시작하였다. 내담자의 가족과 접촉하는 것은 프로이트가 금지한 사항이었기 때문에 대다수의 정신분석가는 그 규칙을 따랐지만, 몇몇은 규칙을 깨고 부부를 함께 치료하기 시작하였다.

뉴욕 정신분석연구소의 벨라 미틀맨Bela Mittleman은 1948년에 미국에서 부부를 함께 치료했던 방법론에 대해 보고하였다. 미틀맨은 남편과 아내가 동일한 분석가에게 함께 치료를 받을 수 있을 뿐만 아니라, 두 사람을 함께 볼 때 그들의 비합리적 사고를 재검토할 수 있다고 제안하였다. 대상과의 관계에서 드러나 보이는 현실이 그들 각각의 심리 내면을 설명하는 것 못지않게 중요하다는 이들의 시각은 분석가의 입장으로서는 혁명적이었다.

한편 영국에서는 정신분석가들이 한동안 **대상관계**object relation 이론에 주된 관심을 두고 있던 중에 헨리 딕스Henry Dicks와 그의 동료들은 타비스톡 클리닉에 가족정신의학부서를 설립했다. 이혼하기 위해 법정을 찾던 여러 부부들이 이곳으로 연결되어 화해하는 데 도움을 받았다(Dicks, 1964). 곧 이어 마이클Michael과 발린트Balint는 가족심의국Family Discussion Bureau과 타비스톡 클리닉의 사업을 제휴함으로써 부부상담 업무를 대행하는 산하기관으로 그리고 간접적으로는 부부치료 분야 전체에서 명성을 얻게 되었다.

1956년에 미틀맨은 결혼관계의 장애와 치료에 대해 보다 폭넓은 관점을 피력했다. 그는 공격적이고/복종하는, 회피하고/요구하는 패턴을 포함하여 부부간에 상보적으로 존재하는 수많은 패턴에 대해 서술하였다. 미틀맨에 의하면 이러한 상반된 패턴의 결합은 연애를 하는 동안 자신의 환상을 통해 상대의 성격을 왜곡해서 보기 때문이다. 여성은 남성의 독립성을 힘과 자신감으로 해석하고, 남성은 여성의 의존성을 자신에 대한 무조건적 복종이나 존경심으로 해석한다.

이와 비슷한 시기에 돈 잭슨Don Jackson과 제이 헤일리Jay Haley는 부부의 의사소통 분석을 통한 치료에 대해 저술하였다. 이 두 학자의 의견이 많은 부부치료사에 의해 받아들여지면서 이후 부부치료 분야는 가족치료 영역으로 더욱 흡수되었다.

많은 학자들은 가족치료와 부부치료를 구분하지 않는다. 이러한 태도는 부부치료를 단지 가족의 특정 하위체계로 간주하기 때문이다. 이런 관점은 일반적으로 받아들여지고 있고, 이 책에서 논의되는 치료 모델들도 같은 관점을 가지고 있다. 따라서 이 책에서도 가족치료와 부부 문제에 대해 함께 설명할 것이다. 그러나 부부치료를 가족치료와 분리해서 특정된 치료 영역으로 다루는 경우도 있다(Gurman, 2008, 2011).

역사적으로 가족치료 모델로 발전하기 전에 이미 이들 중에는 인지행동 부부치료, 대상관계 부부치료, 정서중심 부부치료가 있었다. "어떤 접근이 먼저였는가?"라는 질문을 하기 전에 부부치료는 개인의 경험에 심층적으로 접근하는 점에서 가족치료와 다르다. 많은 구성원들이 모여서 가족 회기를 가질 때도 각 구성원의 희망과 두려움을 다룰 수는 있지만 두 사람은 물론 한 사람의 개인 심리내적 탐색을 하기는 어렵다. 반면에 부부치료에서는 친밀한 관계에 있는 두 사람의 내적 경험과 상호작용에 훨씬 초점을 맞추어 다룰 수 있다.

가족역동과 조현병 원인에 관한 연구

조현병 내담자 가족은 병리적 상호작용이 극대화되어서 드러나기 때문에 가족을 연구하기 위한 풍부한 자료를 제공한다. 가족치료가 조현병 내담자 가족의 연구로부터 출발했다는 사실은 바로 불가해한 조현병을 치료할 수 있는 방법이 될 수 있을지 모른다는 희망을 제공하고 있다.

◆ 그레고리 베이트슨 – 팔로 알토

가족치료를 처음으로 시작했다고 주장하는 사람들이 모였던 장소는 미국 캘리포니아 주 팔로 알토에 있는 그레고리 베이트슨Gregory Bateson의 조현병 연구소였다. 1952년 가을에 베이트슨이 정부로부터 의사소통에 관한 연구비를 받게 되면서 팔로 알토의 의사소통에 관한 프로젝트는 시작되었다. 베이트슨(1951)은 모든 의사소통은 보고와 명령의 두 수준이 포함되어 있다고 주장하였다. 예를 들어 "저녁 먹을 시간이니 손을 씻어라."라는 말에는 말의 내용, 즉 저녁식사 먹기 전에 손을 닦으라는 내용이 있고, 동시에 대화가 전달되고 받아들여지는 방식에 관한 메시지도 포함되어 있다. 저녁 먹을 시간이니 손을 씻으라는 말투, 목소리의 강약과 높낮이, 얼굴 표정 등에는 두 사람 사이의 관계구조, 즉 명령권을 누가 갖는지가 포함되어 있다. 이것을 **메타커뮤니케이션** metacommunication이라고 하는데 이 메시지는 숨겨져 있거나 쉽게 알아차리기 힘들다. 또 다른 예로, 설거짓거리가 식기세척기의 반밖에 차지 않았는데도 남편이 기계를 돌린 것에 대해 아내가 잔소리를 하고 남편은 알았다고 말하지만, 남편은 이틀 후에 똑같은 행동을 반복했다면 아내는 남편이 자기의 말을 무시한다고 화를 낼 수도 있다. 아내는 식기세척기에 접시가 가득 찬 다음에 세척기를 돌리라는 메시지를 전달하고자 했던 것이지만, 남편은 아내의 말에 대한 메타메시지(잔소리와 명령)에 대해 반응했을 수 있다. 아마 그는 아내의 말을 마치 성장하면서 들었던 어머니의 잔소리와 명령으로 받아들여 빨리 돌리려고 했던 것일 수 있다.

베이트슨은 1953년에 제이 헤일리와 존 위클랜드John Weakland와 합류하였으며, 1954년에는 조현적인 의사소통을 연구하기 위해서 메이시재단으로부터 2년간 쓸 수 있는 연구비를 지원받았다. 곧 이어 임상 자문 위원이며 심리치료 분야의 슈퍼바이저로 활동하고 있었던 정신과 의사인 돈 잭슨이 이 팀에 합류하였다.

▶ 가족치료 분야에 강력한 영향을 끼친 그레고리 베이트슨에 대한 비디오를 시청하라. 그가 끼친 가장 큰 공헌이 무엇이라고 생각하는가?
www.youtube.com/watch?v=AqiHJG2wtPI&index=2&list=PLT10BSjdk4VOrdigJrT8KQaWFvZ2mGKPh

베이트슨과 팀원들은 가족의 안정성이 가족 전체, 그리고 각 구성원의 행동을 조절하는 피드백에 의해 이루어진다는 가설을 세웠다. 가족체계는 동요되고 위협을 느낄 때마다 안정성 또는 **항상성**homeostasis을 유지하기 위해 부단히 애쓴다. 이러한 항상성 기제로 가족의 행동을 이해한다면 외면으로는 전혀 이해가 되지 않는 가족의 혼란스러운 행동도 설명이 가능할 수 있다. 예를 들어 부모가 싸울 때마다 자녀 중 1명이 어떤 행동으로서 증상을 보이는데, 이 증상은 부모에게 공통의 관심사를 제공하여 싸움을 멈추게 하는 방법이 될 수 있다. 결국 아이의 증상 행동은 가족의 항상성을 유지하기 위한 사이버네틱 기능을 하는 것이다.

베이트슨과 동료들은 그들의 유명한 연구 보고서인 '조현병에 관한 이론Toward a Theory of Schizophrenia'(1956)에 **이중구속**double bind 개념을 소개하였다. 이들 연구 팀은 정신병리적 행동이 병리적 가족의 의사소통 맥락에서는 충분히 이해될 수 있다고 가정하였다. 내담자들의 병리적 증상이 독립적인 경로를 통해 형성되는 것이 아니라, 가족환경의 병리적 상태의 연속선상에 있을 뿐이라고 이해하였다. 예를 들어, 어떤 사람이 중요한 관계에 있는 사람(부모와 자녀, 남편과 부인 등)을 피할 수는 없는데, 반응은 해야만 할 때를 생각해 보자. 지금 중요한 사람이 관계를 무시할 수 없는 다른 사람에게 서로 반대되는 모순된 불일치적 메시지를 보낸다면, 그 말을 들은 사람은 이러한 불일치를 알아채기도 어렵고, 응답하기도 어려운 상태에 있게 되면서 매우 혼란스러워진다. 이런 상황에 처했을 때 이중구속 상태에 있다고 한다(Bateson, Jackson, Haley, & Weakland, 1956).

다소 어려울 수 있는 이 개념은 종종 역설 또는 단순한 모순적 메시지를 의미하는 동의어로 오용되기 때문에, 저자들이 직접 나열한 이중구속의 여러 특징을 각각 살펴보고자 한다.

1. 중요한 관계에 있는 둘 또는 그 이상의 사람들 사이의 관계
2. 반복되는 경험
3. 첫 번째 일차적 부정적 명령 : "X를 하지 마라. 그렇지 않으면 너는 벌을 받게 될 것이다."
4. 두 번째 명령은 추상적이며 일차적 명령과 대립되는 명령으로, 벌과 위협이 예측된다.
5. 세 번째 명령은 도망갈 수 없는 부정적 명령으로 반드시 반응을 해야 한다. 이러한 제약이 없다면 희생자는 구속되었다고 느끼지 않는다.
6. 마지막으로 일단 희생자가 이중구속의 관점에서 세상을 지각하도록 길들여지면 위의 어느 단계에서도 충분히 공포나 분노를 야기시킬 수 있다.

문헌에서 이중구속을 설명하는 대부분의 사례들은 이중구속의 중요한 특징을 모두 포함하고 있지는 않기 때문에 부적절할 수 있다. 로빈 스키너(Robin Skynner, 1976)는 다음과 같은 예를 들었다. "사내들은 독립적이고 주관이 있어야지, 계집애같이 겁쟁이어서는 안 된다. 그렇다고 난폭해서도 안 된다. … 너희 어머니에게 무례하게 굴어서도 안 된다." 이 말이 혼란스러운가? 그렇다. 갈등이 느껴지기도 하는가? 아마도 그럴 것이다. 그러나 이 두 가지 메시지는 이중구속의 상태를 만들지는 않는다. 이것들은 단지 모순되는 것뿐이다. 이러한 두 가지 진술에 대해 어떤 아이는 한 가지에 순종하거나, 두 가지를 번갈아 행하거나, 심지어 그 모순성에 대해 불평할 수도 있다. 이것과 유사한 많은 예에서는 두 메시지가 서로 다른 수준에서 전달된다는 상세한 설명이 간과되어 있다.

원래의 논문을 보면 더 좋은 예가 나온다. 병원에서 조현병을 치료받고 회복 중에 있는 한 젊은 청년에게 어머니가 찾아왔다. 그가 어머니를 팔로 안으려고 하자 어머니는 경직되면서 어색해했

다. 그러나 아들이 물러서자 어머니가 "이제 더 이상 나를 사랑하지 않는 거니?"라고 물었다. 그 말에 아들이 얼굴을 붉히자 어머니는 "아들아, 네 자신의 감정에 대해 너무 쉽게 당황해하거나 두려워해서 안 된다."라고 했다. 내담자는 혼란스러워졌다. 어머니의 방문이 있고 나서 그는 한 보조원을 강간하였고 결국 격리되어야만 했다.

이중구속의 다른 사례를 살펴보자. 한 선생님이 학생들에게 수업에 적극적으로 참여하라고 격려하지만, 사실 그 선생님은 학생들이 수업 중 질문을 하거나 자신들의 의견을 말하는 것을 참지 못한다. 바로 이때가 당황스러운 순간이다. 아직 과학자들도 알아내지 못한 몇몇 불가사의한 이유이기도 한데, 학생들은 수업 중 자신의 의견이 비난받는다고 느낄 때 좀처럼 발언을 하지 않는 경향이 있다. 결국 선생님이 직접 질문을 던지게 되고, 그런데도 아무도 반응을 하지 않으면 선생님은 화를 낸다("학생들이 이렇게 수동적이라니!"). 만약 학생 가운데 누군가가 선생님이 수용적이지 못하다며 무모하게 발언한다면 아마도 선생님은 더욱 화를 낼 것이다. 결국 학생들은 선생님이 오직 자신의 의견만이 경청되고 칭송되기를 원한다는 것을 정확하게 인식하게 되고, 그 이유 때문에 벌을 받게 될 것이다(물론 이 사례는 순전히 가정에 기초한 것이다).

때때로 사람들은 누구나 이중구속에 묶일 수 있지만, 조현병 내담자는 지속적으로 이러한 이중구속을 다루어야만 하는 상황에 놓이게 되고, 그 결과 병에 걸린다. 이러한 딜레마에 관해 말조차 할 수 없는 상태에서 조현병 내담자들은 방어적으로 반응하게 되는데, 아마도 실제의 문자 그대로 반응하거나, 암시적으로 넌지시 이야기할 것이다. 결국 조현병 내담자는 모든 말 이면에는 숨겨진 의미가 있다고 생각하게 될지도 모른다.

조현병적 증상이 일부 가족의 맥락 안에서는 충분히 발생 가능할 수 있다는 발견이 과학적 진보임에는 틀림없지만 지나치게 가족을 도덕적으로 판단하거나 힘의 논리로 몰고 가기도 한다. 이렇게 주장하는 몇몇 가족치료사는 자신들이 마치 가족이라는 괴물을 꼼짝 못하게 하면서, 소위 **지적된 환자**identified patient를 구출하는 구원자일 뿐 아니라, 기존의 정신치료 체계에 맞서 거룩한 전쟁을 치르는 십자군인 것처럼 생각했다. 수적으로 우세한 적들에 둘러싸인 가족치료의 챔피언들은 조현병이 유전적 질병이라는 정설적인 가설을 바꾸어 놓았다. 심리치료사들이 곳곳에서 이들을 지지하였으나 불행하게도 이들은 맞지 않았다.

조현병적 행동이 어떤 가족 안에서는 잘 맞는 것처럼 보인다는 관찰만으로 가족이 조현병의 원인이 된다고 단정 짓기는 어려운데, 논리적으로 이러한 추론은 '속단'이라고 할 수 있다. 안타깝게도 조현병 내담자의 가족은 자신들이 자녀의 정신병의 원인 제공자라는 가설 때문에 수년 동안 고초를 겪었다.

◆ 테오도르 리츠 ― 예일대학교

테오도르 리츠Theodore Lidz는 그 당시 조현병 내담자 가족의 특징이 자녀를 거부하는 어머니에 있다고 보는 관점에 이의를 제기하였다. 오히려 아버지가 파괴력이 더 크다고 주장하였다(Lidz, Cornelison, Fleck, & Terry, 1957a). 조현병 내담자들의 아버지에 대한 병리적인 특성을 이야기한 다음에는 부부관계의 문제로 관심을 돌렸다. 그는 부부의 부모 역할에서 **역할상호성**의 결핍이 문제라고 보았다. 자신의 역할만을 수행한다고 유능한 부모가 되는 것이 아니라 배우자의 역할과 자신의 역할 수행이 균형을 이룰 때 부모로서 유능한 한 쌍이 될 수 있다. 리츠는 조현병 내담자의 부모가 부모로서 자신의 역할을 수행하는 데도 역부족이었을 뿐만 아니라 배우자의 부모 역할을 지지할 마음도 없다는 것을 알게 되었다.

리츠는 부부가 부모로서 협력적인 역할 수행을 하지 못한다는 점에 초점을 맞추면서 부부관계의 불화에 대한 부부의 유형을 두 가지로 설명하였다(Lidz, Cornelison, Fleck, & Terry, 1957b). 첫 번째 유형인 **부부 분열**marital schism은 부부가 상대방에 동조하거나 역할상호성을 이루지 못하는 경우이다. 이들은 꾸준히 서로의 가치를 깎아내리고 자녀로부터 충성과 애정을 얻기 위해 노골적으로 경쟁한다. 결혼생활은 그야말로 전쟁터가 될 수밖에 없다. 두 번째 유형인 **부부 왜곡**marital skew은 한 배우자가 상대 배우자를 지나치게 지배하려는 경우인데, 상대를 지배하려는 배우자에게 심각한 정신병리가 있는 경우이다. 리츠의 연구에서는 대부분 약한 배우자가 아버지인 경우가 많았는데, 이들은 지배적인 배우자의 병리적 왜곡을 그대로 따라가게 된다. 이러한 부부의 자녀는 누구에게 충성심을 바쳐야 할지 갈등에 빠지게 되고, 부모의 결혼생활을 유지시켜야 한다는 압박감에 짓눌리게 되면서 병리적으로 된다.

◆ 리만 윈 – 국립정신건강연구소

리만 윈Lyman Wynne도 가족의 역할과 의사소통에 대해 연구하였다. 특히 그는 가족의 병리적인 사고체계가 전달되는 과정에 초점을 맞추었다. 조현병 내담자 가족에 대한 윈의 연구는 1954년 병원에 입원했던 내담자들이 부모를 격주로 만나는 것을 관찰하면서 시작되었다. 그는 내담자 가족들에게 이상한 특징이 있다는 것을 발견하게 되었다. 이들 가족은 보여지는 것과 실제 경험하는 것에 차이가 난다는 점이다. 그는 이런 현상을 가성상호성, 가성적대감이라고 이름 붙였다. 또 겉으로 보기에는 외부의 영향을 받는 것 같지만 실제로는 외부 영향(특히 치료사들로부터 오는)을 막는 경계선 — 고무담장 — 과 같은 것이 가족을 둘러싸고 있다는 특성을 발견하였다.

가성상호성pseudomutuality(Wynne, Ryckoff, Day, & Hirsch, 1958)은 표면적으로는 가족이 연합하여 친밀한 것처럼 보이지만, 속으로는 갈등을 감추기 때문에 진짜 친밀감을 방해한다. 이들은

리만은 조현병 환자의 인지왜곡과 가족의 잘못된 의사소통과의 연관에 대한 연구를 하였다.

하나의 친밀한 가족으로 보이기 위해 연합하는 데 너무 열중한 나머지 개인의 정체성이나 개인적 관심을 가질 수 있는 여지가 없다. 이러한 가족은 구성원들 사이에 깊고 정직한 관계뿐만 아니라 개인의 독립성도 받아들일 수 없게 된다.

가성적대감pseudohostility은 제휴와 분열을 모호하게 하는 약간 다른 형태의 유사한 공모이다 (Wynne, 1961). 구성원들 사이에 갈등이 심각해서 마치 구성원들이 분열된 것처럼 보이지만, 이러한 분열은 피상적인 수준의 분열일 뿐이다. 이들은 마치 한 덩어리같이 보인다. 이들의 의사소통은 왜곡되고, 비합리적인 사고가 가득 차 있어서 이들에게는 모든 자극이 싸움의 근거가 되기 때문에 외부에 보이기에는 항상 갈등 상태에 있는 가족으로 보인다.

고무담장rubber fence은 일종의 눈에 보이지 않는 장벽을 말한다. 이 장벽은 학교를 가는 행동 등 사회가 요구하는 가장 기본적인 의무로 인한 외적 활동만 허용한다. 이러한 가족의 특징은 가족 구성원을 사회로부터 고립되게 만든다. 이렇게 되면 그 가족만이 갖고 있는 현실 왜곡을 외부 접촉을 통해서 교정할 기회가 차단된다.

윈은 **의사소통 일탈**이라는 새로운 개념을 **사고장애**라는 이전의 개념과 연결시켰다. 그는 의사소통이 조현병을 규정하는 특성인 사고장애를 전달하는 수단이 된다고 보았다. 의사소통 일탈은 사고장애보다 더 상호작용을 강조하는 개념이고, 쉽게 찾아내기 힘든 이중구속보다 더 쉽게 찾아낼 수 있는 현상이다. 1978년까지 윈은 600여 가족을 연구하면서, 젊은 조현병 내담자들의 가족에서 의사소통장애 유형이 두드러지게 나타난다는 자료를 모았다.

◆ 역할이론가

가족치료의 창시자들은 의사소통 분야에 집중하면서 자신들의 새로운 학파를 형성하고 또 많은 인기를 얻었다. 그러나 어느 한 면에만 편파적으로 집중하게 되면서 개인의 심리내적 측면과 좀 더 넓은 사회적 영향을 간과하게 되었다.

존 슈피겔John Spiegel과 같은 역할이론가들은 가족 구성원으로서의 개인이 사회적 역할을 담당하게 되는 과정에 대해 설명하였다. 이러한 설명은 가족을 이해하는 데 매우 중요한 개념임에도 불구하고 개인을 기계의 톱니바퀴처럼 각 구성원의 개체성을 무시하는 체계론의 해석에 의해 흐지부지되었다. 이미 1954년에 슈피겔은 체계적 관점에 본다면 치료적 체계에 반드시 치료사도 포함시켜야 한다고 주장하였다(나중에 **이차 수준의 사이버네틱스**second-order cybernetics로 다시 소개되는 개념). 또한 그가 '상호작용interaction'과 '상호 교류transaction'를 구분했던 것도 높이 평가할 만하다. 당구대 위의 공들은 **상호작용**, 즉 서로 충돌하면서 서로의 방향을 바꾸지만 본질적 변화는 없지만 사람들은 **상호 교류**하며 서로의 방향을 바꿀 뿐만 아니라 내적 변화도 일으킨다.

가족의 역동에 대한 로널드 데이비드 랭R. D. Laing의 분석은 학문적으로 인정받기보다는 많은 논쟁을 불러일으키곤 하였는데, 그의 관찰은 정신병리 발생에 있어 가족의 역할을 대중에게 널리 알리는 데 도움이 되었다. 랭(1965)은 칼 마르크스Karl Marx의 **불가해**mystification(계급 착취) 개념을 차용하여 '가족의 정치'를 설명하는 데 적용하였다. 불가해는 어린아이의 경험을 부인하거나 재명명함으로써 아이의 경험을 왜곡시키고 거짓으로 만들어 버리는 과정을 말한다. 예를 들어 부모가 슬픔을 느끼고 있는 아이에게 "네가 많이 피곤한 모양이구나(가서 잠이나 자고 나를 혼자 있게 해주렴)."라고 말하는 경우이다.

불가해는 감정과 실재를 왜곡시킨다. 부모가 지속적으로 아이의 경험을 불가해하게 만들 때 아이의 존재는 사라지게 된다. 이러한 경우 아이들은 진짜 자기를 숨기거나 잃어버리게 되고, 가짜 자기로 살게 된다. 이것이 덜 심각한 경우에는 진정성이 결여된 아이로 자라는 정도이지만, 극단적으로 진짜/가짜 자기로 분리가 되면 정신병으로 이어질 수 있다(Laing, 1960).

연구에서 치료까지 : 가족치료의 선구자들

이제까지 정신병원의 정신과, 집단역동, 대인관계심리학, 아동상담소 운동, 부부치료, 조현병에 대한 연구 등이 가족치료 발전에 미친 영향을 다루었다. 그러나 처음으로 가족치료를 시작한 사람은 누구일까? 가족치료 분야에 공헌을 끼친 사람은 많지만 아마도 존 엘더킨 벨John Elderkin Bell, 돈 잭슨, 나단 애커먼과 머레이 보웬Murray Bowen부터 시작하여 제이 헤일리, 버지니아 사티어, 칼 위태커Carl Whitaker, 리만 윈, 이반 보스조르메니-나지Ivan Boszormenyi-Nagy, 살바도르 미누친을 꼽지 않을 수 없다.

◆ 존 벨

매사추세츠 주 우스터의 클라크대학교에 재직했던 심리학자 존 벨은 1951년에 가족치료를 시작했고, 가족치료의 역사 속에서 유례없는 위치를 차지하고 있다. 그는 최초의 가족치료사였지만, 가족치료 운동에 관한 역사적 저술 가운데 두 곳에서만 간단히 언급되고 있다(Guerin, 1976; Kaslow, 1980). 그 이유는 그가 1950년대에 이미 가족을 치료하기 시작했지만, 거의 10년이 지나도록 그의 방법론이나 개념을 책으로 출간하지 않았기 때문이다. 더구나 가족치료의 다른 선구자들과는 달리 그는 거의 제자가 없었다. 그는 주목할 만한 치료센터를 세우거나 훈련 프로그램을 개발하지도 않았고, 유명한 학생들을 훈련시키지도 않았다.

벨(1961, 1962)은 가족치료에 집단치료 방법을 차용하여 적용하였다. 가족집단치료에서는 무엇보다 가족 구성원들이 문제해결을 위한 대화를 촉진시켰다.

초기 작업(Bell, 1961)에서는 치료를 일련의 단계로 조심스럽게 구조화했는데, 각각의 단계는 그 가족의 특정 부분에 집중하였다. 첫 번째 단계는 자녀 중심 단계로 자녀들이 바람wish과 염려concern를 자유롭게 표현할 수 있도록 지지하고, 두 번째 단계는 부모 중심 단계로 자녀들의 행동에 대해 만족하지 못하는 점들을 표현하게 도와주었다. 이런 단계를 거칠 때 벨은 문제해결에 초점을 맞추기 위해 부모들이 지나치게 비판하는 것을 제재하는 데 노력을 가하였다. 마지막 단계인 가족 중심의 단계에서는 전체 가족들을 공평하게 지지해서 자신들의 의사소통을 개선하고 문제해결을 할 수 있도록 지지해 주었다. 다음 글은 벨(1975)이 개입하는 모습을 잘 보여 줄 것이다.

> 몇 회기 동안 조용하게 있던 한 아버지가 갑자기 아들, 딸, 부인한테 비판적인 장광설을 쏟아내었다. 나는 그 순간 각자 나름대로의 방식으로 대화 과정에서 물러나는 것을 볼 수 있었다. 그래서 이렇게 말했다. "자, 이제 아드님이 어떤 말을 하려고 하는지, 또 따님이 어떤 말을 하고 싶은지, 그리고 부인은 이 상황에 대해 어떻게 느끼는지를 들었으면 좋겠습니다." (p. 136)

❖ ❖ ❖

가족을 치료하기 위해 집단치료를 적용한 가족치료 방법을 다중가족집단치료, 다중충격치료, 그리고 관계망치료라고 불렀다.

1950년에는 피터 래커Peter Laqueur가 **다중가족집단치료**multiple family group therapy 방법을 뉴욕 크리드모어주립정신병원에서 개발하였다(Laqueur, 1966, 1976). 다중가족집단치료는 넷 혹은 여섯 가족이 함께 일주일에 한 번씩 90분의 회기를 갖는다. 여기에서는 촉진자가 일반 가족치료를 실시하면서 동시에 참만남 집단 작업과 사이코드라마를 함께 적용하였다. 불행하게도 래커가 일찍 사망하는 바람에 흐지부지되었지만 아직도 가끔 병원에서는 입원환자(McFarlane, 1982), 혹은 외래환자 모두에게 실시되고 있다(Gritzer & Okum, 1983).

로버트 맥그리거Robert McGregor와 그의 동료들은 텍사스 메디컬갤버스턴병원에서 치료 효과를 최대화시키기 위해 **다중충격치료**multiple impact therapy 방법을 개발해서 텍사스 전 지역에서 오는 가족들을 상대로 치료를 실시하고 있다(MacGregor, 1967, 1972). 팀 치료사들은 각 지역에서 오는 다양한 가족들을 만난 다음에 집단으로 나누어 충격적인 치료를 실시하였다. 더 이상 이 방법은 실시되고 있지 않지만 이 방법의 강력한 충격, 그리고 불규칙적인 회기 등의 방식은 나중에 경험주의 학파(제7장)와 밀라노 모델(제5장)에 의해 세련되게 적용되었다.

관계망치료network therapy는 로스 스펙Ross Speck과 캐롤린 애트니브Carolyn Attneave가 위기 상황에 처해 있는 가족을 도우면서 사회네크워크—가족, 친구, 이웃—를 함께 집결시켜 가족을 돕기 위한 작업을 하는 것이다. 치료사 팀이 치료를 함께 실시하였는데 치료 목표는 파괴적인 관계 패턴을 깨트리고 새로운 선택을 지지하도록 주위의 사람들을 움직이는 방법이다(Ruevini, 1975; Speck & Attneave, 1973).

◆ 팔로 알토

베이트슨 집단은 우연히 가족치료를 접하게 되었다. 1954년에 조현병 내담자 가족의 의사소통의 패턴을 좀 더 자세히 분석하기 위해 조현병 가족을 만나기 시작했는데, 자신들도 모르는 사이에 가족의 고통을 해결하는 역할 속으로 빠져들게 되었다(Jackson & Weakland, 1961). 베이트슨이 이 연구 팀의 과학적 연구를 리드하였다면, 돈 잭슨과 제이 헤일리는 실제적인 가족치료를 개발하는 영향력을 행사한 사람들이었다.

잭슨은 훈련 과정에서 배웠던 정신분석적 개념들을 거부하고, 사람들 사이의 상호 교류 역동성, 즉 의사소통 분석에 초점을 두었고 여기에 기반을 두고 치료 기법을 개발하였다.

잭슨의 **가족항상성**family homeostasis — 가족이 하나의 단위로 변화에 저항 — 개념은 초기 가족치료 영역에서 매우 중요한 개념이었다. 그러나 가족을 유지시키는 속성으로 항상성을 지나치게 강조한 측면이 있다. 동시에 가족이 변화에 저항하는 것을 깨닫게 된 것은 문제를 안고 있는 가족 구성원이 왜 변화하지 못하는지에 대해 깊은 통찰을 제공하였다.

'조현병 증상과 가족 상호작용Schizophrenic Symptoms and Family Interaction'(Jackson & Weakland, 1959)에서 잭슨은 내담자의 증상이 어떻게 그들 가족의 안정성을 유지하는지를 예를 들어 설명하고 있다. 그중 한 예는, 긴장형 조현병catatonic schizophrenic으로 진단을 받은 한 젊은 여성이 있었는데, 그녀는 스스로 결정하는 것을 두려워하는 매우 우유부단한 사람이었다. 그러나 딸이 결단력 있게 행동하려고 하면, 부모가 무너지곤 했다. 어머니는 무력하면서 의존적이 되었고, 아버지는 말 그대로 무능하게 되었다. 어느 날 가족치료 시간에 딸이 스스로 결정한 경우가 있었지만 부모는 눈치를 채지 못했다. 그 회기에 녹취한 내용을 세 번이나 반복해서 들은 후에야 마침내 딸의 말이 부모의 귀에 들어왔다. 내담자의 우유부단함은 이상하지도 그리고 의식하고 한 것도 아니었다. 오히려 그것은 부모가 자신들의 문제를 직면하는 것으로부터 딸이 보호하는 역할을 했던 것이다. 이와 같은 정신병리적 증상이 어떻게 발생하는지를 가족의 맥락 안에서만 알 수 있는 사례들이 가족치료 발달 초기에 많이 소개되었다. 이 사례도 자녀의 정신병리적 증상이 흔히 부모의 문제가 과장되어 변형된 형태로 드러난 것이라는 날카로운 관찰을 보여 주고 있다.

잭슨은 인간관계를 상호보완관계와 대칭관계로 분별하였다. (새로운 아이디어는 나중에 다른 사람에 의해 더 발전되는데 베이트슨이 이 개념을 나중에 잘 정리했다.) **상호보완관계**complementary relationship는 마치 퍼즐게임에서 두 조각이 맞아떨어지듯이 두 사람이 서로 다른데 잘 맞는 경우이다. 한 사람이 논리적이면 다른 한 사람은 정서적이다. 한 사람이 강하면 한 사람은 약하다. **대칭관계**symmetrical relationship는 두 사람이 비슷하다. 두 사람 다 직업을 가지고 있어서 집안일을 나누어 하는 경우이다. (혹시 집안일을 매우 공평하게 나누어서 하는 부부를 발견한다면 아마도 당신은 캔자스 주에 사는 사람은 아닐 것이다!)

잭슨(1965)은 **가족규칙**family rule에 관한 가설을 세웠는데, 이 가설은 어떠한 단위(2인군, 3인군,

잭슨의 의사소통 유형에 대한 설명은 지금도 어떤 부분에서는 유용하다.

혹은 더 큰 집단) 안에서 반복적인 행동 패턴이 있다는 관찰 내용을 간단하게 요약한 것이다. 여기서의 규칙은 반복성을 이야기하는 것이지 규율을 말하는 것은 아니다. 또 여기서의 규칙이 의미하는 것은 가족이 다양한 행동 방식 중에 어떤 제한된 행동만을 사용한다는 것이다. 이러한 가설이 겉보기에는 단순명료할지 몰라도, 가족치료에 매우 유용한 개념이다.

　잭슨의 치료적 전략은 정신적 증상이 주어진 상황 속에서 사람들이 상호작용한 결과라는 전제에 근거하고 있다. 그는 우선 기능적인 상호작용(반복되는 행동 패턴)과 역기능적 상호작용(문제를 **유지시키는 반복되는 행동**)을 분별하고자 하였다. 그는 어떤 상황에 처했을 때 문제가 발생하는지, 사람들은 그 문제에 어떻게 반응하는지에 대한 상호작용을 관찰하였다. 잭슨은 증상이 곧 항상성을 유지하기 위한 것이라는 전제하에 문제 상황이 좀 더 나아질 때 가족이 어떻게 더 나빠지는지를 관찰하였다. 개인은 더 나아지기를 원하겠지만, 가족에게는 병든 역할을 할 사람이 필요할지도 모른다. 심지어 긍정적 변화마저도 질서를 유지하고자 하는 가족에게는 위협적 요소가 될 수 있다.

　아버지가 술을 마시고 있는 동안에는 아내에게 어떤 요구를 늘어놓거나 자녀를 훈육하는 일을 할 수 없다. 안타깝게도 어떤 가족치료사들은 증상이 어떤 목적을 실현하고 있는 것처럼 보이는 것을 관찰하면서, 가족이 병든 구성원을 필요로 하며, 그래서 부모가 자녀를 **희생양**scapegoated으로 만들게 된다고 성급하게 가정하게 되었다. 희생양이라는 단어가 좀 말장난같이 들릴 수도 있지만, 이것은 자녀의 문제가 부모의 잘못에서 비롯된 것이라는 관점을 반영한다. 만일 여섯 살짜리 소년이 집에서 잘못된 행동을 한다면 아마도 우리는 부모에게 원인을 찾을 수 있을 것이다. 하지만 모든 문제, 예를 들어 남편의 음주가 반드시 가족의 잘못으로 연결된다고 판단하는 것이나 조현병 내담자의 증상의 원인이 가족이라고 결정적으로 판단하는 것은 그리 옳은 판단은 아니다.

❖ ❖ ❖

　단순한 의사소통 같은 것은 없으며, 모든 메시지는 또 다른 수준에서의 다른 메시지를 갖기 마련이라는 베이트슨 그룹의 통찰은 가족을 이해하는 데 매우 중요한 개념이다. 제이 헤일리(1963)는 *Strategies of Psychotherapy*에서 인간관계에서 암묵적 메시지가 얼마나 서로를 통제하는 데 사용되는지를 연구하였다. 그는 증상은 의사소통의 수준 사이의 불일치로 인해 발생된다고 주장하였다. 증상을 나타내는 사람은 문고리를 돌리기 전에 손잡이를 여섯 번씩이나 만지작거리는 것과 같이 무엇인가를 하면서도, 실제로 자신은 그렇게 하지 않았다고 부인한다. 증상을 지닌 사람은 그렇게 할 수밖에 없는 상태에 있다. 한편 그 사람이 통제할 수 없는 증상은 결국 어떤 결과를 낮게 되고 만다. 그 정도로 강박적 특징을 가진 사람이 아침에 집 밖으로 나가는 것을 기대하기란 어렵지 않겠는가?

증상 행동은 상식적인 것이 아니었기 때문에 헤일리 같은 치료사는 내담자들을 도울 때 논리적인 사고에 의존하지 않았다. 그의 치료는 오히려 고양이와 쥐 사이의 전략적인 게임과 같은 것이 되었다.

헤일리(1963)는 자신의 치료를 지시적인 치료 형태라고 정의하였고, 최면술을 연구하였던 밀턴 에릭슨Milton Erickson으로부터 많은 힌트를 얻었음을 인정하였다. 그는 단기치료라고 불렀던 치료 형태에서 치료 초기에 내담자보다 통제권을 확보하여 우위에 있고자 노력하였다. 그렇게 하기 위해 그는 증상이 발발한 맥락과 그 증상이 하는 기능을 정확하게 파악하려 했다. 그는 첫 면담에서 내담자들이 기꺼이 말하려고 하는 것과 아직 말하지 않기를 원하는 것이 있을 것이며, 보류하기를 원하는 것은 물론 존중될 것이라고 내담자들에게 알리는 에릭슨의 전략을 도입하였다. 물론 여기에서 치료사는 내담자들로 하여금 그들이 어떻게든 하게 될 것을 반드시 하도록 하면서 교묘하게 내담자보다 우위를 점하게 된다.

헤일리의 단기치료의 결정적 기법은 지시적이라는 데 있다. 헤일리는 내담자에게 문제를 설명하는 것만으로는 부족하고 정말 중요한 것은 무엇을 행동하게끔 하는 것이라고 말했다.

헤일리의 내담자들 가운데 한 프리랜서 사진작가는 강박적으로 저지르는 터무니없는 실수 때문에 모든 사진을 망치고 있었다. 결국 그 내담자는 실수를 하지 않으려는 데 너무나 열중한 나머지 지나치게 긴장이 되어서 사진을 한 장도 찍지 못하게 되었다. 헤일리는 그 내담자에게 세 장의 사진을 찍어오되, 각각 고의로 실수를 저지르게 지시하였다. 여기에서의 역설은 만약 그 내담자가 계획적으로 실수를 하려고 하면 할수록 오히려 실수를 하지 않게 될 것이란 전제 아래에서 지시하였다.

또 다른 사례에서는 불면증 내담자에게 잠을 깰 때마다 부엌 바닥에 왁스를 칠할 것을 명령하였다. 그러자 그 증상은 바로 치료되었다. 이러한 사례는 사이버네틱스의 원리에 의거한 것인데, 증상을 일으킬 때마다 더 힘든 과제를 부여하면 과제를 피하기 위해서는 무엇이든 할 것이라는 가설에 근거한 처방이다.

가족치료가 시작된 초기 10년 동안에 팔로 알토의 선도적인 역할을 한 중요한 지도자들 중 한 사람이 카리스마 넘치는 버지니아 사티어이다. 사티어는 이론보다는 창의성으로 가득 찼던 임상적 기술로 더 유명했는데, 그녀의 실제 임상 데모를 직접 본 사람들은 엄청난 충격을 경험하곤 하였다. 그녀는 다른 동료들과 마찬가지로 의사소통에 관심이 있었지만, 단순히 의사소통만 다룬 것이 아니라 감정, 즉 정서적 측면을 추가하여 기계적이고 계산적이며 이론에 치우친 가족치료 분야가 균형을 이루게 하였다.

사티어는 문제에 빠진 가족은 구성원들이 피해자, 회유자, 반항아, 구출자와 같은 가족 역할에 갇히게 되면서 자존감이 낮아진다고 보았다. 따라서 사티어는 삶을 속박하는 역할들을 규명하고 가족 구성원들이 주어진 역할에 매이지 않고 자신을 실현시키도록 돕는 데 관심을 두었다. 이러한 사티어의 입장은 가족체계에만 주 관심을 보였던 초기의 다른 선구자들과는 완연히 다른 입장이었다. 이렇게 사티어는 지나치게 체계의 비유에 매료되어 가족의 정서적인 측면을 간과하였던 가족치료의 초기 시절에 가족치료 방법론에 인간미를 더해 주었다.

사티어는 부정적인 것을 긍정적인 것으로 바꾸는 탁월한 능력으로 유명하다. 린 호프만(Lynn Hoffman, 1981)에 의해 인용되었던 한 사례를 살펴보자. 한 지역교회 목사의 아들이 같은 반 친구 2명을 임신시킨 사건을 사티어가 상담하게 되었다. 방의 한쪽에는 소년의 부모와 형제들이 앉아 있었고, 소년은 반대편 구석에서 머리를 숙인 채 앉아 있었다. 사티어는 자신을 소개한 후, 그 소년에게 말했다. "아버지와 통화할 때 상황에 관한 많은 것을 말해 주셨단다. 시작하기 전에 우리 둘 다 분명히 알고 있는 한 가지 사실에 대해 말하고 싶구나. 그것은 네가 마음에 좋은 씨앗을 가지고 있는 사람이라는 것이란다." 사티어가 소년의 어머니에게 고개를 돌려 "어머니 생각부터 말씀하시면서 대화를 시작해 볼까요?"라고 밝게 묻자 그 소년은 놀라서 쳐다보았다.

◆ 머레이 보웬

가족치료의 많은 선구자들과 마찬가지로 머레이 보웬 또한 조현병을 주로 치료하던 정신과 의사였다. 그러나 그는 다른 사람들과는 달리 이론을 강조하였고, 오늘날까지 보웬의 이론은 가족치료 분야에서 중요한 위치를 차지하고 있다.

보웬은 1946년에 메닝거 클리닉Menninger Clinic에서 조현병 환자와 그의 어머니에 관한 연구를 시작하였다. 그 당시 그의 주요 관심사는 모자공생 관계였는데, 이것으로부터 **자아분화**differentiation of self(다른 사람들로부터 자율성을 갖는 것과 감정으로부터 생각을 분리시키는 것)라는 개념이 나오게 되었다. 메닝거에서 국립정신건강연구소NIMH로 옮겨 간 보웬은 그곳에서 조현병 내담자의 가족 모두를 함께 입원시켜 치료를 하는 실험적 프로젝트를 진행하였다. 모자공생의 개념을 확대하여 아버지의 역할을 포함시키고 삼각관계(제삼자를 개입시킴으로써 두 사람 간의 갈등을 딴 데로 돌리는 것) 개념을 고안해 냈다.

보웬은 1955년 초에 가족 구성원들을 함께 모아 자신들의 문제를 의논하게끔 하였다. 이때 보웬은 구성원들이 서로에게 보이는 **정서적 반응**emotional reactivity에 매우 놀랐다. 뿐만 아니라 이들 구성원들이 자신들의 **미분화된 가족자아 집합체**undifferentiated family ego mass로 치료사인 보웬을 끌어들이려는 강력한 힘을 느꼈다. 보웬은 객관성을 유지시키기 위해 마음을 단단히 다잡아야 했다(Bowen, 1961). 이 경험을 통해서 보웬은 중립적인 입장을 유지하면서 내용보다는 과정에 집중할 수 있는 능력이야말로 가족 구성원과 치료사의 차이점이라는 것을 깨달았다.

보웬은 가족 구성원들의 감정 수준을 조절하기 위해 구성원들끼리 말하기 전에 치료사인 그에게 먼저 말하도록 하였다. 그렇게 할 때 가족 구성원이 반사적으로 반응하지 않으면서 대화를 진행할 수 있다는 것을 발견하게 되었다.

이런 경험은 두 사람의 고조된 갈등을 가라앉히기 위해서 제삼자를 끌어들인다는 현상을 보면서 두 사람의 관계가 갈등관계일 때는 제삼자가 추가된 **삼각관계**triangle가 가장 안정적인 기초 단위라는 사실을 깨닫게 되었다.

습관적으로 꾸물거리는 아내에게 아무 말도 못하는 남편은 화가 날 때마다 자녀에게 아내에 관한 불평을 늘어놓을 수 있다. 그의 불평은 자기의 화나는 감정을 어느 정도까지는 풀어 줄 수는 있지만, 제삼자에게 불평하는 바로 그 과정 자체가 아내와의 문제를 다루는 것을 방해하게 된다. 그리고 두 사람 사이에 끼인 제삼자가 자녀인 경우에는 자녀가 증상을 지니게 된다. 때때로 우리 모두는 다른 사람에 대해 불평을 하지만, 보웬은 이 삼각관계화의 과정이 일상적인 관계 패턴이 될 때, 파괴적이라는 점을 깊게 인식하고 치료적 개념으로 발전시켰다.

삼각관계에 관하여 보웬이 발견한 또 다른 특징은 삼각관계가 확장되어 나간다는 사실이다. 다음의 사례에서 한 가족이 전체 삼각관계의 미로 속으로 얽히게 되는 과정을 살펴보자.

사례연구

어느 일요일 아침, 가족이 정시에 교회에 도착할 수 있을지 불안해하던 맥닐 부인은 아홉 살 된 아들에게 서두르라고 소리를 쳤다. 그러자 아이는 "잔소리 좀 그만해."라고 말대꾸를 했고, 그러자 어머니는 아들의 뺨을 때렸다. 그때 열네 살 된 딸 메건이 어머니의 손을 움켜잡았고, 둘은 싸우기 시작했다. 그러다가 메건은 밖으로 뛰쳐나가 친구가 사는 옆집으로 갔다. 친구의 부모가 메건의 찢어진 입술을 보았고, 메건이 친구 부모에게 벌어진 일을 말하자 그들은 경찰을 불렀다.

이 가족이 치료사인 나를 만나러 올 때까지 연속적인 삼각관계들이 생겨났다. 가정법원 판사에 의해 집에서 나가도록 명령을 받은 맥닐 부인은 변호사와 연합하여 그 판사에게 대항하였다. 아동보호국 직원들에 의해 부당하게 피해를 입고 있다고 생각하는 맥닐 부인에게 동조하는 그녀의 개인치료사도 있었다. 아홉 살 난 아들은 어머니에게 여전히 화가 나 있었고, 아버지는 느닷없이 화를 내며 아들을 때린 아내를 비난하면서 아들을 옹호하였다. 알코올 중독으로부터 회복 중이었던 맥닐 씨는 아내가 그를 조금만 더 지지하지 않으면 더 나쁜 상태에 빠지는 것은 시간 문제라고 생각하는 그의 후원자와 연합했다. 한편 메건은 그녀의 부모가 자녀를 키워서는 안 될 만큼 형편없는 사람이라고 생각하는 이웃들과 삼각관계를 형성하였다. 즉 모두가 옹호자를 갖고 있는데, 그들은 모두 가족 단위 바깥에 있는 사람들이었다.

1966년에 보웬은 자신도 가족관계에서 감정적 어려움을 경험하고 있다는 사실을 깨닫게 되었다. 마치 프로이트의 자기분석이 정신분석에서 중요한 역할을 차지했던 것만큼이나 보웬의 이론에 있어서도 자기 가족에 대한 이해가 중요한 밑거름이 되었다.

매우 밀착된 농촌 가정의 다섯 자녀 중 장남으로 태어난 보웬은 성인이 되면서 부모와 친척들로부터 거리를 두었다. 우리 가운데 많은 사람과 마찬가지로 그도 회피하는 것과 자유로워지는 것을 혼동하고 있었다. 그러나 그가 나중에 알게 되었듯이 가족과의 관계에서 해결할 수 없었던 감정적 갈등은 다른 관계에서 반복될 수밖에 없다.

보웬이 이루어 낸 가장 중요한 작업은 서로에 대한 불평을 장남인 보웬에게 쏟아놓았던 부모로부터 벗어나 탈삼각 관계화했던 것이었다. 우리는 대부분 이러한 관계 속에서 마치 부모로부터 특별한 인정을 받는 것처럼 느끼기 때문에 오히려 좋아하기도 하지만, 보웬은 삼각관계가 무엇인지를 알게 되었기 때문에 어머니가 아버지에 관해 불평할 때 아버지에게 "어머니가 저에게 아버지에 대한 불만을 털어놓으셨는데, 왜 어머니가 아버지한테 직접 불만을 말씀하시지 않고 저에게 말씀하시는지 이해가 안 되네요."라고 말했다. 당연히 아버지는 어머니에게 이 사실을 말하였고, 그 결과 어머니는 보웬에게 화가 났으며 그다음부터는 보웬에게 남편의 흉을 보지 않게 되었기 때문에 보웬은 부부 갈등에서 빠져나올 수 있었다.

이러한 보웬의 시도는 가족규칙을 깨뜨리고 부모를 화나게 만들었지만, 부모가 아들을 두 사람 사이에 끌어들이려는 노력을 끝마치게 하는 데는 매우 효과적이었다. 이제 부모가 자신들의 문제를 더 이상 회피할 수 없게 되었다. 누군가가 다른 사람에 관해 말했던 것을 그 사람이 있는 자리에서 그대로 드러내어 반복하는 것은 즉석에서 삼각관계를 해체하는 하나의 방법이 된다.

자신의 가족 안에서 시도했던 방식을 통해 보웬은 자아분화가 부모뿐만 아니라 가능한 한 다른 구성원들과도 개별적이고 직접적인 관계를 형성하는 데 매우 효과적이라는 것을 발견하였다. 만약 부모나 식구들, 즉 사적이고 친밀한 사람들과 직접 만나서 문제를 해결하기 어렵다면 편지나 전화를 통해서도 문제해결을 시도할 수 있다. 가족으로부터 자아를 분화하기 위해서는 구성원과 감정적인 융합이나 삼각화에서 벗어난 상태가 유지될 때 가능하다.

◆ 나단 애커먼

나단 애커먼은 소아정신과 의사임에도 불구하고 가족을 아동과 함께 만나는 선구적인 역할을 하였지만 정신분석적 입장은 고수하였다. 물론 체계를 유지하는 의사소통에 관심을 가졌던 팔로 알토 선구자들에 비하면 덜 혁신적이었지만 애커먼은 가족을 체계적 관점에서 이해하는 뛰어난 능력을 가지고 있었다. 애커먼은 가족이 겉으로는 한 단위인 것처럼 보이지만 이면에는 감정적으로 분열되어 경쟁적인 내분 상태에 있다고 말했다. 이러한 입장은 사람들이 하나의 통합된 성격을 가진 것처럼 보여도 실제로 내면에서는 충동과 방어로 둘러싸인 전쟁으로 인해 마음에 갈등을 겪고 있다고 말하는 개인 정신분석적 모델과 유사해 보인다.

애커먼은 메닝거 클리닉에서 일했고, 1937년에는 아동상담소의 주임 정신과 의사가 되었다. 처음에 그는 정신과 의사가 아이를 다루고 사회사업가가 어머니를 만나는 아동지도의 모델을 따랐다. 그러나 1940년대 중반에 그는 한 치료사와 함께 부모와 자녀를 모두 만나는 시도를 했다. 보울비와는 달리 애커먼은 가족을 진단과 치료를 위한 기초적인 단위로 보기 시작하면서, 이러한 공동 회기를 보조 수단 이상으로 활용하였다.

1955년 애커먼은 미국 정통정신의학협회의 모임에서 가족을 진단하는 첫 회기를 조직하였다. 그곳에서 잭슨과 보웬, 윈, 그리고 애커먼은 서로의 연구 작업에 대해서 배우고 가족을 함께 치료한다는 동일한 목표 의식으로 하나가 되었다. 2년 뒤에 애커먼은 뉴욕에서 유대인 가족 서비스 정신건강 클리닉Family Mental Health Clinic of Jewish Family Services을 개소하고 컬럼비아대학교에서 가르치기 시작했다. 1960년에 그는 가족연구소를 설립했고, 그곳은 1971년 그가 죽은 후에 애커먼 연구소로 개명되었다.

다른 가족치료사들은 개인심리학을 과소평가했지만, 애커먼은 사람들 간의 상호작용뿐만 아니라 사람들 내면에서 무엇이 일어나고 있는가에 항상 관심을 가졌다. 그는 감정, 희망, 욕망에 대한 시선을 결코 놓치지 않았다. 사실 애커먼의 가족모델은 개인의 정신분석적 모델이 확장된 것과 같았다. 애커먼은 의식이나 무의식과 관련된 주제 대신에 가족이 특히 성 또는 공격성과 관련된 주제들을 어떻게 회피하는지에 관해 이야기하였다. 그는 치료사로서 자신의 역할을 가족의 비밀을 끄집어내어 휘저어 놓는 사람과 같이 보았다.

애커먼은 가족 구성원들로 하여금 정서적 억제를 풀어놓도록 지지하였다. 그는 치료사가 언제나 중립적 입장을 취할 필요가 없을 뿐 아니라, 사실 가능하지도 않다고 생각했다. 대신 그는 유연하게 움직이면서 지금은 이 사람을, 다음에는 다른 사람을 지지하여 결국에는 한쪽으로 치우치지 않은 균형을 이룰 수 있다고 믿었다. 그는 가족을 뻔뻔스러울 만큼 퉁명스럽게 대하였다. 만일 누군가가 거짓말을 하고 있다고 생각되면 그는 그 점을 지적하며 직면시켰다. 이와 같은 단도직입적인 방법이 너무 많은 긴장을 조장할 수도 있다고 제안하는 비평가들에게 애커먼은 사람들이 예의를 갖춘 공손함보다는 오히려 이런 정직함을 통해 더욱 지지를 받을 수 있다고 대답했다.

◆ 칼 위태커

가족치료에 있어 다양한 여러 창시자 가운데 칼 위태커는 과단성 있고 가장 불손한 사람으로 이름이 나 있다. 그는 심리적으로 문제가 있는 사람을 감정으로부터 소외되고 활력이 없는 일상 속에서 얼어붙어 있다고 보았다(Whitaker & Malone, 1953). 그래서 위태커는 감정적 온도가 올라가도록 하는 것에 관심을 두었다. 그의 '모순의 심리치료Psychotherapy of the Absurd'(Whitaker, 1975)는 따뜻한 지지와 정서적 자극들을 한데 모아놓은 것으로, 사람들을 무장 해제시키며 보다 깊이 있고, 좀 더 개인적인 방식으로 자신의 경험과 만날 수 있도록 도와주기 위해 고안되었다.

혁신적인 그의 치료 접근법을 볼 때, 그가 가족치료를 실험했던 초기 인물들 가운데 한 사람이었다는 사실은 놀랍지도 않다. 1943년에 그는 테네시 주 오크리지에서 활동했던 존 워켄틴John Warkentin과 함께 내담자의 배우자와 자녀까지 포함시켜 치료하기 시작했다. 위태커 또한 공동치료 기법을 사용하는 데 선구적이었는데, 동료 치료사와 함께 치료하면, 확인되지 않은 역전이에 대한 두려움 없이 내담자들에게 자연스럽게 반응할 수 있다고 믿었다.

위태커는 이론보다는 그 순간 드러나는 창조적 순발성을 더 선호하였다. 그에게는 결코 뚜렷한 전략이 있지도 않았고, 예측할 수 있는 기법을 사용하지도 않았으며, 그가 말했던 것처럼 자신의 무의식이 흘러가는 대로 치료를 실시하는 것을 더 좋아했다(Whitaker, 1976). 그의 치료 방법은 전적으로 그 순간에 떠오른 것이고, 심지어는 터무니없어 보일 때도 있었지만 그 속에는 지속되는 주제들이 있었다. 그의 모든 개입은 가족이 좀 더 유연성을 갖도록 하기 위한 것이었으나 가족이 특정한 방향으로 변화하도록 강요하지는 않았다. 그는 각각의 구성원이 좀 더 완전한 개체성을 찾는 동시에 전체가 좀 더 완전한 응집력을 갖도록 하기 위해 때로는 도전하고 때로는 감언으로 설득하기도 했다.

1946년에 위태커는 에모리대학교 정신의학과의 학과장이 되었고, 조현병 내담자와 그들의 가족에 대해 특별한 관심을 가지고 지속적으로 가족치료를 실시하였다. 이 시기에 위태커는 일련의 학술회의들을 조직하였는데, 이것은 나중에 초기 가족치료운동의 첫 회합으로 이어지기도 했다. 위태커와 그의 동료들은 1946년부터 시작해서 매년 2회씩 학술회의를 개최하여 가족을 치료하는 동료들의 작업을 서로 관찰하고 토론하였다. 그 집단은 이러한 회기들이 매우 유용함을 알게 되었고, 이렇게 일방경을 사용하여 서로 관찰하는 방식은 이후 가족치료가 가지는 특징 가운데 하나가 되었다.

위태커는 1955년에 에모리대학교 학과장직을 사임하고 동료들과 함께 사설 치료를 시작했다. 그는 애틀랜타 정신의료원Atlanta Psychiatric Clinic에 있었던 동료들과 함께 가족과 개인 · 집단 · 부부 치료를 실시했다. 이들은 그들의 성격 유형이 갖고 있는 독특한 힘과 결합된 매우 도발적인 기술들을 많이 사용하면서, 경험주의적 형태의 심리치료를 개발하였다(Whitaker, 1958).

1970년대 후반에 위태커는 더 원숙해진 듯했고, 그가 사용했던 즉흥적인 방식의 개입으로 인해 가족역동에 대해 많은 이해를 더해 갔다. 그러는 과정에서 이전의 미숙했던 가족치료사는 경험이 풍부하고 능숙한 원로 중 한 사람이 되었다. 1995년 4월 위태커의 죽음으로 가족치료 분야는 핵심 인물 중 한 사람을 잃게 되었다.

◆ 이반 보스조르메니-나지

정신분석에서 가족치료로 전향하게 된 이반 보스조르메니-나지는 가족치료 운동의 핵심적인 사상가들 가운데 한 사람이었다. 1957년에 그는 필라델피아 동부 펜실베이니아 정신과 연구소Eastern Pennsylvania Psychiatric Institute, EPPI를 설립하면서, 매우 실력 있는 동료들을 끌어들일 수 있었다. 이들 가운데는 초기 가족치료 운동의 몇 안 되는 심리학자들 중 한 사람이었던 제임스 프래모James Framo와 사회복지사이자 *Invisible Loyalties*(Boszormenyi-Nagy & Spark, 1973)의 보스조르메니-나지와 공동 저자였던 제럴딘 스파크Geraldine Spark 등이 있었다.

보스조르메니-나지는 비밀과 비밀 보장을 중요시하는 개인 분석가에서 병리적인 세력들과 공개적으로 싸우는 가족치료사로 변신하였다. 그의 가장 중요한 공헌 가운데 하나는 일상적인 치료 목표와 기술에 있어 치료사의 윤리적 책임을 더한 것이었다. 보스조르메니-나지는 인간의 행동을 이끄는 데 쾌락과 개인의 이익만으로는 충분하지 않다고 보았다. 대신에 그는 가족 구성원이 그들 관계의 기초를 신뢰와 충성에 두어야 하고, 가족 간의 당연한 권리와 의무 사이에서 균형을 가져야 한다고 믿었다. 그는 2008년에 영면하였다.

◆ 살바도르 미누친

미누친이 처음으로 모습을 드러냈을 때 사람들은 그의 뛰어난 임상적 실연에 매료되었다. 세련된 라틴 억양으로 마음을 사로잡았던 미누친은 가족을 부추기고, 자극하고, 들볶거나 당황하게 함으로써 상황을 변화 속으로 몰아갔다. 그러나 미누친의 전설적인 직감력조차도 작아 보일 정도로 그가 창시한 구조주의 모델은 실용적인 단순성으로부터 나오는 엄청난 영향력을 가지고 있었다.

미누친은 1960년대 초반에 가족치료사로서 활동을 시작하면서, 어려움을 겪는 가족에게 두 가지 패턴이 공통적으로 나타나고 있음을 발견했다. 어떤 가족은 혼란스럽고 서로 단단히 연결되어 있는 밀착된 형태이며, 어떤 가족은 고립되고 외관상 연결 고리가 없어 보이는 유리된 형태가 그것이다. 이 두 가지 형태 모두 권위에 대한 명확한 경계선이 없다. 밀착된 부모는 지나치게 그들의 자녀와 얽혀 있어 지도력을 발휘할 수 없는 반면, 유리된 부모는 감정적으로 너무 소원해서 적절한 지지와 도움을 줄 수 없다.

가족의 문제들은 보이지 않지만 강력한 구조 속에 묻혀 있기 때문에 변화에 대해 완고하고 저항적이다. 예를 들어 고집 센 아이에게 별 효과 없이 꾸짖고 있는 어머니를 생각해 보자. 어머니는 잔소리하고, 벌주고, 상을 주거나 너그럽게 대할 수 있다. 그러나 아이에게 밀착되어 있는(지나치게 참견하는) 한 어머니로서의 권위가 결여되었기 때문에 그녀의 노력은 허사로 끝나기가 쉽다. 더구나 한 가족 구성원의 행동은 항상 다른 구성원의 행동과 연관되어 있기 때문에 남편이 관여하지 않는 한 그녀는 뒤로 물러나기 어렵게 될 것이다.

가족과 같은 사회체계가 일단 구조화되면, 규칙을 바꾸려는 시도는 가족치료사들이 일차 수준의 변화라고 부르는 변화, 즉 체계 자체는 변하지 않는 상태에서 만들어지는 체계 내의 변화를 일으키게 된다. 앞의 사례에서 어머니가 더욱 엄격하게 훈육을 시작하는 것은 일차 질서 변화의 예가 된다. 자녀와 밀착된 어머니는 다른 대안이 있으리라는 착각을 하게 된다. 그녀는 엄격하거나 또는 관대할 수도 있지만, 그녀가 삼각관계에 놓여 있기 때문에 결과는 마찬가지이다. 필요한 것은 이차 수준의 변화, 즉 체계 자체의 변화이다.

미누친은 뉴욕의 월트윅 소년학교에서 청소년 비행 문제와 씨름하면서 그의 이론과 철학을 발전시켰다. 도시 슬럼가의 구성원과의 가족치료는 새로운 진보였고, 그의 발견들이 책으로 출간되면서(Minuchin, Montalvo, Guerney, Rosman, & Schumer, 1967) 그는 1965년에 필라델피아 아동지도 클리닉Philadelphia Child Guidance Clinic의 소장으로 초빙되기에 이르렀다. 미누친은 브롤리오 몬탈보Braulio Montalvo와 버니스 로스먼Bernice Rosman을 함께 데리고 갔고, 1967년에는 제이 헤일리도 합류하였다. 그들은 함께 전통적인 아동상담소를 가족치료운동을 위한 훌륭한 센터들 가운데 하나로 발전시켰다.

1981년에 미누친은 뉴욕으로 옮겨 가서 현재 미누친 가족연구소로 알려져 있는 센터를 설립하였고 그곳에서 세계 도처에서 온 가족치료사들을 가르치는 일에 전념하였다. 또한 가족기능을 상실한 가족의 아이를 대리가족에게 머물게 돕는 일을 하는 기관과 함께 일하면서 사회 정의를 위해 헌신하였다. 그는 또한 그 분야에서 가장 영향력 있는 책을 꾸준히 출간하였다. 그가 1974년에 출간한 *Families and Family Therapy*는 가족치료의 역사에서 단연 가장 인기 있는 책이 되었고, 1993년에 출간한 가족치유Family Healing는 가족치료에 대한 책 중 가장 감동적인 내용을 담고 있다.

◆ 초기의 다른 가족치료 센터들

뉴욕에서 나단 애커먼에게 분석을 받아 왔던 이스라엘 즈워링Israel Zwerling과 돈 잭슨의 분석을 받았던 마릴린 멘델존Marilyn Mendelsohn은 알베르트 아인슈타인 의과대학과 브롱스 주립병원 안에 가족연구 부서를 조직하였다. 1964년에 앤드류 퍼버Andrew Ferber가 소장으로 임명되었고, 후에 머레이 보웬의 추종자인 필립 게린Philip Guerin이 그 부서에 합류하였다. 나단 애커먼이 자문위원을 맡았고, 다양한 이론적 배경을 가진 실력 있는 가족치료사들로 이루어진 팀이었다. 여기에는 크리스 빌스Chris Beels, 베티 카터Betty Carter, 모니카 맥골드릭Monica McGoldrick, 페기 팝Peggy Papp, 토머스 포가티Thomas Fogarty도 참여하였다. 1970년에는 필립 게린이 가족연구 부서의 훈련 책임자가 되었고, 1972년에는 웨스트체스터에서 외부 훈련 프로그램을 실시하였다. 그리고 그는 토머스 포가티와 그곳에서 전국에서 가장 훌륭한 가족치료 훈련 프로그램 중의 하나를 개발했다.

텍사스 주 갤버스턴에서 로버트 맥그리거와 그의 동료들은 다중충격치료(MacGregor, 1967)를 개발하였는데, 이것은 필요에 의해 발명된 치료 방법이었다. 맥그리거의 상담실은 텍사스 주 남동 지역에 널리 흩어져 있는 사람들에게 도움을 주었고, 그의 내담자들 중 다수는 치료를 위해 수백 마일을 여행해야 했다. 이처럼 멀리서 와야 했기 때문에 그들 대부분은 매주 치료 회기를 갖기 어려웠다. 그래서 단기간에 최대한의 영향을 만들어 내기 위해 맥그리거는 이틀 내내 집중적으로 가족들을 치료할 수 있는 대규모의 전문가 집단을 조직하였다. 당시 그와 같은 마라톤 회기를 사용하는 가족치료사들이 거의 없었음에도 불구하고, 팀으로서의 접근은 이 분야의 고유한 특징들 가운데 하나로 계속되었다.

보스턴에서는 초기의 가족치료 운동에 두 가지 중요한 기여가 이루어졌는데, 그것들은 모두 이 운동의 실존주의적-경험주의적 진영으로부터 나온 것이었다. 노먼 폴Norman Paul은 미해결된 슬픔을 드러내고 표현하도록 하기 위해서 조작적 애도법을 개발하였다. 폴에 의하면, 이러한 감정 정화적인 접근은 근래에 상실을 경험한 가족뿐만 아니라 거의 모든 가족에게 유용하게 사용될 수 있다. 역시 보스턴에서 프레드Fred와 버니 덜Bunny Duhl 부부는 보스턴 가족연구소Boston Family Institute를 설립하여 통합적 가족치료를 개발하였다.

시카고에서는 시카고 가족연구소Family Institute of Chicago와 청소년연구소Institute for Juvenile Research가 초기 가족치료의 중요한 중심지 역할을 했다. 시카고 가족연구소에서는 찰스Charles와 얀 크레이머Jan Kramer 부부가 임상훈련 프로그램을 개발하였는데, 이것은 나중에 노스웨스턴의과대학의 부속기구가 되었다. 청소년 연구소 역시 칼 위태커의 자문을 받아 어브 볼스타인Irv Borstein의 지도하에 훈련 프로그램을 시작하였다.

나단 엡스타인Nathan Epstein과 그의 동료들의 연구는 온타리오 주 해밀턴의 맥마스터대학교 정신과에서 처음으로 시작되었는데, 이것은 문제 중심적인 접근이었다(Epstein, Bishop, & Baldarin, 1981). 맥마스터 모델McMaster Model은 단계적으로 진행이 되는데, 문제를 설명하고, 자료를 모으고, 문제해결을 위한 대안을 찾고, 학습 과정을 평가하게 된다. 이 단계를 거쳐 가족이 그들의 상호작용을 이해하고 새롭게 습득한 대처 방식의 기술을 쌓아갈 수 있도록 도왔다. 후에 엡스타인은 로드아일랜드 주에 있는 브라운대학교로 옮겨 갔다.

미국 밖에서도 가족치료 분야의 중요한 발달 과정들이 있었다. 런던의 가족치료 연구소에서 로빈 스키너(Robin Skynner, 1976)가 정신역동 가족치료를 실시했고, 영국의 정신과 의사 존 하월스(John Howells, 1971)는 치료적 개입을 위해 필요한 계획 단계로서의 가족진단 체계를 고안했고, 서독의 헬름 스티어린(Helm Stierlin, 1972)은 문제 청소년들을 이해하고 치료하기 위해 정신역동적 개념과 체계적 개념을 통합하려고 노력했다. 1970년대 초반에 마우리치오 안돌피Maurizio Andolfi가 로마에서 가족들을 치료했고, 1974년에 가족치료를 위한 이탈리아 학회Italian Society for Family Therapy를 설립했다. 1967년 마라 셀비니 파라졸리Mara Selvini Palazzoli와 그녀의 동료들은 밀라노에 가족연구연구소Institute for Family Studies를 설립했다.

✥ ✥ ✥

지금까지 가족치료가 여러 다양한 곳에서 동시다발적으로 어떻게 생겨났는가에 대해 살펴보았는데, 한 가지만큼은 꼭 기억하기를 바란다. 사람들의 문제 행동을 그들이 속한 가족의 맥락 안에서 바라보는 것만큼 만족감을 느끼게 해주는 것은 드물다는 것이다. 내담자 홀로 만나는 것과는 달리 처음 가족과 만나는 것은 마치 어두운 방에 불을 켜는 것과 같다.

가족치료의 황금시대

초기 10년 동안 가족치료사들은 새로운 발견에 대해 열정과 동시에 허세도 갖고 있었다. "이것을 보라!" 헤일리와 잭슨, 보웬은 개별적인 내담자들의 증상이 가족 전체와 어떻게 연관되는지를 발견했을 때 그 놀라움을 이와 같이 표현했을 것이다. 가족치료사들은 자신들의 생각이 옳다는 것을 증명하기 위해 투쟁하면서도 그들의 공통적인 신념은 강조하였지만 차이점은 경시하려고 하였다. 그들은 문제가 가족으로부터 발생한다는 점에 동의하였다. 가족 전체를 함께 만남으로써 이해의 폭이 급증했다는 것을 강조하면서 "이것을 보라!"라고 외치는 것이 1960년대의 슬로건이었다면, 1970년대의 집결 구호는 새로운 학파들이 자신의 영역을 구축하고 위력을 발휘하게 되면서 "내가 할 수 있는 것을 보라!"라고 외치는 것이었다.

1970~1985년의 시기에 개척자들이 훈련센터를 설립하고 그들의 모델을 체계화하면서 가족치료의 유명한 학파들도 꽃피우게 되었다. 1960년대 가족치료의 주도적인 접근법은 팔로 알토가 개발한 의사소통 모델이었다. 이 시대에 쓰인 *Pragmatics of Human Communication*은 사람들에게 가족치료에 대한 체계적 관점을 소개했다. 1980년대를 대표하는 모델은 전략적 치료로, 바츨라비크Watzlawick, 위클랜드, 피시Fisch[1]의 상담과 심리치료를 위한 변화Change, 제이 헤일리의 *Problem-Solving Therapy*, 마라 셀비니 파라졸리와 밀라노 학파의 *Paradox and Counterparadox*는 전략적 치료에서 가장 중요한 세 가지의 접근법을 소개하고 있다. 1970년대는 살바도르 미누친의 시기였다. 그의 책 *Families and Family Therapy*에서 기술한 단순하지만 강력한 가족구조 모델은 그 시대를 주름잡았다.

구조이론은 가족치료사가 되려는 사람이 찾고 있던 것을 제공해 주는 것 같았다. 가족의 구조를 기술하는 데 단순하지만 의미 있는 방식과 따라 하기 쉬운 일련의 치료 단계들이 그것이다. 시간이 지난 후 우리는 미누친의 접근법이 강력한 힘을 발휘했던 이유가 방법론 때문이었는지, 아니면 미누친이라는 사람 때문이었는지 묻게 되는데, 아마도 두 가지 모두 구조주의를 인상 깊게 했던 것이라고 여겨진다. 1970년대에는 구조적 가족치료를 쉽게 배울 수 있을 것이라는 이유로 세계 곳곳에서 많은 사람이 거의 10년간 가족치료의 메카가 되었던 필라델피아 아동지도 클리닉으로 모여들었다.

1980년대에 번성했던 전략적 가족치료는 독특하고 창조적인 3개의 집단이 그 중심을 이루었는데, 존 위클랜드, 파울 바츨라빅, 리처드 피시가 속했던 MRI의 단기치료집단과 워싱턴 D.C.의 가족치료연구소Family Therapy Institute of Washington의 제이 헤일리와 클로에 마다네스Cloe Madanes, 그리고 마라 셀비니 파라졸리와 밀라노 학파였다. 그러나 전략적 가족치료 시대에 주도적인 영향을 미친 사람은 밀턴 에릭슨으로, 이미 그가 작고한 다음이기도 했다.

에릭슨의 재능은 많은 존경과 더불어 많이 모방되었다. 가족치료사들은 아이들이 캡틴 마블을 우상화했던 방식으로 에릭슨을 우상화하게 되었다. 우리는 토요일, 극장에서 집으로 돌아오면 모

---

1 1974년에 출간된 이 책은 후속 책인 *The Tactics of Change*와 함께 1980년대에 많이 읽혔다.

두가 힘이 나서 장난감 칼을 꺼내고, 마술 외투를 걸치고, 기합을 넣는다! 우리는 영웅이 되었다. 우리는 어린아이들이었기 때문에 우리 영웅의 신화적 능력을 우리 자신들의 용어로 번역하는 것을 힘들어하지 않았다. 우리는 영웅의 능력을 직접 모방했다. 안타깝게도 에릭슨의 전설적인 치료 이야기에 영향을 받았던 많은 사람도 이와 마찬가지였다. 너무나 많은 치료사가 기초가 되는 원리들을 파악하려고 하기보다는 단지 그의 '특이한 기법'들을 모방하려고만 하였다. 우리가 유능한 치료사가 되기 위해서는 미누친, 밀턴 에릭슨, 마이클 화이트Michael Whites 등과 같은 최고의 권위자들로부터 심리적 거리를 유지해야만 한다. 그렇게 하지 않을 경우 우리는 그들의 개념이 가진 본질을 파악하기보다는 그들의 기법이 가진 마술을 흉내 내는 것으로 그치게 된다.

헤일리의 전략적 지시를 더욱 아름답게 만드는 부분은 이러한 지시들이 내담자에 대한 힘과 통제력—단, 그들의 유익을 위한 목적으로—을 가질 수 있게 하는 놀라운 방법이라는 점이다. 또한 그들이 옳은 것을 하고 있다고 확신시키려고 노력하는 과정에서 흔히 경험하게 되는 좌절감도 여기에서는 느낄 필요가 없게 된다(대부분의 사람은 이미 그들에게 좋은 것이 무엇인가를 알지만, 그것을 행하게 하는 것이 어렵다). 그러므로 폭식증 내담자의 경우에 전략적 지시는 내담자의 가족으로 하여금 치킨이나 감자, 과자, 아이스크림 등을 한데 섞어 놓도록 하는 것이 될 수 있다. 그때 가족이 보는 앞에서 그 폭식증 내담자에게 마치 자신의 위장에서 일어나고 있는 일을 상징하듯이 모든 음식을 손으로 짓이기게 한다. 음식이 흐물흐물해지면 그것을 변기에 가득 채우게 한다. 그리고 변기가 음식물로 막혀 버리면, 내담자가 평소에 가장 싫어하는 가족 구성원에게 그 음식들을 다 끄집어내도록 시킨다. 이러한 지시는 폭식증 내담자가 자신뿐 아니라 가족을 난처하게 하는 것을 상징하는 것이다(Madanes, 1981).

전략적 접근 진영에서는 문제해결을 위한 에릭슨의 창조적 접근법을 포함하여 가족이 어떻게 그들의 문제 속에 빠져들게 되는가를 이해할 수 있는 단순한 틀을 추가했다. MRI 모델에 의하면 문제는 일상적인 삶의 어려움을 잘못 다루는 데서 시작된다. 처음에 문제해결을 위해 시도하였던 것이 도움이 안 되었음에도 불구하고 비슷한 방식으로 지속적으로 문제를 해결하려다 빠져나올 수 없게 되었을 때, 바로 처음의 그 어려움이 문제가 된다. 한 번 시도해서 성공하지 못하면 다시 시도하고, 또다시 시도하라는 옛 금언과는 전혀 다르다.

밀라노 그룹은 MRI에서 개발한 치료적인 이중구속 또는 그들이 반역설이라고 불렀던 개념을 사용하여 치료를 시도하였다. *Paradox and Counterparadox*(Selvini Palazzoli, Boscolo, Cecchin, & Prata, 1978)에 나오는 예를 하나 들어 보자. 저자들은 6세 소년과 그의 가족에게 반역설적 접근법을 사용했던 것을 기술하였다. 상담회기가 끝날 무렵, 어린 브루노는 아버지를 보호하기 위해 미친 행동을 했던 것에 대해 칭찬을 받았다. 브루노와 어머니가 싸우고 화내는 데 시간을 더 많이 보내면 보낼수록 아버지는 일과 휴식을 위한 시간을 더 많이 가질 수 있게 되었다. 이처럼 편안한 질서가 무너지지 않도록 하기 위해서 브루노는 그가 이미 해오고 있던 것을 계속하도록 격려받았다.

전략적 접근법의 매력은 실용주의에 있는데, 사이버네틱스의 비유를 사용하면서 전략적 치료사들은 어떻게 가족체계가 부정적인 피드백에 의해 조절되는가를 관찰하는 데 노력을 집중하였다. 그들은 단지 증상을 둘러싸고 지속시키는 상호작용들을 저지함으로써 두드러진 성과를 이루어 낼 수 있었지만 차차 그들이 이러한 접근법으로부터 등을 돌리게 된 것은 치료사들이 마치 마술사 같아 보였기 때문이다. 그들의 개입 방법이 조작적이었던 것은 사실이며, 마치 어설픈 마술사가 부정한 방법으로 카드를 치는 것을 보는 것 같은 느낌을 주었다.

한편 구조적 접근법과 전략적 접근법이 생겨나서 인기를 얻는 동안, 가족치료의 네 가지 다른 모델이 조용히 번성하고 있었다. 비록 중심의 무대를 차지하지는 않았지만 **경험주의적 모델**, **정신분석적 모델**, **행동주의적 모델**, **보웬 모델**이 성장하고 번성하였다. 이러한 학파들은 각각 견고한 임상적 방법론을 만들어 냈다. 다음 장들에서 이 모델들을 구체적으로 살펴볼 것이다.

요약

가족치료는 짧지만 긴 역사를 갖고 있다. 오랫동안 치료사들은 내담자와 치료사 사이의 사적인 관계를 보호하기 위해서 내담자의 가족 구성원을 만난다는 생각을 거부했었다. 프로이트주의자들은 무의식적이고 내사된 가족을 드러내기 위해서 실제 가족을 배제하였다. 로저스주의자들은 무조건적인 긍정적 존중을 제공하기 위해서 가족을 멀리하였다. 한편 병원의 정신과 의사들은 병원의 의료진과 내담자가 형성하고 있는 좋은 환경을 해칠 수 있는 가족의 방문을 억제하였다.

1950년대에 여러 가지 흐름이 모여서 하나의 새로운 관점, 즉 가족은 살아 있는 체계이자 유기적인 전체라는 관점에 이르게 되었다. 병원과 아동지도상담소에서 치료하는 치료사들이 가족치료를 위한 길을 예비하였음에도 불구하고, 가장 중요한 발전은 1950년대에 과학자이자 치료사였던 활동가들에 의해 이루어졌다. 팔로 알토에서 그레고리 베이트슨, 제이 헤일리, 돈 잭슨, 존 위클랜드는 조현병이 병리적인 가족의 의사소통의 맥락 안에서는 충분히 이해될 수 있음을 발견하였다. 조현병 내담자들이 아무 이유 없이 미치지는 않으며, 그들의 명백한 미친 행동은 그들 가족의 맥락 안에서는 이해가 되는 것이었다. 어머니와 조현병 자녀가 어떻게 밀착과 소원한 관계의 사이클을 거치게 되는가에 관한 머레이 보웬의 연구는 쫓아가는 자-거리를 두는 자pursuer-distancer 역동의 전조였다.

이러한 연구들로 인해 가족치료 운동이 태동하였지만, 연구 팀들이 관찰한 것과 결론의 연결이 불분명하다. 그들이 관찰했던 것은 조현병 내담자의 행동이 그들의 가족에게 잘 맞아떨어진다는 것이었다. 그래서 내린 결론은 가족이 조현병의 원인이 될 수밖에 없다는 것이었다. 두 번째 결론은 더욱 중요한 영향력을 가졌는데, 이중구속, 가성상호성, 미분화된 가족자아 집합체와 같은 가족의 역동에 대해, 그들이 함께 살기 때문에 공유하게 되는 사람들의 특징이라기보다는 **가족체계**

의 산물로 이해되기 시작하였다.

가족치료를 처음으로 시행한 사람은 누구인가? 이것은 어려운 질문이다. 모든 분야에서처럼 가족치료 분야에도 인정할 만한 발전을 예견했던 사람들이 있었다. 예를 들어 프로이트는 이미 1909년에 '꼬마 한스'를 치료하면서 그의 아버지를 만났다. 그러나 그러한 실험들은 그 시대의 분위기가 수용적으로 되기 전까지는 개인치료 영역이 잡고 있었던 주도권에 도전하기에 충분하지 못했다. 1950년대 초반에 서로 다른 네 지역에서 독립적으로 가족치료가 시작되었는데, 클라크대학교의 존 벨에 의해, 메닝거 클리닉과 이후에는 NIMH에서 머레이 보웬에 의해, 뉴욕에서 나단 애커먼에 의해, 팔로 알토에서 돈 잭슨, 사티어, 그리고 제이 헤일리에 의해서였다.

이들 개척자들은 서로 뚜렷이 구분되는 다른 배경을 갖고 있었다. 그래서 그들이 개발한 방법이 다른 것은 놀라운 일이 아니다. 이 다양성은 오늘날도 여전히 가족치료 분야를 특징짓고 있다. 방금 언급된 사람들에 더해 가족치료의 형성에 중요한 공헌을 했던 다른 사람들로는 리만 윈, 테오도르 리츠, 칼 위태커, 이반 보스조르메니-나지, 크리스천 미델폰트, 로버트 맥그리거, 살바도르 미누친이 있었다.

가족치료의 황금기, 즉 1970년대와 1980년대는 학파들의 번성기라고 불리었다. 헤일리나 미누친의 최근 저서로 무장한 치료사들은 한 학파에 충성을 맹세하고 사명감을 갖고 시작하였다. 그들을 적극적인 접근법으로 이끌었던 것은 리더들의 확신과 카리스마였다. 그러나 사람들을 화나게 했던 것은 리더들의 자만처럼 비추어지는 면들이었다. 혹자는 워크숍에서 시연되는 구조적 가족치료의 치료 장면을 보면서 이것이 위협적인 시도 같다고 생각하기도 하고, 전략적 접근법의 기민함을 속임수라고 생각했다. 전략들은 재치 있었지만 너무 냉정했다. 가족은 완고하고 말이 통하지 않는 특징으로 묘사되었다. 치료사들은 그러한 사고방식에 싫증을 느끼게 되었다.

초기의 가족치료사들은 엄청난 열정과 확신으로 고무되었다. 그러나 지금은 탈근대주의적 비판과 정신건강을 위한 치료기관의 역할, 생물학적 정신의학의 부활 등의 자취 안에서 가족치료사들의 확신이 줄어들게 되었다.

어떠하든 가족치료는 효과적인 것이 분명하다(Sexton & Datachi, 2014). 역사적으로 보면 초기에는 새롭고 창조적인 아이디어가 가족치료 분야를 지배했다고 하면(예 : Haley, 1962), 지금은 효과적인 치료 개입에 중점이 맞추어지고 있다(예 : Nichols & Tafuri, 2013). 이제 우리는 가족과 가족체계에 대해서는 충분히 배우게 되었고 기법들도 잘 알게 되었다(Minuchin, Reiter, & Borda, 2014). 앞으로 중요하게 관심을 가져야 할 부분은 치료사와 내담자 간의 협조적 태도, 문화적 차이에 대한 배려, 성별의 차이에 대한 예민함, 연구 결과에 근거한 공통 요인들을 근거로 한 방법론들 간의 협조적 태도 등이다(Lebow, 2014, p. 368).

다음 장에서 우리는 오늘날 가족치료사들이 창조적인 새로운 생각들을 초기 모델에서 가장 좋았던 것들과 어떻게 종합해 왔는지를 살펴볼 것이다. 그러나 각각의 유명한 모델을 심층적으로 탐구하면서 또한 어떤 좋은 생각들이 분별력 없이 무시되었는지도 살펴볼 것이다.

  그러나 가족치료 분야의 모든 복잡함이 기본적인 전제를 모호하게 해서는 안 된다. 가족은 인간들의 문제가 발생하는 맥락이다. 모든 인간의 집단들처럼 가족 또한 전체는 부분들의 합보다 더 크다는 분명한 특성을 가지고 있다. 더구나 이러한 특성에 대한 다양하고 많은 설명에도 불구하고, 그것들은 모두 2개의 범주, 즉 **구조**와 **과정**에 포함된다. 가족의 구조는 삼각관계, 하위체계, 경계선을 포함한다. 가족의 상호작용을 설명하는 과정에는 정서적 반동 형성, 역기능적 의사소통 등이 있는데, 이것들의 중심 개념은 순환성이다. 가족치료사는 누가 무엇을 시작했는가에 관심을 갖기보다는 인간의 문제들을 일련의 움직임과 여기에 반하는 움직임의 반복되는 사이클로 이해하고 다룬다.

제2장

가족치료의 기본 기법

증상에서 체계로

학습 목표

◆ 초기 단계의 면접, 중기 단계의 치료 과정, 말기 단계의 종결을 위한 기본 기술을 보여 주고 논의하라.

◆ 가족과 작업할 때 진단을 위한 기법들과 기본 주제들을 설명하라.

◆ 가족치료를 실시할 때의 기본 윤리적 책임에 대해서 논의하라.

◆ 가정 폭력과 아동 학대 사례를 다룰 때의 기본적인 가이드라인에 대해 설명하라.

◆ 관리의료 돌봄과 개인 치료소를 개설할 때의 기본 작업을 설명하라.

가족치료 시작하기

◆ 초기 전화 면접

초기 면담의 목표는 제시된 문제에 대한 기본적인 정보를 얻고, 가족이 치료에 참여하도록 준비시키는 것이다. 전화를 건 사람이 문제에 대해 말하는 것을 들은 후 가족 구성원과 관련된 사람(의뢰 경로와 다른 기관 포함)을 모두 확인한다. 비록 초기 전화 면접은 간단해야 하지만, 전화한 사람과 관계를 원만하게 맺어 치료에 참여할 수 있는 기반을 마련하는 것이 중요하다. 그런 다음 첫 치료에 참석해야 할 사람(일반적으로 함께 살고 있는 모든 가족 구성원)과 날짜, 시간, 장소를 구체적으로 정한다.

치료사는 모든 가족이 참여할 수 있도록 격려해야 하는데, 가장 중요한 것은 치료사 자신의 태도이다. 걱정이 많은 어머니가 아이만 개별 치료를 해주기를 원하는 경우나 불행한 남편이 치료

전화 초담은 될 수 있으면 짧게 해야 한다. 잘못하면 전화를 건 구성원과 동맹을 맺게 된다.

사와 단둘이 이야기하기를 원하는 경우, 치료사가 이들과 다른 의견을 가지고 있어도 이들의 의견을 충분히 이해하고 존중해야 한다. 하지만 치료사가 적어도 초기 평가를 위하여 모든 가족 구성원을 만나고 싶다면, 평상시의 말투로 "저는 가족을 전부 만나는 것을 중요하게 여기고, 처음부터 가족 전체를 만납니다."라고 자신의 입장을 분명하게 말하면 대부분의 가족은 참석에 동의한다.

전화를 건 사람이 문제를 어떤 한 구성원의 문제로 한정시키려 하면, 그러한 문제가 나머지 가족 구성원에게 미치는 영향에 대해 질문을 하면서 문제에 대한 관점을 확대시킬 수 있다. 만일 전화를 건 사람이 가족이 다 참여하는 것을 방해하면 치료사는 적어도 처음에는 모든 가족 구성원들의 의견을 가능한 한 많이 듣는 것이 중요하다고 말한다. 자신들이 비난받을까 봐 두려워했지만 오히려 자신들의 의견이 중요하다는 말을 들으면 자신들의 의견을 말하는 것을 꺼리지 않게 된다.[1]

마지막으로 대부분의 가족들이 치료를 받기를 두려워하여 치료받으러 안 오려고 하는데 이런 확인전화를 하면 불참률을 낮출 수 있다.

◆ 첫 면담

첫 면담의 목적은 가족과 협조적 관계를 구축하고, 무엇이 가족이 제시한 문제를 지속시켜 왔는지에 대한 가설을 세우는 것이다. 첫 전화 접촉 후에는 잠정적인 가설(소위 '육감')을 세우고 그것을 첫 치료에서 확인한다. 그러나 단순히 가설을 확인하는 것만이 아니라 자신의 초기 가설이 잘못되었을 수도 있다는 사실을 받아들일 준비도 되어 있어야 한다. 다시 말하자면 서둘러 가설을 성급하게 세우는 것이 중요한 것이 아니라 내담자 가족의 이야기에 귀 기울이면서 탐색을 시작하는 것이 중요하다.

첫 면담의 주요 목표는 라포 형성과 정보 수집에 있다. 치료사는 먼저 신청자와 가족에게 자기

---

1 모든 가족치료사들이 가족 구성원 전체를 주기적으로 만나지는 않는다. 어떤 치료사들은 처음에는 개인을 면담하거나 혹은 하위집단과 만난 다음에 점차 다른 구성원들도 포함시키고, 또 다른 치료사들은 문제의 중심에 있는 구성원과 문제해결을 위해 작업하기도 하며, 또 어떤 사람들은 문제의 중심에서 비껴 있는 사람을 더 중요하게 다루기도 한다. 여기서 중요한 것은 가족치료의 기법이나 치료 집단의 형태가 아니라 증상을 보는 관점이다. 즉 가족치료는 체계적 맥락에서 증상을 이해하고 치료적 접근을 하는 것이 가장 중요하다.

소개를 한다. 그러고 나서 부모에게 자녀들을 소개할 것을 부탁하고 참여한 모든 구성원과 악수를 한다.[2] 가족을 치료실(관찰실, 녹음기구, 장난감 등이 있는)로 안내하고, 치료 시간과 목적 등에 대해 간단히 설명한다. 치료사는 치료 신청자가 전화로 말한 내용을 간단히 요약하고 치료 신청자에게 상황에 대해 더 자세히 말할 내용이 있는지 확인한다. 신청자가 말할 때 공감, 경청, 명료화를 하면서 잘 듣고 다른 구성원들의 관점도 묻는다.

초보 치료사는 모든 가족 구성원들이 한꺼번에 참여하면 치료실이 마치 전쟁터처럼 난장판이 될까 봐 두려워한다. 구성원들이 서로 다투어 말하려고 하면 치료사가 한 사람씩 이야기하도록 요구한다. 한 사람씩 이야기하고, 나머지 구성원들이 경청하는 과정은 정서적으로 반사적인 가족에게는 특히 필요한 과정이다.

초담의 주요 목표는 라포 형성과 정보수집이다. 치료사는 상담을 요청한 사람과 인사를 나눈 뒤에 다른 성인 구성원과 인사를 한다. 그리고 부모에게 자녀들을 소개하도록 부탁한다. 악수를 하면서 각 구성원과 인사를 한다. 가족에게 상담실(일방경, 비디오테이프, 아이들을 위한 장난감)을 보여 주면서 치료 회기를 계획하고 치료 목표를 세운다. 다른 가족 구성원들이 어리둥절하지 않게 전화로 상담 요청한 내용을 간략하게 명료화한다. 상담 요청한 사람의 관점을 확인하고("그러니까 지금 말씀하시는 것이…?"), 다른 가족 구성원들의 관점도 묻는다.

이때 각 구성원에게, "치료를 받으러 오신 것에 대해 어떻게 느끼십니까?"라는 질문을 할 수 있다. 이런 질문은 가족 구성원들에게 치료사가 자신들의 말에 귀 기울여 줄 것 같은 사람으로 보이게 해준다. 만일 아이가 "나는 오기 싫었어요." 혹은 "여기 오는 게 바보 같아요."라고 말한다면 "솔직하게 말해 줘서 고마워."라고 아이의 말을 인정해 주면서 대답한다.

첫 회기의 대부분을 제시된 문제에 대해 토론해야 하지만, 이처럼 문제에만 초점을 두는 것은 내담자를 좌절하게 만든다. 따라서 잠깐씩 가족 구성원들과 여가, 활동, 취미, 좋았던 경험 등 일상적 삶에 관해서 잠깐씩 이야기를 하는 것도 도움이 된다. 이런 시간은 치료사와의 관계가 편안해지는 효과를 주고 에너지를 긍정적으로 변화시키는 기능을 한다.

부모가 자녀들을 데리고 치료실에 오면 많은 사실을 관찰할 수 있다. 특히 부모들이 5세 이하의 자녀를 데리고 오면 아이가 편안하게 느낄 수 있도록 환경을 만들어 주어야 한다. 그리고 부모와 자녀의 관계를 탐색하기 위해서 다음의 질문을 부모에게 할 수 있다. 만약 치료사가 요청한다면 부모는 아이들이 구석에서 조용히 놀게 할 수 있는가? 부모는 형제자매 간의 사소한 다툼을 과하게 다루고 있는가? 부모가 아이들과 상호작용하는가 아니면 어머니만 아이들과 상호작용하는가? 이런 질문들은 가족역동을 파악하는 데 도움이 된다. 그리고 아이의 태도도 살펴본다. 가족의 비난이 두려워 자유롭게 행동하지 못하는 아이는 조용히 의자에 앉아 있을 것이며, 두려워서 놀

---

2 역자 주 : 우리 나라 문화에서는 목례를 하는 것이 더 적절할 수 있다.

지 못할 수 있다. 공격적인 아이는 장난감을 공격하고 폭력적인 게임을 할 것이며, 불안한 아이는 방을 돌아다니며 한 자리에 앉지 못할 것이다. 부모와 밀착된 아이는 치료사와 부모의 대화를 계속 방해할 것이다.

일부 치료사들은 가족사를 아는 것이 도움이 된다고 생각하며, 확대가족의 관계망을 도표화하기 위해 **가계도**genogram를 사용하는 치료사도 많이 있다.[3] 또는 어떤 치료사들은 가족의 중요한 역사는 치료 중에 자연스럽게 나타날 것이기 때문에 가족이 제시하는 불평과 주위 상황에 집중하는 것을 선호한다.

가족치료사는 가족 구성원이 문제해결을 위해 무엇을 했는지에 대해 질문하고, 그들이 어떻게 상호작용하는지를 관찰하면서, 가족이 제시된 문제에 어떻게 관여되어 있는지에 대한 가설을 발전시킨다. 이때 행동과 생각은 똑같이 중요하다. 별로 도움이 안 되는 상호작용을 찾아내는 것도 중요하지만 별로 생산적이지 못한 생각을 찾아내는 것도 유용하다.

이와 더불어 가족이 지금까지 해왔던 비효과적인 해결책과, 가족생활주기 전환기에 걸린 문제가 있는지 확인한다. 만약 가족이 문제를 해결하기 위해 시도한 방법들이 효과가 없었다면, 그 시

초담에서 가족과 동맹을 맺을 때 조심해야 할 것은 가족이 문제라고 제시하는 구성원을 같은 관점에서 받아들이는 것이다.

---

3 역자 주 : 사티어 경험주의 모델에서는 첫 회기에 라포 형성에 이어 정보수집을 하면서 가족지도를 작성한다. 이때 잠정적으로 진단을 내리고 치료 계획을 세운다. 가족지도를 탐색하기 때문에 가설을 세우는 데 많은 도움이 된다(제4장 참조).

도들이 문제의 일부일 수 있다. 전형적인 예로, 부모가 자녀에게 과잉 개입하기 때문에 자녀가 친구를 사귀지 못하는데, 친구를 사귀지 못한다고 아이를 달래고 비난하는 경우를 들 수 있다. 가끔 부모가 자녀의 문제를 해결하기 위해 "할 수 있는 것은 다 해 보았다."라고 말한다. 그러나 이런 부모는 태도가 일관적이지 못하거나, 빨리 포기하는 경우이다.

치료사들이 가족을 돕기 위해 문제와 문제의 원인을 찾는 데 주력하지만 가족의 약점이 아니라 강점이 실제 치료를 성공으로 이끈다. 문제가 매우 심각한 가족도 성공적으로 살았던 때가 있었지만 현재의 어려움으로 인한 좌절에 가려 보지 못할 수 있다. 따라서 치료사들은 가족의 잠재력을 탐색해야 한다(Walsh, 1998). 이 사람들이 무엇을 잘해 왔는가? 과거에 어려움을 어떻게 성공적으로 해결했는가? 희망찬 미래는 어떤 모습일까? 매우 희망이 없어 보이는 가족도 성공적이었던 때가 있었지만 그러한 긍정적 사건들은 현재의 어려움에 가려진다.

모든 가족들이 꼭 그런 것은 아니지만, 대부분의 가족은 변화하는 새로운 환경에 적응하지 못했기 때문에 치료를 청하기도 한다. 만일 아기의 출생 후 몇 달 내에 남편이나 아내에게 문제가 생긴다면, 이것은 부부가 2인 체계에서 3인 체계로 전환하지 못했기 때문일 수 있다. 젊은 엄마는 충분한 지지를 받지 못해 우울하고, 젊은 아빠는 아내가 아기에게만 신경 쓰는 것을 질투할 수 있다.

아기가 태어나면 젊은 부부가 긴장하는 것은 당연한데 치료사들이 우울해하는 젊은 엄마에게 '미해결된 의존욕구', '무능력한 대처' 또는 '우울증 약을 복용하지 않아서'라고 판단하는 것을 종종 보게 된다. 또한 아이가 초등학교에 입학하거나 사춘기가 되면 문제가 발생하기도 한다. 전환기는 가족에게 많은 변화를 요구한다. 따라서 치료사는 내담자의 문제가 발달전환기의 문제인지를 확인하는 것이 필요하다.

젊은 치료사들은 내담자들이 겪는 어려움을 경험해 본 적이 없을 수도 있다. 이러한 경우 치료사는 정보가 부족한 상태에서 성급히 결론짓기보다는 가족이 겪고 있는 어려움에 호기심을 가지고 충분히 존중할 필요가 있다. 예를 들면, 젊은 치료사는 어린 자녀를 둔 많은 젊은 부부가 왜 둘만의 시간을 보내지 못하는지 이해할 수 없었다. 그리고 두 사람이 혼자 있는 것을 힘들어하는 것이라 추측하였다. 그러나 나중에 자신이 어린 자녀를 키울 때 부부가 어떻게 외출을 할 수 있었는지 궁금해할 수도 있다.

가족치료사는 가족 구성원이 서로 어떻게 관계를 맺는지를 알기 위해서 우선 가족 구성원들에게 질문을 하고 또 가족 구성원들로 하여금 상호작용에 대해 토론하는 과정을 거치게 한다. 보웬학파 치료사들은 과정 또는 순환적 질문을 선호하며, 구조주의 치료사들은 토론하기를 선호한다. 어떤 전략을 선호하든 질문은 "무엇이 가족의 발달 과정을 막고 있는가?"이다.

일단 치료사가 가족을 만나 치료하고자 하는 문제와 가족의 상황을 파악하고, 무엇이 필요한지 알게 되면 때로는 가족에게 특별한 제안을 하기도 한다. 다른 전문가(예 : 학습장애 전문가, 의사, 변호사)에게 보내기도 하고, 가족에게 치료가 필요 없다고 하거나, 심지어는 치료받을 준비가 안

되어 있다는 말까지 할 수 있다. 하지만 대부분의 경우에는 치료의 진행 과정과 관련된 말을 한다. 그러나 첫 회기에 충분히 내담자에 관해 알기 전에 제안을 하는 것은 바람직하지 않다. 특히 초보 치료사들은 내담자 가족과 관계를 맺고 그들의 상황을 이해하며 함께 작업할 수 있는지 파악하는 데 2~3회기가 필요하기 때문에 그 후에 제안을 하도록 한다.

만약 치료사가 가족의 문제해결을 도울 수 있다고 생각한다면 가족과 **치료계약**을 맺는다. 그렇게 되면 치료사는 가족이 치료실에 오게 된 이유를 다시 확인하고, 여기에 온 것은 잘한 일이며 도움을 받을 수 있다고 지지한다. 그리고 약속 시간을 정하고 얼마나 자주 할지, 매 치료에 소요되는 시간은 얼마로 할지, 누가 치료에 참석할 것이며 관찰자 참관 및 녹화 여부, 치료비용, 보험처리는 어떻게 할지를 의논한다. 그리고 약속을 지키는 것은 중요하고, 모든 가족 구성원이 참석해야 하며, 치료사나 치료가 불만스러울 때 이를 기꺼이 들어줄 의사가 있다는 것을 강조해야 한다. 마지막으로 가족을 만나는 동안 관찰된 가족의 목표와 그들의 강점을 강조한다.

첫 회기 점검사항

1. 각각의 가족 구성원과 접촉을 하고, 문제에 대한 관점을 듣고, 치료에 온 것에 대한 감정을 인정한다.
2. 치료의 구조와 속도를 조절함으로써 리더십을 발휘한다.
3. 온화함과 전문성을 균형 있게 갖추면서 가족과의 협력 관계를 발전시킨다.
4. 가족 구성원의 긍정적인 행동과 강점을 칭찬한다.
5. 개인에게 공감해 주고 가족의 행동 방식을 존중한다.
6. 구체적인 문제와 시도했던 해결책에 초점을 맞춘다.
7. 제시된 문제와 관련하여 도움이 되지 않는 상호작용에 대한 가설을 발전시킨다. 왜 이러한 상호작용이 지속되는지에 대해 호기심을 갖는다. 가족이 개선되는 데 도움이 되는 유용한 상호작용을 파악한다.
8. 불참한 가족 구성원, 친구 또는 조력자들이 관여할 수 있다는 점을 간과하지 않는다.
9. 치료를 구조화하기 위해 가족의 목표를 인정하고, 치료사의 계획을 구체화하여 치료적 계약을 협상한다.
10. 가족이 질문할 수 있도록 한다.

◆ 치료의 초기 단계

치료의 초기 단계에서 치료사는 무엇이 문제를 유지시키는지에 대한 가설을 세우고 문제해결을 위한 작업을 시작하는 데 전념한다. 이제 전략은 가족과 동맹을 맺는 것에서 가족의 행동과 신념에 도전하는 것으로 바뀐다. 대부분의 치료사는 변화를 위해 무엇이 필요한지 알고 있으며, 훌륭한 치료사가 되기 위해서는 변화를 위해 기꺼이 밀고 나가겠다는 의지가 필요하다는 것을 알고 있다.

'변화를 위해 밀고 나가는 것'은 일종의 직면 방식이다. 그러나 변화를 일으키기 위한 특별한 방법이 있는 것은 아니다. 오히려 치료사의 끈질긴 헌신이 가장 중요한 요소이다. 이러한 헌신은 마이클 화이트가 문제에 대해 끈질기게 질문하는 것, 필립 게린이 가족 구성원에게 서로에 대한 비난을 멈추고 자신들을 바라보도록 차분히 요구하는 것, 그리고 버지니아 골드너Virginia Goldner가 폭력적인 남자들에게 자신의 행동에 책임질 것을 강하게 주장하는 것과 같다.

변화하도록 밀고 나가기 위해 치료사가 어떤 기술을 사용하든 간에 강한 치료적 동맹을 유지하는 것은 중요하다. **치료 동맹**이란 단어는 전문용어처럼 들리지만 추상적인 용어가 아니며, 이는 내담자의 견해를 경청하고 인정한다는 것을 의미한다. 이것은 바로 공감적 이해로, 가족 구성원이 존중받고 있다고 느끼게 하며 도전을 수용하도록 개방적으로 만든다.

어떤 모델을 사용하는가에 관계없이 효율적인 치료사는 끊임없이 변화를 추구한다. 이것은 단순히 참을성이 있다는 의미가 아니라, 때로는 열정적으로 기꺼이 개입하는 것을 말한다. 일부 치료사는 직면하지 않는 것을 선호하며, 부드러운 질문이나 지속적인 격려가 더 효과적이라고 생각한다. 치료사가 직접적(때때로 직면을 사용)으로 작업하든, 간접적(직면을 회피)으로 작업하든 간에 훌륭한 치료사는 마무리를 잘한다. 전략이나 기술이 다를 수 있으나, 최고의 치료사는 가족이 자신의 문제를 성공적으로 해결하는 데 필요한 것을 할 수 있도록 헌신하는 사람이다.

효과적인 가족치료에서는 대인 간 갈등에 대해 논의하는데, 그 첫 단계는 가족 구성원 간의 갈등을 치료실에서 직접 이야기하는 것으로서, 이것은 일반적으로 문제가 되지 않는다. 갈등이 있는 부부나 자녀와 논쟁하는 부모는 일반적으로 자신들의 불화에 대해서 바로 말할 것이다. 만일 가족이 법정, 학교, 보호 관찰소 등의 의뢰로 오게 되었다면, 치료사는 가족과 이들 기관 간의 문제를 이야기하는 것으로 시작해야 한다. 가족은 이 기관들과의 갈등을 해소하기 위해 어떻게 변화해야 하는가?

한 사람이 문제의 원인으로 지목되면, 치료사는 다른 가족이 어떻게 개입되어 있거나 영향을 받고 있는지를 물어보면서 일방적 선형관계에 도전한다. "그 문제가 생기거나 그 문제를 다루는 데 다른 사람들은 어떤 역할을 했는가?", "문제에 어떻게 반응했는가?"라고 체계적 질문을 할 수 있다.

예를 들어 부모가 "마릭이 문제예요. 그 애는 말을 듣지 않아요."라고 말한다면 치료사는 "어떻게 마릭이 그럴 수 있죠?" 혹은 "그럴 때 부모님은 어떻게 반응하나요?"라고 물어볼 수 있다. 덜 직면적인 치료사라면 "어떤 행동이 말을 듣지 않는 행동입니까?", "말을 듣지 않는 행동이 당신에게 어떻게 영향을 미치나요?"라고 물어볼 수 있다.

"우울한 사람은 저예요."라고 말하는 사람에게 치료사는 "가족 중 누가 당신을 우울하게 만들죠?"라고 물어볼 수 있다. "누구 때문도 아니에요."와 같이 대답한다면 "그러면 누가 당신을 우울하게 되는 데 도움을 주고 있나요?"라는 질문을 할 수 있다.

도전은 치료사의 방식과 가족 평가 결과에 따라 직설적으로 또는 조심스럽게 시도될 수 있다. 핵심은 어떤 사람(예 : 말 안 듣는 아이)을 비난하는 대신 다른 사람(예 : 훈육을 효과적으로 하지 못하는 부모)을 비난하는 것이 아니라, 문제를 상호작용적인 것으로 확대하여, 공유되고 유지되는 것으로 설명한다. 마릭의 예를 보자면, 아마도 아버지가 마릭에게 너무 엄격하기 때문에 어머니가 지나치게 관대한 것일 수도 있고, 부부관계가 소원하다고 느끼기 때문에 어머니가 아들에게 과도하게 몰입하는 것일 수도 있다.

부적절한 상호작용에 도전하는 가장 좋은 방법은 사람들을 정체되게 만드는 패턴을 지적하는 것이다. 이에 유용한 공식 하나는 "당신이 X를 하면 할수록 그는 Y할 것이며, 당신이 Y를 하면 할수록 그녀는 X를 할 것입니다."이다(X와 Y에 잔소리와 회피 또는 통제와 반항을 대입한다). 치료사가 내담자가 하고 있는 것이 효과가 없다고 지적하면서 무엇을 해야 할지 말하는 것은 실수이다. 만약 치료사가 지적하는 대신 조언을 하면, 가족의 관심은 자신들의 행동에서 치료사의 충고로 옮겨 간다.[4]

> 치료사 : 당신이 부인의 불평을 무시할 때 부인은 상처받고 화를 냅니다. 당신이 부인의 분노를 받아들이는 것이 힘들 수도 있겠지만, 부인은 지지받지 못한다고 느낍니다.
>
> 내담자 : 그럼 제가 어떻게 해야 할까요?
>
> 치료사 : 모르겠습니다. 부인에게 물어보시죠.

가족치료사는 가족 구성원들의 잘못된 신념과 행동에 도전하지만, 감정과 관점을 지속적으로 경청해야 한다. 경청은 소리 없는 행동이지만 가끔은 치료사들도 소홀히 한다. 가족 구성원은 서로의 말을 장시간 들으면 방어적이 되는데, 치료사가 가족 구성원들의 말을 경청하기보다는 충고하려고 끼어들려고 하면 방어적이 되기 쉽다. 사람들은 자신의 말이 경청되고 이해받았다고 느껴야만 자신의 가설을 재고하기 쉽다는 사실을 기억해야 된다.

과제를 부여할 때 알 수 있는 것은 가족의 유연성이다. 그리고 과제를 얼마나 열심히 하는지를 보는 것만으로도 변화 의지를 읽을 수 있다. 또한 과제는 가족이 문제에 어떻게 기여하는지도 알게 해준다. 과제는 또한 치료사가 변화시키려는 노력을 하지 않더라도 무엇인가에 주목하게 함으로써 교훈을 주고, 새로운 방법을 제안하는 데 도움이 된다. 전형적인 과제는 다음과 같다. 자녀에게 과잉 개입하는 부모에게 보모를 구하게 하고 부부가 함께 외출할 것을 제안하기, 논쟁적인 부부에게는 번갈아 가며 자신의 감정을 이야기하고 상대방은 아무 말도 않고 듣기만 하되 반사적으로 반응하려는 경향을 주목하기, 의존적인 가족 구성원에게는 혼자 혹은 가족 외의 사람과 함

---

4 치료사로서의 두 가지 단점은 내담자들을 지나치게 빨리 변화시키려고 하는 것과 내담자들로부터 호감을 얻으려고 하는 것이다. 변화시키기 위해서 무엇이 어떻게 되어야 한다는 점에 집중하는 것은 무엇이 문제인지 밝혀내는 데 걸림돌이 된다. 이런 치료사의 불안은 내담자들에게 압박으로 전달된다.

께 시간 보내는 연습을 시키기, 자신을 위해 더 많은 일을 하기 등이다. 유의할 점은 10대 자녀와 집안의 규칙을 협상하는 것과 같이 갈등을 초래할 수 있는 과제는 피해야 한다는 것이다. 난항이 예상되는 토론도 치료사가 중재자 역할을 할 수 있을 때 해야 한다.

초기 단계 점검사항

1. 중요한 갈등을 확인하고, 갈등은 치료실에서 다룬다.
2. 가족의 어떤 행동이 현재 문제를 지속시키거나 해결하는 데 방해가 되는지 가설을 세우고, 정교하게 공식화한다. 가설을 공식화하기 위해서는 과정과 구조, 가족규칙, 삼각관계, 경계선을 고려한다.
3. 주요 문제와 문제를 심화시키는 대인적 상황에 초점을 맞춘다. 그러나 건설적인 상호작용은 지지한다.
4. 문제와 문제의 기본 구조, 문제를 지속시키는 원인에 대해 이야기해보는 과제를 부여한다.
5. 가족을 괴롭히는 문제에 구성원이 어떻게 기여했는지 생각해 보도록 한다.
6. 가족이 치료 회기 동안 그리고 다음 치료에 올 때까지 집에서 변화를 위해 지속시킬 수 있게 한다.
7. 공식화된 가설의 타당성과 개입의 효과를 검증하기 위해 슈퍼비전을 활용한다.

◆ 치료의 중기 단계

단기 치료이고 문제에 초점을 맞춘 치료가 아니라면, 중기 단계에서는 가족 구성원들이 서로 간에 더욱 건설적으로 교류하도록 돕는 데 신경 써야 한다. 만일 치료사가 이 과정에서 가족이 모든 대화를 자신을 거쳐서 하게 만드는 등 너무 적극적이면, 가족 구성원들은 서로를 대하는 방법을 배우지 못할 것이며 치료를 받는 동안에만 잘 지내게 될 것이다.

이러한 이유 때문에 치료 중기에 치료사는 덜 적극적인 역할을 해야 하며, 가족이 더 상호작용할 수 있도록 격려해야 한다. 가족이 상호작용하는 동안, 치료사는 뒤로 물러나 그 과정을 관찰한다. 대화가 정체되면 치료사는 잘못된 점을 지적하거나, 가족이 대화를 지속하도록 격려하되 끼어들기와 비난은 되도록 삼가야 한다.

가족 구성원이 각자의 갈등을 직접적으로 이야기할 때 가족은 불안해하며 반응을 보이는 경향이 있는데, 불안해지면 경청이 어렵다. 어떤 치료사들(예 : 보웬 학파)은 가족 구성원이 치료사 자신에게만 말하게 하면서 가족의 불안을 통제하려 한다. 다른 치료사들은 가족 구성원이 서로에게 덜 방어적으로 말하는 것을 배우도록 도와주어(치료사가 어떻게 느끼는지 말하고, 다른 가족 구성원이 말하는 것을 인정해줌으로써) 불안을 스스로 다루게 한다. 그러나 가족 간의 대화를 기초로 작업하는 치료사조차도 가족의 불안이 고조되고 대화가 파괴적으로 되면 이를 중단시킬 필요가 있다.

따라서 치료 중기에 치료사는 지시적인 역할을 되도록 자제하면서 가족이 자신들의 자원에 의존할 수 있게 격려해야 한다. 가족 구성원이 서로 대화하거나 치료사와 함께 대화하는 것을 번갈아 하게 하면서 불안 수준을 조절한다. 어느 경우든 치료사는 가족 구성원이 단지 비난하는 수준을 넘어 자신이 느끼는 것과 원하는 것을 직접적으로 이야기할 수 있고, 비생산적인 상호작용 속에서 자신의 역할을 깨닫는 법을 배울 수 있도록 도와야 한다.

치료사와 내담자 간의 공감적인 유대는 치료사로 하여금 내담자의 저항을 받지 않고 변화를 위해 밀고 나갈 수 있게 한다. 작업 동맹의 중요성에 대해서는 치료 시작에 대해 논의할 때 언급한 바 있지만 중요한 주제이므로 재차 강조하고 싶다. 내담자와 좋은 관계를 발전시키는 데 쓸 수 있는 공식은 없지만, 효과적인 치료 동맹을 유지하는 데 중요한 네 가지 태도는 침착함, 호기심, 공감, 그리고 존중이다.

치료사의 침착함은 가족이 더 넓은 관점에서 딜레마를 보지 못하게 만드는 불안을 낮춰 준다. 치료사가 침착한 상태를 유지하기 위해서는 무엇보다 가족 문제를 해결해야만 한다는 지나친 책임감에서 벗어나고, 가족의 문제를 찾아내서 해결해야 한다는 압박감에서 벗어나는 것이다. 이렇게 짐을 내려놓으면 내담자가 치료 과정을 거치면서 스스로 자신에게 새롭고 유익한 것을 발견할 수 있다. 그리고 치료사가 침착하면 내담자 가족에게 자신들의 문제를 해결할 수 있을 것이라는 확신을 갖게 해준다.

호기심을 갖는다는 것은 치료사가 모든 답을 알고 있지 않다는 의미이다. 호기심이 있는 치료사들은 예를 들어 "잘 이해가 되지는 않지만 이해하고 싶어요. 당신의 경험에 대해 말해 주세요."라고 말한다.

공감과 존중은 상투적인 것으로 평가절하되어 왔지만, 이것만큼 치료에 필요한 것이 없다. 만일 내담자가 치료사가 자기를 이해하지 못한다고 느끼면 치료사가 노력하고 있다는 것을 받아들이지 못한다. 이렇게 치료사가 내담자의 입장이 되어 보지 못하거나 내담자의 세상에 대해 알지 못하면 치료적 성과를 내기 힘들다. 어떤 치료사는 내담자를 잘 이해하지 못하면서도 "나는 당신을 이해해요."라고 쉽게 말한다. 이런 거짓 공감은 치료사에 대한 신뢰를 사라지게 만든다.

과잉보호하는 어머니에게 자식 때문에 걱정하는 것을 이해한다고 말하는 대신 "어떻게 걱정 중독자가 되셨나요?" 혹은 "부정적인 면만 보는 것을 어디서 배웠나요?"라고 물을 만큼 솔직해져야 한다. 또는 "나는 싱글 맘이 되어 본 적이 없어요. 당신이 두려워하는 것이 무엇인지 말씀해 주세요."라고 말한다.

마지막으로 존중이다. 치료사의 존중이 늘 진실한 것만은 아니다. 존중한다는 것은 내담자를 미적지근한 태도로 대한다거나 사건에 대한 내담자의 생각이 마치 절대적인 것처럼 수용한다는 뜻이 아니다. 존중이란 내담자들을 동등하게 대한다는 것이지, 그들을 화나게 할까 두려워 선심을 쓰거나 의견을 따르라는 의미는 아니다. 사람을 존중한다는 것 역시 변화할 수 있는 그의 능력을 신뢰한다는 의미이다.

중기 단계 점검사항

1. 가족 구성원에게 도전하기 위해 집중하기, 저항을 극복하기 위해 창의적이기, 방어를 무너뜨리기 위해 공감하기를 활용한다.

2. 가족이 서로 관계 맺는 방식을 개선하는 것을 배우도록 지나치게 지시하지 않는다.

3. 개인의 책임과 상호이해를 발전시킨다.

4. 관계 개선을 위한 노력은 현재의 불평에 긍정적 영향을 미친다는 것을 분명히 한다.

5. 하위집단을 만날 때 전체 가족에 대한 모습을 염두에 두며, 모든 가족 구성원과 모든 관계를 고려한다. 특히 논쟁의 여지가 있는 구성원이나 관계를 회피하지 않는다.

6. 대화 주제의 선택에 있어 치료사가 지나치게 적극적인 역할을 맡고 있지는 않는가? 가족과 치료사가 갈등에 대해 이야기하기보다는 더 중요한 사회적 관계 발달에 신경을 썼는가? 치료사가 내담자 가족 내의 결여된 기능을 대신하면서 일정한 역할, 예를 들면 배우자에게는 공감적인 청자 혹은 아이에게는 단호한 부모 역할을 맡아 왔는가? 만일 치료사가 가족 구성원의 요구에 적극적으로 반응하고 있다는 것을 알게 되면 이 역할을 누가 맡아야 할지 찾아서 하도록 격려한다.

◆ 종결

단기 치료사는 제시된 문제가 해결되는 대로 치료를 마치는 반면, 정신분석 치료사는 치료를 장기간에 걸친 학습 과정으로 보며, 치료는 수년이 걸릴 수 있다. 대부분의 치료사는 이 양극 사이의 어느 지점에서 종결을 한다. 가족은 목표를 달성했다고 느끼고, 치료사는 문제가 감소하는 시점에 이르렀다고 느끼는 것과 관계가 있다. 종결 시기를 알려주는 단서 하나는 가족이 사소한 이야기밖에 할 말이 없는 경우(물론 갈등을 회피하지 않는다는 것을 가정할 경우)와 꼭 해야 할 작업이 없는 경우이다.

치료사와의 관계가 종종 변화의 주요 수단이 되는 개인치료에서의 종결기에는 치료사와의 관계를 회고하고 작별인사를 하는 데 초점을 둔다. 가족치료에서는 가족이 해 왔던 일에 더 초점을 두기 때문에 종결은 그들이 성취한 것을 되짚어 보기에 좋은 시간이다. 비록 일부 전략적 치료사는 가족이 이해하고 있는지 여부와는 상관없이 변화시키는 것에 만족하지만 대부분의 가족치료는 교육적인 기능을 갖고 있으므로, 가족이 서로 잘 지내는 방법에 대해 배운 것을 종결에서 확인한다.

내담자에게 미래에 겪게 될 도전 때문에 좋아진 상태가 나빠질 수도 있다는 것을 예상하게 하고, 그럴 때 난관을 어떻게 다룰 것인지에 대해 토의하는 것은 도움이 된다. "일이 악화된다는 것을 어떻게 알 수 있으며 무엇을 하겠습니까?"라는 질문을 활용할 수 있다. 또한 가족에게 현재의 안정이 영원히 유지될 수 없다는 것과 문제 재발의 신호에 과잉 반응하는 것이 악순환을 야기할

수 있음을 상기시킬 수 있다. 소설 그리스인 조르바에서 주인공 조르바가 이야기한 "인생은 고통이
다."라는 말에 따르면, 산다는 것은 어려움을 만난다는 것이다. 진정한 시험은 어려움을 어떻게
다루는가에 있다.

　　마지막으로 비록 치료 분야에서는 무소식이 희소식이긴 하지만, 치료 종결 몇 주 후에 가족이
어떻게 지내고 있는지 확인해 보는 것도 좋다. 편지나 전화 혹은 짧은 추후 치료로 확인할 수 있
다. 가족은 치료사의 관심에 감사할 것이고, 치료사는 종결되었다고 느낄 수 있을 것이다. 치료적
관계는 필요에 의한 것으로 인위적이고 제한적인 측면이 있다. 그렇다고 해서 그 관계가 인간적
이지 않아야 할 이유는 없고, 종결을 하였다고 그 가족을 잊어야 할 이유도 없다.

종결 단계 점검사항

1. 제시된 문제가 개선되었는가?
2. 가족이 목표를 달성한 것에 만족하는가, 또는 자신들에 대해 더 알고 싶어 하며 가족 관계 개
   선에 관심을 갖는가?
3. 가족은 자신들이 효과 없는 방법을 썼다는 사실을 이해하고, 앞으로 비슷한 문제를 어떻게 피
   해야 할지 알고 있는가?
4. 사소한 문제의 재발은 가족의 역동에서 해결책이 부족하다는 것을 보여 주는 것인가, 혹은 단
   순히 가족이 치료사의 도움 없이 기능하도록 재조정해야 하는 것인가?
5. 가족 구성원이 가족의 맥락 안팎에서 관계를 발전시키고 개선해 왔는가?

가족 평가

치료에 대한 가이드라인을 제시하였지만 진단 및 평가를 하는 것이 매우 복잡하고 어렵기 때문에
다시 한 번 다루고자 한다.

◆ 제시된 문제

첫 치료는 기본적으로 치료사에게 도전이 된다. 행복하지 않은 낯선 무리의 사람들이 치료실로
들어와 가장 긴급한 문제를 건네면서 이를 해결해 주기를 기대한다.

　　"열다섯 살짜리 제 아이가 10학년 진급에 실패했어요. 어떻게 해야 하죠?"
　　"우리는 더 이상 말을 하지 않아요. 우리 결혼생활에 무슨 문제가 생긴 거죠?"
　　"저예요. 제가 우울해요. 저를 도와줄 수 있나요?"

　　내담자 가족이 다음과 같이 질문을 하는 경우에는 함정이 있다. "우리가 무엇을 해야 하나요?",

"조니에게 무슨 문제가 있나요?" 등의 질문을 하는 내담자들은 오랫동안 스스로에게 이 질문을 물어 왔다. 비록 이들은 도움을 받으려 상담실을 찾아 왔지만 아마도 이미 답을 정해 놓은 상태라고 볼 수 있다. 사실 대부분의 경우 내담자들은 자신들의 문제해결 방식이 별 효과가 없다는 것을 잘 알고 있다. 그럼에도 불구하고 내담자들은 같은 방법을 계속 사용하려고 고집한다. 그들은 마치 바퀴가 헛돌면서 점점 더 수렁으로 가라앉는 진흙탕에 빠진 수레바퀴처럼 보인다.

삶의 문제와 관련된 스트레스는 불안감을 높이고, 불안감은 경직된 사고를 하게 만든다. 그러므로 치료를 받으러 오는 가족은 자신들의 생각을 집요하게 고수하는 경향이 있다. 그들은 "그(혹은 그녀)는 지나치게 활동적이고, 우울하며, 조울증이 있고, 둔감하며, 이기적이고, 반항적이에요…."라고 하거나 인간 내면에 고질적으로 존재하는 그 어떤 부정적인 속성이 문제라고 여긴다. "우리는 말이 통하지 않아요."라는 식으로 불평이 표현될 때조차도 자신에게는 문제가 없고 다른 사람에게 책임이 있다고 생각한다.

가족이 제시한 증상을 치료사가 가족과 함께 탐색하다 보면 가족이 무력감에서 벗어나 자신들이 문제를 극복할 수 있다는 사실을 깨닫게 된다. 치료사가 가족의 증상을 탐색하고 평가할 때 제일 먼저 고려해야 하는 점은 가족이 제시한 증상이다. 이때 공감과 함께 구체적인 질문을 하면서 탐색해야 한다. 어떤 치료사는 가족의 문제가, 예를 들면 잘못된 행동이나 빈약한 의사소통이라고 판단하는 순간에 어떤 행동을 취하려 한다. 그들은 잘못된 행동을 하는 자녀나 의사소통 문제를 다루는 교육과 훈련을 받았기 때문에 무엇을 해야 할지 알고 있다고 믿고 곧바로 내담자 가족에게 적용하려 한다. 그러나 치료사는 행동이 잘못된 아이나 의사소통이 잘못된 문제를 다루는 것이 아니라는 사실을 먼저 깨달아야 한다. 내담자의 문제가, 많은 사람들이 흔히 겪는 어려움이라고 해서 똑같은 방법으로 접근해서는 안 된다. 아무리 문제가 비슷해도 각각의 내담자는 다 그들만의 특수성이 있다.

가족치료사는 제시된 문제를 탐색할 때 가족이 제시하는 문제, 그리고 그들이 증상을 가진 사람이 누구라고 지적할 때 그대로 받아들여서는 안 된다. 체계론적 관점을 지닌 치료사는 가족이 제시하는 문제와 문제의 원인을 재검토해야 한다. 따라서 치료사들의 첫 번째 과제는 가족의 선형적('조니가 문제') 관점과 정신과적 치료 모델('조니는 과다행동')의 관점에서 상호작용의 관점으로 바꿀 필요가 있다. 이런 관점의 변화는 치료사가 가족에게 증상에 대한 질문을 할 때부터 시작된다. 단순히 증상이 무엇이고 누가 증상을 지녔느냐는 사실에 대해 자세히 질문을 하는 것이 아니라 그들의 확고한 관점을 조금이라도 금이 가게 할 수 있는 질문을 해야 한다.

유용한 질문은 가족 구성원의 감정을 존중하는 동시에 지목된 환자를 가족 내의 유일한 문제로 여기는 것을 재고하게 하며, 계속해서 탐색하게 하고 솔직히 터놓을 수 있게 한다. 또한 유용한 질문은 문제나 가족을 새로운 시각으로 바라보게 한다. 한편, 유용하지 않은 질문은 가족이 설명하는 것만 수용하게 하고 지목된 환자에게만 집중하게 한다. 치료사는 효과적인 첫 단계를 위해서 "제가 잘 이해한 것은 아니지만 관심이 있습니다. 제가 여러 가족에 대해 알고 있지만, 여러분만의 살아가는 방식이 궁금합니다."라는 태도를 취해야 한다. 치료사가 환심을 사려는 듯 "오, 맞아요. 이해합니다."라고 말하는 것은 탐색을 방해하는 태도이다.

그다음으로 탐색할 것은 가족이 그 문제를 해결하기 위해 시도했던 것들이다. "가족이 무엇을 시도해 보았는가?", "무엇이 도움이 되었고 무엇이 효과적이지 않았는가?", "오늘 참석하지 않은 가족이 이러한 문제에 도움을 주려 했는가, 아니면 방해하려 했는가?" 등과 같은 탐색은 가족 구성원이 제시된 문제에 반응하는 방식이 어떻게 문제를 지속시키는지 발견할 수 있게 한다. 이것은 잘못된 행동을 하는 아이에게서 언제나 아이의 잘못을 눈감아 주는 부모에게로 책임의 소재를 바꾸는 것처럼 비난의 대상을 옮기는 것을 의미하지는 않는다.[5] 또한 가족 문제가 가족이 지목한 환자를 다루는 특정 방식 때문에 발생한다고 가정하는 것을 의미하는 것도 아니다.

사실, 가족치료사들이 순환적인 인과 관계라고 부르는 명칭은 부적절하다. 선형적인 사고에서 순환적인 사고로의 변화는 개인에서 상호작용 패턴으로 초점을 확장시킬 뿐만 아니라 인과 관계로 설명을 하지 않도록 해준다. 가족에 개입할 때 누가 무엇을 시작했는지 탐색하는 것은 논리적이나 비생산적인 반면, 순환적인 사고는 행동과 반응의 연쇄에 의해 문제가 유지되고 있다고 본다. "누가 시작했을까?"는 거의 문제가 되지 않는다.

◆ 의뢰경로 파악하기

내담자를 의뢰받았다면 누가 무슨 이유로 의뢰했는지를 파악하는 것이 중요하다. 의뢰자의 기대는 무엇인가? 의뢰자가 가족에게 말한 치료에 대한 기대는 무엇인가? 가족의 참여가 자발적인지 아니면 강제적인지, 치료의 필요성을 느끼는 사람이 가족 전체인지 아니면 일부인지, 이 사례에 계속 다른 기관이 관여할지에 대해 파악해야 한다.

대개 개인 치료사가 가족을 가족치료사에게 의뢰할 때는 특정한 목표를 가지고 있다.

사례연구

어느 치료사가 대학생과 그 가족을 의뢰한 적이 있다. 그 젊은이는 성적 학대에 대한 억압된 기억을 털어놓았으며 가해자가 아버지라고 확신하고 있었다. 가족치료사는 이 희미한 기억 속의 사건에 대해 아버지 외의 다른 사람은 생각할 수 없다는 젊은 내담자와 그런 일이 일어난 적이 없다고 격렬하게 부인하는 부모 사이를 중재하는 역할을 맡아야 했다.

개인 치료사는 내담자에게 어떤 반응을 기대했을까? 이들이 치료사에게 고백할까? 속죄할까?

---

5 사실 아무리 문제를 강화시키는 행동을 반복적으로 하는 경우에도 의도는 좋은 것이고 자신들이 할 수 있는 최선을 다하는 것이라는 사실을 잊지 말아야 한다.

학생은 어땠을까? 이를 알아내는 것이 최선의 방법이다.

그리고 내담자가 이전에 치료받은 경험이 있었는지 알아보는 것 또한 중요하다. "무슨 일이 있었는가?", "그들은 자신과 가족에 대해 무엇을 알게 되었는가?", "이전의 치료 때문에 갖게 된 기대나 우려가 있는가?" 등 가족 중에 현재 치료를 받고 있는 것은 누구인지를 아는 것이 훨씬 더 중요하다. 두 사람의 치료사가 서로 다른 방향으로 가족을 끌어당기는 것보다 더 치료의 진전을 방해하는 것은 없다.

◆ 체계적 맥락 확인하기

치료사가 가족의 누구와 작업할 건가는 별개로 문제를 둘러싼 대인 간 상호작용의 맥락에 대해 분명하게 이해하는 것이 절대적으로 필요하다. 누가 가족에 속하는가? 불참한 사람 중에 문제와 관련된 중요한 사람이 있는가? 예를 들면 동거 중인 남자 친구나 옆집에 살고 있는 할머니가 있는가? 다른 기관이 가족에게 관여하고 있는가? 만약 그렇다면 어떤 식으로 관여하고 있는가? 가족은 이 기관들이 도움이 된다고 생각하는가?

가족치료는 맥락 안에 있는 사람들도 포함해야 한다는 사실을 기억해야 한다. 가장 관련된 맥락은 직계가족일 수 있지만 진공 속에 존재하는 가족은 없다. 학교에서 문제 아동의 교사나 치료사를 만나보는 것은 중요할 수 있고, 핵가족이 가장 중요한 사회적 맥락이 아닐 때도 있다. 예를 들어 때때로 대학생의 우울은 집에 돌아갔을 때 무슨 일이 일어나기보다는 교실이나 기숙사에서 일어나는 일과 더 연관되어 있을 수도 있다.

◆ 생활주기의 단계

가족의 맥락에는 대인관계 차원뿐 아니라 시간적 차원도 포함된다. 치료를 받으러 오는 대부분의 가족은 원래부터 무엇인가 잘못되어서가 아니라 생활주기의 전환기를 잘 넘어가지 못하기 때문이다(제3장 참조). 때로는 이러한 걸림돌의 정체가 무엇인지 분명하게 드러날 때도 있다. 예를 들어 부모는 제니가 뭘 생각하는지 모르겠다고 불평할 수 있다. 그 애는 착한 소녀였는데, 열네 살이 되면서 퉁명스럽고 논쟁적이 된 것이다(마치 아마추어 운동선수가 하나를 배우면 또 다른 것을 배워야 하는 것처럼, 부모도 딸의 문제 하나를 다루고 나니, 조금 크자마자 또 다른 문제로 힘들게 되었기 때문이다). 자녀의 사춘기야말로 젊은 부모가 성장해야 하고 자녀에 대한 통제를 줄여야 하는 **가족생활주기** family life cycle의 과제를 부여하고 있다.

가끔은 가족이 새로운 생활주기 단계에 적응하는 어려움이 분명하게 드러나지 않는다. 몇 년 동거하다가 결혼한 부부는 가족의 의미에 대해 무의식적으로 가졌던 기대가 결혼을 통해 흔들릴 수 있다는 것을 예상 못했을 수도 있는데, 결혼 후 성생활이 급격히 저하된 것을 알고 깜짝 놀라는 부부도 있다. 생활주기상의 중요한 변화가 조부모 세대에 나타나는 경우, 그 영향에 대해서도 물어봐야만 알 수 있다.

사례개념화를 할 때는 생활주기를 반드시 고려하도록 한다. 치료사가 물을 수 있는 최선의 질문 중의 하나는 "왜 지금인가? 왜 이 시점에서 문제가 발생했거나 혹은 거론되고 있는가?"이다.

◆ 가족구조

문제에 대한 가장 간단한 체계적 맥락은 두 사람 사이에 일어나는 상호역동이다. 여자는 잔소리를 하고, 남자는 물러선다. 부모의 잔소리는 청소년으로 하여금 반항하게 하고 반항하는 청소년에게 부모는 더 많은 잔소리를 하게 된다. 그러나 때로는 이인군의 관점이 전체의 그림을 보여 주지는 않는다.

가족의 문제는 경직되어 있는데, 그 이유는 보이지 않는 강력한 구조에 파묻혀 있기 때문이다. 따라서 치료사가 어떤 치료적 접근을 하든 상관없이 **가족구조**structure에 대해 이해하는 것이 바람직하다. "어떤 **하위체계**subsystem가 있으며 하위체계 간 경계의 성격은 무엇인가?", "부부 또는 가족을 둘러싸고 있는 **경계선**boundary의 위치는 무엇인가?", "어떤 **삼각관계**triangles가 존재하는가?", "가족 각각의 역할은 무엇인가?", "개인이나 하위체계가 경계선의 보호를 받아 방해 대신 지지를 받으면서 기능할 수 있는가?" 등을 이해하는 것이 문제를 해결하는 방안이다.

밀착된 가족의 경우 부모가 자녀들의 갈등에 주기적으로 참견하여 자녀들이 자신들의 의견 차이를 협상하거나 가족 이외의 사람들과 다툼을 해결하는 방법을 배울 수 없게 만든다. 반면 유리된 가족의 경우 부모가 자녀들의 다툼을 중단시키지 않을 뿐만 아니라, 다른 형제의 행동 때문에 부정적인 감정을 느끼는 아이를 동정하거나 지지하지 못한다.

여기에 시간적 차원이 있다. 만약 어느 어머니가 수년간 자녀와 집에 있다가 재취업한다면, 부모 하위체계는 보완적 형태에서 대칭적 형태로 전환해야 한다. 가족이 불평을 하는지 여부와는 상관없이, 여기서는 긴장이 발생할 수밖에 없다.

◆ 의사소통

'의사소통 문제'로 치료를 받으러 오는 부부가 있는데, 이들에게 의사소통 문제란 일반적으로 자신이 바라는 행동을 상대방이 하지 않는다는 것을 의미한다. 가족치료에서 의사소통에 대해 작업하는 것은 다소 진부한 것이 되어 버렸는데 그 이유는 의사소통이 관계를 맺는 수단이므로 모든 치료사가 의사소통을 다루기 때문이다.

가족 구성원이 상대방의 말을 경청하기 시작한다고 갈등이 마법처럼 사라지는 것은 아니나, 경청하기 전에는 갈등이 해결될 수 없다(Nichols, 2009). 한두 회기의 치료가 지나고 치료사가 격려했음에도 불구하고 가족이 여전히 상대방에 대해 경청할 수 없는 것처럼 보인다면, 언어로 이루어지는 치료는 힘든 싸움이 될 것이다.

이해심을 가지고 상대방의 말을 경청할 줄 아는 가족 구성원은 상대방을 변화시켜야 할 필요를 그리 많이 느끼지 않는다(Jacobson & Christensen, 1996). 경청만으로 많은 문제가 해결될 수도 있겠지만, 삶의 문제들이 의사소통만으로 다 해결될 수는 없다.

◆ 약물과 알코올 중독

약물중독에 관해 초보 치료사가 범하는 보편적인 실수는 내담자들의 약물중독을 간과하는 것이다. 약물중독은 우울하거나 불안한 사람들에게는 보편적이고, 폭력, 학대, 그리고 사건 사고와도 관련되어 있다. 대부분의 치료사가 모든 내담자에게 약물이나 알코올 소비에 대해 질문은 하지만 이 문제가 심각하다고 의심이 되면 조심스럽게 물어보아야 한다. 그러나 지나치게 조심스럽게 질문하기보다는 구체적이고 직접적으로 질문해야 한다.

다음의 내용을 포함한 질문을 하면 알코올 문제를 드러내는 데 도움이 된다(Kitchens, 1994).

◆ 술의 소비가 정상 수준이라고 느낍니까?
◆ 하루에 몇 번 술을 마십니까?
◆ 얼마나 자주 그리고 많은 양의 술을 마십니까?
◆ 술을 마시고 깨어난 후 그 전날에 있었던 일을 기억하지 못한 적이 있습니까?
◆ 가족 중에 당신의 음주에 대해 걱정하거나 불평하는 사람이 있습니까?
◆ 술을 한두 잔 마신 후에 의지로 술을 안 마실 수 있습니까? 그렇게 합니까?
◆ 음주 때문에 부부관계에 갈등이 발생한 적이 있습니까?
◆ 음주 때문에 직장에서 문제를 겪은 적이 있습니까?
◆ 정오 이전에 술을 마십니까?

이와 같은 질문은 알코올 외에 약물에도 적용할 수 있다. 만약 부부치료나 가족 구성원이 약물이나 알코올을 남용하고 있다면, 특수 분야의 치료가 필요할 수 있다.

◆ 가정 폭력과 아동 학대

가정 폭력이나 아동 학대의 낌새가 보이면 치료사는 이에 대해 자세히 조사해야 한다. 모든 가족이 참여한 가운데 질문을 할 수도 있으나 학대나 방임에 대한 의심이 생기면 가족에 대해 좀 더 개방적으로 말할 수 있도록 개별적으로 만나는 것이 현명할 수 있다.

미국 대부분의 주(州)에서는 아동 학대가 의심될 경우 치료사뿐만 아니라 다른 전문가들도 이를 보고할 의무가 있다. 아동 학대가 의심되는 사례를 신고하는 것은 치료 동맹을 해칠 수 있으나 때로는 치료보다 안전이 우선시될 필요가 있기 때문이다. 아동 학대가 의심되는데도 이를 보고하지 않는 치료사는 법적 제재를 당할 수 있다는 것도 고려해야 한다.

아동 성학대의 가해자와 피해자는 대체로 이러한 정보를 자진해서 말하지 않는다. 발견은 임상가의 몫이며, 간접적인 단서에 의존해야만 한다. 만약 아동이 수면장애, 유분증 또는 야뇨증, 복통, 지나치게 놀라는 반응, 식욕 감퇴, 갑작스러우며 알 수 없는 행동 변화, 지나친 성적 행동, 퇴행 행동, 자살 생각 혹은 가출 등과 같은 증후를 보일 경우 추가 탐색이 필요하다(Edwards & Gil, 1986; Campbell, Cook, LaFleur, & Keenan, 2010).

◆ 혼외 관계

혼외 관계의 발각은 부부관계에 심각한 타격을 주는 위기로서, 외도는 흔히 있는 일이나 부부관계에 엄청난 부정적 영향을 미치는 사건이다. 외도는 결혼생활을 파괴할 수 있고, 결혼을 유지한다 하더라도 배우자에게 씻을 수 없는 상처를 남긴다.

부부 중 한 사람 아니면 두 사람이 모두 혼외 관계를 맺고 있는 경우에는 부부 사이의 문제를 해결하는 데 보이지 않는 제삼자, 즉 부부의 외도 상대자들이 개입되어 있기 때문에 부부관계를 해결하는 것이 어려울 수 있다. (거론되지 않는 제삼자에는 가족 구성원, 친구, 그리고 치료사가 포함될 수도 있다. 치료사들이 때로는 내담자의 의존욕구를 충족시키면서 치료사로서의 성취감을 느끼는 경우가 있다. 때로는 취미생활도 문제가 될 수 있다.) 따라서 초담을 실시할 때 치료 경험의 유무, 다른 치료사와의 관계 유무 등에 대해서 질문을 해야 한다.

사례연구

어느 부부가 그들의 관계에서 친밀감이 사라졌다고 불평하면서 치료를 받으러 왔다. 부부간에 갈등이 있어서라기보다는 함께 시간을 보낸 적이 없어 보였다. 몇 주에 걸쳐 치료가 느리게 진행된 후, 부인은 개인 치료사를 만나 왔다고 고백했다. 부부 치료사가 그 이유를 묻자 그녀는 말할 상대가 필요했었다고 대답했다. 치료사가 그녀에게 왜 그러한 사실을 말하지 않았느냐고 물었을 때, 그녀는 "당신이 물어보지 않았잖아요."라고 대답했다.

◆ 성별 문제

자각하지 못하는 성 불평등은 다양한 측면에서 가족 문제를 일으킨다. 부인의 불만족은 가족의 현재 문제보다 더 깊을 수 있고, 남편이 가족의 일에 더 관여하지 않는 것은 성격상의 결함보다는 문화적인 기대의 결과일 수도 있다.

모든 치료사는 성 불평등을 무시하는 것과 내담자에게 자신의 견해를 주입하는 것의 양극단을 피하도록 자신에 대한 작업을 해야 한다. 성 차이의 균형을 이루는 하나의 방법은 의문을 제기하되 내담자가 스스로 답을 찾도록 하는 것이다. 치료사는 도덕주의적 가치관을 내세우지 않고도 도덕적인 의문을 제기할 수 있다. 그렇다고 해서 부부가 반드시 동등한 권력을 가지고 결혼생활을 시작해야 한다거나, 또는 부부간의 상호보완적인 관계가 이들의 갈등에 단 하나의 문제라고 가정하는 것은 합리적이지 않다.

성 역할 기대에 대한 갈등, 즉 "남편의 직업에 따라 움직이고 남편의 승진을 위해 이사하는 것이 아직도 부인의 의무인가?", "여성이 강하고, 독립적이며, 유아와 아동의 주 양육자(종종 유일한 양육자의 완곡어법)가 되어야 한다는 것이 아직도 진리인가?" 등은 공개적으로 논의되었든 되지 않았든, 최근에 많은 논란을 야기하고 있다.

치료사의 가치관과 무관하게 부부의 성 역할 기대가 부부에게 잘 맞아 보이는가, 아니면 성차, 갈등, 혼란이 스트레스의 근원으로 보이는가? 성 불평등을 묻는 가장 유용한 질문은 "각 배우자가 부부관계에서 주고받음의 공평함을 어떻게 경험하는가?"이다.

성 역할 사회화의 차이로 부부 갈등이 생기는 것은 드문 일이 아니며(Patterson, Williams, Grauf-Grounds, & Chamow, 1998), 다음의 사례에서도 발견할 수 있다.

사례연구

케빈은 코트니가 항상 자신이 무엇을 하는지 확인하기 때문에 부인이 자신을 믿지 못한다는 느낌이 든다고 불평했다. 부인은 단지 남편과 삶을 공유하기 위해 남편이 하는 행동에 대해 물었을 뿐이라고 주장했다. 부인은 남편이 자신에게도 똑같이 관심을 가져주기를 기대했다. 부인은 남편을 감시하는 것이 아니라 함께 나누고 싶었다.

부인이 남편에게 많은 질문을 하면 남편은 화를 내면서 물러섰는데 이럴 때마다 부인은 남편이 자신을 차단한다고 느끼곤 했다. 남편은 더 이상 질문을 받지 않는 것에 만족했지만, 부인이 눈물을 흘리며 불만을 터뜨릴 때까지 얼마나 상처 입고 화가 났는지 알아차리지 못했다. 남편은 부인의 울음 앞에서 무력감을 느꼈고, 부인을 달래기 위해 최선을 다했다. 남편이 부인에게 사랑한다고 말하면서 앞으로는 모든 일을 부인에게 말해주겠다고 하자 부인은 평화로워졌다. 적어도 다음 회기까지는 말이다.

코트니와 케빈 부부처럼, 성 역할의 사회화는 쫓아가는 자-거리를 두는 자 역동을 만든다. 남성은 사회적 통념에 의거하여 독립성을 추구해야 하기 때문에 타인의 통제에 민감하게 저항한다. 따라서 남편은 부인이 질문할 때 자신의 독립성을 제한하고 무시하는 태도라고 해석한 것이다. 반면에 여성은 사회적 통념에 의거하면 돌봄과 관계, 특히 친밀한 관계가 중요하다. 따라서 부인은 남편을 돌보고 싶고, 알고 싶은 것뿐인데 남편이 왜 그렇게 방어적인지 이해할 수 없고, 그런 남편의 태도가 자기를 사랑하지 않는 것이라고 해석하였다.

성 역할 사회화의 영향을 무시하고 가족역동으로만 이해하는 것도 실수이지만, 성 역할 사회화가 가족역동의 영향을 받지 않는다고 가정하는 것 또한 실수이다. 앞의 예에서 코트니가 성장했던 밀착된 가족에서는 가족 구성원이 모든 것을 공유해야 하며 독립적으로 활동하는 것은 금지된 것이라는 생각이 강화되었다. 케빈이 아내에게 자신이 하고 있는 것에 대해 모두 말하기를 꺼리는 것은, 지배적이고 통제적인 부모를 가진 가족에게서 받은 영향의 잔재이다.

◆ **문화적 요인**

가족평가는 그 가족만의 체계, 사회 내의 하위체계(McGoldrick, Pearce, & Giordano, 2005)뿐만 아니라 가족에 영향을 끼치는 상위체계인 사회적 문화의 영향을 고려해야 한다(Doherty, 1991).

소수민족의 가족을 치료할 때, 치료사는 문화적 민감성을 지니고 있어야 한다. 치료사가 같은 배경을 가져야 한다는 것이 아니라 치료사의 태도가 중요하다는 것이다. 가족은 국적이나 인종이 같은 치료사를 신뢰하는 만큼 자신의 특정 문화를 알려고 하고 민감하게 차이점을 자각하고 있는 치료사를 신뢰하게 된다.

내담자의 사회문화적 배경에 대해 예민성을 높이기 위해서는 상담 이외의 시간에 그들의 문화를 경험하는 것도 한 방법이 될 수 있다. 예를 들면 아프리카계 미국인 내담자의 경우에는 그들의 교회에서 예배를 볼 수 있고, 라틴계의 내담자의 경우에는 라틴 댄스에 참여할 수 있고, 아시아인 내담자의 경우에는 그들의 주민 센터를 방문할 수 있다. 물론 이렇게 한다고 백인 치료사가 자신의 문화와 다른 내담자의 배경을 다 알게 되지는 못하지만 적어도 내담자 가족에게 당신이 그들의 문화적 배경을 존중한다는 점을 전달할 수는 있다. 또는 문화적 차이나 인종적 다양성에 부닥칠 때는 무엇보다 그들의 배경을 존중하는 차원에서 저자세를 취하는 것도 중요하다. 또는 내담자에 대해 전문가라는 태도를 취하지 않기 위해서 그들의 경험과 전통에 대해서 설명해 줄 것을 요청한다.

치료사에게는 두 가지 도전이 있다. 다양성을 존중하는 것과 다른 문화에 속한 사람들이 직면하고 있는 문제에 대해 민감성을 발달시키는 것이다. 다양한 민족의 특성과 가치를 설명할 수 있는 책들이 많이 있는데, 그중 다수가 제10장에 제시되어 있다. 이와 같은 학술서 외에 연을 쫓는 아이The Kite Runner, 비러브드Beloved, 그린 파파야의 향기The Scent of Green Papaya, 오스카 와오의 짧고 놀라운 삶 The Brief Wondrous Life of Occar Wao, 조이럭 클럽The Joy Luck Club과 같은 소설 속에 다른 문화들이 생생하게 그려져 있다.

치료사는 자신과 문화적 배경이 다른 내담자들을 치료할 때 그 민족에 대한 전문가가 되기보다는 차이점을 존중하고 생활 방식이 다른 것에 호기심을 갖는 것이 더 중요하다. 그러나 차이를 존중하는 것도 중요하지만, 치료사의 무력함을 문화적 차이에 돌리는 것도 문제이다. 아마도 최상의 조언은 내담자 가족에게 호기심을 갖고 개방적인 태도로 질문을 해야 한다는 것이다.

윤리적 측면

대부분의 치료사는 전문가로서의 윤리적 책임을 알고 있어야 한다.

◆ 치료는 내담자의 권익을 위한 것이어야 하고, 치료사 자신의 해결되지 않은 문제를 작업하는

것이 아니다.

◆ 내담자는 비밀을 보장받을 권리가 있으나 보호관찰관, 부모 또는 의료보험 회사에 보고해야 하는 요건 때문에 비밀 보장의 한계가 있음에 대해 치료 초기에 분명히 알려야 한다.

◆ 치료사는 내담자 혹은 학생들의 신뢰와 의존성을 악용하지 말아야 하며, 이중관계를 피하기 위해 노력해야 한다.

◆ 전문가는 최상의 치료를 제공할 의무가 있기 때문에, 경험과 훈련이 부족하여 특정 내담자의 요구를 충족시켜 주기 어렵다면 자격을 갖춘 다른 치료사에게 치료를 의뢰해야 한다.

윤리적 쟁점에 대해 질문이나 의문이 생길 때마다 동료나 슈퍼바이저와 함께 치료하는 것은 좋은 생각이다.

비록 대부분의 치료사가 자신의 책임에 대해 알고 있으나, 내담자 행동의 윤리적인 측면에 대해서는 심각하게 생각하지 않는다. 이 영역에 대한 엄중한 규칙은 없지만, 모든 가족에 대한 완전하고 정직한 평가에는 가족 구성원의 권리와 의무도 포함되어야 한다. 가족 구성원은 어떠한 충성심을 의무로 삼고 있는가? 보이지 않는 충성심(Boszormenyi-Nagy & Spark, 1973)이 그들의 행동을 제약하는가? 만약 그렇다면 보이지 않는 충성심은 공정하고 이치에 맞는가? 배우자들이 가진 서로에 대한 의무나 책임의 성격은 무엇인가? 이러한 의무나 책임은 분명하며 균형이 잡혀 있는가? 가족 구성원은 충성과 신뢰에 대해 어떠한 의무를 가지고 있는가? 이러한 의무는 충족되고 있는가?

임상 실제에 있어 윤리적 책임을 이해하려면 자신이 속한 전문직의 지침서를 읽는 것이 좋다. 다음의 강령은 미국심리학회American Psychology Association, APA 윤리 강령의 원칙에 대한 개요이다.

◆ 심리치료사는 자신이 받은 교육, 훈련, 지도 감독 또는 전문적인 경험에 기초하여 자신의 능력 내에서 서비스를 제공한다.

◆ 효과적인 서비스를 위해서 연령, 성차, 인종, 민족, 문화, 출생국, 종교, 성적 취향, 장애, 언어 혹은 사회경제적 위치에 대한 이해가 중요할 때 심리치료사는 이 영역에 대한 훈련과 지도 감독을 받거나 또는 적임자에게 의뢰한다.

◆ 심리치료사가 전문가적인 의무를 방해하는 개인적인 문제가 있음을 알게 될 때 전문적인 도움을 구하고, 직업과 관련된 의무를 제한, 연기 혹은 종결해야 할지에 대해 결정하는 등 적절한 조치를 취한다.

미국사회사업가협회National Association of Social Workers, NASW의 윤리 강령이 요구하는 바는 다음과 같다.

◆ 사회사업가는 내담자나 이전 내담자와 이중관계를 가져서는 안 된다.

◆ 사회사업가는 서비스 제공에 필요한 경우가 아니라면 내담자로부터 개인적인 정보를 유도해서
는 안 된다.

◆ 사회사업가는 내담자의 허락 없이 제삼의 비용 부담자에게 내담자의 비밀 정보를 발설해서는
안 된다.

◆ 사회사업가는 내담자에게 더 이상의 서비스를 할 필요가 없으면 서비스를 종결해야 한다.

미국상담학회American Counseling Association는 미국심리학회와 미국사회사업가협회의 윤리 조항의
많은 부분이 포함된 윤리 강령을 출판했다. 그러나 여기에서는 매스컴에 대한 사항도 첨가되어
있다.

◆ 치료사는 인터넷 등 매스컴을 통해서 현재 내담자와 사적 관계를 유지하지 못한다.

◆ 치료사는 치료를 종결한 후 적어도 5년 이내에는 성적관계나 애인관계를 갖지 못한다. 이 관계
는 이메일 등의 상호작용 혹은 관계에도 적용된다.

앞의 윤리사항은 당연하게 보이지만 치료사들이 지켜야만 할 매우 엄격한 가이드라인을 제시
하고 있다. 그러나 부부나 가족 치료를 하는 경우에는 매우 복잡한 윤리적 딜레마에 빠질 수밖에
없는 문제들이 발생한다. 예를 들면, 자녀를 치료하였을 때 자녀와의 치료 내용을 부모와 얼마나
나눌 수 있을까? 만일 열두 살짜리가 술을 마시기 시작하였다면 치료사는 이 내용을 부모와 나눌
수 있는가?

최근 전문가들에 대한 행동지침 가이드라인에 부부 및 가족과 관련된 지침들이 부가되었다. 예
를 들면, 미국심리학회APA는 치료사와 치료적 관계를 맺고 있는 경우(부부, 부모, 자녀)에 내담자
가 누구이고, 내담자 외의 사람들과는 어떤 입장을 취할 것인지를 분명하게 밝혀야 한다고 권고
하고 있다. 만일 내담자가 다른 식구들과의 갈등이 발생하였을 때, 예를 들면 이혼소송에서 증인
으로 서야 할 때 자신의 입장을 분명히 밝히고, 그런 입장이 적절하지 못하다면 더 이상 관계를
끝내야 한다.

미국부부가족치료학회(American Association for Marriage and Family Therapy, AAMFT, 2001)
는 자신들만의 윤리 강령을 발표하였는데 이 강령은 위 협회들의 강령들과 많이 겹치지만 가족
구성원들 중의 한 사람 이상의 구성원을 만날 때 취해야 할 가이드라인이 첨가되어 있다. 첨가된
조항은 내담자가 서면으로 동의하지 않으면 치료 중에 드러난 내용을 외부는 물론 내담자의 가족
구성원들에게조차 발설해서는 안 된다는 내용이다.

다른 많은 경우에도 마찬가지이지만 교실에서 윤리 강령에 대해서 이야기하는 것과 달리, 실제
치료 현장에서 맞닥뜨리면 판단 내리기가 매우 어렵다. 다음의 사례를 살펴보자.

분명한 것은 치료사가 내담자의 비밀 보장을 지켜 주어야 한다는 것이다. 그러나 한 여성
이 외도에 관해서 이야기하는데 언제 끝낼 수 있을지 모르겠다고 하면서 결혼생활이 지루
하다고 말했다고 하자. 그러면 치료사는 부부관계를 개선하기 위해 부부치료를 추천하고
부인이 동의하면 부부치료를 하게 된다. 이때 치료사가 여성에게 외도를 끝내거나 남편에
게 외도 사실을 알리자고 했으나 부인은 이러한 제안을 거절한다. 그러면 치료사는 어떻
게 할 것인가?

부부 중 한 사람이 외도를 하고 있을 때 부부치료를 할 수 있을까? 치료사가 원하지 않는 행동
을 내담자가 한다면 이를 얼마나 강력하게 저지할 수 있는가? 위험한 상황이 벌어질 것 같은 상
황임에도 불구하고 가족이 비밀을 드러내지 않는다면 치료사는 어느 정도의 압력을 가할 수 있을
까? 내담자가 치료사가 종결을 권고함에도 불구하고 치료를 계속하기를 바란다면 치료사가 자기
마음대로 치료를 끝낼 수 있을까?

모호한 윤리적 상황에서 취해야 할 태도는 치료사 자신의 결단이다. 결혼생활을 유지하고 싶으
면서 동시에 외도도 끝내지 않으려는 여성의 경우에 치료사는 치료를 더 이상 지속할 수 없다고
말할 수 있다. 이런 상황에서는 좋은 치료적 결과를 얻기 힘들기 때문이다. 이런 경우에 치료사는
내담자를 다른 치료사에게 의뢰할 의무가 있다.

미국부부가족치료학회의 윤리 강령의 세부조항 1.10(2011)에서는 "부부가족치료사는 만일 적
절한 전문적 도움을 줄 수 없거나 주기를 원하지 않는 상황에서는 내담자가 적절한 도움을 받을
수 있도록 도움을 주어야 한다.", 세부조항 1.11에서는 "부부가족치료사는 치료를 지속할 수 있는
적절한 준비조치를 취하지 않고 치료를 포기하거나 게을리해서는 안 된다."라고 명시하고 있다.

같은 상황에서 다른 치료사는 여성이 다른 남성과의 관계를 정리하지 않아도 치료를 진행하겠
다고 결정할 수 있다. 부부치료를 잘하면 여성이 점차 부적절한 관계를 끝낼 수 있기 때문에 그
후에 남편에게 이야기하도록 할 수 있다. 이런 경우에 치료사는 내담자와 나눈 내용을 절대로 다
른 사람한테 이야기해서는 안 된다는 윤리 강령을 지켜야만 한다.

이렇게 윤리 강령이 분명하게 표명되었음에도 불구하고, 치료사들이 윤리 강령을 지켜야만 하
는 압력은 미묘하기도 하고 강력하기도 하다. 내담자가 외도를 하거나, 이혼을 고려하거나 할 때
치료사는 자신의 무의식적 태도가 내담자에게 영향을 미치고 투사될 가능성도 배제할 수 없다.
예를 들면, 한 결혼한 치료사가 우울하고, 그 치료사가 치료한 내담자들이 모두 이혼을 한다면 이
치료사의 결혼생활의 만족도를 의심해 보아야 할 것이다.

자신의 판단을 믿는 것이 위험한 것은 전문적인 결정을 내려야 함에도 불구하고 개인의 가치
를 반영하기 때문이다. 건전한 윤리적 실제의 원칙은 더 광범위하며 우리가 갖고 있는 개인적인

도덕성과 선한 의도보다 더 엄격하다. 치료사는 의문이 생길 때 자신에게 두 가지 질문을 해야 한다. 첫째, 만약 내담자나 중요한 타인이 당신의 행동을 알게 되었을 때 무슨 일이 생길까? 예를 들면 치료사가 두 형제와 개인치료를 하면서 '전략적으로' 형제 각각에게 다툼을 끝낼 만큼 충분히 성숙한 사람은 바로 당신이라고 말하는 것은 '만약 ~이라면'의 원칙을 어기는 것이다. 왜냐하면 그들 중의 한 사람이나 두 사람 모두가 치료사가 말한 것을 상대방에게 자랑하거나 자신의 정당성을 주장하기 쉽기 때문이다(이 말을 믿어 주길 바란다!).

두 번째로 물어야 할 윤리적인 의사결정에 관한 질문은 "당신이 하고 있거나 고려 중인 것을 당신이 존경하는 사람에게 이야기할 수 있는가?"이다. 만약 당신이 두 쌍의 부부를 치료 중인데, 한 쌍의 부인과 다른 쌍의 남편이 외도 중이라든가 또는 내담자에게 돈을 빌려 주는 것을 고려하고 있는 중이라고 가정해보자. 이 사실을 슈퍼바이저나 동료 치료사에게 말하기를 주저한다면, 당신은 전문직의 규칙보다 자신을 상위에 두는 오만을 범하는 것이다. 어떤 비밀을 지켜야 한다고 느끼는 것은 그것이 틀릴 수 있다는 것을 말한다. 나락으로 떨어지는 것은 "이 상황은 특별하다.", "이 내담자는 특별하다." 또는 "나는 특별하다."라고 가정하기 때문이다.

다음은 잠재적인 비윤리적 실제를 보여 주는 위험 신호이다.

◆ **특별성** : 이 상황은 특별하기에 일반 규칙은 적용되지 않는다.
◆ **매력** : 종류에 관계없는 강력한 매력이다. 로맨틱한 매력뿐 아니라 내담자의 지위에 대한 감동을 포함한다.
◆ **치료적 틀의 변경** : 치료 시간이 길거나 더 잦은 치료, 과도한 자기 개방, 내담자에게 '아니요'라고 말할 수 없는 것 등은 전문직의 경계를 잠재적으로 위반함에 대한 신호일 수 있다.
◆ **임상적 규범을 위반하는 것** : 결혼생활에 문제가 있는 사람을 부부치료에 추천하지 않는 것, 슈퍼바이저로부터 개인치료를 받는 것 등이다.
◆ **직업적 소외** : 당신의 결정에 대해 직장 동료들과 의논하기를 꺼린다.

◆ ◆ ◆

◆ 부부가족치료 자격증

1964년 미국 캘리포니아 주에서 처음으로 부부가족치료MFT 자격증제도가 시작되었으며, 2009년에 이르러 50번째로 몬타나 주에서도 부부가족치료 자격증제도가 시작되었다. 이런 기나긴 세월을 통해 이 분야의 전문성을 인정받게 되었고, 물질남용과 정신건강서비스센터, 퇴역군인 행정기관 같은 국가기관에서도 이 분야의 치료를 실시하고 있다. 지금은 이 분야가 가장 빠르게 성장하고 있으며, 정부와 그 외의 공적 기관에서도 계속 활성화되고 있다.

부부가족치료 자격증을 취득하기 위해서는 무엇을 해야 하는가? 물론 주마다 자격조건이 다르기는 하지만 기본적인 것은 같다. 이 분야의 석사학위, 500시간의 치료실습, 석사 후 1~2년 동안 슈퍼비전을 받으면서 실시하는 임상실습, 그리고 주에서 실시하는 시험을 통과해야 한다. 주마다 요구하는 교육과 임상훈련이 다르고, 자격증을 상호 인정하지 않기 때문에 치료사가 실제로 치료 사로서 개업을 하려면 거주하려는 지역의 자격증을 취득해야 한다.

부부가족치료 자격증은 치료사LPC 자격증과 임상사회사업LCSW 자격증과 같이 모두 석사학위를 필요로 하고, 직업의 기회와 책임도 비슷하다. 그러나 부부가족치료 석사과정이 다른 석사과정과 다른 점은 부부나 가족을 체계적 관점에서 본다는 것이다. 부부가족치료 자격증과 달리 임상심리 박사 과정은 연구와 진단 분야에서 집중적인 훈련을 받는다. 역사적으로 임상심리사가 취직도 잘 되고 월급도 더 많이 받아 왔다. 사회적 환경의 변화 때문에 치료기관에서는 점차 이들 임상가들 보다는 경비가 덜 드는 석사 수준의 치료사들을 더 선호한다. 앞으로 어떻게 될지는 모르지만 현 재는 부부가족치료사의 취직 전망이 더 밝아지고 있다.

구체적인 문제에 대한 가족치료

한때 대부분의 가족치료사는 자신의 접근이 거의 모든 문제에 적용될 수 있다고 보았다. 오늘날 하나의 기법으로 모든 문제가 해결된다는 생각은 더 이상 유효하지 않으며, 특정 집단과 특정 문 제에 맞는 구체적인 기법의 개발이 점점 보편화되고 있다.

다음은 치료 현장에서 자주 접하게 되는 두 가지 주제인 가정 폭력과 아동 성 학대 문제를 다룬 특수한 치료의 사례이다. 이러한 제안이 이처럼 어려운 상황들을 다루는 데 약간의 아이디어를 제공하겠지만, 책임감 있는 치료사라면 자신의 전문성에 한계를 깨닫고 자신이 다루기 어려운 사 례는 경험이 더 풍부한 치료사에게 의뢰해야 한다는 것을 기억하기 바란다.

◆ 가정 폭력

가정 폭력에 연루된 사람을 어떻게 다루는가에 대한 문제는 다른 어떤 분야보다도 양극화되어 있 다. 현재 우세한 패러다임은 부부를 분리시킨 후, 가해자는 분노 관리 프로그램이나 가해자 중 재 프로그램에 보내는 반면, 배우자는 폭력 피해 여성을 위한 집단에서 치료를 받게 하는 것이다 (Edleson & Tolman, 1992; Gondolf, 1995). 전통적인 부부치료는 폭력 남편과 학대받은 아내를 가 까운 거리에 앉히고 논쟁적인 이슈에 대해서 말하도록 하는데, 이것은 그 여성을 위험한 상황에 처하게 하고 가해자에게는 자기 정당화의 기회를 제공하기 때문에 위험할 수 있다(Bogard, 1984, 1992; Avis, 1992; Hansen, 1993). 배우자를 함께 치료하는 것은 두 사람이 폭력에 대한 책임을 공 유한다는 것이며 악의적일 수 있는 관계에 정당성을 부여하는 것을 의미하기 때문이다.

폭력적인 부부를 함께 치료하는 쪽은 폭력을 상호 도발의 결과로 본다. 즉 용납될 수 없는 폭력 행위를 부부관계에서 정서적으로 파괴적인 행동이 단계적으로 확대된 것으로 본다(Goldner, 1992; Minuchin & Nichols, 1993). 부부를 함께 치료하면 폭력 남편은 어떤 자극에 감정이 폭발하는지 알아채 자신의 행동에 책임지는 것을 배울 수 있고, 배우자도 어떤 것이 상대방 배우자를 건드려 폭발하게 하는지 알게 되어 그런 상황이 벌어지지 않도록 자극적인 행동을 덜 할 수 있다.

체계적 가족치료사들은 폭력의 정도가 밀고 당기는 것 이상이 될 때는 부부를 함께 치료하는 것을 거의 지지하지 않기 때문에, 체계이론 지지자에게는 가해자-피해자 모델 지지자 간의 논쟁은 별 의미가 없다. 마이클 존슨(Michael Johnson, 1995)은 가족 내 배우자 폭력에는 두 가지 유형이 있다고 주장한다. 첫 번째 유형은 가부장적 테러리즘으로, 폭력은 배우자를 통제하기 위해 사용되는 유형으로서 빈번하고 심각하며 시간이 흐르면서 악화되는 경향이 있다. 두 번째 패턴은 일반 부부 사이의 폭력으로 힘과 통제의 패턴이 아니다. 이러한 폭력은 특정한 갈등에 대한 반응으로 나타나는데 상호적이기 쉽고, 드물게 발생하며, 악화되지 않는 경향을 보인다. 그럼에도 불구하고 많은 여성주의자들은 어떠한 형태의 폭력이라도 존재할 때 부부치료를 실시하는 것에 반대한다 (Bograd, 1984; Avis, 1992; Hansen, 1993).

성별 집단치료가 부부치료보다 더 안전하거나 더 효과적이라고 하는 실증적 증거는 없지만 (Brown & O'Leary, 1995; Feldman & Ridley, 1995; Smith, Rosen, McColum, & Thomsen, 2004), 임상가들은 가정 폭력에 대한 치료를 남성과 여성의 두 집단으로 나누어서 한다. 폭력으로 이끄는 관계 문제를 해결하는 것과 피해자의 안전과 보호에 집중하는 것 중 하나를 선택하기보다는 이 두 접근 방법의 요소들을 합치는 것이 가능한데, 그렇다고 전통적인 부부치료 방법을 사용하는 것은 아니다.[6]

폭력적인 부부를 치료할 때 안전의 문제는 타협의 대상이 되지 않는다. 치료사는 치료적 중립성을 지키는 것(그리고 관계의 문제에 초점을 두는 것)과 피해자를 옹호하는 것(그리고 피해자의 안전에 초점을 맞추는 것) 중 어느 하나를 선택해야 하는 것이 아니라 오히려 이 두 가지를 모두 염두에 둘 수 있다. 관계의 문제는 상호적인 것으로 해석할 수 있지만, 가해자는 폭력이라는 범죄에 대해 책임을 져야 한다. 파멜라 앤더슨은 그녀의 남편 토미 리가 가정 폭력으로 체포됐을 때 "언쟁을 벌이는 것은 두 사람이 필요하지만, 상대방의 코를 부러뜨리는 것은 한 사람이 하는 일이다."라고 말했다.

부부와의 초기 치료에서 폭력이 의심되면 부부를 함께 만난 후 개별로 만나는 것이 유용하다. 부부를 함께 봄으로써 그들의 행동을 볼 수 있는 반면, 여성과 개별적으로 이야기하면 그녀가 받아 왔던 폭력의 수위나 다른 형태의 폭력 등 빠뜨린 정보에 대해 물어볼 수 있다.[7]

---

6 다음의 가이드라인은 애커먼 연구소의 성과 폭력 프로젝트 소장인 버지니아 골드너와 질리언 워커의 작업에 의거한 가이드라인이다.

7 가정 폭력은 남성뿐만 아니라 여성에 의해서도 발생된다. 그럼에도 불구하고 여기에서는 가해자를 '남자'로, 피

폭력 남성과 매 맞는 여성을 도우려는 사
람들은 강한 반응을 보이기 쉽다. 이러한
부부는 치료를 요청할 때 사랑과 증오, 비
난과 수치심, 도망치고 싶은 마음과 서로
에게 집착하고 싶은 마음 사이에서 분열된
다. 그러므로 전문적인 조력자가 극단적으
로 반응하는 것은 놀라운 일이 아니다. 극
단적 반응이란 한쪽 배우자에 맞서서 다른
쪽 배우자 편들기, 편드는 것 자체를 거부
하기, 위험을 과장하거나 축소하기, 부부를
어린이 또는 괴물처럼 취급하기 등이다. 달
리 말하면 부부의 역동처럼 선과 악으로 갈
라진다. 치료사가 부부와 동맹을 맺기 위해
서는 비록 그들의 모든 행동을 묵과할 수는
없더라도 인간으로는 존중한다는 것을 보
여 주는 것이 중요하다.

폭력의 수준을 평가하기 위해 직접 질문
하는 것이 중요하다. "두 사람 사이의 갈등
이 폭력으로 끝나는 경우가 얼마나 자주 있
습니까?", "이런 일이 가장 최근에 일어난

남자의 폭력이 많지 않았거나, 신체적 상해가 없었거나, 심리적
위협을 느끼지 않은 경우를 제외하고는 가정 폭력이 있는 경우
에는 부부치료를 권하지 않는 것이 바람직하다.

때가 언제입니까?", "지금까지 일어났던 일 중 최악은 무엇입니까?" 등의 질문을 통해 이런 사건
으로 상해를 입었는지, 무기가 사용되었는지, 그리고 현재 이 여성이 두려워하고 있는지를 밝혀
내는 것이 중요하다.

치료사는 폭력의 정도를 평가하는 것 외에 부부가 치료에서 건설적으로 작업하는 능력을 평가
해야 한다. 남편은 자신의 행동에 기꺼이 책임을 지려고 하는가? 남편은 배우자나 치료사에게 논
쟁적이거나 방어적인가? 부인은 자신의 신체적 안전을 최우선 순위에 놓고 자기 보호에 대해 책
임지려고 하는가? 부부는 함께 이야기할 수 있고 번갈아 가며 이야기할 수 있는가? 아니면 지나
치게 감정적으로 반응해서 치료사가 계속 제지하거나 통제해야 하는가?

만일 치료사가 부부를 함께 치료하기로 결정한다면 폭력은 절대로 용납되지 않는다는 것을 분
명히 하는 것이 중요하다. 이렇게 하는 방법 중 하나는 더 이상 신체적인 공격이 없을 때 치료를

해자를 '여자'로 표현하였다.

한다고 알리는 것이다. 버지니아 골드너와 질리언 워커Gillian Walker에게 초기 치료란 여성을 위험에 처하지 않게 하면서 문제에 직면할 수 있는 '치료적 안전지대'를 만드는 것이 가능한지를 결정짓는 자문 시간이다. 그들은 초기 치료에 폭력의 위험과 안전 문제에 초점을 두는데, 만약 부부치료를 하기에 너무 위험하다고 느끼면 치료를 종결하기보다는 대안적인 치료를 제안한다(Goldner, 1998).

대부분의 부부에게 대화란 배우자가 어떻게 의사소통하는지를 알아내는 것이라고 설명하는 것은 유용하다. 그러나 폭력적인 부부는 감정적으로 반응하는 경향이 있기 때문에 이러한 경우 번갈아 가며 치료사에게 이야기하도록 하는 것이 좋다. 변덕스러운 부부와의 초기 치료 시 두 사람이 흥분을 가라앉히고 생각을 할 수 있도록 가능한 방법을 모두 사용해야 한다.

감정적 반응을 가장 잘 교정하는 방법 중 하나는 세부적이며 구체적으로 질문하는 것이다. 가장 최근에 있었던 폭력적인 사건에 대해 시작하는 것이 좋은데, 사건의 매 순간에 대한 내용을 부부가 각각 구체적으로 설명해 주도록 청한다. 말장난으로 회피하는 것은 아닌지 주의를 기울인다(Scott & Straus, 2007). 가해자는 자신의 행동은 부인이 '자극'했기 때문이거나 '정신적인 스트레스가 쌓여서'라고 말할 수도 있다. 그러므로 그의 아내를 때린 범인은 자신이 아니라 스트레스라는 것이다. 폭력적인 배우자가 좀 더 교묘하게 책임 회피하는 방법 중의 하나는 자신의 충동성이 문제라고 말하는 것으로서, 논쟁이 격해지면 '자제력을 잃는 것'이다. 이러한 공식으로 본다면 남자의 충동적 행동은 자신이 선택한 것이 아니라 자신의 내부에 쌓여 있는 피할 수 없는 감정의 결과인 것이다.

이러한 종류의 회피에 대해서 치료사는 "당신이 '자제력을 잃기' 시작한다고 말할 때, 그 말이 무슨 의미인지 생각해 봅시다. 그녀를 다시는 때리지 않겠다던 약속을 깨 버리는 것을 정당하다고 느꼈던 순간, 당신의 내면에서는 어떤 일이 일어났나요?"라고 물어볼 수 있다. 치료적 과제는 남성이 폭력에 대한 책임을 지게 하는 반면, 복잡하고 공감 어린 말로 그를 이해하려고 노력하는 것이다. 이러한 이중 과제는 치료사에게 어려운 과제이지만 남성이 수치감을 느껴 분노를 악화시키거나 그의 행동에 대한 책임감을 자각시키지 못한 채 부부역동에 초점을 맞추는 과오를 막아 준다.

일단 남편은 자신의 폭력적인 충동을 통제하도록 요구하고, 부인은 자신의 안전 보장을 위한 행동을 취하게 한 다음에 감정적인 반응을 상승시키는 원인들을 탐색한다(Holtzworth-Munroe, Meehan, Rehman, & Marshall, 2002). 그러나 치료에 참여한 부부의 상호작용 과정을 탐색하는 것이 마치 부부가 동등하게 폭력 행동에 대한 책임이 있다는 것으로 이해해서는 절대 안 된다.

부부가 두 사람 사이의 관계를 탐색할 준비가 되면 대화를 촉진시킨다. 두 사람이 대화를 시작하면 치료사는 부부의 상호작용을 탐색할 기회를 얻게 된다. 이때 남편에게는 화가 너무 치밀면 치료실을 나가야 한다고 말한다. 다른 한 방법은 남편이 부인에게 화를 내면 그 시점에 자신이 부인의 말을 막는 것을 아는지 묻는다. 그러면서 "지금이 바로 당신이 자리를 뜰 때입니다."라고 말해 준다. 동시에 부인에게는 긴장과 두려움을 느끼기 시작했는지 물어본다.

타임아웃은 가정 폭력 프로그램에서 매우 보편적으로 사용되는 전략이다. 분노 상승의 신호를 알아차리는 것(가슴이 울렁거림, 짜증이 심해짐, 서 있기, 왔다 갔다 하기 등)과 폭력이 일어나기 전에 그 자리를 피하는 것은 나중에 후회하게 되는 파괴적인 행동을 차단하는 방법이다. "나는 화가 나서(혹은 무서워서) 타임아웃을 해야겠어."라고 말하는 것은 이 안전장치를 단순히 화가 나서 말하기를 거부하는 것과 구별하는 데 도움이 된다. 사람은 각자 자신의 타임아웃에 책임을 져야 한다. 상대방에게 타임아웃을 하라고 해서는 안 되며 상대방이 자리를 뜨는 것을 막아서도 안 된다.

폭력적인 부부관계에서는 공격적인 상호작용이 고조되지 않도록 하는 것이 최우선되어야 하지만, 부부는 서로의 차이를 좀 더 건설적으로 표현하는 법을 배워야 한다. 그러나 여기에 모순이 있다. 폭력적인 남성은 자신의 행동을 통제할 수 있도록 배워야 하지만, 자신의 분개와 불평의 감정을 억누르는 것은 별로 도움이 되지 않는다. 그 이유는 이들이 감정을 누르다가 폭력적으로 표출하는 것이 바로 문제이기 때문이다. 더욱이 배우자에게 폭력을 행사하는 사람은 대체로 약한 사람이다. 약하다는 것은 자신의 감정을 배우자가 들을 수 있도록 표현할 줄 모른다는 의미이다. 따라서 부부가 서로의 차이를 타협하는 것을 배우도록 돕기 위해서 부부 모두가 의사소통을 배우는 것이 필요하다.

◆ 아동 성 학대

성 학대를 당한 아동이 있는 가족을 치료할 때 중요한 목표는 첫째로 성 학대가 다시는 일어나지 않는다는 것을 보장하는 것이고, 둘째는 외상의 장기적 영향을 감소시키는 것이다(Trepper & Barrett, 1989). 가정 폭력의 치료에서처럼 성 학대에 대한 치료도 두 가지 범주 중 하나에 속하는 경향이 있다. (1) 아동 보호적 접근은 가족의 통합성을 손상시킬 수 있다. 혹은 (2) 가족체계적 접근인데, 이는 피해 아동을 보호하지 못할 수 있다. 우리는 가족을 지지하면서도 아동을 보호할 수 있는 방법을 권한다. 이 두 가지 목적이 서로 양립할 수 없을 때, 예를 들어 아버지가 자신의 딸을 강간한 경우에는 아동 보호가 우선이다.

성 학대에 대한 평가는 복잡한데, 무슨 일이 일어났는가에 대해 서로 다르게 말하기 때문이다(Herman, 1992; Campbell, Cook, LaFleur, & Keenan, 2010). 아버지는 딸의 성기를 만진 것이 우연이었다고 말하는 반면, 딸은 이런 일이 반복해서 일어났다고 말한다. 할아버지는 손자를 쓰다듬었을 뿐이라고 결백을 주장하지만 손자는 학대를 경험한 것이다. 아동보호기관의 직원은 어머니가 남편이 아이들을 학대하는 것에 대해 암묵적으로 지지하고 있다고 믿는 반면, 가족치료사는 어머니가 결혼생활을 유지하기 위해 최선을 다하는 것으로 볼 수도 있다. 이러한 시각의 차이는 사회 · 법률적 기관에 의해 해결되어야 한다.

가장 먼저 실시해야 하는 것은 가해자가 감시받지 않는 상태에서 아동에게 접근하는 일이 없도록 하는 것이다. 다음으로 다른 학대 사건이나 부적절한 성적 표현의 패턴이 있었는지를 밝히기 위해 면밀한 평가가 이루어져야 한다(Furniss, 1991). 가해자는 자신의 행동에 대한 책임을 지고 그 행동에 합당한 치료를 받아야 한다(법적인 처벌을 받을 수 있다). 때때로 이러한 조치들은 가족이 치료에 의뢰되기 전에 아동보호기관에서 이미 이루어졌을 것이다.

치료 목표는 성 학대를 조장하고 문제의 폭로를 금지한, 가족이 고립 상태에 있지 않도록 하기 위해 지원 체계를 확립하는 것이다. 이러한 이유로 많은 프로그램이 개인, 집단, 가족을 모두 치료에 포함시키는 다면적 접근을 선호한다(Bentovim, Elton, Hildebrand, Tranter, & Vizard, 1988; Trepper & Barrett, 1989; Ramchandani & Jones, 2003). 가족과의 치료에서 희생 아동에 대한 지지를 더 많이 해야 하며, 그렇게 함으로써 부모라는 단위가 강화될 수 있다.

아동이 성 학대의 희생자일 때 사회관리 공무원은 아동을 보호하기 위한 조치를 취해야 하는데, 이것은 소위 부모의 책임으로 보이는 부분까지 떠맡는 것일 수 있다. 그러나 결국 아동을 책임져야 할 사람은 가족이므로 부모의 역할을 떠맡는 것보다는 부모가 책임을 수행할 수 있는 적절한 방법을 발달시키도록 지원하는 것이 아동을 위한 최선의 방법이다.

아버지나 의붓아버지가 자녀에게 행한 성범죄로 감옥에 들어간 경우 치료사가 해야 할 일 중 하나는 가족이 가해자를 제외한 채 가족의 경계선을 확실하게 세울 수 있도록 돕는 것이다. 이런 경계선 설정은 아동이 누구와 살든 똑같이 적용된다. 그러나 차후 가해자와 재결합 계획이 있으면 방문이나 전화를 통해 이 경계선이 점진적으로 재개방될 수 있도록 해야 한다. 이때 치료사는 가족과 함께 가족의 기능을 개선하는 작업도 같이 실시해야 한다.

학대의 외상을 치유하기 위한 한 가지 방법은 아동이 자기에게 일어난 일에 대해 갖고 있는 복잡하면서도 때로는 서로 용납하지 못하고 있는 감정을 표현하고 탐색할 수 있도록 안전한 장을 마련하는 것이다. 아동은 더럽혀진 느낌과 분노뿐 아니라, 어른 한 사람을 곤경에 빠뜨렸다는 죄의식도 함께 갖고 있을 수 있다. 때때로 아동은 가해자가 아닌 부모 — 일반적으로 어머니 — 가 학대를 미리 막아 주지 못한 것에 대해 분노를 느끼고 있을 수 있다. 또한 아동은 어머니가 가진 가해자에 대한 의존성 때문에 가해자를 다시 받아들여서 자신이 다시 학대당할지 모른다는 두려움을 느낄 수 있다.

개인치료와 공동치료를 함께 실시하면 피해자가 감정에 대해 말하는 것이 안전하다고 느끼는 데 도움이 된다. 부모가 가해자가 아닐 경우, 보호자인 부모는 전적으로 아동의 입장에서 이야기를 진행할 수 있기 때문에 아동에게 무엇이 일어났었는지, 아동의 경험이 어땠는지에 대해 편안하게 이야기할 수 있다.[8] 그러나 만일 가해자가 아버지인 경우에 어머니가 느끼는 복잡한 감정에는 분노와 배신감이 있지만, 아직도 가해자를 사랑하고 있으며 만약 가해자가 복역하게 된다면 그리워할 수도 있다. 또는 아이를 보호해 주지 못한 것에 대해 죄책감을 느낄 수도 있다. 어머니가 이러한 모든 감정을 나눌 때는 안전한 공간인 개인치료를 하는 것이 필요하다.

어머니와 학대당한 딸과의 첫 면담을 할 때, 물론 학대와 관련된 대화를 해야 하겠지만 무슨 이야기를 먼저 할 것인가는 그들에게 달려 있다고 말해 준다. 이렇게 말하면 언제 사건에 대해 말해야 될지에 대한 두 사람의 불안을 감소시켜 준다. 부모와 아동이 학대에 대해 얼마나 이야기하고 이것을 개인치료에서 말할 것인지 아니면 가족치료에서 말할 것인지를 선택하게 하는 것도 도움이 된다. 만일 아동이 자신의 느낌을 개인적으로 이야기하고 싶어 한다면, 나중에 부모와 어느 정도 공유하고 싶은지에 대해서도 아동의 결정에 따른다고 말해 주어 안심시켜야 한다.

학대받은 아동은 자신의 삶에 대한 통제감을 회복시켜야 할 필요가 있다. 따라서 학대받은 아동하고만 만날 때는 아동에게 경험에 대해서 말을 하면 할수록 마음의 고통이 줄어든다고 설명해 준다. 그러나 언제, 얼마만큼 이야기할 것인지는 아이가 결정하도록 하는 것이 중요하다 (Sheinberg, True, & Fraenkel, 1994).

가족 구성원이 자신의 감정에 대해 이야기할 때, 감정은 양자택일이 아니라는 사실을 주지시키는 것이 바람직하다. 아동이 복잡하고, 심지어 양가적인 감정을 표현하는 것이 안전하다고 느끼게 하는 방법은 자신의 신체 부분을 은유적으로 표현하게 하는 것이다(Schwartz, 1995). 그리하여 학대받은 아동에게 이렇게 물을 수 있다. "너의 그 부분은 자기에게 일어난 일을 엄마가 알았어야 한다고 생각하니?" 마찬가지로 어머니에게는 이렇게 물을 수 있다. "어머니의 어떤 부분이 그 사람을 그리워합니까?"

아동과 개별적으로 만날 때의 문제점 중 하나는 비밀이 생긴다는 점이다. 아동과의 개인치료의 마지막에 아동에게 가족과 함께 나누고 싶은 것이 무엇이며, 어떤 방법으로 나누고 싶은지에 대해 묻는 것이 도움이 된다. 어떤 아동은 어머니가 이해해 주기를 바라지만 스스로 말하기 어려웠던 내용을 치료사가 먼저 시작해 주기를 요청한다. 마지막으로 일어났던 일에 대해 느꼈던 죄책감에 대한 생각을 말하도록 하는 것도 중요하지만, 이러한 감정들을 살펴본 후 학대를 당한 아동에게 그가 겪은 일이 자신의 잘못이 아니었다는 말을 반복해서 들려줄 필요가 있다.

---

8 설명을 단순하게 하기 위해서 이후에는 가해자를 의붓아버지로, 내담자는 어머니와 폭행당한 딸로 설정하였다.

관리의료제도와의 협력

미국에서 **관리의료제도**managed care[9]의 출현으로 정신건강 업계만큼 격변을 겪었던 전문직은 없다. 임상적 판단에 기초하여 결정을 내렸던 임상가들은 이제 보험회사로부터 어떤 환자를 보아야 하고, 어떤 치료법을 적용해야 하며, 치료비는 얼마이며, 몇 회를 치료해야 할지에 대해 지시를 받는다. 환자와 관련한 비밀은 보장해야 한다고 배운 전문가들은 이제 익명의 이방인과 전화로 치료비를 협상해야 한다.

이 제도가 시작된 지 몇십 년이 지난 지금, 두 가지 측면에서 타협이 이루어졌다. 첫째, 비록 관리공단에서는 의료비 감소를 해야 하지만 환자가 효과적인 치료를 받을 수 있어야 하는 것이 궁극적인 책임이라는 사실에 동의하게 되었다. 둘째, 이 제도가 개인 임상가들과는 적대적 입장에 있지만 결국 쌍방이 협력하여 일할 때 모두에게 이익이 된다는 사실을 발견하게 되었고, 이 점에서 서로 타협을 하게 되었다.

관리의료제도 환경에서 성공하기 위한 열쇠는 관리의료제도의 사례 관리자가 당신의 적이라는 생각을 극복하는 것이다. 사실, 사례 관리자는 관리의료제도와 협력하는 법을 아는 사람에게 의뢰를 더 해주려 하기 때문이다.

교육 현장에서부터 보험회사와 일하는 법을 배워야 한다. 대부분의 보험회사는 간호학, 사회사업학, 심리학, 정신의학에서 석사 이상의 학위가 있으며 자격증을 소지한 임상가들을 채용하기도 하지만 일부에서는 차선책으로 다른 학위의 소지자도 채용한다. 그러므로 대학원 이후의 교육을 계획할 때 주(州) 관리의료제도의 채용자격 요건도 염두에 두는 것이 현명한 일이다. 더욱이 대부분의 회사는 학위 취득 후 최소 3년의 경력을 요구하기 때문에 감독기관에서 일할 때 진로 계획을 짜는 것이 좋다. 공공기관의 직원이 되면 사례에 대한 슈퍼비전뿐만 아니라 사례평가 및 기록 등에 대한 많은 훈련을 받을 수 있다.

임상가를 고용하는 관리공단이 많은 지역에서는 이들로부터 내담자를 의뢰받기 위해서는 임상가들이 이들 기관에 자기의 임상 능력과 배경을 선전해야 할 것이다. 사례 관리사들은 자신들의 일을 줄여 줄 수 있는 능력 있는 임상가들을 찾으려 하기 때문이다. 위기 사례, 어려운 사례(예 : 경계성 성격장애자, 만성 중증 환자, 복합 증상 내담자)를 다룰 수 있는 임상가, 사례를 언제든지 맡길 수 있는 임상가, 특정한 환자를 다룰 수 있는 임상가가 사례 관리사에게는 매력적이다.

공단에 소속되어 일하게 되면, 사례 관리사들과의 관계를 잘 유지해야 한다. 관리공단 회사들

---

9 역자 주 : 미국에서의 의료 행위는 많은 사설 의료기관들에 의해 운영된다. 저소득층, 노년층, 소아질병에 관해서는 건강관리국으로부터 보조를 받고 있으나 그 외의 경우에는 개인이 보험을 들고, 사설 보험회사들이 치료비용을 의사 및 관련 치료사들에게 지불한다. 결국 인구의 15%는 의료혜택을 전혀 받지 못하는 상황에 놓였으나 오바마 케어 법령으로 인해 조금이나마 혜택이 확대되고 있다.

은 임상가들이 각 내담자에게 제공한 평균 상담 횟수 등의 정보 데이터를 전부 가지고 있기 때문에 한 내담자에게 지나치게 많은 회기를 진행하는 임상가에게는 점차 사례를 의뢰하지 않는다. 또 치료 계획도 분명하게 제시되어야 하고, 측정 가능한 목표를 세워야 하며, 임상보고서도 잘 작성해야 한다. 보고서 작성은 귀찮고 힘든 일이기는 하지만 사례 관리사들도 이런 것을 제대로 작성하지 않는 임상가들에 대해 좋은 감정을 가질 수 없고, 또 이들을 기억하기 때문에 다음에 내담자를 의뢰하지 않으려 할 것이다.

사례 관리자는 간결하며 정보가 담긴 보고를 선호한다. 많은 치료사는 도전을 받으면 "그것은 제 임상적 소견입니다."라고 말하면서 자신의 부족한 점을 정당화시킨다. 어떤 임상가는 사례보고서의 내용을 설명해 달라고 하면 오히려 화를 내면서 방어적이 된다. 만약 임상가가 정확한 진단 및 치료를 할 수 있다면 사례 관리자의 요구에 정확한 자료를 제공하면 된다.

만약 사례 관리자와 합의할 수 없더라도 평정심을 잃지 말아야 하며, 우호적이 될 수 없어도 적대적이어서는 안 된다. 치료 계획은 간결하고 정의를 명확히 하여 쓰고, 관리자의 질문에 대해서는 즉각적으로 대답할 수 있어야 한다. 만약 출장 중이거나 의뢰를 받을 수 없는 상황이라면 동료가 대신해 줄 수 있도록 조정해 놓는다.

이러한 환경에서 임상가로 성공하기 위해서는 결과중심의 작업을 해야 한다. 만일 당신이 해결중심 모델 훈련을 받았다고 하면, 그런 사실을 선전해야 한다. 그렇다고 자기가 훈련받지 않았음에도 거짓으로 선전해서는 안 된다. 또는 임상가가 자신의 모델을 통합적이라고 말하면 유연성이 있다고 보이기보다는 혼란스럽다고 받아들여진다. 결국 이런 기관을 위해서 일할 때는 주어진 회기 내에 목표를 달성한다는 명성을 얻어야 한다.

❖ ❖ ❖

2010년 3월 23일에 오바마 대통령은 오마바 케어Affordable Care Act(건강보험개혁법) 법령에 서명하였다. 이 법령의 목표는 의료비용의 절감, 건강의 질적 수준 향상, 공급자의 책임 확대, 수혜자 확대이다. 이 법령의 실현 가능성, 실현 방법에 대해서는 정치적으로 격렬한 논쟁을 불러일으켰다. 결국 처음에 오바마가 서명한 것보다는 많이 축소되어 제정되었다. 아직까지 이 법령이 정신건강 분야에 어떤 영향을 끼칠지는 불분명하지만, 더 많은 사람들에게 혜택을 줄 것만은 분명하다. 특히 건강보험이 환자를 거부하거나 기존의 정신병을 지니고 있는 환자에게 더 많은 비용을 청구하지 못하게 되었기 때문에 더 많은 정신질환을 앓고 있는 사람들이 혜택을 받을 것이다. 이 법으로 인해 저소득층을 대상으로 하는 병원이나 건강센터 등에서 일하는 사람들은 더 많은 내담자를 만날 것이다(Rassmussen, 2013). 그러나 이 법령이 앞으로 어떤 영향을 끼칠지는 아직은 미지수이다.

◆ 개인치료의 치료비[10]

관리의료제도가 시작된 이래 개인치료private practice의 모습이 많이 바뀌었다. 많은 치료사들이 내담자가 원하는 대로 보험을 청구해 주었지만 이제는 더 이상 보험회사에서 청구대로 보험료를 지급하지 않게 되었다. 이런 환경의 변화로 인해 많은 치료사들이 사적 개인치료를 하기보다는 기관에 소속되어 일하는 것을 선호하게 되었다. 기관에서 일하지 않는 개인 치료사들은 내담자들에게 일단 치료비의 전액을 요구하고, 보험료 청구는 내담자 각자가 처리할 것을 요구하게 되었다.

유명한 치료사들은 이런 방법이 통하지만 초보 치료사와 그리 유명하지 않은 치료사들에게는 이렇게 하는 것이 용이하지는 않다. 현금을 지출할 수 있는 내담자가 그리 많지 않기 때문에 개인치료실을 연다는 것이 매우 어려워졌다. 특히 새로 제정된 오바마 케어 법령은 더욱더 현금을 지출할 수 있는 내담자의 수를 감소시키고 있다. 의료비를 감당할 수 없었던 계층의 사람들이 관리의료제도로부터 도움을 받기 시작하면서 사적으로 치료비를 내야 하는 치료사에게는 가지 않게 되었기 때문이다. 그리고 오바마 케어의 혜택을 받을 수 없는 인구층에도 세금에서 미리 일정 금액(연간 2,500달러)을 저축하여 공단에서 비용을 청구 않더라도 이 돈에서 갚을 수 있게 되었기 때문에 관리의료제도 소속기관이나 치료사에게 가려 한다.

하지만 어느 지역에서든 자기 돈을 내면서 비밀보장을 원하는 내담자는 있기 마련이다. 따라서 개인치료를 하려면 내담자를 끌어오기 위해 어떤 입장과 방법을 택해야 할지를 알아야 한다. 예를 들면, 홈페이지를 작성해서 사람들의 눈을 끌 수 있도록 부부치료, 불안장애 등 특정한 영역을 내세울 수도 있다.

성공한 개인 임상가들은 수입과 지출도 잘 조절할 줄 알아야 한다. 지나치게 치료실을 꾸미는 데 돈을 낭비한다든가 하기보다는 항상 새로운 정보를 얻고 임상가로서의 실력을 갖추어야 할 것이다. 주위 치료사들이 비용을 얼마나 받는지도 알아내서 적절한 비용을 책정해야 한다. 특히 초보 치료사는 신용과 명성을 쌓기까지 시간이 꽤 걸린다는 사실을 알고 있어야 한다.

요약

모든 가족 구성원을 참여시키고, 체계적 가설을 세우고, 변화를 촉진시키고, 언제 종결할지 알고, 성과 문화적 차이 그리고 사회적 계층에 예민하고, 관리의료제도와 협력해야 하는 등 배워야 할 것들이 너무나 많다. 그러나 이런 모든 것을 배우게 될 때까지는 충분한 경험이 필요하다. 치료적 기법은 도구일 뿐이다.

---

10 역자 주 : 여기에서 말하는 개인치료는 개인 심리치료를 통칭하는 것이 아니라 개인상담소에서 치료비를 내담자에게서 직접 받아 운영하는 경우를 말한다.

진정한 치료를 위해서는 치료사 자신의 자질을 갖추어야 한다. 다른 사람에 대한 진지한 관심은 물론 변화에 대해 헌신적이어야 한다. 그리고 각 내담자를 존중하면서 동시에 측은지심을 가져야 한다. 치료는 기교가 아니다. 인간과 인간의 만남이기 때문에 가장 인간적인 접촉이야말로 치료의 핵심 요인이 될 수 있다.

제3장

가족치료의 기본 개념

인간 행동에 대한 새로운 사고방식

학습 목표

◆ 사이버네틱스의 주요 내용을 설명하라.

◆ 체계이론의 주요 내용을 설명하라.

◆ 사회구성주의의 주요 내용을 설명하라.

◆ 애착이론의 주요 내용을 설명하라.

◆ 오늘날의 가족치료 개념에 대해 설명하라.

가족치료가 등장하기 전에는 심리적인 문제를 갖고 있는 중심 인물이자 치료의 대상은 개인이 었다. 예를 들어 한 어머니가 15세의 아들이 우울하다며 전화를 했다면 치료사는 무엇이 잘 못되었는가를 알기 위해 그 소년을 만날 것이다. 로저스 학파는 낮은 자존감을, 프로이트 학파는 억 압된 분노를, 행동주의 치료는 강화 행동의 부재에 초점을 맞추어 아들의 문제를 살펴볼 것이다. 그 러나 이러한 이론들은 소년의 기분을 형성하는 요인이 소년의 내면에 있다고 가정하기 때문에 문제 의 원인을 찾아 치료하기 위해서 오직 치료사와 소년의 내면만을 탐색할 것이다.

가족치료는 이러한 문제를 모두 변화시켰다. 오늘날 한 어머니가 우울한 10대 자녀를 위해 도움 을 요청한다면 대부분의 치료사는 소년과 부모를 함께 만날 것이다. 우울해하는 15세 소년을 보면 서 가족 내에 발생하고 있는 문제를 찾으려 하는 것이 더 합리적이라고 볼 것이다. 아마도 그 소년 은 부모의 사이가 좋지 않고, 부모가 이혼할까 봐 두려워하고 있는지도 모르며, 학교 성적이 뛰어난 누나와 자기를 비교하면서 부모의 기대를 채우기 힘들어할지도 모른다.

그런데 치료사가 이 소년과 가족을 만났는데 소년은 부모에 대해 염려하지도 않고, 누나에 대해 질투도 하지 않는다면 어떻게 할 것인가? 가족 환경에는 아무 문제가 없는데 소년은 그냥 우울하 다. 그렇다면 무엇이 문제란 말인가?

치료사로서 느끼는 이러한 막막함은 가족을 만났을 때 흔히 경험하는 것이다. 또는 앞의 예에서 소년이 부모를 염려하고 또는 서로 소리를 지르지만 서로의 말을 듣지 않는 상황과 같이 분명하게 잘못된 것이 있다 하더라도 어디서부터 치료를 시작해야 할지 답답할 때가 많다.

이러한 막막함을 이겨내고 치료하기 위해서는 가족치료사는 왜 가족이 문제를 만들고 힘들어하는지를 파악하고 어디를 다루어야 할지 알 수 있어야 한다. 우리는 이론이 필요하다!

가족 전체가 어떤 문제 때문에 서로 싸우고 다투는 장면을 볼 때 치료사는 모든 식구가 서로 연관되어 있다는 것을 알 수 있다. 가족이 시끄럽게 다투는 아우성 속에서 골이 나 있는 청소년, 간섭하는 어머니의 성격적 특성 등 가족의 문제를 일으키는 요인들이 있는 것을 발견하는 것뿐만 아니라 그 이면에 이들의 상호작용을 연결 짓는 어떤 패턴이 있다는 것을 알 수 있다. 이렇게 가족치료사들은 개인의 성격에 초점을 맞추는 대신 이들의 상호작용을 연결하는 아주 작은 고리들이 어떻게 문제를 일으키고 상황을 악화시키는지에 대해 알 수 있어야 한다. 이 장에서는 이런 연결을 파악하는 데 도움이 되는 이론을 소개하고자 한다.

사이버네틱스

가족이 어떻게 움직이고 있는가를 설명하는 가장 최초이면서도 영향력 있는 이론적 모델은 **사이버네틱스**cybernetics 이론이다. 이 이론은 피드백을 통해 자기 조절하는 기제에 관한 연구이다. 가족이 사이버네틱스 체계와 공유하는 내용은 수행에 대한 정보(피드백)를 사용하여 체계의 안정성을 유지한다는 것이다.

사이버네틱스의 핵심에는 **피드백 고리**feedback loop가 있는데, 이것은 체계가 안정을 유지하기 위해 필요한 정보를 얻는 과정이다. 이 피드백은 체계 내 부분들 사이의 관계뿐 아니라 외부 환경과 관련된 체계의 실행에 관한 정보를 포함한다.

만일 어떤 행동이 지속적으로 반복된다면 아마도 그 행동을 유지시키는 기제가 있을 것이다. 그 기제는 피드백 고리에 의해 유지된다. 지속적인 행동 패턴은 피드백 고리가 있다는 첫 번째 힌트이다. 피드백 고리는 긍정적일 수도 있고 부정적일 수도 있다. 긍정적인 것과 부정적인 것의 구분은 체계 내의 항상성 상태를 벗어나게 하는 영향력을 언급하는 것이지, 체계에 이익 또는 해를 주는지에 대한 개념은 아니다. **부정적 피드백**negative feedback은 체계가 기준이 되는 것으로부터 얼마나 멀리 이탈했는지, 그리고 다시 돌아오기 위해 어떤 교정이 필요한지를 알려 준다. 이것은 체계에 항상성의 상태를 회복하라는 신호를 보낸다. 부정적 피드백은 부정적인 의미가 아니라, 잘못을 수정하는 정보로서 매일의 일상 속에서 자동화된 기계, 신체와 두뇌, 사람에게 명령을 내리고 자기 절제를 하도록 하는 것이다. **긍정적 피드백**positive feedback은 체계가 나아가야 하는 방향을 확인하고 강화하는 정보이다.

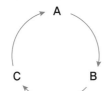

그림 3.1 피드백 고리의 순환관계

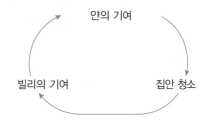

그림 3.2 부부의 집안 청소에 관한 피드백 고리

부정적 피드백의 익숙한 예로는 난방장치를 들 수 있다. 집 안의 온도가 특정 온도 이하로 떨어지게 되면, 자동온도 조절장치가 보일러를 작동시켜 미리 설정된 온도의 범위까지 다시 난방을 한다. 체계 사이버네틱스를 만들어 내는 것이 바로 이러한 자기수정 피드백 고리이며, 부정적 피드백은 이전 상태로 되돌아가라는 신호로서 변화에 대한 체계의 반응이다.

〈그림 3.1〉은 피드백 고리의 기본적인 순환관계를 보여 준다. 각각의 요소는 다음 단계에 영향을 주고, 이것은 마지막 요소가 그동안 누적되어 온 영향을 다시 순환의 첫 부분에 되돌려 줄 때까지 계속된다. 즉 A는 B에 영향을 주고, B는 C에 영향을 주며, C는 다시 A에 영향을 준다.

난방장치를 예로 들면 A는 실내 온도, B는 자동온도 조절장치, C는 난방기계가 될 것이다. 〈그림 3.2〉는 부부 사이에서 볼 수 있는 비슷한 사이버네틱스 피드백 고리를 보여 준다. 이 경우에 얀이 집안 청소를 하고자 하는 노력(출력)은 집안 청소를 얼마만큼 하는가에 영향을 주고, 이것은 자연스럽게 빌리가 얼마나 많은 집안 청소를 해야 하는지에 영향을 주는데, 이것은 그다음 얀이 집안 청소를 아직 얼마나 더 해야 한다고 생각하는지에 대한 정보(입력)를 다시 주게 된다.

사이버네틱스 체계는 특히 가족이 어떻게 안정성을 유지하는가를 설명할 때 적절한 은유로 사용되었다(Jackson, 1959). 때때로 이것은 좋은 기능을 하는데, 한 예로 갈등과 스트레스로 위협을 당하고 있는 상황에서도 가족이 하나의 단합된 단위로서의 기능을 계속할 수 있게 한다. 그러나 때때로 변화에 저항하는 것은 그리 좋은 것이 아닌데, 그 예로 가족 구성원 중 한 사람(예 : 자녀)의 변화를 받아들이지 못하는 것이다. 이것에 대해서는 후에 자세히 살펴보도록 하자.

부정적 피드백과 같이 긍정적 피드백도 바람직한 결과와 그렇지 못한 결과 모두를 가져오게 한다. 만일 긍정적 피드백도 제지하지 않은 상태로 남겨 둔다면, 체계에서 발생한 오류까지 받아들여 결국 **탈선**runaway하는 결과를 낳게 된다. 예를 들어 운이 없는 운전자는 빙판길 위에서 액셀을 밟음으로써 자동 엔진에 긍정적인 피드백을 보낸다. 이때 차를 멈추기 위해 부정적인 피드백을 보내는 역할을 하는 브레이크가 무용지물이 되기 때문에, 차는 통제 불능이 될 것이다. 이와 마찬가지로 해로운 걱정, 회피적 공포증, 그리고 다른 형태의 신경증적인 행동은 비교적 사소한 염려에서 시작되어 통제할 수 없는 수준의 단계로 발전하게 된다.

공황장애를 생각해 보자. 처음에는 숨쉬는 것이 약간 곤란한 정도, 즉 그리 치명적이지 않은 증상에서 시작될 수 있는데, 오히려 숨을 쉴 수 없다는 사실에 대해 공포를 느끼는 반응이 통제할 수 없는 끔찍한 경험으로 몰아가는 것일지도 모른다. 좀 더 복잡한 예로서 연방정부의 사례를 들 수 있다. 대통령은 대부분 많은 조언자에게 둘러싸여 있다. 이 조언자들은 대통령과 자신들의 관점을 공유하면서 접근을 유지하고 싶어 하기 때문에, 대통령이 취하는 어떤 입장이라도 지지하려는 경향을 보인다. 이러한 긍정적 피드백은 대통령이 잘못된 정책을 수립하고 그것을 시행하도록 하는 결과를 가져올 수도 있는데, 린던 존슨 미국 대통령이 베트남 전쟁을 확대했던 것이 바로 그러한 예이다. 그러나 다행히도 입법부와 사법부가 시행하는 감사와 균형이 부정적 피드백을 제공하는 역할을 하면서, 정부가 현명하지 못한 방향으로 너무 치우치지 않게 하였다. 가족을 포함하는 모든 의사소통 체계는 그들을 둘러싸고 있는 세계에서 살아남고 적응하기 위해 부정적 피드백과 긍정적 피드백의 균형이 필요하다. 그러나 우리가 앞으로 볼 수 있듯이 초기의 가족치료사들은 부정적 피드백과 변화에 대한 저항을 지나치게 강조하는 경향이 있었다.

노버트 워너는 MIT에서 사이버네틱스 이론을 만들었다.

Alfred Eisenstaedt/Pix Inc./The LIFE Picture Collection/Getty Images

사이버네틱스 이론은 MIT의 수학자인 노버트 워너(Norbert Wiener, 1948)에 의해 만들어졌다. 워너는 가족과는 연관이 없는 물리학 이론을 제시하였는데, 이 이론이 가족역동 이론의 첫 모델이 되었다. 제2차 세계대전이 진행되는 동안에 워너는 독일 비행기를 공격할 수 있는 고사포를 만들어 달라는 요청을 받았다(Conway & Siegelman, 2005). 그 당시 독일 폭격기는 30,000피트 상공에서 시간당 300마일의 속도로 날아다니면서 유럽 전역의 하늘을 까맣게 덮었다. 그 당시의 포격장치는 포병대가 목표물을 조준하여 정확하게 맞히는 데 20초 이상이 걸리기 때문에 이런 방식으로 비행기를 조준하여 맞히는 것은 역부족이었다. 워너는 이 문제를 해결하기 위해서 목표물을 놓친 후에 포병대가 총을 다시 조준하기보다는 내부에 피드백 시스템을 짜 넣어 스스로 목표물을 찾아 파괴하는 방식을 선택하였다. 총이 목표물을 향해 스스로 조준하는 자기조율적인 방식을 서보미케니즘servomechanism이라고 하였으며, 처음으로 자동화된 기계에 붙이는 과학기술적 용어가 되었다.

(계속)

피드백에 의해 스스로를 조절하는 새로운 과학의 본질을 표현하기 위해 위너는 '조타수 steersman'라는 그리스어에서 차용하여 사이버네틱스cybernetics라고 이름을 붙였다. 위너는 정보를 주고받는 방식을 디지털, 아날로그의 두 가지 형태로 구별하였는데, 이러한 그의 이론은 의사소통, 전기 계산, 자동조절 시스템 등에 널리 응용되었다. 더 나아가 이러한 과정은 생태계의 선택 과정과도 같다(Wiener, 1948). 그는 사이버네틱스 이론이 정신질환을 설명하는 데도 사용될 수 있다고 제안하였다. 즉 정신병리적 행동 패턴은 뇌가 생물화학적 패턴에서 빠져나오지 못하기 때문이라고 설명하였다.

그레고리 베이트슨은 1942년에 여러 학문 분야의 학자가 참여했던 메이시라는 매우 중요한 회의에서 사이버네틱스 개념을 처음 접하게 되었다(Heims, 1991). 베이트슨과 위너는 이 회의에서 즉각적으로 뜻이 맞았으며, 그들의 대화는 베이트슨이 가족치료에 체계이론을 적용하는 데 큰 영향을 끼쳤다.

사이버네틱스는 기계를 연구하면서 형성된 개념이고, 긍정적인 피드백 고리는 마치 기계를 고장 나게 만드는 것과 같이 파괴적인 일탈을 초래한다. 따라서 여기서의 강조점은 부정적인 피드백과 항상성을 유지하는 것에 있다. 온도가 올라갔다가 내려오는 것처럼, 체계의 환경은 변화할 것이다. 그리고 이러한 변화는 보일러가 켜지거나 꺼지는 것처럼 체계를 항상성의 상태로 되돌려 놓는 부정적 피드백의 기제를 작동시킬 것이다. 부정적인 피드백 고리는 내분비선과 같은 체계로부터 생태계에 이르기까지 모든 것을 통제하여 기존의 일정한 상태를 유지하려 한다. 인류는 인구가 과잉될 때에는 기아와 약탈자에 의해 균형이 유지되고, 인구가 감소될 때에는 출산율을 증가시킴으로써 균형을 유지한다. 혈당 수준이 너무 높을 때에는 인슐린이 많이 분비되면서 균형을 유지하고, 너무 낮을 때에는 식욕이 증가되면서 균형을 유지한다.

사이버네틱스는 다음과 같은 몇 가지 현상에 관심을 두었는데, 이를 가족에 적용하면 다음과 같다. (1) 가족규칙은 가족체계가 수용할 수 있는 행동의 범위를 규정한다(가족의 항상성 범위). (2) 가족 내에 존재하는 규칙을 강화하기 위해 사용하는 **부정적 피드백** 기제로는 죄책감, 처벌, 증상이 있다. (3) 문제를 중심으로 흘러가는 가족 구성원의 **상호작용** 순서는 문제에 대한 체계의 반응 이탈을 중심으로 하는 피드백 고리를 결정한다. (4) 체계에 익숙한 부정적 피드백이 더 이상 효과가 없을 때 **긍정적 피드백** 고리가 가동하게 된다.

긍정적 피드백 고리의 예들은 모두 선택한 행동이 상황을 더욱 나쁘게만 만드는 악순환에 관련된 것들이다. 자기충족적 예언은 잘 알려진 긍정적 피드백 고리의 예인데, 불안이 두려워하던 상황에 빠뜨리는 행동을 하게 만들고, 결과적으로 두려움을 정당화시킨다. 긍정적 피드백의 다른 예는 서커스 행렬에서 선두의 **악대차 효과**bandwagon effect를 들 수 있는데, 단순히 증가하는 구경꾼들로 인해 더 많은 지지를 얻게 되는 것을 말한다. 아마 당신은 이 악대차 효과 덕분에 많은 인기를 누리게 된 대중가수들과 열광하는 장면을 생각할 수 있을 것이다.

자기충족적 예언의 예로는 남자가 가족생활에 관여하지 않는다고 생각하는 젊은 치료사를 생각해 볼 수 있다. 그녀는 아버지가 자녀와의 생활에서 적극적인 역할을 수행해야만 한다고 믿는다. 그러나 실제로 치료사 자신이 성장하는 과정에서는 그리 많은 기대를 하지 않도록 학습되었다. 치료사가 가족치료를 위해 시간을 정하려고 할 때, 부인이 자신의 남편은 이 상담에 올 수 없을 것이라고 말했다고 가정해 보자. 이 치료사는 어떻게 반응하게 될까? 치료사는 부인이 말하는 것을 액면 그대로 받아들이면서, 그녀가 이미 예상했던 것을 다시 확인했을 뿐이라고 생각했을지도 모른다. 아니면, 부인의 말에 적극적으로 도전하면서 남자들에 대한 그녀의 태도를 치료사 자신과 부인과의 관계 안으로 가져올지도 모른다. 또는 부인이 남편과 적대적인 입장을 취하도록 강요했을지도 모른다.

부정적 정치 캠페인은 잘못된 긍정적 피드백 상승의 좋은 예이다. 한 후보가 다른 후보를 흉을 보기 시작하면, 흉을 들은 후보가 다시 흉을 더 보게 된다. 이렇게 하다 보면 두 사람의 주고받음이 끝이 없고, 투표자들은 두 후보가 건설적인 공약을 가지고 있는지조차 모르게 된다. 비슷한 경우로, 지나치게 부정적인 선전, 모임에서 사람들의 대화 소리가 점점 높아지는 것, 점점 길어지는 리무진의 길이, 록 밴드의 점점 커지는 소리, 강도가 강해지는 리얼리티 쇼 등이 이러한 사례들이다.

이러한 피드백 고리에서 빠져나가는 방법은 무장해제이다. 혹은 단순하게 경쟁할 것을 그치는 것이다. 만일 한 형제가 다른 형제를 밀었을 때 다른 형제가 똑같이 밀기보다는 가만히 있으면 상호작용이 상승을 막을 수 있다.

이것을 가족에 관한 예로 설명해 보자. 분노를 잘 참지 못하는 가족이 있는데, 사춘기 아들 마커스가 자정 이전에 반드시 집에 들어와야 한다는 부모의 주장에 대해 저항하며 화를 내고 있다. 어머니는 아들의 폭발적 행동에 충격을 받고 소리 지르기 시작하였고, 아버지는 몹시 화가 나서 마커스에게 한 달 동안 외출을 금지시킨다. 이와 같은 부모의 부정적 피드백은 마커스의 분노를 항상성의 범위 안으로 다시 가져오기보다는, 즉 그의 일탈을 감소시키기보다는 반대의 결과를 초래하게 되는데, 마커스는 몹시 화를 내며 부모의 권위에 도전하게 되고 부모는 더 크게 소리 지르고 벌을 주게 된다. 그리고 이러한 상황은 마커스의 분노를 더욱 증가시킨다. 이러한 방식으로 소리 지르고 벌주는 부모의 의도적인 부정적 피드백은 긍정적 피드백이 되어 버린다. 이것은 마커스의 일탈을 감소시키기보다는 증폭시키는 결과로 나타난다. 가족은 가출이라는 긍정적 피드백에 당면하게 되거나, 아니면 마커스가 가출할 때까지 이러한 악순환은 계속 고조된다.

이후 월터 버클리Walter Buckley와 로스 애슈비Ross Ashby와 같은 사이버네틱스 학자들은 긍정적 피드백 고리가 모두 나쁜 것은 아니며, 그것이 손쓸 수 없는 상태로 빠지는 것이 아니라면 체계가 변화된 환경에 적응하는 데 도움을 줄 수 있다는 것을 발견했다. 마커스 가족은 아들이 청소년이 되면서 자기주장이 많아졌음을 고려하여 그에 맞는 규칙을 재조정해야 할지도 모른다. 만일 가족이 새로운 관점을 가질 수 있을 정도의 충분한 시간 동안 고리 밖으로 나올 수 있다면, 긍정적 피드백 고리가 발생시킨 위기는 오히려 가족이 가족규칙을 다시 생각해 보는 계기가 될 것이다. 이와 같은 과정에서 가족은 메타커뮤니케이션, 즉 그들이 의사소통을 하는 방법에 대하여 대화를 나누고, 체계 내 규칙을 변화시키는 방향으로 나아갈 수 있을 것이다(Bateson, 1956).

앞에서 보았듯이 가족 사이버네틱스 개념을 사용하는 치료사들은 가족 내의 피드백 고리 또는 가족 역기능의 근본적인 원인이 되는 의사소통의 패턴에 초점을 두었다. 이렇게 사이버네틱스의 영향을 많이 받은 가족이론가들은 의사소통 학파(제5장 참조)로 알려지게 되었다. 불분명한 의사소통은 부정확한 피드백을 만들어 내고, 더 나아가 체계는 자기수정(규칙을 변화시키는 것)을 할 수 없게 되며, 결과적으로 변화에 대해 과잉 반응 또는 매우 소극적으로 반응하게 된다.

체계이론

가족을 다루는 치료사들이 직면하는 가장 큰 도전은 각 개인의 성격적 특성을 넘어서 가족 구성원의 행동을 형성하는 영향력의 유형을 찾아내는 것이다. 치료사들은 가족 안에서 일어나는 일을 이기심, 인내심, 반항심, 순종 등과 같은 개인적인 특성의 산물로 보는 데 익숙하다. 따라서 관계 유형을 보는 훈련은 혁신적인 관점의 전환을 요구한다. 경험은 개인이 나타내는 행동이 관계의 산물이 될 수 있다는 것을 알게 해준다. 같은 사람이라도 특정한 관계에서는 순종적이지만 또 다른 관계에서는 지배적인 경우가 있다. 개인이 가지고 있는 여러 특성처럼 순종성은 2개의 동등한 부분 중 단지 절반에 해당되는 것일 뿐이다. 실질적으로 가족치료사들은 쫓아가는 자-거리를 두는 자, 과잉 기능자-과소 기능자, 통제-반항 주기와 같이 두 사람 사이에서 일어나는 일에 두 사람의 관계가 어떻게 기여하고 있는지를 설명하기 위해 많은 개념을 사용한다. 이러한 개념이 가지는 장점은 관계에서 어떠한 쪽에서든지 자신의 패턴을 변화시킬 수 있다는 의미를 내포하고 있다는 점이다. 그러나 두 사람 사이의 관계 유형을 발견하기는 비교적 쉬운 일이지만, 가족 전체와 같은 큰 집단 상호작용 유형을 알아내는 것은 좀 더 어렵다. 이러한 점에서 가족치료사들은 체계이론이 매우 유용하다고 생각했다.

체계이론systems theory은 1940년대의 수학, 물리학, 공학에 그 기반을 두었고, 그 당시 이론가들은 기계나 생명체의 구조와 기능을 설명하는 모델을 세워 가기 시작하였다. 이론가들은 제트 엔진, 아메바, 그리고 인간의 두뇌와 같이 각기 다른 것들이 부분들의 집합체로 이루어져 보다 복잡한 전체를 형성하는, 즉 체계의 특성을 공통적으로 공유한다는 것을 발견하였다.

체계이론에 따르면, 유기체 또는 살아 있는 체계의 본질적인 특성은 내부의 부분들이 전혀 갖고 있지 않는 전체의 특성을 가진다. 이러한 특성은 부분들 사이의 상호작용과 관계로부터 발생하며, 체계가 각각의 요소로 변형되면 사라진다. 전체는 언제나 부분의 합보다 크므로 체계론적 관점에서 볼 때, 나머지 가족을 제외한 채 아이만을 면담하면서 아이의 행동을 이해하려고 하는 것은 이치에 맞지 않다.

몇몇 사람들이 가족을 단위로 보는 것에 좀 더 의미를 두면서 체계적, 체계이론과 같은 용어를 사용한 반면, 체계는 사실상 많은 종류의 구체적이면서도 흥미로운 속성을 갖고 있다. 우선, 개인을 보는 것에서 나와 가족을 체계로 보기 시작하면서, 초점은 개인에서 가족 간의 관계 유형으로 전환되었다. 체계론적 관점에 의하면, 가족은 개인의 집합체 이상인 관계의 망이다.

쉬운 예를 들어 보자. 만일 아버지가 아들을 꾸중하고, 아내가 남편에게 아들을 너무 심하게 다루지 말라고 하며, 소년은 비행을 계속한다고 할 때, 체계적인 분석은 이것이 일어나는 순서에 관심을 기울일 것이다. 왜냐하면 이러한 상호작용의 순서는 체계가 어떻게 기능하는지를 보여 주기 때문이다. 입력과 출력에 초점을 두기 위하여 체계 분석은 그들이 그렇게 행동했느냐고 질문하지 않는다.

가장 강력한 체계적 관점을 보여 주는 것이 '블랙박스' 은유이다. "이 개념은 컴퓨터 내부가 너무 복잡해서 때때로 장치의 내부 구조는 무시하고 그 장치가 보여 주고 있는 입력과 출력의 관계에만 관심을 집중시키는 것이 더 편리하다는 사실을 적용한 것이다. … 이 개념을 심리학적 · 정신의학적인 문제에 적용해 보면 우리들은 더 이상 검증이 불가능한 심리내적인 가설을 세울 필요가 없고, 관찰 가능한 입력과 출력 관계, 즉 의사소통에만 관심을 제한할 수 있다는 발견법의 장점을 갖게 된다…"(Watzlawick, Beavin, & Jackson, 1967, p. 43). 사람을 '블랙박스'로 보는 것은 기계적인 사고의 최고조의 표현인 것처럼 보인다. 그러나 이러한 은유는 사람의 입력과 출력(의사소통, 행동)에 집중하기 위해 동기와 의도에 대한 추측을 배제함으로써 연구 분야를 단순화시킬 수 있다는 이점이 있다.

체계이론의 특성 중 항상성의 개념은 가족치료 분야에 막강한 영향력을 끼쳤다. 항상성은 체계가 역동적인 균형 상태를 유지하도록 하는 자기조절 기능을 의미한다. 돈 잭슨의 가족항상성 개념은 변화를 거부하는 역기능적 가족의 경향을 강조한 것으로, 좀 더 나아지기 위한 필사적인 노력에도 불구하고 왜 그렇게 많은 환자가 문제 속에 고착되는지를 설명해 준다(Jackson, 1959). 오늘날 우리는 그 당시 항상성을 지나치게 강조한 것이 가족이 지닌 보수적인 속성을 과장하고 가족의 자원을 낮게 평가하는 데 이르렀다는 것을 보게 된다.

이렇게 기계를 설명하기 위해 사용되었던 사이버네틱스의 많은 개념은 가족과 같은 인간 체계에 대한 비유로 확장될 수 있었지만, 결국 살아 있는 체계가 기계적인 체계와 동일한 원리로 적절하게 설명될 수 없다는 것이 밝혀졌다.

◆ 일반체계 이론

1940년대 오스트리아의 생물학자인 루트비히 폰 베르탈란피Ludwig von Bertalanffy는 체계적 사고의 개념과 생물학을 살아 있는 체계에 관한 보편적 이론으로, 즉 인간의 마음을 지구의 생태권ecosphere 개념과 결합하려는 시도를 하였다. 원래 내분비체계에 관하여 연구하였던 그는 좀 더 복잡한 사회체계에 이 이론을 적용하면서 **일반체계 이론**general systems theory이라고 불리게 된 모델을 발전시켰다.

마크 데이비드슨(Mark Davidson, 1983)은 자신의 전기 *Uncommon Sense*에서 루트비히 폰 베르탈란피의 체계에 대한 정의를 다음과 같이 요약하였다. "원자에서부터 우주까지, 그리고 전화, 우편엽서, 빠른 수송체계와 같은 실제적인 예까지 포함한 모든 실체는 부분들의 상호작용에 의해 유지된다. 루트비히 폰 베르탈란피가 말하는 체계는 TV와 같은 물체도 될 수 있고, 애완견과 같은 생물체, 심리학적인 측면에서의 성격, 사회학적인 측면에서의 노동조합, 상징적 수준의 법 등을 모두 포함한다. … 체계는 보다 작은 체계들로 구성될 수 있으며, 보다 큰 체계의 부분도 될 수가 있다. 이것은 마치 미국에서 하나의 주 또는 도시가 좀 더 작은 관할 구역으로 구성되어 있는 동시에, 주는 국가의 한 부분인 것과 같다"(p. 26).

앞의 마지막 개념이 중요하다. 모든 체계는 보다 큰 체계의 하위체계이다. 그러나 가족치료사들은 체계적인 관점을 적용할 때 영향력이 파급되는 관계망에 관해서는 생각하지 못했다. 가족치료사들이 가족을 체계로서 간주했지만 가족이 속해 있는 지역사회, 문화, 정치 등 보다 큰 체계는 대부분 무시했다.

루트비히 폰 베르탈란피는 유기체의 은유를 사회집단에 비유하여 사용하였지만, 여기서 말하는 유기체는 열린 체계이고 환경과 계속적인 상호작용을 한다. 예를 들어 기계와 같은 닫힌 체계의 반대 개념으로서 열린 체계는 산소를 취하고 이산화탄소를 내보내는 것 같이 그들의 자원을 환경과 지속적으로 교환함으로써 체계를 유지한다.

살아 있는 유기체는 활동적이고 창의적이다. 유기체는 조직을 유지하기 위하여 일하지만 단지 현 상태를 유지하기 위해서만 일하는 것은 아니다. 열린 체계에서 피드백 기제는 체계가 환경으로부터 적응에 필요한 정보를 받는 기능을 한다. 예를 들어 외부의 기온이 떨어지면서 혈액이 차가워지면 뇌의 특정 부분이 자극되면서 몸에 열을 발생시키는 기제가 작동하게 되고, 그 결과 체온이 일정한 수준으로 유지되는 것이다. 가족치료사들은 항상성의 개념을 사용했으나, 루트비히 폰 베르탈란피는 유기체가 현 상태를 보존하려는 측면을 지나치게 강조하다 보면 가족을 기계의 수준으로 축소시키는 결과를 낳는다고 했다. "만일 항상성 유지의 원리가 행동에 대한 하나의 규칙이 된다면, 잘 적응한다고 일컬어지는 사람은 기름칠이 잘된 로봇으로 정의될 것이다"(Davidson, 1983, p. 104에서 인용).

고정된 구조를 유지하려고만 하는 기계적 체계와 달리 가족체계는 새로운 환경에 적응하기 위해서 필요하면 변화를 시도한다. 월터 버클리(1968)가 말했던 복잡한 적응체계complex adaptive system

는 적응적인 체계의 이러한 유연한 특성을 설명하기 위해 **형태발생**morphogenesis이라는 용어를 만들었다.

가족치료를 만들어 온 여러 주제에 대해 루트비히 폰 베르탈란피가 언급했던 것을 요약하자면 다음과 같다.

- 가족체계는 부분들의 합 이상인 체계
- 체계 내 그리고 체계와 체계 사이의 상호작용에 대한 강조 대 환원주의
- 생태적 유기체로서의 인간 체계 대 기계주의
- 동귀결성의 개념
- 항상성 반응 대 자발적 활동

사회구성주의

체계이론은 사람들이 주변과의 상호작용을 통해 어떻게 삶을 형성하는지를 우리에게 가르쳐 주었다. 그러나 상호작용의 유형에 초점을 둘 때, 체계이론이 간과한 두 가지 측면이 있다. 하나는 가족 구성원의 신념이 그들의 행동에 미치는 영향이고, 다른 하나는 문화적인 힘이 그러한 신념을 형성하는 데 미치는 영향에 관한 것이다.

◆ 구성주의

1980년대, 우리가 결코 외부 세계를 있는 그대로 알 수 없으며 우리가 알 수 있는 것은 단지 주관적 경험일 뿐이라는 **구성주의**constructivism는 가족치료사들에게 매우 매력적으로 다가왔다. 그 당시 두뇌 연구자들은 신경망에 대한 연구(von Foerster, 1981)와 개구리의 시각에 대한 실험(Maturana & Varela, 1980)을 통해 두뇌 기능을 밝혀냈다. 두뇌는 카메라와 같이 현상을 있는 그대로 받아들이는 것이 아니라 이미 관찰자의 경험에 따라 조직된 신경체계에 의해 주관적 형태로 기록된다는 사실을 알아냈다.[1] 결국 인간은 외부세계를 완벽하게 객관적이고 사실적으로 받아들이는 것이 아니라 과거의 경험에 의해 형성된 필터로 걸러서 주관적으로 받아들인다.

안다는 것에 대한 이러한 새로운 관점이 파울 바츨라빅(1984)에 의해 가족치료 분야에 소개되었을 때 그 충격은 깜짝 놀랄 만한 것이었다. 그리고 인지가 가족들의 삶에 영향을 미치는 점에 관심을 갖기 시작하였다.

---

1 개구리의 눈은 측면만을 볼 수 있다. 그럼에도 파리를 잘 잡아먹는다. 그렇다면 개구리는 측면을 보는 눈의 기능보다 더 복잡한 기능이 필요하지 않다. 맥골드릭의 치료 과정은 가족들이 경험하는 많은 문제들이 가족생활주기의 변화에 적응하지 못하는 데서 발생한다는 사실을 치료사들에게 깨닫게 해주었다.

구성주의는 18세기까지 거슬러 올라가는 철학적 전통을 현대적으로 표현한 것이다. 서구 철학의 중심인물 중의 한 사람인 임마누엘 칸트(1724~1804)는 지식은 사람들이 상상을 조직화한 결과물이라고 생각했다. 영국의 경험론자 존 로크(1632~1704)도 외부 세계는 마음의 백지 상태(빈 석판) 위에 있는 그대로 찍혀지지 않는다고 주장하였다. 사실 칸트는 마음은 결코 비어 있지 않다고 주장하였다. 마음은 세상을 바라보고 해석하기 위해 바쁘게 움직이는 필터이다.

구성주의는 조지 켈리(George Kelly, 1955)의 개인구성주의 이론에서 심리치료와 처음으로 연관성을 맺게 되었다. 켈리에 의하면, 우리는 환경을 우리 나름대로 구성하고 창조함으로써 세상을 이해하게 된다. 우리는 사건을 해석하고 조직하며, 이러한 구성을 근거로 행동을 예측한다. 세상을 보는 관점을 안경과 비교할 수도 있다. 우리는 구성된 것을 변경하거나 새로운 구성을 해야 하는데 이것은 마치 안경의 도수가 맞지 않으면 이 렌즈 저 렌즈 껴 봐서 가장 잘 보이는 렌즈를 찾는 것과 비교할 수 있다.

구성주의 가족치료의 첫 번째 예로는 **재구성**reframing, 즉 행동을 재명명함으로써 가족 구성원의 반응을 전환시키는 기법이다. 내담자들은 '무례한 행동'을 한다고 보는 아이와 '과잉행동'을 한다고 보는 아이에게 서로 다르게 반응할 것이다. 비슷한 예로서, 반항적인 열 살짜리 아이를 제대로 다루지 못해 낙담하고 있는 부모는 자신들이 '비효율적인 훈계'를 하고 있다기보다는 아이가 '적대적인 아이'라고 생각한다면 자신에 대해 훨씬 편안한 감정을 느끼게 될 것이다. 첫 번째 진단은 부모가 더 강력하게 훈육을 해야 하는데 성공할 확률은 낮다. 두 번째는 힘든 아이와 잘 지내기 위해서는 전략이 필요하다는 것을 깨닫고 다른 전략을 짤 것이다. 즉 여기에서 말하고자 하는 것은 "어떤 진단이 더 타당한가?"가 아니라는 것이다. 문제에 대하여 가족이 이름 붙인 것이 비효율적이라면, 새롭게 명명함으로써 좀 더 효과적인 반응을 이끌어 내기에 충분한 관점으로 변화시키면 된다.

1980년대 중반 구성주의가 가족치료를 주도하고 있을 때 가족치료의 강조점에 근본적인 변화가 일어났다. 체계 은유가 행동에 초점을 두었다면, 구성주의는 사람들이 문제를 갖고 있는 가정(假定) 쪽으로 그 초점을 바꿨다. 의미 그 자체가 주요한 표적이 된 것이다. 치료 목표는 문제 행동 패턴을 다루는 것으로부터 내담자로 하여금 삶에 대한 새로운 관점을 발견하도록 돕는 것으로 옮겨 갔다.

구성주의는 행동 이면의 경험을 해석하는 측면을 보도록 가르쳤다. 모든 진리는 상대적이기 때문에 치료사의 시각이 내담자의 것보다 더 객관적이라고 주장할 수는 없다. 구성주의는 원인과 치료에 대한 지식을 독점하고 있는 객관적인 권위자로 여겨졌던 치료사의 권위를 깎아내렸다. 우리가 가족에 대해 알고 있는 체계, 밀착, 더러운 게임, 삼각관계 등은 메타포이다. 이들이 현실에서 실제로 존재하는 것은 아니다. 단지 다른 것과 마찬가지로 유용하게 구성된 것이다.

개인의 특정한 시각을 강조하는 사회구성주의자들은 사회적 맥락을 무시한다는 점에서 미누친(1991)과 같은 몇몇 사람에게 비난받았다. 이런 비난에 맞서서 구성주의를 주도하는 학자들은 그들이 구성된 실재를 말할 때는 사적인 경험만을 이야기하는 것이 아니라 사회적으로 구성된 것이라고 주장하였다.

◆ 사회구성주의의 실재

가족치료가 개인심리학을 확대한 것이라면, 사회구성주의는 구성주의를 확대된 것이다. 구성주의는 인간은 각자의 해석을 근거로 세상과 관계를 맺는다고 보았고, **사회구성주의**social constructionism는 개인의 해석은 사회적 맥락으로부터 비롯되었다는 점을 강조하였다.

만일 14세의 소년이 부모에게 계속 반항을 한다면, 구성주의자는 소년이 부모에 대해 존경할 만한 가치가 없다고 생각하고 있는 것을 지적해 낼 것이다. 즉 그 소년의 행동은 부모의 자녀 양육 훈련 방법의 결과일 뿐 아니라 부모의 권위에 대한 소년의 구성이기도 한 것이다. 여기에 덧붙여 사회구성주의자는 부모의 권위에 대한 소년의 태도는 좀 더 광범위한 사회적 환경에 의해 형성된 것이라고 볼 것이다.

학교나 직장에서, 점심시간이나 전화를 통한 대화에서, 극장, 그리고 TV로부터 우리는 외부의 태도와 의견을 가족 안으로 끌어들인다. 보통 14세 청소년에게 가장 큰 영향을 주는 것으로 꼽히는 TV는 오늘날의 아이들을 더욱 세속화시키고 냉소적으로 만들었다. 의사소통학자인 조슈아 메이로비츠(Joshua Meyrowitz, 1985)는 그의 저서 *No Sense of Place*에서, 오늘날의 아이들은 TV를 통해서 어른 세상의 어두운 뒷면뿐만 아니라 가려진 의심과 갈등, 어리석음과 실패 등을 알게 되었다고 주장했다. 어른에 대한 신비함이 사라지게 되면서 전통적인 권위체계에 대한 젊은이들의 신뢰는 무너졌다. 부모의 모습이 TV 만화영화의 주인공인 호머 심슨이라고 생각한다면 어른이 이상적인 지혜를 가지고 있다고 생각하기는 어렵다.

구성주의와 사회구성주의는 행동의 중재자로서 경험에 대한 해석을 중요시한다. 구성주의자가 개인의 주관적인 마음을 강조했다면, 사회구성주의자는 사회적인 해석과 언어와 문화의 상호주관적인 영향을 더욱 강조했다(Lock & Strong, 2010). 구성주의는 사람들이 갖고 있는 문제가 단지 그들의 객관적 삶의 조건 때문만이 아니라 그러한 상황에 대한 해석에서도 비롯된다고 본다. 사회구성주의가 덧붙이는 것은 다른 사람들과의 상호작용을 통해서 의미가 발생한다는 것이다.

치료는 내담자가 굳은 신념의 피해로부터 벗어나도록 하는 **탈구성**deconstruction의 과정이다. 실제로 어떻게 이것이 이루어지는가는 가족치료에서 가장 영향력 있는 두 가지의 새로운 방법, 즉 **해결중심 모델**solution-focused model과 **이야기 치료**narrative therapy에서 설명될 수 있다.

대부분의 치료 방식은 나름대로의 치료적 신념이 있는데, 그 신념은 문제를 해결하기 위해서는 원인을 찾아야 한다는 것이다. 이러한 신념 역시 하나의 구성이고, 문제를 바라보는 관점일 뿐이다. 해결중심 치료는 전혀 다른 구조를 사용하면서 이러한 가설을 아예 거꾸로 바꾸었다. 즉 문제를 해결하는 가장 최선의 방법은 사람들이 문제가 없을 때에는 어떻게 하는가를 찾아내는 것이다.

예를 들어 어떤 부인이 자신에게 말을 하지 않는 남편에 대해 불평을 한다고 생각해 보자. 해결 중심 치료사는 무엇이 잘못되었는가를 알아내기보다는 부인에게 예외적인 상황을 기억할 수 있는 지 질문한다. 부인과 남편이 함께 산책을 할 때나 외식할 때에는 대화가 잘된다면 그것이 예외가 될 것이다. 이러한 경우에 치료사는 단순하게 좀 더 자주 그런 일을 하도록 제안한다. 우리는 제11장 에서 어떻게 해결중심 치료가 구성주의의 기본적인 통찰 위에 세워졌는지 살펴볼 것이다.

해결중심 치료사들과 마찬가지로 이야기 치료사들도 내담자가 자신의 경험을 어떻게 보는지 재 점검하도록 하여 그들의 경험을 새롭게 바꾸게 한다. 그러나 해결중심 치료가 행동적인 해결책을 활성화시키기 위해 현재의 실패로부터 과거의 성공으로 그 관심을 돌리는 반면, 이야기 치료의 목표는 더 광범위하며 좀 더 개인의 태도에 집중되어 있다. 이 접근에서 가장 결정적인 기법은 바로 외재화externalization인데, 이것은 문제에 대한 정의를 매우 급진적으로 재구성하는 것이다. 즉 문제를 괴로워하는 사람의 속성으로 정의하는 것이 아니라 외부에 있는 억압자로 보는 것이다. 예를 들어 숙제를 잘 하지 않는 소년을 둔 부모는 그러한 자녀를 게으르고 자기 할 일을 미루기만 하는 아이라고 정의할 것이다. 그러나 이야기 치료사는 '미루는 것'이 언제 소년에게 더 좋은 것을 가져다주는지, 그리고 언제 '그렇지 않은지'에 대해 이야기할 것이다.

첫 번째 구성―"소년은 게으르다."―은 상대적으로 결정적인 데 반하여, 두 번째 구성―"미루는 것이 소년에게 때때로 좋은 것을 가져다준다."―에서는 소년을 부정적인 정체성에서 해방시켜 자유를 찾고자 투쟁하는 것으로 치료의 방향이 바뀐다. 제12장에서 이야기 치료를 자세히 다룰 것이다.

애착이론

가족치료 분야가 성숙해지면서 가족치료사들은 가족을 구성하는 개인의 내적인 삶에 대해 새로운 관심을 갖게 되었다. 가족 구성원의 행동에 대한 폭넓고 체계적인 영향을 다루고 있는 이론들에 더하여 친밀한 관계의 좀 더 깊은 뿌리를 설명할 수 있는 주요한 수단으로 애착이론이 출현했다.

애착이론은 부부치료에 더욱 효과적이다(예 : Johnson, 2002). 애착이론은 건강한 성인도 서로에게 의존해야 할 필요가 있음을 설명하는 데 도움이 된다. 초기의 가족치료에서 부부치료는 이론이 없는 치료였다. 대부분의 치료사는 가족을 위해서 계획된 모델로 부부를 치료했다(예 : Minuchin, 1974; Haley, 1976; Bowen, 1978). 예외적으로 행동주의자들은 친밀함이 강화에 의해 만들어진 것이라 생각했다. 아무도 사랑이나 열망에 관하여 많이 이야기하지 않았으며, 의존성은 아동에게는 당연한 것이지만 성인에게는 속박enmeshment의 신호로 여겨졌다.

정서중심 부부치료에서 수장 존슨Susan Johnson은 한 배우자가 비판하고 불평하면, 다른 배우자는 방어하면서 뒤로 물러나게 되는 가족역동을 깨기 위해 애착이론을 적용하였다. 애착이론에서 비판하고 불평하는 것은 결속이 깨지는 것이 두려워 저항하는 것이라고 보았다. 즉 잔소리하는 배우자는 화가 난 배우자보다 더 불안해하는 것일지도 모른다고 제안한다.

부부가 서로를 대하는 방법이 그들의 애착 역사를 반영한다고 보는 개념은 존 보울비와 메리 에인스워스Mary Ainsworth의 연구에서 그 기원을 찾아볼 수 있다. 보울비는 1940년대에 케임브리지대학교를 졸업하면서 아이가 엄마에게 애착을 갖는 이유는 엄마가 아기에게 젖을 먹인 결과에서 비롯된다고 가정하였다. 그러나 콘라트 로렌츠(Konrad Lorenz, 1935)는 새끼 거위가 먹이를 주지 않는 부모에게도 애착을 갖는 현상을 관찰하였으며, 해리 할로(Harry Harlow, 1958)는 스트레스 상황에 있는 새끼 원숭이들이 먹이를 주는 대신 철사 망으로 만들어진 '어미'보다, 천으로 만들어져 편안한 접촉을 제공하는 '어미'를 더 선호한다는 것을 관찰했다. 인간인 아기도 젖을 주지 않는 사람에게도 애착을 갖게 된다는 것을 관찰했다(Ainsworth, 1967).

1940년대와 1950년대의 많은 연구는 어머니로부터 분리된 어린아이들이 저항하고 절망하다가 마침내 분리되는 일련의 단계를 거친다는 것을 발견했다(예 : Burlingham & Freud, 1944; Robertson, 1953). 이러한 반응을 이해하려는 과정에서 보울비(1958)는 위험한 일에 당면할 때 부모 곁에 있는 아이들은 약탈자에 의해 죽임을 당할 확률이 낮기 때문에, 아이와 부모 간의 결속은 생물학적 욕구에 기초한 자연적인 선택의 과정을 통해 진화된 근접성이라고 보았다. 보울비는 이러한 결속을 '애착'이라고 명명하였다.

애착은 스트레스를 받는 상황에서 애착 대상을 찾는 것을 의미한다. 애착은 엄마의 부드럽고 따뜻한 몸에 아기가 달라붙어 있거나 안겨 있을 때, 사랑스럽게 눈빛을 교환할 때, 아기가 엄마를 붙잡고 엄마도 아기를 붙잡고 있을 때 충족된다. 이러한 경험은 깊은 편안함을 준다.

안정적인 애착 경험을 한 아이는 무력감, 유기의 두려움, 고립감으로부터 경험하는 병리적 두려움이 아니라 기본적인 안전감을 발달시킨다. 반대도 마찬가지이다. 불안정 애착은 아이의 자신감에 독을 뿌리는 것과 같다. 위협적인 상황이 발생하면 안정적 관계를 형성한 아기는 애착 대상에게 **애착 행동**(가까이 가기, 울기, 손을 뻗기)을 하고, 대상으로부터 위로를 받고 안심하게 된다(Bowlby, 1988). 안정적 애착관계를 형성한 아기는 돌보는 사람이 옆에 있기 때문에, 세상과의 상호작용(상호관계)에 대해 자신감을 갖게 된다.

만일 돌보는 사람이 아이의 필요에 무반응적이거나 가까이 있지 않으면 아이는 자기의 필요, 욕구에 대해 수치심을 느낀다. 이런 아이들은 자신들의 욕구, 필요가 타당한지 의심하고, 그런 욕구를 가진 것은 나쁜 것이라고 느낀다. 그리고 아무도 의지할 수 없다고 믿게 된다. 이들은 불안정 애착(Bowlby, 1988)을 형성한다. 불안정 애착관계는 두 종류로 분류되는 데, 불안정 애착관계와 회피 애착관계로 나뉜다.

지나치게 아이들을 과보호하거나 침투하는 부모의 자녀들은 불안정 애착관계를 형성하기 쉽다. 이런 아이들은 자신들의 욕구가 돌보는 사람으로부터 인정을 받아야 타당하다고 느낀다. 이런 아이들은 점차 자신들이 진정으로 느끼는 것이 무엇인지를 자각하는 것이 힘들어진다. 불안정 애착관계의 아이들은 돌보는 사람에게 매달린다. 돌보는 사람으로부터 침투된 메시지는 세상은 무서운 곳이기 때문에 세상을 살아가려면 "너는 내가 필요하다."고 믿게 한다(Ainsworth, 1967). 불안정 애착관계의 사람들은 다른 사람들의 요구에 맞추려 하고, 다른 사람들을 즐겁게 하려고 노력하기 때문에 우울, 불안과 같은 증상으로 괴로워한다. 이들이 성인이 되어 연애관계에 있을 때, 관계가 단절될 것 같으면 불안이 올라와 미친 듯이 상대방을 끌어당기려 한다(Bowlby, 1973). 유기불안은 어떤 사람들에게는 '공포'같이 느껴지는데, 이렇게 되면 모든 것을 희생해 가면서 관계 유지에 몰두하게 된다.

회피 애착관계를 형성하는 아이들의 경우는, 돌보는 사람이 필요할 때 옆에 있어 주지 못한 부모의 자녀들이다. 처음에는 돌보는 사람들로부터 위로를 받으려는 시도를 하지만 돌보는 사람들이 반응을 하지 않는 것이 분명해지면 아이들은 점차 포기를 하게 된다. 또 다른 방식은 아이들이 처음에는 호기심을 가지고 탐색하려 하다가 도전을 받으면 곧 포기하는 경우이다(Ainsworth, 1967). 이런 아이들은 다른 사람들이 자기들의 필요에 반응해 주지 않을 것을 알기 때문에 거절의 아픔을 피하기 위해서 아예 회피해 버린다. 이들은 관계를 끊어 버리거나 아예 충족시키지 못한 욕구를 느끼지 않으려 한다. 친밀한 애착관계에서 안전감을 느끼지 못하여 회피 애착관계를 형성한 경우에는 상대와 거리를 두거나 말이 없어지는데, 이는 상대에게 욕구를 느끼지 않으려 하는 것이다. 이렇게 하면 상대로부터 거절당할 기회를 막아 버려 거절로 인한 상처를 느끼지 않을 수 있기 때문이다(Bowllby, 1973).

애착이론은 폭넓게 연구가 되었으며, 유아기에 형성된 애착 유형은 안정적이며 아동기 내내 지속된다는 것이 분명해졌다. 12개월의 애착 유형이 다음과 같은 사항을 예측할 수 있다. (1) 18개월 때의 애착 형태(Waters, 1978; Main & Weston, 1981), (2) 18개월 때의 좌절, 끈기, 협동성, 그리고 일의 수행에 대한 열중(Main, 1977; Matas, Arend, & Sroufe, 1978), (3) 유치원에서의 사회성 능력(Lieberman, 1977; Easterbrook & Lamb, 1979; Waters, Wippman, & Sroufe, 1979), (4) 자존감, 공감, 그리고 학급에서의 품행(Sroufe, 1979)이다. 한 살 때 맺은 관계의 질은 향후 5년에 걸친 관계의 질에 대하여 예측할 수 있으며, 이것은 안정적 애착관계를 형성한 유아를 저항적이거나 회피적인 애착관계를 가진 유아와 비교하는 데 유용하게 사용된다.

아동기의 애착 방식이 성인이 된 이후 친밀한 인간관계를 맺는 방식과 상관관계가 있는지에 대해서는 연구에서 분명하게 밝히지 못했다. 그럼에도 불구하고 연인 간의 사랑이 애착을 형성하는 과정이 될 수 있다는 생각은 아직 증명되지 않았지만, 매우 호소력 있게 남아 있다(Hazan & Shaver, 1987). 연구에 의하면 관계에 대해 불안해하는 사람들은 불안으로 인해 더 많은 관계 갈등을 겪는다고 보고되는데, 이러한 갈등은 기본적으로 불안정한 사랑, 상실, 유기에 의해 발생된다고 보았다. 관계에 대해서 불안해하는 사람들은 갈등을 강압적이며 불신하는 방법으로 다루는 경향이 있으며, 이러한 방법은 그들이 가장 두려워하는 결과를 가져오게 한다(Feeney, 1995).

　애착이론은 가족 간의 상호작용 문제의 역동을 더 깊게 이해하도록 도와준다. 예를 들면 흔히 쫓아가는 자-거리를 두는 자의 패턴은 한 사람은 불안하기 때문에 친밀감을 절실하게 원하는 한편 회피 유형은 정서적으로 멀리하려 한다. 두 사람의 내적 동기도 안전하고 친밀한 관계를 원함에도 불구하고 거절에 대한 두려움은 상대를 밀어내고 결국 두 사람 다 진정 원하는 것을 얻지 못한다(Johnson, 2002). 결국 자신들의 해결책이 바로 문제가 된다.

　한 사람의 쫓아가기와 거리두기 행동 뒤에 연결과 안전에 대한 욕구를 알게 되면 치료에 유용한 통찰을 얻을 수 있다. 두 사람이 서로의 내면의 진짜 욕구를 읽게 되면 상호작용은 좀 더 부드럽게 빨리 변화할 수 있다. 부모와 자녀 사이도 이런 점을 이해한다면 부모가 자녀의 바람직하지 않은 행동을 이해하는 데 많은 통찰을 제공받을 수 있다. 자녀의 부적절한 행동은 바로 부모가 옆에 있어주지 못하고 반응하지 못하는 것 때문에 발생하는 자녀의 불안으로부터 시작되기 때문이다.

❖ ❖ ❖

　가족치료 분야의 이론이 시대순으로 어떻게 발전해 왔는지를 읽은 독자들은 이 분야에 있었던 수많은 패러다임의 변화에 대해 놀랄지도 모른다. 반면에 겉보기에는 연속성이 없는 것 같지만 그 속에 어떤 패턴이 있다는 것을 짚어 내는 데 도움이 될 것이다. 가족치료의 초점은 상황을 좀 더 넓은 수준에서 바라보는 방향으로 발전되어 왔다. 이러한 과정은 치료사들이 개인을 넘어 가족을 보게 되면서 시작되었고, 갑자기 과거에는 설명할 수 없었던 사람들의 행동이 이해되기 시작하였다. 초기의 가족치료사들은 문제를 중심으로 사정하고 행동적인 상호작용을 바꾸는 데 관심을 두었으며, 다음에는 이러한 상호작용이 가족의 기본적인 구조가 표현된 것임을 재인식하게 되었고, 구조가 변화의 표적이 되었다. 그다음 가족구조는 신념체계에 의해 통제되는 다세대적인 과정의 결과로 여겨졌고, 치료사들은 이러한 근본적인 신념을 다루는 것에 목표를 두었다. 최근에는 이러한 신념체계들이 진공 상태에서 형성된 것이 아님을 알게 되면서, 치료사들은 문화적인 영향에 관심을 두고 있다.

❖ ❖ ❖

　인간 환경에 대한 자연주의자이기도 한 가족치료사들은 행동이 눈으로 볼 수 없는 상호작용에 의해서도 형성되고 있다는 것을 발견했다. 피드백, 순환관계 등과 같은 체계적인 개념은 복잡한 상호작용을 예측할 수 있는 유용한 도구이다. 우리가 가장 관심을 두는 것은 이러한 개념이 임상 현장에 실제로 어떻게 적용되는지에 관한 것이며, 이제 가족치료의 실용적인 개념에 관하여 살펴보려고 한다.

가족치료의 실용적 개념

◆ 대인관계 맥락

사람을 맥락의 산물로 보는 것이 가족치료의 기본전제이다. 누구에게나 가장 가까운 사람들은 부모나 배우자이기 때문에 이들과의 관계맥락의 영향에서 벗어날 수 없다. 결국 사람들의 행동에 가장 큰 영향을 끼치는 것은 가족 구성원들과의 상호작용이라고 할 수 있다. 따라서 맥락은 가족의 중요성으로 축약되는데, 그렇다고 반드시 가족의 영향이 전부라고는 할 수 없다.

가족의 행동을 이해하는 데 가장 적절한 맥락은 가족이지만 항상 그렇지는 않다. 한 대학생의 우울함은 집에서 벌어지는 상황 때문이 아니라 기숙사에서의 상황으로 인한 것일 수도 있기 때문이다.

임상적 차원에서 치료사가 개인을 일주일에 한 번 만나서 상담을 통해 영향을 미치는 것보다 오히려 나머지 167시간 동안 다른 사람들과 상호작용하는 것이 더 큰 영향을 미칠 것이다. 따라서 사람들의 문제를 해결하기 위해서는 내담자와 내담자의 삶에 영향을 미치는 중요한 사람들을 함께 만나는 것이 더 효과적일 것이다.

◆ 상보성

상보성complementarity은 모든 관계의 특성이기도 한 상호관계를 말한다. 한 사람의 행동은 다른 사람이 어떤 행동을 하게끔 만든다. 동양의 음양사상을 보면 남성성인 양과 여성성인 음은 서로 상보성의 관계로 움직인다. 양은 음을 이끌고, 음은 다시 양을 이끈다. 양 안에는 음이 있고, 음 안에는 양이 있다.

앞의 그림에서 보듯이 두 부분이 서로 상보적이고, 서로 영향을 미친다. 인간관계도 이렇게 볼 수 있다. 한 사람이 변하면 관계도 변화한다. 존이 좀 더 많이 식료품을 시장에서 사오기 시작하면 메리는 식료품을 사러 시장을 덜 가게 될 것이다.

가족치료사들은 한 사람이 다른 사람에 대해 불평하는 것을 들을 때마다 상보성에 대해 생각해야 한다. 자기 아내의 잔소리에 대해 불평하는 남편의 예를 들어 보자. "아내는 언제나 불평을 합니다."라고 말했을 때 가족치료사는 상보성의 관점에서 받아들일 것이다. 아내가 불평을 한다는 것은 남편이 부인의 말을 경청하지 않기 때문일 것이다. 자신의 말을 듣지 않는 남편에게 부인은 화가 나고 지지받지 못한다고 느끼게 된다. 그렇게 되면 부인은 또다시 남편에게 불평을 하게 된다. 만일 남편이 부인이 불평하기 전에 부인의 이야기를 들으려고 한다면 부인은 남편이 자기에게 관심을 갖고 있다고 받아들이게 된다. 물론 갈등이 오래되었다면 반드시 그렇게 받아들이지 않더라도 그래도 조금은 남편이 자기에게 관심이 있다고 느낄 것이다. 이렇게 상보성이란 사람들이 서로 통제를 한다는 의미가 아니라 두 사람이 관계를 맺을 때는 서로 영향을 미친다는 것을 의미한다.

치료사는 가족 구성원 행동의 상보성에 대해, 예를 들어 "당신이 잔소리를 하면 할수록 남편은 당신을 무시할 것입니다. 당신이 아내를 무시하면 할수록 아내는 당신에게 잔소리를 더 할 것입니다."라고 지적해 줌으로써 서로 비난하는 것과 그것에 따른 무력감에서 벗어나도록 도울 수 있다.

◆ 순환적 인과관계

가족치료가 출현하기 전에 정신병리에 관한 설명은 의학, 정신역동, 행동주의와 같은 단선적 모델에 근거를 두었다. 병인은 질병, 정서적 갈등, 학습 경험 등과 같은 이전의 사건으로부터 비롯된 것이라고 생각했다. 베이트슨은 **순환성**이라는 개념을 사용해서 정신병리에 관한 우리의 사고방식을 변화시키는 데 도움을 주었다. 즉 과거의 사건이 원인이라고 생각했던 것에서 현재 진행되고 있는 순환적 피드백 고리의 일부로서 질병을 생각하는 것이다.

단선적인 인과관계linear causality의 개념은 뉴턴 모델에 기초한 것으로, 우주는 마치 당구대 위의 공이 서로 한쪽 방향으로만 움직이는 것과 같다고 본다. 베이트슨은 단선적 인과관계 개념이 객관적인 사물의 세상을 설명하는 데는 유용하지만 살아 있는 유기체를 설명하기에는 부족하다고 생각했다. 그것은 의사소통과 관계성을 설명하지 못하기 때문이다.

이러한 차이점을 설명하기 위해 베이트슨(1979)은 발로 돌을 차고 있는 한 남자의 예를 들었다. 돌을 차는 효과는 발로 차는 힘과 차는 각도, 그리고 돌의 무게를 측정함으로써 정확하게 예측할 수 있다. 한편, 사람이 강아지를 찼다면 그 효과를 예측하기는 어려울 것이다. 강아지가 어떤 성격을 가졌는지, 발길질을 어떻게 해석하는지에 따라 움찔하거나, 도망가거나, 사람을 물거나, 장난치려고 하는 등 여러 가지 방법으로 반응할 것이기 때문이다. 강아지의 반응에 대한 응답으로 사람은 자신의 행동을 수정할 것이며, 가능한 결과는 수도 없이 많을 것이다.

강아지의 행동(예 : 물기)은 사람의 다음 행동(예 : 욕을 하는 것)에 고리를 만들면서 영향을 주고, 이것이 다시 강아지에게 영향을 주게 된다. 원래의 행동이 순환적인 순서를 유발하면서, 잇따르는 행동이 순환적으로 다른 것에 영향을 준다. 단선상의 원인과 결과는 상호 영향의 순환 속에서 사라지고 만다.

　많은 가족은 문제의 원인을 발견하고 문제가 누구의 책임인지를 결정하기 때문에 상호적 또는 순환적인 인과관계 개념은 가족치료사들에게 상당히 유용하다. **순환적 인과관계**circular causality는 누가 무엇을 시작했는가를 찾기 위해 논리적이지만 비생산적인 탐색을 하고 있는 가족에게 합류하는 대신에, 문제는 진행되고 있는 일련의 행동과 반응에 의해 유지된다는 점을 제시해 준다. 누가 시작했는지는 중요하지 않다.

◆ 삼각관계

대부분의 내담자는 단선상의 용어로 그들의 걱정을 표현한다. '다루기 힘든' 4세의 아이나 아이의 면접교섭권에 대해 '협조하기를 거부'하는 전 부인을 예로 들 수 있다. 이러한 불만은 문제가 한 개인에게 있다는 것을 말하고 있지만, 대부분의 치료사는 관계 문제를 살펴보아야 한다고 생각할 것이다. '다루기 힘든' 4세 아이의 부모는 비효과적으로 훈육했을 것이고, '비합리적'인 전 부인은 아마도 자기의 입장에서만 이야기를 하고 있을 것이다. 그래서 치료사, 특히 가족치료사는 4세 아이와 함께 부모를 만나고, 화가 난 아버지와 그의 전 부인을 같이 만나는 것을 원할 것이다.

　4세 아이와 부모를 함께 만난 치료사가 진짜 문제는 부모의 훈육 부족이라고 본다고 가정해 보자. 어머니는 딸이 자신의 말을 듣지 않는다고 불평하고, 아버지는 부인의 말에 동의하면서 고개를 끄덕이고, 딸은 어머니가 조용히 앉아 있으라고 한 말을 무시하면서 방을 여기저기 뛰어다닌다. 아마도 부모는 한계를 설정하기 위해 아이에게 충고할 수도 있으며, 그렇게 할 것이다. 그러나 경험상 아이의 행동은 부모보다 한 수 위임을 보여 준다. 어린아이가 불순종할 때 그것은 부모가 규칙이나 규칙을 따르도록 하는 방법에 갈등이 있음을 의미한다.

　아버지는 엄격한 훈련자일 가능성이 있다. 만일 그렇다면 어머니는 엄한 남편에 반하여 그 딸을 보호해야 할 필요를 느낄 수 있기 때문에 어린아이에게 부모의 역할을 하기보다 친구가 되고 아이와 동맹을 맺게 된다. 어떤 부모는 서로에게 너무 화가 난 나머지 의견이 일치하지 않는 것이 당연하게 보일 수 있다. 그러나 많은 부모는 있는 그대로 보여 주기 싫어한다. 갈등이 너무 고통스럽기 때문에 가슴에 담아 두려 한다. 그들은 자신들의 관계에 대해 치료사가 상관할 바가 아니라고 생각하거나 아버지는 자신이 하는 일을 부인이 싫어한다고 생각하면서 "제기랄, 그러면 혼자 잘해 보라고 해!"라고 마음을 정해 버릴 수도 있다. 요점은 관계의 문제들이 늘 분명하게 나타나는 것은 아니지만 흔히 삼각관계로 나타나게 된다는 것이다(Bowen, 1978).

　조금 덜 명확하기는 하지만, 면접교섭권 문제를 놓고 싸우는 이혼 부모의 경우에도 삼각관계의 복잡성을 볼 수 있다. 대부분의 이혼은 두 사람에게 어느 정도의 피할 수 없는 적개심을 만들어, 상처와 분노가 발생한다. 거기에 부모로서의 죄의식이라는 건강한 약을 더해 보자(느껴지는 것과 투사되는 것). 그러면 당신은 휴일에 누가 아이들을 데리고 있을 것인지, 누가 새 운동화를 사 줄 차례인지, 지난 주말에 아이를 데리러 오갈 때 누가 늦었는지 등에 관하여 논쟁하는 공식을 그려 볼 수 있을 것이다. 전투태세를 갖춘 전 배우자들과 만날 때는 문제가 그들 둘 사이에 있다는 가정이 약간 들어맞지 않다고 느껴질지도 모른다. 아직 서로에게 몹시 화가 나 있는 두 사람일지라도 제삼자가 끼어들지만 않는다면 결국에는 문제를 해결할 방법을 발견하게 될 것이다.

이혼한 아버지가 새 여자 친구에게 전 부인의 비합리성에 대해 불평을 한다면 어떤 일이 벌어질 것이라고 생각하는가? 이와 같은 일은 한 사람이 다른 사람에 대한 불평을 할 때에도 흔히 일어난다. 새 여자 친구는 그를 동정하거나 전 부인에 대해 완강하게 대할 것을 촉구할 것이다. 한편, 아이들의 어머니에게도 더 공격적으로 나가라고 부추기는 친구가 있을 것이다. 이렇게 두 사람 사이에서 문제를 해결할 틈도 없이 한쪽 혹은 두 쪽 모두 갈등이 상승되도록 부추겨지는 것이다.

모든 관계의 문제들은 제삼자를 포함하는가? 그렇지는 않다. 그러나 대부분은 그렇다.

◆ 과정/내용

사람들의 대화 **내용**content(무엇을 말하는가)보다 의사소통 **과정**process(어떻게 사람들이 말하는가)에 초점을 맞추는 것이 가족치료가 공헌한 것 중에 가장 중요한 것이다. 예를 들어 치료사가 우울해하는 대학 새내기에게 부모와 대화를 나누도록 격려했다고 상상해 보자. 여학생은 말보다는 오히려 수동공격적인 저항으로 자신을 표현하고, 이와 대조적으로 부모는 자신의 의견을 말로 너무나 잘 표현한다고 하자. 마침내 여학생은 대학은 시간 낭비일 뿐이라고 자신의 느낌을 표현하기 시작하고, 부모는 학교에 다녀야 하는 중요성에 대해 강력하게 주장함으로써 싸우게 된다. 이때 여학생이 실제로 대학을 자퇴할지도 모른다는 생각에 불안해진 치료사는 부모 입장에서 내용을 지지하는 개입을 할 수 있다. 그러나 이것은 여학생이 자기 파괴적인 행동 대신에 감정을 말로 표현하는 것을 배우는 과정을 지지해 줄 수 있는 기회를 놓치는 것이다.

치료를 받으러 오는 가족은, 남편은 이혼을 원하고, 아이는 학교 가기를 거부하고, 부인은 우울한 상태에 있다고 하는 등 대부분 내용에 관심을 둔다. 가족치료사는 가족과 함께 문제의 내용에 대해 이야기하지만, 가족이 문제를 해결하려고 노력하는 과정에 대해서도 생각해야 한다. 가족이 자녀의 등교 거부에 대해 무엇을 할 것인가를 의논하는 동안, 치료사는 부모가 이 문제에 대해 어떤 책임이 있는지 그들이 서로 지지하고 있는지를 알게 된다. 자녀가 학교에 가도록 함으로써, 특히 문제를 해결하는 방법에 관하여 부모에게 말해 주는 것은 과정이 아니라 내용을 다룬 것이다. 아이는 등교를 할지 모르지만 부모는 그들의 결정하는 과정을 개선하지 못할 것이다.

물론 때로는 내용이 중요하다. 만일 부인이 걱정을 잊기 위해 술을 마신다든지, 남편이 딸을 성폭행했다면 치료사는 내용을 알아야 하고, 그것에 대해 적절한 조치를 취해야 한다. 그러나 치료사들이 내용에만 초점을 맞추면 맞출수록 가족이 좀 더 기능적인 체계가 되도록 돕지는 못하는 것이다.

◆ **가족구조**

가족의 상호작용은 예측이 가능하다. 그러나 상호작용은 강력하지만 보이지 않는 구조 안에 파묻혀 있기 때문에 어떤 사람들은 다루기가 쉽지 않다고 말한다. 쫓아가는 자-거리를 두는 자와 같은 역동적인 형태는 상호작용의 과정을 설명하고, **구조**structure는 상호작용이 일어나는 구조를 정의한다. 원래 상호작용이 구조를 형성하지만, 일단 구조가 형성되면 구조가 상호작용을 형성하기도 한다.

다른 집단과 마찬가지로 가족은 관계를 맺는 것에 대해 많은 선택권을 가진다. 그러나 변화하기 쉬웠던 상호작용도 곧 규칙적이고 예측 가능하게 된다. 일단 형태가 만들어지면 가족 구성원은 이용이 가능한 많은 대안 중 극히 작은 부분만 사용한다(Minuchin & Nichols, 1993). 가족은 세대, 성별, 기능에 의해 결정되는 하위체계로 구성된다. **하위체계**subsystem는 대인관계의 **경계선**boundary, 즉 다른 사람과 접촉의 양을 조절하는, 보이지 않는 장벽에 의해 구별된다(Minuchin, 1974).

살아 있는 세포막처럼, 경계선은 가족과 가족의 하위체계의 분리와 자율권을 보호한다. 연인은 두 사람만의 시간을 보내고 그들의 몇몇 활동에서 가족과 친구들을 배제함으로써 관계가 방해받지 않도록 보호하는 경계선을 세운다. 시간이 흐른 후 그들이 결혼해서 아이를 갖게 되었을 때, 자녀 없이 둘만의 시간을 함께 보냄으로써 그 경계선은 유지된다. 한편, 만약 부부가 그들의 모든 활동에 자녀를 포함시킨다면, 세대를 구분하는 경계는 불분명하게 되고, 부부의 관계는 부모 역할을 위해 희생된다. 더구나 부모가 아이들의 모든 활동에 깊이 관여하고 있다면, 자녀는 주도적이거나 자율적인 아이로 자라지 못한다.

정신분석학 이론은 대인관계의 경계선에 대한 필요성을 강조한다. '유아의 심리적 출생'(Mahler, Pine, & Bergman, 1975)을 시작으로 정신분석학자들은 점진적 분화와 개별화가 오이디푸스 애착을 해결하고, 결국에는 가정을 떠나 독립하도록 만든다고 설명했다. 그러나 이것은 불충분하게 정의한 경계선을 일방적으로 강조하는 것이다. 정신분석학자들은 경직된 경계선으로부터 발생하는 정서적인 고립의 문제에 대해 충분히 주의를 기울이지 않는다. 분리를 하나의 모델로 보면서 성숙의 정도를 측정할 수 있다고 생각하는 신념은 남성 심리를 과도하게 일반화하고 의심조차 하지 않은 예가 될 것이다. 사람들이 관계 속에서 자신을 상실할 위험성은 친밀한 관계로부터 그들 자신을 고립시키는 위험성보다 더 현실적이지 않다.

가족치료사들은 경계선이 너무 경직되거나 분명하지 못할 때 문제가 생긴다는 것을 발견했다. 경직된 경계선은 외부 체계와의 접촉을 매우 적게 허용해서 결과적으로 **유리**disengagement를 초래한다. 유리는 사람들을 독립적으로 남겨 두기는 하지만 고립시키며, 자율성을 키워 주지만 애정과 돌봄을 제한한다. 밀착된 하위체계는 산만한 경계선을 가지며 대단히 높은 수준의 지지를 제공하지만 자율성과 독립성을 희생시킨다. 밀착된 부모는 애정이 많고 세심하게 경청한다. 그러나 그들의 자녀는 의존적인 경향이 있으며, 가족 밖의 사람들과의 관계에서 문제를 가질 수 있다. 밀착된 부모는 그들의 자녀에게 매우 빨리 반응하지만, 유리된 부모는 너무 늦게 반응한다.

경계선에 있어서 또 다른 중요한 점은 이것이 상호적이라는 것이다. 자녀와 어머니의 **밀착관계** enmeshed는 부부 사이의 정서적 거리와 관계가 있다. 남편으로부터 관심을 적게 받을수록 자녀로부터 더 많은 관심을 필요로 한다. 또한 자녀와의 관계에 정신을 쏟게 될수록 남편에게는 더 적은 시간을 할애한다.

이러한 상호적 배열이 발생하는 것을 알아차리지 못한 채 지나쳐서는 안 된다. 이것에 옳고 그름은 없지만, 우리는 아이의 주 양육자로서의 어머니 역할을 영속시키는 문화적 기대감 때문에 어머니를 비난하는 것에 대하여 주의를 기울여야 한다(Luepnitz, 1988). 밀착된 어머니/유리된 아버지 증후군이 예측하는 속성을 인식하면서도 어머니에게 짐을 지우는 치료사는 왜 아버지가 책임을 지도록 도전하지는 않는지 자신에게 물어보아야 한다.

◆ 가족생활주기

생활주기에 대해 생각할 때 우리는 시간이 지남에 따라 전진하고, 한 시기의 도전을 잘 견뎌 내고, 다음 단계로 넘어가는 개인에 대해 생각하기 마련이다. 인간의 삶의 주기는 순서가 있지만 불변하거나 연속적인 과정은 아니다. 우리는 정지 상태와 변화를 요구하는 발달 과제를 거치면서 성장한다. 성장과 변화의 시기는 변화가 견고해지는 비교적 안정된 시기 이후에 찾아온다.

가족생활주기family life cycle 개념은 개인의 발달을 이해할 때 두 가지 사실을 알려 준다. 첫째, 가족은 구성원들의 성장과 변화에 적응하기 위해 재조직되어야 한다는 것과, 둘째 발달이 가족의 어느 세대에서 일어나든지 가족 구성원 중 한 사람 또는 전체에게 영향을 준다는 것이다. 아들이나 딸이 유치원을 가거나 사춘기가 되었을 때, 이 아이가 새로운 환경에 대처하는 것을 배워야 할 뿐 아니라 전체 가족도 재적응해야 한다. 더욱이 발달의 전환기는 아이들뿐만 아니라 부모에게도 영향을 주며, 어떤 경우에는 조부모에게까지 영향을 주기도 한다. 14세 소년이 부모와의 관계에서 느끼는 긴장감에는 아버지의 중년기 위기, 그리고 친정아버지의 은퇴에 관한 어머니의 염려 등과 같은 요인이 소년 자신의 발달 과업이 주는 것만큼이나 큰 영향을 미칠 수 있다.

한 세대의 변화가 다른 세대의 적응을 복잡하게 만들 수 있다. 중년의 아버지가 일에 대해 환멸을 느끼면서 가족과 좀 더 많은 시간을 보내려고 하지만 이미 자녀는 성장하여 가족으로부터 독립하려고 할지도 모른다. 자녀와 가까워지고자 하는 그의 바람은 자신만의 삶을 갖고자 하는 자녀의 욕구를 좌절시킬지도 모른다. 최근에 좀 더 익숙해지고 있는, 예를 들면 자녀가 집을 떠난 이후 부모가 두 사람만의 삶을 시작하려 할 때, 자녀들이 학교를 중퇴하거나, 집값을 감당할 수 없어서 또는 결혼 후 얼마 되지 않아 이혼하고는 회복을 위한 이유로 다시 집으로 돌아오는 현상이다. 그 결과, 부모는 제2부모기라는 곤란한 형편에 직면하게 된다.

가족이 다른 복잡한 체계와 함께 공유하는 한 가지 특성은 그들이 평탄하고 점진적인 과정 안에서 변화하는 것이 아니라, 비연속적이고 급진적인 변화를 경험한다는 것이다. 사랑에 빠지는 것과 정치적인 혁명은 그러한 급진적 변화의 예이다. 아기를 가지는 것은 사랑에 빠지는 것과 동시에 대변혁을 경험하는 것과 같다.

사회학자 에블린 두발과 루벤 힐은 1940년대에 가족의 삶을 각 시기마다 수행해야 할 과업이 있는 분리된 단계로 구분함으로써 발달론적인 관점을 가족에 적용하기 시작했다(Duvall, 1957; Hill & Rodgers, 1964). 가족치료사인 베티 카터와 모니카 맥골드릭(Betty Carter & Monica Macgoldrick, 1980, 1999)은 다세대적 관점을 첨가하고, 문화적으로 다양한 형태를 인식하고, 이혼과 재혼의 단계를 고려함으로써 가족생활주기의 틀을 더욱 풍성하게 하였다(표 3.1).

가족생활주기의 보편적인 기준이 되는 어떤 형태도 없다는 것을 인식하는 것은 중요하다. 한부모 가족, 동성 부부, 재혼 가족 등 가족이 다양한 형태를 취할 뿐 아니라, 다양한 종교적·문화적·인종적 집단은 다양한 단계의 다른 규범을 가지기도 한다. 생활주기 개념의 진정한 가치는 특정한 단계에서 어떤 것이 정상적이고 또 어떤 것이 기대되고 있는가에 대해 많은 것을 배우는 것이 아니라, 가족이 생활주기가 변할 때 흔히 문제를 경험하게 된다는 것을 깨닫는 것이다.

표 3.1 결혼생활의 단계

가족생활주기의 단계	전환기의 정서적 과정 : 주요 원칙	발달적으로 수행되어야 할 가족 지위의 이차적인 변화
가정을 떠남 : 미혼의 젊은 성인	자신에 대한 정서적·경제적 책임을 받아들임	a. 관계에서 자신을 분화 b. 친밀한 동료관계의 발전 c. 일과 경제적인 독립에서 자신을 확립
결혼으로 가족을 이룸 : 새로운 부부	체계에 새 체계를 수용	a. 부부체계의 형성 b. 배우자에 의해 생긴 대가족과 친구관계의 재조정
어린 자녀가 있는 가족	체계에 새 구성원을 수용	a. 부부체계 안에 자녀를 받아들이기 위한 적용 b. 자녀 양육, 경제, 가사 업무를 위한 연합 c. 부모와 조부모 역할을 위해 대가족과의 관계를 재조정
청소년 자녀를 둔 가족	자녀의 독립과 조부모의 노약함을 지지하기 위해 가족경계의 융통성을 증가	a. 청소년 자녀가 체계 안과 밖으로 출입할 것을 허용하는 부모-자녀 관계로 변화 b. 중년 부부와 직업 문제에 다시 초점을 둠 c. 노인 세대를 돌보는 변화를 시작
자녀를 떠나 보내기	가족체계로부터 나가고 들어오는 것을 수용	a. 두 사람으로서 부부체계를 재타협 b. 성인 자녀와의 관계를 성인 대 성인의 관계로 발전 c. 시집, 처가, 그리고 손주를 포함한 관계의 재정립 d. 부모/조부모의 장애와 사망에 대처
노년의 가족	세대 간의 역할 변화를 수용	a. 생리적으로 약해지는 단계에서 자신/부부의 기능과 관심의 유지 : 가족과 사회 내의 새로운 역할을 탐색 b. 중간 세대가 좀 더 중심적인 역할을 하도록 지지 c. 노인의 지혜와 경험을 존중 : 지나치게 관여하지 않으면서 노인 세대를 지지 d. 배우자, 형제, 친구의 죽음을 다루며 자신의 죽음을 준비

문제는 가족이 환경적이거나 발달적인 도전에 직면할 때와 변화하는 환경에 적응하지 못할 때 발생한다. 그래서 문제는 역기능적인 가족의 신호가 아니라 단순하게 보면 생활의 전환기에서 재적응에 실패한 가족의 신호인 것이다.

◆ 가족 이야기

초기 가족치료사들은 문제가 어떻게 지속되는가를 설명하기 위해 개인을 넘어 그들의 관계를 살펴보았다. 행동은 상호작용에서 비롯되는 것으로서, 가장 뚜렷한 상호작용 또한 행동적인 것이다. 이중구속, 문제를 지속시키는 일련의 과정, 혐오감을 갖게 하는 통제, 삼각관계 등 이러한 개념은 모두 행동에 초점을 두고 있었다. 그러나 가족 구성원은 다른 구성원의 삶에서 배우인 동시에 가족 구성원의 이야기를 말하는 작가이기도 하다.

삶에서의 사건을 일관성 있는 이야기로 재구성하면서 가족 구성원은 그들의 경험을 이해할 수 있게 된다(White & Epston, 1990). 따라서 가족의 삶을 형성하는 것은 단지 행동과 상호작용만이 아니라 그들이 구성하고 말하는 이야기이기도 하다. 2세 아이가 '반항적'이라고 말하는 부모는 아이가 '용기 있다'라고 말하는 부모와 매우 다르게 반응할 것이다.

가족 이야기는 경험을 조직하고 이해하도록 한다. 이것은 이야기 줄거리를 보완하는 사건은 강조하고, 적합하지 않은 사건은 가려낸다. 두 살짜리 아이를 '반항적'이라고 보는 부모는 아이에게 된다고 말했을 때보다 안 된다고 말했던 때를 더 떠올리기 쉽다. 가족의 상호작용과 사건에 대한 그들의 이야기는 순환적인 형태로 연결되어 있다. 행동적 사건은 이야기 형태로 지각되고 조직되며, 이러한 이야기는 미래의 행동에 영향을 주는 어떤 기대를 형성한다.

가족 이야기에 대한 관심은 특정 학파인 마이클 화이트의 이야기 치료와 겹치게 되었는데, 여기에서는 문제를 가진 가족이 효과적으로 행동하지 못하게 막는 패배자들의 이야기를 들고 치료에 온다는 사실을 강조했다. 그러나 개인 이야기에서 중요한 단서를 민감하게 알아차리는 것은 어떤 치료사의 작업에라도 도움이 된다. 많은 가족치료사는 상호작용의 과정이나 가족관계의 구조에 관심을 둘 것이지만, 치료사의 영향을 포함하여 내담자들이 경험하고 있는 사건의 영향을 존중하는 점을 배워야 할 것이다.

◆ 성별

초기 가족치료사들이 부분들의 조직과 기능에 대해 설명하는 체계 은유를 적용하였을 때 그들은 가족의 부분들보다 가족이 기능하는 방식에 더 큰 관심을 기울였다. 가족은 경계선, 삼각관계, 그리고 부모 하위체계와 같은 추상적인 용어로 이해되었으며, 가족 구성원은 때때로 기계의 톱니바퀴와 같이 취급되기도 했다. 가족체계의 부분들은 인간이 개별적인 인간이 되도록 하는 것을 결코 멈추지 않지만, 가족이 조직되는 방법에만 열중하는 것은 가족의 심리역동, 정신병리, 성별과 같은 개인의 책임을 포함하여 가족을 구성하는 개인의 특성을 간과하는 경향을 낳았다.

상식적으로 성별은 삶의 현실이다. 주된 부모 역할은 어머니에 의해 이루어진다는 사회적 기대가 있는 한, 소녀들은 어머니와 관련하여 정체감을 형성할 것이며, 반면에 소년들은 어머니와는 구분되기 위한 동기를 가지고 다르게 반응할 것이다. 이것에 대해 낸시 초도로(Nancy Chodorow, 1978)는 '어머니의 재생산'이라고 불렀다.

전통적으로 여성은 외부에 대해 좀 더 허용적인 심리적 경계선을 갖도록 양육되어 왔으며, 이것은 관계의 측면에서 자신의 정체성을 키워 가고, 공감하는 능력을 계발한다. 그러나 이런 측면은 여성으로 하여금 관계 안에서 자기를 상실할 더 큰 위험을 감수하게 된다. 한편, 남성은 좀 더 경직된 심리적인 경계를 가지는 경향이 있는데, 의존 욕구를 부인하고, 누군가에게 압도당하는 것을 두려워하며, 다른 사람을 공감하는 것을 어려워한다. 우리는 모두 아이를 양육하는 남성, 또는 반대로 양육을 담당하지 않는 여성을 주변에서 본 적이 있겠지만, 이러한 경우는 예외일 뿐이다.

성별에 대한 인식과 성차별은 가족치료뿐만 아니라 우리의 모든 문화 속에 오랫동안 스며들어 왔다. 그러나 이러한 인식을 구체적인 임상 현장으로 끌고 들어오는 것은 매우 복잡한 일이다.

임상적인 중립성을 유지하려고 하는 사람들과 치료에서 돈, 권력, 육아, 공평성 등과 같은 성 문제를 다루지 못하면 전통적인 성 역할과 사회적 합의를 강화하게 되는 위험이 있다고 믿는 사람들 사이에는 분명 입장 차이가 있다(Walters, Carter, Papp, & Silverstein, 1988). 그러나 성별 문제가 가족생활에 어떻게 영향을 미치고 있는지에 대해 민감해지지 않고는 공정하고 효과적인 치료사가 되는 것은 불가능하다. 성별을 무시하는 치료사는 무의식중에 여성의 직업에 대해 관심을 보이고, 아이의 문제가 기본적으로 어머니의 책임이라고 생각하며, 외도에 이중적인 기준을 가지고, 가족치료에서 아버지가 참여하지 않기를 기대하거나 적어도 아버지의 불참을 묵인하게 된다.

만일 가부장제가 가족 안에서 시작된다면 성별에 민감한 치료사는 내담자의 초기 경험과 무의식적 환상이 미치는 지속적인 의미들을 인식해야 한다. 자녀가 부모에게 어떻게 반응하는지는 그들이 얼마나 서로 잘 지내는지에 대한 의미도 갖고 있지만, 장차 어떠한 남성과 여성으로 성장하는지에 대한 의미도 내포하고 있다. 한 소녀가 자신의 어머니에 대해 '심보가 고약하다'며 조소적으로 이야기한다면 그녀는 모르는 사이에 자신의 여성성을 비하하게 될 수도 있다. 같은 성의 부모를 동일시하는 것 외에도 아이가 다른 성의 부모와 맺는 관계는 미래에 반대 성과 맺도록 되어 있는 경험의 한 부분이 된다.

또한 성별에 민감한 치료사는 가족치료의 몇몇 기본적 가설 속에 잠재되어 있는 불공평성을 피해야 한다. 예를 들어 **순환적 인과관계**의 개념은 상호 간의 행동을 강화시키는 행동의 반복적 패턴을 의미하는데, 이 개념을 구타, 근친상간 혹은 알코올 중독과 같은 문제에 적용할 때 책임의 문제를 간과하는 경향이 있고, 적절한 성별 행동에 대한 문화적 신념과 같이 상호작용에 영향을 미치는 외부적 요인들까지 고려하는 것을 어렵게 한다. **중립성**이라는 개념은 체계의 모든 부분이 문제에 골고루 기여하고 있기 때문에 보이지 않는 힘과 영향력의 차이를 만들어 낸다는 것을 의미한다. **상보성**의 원리도 마찬가지이다. 남자와 여자 사이의 전통적인 관계에서 역할은 동등하지만 다르다. 항상 이러한 모순을 조화시키는 것은 쉽지 않지만 그렇다고 무시해 버리는 것 역시 해결책이 아니다.

◆ 문화

가족 행동을 형성하는 영향력 가운데 문화적 배경만큼 강력한 것도 드물다. 예를 들어 푸에르토리코 출신의 가족은 미네소타 출신의 중산층 백인 가정과 비교할 때 성인 자녀에게 기대하는 충성심과 의무감이 사뭇 다를 것이다. 치료사들이 문화의 다양성에 민감해야 하는 한 가지 이유는 소수민족에게 다수의 가치와 가설을 강요해서는 안 되기 때문이다. 치료사가 아프리카계 미국인(Boyd-Franklin, 1989), 라틴인(Falicov, 1998), 아이티인(Bibb & Casimir, 1996), 아시아계 미국인(Lee, 1996), 그리고 도시빈민(Minuchin, Colapinto, & Minuchin, 2007)을 포함하여 다양한 문화적 배경으로부터 온 가족들과 익숙해지도록 계획한 우수한 책과 논문이 많이 있다. 이러한 자료들은 비교적 익숙하지 않은 영역에 접근하려는 치료사들을 위한 안내서 역할을 하지만 다른 문화의 사람들을 이해하는 가장 좋은 방법은 그들과 함께 시간을 보내는 것이다.

문화와 민족이라는 말은 때때로 서로 혼용되어 사용되기도 하지만 분명한 차이가 있다. **문화**

라틴계 가족들에게는 가족에게 충실하는 것이 최상의 미덕이다.

Monkey Business Images/Shutterstock

culture는 사람들이 살고 있는 배경에서 나온 공통적인 행동 패턴과 경험을 말한다. **민족**ethnicity은 공통된 조상을 의미하는데, 이 안에서 개인은 공유된 가치와 풍습을 발전시켜 나간다. 특히 이것은 백인인 앵글로 색슨Anglo-Saxon 개신교도들이 아닌 집단을 말할 때 쓴다. 문화는 좀 더 통칭적인 용어이고, 우리가 여기에서 문화라는 단어를 사용하는 것은 내담자 가족이 치료사와 비슷한 문화적 배경을 가지고 있는 경우에도 문화적 배경이 항상 논점이 된다는 것을 강조하기 위해서이다.

문화적 영향은 다른 배경을 가진 가족을 만날 때 가장 분명히 드러나지만, 같은 문화적 배경을 가진 가족을 만난다고 해서 반드시 같은 가치와 가정을 공유할 것이라고 생각해서는 안 된다. 예를 들어 젊은 유대인 치료사는 중년의 유대인 부부가 흑인 아기를 입양하기로 결정한 자녀에게 냉담한 태도를 취하는 것을 본다면 아마 놀랄 것이다. 치료사가 아프리카계 미국인 또는 이탈리아인 또는 아일랜드인 등 특정 민족이기 때문에 같은 문화 배경에서 온 가족과 같은 경험이나 태도를 가질 수 있는 것은 아니다. 모든 가족은 독특성을 가지고 있다.

가족의 문화 배경이 가지는 가치를 인정하는 것은 매우 복잡한데, 그것은 대부분의 가족이 다양한 문화의 영향을 받고 있고, 그것을 일반화하기 어렵기 때문이다. 예를 들어 낸시 보이드-프랭클린(Nancy Boyd-Franklin, 1989)은 중산층의 아프리카계 미국인 가족이 3개의 문화 사이에 걸쳐 있다고 말했다. 하나는 아프리카인의 뿌리를 추적할 수 있는 문화적 요인, 우세한 미국인의 문화적 요인, 마지막은 유색인종이 지배 문화의 인종차별 속에서 적응해야 했던 문화적 요인이다. 더구나 문화적 배경은 가족 구성원 사이에서도 다양할 수 있다. 예를 들어 이민 가족에서 민족적 정체성을 강하게 가지고 있는 부모와 현재 살고 있는 나라에 동화되기를 갈망하는 자녀 사이의 갈등을 흔히 볼 수 있다. 일 세대 부모는 자녀들이 그들의 오랜 방식을 버리면서 가족의 명예를 손상시켰다고 비난하지만 자녀들은 부모가 과거에서 나오려고 하지 않는다고 비난할 수 있다. 이후에 이 자녀들이 낳은 자녀들은 그들의 문화적 뿌리와 전통에 대해 새로워진 가치를 갖게 될지 모른다.

문화적 배경이 다른 내담자와 일할 때 치료사들이 저지를 수 있는 첫 번째 실수는 문화적 차이를 병리적으로 간주하는 것이다. 가족과 이웃, 그리고 친척과의 경계가 약한 것이 중산층 백인 치료사에게는 문제가 있는 것으로 보일지 모르지만, 좀 더 넓은 범위를 포괄하는 가족망은 아프리카계 미국인 가족에게는 전형적인 것이다.

두 번째 실수는 치료사가 접하는 다양한 문화에 대해 자신이 전문가가 되어야 한다고 생각하는 것이다. 치료사들이 일하면서 많이 만나게 되는 주요 집단의 풍습과 가치에 대해 익숙해지려고 하는 것은 물론 도움이 된다. 그러나 다른 사람의 문화에 대한 존경심과 호기심을 가지는 태도는 민족성을 정형화하거나 다른 사람을 이해한다고 과신하는 것보다 더 도움이 될 것이다. 당신이 모르는 것을 모른다고 인정하는 것이 중요하다.

다른 문화에서 온 가족들과 일하면서 치료사가 저지르는 세 번째 실수는 기능적이라고 생각되는 모든 문화적인 규범을 용납하는 것이다. 유능한 치료사는 사람들이 하는 방식을 존중하면서도 역기능적인 것으로 보이는 것에 대해 질문을 던질 수 있어야 한다. 유동적인 경계는 도시의 빈곤 가족들 사이에 전형적인 특징이다. 그렇다고 해서 가난한 가족이 다양한 사회적 혜택에 의존하게 될 수밖에 없다는 것을 의미하는 것은 아니며, 사회복지 기관의 직원들이 가족의 필요가 있기 때문에 특별히 요청하지 않더라도 언제든 가족의 물리적 또는 심리적인 공간으로 당연히 들어갈 수 있다고 생각해도 된다는 것을 의미하지도 않는다(Minuchin, Lee, & Simon, 1996).

요약

이 장에서는 사이버네틱스 이론부터 사회구성주의, 문화의 상호성 등 많은 기본 개념들을 다루었다. 이러한 개념들은 익숙한 것도 있지만 새로운 것들도 있다. 다시 한 번 요약하면 다음과 같다.

사이버네틱스는 피드백이 기계의 체계를 조절하기 위해 어떻게 사용되는지에 관한 연구이다. 이것을 가족에 적용해 보면, 가족이 닫힌 체계처럼 기능할 때, 문제에 대한 반응이 실제로 문제를 영속시킨다는 것을 알게 해준다. 이 개념을 일상적으로 적용하기 위해 치료사들은 가족 구성원이 그들의 문제에 어떻게 반응해 오고 있는지를 확인하고, 그리고 가족으로 하여금 다른 것을 시도하도록 할 수 있다.

체계이론에 따르면, 전체로서 가족체계가 어떻게 작동하는지를 생각하지 않은 채, 구성원 각 개개인의 행동을 이해하기란 불가능하다. 이를 위해 가족 구성원이 어떻게 상호작용하는지에 관한 과정과 가족이 어떻게 구성되는지에 관한 구조를 보는 것은 필수적이다.

구성주의는 가족치료사들에게 인식에 대한 것을 다시 소개했다. 가족체계는 구성원 간의 상호작용에 의해 조절될지 모르지만, 그러한 상호작용은 가족 구성원이 서로의 행동을 어떻게 해석하는지에 의해 만들어진다. 사회구성주의는 가족이 열린 체계이며 우리의 해석이 우리가 속해 있는 문화로부터 흡수한 가정들에 의해 크게 영향을 받는다는 것을 상기시킨다.

이러한 개념들이 그리는 궤도는 한 개인을 넘어 관계, 전체로서의 가족, 그리고 결국에는 사회 전체로까지 우리의 관심을 확장시켰다. 애착이론은 심리학에서 우리의 근원을 다시 찾으려는 노력의 일환으로 보인다. 애착이론은 친밀한 관계, 즉 자녀 양육과 친밀한 부부관계 안에 있는 안정에 대한 기본적 욕구를 강조한다.

'가족치료의 치료적 개념'을 다루었던 부분에서는, 치료사들에게 이러한 다양한 이론이 주는 통찰을 임상 현장에서 어떻게 적용할 수 있을지를 보여 주려 했다. 각각의 구체적인 것들을 넘어 우리가 이해시키고자 했던 것은 가족이 개인들이 모인 집합체 이상이라는 것이다. 가족은 늘 보이지 않는 상위의 특성을 가진다. 예를 들어 관계에는 항상 두 사람이 있기 마련이고, 문제와 해결은 두 사람의 기능에 달려 있다. 그러나 이러한 현실은 감정이 고조되었을 때 길을 잃고 만다.

이것은 연관된 사람들에게 만큼이나 치료사들에게도 똑같이 적용된다. 각기 다른 실용적 개념은 가족을 울고 웃게 만드는 현상들을 이해할 때 각기 고유한 통찰을 주고 있다.

다음 장에서 우리는 가족치료의 다양한 학파가 가족의 문제를 이해하고 치료하기 위해 어떻게 접근하고 있는지 살펴볼 것이다. 그러나 각 모델이 구체적으로 다루어질 때조차도, 이 장에서 설명했던 가족 기능의 일반적 원리는 항상 기억하고 있기를 바란다.

제4장

보웬 가족체계 치료

다세대 접근 가족치료

학습 목표

◆ 보웬 가족체계 치료의 발전에 대해 설명하라.

◆ 보웬 가족체계 치료의 주요 신념을 설명하라.

◆ 보웬 가족체계 치료의 건강한 가족과 건강하지 못한 가족의 발달을 설명하라.

◆ 보웬 가족체계 치료의 치료 목표와 목표를 달성하기 위한 조건을 설명하라.

◆ 보웬 가족체계 치료의 진단과 치료 개입에 대해 논의하고, 실증하라.

◆ 보웬 가족체계 치료를 평가할 수 있는 방법에 대해 논의하라.

가족치료의 선구자들은 인간이 사회적 **맥락**context의 산물이라는 점을 인정했지만, 오로지 핵가족에게만 초점을 맞추었다. 우리의 행동이 가족 내에서 발생하는 일들로부터 영향을 받는 것은 사실이다. 그러나 예나 지금이나 이러한 영향을 불러일으키는 세력은 무엇인가? 무엇이 남편으로 하여금 가족으로부터 거리를 느끼게 하는가? 무엇이 아내로 하여금 자기 삶을 제쳐 두고 자녀의 삶에 몰두하게 만드는가? 머레이 보웬은 확대된 가족 관계의 망을 통해 이러한 질문에 대한 답을 찾으려 했다.

보웬에 의하면 인간관계는 **개별성**individuality과 **연합성**togetherness이라는 균형을 이루려는 두 세력의 지배를 받는다. 우리는 가까이하려는 욕구와 독립하려는 욕구를 가지고 있는데, 우리의 삶이 흥미 있는 것 또는 좌절하는 것도 바로 이러한 양극화 욕구 때문이다. 한 사람이 가까이 다가오면 한 사람은 불편해서 벗어나려고 한다. 시간이 흐르면서 이러한 접근과 회피가 친밀감과 거리감의 순환체계를 형성한다.

양극성의 두 세력이 조화를 이루는 능력은 정서를 관리할 수 있는 능력에 달렸으며, 보웬은 이 능력을 자아분화라고 명명하였다. 자아분화는 가족으로부터 건강하게 분리할 수 있는 능력을 말한다. 성격이 가족의 영향을 받아 형성된다는 사실을 의심하는 사람은 별로 없지만 많은 사람들이 집을 떠나면 독립된 성인으로서 부모의 영향에서 벗어난다고 생각한다. 어떤 사람은 부모와의 분리를 성장의 신호로 간주하기도 하고, 또 어떤 사람은 자기 가족과 가까워지고 싶어 집을 찾아가지만 고통만 느끼기 때문에 실망을 느끼지 않으려고 거리를 두고 살려고 한다. 일단 직접적인 갈등에서 벗어나 있으면 불화를 망각하고 부정한다. 그러나 우리가 어디로 가든 가족은 항상 우리 안에 살아 있다. 앞으로 살펴보게 되겠지만 부모에 대해 정서적 충동으로 반응하려는 경향은 우리 삶에서 해결하지 못한 가장 중요한 문제라고 볼 수 있다.

주요 인물에 대한 묘사

머레이 보웬은 1949~1954년 사이에 메닝거 클리닉에서 정신과 의사로 재직하면서 가족에 대해 관심을 갖기 시작하였다. 이때 보웬은 조현병 환자의 불가해한 현상에 관심을 기울이다가 조현병 환자와 어머니 사이에 드러나는 정서적 예민성에 충격을 받고 이 부분에 대해 연구하게 되었다. 다른 사람들은 이런 정서적 반응이 일종의 기생적 돌연변이라고 여겨 공생symbiosis이라 명명하였다. 그러나 보웬은 이러한 정서적 예민성은 모든 인간관계의 보편적 정서적 반응이며, 이들 환자와 어머니 경우는 단지 과장되게 표출되는 것뿐이라고 판단하였다.

보웬은 1954년 국립정신건강연구소National Institute of Mental Health, NIMH로 자리를 옮긴 뒤, 조현병 증상을 지닌 환자와 가족을 함께 입원시키기 시작했다. 이때 조현병 환자와 어머니만 정서적 장애 증상을 띠는 게 아니라 다른 자녀를 포함한 가족 구성원 전체와 정서적으로 연관되어 있다는 사실을 발견하게 되었다. 문제의 핵심은 **불안 애착**anxious attachment으로, 불안에 의해 유발된 일종의 병리적 형태인 **융합**fusion이 발생하는 것을 발견하였다. 이와 같이 정서적으로 밀착 또는 융합되어 있는 가족의 가장 뚜렷한 특징은 개인의 자율성 결여이다.

보웬은 1959년 NIMH 프로젝트를 끝내고 조지타운대학교로 옮긴 후, 장애가 좀 덜 심한 가족을 대상으로 연구하기 시작했다. 이때 발견한 것은 놀랍게도 정신병적 가족에게서 보았던 것과 동일한 기제가 이들 가족에서도 작용하고 있다는 사실이었다. 이러한 관찰을 통해 정상적인 가족과 병리적인 가족이 따로 있는 것이 아니라, 모든 가족이 정서적 융합과 분화라는 연속선상의 한 지점에 놓여 있다고 확신하게 되었다.

보웬의 확대가족체계 모델은 가족치료에서 가장 포괄적인 이론을 제공하고 있다.

게린은 보웬의 이론을 적용한 매우 훌륭한 저서를 출간하였다.

보웬은 조지타운대학교에서 연구한 31년 동안 자신의 가족치료 모델을 발달시켰고, 가족치료를 배우는 전 세계 후학들에게 영향을 미쳤으며, 가족치료 운동의 지도자로서 국제적인 명성을 얻었다. 보웬은 1990년 10월 오랜 병고 끝에 사망했다.

보웬의 제자들 중에 가장 걸출한 인물은 필립 게린과 토머스 포가티로서, 이 두 사람은 1973년 뉴욕의 뉴로셀에 소재한 가정학습을 위한 센터Center for Family Learning를 설립하였는데, 이 센터는 게린의 지도 아래 가족치료와 훈련을 담당하는 주요 센터 중의 하나가 되었다. 게린은 뛰어난 치료사이자 교육자로서, 그가 출판한 *The Evaluation and Treatment of Marital Conflict*와 *Working with Relationship Triangles*는 가족치료에서 가장 유용한 저서로 손꼽힌다.

베티 카터와 모니카 맥골드릭(1999)은 가족생활주기에 대한 저서와 가족치료에서의 여성주의자로 이름을 떨쳤다. 마이클 커Michael Kerr는 보웬과 가장 오랫동안 일한 제자이자 동료로서, 1977년부터 조지타운 가족센터Georgetown Family Center의 소장을 역임하고 있다. 커는 보웬의 제자들 중 보웬 이론의 가장 충실한 옹호자로서, *Family Evaluation*(Kerr & Bowen, 1988)를 통해 보웬의 이론을 가장 잘 설명하였다.

이론적 발달

가족치료의 선구자들은 대부분 실용주의자들로서, 통찰보다는 행동, 이론보다는 기법에 더 관심을 기울였다. 그러나 보웬은 예외적인 인물이었다. 그는 항상 일련의 치료 기법보다는 생각하는 방식, 즉 체계이론에 더 몰두해 왔다.

보웬에 의하면, 정서적인 생활에서 우리가 생각하는 것보다 자율성이 결여되어 있기 때문에 우리들 대부분은 사고하기보다는 타인에게 더욱 의존적이고 반응적이라는 것이다. 보웬 이론은 서로 연동적인 여섯 가지의 개념을 통해 여러 대에 걸쳐 관계망을 형성하는 가족이 어떻게 개별성과 연합성의 상호작용을 이루는가를 기술하고 있다(Bowen, 1966, 1976). 그 다섯 가지 개념은 **자아분화**differentiation of self, **삼각관계**triangles, **다세대 정서 과정**multigenerational emotional process, **정서적 단절**emotional cutoff과 **사회적 정서 과정**societal emotional process이다.

◆ 자아분화

보웬 이론의 초석인 **자아분화**differentiation of self는 심리내적인 개념인 동시에 대인관계 개념이다. 자아분화란 어떻게 보면 **자아 강도**ego strength에 비유할 수 있는 개념으로서, 내적 또는 외적 정서적 압력에 자동적으로 반응하지 않고 생각할 수 있는 능력을 말한다(Kerr & Bowen, 1988). 또한 불안에 직면하더라도 유연하고 현명하게 행동할 수 있는 능력이라고도 할 수 있다.

분화가 덜된 사람은 정서적인 충동에 따라 반응하기 쉽기 때문에 그들의 삶은 주변 사람이나 사건에 충동적으로 반응하기 쉽다. 분화가 잘된 사람은 사고와 감정이 균형을 이루기 때문에 정서와 자발성을 가지고 있으면서 동시에 정서적 충동에 저항할 수 있는 자제력을 가지고 있다.

이와 대조적으로 분화가 덜된 사람은 주위 사람들에게 정서적으로 반응―맹종 또는 반항―하려는 경향을 띠고 있다. 자율성을 유지하기가 어렵고, 특히 불안을 느끼는 상황에서는 더욱 그러하다. 무엇을 생각하느냐고 물으면 자신이 느끼는 것을 답한다. 무엇을 믿느냐고 물으면 남에게서 들은 것을 되뇐다. 그들은 다른 사람의 말에 잘 동조하거나 아니면 사사건건 다투기를 좋아한다. 이와 대조적으로 분화가 잘된 사람은 충분히 사고하고 자신이 믿는 바에 따라 결정하고 자신의 신념에 따라 행동할 수 있기 때문에, 어떤 문제에 있어서든 분명하게 자신의 입장을 취할 수 있다.

◆ 정서적 삼각관계

가장 문제가 되고 있는 사람과의 관계를 한번 생각해 보자. 여기에는 분명히 한 사람 또는 그 이상의 제삼자가 개입되어 있을 것이다. 사실상 모든 관계는 제삼자―인척, 친구, 심지어 기억―가 끼여 있다.

삼각관계triangle를 맺는 데 가장 큰 영향을 미치는 것은 불안이다(Guerin, Fogarty, Fay, & Kautto, 1996). 불안이 심해지면 다른 사람과 정서적으로 가까워져 지지받기를 바라거나, 아니면 상대방의 압력을 피하기 위해서 정서적으로 거리를 두려고 한다. 불안에 의해 반응할수록, 참을성이 적어지고, 친밀감과 거리감 중 어느 한 극단으로 나아가려고 한다.

두 사람이 해결하기 힘든 문제에 봉착할 때, 어떤 문제에 대해 말을 꺼내기 힘든 지경까지 가게 된다. 좌절하게 되면 왜 그렇게 화를 내는가? 결국 한 사람 또는 두 사람 모두 동정해 줄 사람에게로 다가간다. 아니면 이러한 갈등에 제삼자를 끌어들여 문제를 고착시키기도 한다. 만일 이 제삼자의 개입이 일시적이거나 갈등을 해소하도록 도운다면, 삼각관계는 고착되지 않는다. 그러나 흔히 발생하는 일이지만 제삼자가 계속 관여하면 이러한 삼각관계가 굳어지게 된다.

제삼자가 개입하게 되면 두 사람 간의 불안이 세 사람에게 분산되기 때문에 불안이 감소된다. 예를 들어 남편과의 거리감으로 속이 상한 아내는 자녀 중 1명에게 관심을 쏟게 된다. 이러한 삼각관계는 부부관계에 쏟을 에너지를 제삼자에게로 돌리게 한다. 아내는 딸과 시간을 보냄으로써 배려를 하지 않는 남편에게 매달릴 필요가 없지만, 남편과 아내가 함께 나눌 공동의 관심사를 발달시켜 나갈 가능성이 줄어들고, 또 딸의 독립성 발달에 손상을 주게 된다.

세 사람이 모인다고 해서 다 삼각관계가 되는 것은 아니다. 세 사람이 함께해도 두 사람씩 각

각 일대일로 상호작용할 수 있고, 각자 다른 두 사람을 변화시키려 하지 않을 수 있기 때문이다. 그러나 삼각관계에서는 두 사람의 상호작용이 제삼자의 행동에 영향을 받고 있다. 각자의 행동은 제삼자의 행동에 대한 반응의 결과이며, 다른 두 사람을 변화시키려는 욕구가 내재되어 있고, 다른 두 사람의 관계와 연루되어 있다. 세 사람을 묶어 놓은 고무줄을 연상해 보자. 고무줄은 세 사람의 움직임을 구속하여 두 사람이 가까워지면 나머지 한 사람은 멀어진다.

별로 해롭지 않은 삼각관계도 있다. "네 어머니는 항상 이렇게 늦단 말이야.", "네 아버지는 어느 누구에게도 운전대를 맡기려고 하지 않아." 하고 불평을 털어놓는 것은 흔한 일이다. 이렇게 주고받는 말들은 별로 해롭지는 않지만, 이러한 삼각관계가 습관화되고 원래의 관계를 손상시킨다면 문제가 된다.

삼각화triangulation는 갈등의 열기를 식힐 수는 있지만 얼어붙게 만들기도 한다. 삼각화를 통해 불평을 털어놓거나 위로를 찾는 것은 그리 나쁘지 않지만, 삼각화는 문제를 우회함으로써 관계를 악화시킨다.

◆ 다세대 정서 과정

가족 내의 정서적 세력은 대를 이어 작용한다. 이 개념은 여러 해를 두고 반복적인 유형으로 작용하는 가족 내의 정서적 세력에 대한 것이다. 보웬은 가족의 지나친 정서적 반응이나 **융합**fusion을 기술하기 위해 처음에는 **미분화된 가족자아 집합체**라는 말을 사용했다. 당신이 하려고 하는 말에 감정이 폭발하여 지나치게 과잉 반응하는 사람이 있다면, 이처럼 정서적으로 반응하는 사람을 다루기가 얼마나 어려운지 알 수 있을 것이다.

분화가 이루어지지 않은 가정에서는 자녀가 정서적으로 과잉 관여하거나 부모로부터 **정서적 단절**을 하려는 반응적 행동을 나타낸다. 부모와 정서적으로 단절된 사람이 결혼하면 부부간에 융합을 이룬다. 왜냐하면 제한된 정서적 자원밖에 없는 사람은 서로 자신의 욕구를 투사시키기 때문이다. 이러한 새로운 융합은 불안정하기 때문에 (1) 배우자 간의 정서적 거리감, (2) 배우자 중 한 사람에게 신체적 또는 정서적 역기능, (3) 공공연한 갈등, (4) 자녀에게 불화 투사 중 하나의 문제를 드러내기 쉽다. 이러한 문제의 심각성 정도는 미분화의 정도, 자신이 태어난 원가족으로부터 정서적 단절의 정도, 가족체계 내에서의 스트레스 수준에 달려 있다.

> 부부간의 정서적 융합은 긴장을 유발하여 갈등과 정서적 거리감을 낳고 서로 지나치게 기능하거나 제대로 기능하지 못하게 된다. 자기 가족에게 정서적으로 반응하는 남편은 아내와도 관계가 소원해지는 것이 일반적이다. 이것이 아내로 하여금 자녀에게 몰두하게 만드는데, 남편과 거리감을 느끼는 아내는 불안하여 자녀들에게 애착하게 되며, 보통 특정 자

(계속)

녀에게 과도한 애착을 보이게 된다. 애착의 대상은 장남, 장녀, 막내, 또는 부모 중 한 사람을 가장 많이 닮은 아이일 수 있다. 이러한 애착은 배려하는 관심이 아니라, 불안에 의한 속박된 관심이다. 남편은 자신의 불안을 덜 수 있기 때문에 특정 자녀에 대한 아내의 과도한 관여를 허용하며, 속박과 거리감을 강화시킨다.

이러한 투사 과정의 대상, 즉 어머니가 가장 애착을 보이는 아이가 된 자녀는 자아분화가 가장 이루어지지 않고 심리적 문제를 드러낼 가능성이 높아진다. 자녀의 이러한 미발달은 어머니로 하여금 더욱 자녀에게 몰두하게 만든다. 어머니는 이렇게 함으로써 자신의 불안을 덜 수 있으나 자녀를 정서적인 불구로 만든다.

어느 세대에서나 가족과 융합이 심한 자녀는 자아분화 수준이 낮아지고 만성적 불안이 심해지는 반면에, 융합이 덜 될수록 자아분화 수준이 높고 불안이 적다.

자신의 불안을 자녀에게 투사한 부모는 자녀에게 동조 또는 반항 외에 다른 선택의 여지를 남기지 않는다. 이러한 자녀는 스스로 사고하기를 배우려 하지 않고 타인에게 의존하여 반응하게 된다. 이러한 자녀들이 집을 떠나면 스스로 자기 삶을 꾸려 나갈 수 있으리라 기대하지만 현실은 그렇지 못하다. 많은 사람이 물려받은 유산과 싸우려고 해도 대체로 그 틀에서 벗어나지 못한다.

◆ 출생순위[1]

보웬은 어린이가 가정 내에서의 출생순위에 따라 성격적 특징을 발달시킨다고 생각했다(Toman, 1969). 출생순위에 따른 성격적 특징을 예측하는 데에는 많은 변인이 작용하기 때문에 복잡하지만, 출생순위에 따른 일반적 특징과 특정 가족의 특징을 이해하면 자녀가 가족 정서 과정에서 어떤 역할을 하게 될지 예측할 수 있다.

보웬 이론에서는 형제간의 경쟁이라는 친숙한 개념을 새로운 관점에서 재고하게 해준다. 예를 들어 한 어머니가 불안한 마음으로 (사실은 그렇지 못하지만) 자녀들이 똑같이 사랑받고 있다는 확신을 심어 주려고 애쓴다고 하자. 어머니의 불안은 자녀들을 똑같이 대하려는 행동, 즉 완벽하게 공정을 기하려는 시도가 있기 때문에 불안을 통해 자녀들에게 전달된다. 그렇게 되면 자녀들은 다른 형제에 비해 어머니로부터 받는 관심의 정도에 매우 민감하게 반응한다. 그 결과 어머니가 가장 두려워했던 상황이 벌어져 형제간의 싸움과 분개를 낳는다. 더욱이 어머니는 불안해져서 자녀들을 통제하려 하지만 싸움을 말리려고 하면 할수록 자녀들 간의 관계에 관여함으로써 자녀들은 스스로 갈등을 해결하는 방법을 배울 수 있는 기회를 박탈당하고 자녀들 모두 어머니로부터

---

1 역자 주 : 이 절은 제10판의 내용으로, 제11판에서는 생략되었으나 우리나라 문화에서는 형제 서열이 개인 및 가족역동에 끼치는 영향이 크기 때문에 그대로 게재한다.

불공평한 대우를 받았다고 느낀다("왜 내가 방에 들어가야 하죠? 저 녀석이 먼저 시작했는데.").

이와 같이 형제간의 갈등은 피할 수 없는 경쟁(형제자매 간의 경쟁은 자연스러운 것이지만)의 산물이라고 설명하는 경우가 많지만, 삼각관계의 한 측면이기도 하다(물론 어머니가 자녀에게 몰두하는 정도는 다른 사람들—친구, 직장, 남편과의 관계를 포함한—과의 삼각관계에 달려 있다).

출생순위의 중요성은 프랭크 설로웨이(Frank Sulloway, 1996)의 저서 타고난 반항아Born to Rebel에서도 잘 드러나 있다. 설로웨이는 지난 500년 동안 100명 이상의 전기를 분석한 결과 출생순위의 중요성을 입증하였다. 그는 성격이란 형제들이 서로 경쟁하고, 가족 사이에서 자신의 위치를 찾고 아동기의 호된 시련 속에서 생존하기 위해 사용했던 전략의 저장 목록이라고 주장했다.

장남은 다른 형제들보다 권력과 권위를 더 추구하려는 경향을 가지고 있다. 장남은 자신의 큰 몸집과 힘을 사용하여 자신의 지위를 방어하려고 하고, 형제들을 지배하는 데 드는 대가를 최소화시키려고 한다(알프레드 아들러는 장남은 가족 내에서 차지하고 있던 우위를 되찾으려고 투쟁하는 '권력에 굶주린 보수주의자'라고 말했다). 윈스턴 처칠, 조지 워싱턴, 아인 랜드, 러시 림보가 그 좋은 예이다.

뒤에 태어난 형제들은 가족 내에서 약자의 신세를 면하지 못해, 자신을 압제받는 자로 생각하여 자신의 지위에 의문을 품는 경향이 많지만, 자기 경험에 개방적이다. 왜냐하면 늦게 태어난 사람으로서 아직 차지하지 못한 위치를 찾는 데 이러한 개방성이 도움이 되기 때문이다. 차남들 중에서 탐험가, 인습 타파주의자, 역사의 이단자가 많이 배출되었다. 잔 다르크, 마르크스, 레닌, 제퍼슨, 루소, 버지니아 울프, 메리 울스턴크래프트, 빌 게이츠가 그 대표적인 인물이다.

한때 발달주의자들이 동일한 가족 환경이라고 생각했던 것이 그렇지 않은 것으로 판명되었다. 가족은 하나의 동일한 환경같이 보이지만 사실은 가지각색의 미시적 환경의 집합체로서, 동일한 사건을 두고도 형제들마다 경험하는 것이 다르기 때문이다.

◆ 정서적 단절

정서적 단절emotional cutoff은 세대 간의 불안을 처리해 나가는 방법을 가리킨다. 부모와 자녀 간의 융합이 심할수록 단절하려는 경향이 높다. 어떤 사람은 부모에게서 벗어남으로써 거리를 두려고 하고, 어떤 사람은 대화를 기피하거나 자신을 고립시킴으로써 거리를 두려고 한다.

마이클 니콜스(Michael Nichols, 1986)는 일부 사람들이 정서적 단절과 정서적 성숙을 혼동하는 예를 잘 지적하고 있다.

> 우리는 부모로부터 벗어나는 것을 성장의 신호로 간주하고, 가족 유대로부터의 독립을 성숙의 잣대로 삼으려고 한다. 그러나 대부분의 사람은 여전히 가족의 영향을 받는다. 슈퍼맨의 초능력을 제거할 수 있는 것은 크립토나이트밖에 없다. 어른이 되어 가정을 떠난 뒤에 잠깐 부모를 방문해도 무력해져 버리는 사람이 놀라울 정도로 많다. (p. 190)

◆ 사회적 정서 과정

보웬은 가족기능에 영향을 미치는 사회적 영향에 많은 관심을 보였다. 사회적 영향에 대해서 커와 보웬(1988)은 사회에 엄청난 스트레스를 주는 높은 범죄율을 한 예로 들었다. 보웬은 성 차별, 계급 및 인종에 대한 편견을 불행한 사회적 정서 과정의 사례로 인정했지만, 개인이나 가족의 자아분화 수준이 높을수록 이러한 부정적인 사회적 영향에 보다 잘 대처할 수 있다고 믿었다. 이러한 관점은 사회적 영향을 그리 중요하게 여기지 않았다는 비판을 받을 수 있다. 특히 그의 여성 제자들은 보웬의 이런 부족한 부분을 보완하려 애썼다.

❖ ❖ ❖

Betty Carter

베티 카터는 보웬치료사로도 유명하지만 성 동등성을 강력하게 주창한 것으로도 유명하다.

모니카 맥골드릭과 베티 카터는 보웬 학파의 여성 치료사들로 기존의 이론적 관심 외에 성과 인종 문제에 대한 관심을 강조했다. 보웬 학파의 여성 치료사들은 성적 불평등을 무시하면 남녀를 고정된 역할에 묶어 놓는 세력을 영속화시킨다고 비판하였다. 이런 사회에서는 남자, 여자 모두 성적 편견의 희생자가 되고 만다는 주장이다. 이 주장은 남자와 여자가 모두 성적 편견의 희생자라는 사실을 암시하기 때문에 정확한 말은 아니라고 지적하였다. 이들은 이런 관점을 비판하고 있다. 여자는 구속적인 사회적 조건 속에 살고 있고, 또 이러한 조건을 영속시키려는 남자와 함께 살고 있다. 남자는 자신의 유리한 입장을 의식하지 못하거나 아내와 어머니에 비해 우월하다는 느낌으로 살며, 여자보다 한결 유리한 사회적 조건하에 살고 있다.

따라서 남자와 여자가 똑같은 희생자라고 보는 관점은 잘못되었다는 주장이다.

맥골드릭은 또한 가족들이 경험하는 인종차별에 관심을 기울이게 한 대표적인 치료사이다. 그녀의 저서 *Ethnicity and Family Therapy*(McGoldrick, Pearce, & Giordano, 1982)는 가족치료에서 이 문제에 대해 관심을 기울이게 한 획기적인 책이다. 치료사가 각 민족이 지닌 문화적 규범과 가치가 어떻게 다른지 이해하지 못한다면, 치료사 자신의 가족관을 주입시킬 위험이 따른다. 치료사의 가족관이 역기능적이라고 말할 수는 없지만, 모든 가족과 동일할 수는 없다.

가족역동

보웬의 이론은 가족치료 분야에서 가족이 어떻게 만들어지고, 어떻게 정상 궤도에서 벗어나는지를 설명하는 데 있어서 가장 풍성한 자료를 제공해 주고 있다. 다음에 소개하는 글을 읽고 제시하는 원칙을 따라 살면 자신의 삶에 책임을 지고 사는 데 도움이 될 것이다. 자신의 어려움에 대해 가족 구성원 중의 누구를 비난하는 것은 쉽지만 결국 답이 없기 때문이다.

◆ 정상 가족 발달

최적의 가족 발달은 가족 구성원의 자아가 잘 분화되어 있고, 불안 수준이 낮으며, 부부 각자 자신이 태어난 가족과 정서적으로 좋은 관계를 맺고 있을 때 가능하다. 그러나 대부분의 사람들은 사춘기에서 성인기로 접어들면서 부모와의 관계가 변화되는 과정 중에 출가하게 된다. 이와 같이 부모와의 관계가 성숙하게 변화되기 전에 부모 슬하를 떠나다 보면, 성인이 되고 난 뒤에도 부모를 대할 때 혹은 누구든지 비슷한 문제를 야기시키면 사춘기 시절의 예민함으로 반응하려고 한다.

최상의 경우라고는 할 수 없지만 대부분의 사람은 불안과 갈등을 피하기 위해 부모나 형제와의 접촉을 가급적 멀리하려 한다. 일단 가족을 떠나 독립된 삶을 꾸려 나가면 과거의 관계상의 어려움에서 벗어났다고 믿지만, 과거에 해결하지 못한 심리적 문제는 항상 남아 있기 때문에, 우리가 어디를 가든 중요한 타인과의 관계에서 다시 드러난다. 가족에게서 자신의 역할을 제대로 학습하지 못한 사람은 대부분 다른 사람들과의 관계에서 비슷한 갈등을 피할 수가 없다.

과거로부터 물려받는 또 하나의 유산은 배우자 간의 정서적 애착이 원가족과 닮았다는 점이다. 분화가 이루어지지 못한 가정에서 자란 사람은 새 가정을 꾸려도 여전히 미분화된 관계를 만들기 쉽다. 불안을 느낄 때 가족과 심리적 거리감을 두거나 회피했던 사람은 결혼한 뒤에도 과거와 똑같이 대처한다. 이렇게 보웬은 분화되고 자율적인 성격은 원가족으로부터 형성된다고 믿었기 때문에 치료의 목표를 달성하기 위한 처방도 원가족과의 분화 과정과 같은 과정을 거쳐야 한다고 믿었다.

카터와 맥골드릭(1999)은 가족생활주기란 가족이 태어나고 떠나고 발달하는 것을 지원하는 관계체계의 확장, 수축 및 재조정의 과정이라고 말한다.

성인 초기 출가 단계에서의 주요 과업은 가족으로부터 독립하는 것이지만, 가족과 정서적으로 단절하거나 다른 정서적 도피처를 찾기 위해 도망치지 않고 독립하는 것이다. 이때는 두 사람이 짝을 이루어 새 가족을 형성하기 전에 자율적인 자아를 발달시켜야 할 때이다.

결혼을 통해 가족을 형성하는 단계에서의 주요 과업은 새로운 배우자에 대한 충실이다. 결혼이란 단순히 두 사람이 합하는 것이 아니라, 두 체계의 변화가 요구되는 전체 체계의 변화이다. 이러한 단계에서 발생하는 문제는 배우자 간의 문제처럼 보이지만, 실제는 각자 자라난 원가족으로부터 독립하기에 실패했거나 정서적 단절로 인해 압박감을 받기 때문이다. 친밀한 부부관계가 형성되려면 부모나 친구들에 대한 정서적 애착을 부부관계로 옮겨야 한다. 결혼 계획을 짜고, 살 곳을 찾고, 자동차를 사고, 아기가 태어나고, 학교를 선택할 때 항상 이러한 투쟁이 재연될 수 있다.

어린 자녀를 둔 가족에서는 자녀를 위한 공간을 마련하고, 자녀를 양육하는 데 협동하고, 자녀 양육에만 골몰하지 말고 부부관계에도 관심을 기울이며, 확대가족과의 관계를 재조정해야 한다.

젊은 부모는 자녀에 대한 양육과 통제를 책임져야 하며, 두 사람이 팀을 이루어 수행해야 한다. 이러한 단계는 스트레스가 심한 단계인데, 젊은 어머니에게 특히 더 그러하다. 여러 생활주기에서 이혼율이 가장 높은 것도 이 단계이다.

앞의 여러 단계를 거치면 자녀가 사춘기에 접어들게 된다. 사춘기에 도달하면 이제 더 이상 엄마나 아빠 같이 되기를 원하지 않는다. 그들은 자주적인 개인이 되고, 가족 경계를 개방하기 위해 투쟁한다. 자신의 삶에 만족하는 부모는 이 시기에 가족에게 몰아치는 새로운 바람을 환영(또는 적어도 용인)한다. 10대의 자녀를 여전히 어린아이처럼 생각하여 통제하려는 부모는 이 시기에 정상적으로 나타나는 반항심을 더욱 불러일으키게 된다.

자녀가 자라 가족을 떠나는 단계에서는 부모는 자녀가 떠나도록 허용하고 자신의 삶을 살아야 한다. 이 시기는 성취를 맛보는 자유의 시기이지만, 중년기의 위기를 겪을 수도 있는 시기이다 (Nichols, 1986). 부부는 자녀나 자신의 삶에서 일어나는 변화에 대처해야 할 뿐만 아니라, 더 많은 지지를 필요로 하거나—아니면 더 이상 부모처럼 행동하기를 원하지 않는—연로해 가는 부모와의 관계 변화에도 대처해야 한다.

중년 이후의 가족은 은퇴에 대한 적응이 필요하다. 이 시기에는 갑작스러운 직업의 상실뿐 아니라 늘어나는 시간에 대한 적응도 필요하다. 남편과 아내가 하루 종일 집안에 함께 있다 보면 갑자기 집안이 작아 보이기도 한다. 그리고 가족생활의 후반기에 접어들어서는 건강의 악화, 질병, 사별에 대해서도 대처해 나가야 한다.

일반적으로 나타나는 일이라 일탈이라고 말하기는 어렵지만 가족생활주기에서 주요한 변화 가운데 하나는 이혼이다. 미국의 이혼율이 50%에 달하고 그중 재혼율이 61%에 달하는 것을 보면 (U.S. Bureau of the Census, 2014), 현재 이혼이 대부분의 미국 가정에 지대한 영향을 미치고 있다고 볼 수 있다. 이혼한 부부의 주요 과업은 부부로서의 관계는 끝맺었지만 부모로서의 역할을 계속해야 한다는 점이다. 일부 이혼한 가정을 보면 대부분 부모 중 한 사람이 가정을 이끌고 있으며, 어머니와 자녀만 있는 가정 중에는 경제적 어려움에 시달리는 가정이 많다. 그 대안으로 재혼하여 복합가족을 형성하는 것인데, 이때에는 고독 대신에 갈등이 따른다.

◆ 행동장애의 발달

증상은 개인이 감당하기 힘들 만큼 스트레스가 심할 때 발생한다. 스트레스를 조정할 수 있는 능력은 분화에서 나온다. 분화가 잘 이루어진 사람일수록 타인과의 관계에서 더욱더 탄력적이고 유연한 반면, 분화가 덜 이루어진 사람일수록 스트레스에 의해 증상을 나타낼 가능성이 높다.

분화를 단순히 성숙으로만 간주한다면, 개인에게 감당할 수 없는 정도의 스트레스가 가해지면 병이 발생한다는 기질-스트레스 모델과 별 차이가 없을 것이다. 그러나 보웬 이론이 다른 점은 분화란 개인의 기질뿐만 아니라 관계라는 의미도 내포하고 있다는 것이다. 한 사람의 기본적 분화 수준은 주로 가족 내에서 성취한 자율성의 정도에 달려 있지만, 분화의 기능적 수준은 현재 맺고 있는 관계의 질에도 달려 있다. 따라서 다소 미성숙한 사람이라 하더라도 남들과 관계를 잘 맺으면, 혼자 살거나 건강하지 못한 관계를 맺고 있는 동일 수준의 사람보다 위험이 훨씬 적다. 증상은 체계가 감당하기 힘들 정도로 불안이 심할 때 발생하는 것이다.

가장 상처받기 쉬운 사람(고독하고 분화가 가장 덜 이루어진 사람)이 증상을 드러낼 가능성이 가장 높다. 예를 들어 품행장애를 가진 열 살짜리 아이는 가정 내에서 삼각관계에 연루되어 있을 가능성이 가장 높다. 따라서 부모 간의 갈등에 정서적으로 말려들 가능성이 높거나 부모 중 한 사람이 느끼는 긴장으로부터 가장 큰 영향을 받을 수 있다.

보웬은 심리적 문제가 발생하는 근본적 요인은 한 세대에서 다음 세대로 전달되는 **정서적 융합**이라고 했다. 융합이 심할수록 원초적인 정서적 세력에 의해 반응하기 쉽고, 타인의 정서적 반응에 상처받기 쉽다. 항상 분명하게 드러나는 것은 아니지만, 배우자를 선택할 때에도 분화 수준이 비슷한 사람을 선택하려는 경향이 있다.

정서적 융합은 불안에 의한 애착에 토대를 두고 있는데, 이러한 불안 애착은 의존이나 고립 등으로 나타날 수 있다. 지나치게 의존적이거나 고립되어 사는 사람은 스트레스에 봉착하면 정서적 충동에 따라 반응하려는 경향이 높다. 다음 사례는 태어난 **원가족**family of origin 안에서 정서적 융합이 어떻게 전수되는가를 보여 준다.

사례연구

L 씨 부부는 15세 된 아들 M 군이 마리화나가 든 플라스틱 통을 장롱에 넣어둔 것을 발견하고 도움을 청했다. 치료사가 보다 많은 정보를 얻기 위해 세 사람 모두 만나야 한다고 말했을 때 이의를 제기하지 않았다. 마리화나가 발견된 것은 어머니와 아들 간의 오랜 세월 동안의 알력 끝에 발생한 가장 최근의 사건임이 드러났다. 열다섯 살쯤 되면 마리화나를 접하는 일이 많으나, 어머니 눈에 띄도록 증거를 남기지는 않는다.

가족을 만난 후 아들과 부모를 따로 불러 대화해 본 뒤, 치료사는 M 군에게 심각한 약물 문제가 있는 것은 아니라는 결론을 내렸다. 그러나 더 관심을 끈 것은 어머니에게 소리를 지르며 대들고, 학교에서 사회적 부적응을 일으키고 있다는 사실이었다. 치료사는 마리화나뿐 아니라 이러한 여러 부적응적 신호에 관심을 두고, 보다 폭넓게 평가하기 위해 아들과 함께 부부를 몇 번 더 만나고 또 부부를 별도로 만났으면 좋겠다는 말을 했다. L 씨 부부는 그리 내키지는 않았지만 동의했다. 아들 M 군도 예상했던 대로 크게 저항하지 않았다.

남편 L 씨는 부친이 사망한 후 누나와 함께 어머니와 살았다. 어머니는 이들 남매를 키우는 데 온갖 정성을 바쳤다. 어머니는 요구가 많고 비판적이었으며, 남매가 집 바깥에서 활동하려고 하면 분개했다. L 씨는 청년기 후반에 접어들어 어머니의 지배적 태도를 더 이상 참을 수가 없었다. 누나는 어머니 슬하에서 벗어나지 못하고 독신으로 어머니와 함께 살았다. 그러나 L 씨는 20대 중반에 집을 떠나 어머니에게 등을 돌렸다.

L 씨의 아내는 가족끼리 밀착된 가정에서 자랐다. 아내와 네 자매는 아주 다정하게 절친한 친구처럼 지냈다. 아내는 고등학교를 졸업한 뒤 대학에 진학하겠다고 선언했다. 여자는 집에 남아서 현모양처가 될 준비를 해야 한다는 가풍에 위배되었기 때문에, 부모와 갈등을 빚었다. 부모는 가풍을 지키려고 했고 아내는 벗어나려고 했던 것이다. 결국 대학에 진학하려고 아내가 집을 떠나자 부모와의 관계가 소원해졌다.

(계속)

L 씨 부부는 만나자마자 서로에게 이끌렸다. 둘 다 외롭고 가족과 단절되어 있었기 때문이다. 비록 짧았지만 열렬한 연애 끝에 결혼했다. 그러나 행복한 신혼 기간은 그리 오래 가지 않았다. L 씨는 지배적인 어머니로부터 분화되지 못해서 비판과 통제에 지극히 민감했기 때문에 아내가 자신의 사소한 습관을 바꾸려고 해도 화가 치밀었다. 한편 아내는 결혼한 후 옛날 친정에서의 친밀함을 재현하려고 했다. 부부가 친밀하려면 일상적인 일이나 관심사도 함께 나누어야 한다고 생각했다. 따라서 남편과 함께 하려고 가까이 다가가면, 남편은 자존심이 상한 것처럼 화를 내고 분개했다. 여러 달을 갈등 속에 보낸 후 어느 정도 평정을 되찾았다. L 씨는 일에 열정을 쏟았고, 아내는 남편과의 거리감에 적응하고 있었다. 일 년 후 아들 M 군이 태어났다.

L 씨 부부는 둘 다 아이를 갖게 된 것을 반겼다. 남편은 집안 식구가 늘어나 좋았고, 아내는 누군가와 가까워지려는 욕구를 충족시킬 수 있어 좋았다. 아기는 아내에게 모든 것을 의미했다. 아이가 어렸을 때, 어머니는 극진히 사랑했고 원하는 것이라면 무엇이든 다 들어주는 완벽한 어머니였다. 그러나 남편이 아이에게 다가가면 아이에게 잘못하지 않도록 주의를 환기시켰다. 이러한 일이 남편을 격노하게 했고, 이후 몇 번 심한 다툼을 벌인 후에는 아들을 아내 손에 맡기게 되었다.

아들 M 군이 걷고 말하기를 배울 때 다른 아이들처럼 별난 짓을 했다. 엉뚱한 곳에 손을 뻗치고, 놀이틀 안에서 놀기를 거부하고, 자기 뜻대로 되지 않으면 소리를 질러댔다. M 군이 울면 어머니는 참지를 못했다. 어머니는 아이를 소중하게 생각하여 행동에 어떠한 제한도 가할 수 없었다.

M 군은 애지중지하는 어머니 밑에 자라면서, 자신을 우주의 중심처럼 생각했고, 원하는 것을 갖지 못하면 성질을 부렸다. 사정은 악화되어 갔지만, 적어도 집안의 평형은 유지할 수 있었다. L 씨는 아내나 아들과 단절되었지만 자기 할 일이 있었으며, 아내는 남편과 단절되었지만 대신 아이가 있었다.

M 군이 학교에 가면서부터 문제가 발생하기 시작했다. 그동안 자기 멋대로 하던 행동이 다른 아이들에게 통하지 않는다는 것을 알았다. 성질을 부려도 학교 선생님이나 친구들에게 먹혀들지 않았다. 아이들이 M 군을 피해서, 친구도 별로 없이 자랐다. 학교 선생님에게는 어떤 통제도 받지 않으려는 아버지처럼 대했다. 아들이 학교의 규칙을 잘 따르지 않는다는 말을 들었을 때, 아내는 "이 사람들은 도대체 창의적인 어린이를 다룰 줄 모른단 말이야!" 하고, 아들의 편을 들었다.

M 군이 자라면서 학교나 친구들에게 적응하지 못해도 어머니와의 친밀한 관계는 변함이 없었다. 청년기에 접어들자 위기가 도래했다. M 군은 예전의 아버지처럼 집 바깥에서 독립적인 관심을 나타내려고 했지만, 집으로부터 벗어나기가 아버지보다 더 힘들었고, 어머니도 아들을 놓아 줄 수 없었다. 그 결과 어머니와 아들 사이에 만성적인 갈등이 일어나기 시작했다. 모자간에 논쟁과 다툼이 일어났지만 서로 여전히 상대방을 자기 삶의 중심으로 삼았다. M 군은 자신의 삶을 살기보다는 집안에서 어머니와 싸우는 데 더 많은 시간을 보냈다.

M 군의 병력은 보웬의 행동장애 이론을 잘 설명하고 있다. 여러 대에 걸쳐 전수되는 불안 및 중독성의 가족 문제라는 수직적 문제와 가족생활주기의 전환점에서 발생하는 수평적 스트레스가 교차될 때 증상이 발생한다. 이와 같이 M 군도 어머니로부터 물려받은 미해결의 융합과 청년기의 독립성 추구라는 스트레스가 교차할 때 문제를 드러낼 가능성이 가장 높아진다.

보웬에 의하면, 배우자를 선택할 때 자신과 분화 수준이 비슷한 사람을 선택한다고 한다. 갈등이 일어날 때 각 배우자는 상대방에게서 정서적 미성숙성을 깨닫게 된다. 남편은 아내가 자신을 아버지처럼 대할 때 아내는 짜증을 내면서 의존하고 있다는 사실을 발견하게 될 것이다. 남편은 아내의 요구가 많아지면서 연애할 때는 매력적으로 느꼈던 친밀감을 결혼 후에는 회피하려고 한다. 어린 시절에 남편은 친밀감을 원하면서도 어떻게 할 줄 몰라 부모로부터 벗어나려고 했던 것이며, 결혼 후에도 갈등에 직면하면 다시 회피하려고 한다. 안타깝게도 서로 관심을 끌게 했던 것이 관심을 잃어버리게 만드는 원인이 되어 버린다.

부부간에 갈등, 부부 중 한 사람에게 발생하는 역기능, 특정 자녀에 대한 과도한 관심, 또는 이 세 가지가 동시에 일어날 수 있다. 가족이 도움을 필요로 할 때 이러한 문제 중 어느 하나를 가지고 있다. 가족이 어떤 문제를 드러내든 그 역동성은 비슷하다. 즉 자신이 자라난 가정에서 가족과 자아분화가 이루어지지 않으면 부부 문제로 비화되고 증상을 나타내는 배우자나 자녀에게 투사된다는 점이다. 이와 같이 과거의 문제는 미래로 전달되는 것이다.

변화 기제

치료가 어떻게 이루어지는지에 대한 사람들의 관심은 대개 치료사가 어떻게 변화를 일으켰는가 하는 점이다. 단 한가지만을 빼놓고 그렇게 질문하는 것은 다 옳다. 치료사가 변화를 일으키는 것은 아니다. 내담자가 자신들의 삶 안에서 변화를 일으키는 것이다. 보웬 가족체계 치료만큼 이런 입장을 대변하는 모델은 없다.

◆ 치료 목표

보웬 학파에서는 사람을 변화시키려고 하지 않고, 문제해결에도 관심을 두지 않는다. 치료란 자기 자신과 관계에 대해 학습할 기회를 제공하여, 문제에 대한 책임을 깨닫게 하는 것으로 보기 때문이다. 그렇다고 해서 치료사가 뒤에 물러나 앉아 가족 스스로 자기네 문제를 찾아내도록 내버려 두는 것은 아니다. 이와 반대로 보웬 치료는 적극적인 탐색 과정으로, 치료사는 가장 포괄적인 가족치료 이론을 토대로 가족 구성원이 서로 비난하지 않고 가족 문제의 발생에 각자 차지하고 있는 역할을 찾도록 돕는다.

가족 문제 유형을 추적한다는 것은 과정과 **구조**라는 두 가지에 초점을 맞춘다는 것을 의미한다. 과정이란 정서적 반응성의 유형을 말하고, 구조란 연동적인 삼각관계의 망을 말한다.

체계를 변화시키려면, 가족 내의 가장 주요한 삼각관계를 수정해야 하는데, 여기에는 부부가 포함된다. 만일 치료사가 정서적으로 중립적 입장에서 부부와 접촉을 지속한다면 부부는 **탈삼각화**detriangulation와 분화의 과정을 시작하기 때문에 전체 가족체계에 깊고 지속적인 영향을 미치게 된다.

이러한 공식과 관련된 임상적 방법론으로는 (1) 부모로 하여금 자신들의 불안에 대처할 수 있는 능력을 발달시켜 자녀의 문제 행동을 더욱 잘 처리할 수 있게 하고, (2) 부부 각자가 자라난 원가족과 불안감을 덜 느끼면서 관계를 맺는 능력을 발달시킴으로써 부부간의 정서적 기능을 강화시킨다.

◆ **행동 변화의 조건**

사고와 감정을 구별하는 능력을 발달시키고 관계상의 문제를 해결하는 데 이 능력을 사용하는 법을 학습시키는 것이 보웬 치료의 주요 원리이다. 불안을 경감시키고 자신에게 초점을 맞추게 하는 것 self-focus — 대인관계 과정에서 자신이 한 역할을 깨닫는 능력 — 이 변화의 가장 주요한 기제이다.

행동보다 이해가 바로 치료의 수단이 되기 때문에 보웬 치료에서 가장 중요한 두 가지 요소가 기법을 중시하는 사람에게는 분명하게 드러나지 않는다. 치료 분위기와 치료사의 자세는 정서적 충동에 의한 반응을 감소시키는 데 목표를 두고 있다. 치료사는 자기반성을 촉진하기 위해 질문을 하는데, 가족끼리 대화하게 하면 정서적으로 격앙될 수 있기 때문에 치료사가 가족 한 사람 한 사람에게 따로따로 질문한다. 가족 문제에 내담자들만 정서적으로 반응하는 것은 아니다. 따라서 보웬 학파의 치료사들은 자신의 정서적 반응도 통제하고 삼각관계에 말려들지 않으려고 노력한다. 물론 이렇게 말하기는 쉽지만 행동으로 옮기기는 그리 쉽지 않다. 치료사가 가족과 삼각관계에 말려들지 않는 방법은 특정 사람의 편을 드는 것을 피하고, 가족 각자 문제를 개선하는 데 자신의 책임을 수용하도록 돕는 것이다.

자아를 분화시키는 과정 중 하나가 **확대가족**extended family 내의 모든 사람과 개인적 관계를 발달시키는 것이다. 이러한 폭넓은 관계의 위력은 대단한데, 자신의 행복well-being이 가족 유대에 달려 있다고 생각하지 않는 사람들에게 특히 더 그러하다. 많은 가족 구성원과 관계를 발달시키면 정서적 에너지를 분산시킬 수 있게 된다. 한두 사람과의 가족 관계에 집중하는 대신, 여러 사람에게 퍼질 수 있다.

프로이트도 심리내적 수준에서 이와 비슷한 개념을 가지고 있었다. 프로이트는 '과학적 심리학을 위한 계획The Project for a Scientific Psychology'에서 정신의 신경학적 모델에 대해 기술하였다. 미성숙한 마음을 가진 사람은 유연성이나 반응하는 것을 늦출 수 있는 능력이 부족하기 때문에 정신 에너지를 쏟을 출구cathexes가 별로 없다. 반대로 성숙한 마음을 가진 사람은 반응할 수 있는 채널을 많이 가지고 있기 때문에 유연성이 높다. 이런 측면에서 정서적 가족망의 증대라는 보웬의 개념도 프로이트 모델과 유사하다.

치료

보웬 치료의 주요 기법으로는 가계도, 과정질문, 관계실험, 탈삼각화, 코칭, '나-입장' 취하기, 가족의 이야기를 다른 이야기로 대치하기 등이 있다. 보웬의 치료에서는 가족 문제가 확대가족의 역사 속에서 어떻게 전달되고 있는가도 중요하지만 가족 문제를 유발한 자신의 역할을 깨닫는 것도 중요하기 때문에, 그 어떤 접근 방법보다 진단이 중요하다.

◆ 진단

진단은 현재 야기되고 있는 문제의 역사에서부터 시작한다. 정확한 날짜를 기재하고, 나중에 확대가족의 생활주기에서 일어난 사건과의 관계를 검토한다. 그다음 부부가 언제 만났고 구혼은 어떻게 했는가 하는 정보를 포함하여 결혼, 자녀 양육 등의 핵가족 역사를 기술한다. 특히 확대가족이 산 곳과 관련하여 가족이 산 곳, 이사한 시기에 주의를 기울인다. 그다음 평가할 것은 부부의 출생, 출생순위, 아동기의 주요 사건, 부모의 과거 및 현재 기능을 검토한다. 이러한 모든 정보를 적어도 3대에 걸친 가계도에 기록한다.

가계도genogram는 가족 구성원과 그들의 관계를 열거한 도표이다. 가계도에는 연령, 결혼한 날짜, 사망, 지리적 위치를 표시한다. 남자는 사각형으로 표시하고, 여자는 원으로 표시하며 그 안에 나이를 적는다. 수평선은 결혼한 부부 사이를 가리키며, 선 위에 결혼한 날짜를 적는다. 수직선은 부모와 자녀의 관계를 가리킨다(그림 4.1).[2]

가계도가 가족 역사에 대한 정적인 그림 이상의 의미를 갖는 것은 갈등관계, 단절, 삼각관계를 내포하기 때문이다. 대를 이어 전달되는 정서적 반응의 유형에 대한 이해가 없이는 삼촌이 알코올 중독자였다든가 러시아에서 이민 온 증조할머니가 러시아에서 이주했다는 사실 자체만으로는 별 의미가 없다.

사망, 결혼, 이혼과 같은 주요 사건은 날짜를 면밀히 검토할 필요가 있다. 이러한 사건은 가족 전체에 정서적 파장을 불러일으켜 대화 채널을 열어 접촉을 늘리거나, 아니면 이러한 문제가 쌓여 점차 단절을 초래할 수 있기 때문이다. 가계도에서 또 하나 주요한 정보는 가족이 거주했던 장소이다. 날짜, 관계, 주거지는 정서적 경계, 융합, 단절, 심각한 갈등, 개방의 정도, 가족의 현재 및 앞으로 맺게 될 관계의 수 등을 탐색하는 틀이 된다.

| **그림 4.1** 가계도의 기본적 상징 | **그림 4.2** 관계역동을 나타내는 가계도 상징 |

지나치게 가깝거나 융합된 관계 / 거리가 먼 관계

갈등관계 / 소원하거나 단절되었거나 단절된 관계

버지니아 주, 윌리엄스버그 1968년 결혼

63 65 33 31

---

2 더 자세한 내용은 맥골드릭과 거슨(McGoldrick & Gerson, 1985)의 책을 참조하라.

그림 4.3 지그문트 프로이트의 가계도

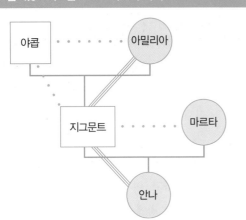

〈그림 4.2〉는 가족 간의 관계역동을 기술하는 데 사용할 수 있는 상징이다. 세 줄로 된 선은 지극히 가까운(또는 융합된) 관계, 지그재그로 된 선은 갈등, 점선은 정서적 거리, 마지막으로 중간에 단절된 선은 관계가 소원하거나 단절된 것을 나타내는 데 사용된다. 프로이트의 간략한 가계도(그림 4.3)에서 보여 주는 것 같이, 삼대에 걸친 삼각관계 유형도 분명하게 드러난다.

핵가족의 역사를 살펴볼 때는 부모의 연애시절부터 시작한다. "서로 상대방의 어떤 점에 매력을 느꼈는가?", "처음 사귈 때 관계는 어떠했는가?", "그 시기에 어떤 문제를 가졌는가?", "자녀들은 언제 태어났고, 자녀들이 태어날 때 부부는 어떻게 적응했는가?"라고 질문할 수 있다.

특별히 관심을 가져야 할 점은 현재 가족이 겪고 있는 스트레스와 여기에 대한 대처 방법이다. 이러한 정보는 가족이 겪고 있는 만성적 불안의 강도를 평가하고, 이것이 가족의 어려운 생활 사건에 과중한 부담을 주거나 제대로 적응하지 못하게 하는 것은 아닌지 평가하는 데 도움을 준다.

〈그림 4.4〉에서 볼 수 있듯이, 핵가족 가계도의 기본적인 사실은 L 씨 가족에 대한 정보의 골격밖에 알 수 없다. 확대가족까지의 사정 여부는 핵가족이 겪고 있는 위기의 범위와 불안의 정도에 달려 있다. L 씨의 경우에는 부부 모두 자신들의 가족적 배경에 대해 논의하고 싶어 했다.

그림 4.4 L 씨 가족의 가계도

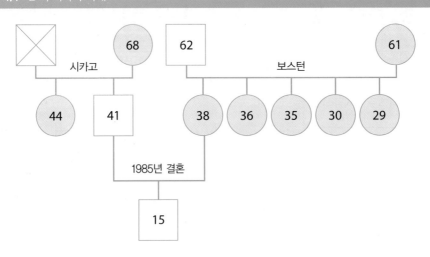

　　확대가족에 대한 정보를 수집할 때, 치료사는 가계에서 어떤 사람이 현재 평가 대상의 가족에게 가장 많이 연루되어 있는지 규명해야 한다. 왜냐하면 부모와 핵가족 내에서 그들의 역할에 가장 큰 영향을 미치는 것은 확대가족과 맺고 있는 유대이기 때문이다. 그러나 이에 못지않게 중요한 것은 누가 관여되지 않았는가 하는 점이다. 왜냐하면 접촉이 단절된 사람도 접촉을 유지하고 있는 사람보다 더 큰 불안의 원천이 될 수 있기 때문이다.

　　필립 게린은 다음 축어록에서 가계도를 작성할 때 어떤 질문을 할지를 보여 주고 있다.

치료사 : 이제 준비가 되셨습니까? 이혼소송 중이신데 변호사가 쉽지 않다고 하더군요. 오늘 아침 상담에 오신 이유가 그 문제가 전부입니까?

내담자 : 예, 제가 많이 슬픕니다. 이 모든 문제가 사라졌으면 좋겠습니다.

치료사 : 결혼생활은 얼마나 하셨습니까?

내담자 : 92년부터 시작되었습니다.

치료사 : 올해 나이는 얼마나 되셨습니까?

내담자 : 지난 6월에 45세가 되었습니다. 제 생일은 6월 6일이에요.

치료사 : 어디서 태어나셨습니까?

내담자 : 유명한 뉴저지 해변에 있는 만토로킹이라는 작은 마을이죠.

치료사 : 혹시 그곳으로 가고 싶다는 생각을 해 보신적이 있습니까?

내담자 : 여름에요.

치료사 : 얼마나 자주 가고 싶으셨습니까?

내담자 : 아버님이 계셔요. 75세이신데 퇴직하신 지 5년 되셨어요.

치료사 : 어머니는요?

내담자 : 어머니는 자궁암으로 6년 전에 돌아가셨어요. 아버지는 계속 일하시려고 하셨어요. 아버지는 변호사였습니다. 그러나 심장이 약해서 은퇴하셨습니다.

치료사 : 어머니 연세는 얼마였습니까? 얼마나 오랫동안 병석에 계셨나요?

내담자 : 어머니는 67세였고, 돌아가시기 2년 반 전에 진단을 받으셨죠.

치료사 : 그 시점의 자신의 삶이 어떠했는지 말씀해 주세요.

내담자 : 저는 아직도 어머니가 조직검사를 받으신 후 암이라는 판정을 받았던 때를 기억합니다. 마치 어제 같아요.

치료사 : 무엇이 그날을 그렇게 기억나게 할까요?

내담자 : 분명하지는 않은데 이제 조용한 삶이 끝났다고 느꼈던 것 같아요.

치료사 : 형제들은 얼마나 많았나요?

내담자 : 셋이요. 여동생 둘과 남동생 하나.

치료사 : 그러니까 당신은 형제 중에 몇 번째인가요?

내담자 : 아마 이미 파악하셨겠지만 첫째였습니다.

◆ 치료 기법

보웬 학파의 치료사들은 가족체계가 어떻게 작용하는가를 이해하는 것이 다른 절차보다 훨씬 더 중요하다고 생각한다. 보웬 자신도 기법이 별 가치가 없다고 말했고, 정형화된 치료 방법에만 의존하는 사람들을 보고 걱정했다.

보웬 학파의 치료사들에게 마법의 탄환—하나의 본질적인 기법—이 있다면, 그것은 바로 과정질문process question일 것이다. 과정질문은 자신의 내면세계 및 다른 사람과의 관계에서 어떤 일이 일어나고 있는지 탐색하도록 만드는 질문이다. 예를 들면 "당신의 남자 친구가 당신을 도외시한다면 당신은 어떻게 하겠는가?", "당신을 가장 화나게 하는 아내의 비판은 어떤 것인가?", "당신의 딸이 데이트하러 나갈 때 어떤 생각이 드는가?" 등의 질문이다. 과정질문은 사람의 마음을 누그러뜨리고, 반응적인 불안을 감소시키며, 다른 사람이 나의 속을 얼마나 상하게 했는가에 대해서가 아니라 내가 문제에 어떻게 참여했는가에 대해 생각하기 시작하도록 돕는 것이다.

사례연구

남편이 알코올 중독에서 회복되고 있는 부부를 치료하면서 치료사는 "알코올에 중독되었을 때 아내와 자녀들에게 한 잘못에 대해 어떻게 생각하고 있습니까?"라고 물었다.

남편이 자신의 학대 행동에 대한 책임을 인정하고 진정으로 후회하자, 치료사는 합리적인 계획과 개인의 책임에 초점을 맞춘 과정질문을 통해 회복 과정에 대해 질문하였다. 예를 들면, 다음과 같다.

"무엇이 그렇게 힘들게 합니까?"

"프라이드지요."

"어떻게 드러나는데요?"

"끔찍해지죠."

이러한 일련의 질문은 남편의 개인적 진척 상황뿐만 아니라, 다른 사람들에게 어떻게 영향을 미쳤는가를 탐색하게 한다. 관계는 서로 연결된 체계적인 연결망에서 일어나지만, 각자 자신의 행동에 책임이 있다.

그다음, 치료사는 부부 문제에 부인의 역할에 대해 말문을 연다. "음주 문제와 또 그것 때문에 일어난 행동에 대해 더욱 책임감을 느끼시는군요. 그런데 점점 나아지고 있다는 것을 부인도 인정하고 있다고 생각합니까?" 그리고 잠시 후에, "부부관계가 악화되기까지 부인이 한 역할에 대해 부인이 당신에게 마음 놓고 말할 수 있었습니까?"라고 질문했다.

치료사가 아내에게 생각을 묻자, 아내는 남편이 저지른 혐오스러운 행동에 대해 되풀이해서 말했다. 치료사는 남편을 용서하고 화해하도록 유도했다. 치료사는 결국은 부인에게도 부부관계에 영향을 미친 자신의 역할에 대해 생각하게 했지만, 우선은 부인이 겪은 어려움에 대해 강조하려고 했다. "남편이 당신의 마음을 바꾸려고 괴롭혔군요." 그리고 잠시 후 치료사는 부인이 감정보다 사고에 초점을 맞추도록 했다. "그럼 생각한 것을 한번 요약해 주시겠습니까? 어떻게 하여 그런 결론에 도달하게 되었습니까?" 그리고 부인이 다시 남편에게

(계속)

화가 나서 비난을 하자 치료사는 그냥 듣기만 했다. 조금 후 치료사는 "남편이 학대할 때 어떻게 했습니까?"라고 물었다.

"화가 났죠."

"남편이 그렇게 된 것에 대해 당신이 한 일을 이해하겠어요?"

"모르겠어요."

"남편이 당신에게 털어놓을 수 있었습니까?"

치료사가 부부관계의 과정을 탐색하고, 부부에게 자기들 사이에 어떤 일이 일어나고 있는지 생각하게 하였으며, 문제를 악화시킨 각자의 책임에 대한 자각을 증진시키고, 사태를 보다 잘 개선하기 위해 각자 어떻게 할 것인지 계획하도록 한 사실을 주목할 필요가 있다.

자기 초점 맞추기

◆ 성인이 된다는 것은 자신의 감정과 행동에 대해 책임을 지는 것이다.

◆ 자기 초점은 다른 사람들이 그들의 책임에서 벗어나게 하는 것이 아니다. 그들이 자신의 삶에 대한 통제를 하게 하는 방법이다.

◆ 자기 초점은 무력한 피해자로서가 아니라 좀 더 많은 행동을 선택할 수 있게 해준다.

◆ 이 상황에 당신의 책임은 몇 퍼센트가 있다고 생각하는가? 그리고 상대방은 몇 퍼센트의 책임이 있다고 생각하는가?

◆ 당신의 어떤 부분이 활성화되었는가?

◆ 당신의 목표는 무엇인가? 그 목표를 달성하기 위해서 무엇을 해 왔는가? 그 외에 무엇이 있는가?

게린은 보웬 학파 중 그 어떤 사람보다 임상적 모델을 개발하여 특정 상황에 맞는 특정 기법을 제시하였다. 그는 부부의 갈등을 그 심각성의 정도에 따라 네 단계로 나누고, 각 단계마다 대처 방안을 상세하게 다루었는데(Guerin, Fay, Burden & Kautto, 1987), 다음에 그가 개발한 기법이 잘 제시되어 있다. 여기에서 게린은 동료들과 함께 삼각관계를 이해하고 해결하는 데 체계적 접근을 적용하였다(Guerin, Fogarty, Fay, & Kautto, 1996). 결혼 초기에는 '시집과 친정과의 삼각관계'가 흔히 나타나는 갈등인데, 이 사실은 근본적인 애착관계가 부부 갈등 저변에 있는 문제라는 것을 보여 주고 있다.

'결혼선물 삼각관계'에서 젊은 남편은 어머니와의 관계를 부인과의 관계에 적용한다. ("고마워, 여보.") 남편이 거리를 두고 있을 때 부인과 시어머니는 연대를 맺을 수 있다. 처음에는 남편이 두 사람의 관계를 괜찮게 여기지만 점차 이 두 사람의 관계에 질투를 느끼기 시작한다. 게린은 이런 경우에 지나치게 시어머니와의 관계에 몰두하고 있는 부인과 시어머니와의 관계를 분리시키고, 남편과 부부관계를 회복시킨다. 이때 시어머니에게 젊은 시절 자녀를 키울 때 삼각관계를 탐색하게 하고 이런 관계가 현재 며느리와도 반복되는지 물어본다. 만일 부인과 시어머니가 갈등관계에 있다면 부인과 남편의 관계, 시어머니와 아들의 관계의 어떤 부분이 갈등을 일으키는지를 이해할 수 있도록 도와주어야 한다.

'충성심 연대 삼각관계'는 부부 중에 한 사람이 원가족과 지나치게 가까워서 배우자를 소외시키는 관계이다. 이런 경우에 배우자 중 한사람은 자신의 가족으로부터 진짜 떠난 것이 아니다. 이 어린이-어른인 배우자를 부모와 분리시키는 작업을 해야 한다. 그래야 원가족 부모로부터의 영향을 차단할 수 있다. 물론 분리는 단절시키는 것이 아니라 자녀와 부모와의 관계로부터 성인과 성인의 관계로 변화시키는 것을 의미한다. '지배적인 시아버지와의 삼각관계'의 예에서 딸이 아버지를 이상화하고 있다면 은근히 남편을 아버지와 함께 비난할 가능성이 있다. 이런 경우에 아버지가 돌아가셨다 해도 관계는 그대로 살아 있다. 오히려 죽은 아버지에 대한 이상화는 신화가 된다.

모든 삼각관계에서 그렇듯이 이 사례에서도 부부 사이의 갈등에 초점을 맞추기보다 저변에 깔려 있는 삼각화를 다루어야 한다. 목표는 부모와의 관계를 해치지 않으면서 부부 유대를 단단히 하는 데 있다.

보웬 치료에서 또 하나의 주요 기법은 관계실험relationship experiment이다. 과정질문은 가정 내에서의 문제가 지속되는 이유가 다른 사람들이 하는 행동 때문이 아니라, 다른 사람들이 한 행동에 대해 어떻게 반응하는가에 달려 있다는 것을 깨닫게 해준다. 관계실험은 내담자들이 평소 자신의 충동에 따라 자동적으로 반응하지 않을 때 어떠한 상황이 전개되는지 경험하도록 돕는 방법이다. 이러한 방법을 통해 문제가 해결되는 경우도 있으나, 그 주요 목적은 정서적 충동에 따라 반응하지 않을 수 있는 능력을 발견하게 하는 데 있다.

사례연구

K 부부는 16세 아들 D 군의 학교 부적응 문제로 치료받으러 왔다. D 군은 성적 미달로 사립학교에서 퇴학당하기 직전이었다. 그 이유는 학교생활이 불량한 데다 저녁마다 친구들과 과음하고 마리화나를 피우기 때문이었다. 어느 날 술에 흠뻑 취해 들어왔을 때, 아버지는 공부를 좀 열심히 하라고 꾸짖고 운전도 못 하게 했다. 안타깝게도 이러한 노력은 아무 소용이 없었다. 왜냐하면 아버지 자신도 알코올 중독자로서 술에 취해 쓰러지는 일이 잦아 아들에게서 존경을 받지 못했기 때문이다. 계모도 2년 동안 D 군과 함께 생활해 오면서 아들을 통제할 능력이 거의 없었고, 또한 별 노력도 하지 않았다는 사실을 알게 되었다.

나는 부모에게 가족치료를 실시하기가 곤란하다고 말했다. 왜냐하면 매일 술에 취해 들어오고 자신의 음주행위에 대해 어떤 조치도 취할 마음이 없는 아버지를 D 군이 존경하지 않았기 때문이다.

D 군이 학점을 따서 졸업은 할 수 있도록 도와주겠다고 말했고, 그럭저럭 11학년을 마칠 수 있었다. 아버지 대신으로서의 나의 역할이 만족스럽지는 않았지만 다음 해에도 그를 계속 만났다. 알코올 중독자가 끼인 가족 전체를 치료하지 않겠다는 결심은 변함없었지만, 서너 번의 위기를 맞아 가족 전체를 만나 보아야 했다. 처음 세 번의 위기는 K 씨의 음주(나중에 코카인 남용으로 판명)가 통제 불능에 빠지자 아내가 치료를 간곡히 요청하여 만났다.

(계속)

이 사례에서 드러난 가장 두드러진 삼각관계는 K 씨의 아내와 아버지가 K 씨에게 술을 끊으라고 함께 압력을 가하던 것이었다. K 씨는 여러 번 중독치료를 받았지만, 치료가 끝나자마자 다시 술을 마시기 시작했다. 그가 치료를 받지 않을 수 없었던 이유는 아내와 아버지의 최후통첩 때문이었다. 아내는 떠나겠다고 협박했고, 아버지는 재산을 물려주지 않겠다고 위협했다. 이러한 일은 삼각관계가 수정되기 전까지는 나아지지 않는다.

나는 K 씨의 아내와 아버지에게 K 씨의 음주 문제에 너무 민감하게 반응하는 것을 자제하도록 부탁했다. K 씨 또한 아내와 아버지의 요구에 무조건 따르기보다는 자기 나름대로의 입장을 취할 필요가 있었다. K 씨가 자기 가족에게 정직한 입장을 취한다고 해서 술을 끊지 않겠다고 말하라는 것은 아니라는 사실을 분명하게 말했다. 그가 가족에게 말하려고 결심했던 것은 술과 코카인을 자제하겠지만 끊을 의도는 없다는 것이었다.

나는 K 씨의 아버지에게 한걸음 뒤로 물러서서 다른 두 가지의 싸움을 벌이도록 권장했으며, 그는 마지못해 동의했다. 그리고 K 씨 아내에게는 남편으로 하여금 술을 끊는 데 아무 효과가 없었던 방법들을 포기하고, 그 대신 남편이 술을 마실 때 어떤 기분이 들었는지 분명하게 밝히도록 했다. 또 시아버지를 만날 때 남편의 이야기를 하지 않도록 권고했다. 두 달이 지나자 K 씨는 술과 코카인을 끊기로 결심했다.

이번에 그는 28일 동안의 재활 프로그램을 마쳤고, AA(Alcohlic Anonymous)와 NA(Narcotics Anonymous)라는 자조집단에 참여했지만, 6주 후에 재발했다. 그 후 8개월 동안 K 씨의 음주와 코카인 남용은 더 악화되었다. 결국 자마이카 출신의 마약 판매상과 심한 싸움을 한 후에, 그는 술을 마시지 않겠다고 굳은 결심을 했다. 이번에는 아버지가 추천한 지역 재활원에 가지 않고, 캘리포니아의 유명한 약물치료센터에 들어가기로 결정했다. 그 후 6년 동안 K 씨는 술을 끊은 채 살았다.

보웬 부부치료

보웬의 부부치료의 핵심은 치료사가 두 배우자와 삼각관계를 형성하지 않고 관계를 유지하는 것이다. 보웬은 부부를 치료할 때 한 사람씩 따로따로 대화하는데, 과잉 기능을 하거나 치료 동기가 높은 사람을 대상으로 먼저 시작할 때가 많다. 치료사는 비직면적인 질문을 하고, 사실을 입증하고, 감정에 귀를 기울인다. 그러나 감정을 표현하기보다는 사고를 하도록 자극하는 질문을 한다. 그 목적은 배우자 중 어느 한 사람에게 정서적으로 치우치지 않고, 부부 각자의 지각이나 의견을 탐색하기 위해서이다. 치료사가 어느 한쪽 편을 들면 부부가 서로 상대방에게 대처하는 법을 학습하지 못하기 때문이다.

부부의 마음이 차분하게 가라앉으면 자신들의 감정을 더욱 객관적으로 처리하고, 서로 이성적으로 대화할 수 있게 된다. 그러나 감정이 북받쳐 사고하기 힘들 때에는 감정을 자제하고 생각할 수 있도록, 그리고 부부끼리 대화하기보다는 치료사와 대화하도록 질문하는 것이 최상의 방법이다. 여러 해 동안 동일한 문제를 놓고 다투어 왔던 부부는 각자 치료사에게 하는 말을 들으면서, 처음으로 상대방의 말을 제대로 듣게 되었다고 놀라는 경우가 많다. 상대방에게 대응할 생각을 하지 않고 상대방의 말을 들을 때 제대로 들을 수 있다. 포가티(1976b)는 부부가 마음을 가라앉히지 못하면, 따로따로 만나기를 권한다.

배우자가 이야기할 때 치료사는 이야기의 자세한 내용이 아니라 상호작용 과정에 집중한다. 내용에 집중하게 되면 치료사가 정서적으로 엉켜 버리고 돈, 성, 자녀훈육 등에 대해 이야기하게 되면 이야기 내용에 쉽게 끌려들어 가게 된다. 그러나 치료사의 역할은 단지 논쟁을 가라앉히는 것이 아니라 부부 스스로가 감정을 가라앉히게 하는 것이다. 목표는 내담자로 하여금 생각과 의견을 치료사에게 배우자가 있는 가운데서 말하게 하는 것이다. 만일 내담자가 울음을 터뜨리면 치료사는 조용하게 생각에 관한 질문을 하면서 눈물을 그치게 한다. 부부가 싸우기 시작하면 치료사가 더 활발해져야 한다. 부부 각자에게 그들의 생각에 초점을 맞추어 한 사람씩 질문을 한다. 사건에 대해 상세한 표현을 하게 되면 감정으로 열기가 올라간 방의 분위기를 가라앉혀 이성을 위한 공간을 마련할 수 있게 된다.

상호보완 메타포는 상호작용의 과정을 잘 보여 준다. 예를 들어 포가티(1976b)는 부부 사이에 **쫓아가는 자-거리를 두는 자**pursuer-distancer의 역동성에 대해 기술했다. 부부 중 한 사람이 대화를 하거나 함께하고 싶어 가까이 다가가면 갈수록, 상대방은 TV를 보든가 일에 몰두하든가 아이를 데리고 나감으로써 거리를 두려고 한다. 부부는 여러 사건마다 서로 의존하거나 거리를 두려는 경향이 다르다. 남편은 다른 일에서는 아내와 정서적으로는 거리를 두려고 하면서도 성적으로는 다가가려고 한다. 이때 "도망가는 사람은 잡지 않는다."는 것이 포가티의 비결이다. 그 대신 의존하려는 사람에게 "그 사람 외에 당신 인생에 중요한 것이 무엇이 있습니까?"라고 질문하여 자신의 내적인 공허감을 탐색할 수 있도록 돕는다.

보웬은 객관적 태도의 필요성을 강조하기 위해, 치료사의 역할을 '코치' 또는 '상담사'에 비유

Monkey Business/Fotolia

보웬 부부치료는 불안을 감소시키고 자신이 한 역할에 초점을 맞추게 한다.

한다. 그렇다고 해서 냉담하거나 무관심하라는 것이 아니라, 삼각관계에 빠지는 것을 예방하기 위해 중립성을 유지하라는 것이다. 전통적인 용어로 역전이의 처리라고 말할 수 있다. 분석가들이 자신을 분석하여 자신의 **역전이**countertransference를 깨닫듯이, 보웬은 치료사도 자신의 가족으로부터 분화되는 것이 부부와의 정서적 삼각화를 예방하는 가장 좋은 방법이라고 말한다.

부부가 분화된 사람으로서의 입장을 취할 수 있도록 치료사가 '나-입장I-position'(Guerin, 1971)을 취하는 것이 좋다. 치료사가 가족과의 관계에서 자주적인 입장을 분명하게 취할수록, 가족들이 각자 자신의 입장을 분명하게 드러내기가 한결 쉬워진다. 그러면 가족은 점차 자신의 신념과 확신을 차분하게 표현하는 법을 배우고, 상대방을 공격하거나 상대방의 반응에 과민하게 반응하지 않고 행동할 수 있게 된다.

보웬은 부부가 자아분화를 향해 나아갈 수 있도록 충분한 조화를 이루게 되면, 정서적 체계가 어떻게 작용하는지 가르치고, 부부 각자가 가족과 맺었던 관계망을 탐색하게 한다(Bowen, 1971).

예를 들어 남편에게 정서적으로 의존하려고 했던 아내에게 과거 아버지와의 관계에 대해 물으면서 현재 남편과의 관계와 비교할 수 있다. 남편과 자녀에 대한 몰두에서 벗어날 필요가 있다고 여겨지면, 치료사는 아내에게 원가족 중 정서적으로 가장 거리가 멀었던 사람(대체로 아버지)과 접촉을 시도해 보라고 권할 수 있다. 그렇다고 해서 특정 사람에 대해 가지고 있는 애착이 다른 사람에게로 바뀌는 것은 아니지만, 현재 특정인에 대해 가지고 있는 과도한 애착이 과거 자랄 때 해결하지 못한 문제 때문이라는 사실을 깨닫게 할 수 있다. 과거 만족지 못했던 갈망을 이해하게 되면, 현재의 가족과 보다 균형 잡힌 관계를 발달시키고, 자기 자신과 자신의 욕구에 더 초점을 맞추기 시작할 수 있게 된다.

마이클 커(1971)는 핵가족 내에서의 관계 문제를 다룰 때, 결혼하기 전에 나타냈던 유형에 대해 이따금 질문할 필요가 있다고 말한다. 가족이 과거의 유형을 반복하고 있다는 것을 깨닫게 되면, 현재의 정서적 충동에 의한 반응을 더욱 잘 이해할 수 있게 된다. 최근에 저자는 정신장애를 앓고 있는 10대의 딸을 어떻게 해야 할지 몰라 쩔쩔매는 부부를 치료한 일이 있다. 딸의 장애가 심해 집에서 어떻게 해볼 도리가 없었지만 부인은 병원에 입원시키기를 꺼렸다. 이러한 상황에서 부인에게 당신의 어머니 같았으면 어떻게 했겠느냐고 묻자, 부인은 주저하지 않고 오랫동안 고통을 겪은 어머니는 죄의식 때문에 어머니와 나머지 가족이 아무리 고통을 겪더라도 입원을 상상하지도 못했을 것이라고 대답했다. 더 이상 말할 필요가 없다.

보웬의 개인치료

보웬은 자기가 가족과 성공적으로 분화되는 경험을 하였기 때문에 가족체계 전체를 변화시키려 할 때는 가장 동기가 강한 구성원 중의 한 사람과 변화를 시도할 수 있다고 믿었다(Anonymous, 1972). 그 후부터 보웬은 한 사람을 대상으로 하여 가족치료를 실시하게 되었다. 개인을 치료할 때의 목표도 전체 가족을 대상으로 치료할 때와 동일하다. 즉 일대일의 관계 발달, 가족 구성원을 정서적으로 격앙된 모습으로 보지 않고 사람으로 보기, 삼각관계 속의 자신을 관찰하는 법 배우기, 끝으로 삼각화에서 벗어나기가 목표이다(Bowen, 1974).

변화의 과정은 확대가족에 대해 가족구성원들이 누구였으며, 어디에 살았었고, 무엇을 하였고, 어떤 사람들이었나를 질문하면서 시작된다. 흔히 '좋은 관계'라고 알고 있던 가족이 긴장을 해결하기 위해 거리를 두는ー자주 만나지 않거나, 피상적인 대화를 하거나, 다른 식구들에 대해 뒷담화하기ー등의 방식을 사용하는 가족이었음을 깨닫기도 한다. 따라서 확대가족에 대한 질문을 할 때 "부모님하고 좋은 관계를 맺고 있습니까?"라는 결과와 관련된 질문을 하기보다 "부모님은 어디에 사십니까? 자주 뵙습니까? 어머니하고만 계시면 무슨 이야기를 하십니까? 아버님하고만 점심식사를 하시기도 하나요?"라고 일상의 삶에 관한 질문을 한다.

가족에 대한 정보 수집은 분화를 이룰 수 있는 또 하나의 좋은 수단이 되고, 가능한 한 많은 가족과 개인적인 관계를 맺을 수 있는 계기를 마련해 준다. 정보 수집이란 가족을 직접 만나 이야기를 나눈다는 것이다. 이러한 일이 쉬워 보이면 시도해 보아야 한다. 가족과 아무 불안 없이 단 몇 분이라도 개인적으로 대화할 수 있는 사람은 흔하지 않다. 가족을 만날 때, 우리는 정서적으로나 신체적으로 회피하거나 다른 사람을 끌어들여 삼각관계를 맺으려는 경향을 가지고 있기 때문이다. 그러나 점차 가족과 만나 대화를 늘려가다 보면, 관계가 개선되고 자아를 분화시키는 데 도움이 될 것이다.

궁극적으로 자아를 분화시키려면 자신이 맺고 있는 삼각관계를 파악하고 거기서 벗어나야 한다. 목표는 특정 가족을 험담하거나 편들지 않고 또 반격하거나 자신을 부정하지 않고 관계를 맺는 것이다.

삼각관계는 누가, 무엇을, 언제 거리를 두고, 누구와 가까운지를 질문하면서 알 수 있다. 삼각관계의 한 징조는 반복되는 패턴의 존재이다. 삼각관계의 역동을 예측할 수 있는 것은 반사적이고 자동적이기 때문이다.

어머니와 대화할 때마다 어머니가 아버지에 대한 불만을 토로한다고 가정해 보자. 어머니가 속마음을 털어놓는다고 기분이 좋을지 모른다. 부모ー적어도 어머니ー를 도와주고 있다는 생각이 들지도 모른다. 그러나 이러한 삼각관계는 당신과 아버지, 아버지와 어머니, 그리고 당신과 어머니 세 가지 관계 모두에게 파괴적인 것이다. 삼각관계에서는 한 쌍이 친밀하고 두 사람은 거리감을 느낀다(그림 4.5). 어머니를 불쌍하게 여기게 되면 아버지를 소외시키는 것이다. 그리고 아마도 어머니는 남편에 대한 불평을 해결하려 하지 않을 것이다.

삼각관계가 무엇인지 파악하고 나면 여기서 벗어날 행동 계획을 수립할 수 있다. 먼저 두 사람이 자신들의 관계를 개선할 수 있도록 어떤 조치를 취하는 것이다. 가장 단순하고 직접적인 방법은 두 사람이 그렇게 하도록 유도하는 것이다. 앞의 사례에서 보면, 어머니가 아버지와 직접 대화

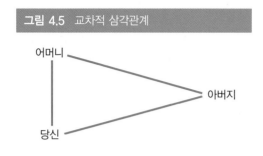

그림 4.5 교차적 삼각관계

하도록 제안하고, 더 이상 어머니의 불평에 귀를 기울이지 않는 것이다. 다른 방법으로는 덜 직접적이기는 하지만 보다 강력한 방법으로 아버지에 대한 어머니의 불평을 아버지에게 전하면서, 왜 아버지에게 직접 말할 수 없는지 모르겠다고 말해 본다. 어머니가 화를 낼지 모르지만 영원히 그런 것은 아니다. 또 하나의 전략으로 어머니의 불평에 적극적으로 동조할 수도 있다. 어머니가 아버지를 두고 바보 같다고 말하면 당신은 완전 얼간이 같다고 말한다. 어머니가 아버지를 두고 사려 깊지 못하다고 말하면 당신은 괴물 같은 느낌이 든다고 말한다. 그러면 어머니는 바로 아버지를 두둔하고 나설지도 모른다. 어머니가 아버지에게 불평을 토로하겠다고 마음먹어도 그렇게 하지 못할 수도 있다. 그러나 어쨌든 이러한 모습을 통해 당신은 삼각관계에서 자신을 빼낸 것이다.

삼각관계를 이해하고 나면 이러한 일이 비일비재하다는 사실을 알게 될 것이다. 흔히 볼 수 있는 사례로 상사를 두고 부하끼리 험담을 하거나, 어떤 사람에게 아내가 도무지 이해할 줄 모른다고 불평하거나, 아내와 아이의 관계를 약화시키거나, 누구와 대화하기 싫어 TV만 보고 있는 것 등 다양하다. 삼각관계를 끊는 것은 쉬운 일이 아니지만 그 보상은 대단하다. 삼각관계를 청산하면 관계가 발달될 뿐만 아니라, 사람들―친구, 동료, 내담자, 배우자, 그리고 자녀―과 관계를 맺는 능력이 강화된다. 더욱이 당신이 가족과의 정서적 접촉을 유지하면서 가족 내에서의 자신의 역할을 변화시키고 가족이 원상태로 돌아오도록 당신에게 압력을 가해도 이러한 변화를 지속시키면, 가족은 당신의 변화에 적응하기 위해 덩달아 변화하지 않으면 안 될 것이다.

카터와 오르파니디스(Carter & Orfanidis, 1976), 게린과 포가티(Guerin & Fogarty, 1972), 헤르츠(Herz, 1991)는 비생산적이기는 하지만 가족이 과거에 친숙했던 유형으로 복귀하려는 시도에 대응할 수 있는 유용한 지침을 제시하였다. 그리고 자신의 정서적 민감성을 해결하여 가족의 긴장을 해소하고자 하면 해리엇 러너Harriet Lerner의 훌륭한 두 저서 무엇이 여성을 분노하게 하는가 : 여성을 바꾸는 분노의 심리학The Dance of Anger(1985)과 *The Dance of Intimacy*(1989)를 보면 좋을 것이다.

모델의 이론과 결과에 대한 평가

보웬 이론이 이토록 유용하게 된 것은 우리가 다른 사람들과 어떻게 관계를 맺는가에 영향을 미치는 정서적 세력을 기술해 주고 있기 때문이다. 우리가 서로를 이해하는 데 가장 치명적인 장애는 정서적 충동에 따라 반응하려는 경향이다. 모든 인간관계에서 다 그렇듯이, 이러한 경향은 양방향적인 성격을 띠고 있다. 한 사람이 정서적 충동에 따라 행동을 하게 되면 상대방도 무엇을 말하려고 하는지 경청하기보다는 똑같이 충동적으로 반응한다. 보웬 이론은 이러한 반응성을 기술하고, 그 기원을 자아분화의 결여에서 찾으며, 정서적 충동에 대한 자기통제로 나아가는 방법을 설명한다. 이것은 가정 내에서 관계를 폭넓게 발달시키고, 자기 신념에 방어적 태도를 취하지 않고 경청하는 법을 학습함으로써 가능한 것이다.

보웬 이론에서는 (사람들이 왜 의존하려 하거나 회피하고, 왜 정서적 충동에 따라 반응하려고 하는지) 모든 현상을 불안이라는 개념을 통해 설명하려고 한다. 이 이론은 (모든 증상이 성과 공격성의 갈등에서 발생한다는) 프로이트의 갈등이론을 연상시킨다. 보웬 체계에서 두 번째 중추적 개념은 분화이다. 분화는 얼른 보기에 성숙이라는 개념과 비슷한 면이 있기 때문에, 학생들은 분화가 더 잘 이루어진 사람일수록 더욱 잘 기능할 수 있지 않느냐고 질문할지도 모른다. 의견을 주입하기보다는 질문하는 것이 보웬 전통임에 비추어 생각은 각자에게 맡겨 두는 것이 좋을 듯하다.

보웬 접근법에서 약점으로 비칠 수 있는 것은 개인과 확대가족의 관계에 집중하기 때문에 핵가족을 대상으로 직접 치료할 때 얻을 수 있는 효과를 소홀히 여길 수도 있다는 점이다. 대부분의 경우 가족 문제를 해결하는 가장 직접적인 방법은 한 집안에 살고 있는 사람들을 모아 서로 직면하게 하고 갈등에 관해 대화하게 하는 것이다. 이렇게 토의를 시키면 소란스럽기도 하고 비생산적일 수도 있다. 그러나 유능한 치료사라면 가족이 하고 있는 일을 깨닫게 하고 서로를 이해하도록 도울 수 있다.

때로는 가족이 적대적 태도를 보이기 때문에, 방어를 넘어 상처를 주지 않도록 대화를 중단시켜야 할 때도 있다. 이때는 가족이 논쟁을 벌이지 않도록 막는 것이 유용하며, 때로는 그렇게 하지 않으면 안 될 때도 있다. 그러나 보웬의 접근법에서와 같이 가족끼리 대화하게 하지 않고, 치료사가 직접 가족 한 사람 한 사람과 대화하게 되면 핵가족을 직접 대상으로 삼을 때 얻을 수 있는 효과를 얻지 못할 수도 있다.

필립 게린과 토머스 포가티는 보웬 이론의 보급뿐 아니라 기법의 개발에 혁혁한 공헌을 했고, 두 사람 모두 치료의 대가이다. 베티 카터와 모니카 맥골드릭은 가족이 어떻게 기능하는가에 대한 연구에 더욱 큰 공헌을 했다. 이 두 사람은 정상적인 가족생활주기, 민족적 다양성, 성적 불평등의 문제를 많이 연구했다. 그들은 가족치료사일 뿐만 아니라 보웬의 제자로서 그들의 치료 기법 중 일부는 대단히 교육적인 성격을 띠고 있다. 예를 들어 카터는 이혼이나 재혼을 통해 형성된 혼합가족을 대상으로 치료할 때, 계부나 계모에게 생부나 생모와 똑같은 자세를 취하려고 해서는 안 된다고 가르쳤다. 계부나 계모도 도덕적 권위를 얻어야 하지만, 가장 효과적인 것은 생부모의 역할을 지지해 주는 것이다. 보웬의 접근법이 자신의 개인적 경험에서 영향을 받았듯이, 카터와 맥골드릭도 가족치료사로 활동하면서 겪은 전문직 여성으로서의 경험 및 불평등에 대한 개인적 확신으로부터 영향을 받았다.

최근의 임상 연구 자료들을 검토해 볼 때 보웬 치료의 효과를 검증한 연구를 찾을 수 없었다.

그러나 이것은 결코 놀라운 일이 아니다. 왜냐하면 대부분의 연구자는 정신분석이나 보웬의 체계이론보다 행동주의적 모델에 관심을 기울이고 있기 때문이다. 그러나 보웬의 이론에 대한 경험적 타당성을 검증하려는 시도가 있어 왔다. 자아분화를 측정할 세 가지의 좋은 척도가 개발되었다. 그 첫째가 하버(Haber, 1993)의 자아분화수준 척도Level of Differentiation Scale이다. 이 척도는 "나는 나의 가치와 신념을 토대로 결정한다.", "나를 화나게 하는 문제가 있어도, 문제를 해결할 다른 견해를 찾는다."와 같이 정서적 성숙을 측정하는 24개 문항으로 구성되어 있다. 이 척도는 만성불안 및 심리적 장애와 (부적) 상관관계를 맺어 보웬 이론과 일치를 이룬다. 스코브론Skowron의 자아분화척도Skowron's Differentiaon of Self Inventory, DSI(Skowron & Friedlander, 1998)는 정서적 단절("사람들이 가까이 다가올 때 나는 거리를 두려고 한다.", "나는 가족 중 어느 누구에게도 정서적 지지를 얻을 마음이 없다."), '나'-입장("단순히 남의 눈에 들기 위해 내 행동을 변화시킬 마음은 없다."), 정서적 반응성("때로는 감정을 조절하지 못하고 분명하게 사고하는 데 어려움을 겪는다."), 타인과 융합("나는 부모님께 여전히 애착하고 있다는 말을 듣는다.")이라는 네 가지 하위척도로 구성되어 있다. 보웬 이론에서도 예측했듯이, DSI는 만성불안, 심리적 장애 및 부부 만족과 유의미한 상관관계를 맺고 있음이 드러났다. 세 번째 척도는 섀벗Chabot의 정서분화척도Chabot's Emotional Differentiation Scale, CED인데, 이 척도는 보웬이 말한 분화의 심리내적 측면―정서적 감정을 유발하는 상황에서 합리적으로 사고하는 능력―을 측정하기 위해 개발된 것이다(Licht & Chabot, 2006). CED는 관계가 좋을 때나 나쁠 때뿐 아니라, 스트레스를 겪지 않은 기간 및 스트레스를 겪는 기간에 사고와 감정을 얼마나 잘 통합하는가를 재는 17개 문항으로 구성되어 있다.

조사 결과, 보웬의 자아분화는 특성 불안과 부적 상관관계(Griffin & Apostal, 1993; Haber, 1993; Skowron & Friedlander, 1998; Peleg-Popko, 2002; Peleg & Yizhak, 2011), 심리적·신체적 건강 문제와 부적 상관관계(Davis & Jones, 1992; Bohlander, 1995; Haber, 1993; Skowron & Friedlander, 1998; Elieson & Rubin, 2001; Bartle-Harlin & Probst, 2004), 부부 만족과 정적 상관관계(Haber, 1984; Richards, 1989; Skowron & Friedlander, 1998; Skowron, 2000)를 맺고 있음이 밝혀졌다. 여러 연구에서 삼각화와 부부 문제 간에 유의미한 관계가 있음이 드러났으며(Vuchinich, Emery, & Cassidy, 1988; Wood, Watkins, Boyle, Nogueira, Zimand, & Carroll, 1989; Gehring & Marti, 1993; Peleg, 2008), 삼각화와 친밀한 사람과의 문제와도 관계가 있음이 밝혀졌다(West, Zarski, & Harvill, 1986; Protinsky & Gilkey, 1996). 끝으로 부모와 자녀의 신념 사이에 높은 상관이 있고(예 : Troll & Bengston, 1979), 폭력(예 : Alexander, Moore, & Alexander, 1991), 이혼(예 : Amato, 1996), 부부관계의 질(예 : Feng, Giarrusso, Bengston, & Fry, 1999), 섭식장애(예 : Whitehouse & Harris, 1998), 우울(예 : Whitebeck et. al., 1992) 및 알코올 중독(예 : Sher, Gershuny, Peterson, & Raskin, 1997)이 한 대에서 다음 대로 전수되고 있다는 사실은 보웬의 다세대 전수 과정multigenerational transmission process의 신념과 일치를 이룬다고 하겠다.

추가적으로 보웬 모델을 다양한 치료에 유용하게 사용할 수 있다는 의견이 제시되었다. 예를 들면, 콜버트Kolbert와 동료들은 (어떤 사례에서는 해서는 안 되지만) 청소년 내담자 가족치료에 보웬 방법론을 통합해서 적용하였다(Kolbert, Crothers, & Field, 2013). 보웬 가족치료 모델에 영감을 받은 몇몇 치료사들은 아동학대 가해자(MacKay, 2012), 가출 청소년(Coco & Courtney, 2003), 그리고 노숙자(Hertleing & Killmer, 2004)에 적용하였다. 이러한 성공적인 보고들은 있지만 아직까지는 보웬 모델의 효과성에 대한 객관적 연구 결과는 없다(Johnson & Lebow, 2000; Miller, Johnson, Sandberg, Stringer-Seibold, & Gfeller-Strouts, 2000). 물론 대부분의 연구가 임상중심이기보다는 대학의 연구실에서 이루어지기 때문에 놀랄 일은 아니지만 지금은 많은 치료사들이 전통적인 정신분석이나 보웬 체계 치료보다는 행동주의 모델에 더 관심이 있다.

궁극적으로 확대가족 치료체계는 실증적 연구를 토대로 형성된 것이 아니라 보웬의 이론, 임상경험, 그리고 자신의 가족으로부터 분화 과정을 거치면서 형성되었다. 보웬은 실증적 연구에는 얽매이지 않았고(Bowen, 1976), 대신 이론과 실제를 통합하기를 선호하였다. 보웬의 체계이론은 정신분석과 마찬가지로 진실인지, 아닌지보다는 유용한지, 아닌지에 따라 판단하는 것이 가장 좋을 것이다. 모든 것을 감안할 때, 보웬 이론은 지극히 유용하다고 하겠다.

요약

보웬의 개념의 폭은 대부분의 가족치료사보다 넓었지만, 실제 치료의 단위는 작았다. 그는 항상 여러 대에 걸친 전체 가족체계에 관심을 두었다. 개인이나 부부를 대상으로 치료할 때도 마찬가지였다. 보웬은 **조현병에 대한 삼대의 가설**three-generational hypothesis of schizophrenia을 처음으로 소개한 이후 — 실이 모여 가족이라는 천을 이루듯이 — 한 세대에서 다음 세대로 어떻게 이어지는지 잘 알게 되었다. 내담자를 원가족으로 보내 부모와의 관계를 회복하게 하는 것은 보웬 학파의 가족치료사들이 유일하게 하는 처방이지만, 이러한 여러 대에 걸친 관련성에 대한 개념은 가족치료 현장에 큰 영향을 미쳐 왔다.

보웬에 의하면 가족의 주요 문제는 **정서적 융합**emotional fusion으로서, 주요 목표는 바로 **분화**이다. 정서적 융합은 타인을 필요로 하는 본능적인 욕구에서 나오지만, 이러한 욕구가 건강하지 못한 방법으로 과장 표현된 것이다. 어떤 사람은 동질성을 추구함으로써 이러한 융합을 직접적으로 표현하지만, 어떤 사람은 독립된 척하면서 가면을 쓴다. 자아분화를 이룬 사람은 고립될 필요가 없고, 자신의 통합을 유지하면서 타인과의 접촉을 계속할 수 있다. 이와 마찬가지로 건강한 가족은 한 세대에서 다음 세대로 건강한 정서적 접촉을 계속할 수 있는 것이다.

보웬 이론에서 삼각관계는 이론에 있어서나 실제에 있어서나 보편적인 분석 단위이다. 보웬은 프로이트와 마찬가지로, 초기 가족관계의 중요성을 강조했다. 자신과 부모와의 관계를 삼각관계로 기술하고, 인생에 있어서 가장 중요한 것으로 생각했다. 삼각관계에 대한 보웬의 이해는 가족치료에 있어서 중대한 개념 중 하나이다.

보웬의 치료 방법에서는 치료사가 관계를 고착시키지 않고, 대신 중립적인 입장에서 과정질문을 통해 갈등관계를 탐색하도록 독려하였다. 보웬 치료사들은 조언을 거의 하지 않는다. 다만 계속해서 질문을 한다. 치료의 목표는 문제를 해결하는 것이 아니라, 가족체계가 운영되는 데 각자가 하는 역할이 무엇인지를 보는 방법을 배우는 것이다. 이러한 자기 발견은 단순히 자신의 내성(內省)의 문제가 아니다. 왜냐하면 이해가 관계를 회복시키고 자주적 기능을 강화하는 도구이기 때문이다.

보웬 가족체계 치료에서는 여섯 가지 기법을 주로 사용한다.

◆ **가계도** : 전기에 관한 정보를 기록하는 것과 더불어 관계갈등, 단절, 삼각관계를 추적하는 데 가계도가 사용된다. 가계도 작성 과정은 정보를 수집하는 과정이지만 때때로 이런 작성과정 자체가 치료적이다. 가족 구성원들은 흔히, "그 모든 사건들이 이렇게 꼭 들어맞는지에 대해 한번도 생각해 본 적이 없다."라고 말한다. 가계도를 가장 폭넓게 적용할 수 있는 방법은 *Genograms in Family Assessment*(McGoldrick & Gerson, 1985)를 참조하라.

◆ **삼각관계 중립화** : 만일 치료사가 가족의 반응적 정서로부터 자유로워지면 치료사는 내담자의 반사적 정서를 낮추어 자신들의 문제를 이성적으로 판단할 수 있게 도와줄 수 있다. 삼각화 과정에서 가족은 자동적으로 치료사를 끌어들여 자신들의 정서적 과정을 안정화시키려 한다. 치료사가 연루되어 삼각관계를 형성하면 치료가 교착 상태에 빠진다. 그러나 치료사가 이러한 반응적인 정서적 과정에 얽혀들지 않으면, 즉 삼각관계에 빠지지 않으면 가족체계와 가족 구성원은 자신들의 문제를 놓고 해결해 나갈 수 있을 만큼 평정을 유지할 수 있다.

◆ **과정질문** : 각 가족 구성원들에게 일련의 질문을 하는데, 목표는 과정질문을 통해서 가족 구성원들의 감정의 폭을 낮추고, 객관적 생각을 할 수 있도록 돕기 위해서이다. 과정질문은 삼각관계를 중립화시키고, 그 외 치료사와 가족 구성원들 사이의 잠재적 삼각화를 해결해 준다. 과정질문은 불안을 잠재우고, 가족이 문제를 어떻게 지각하고 어떻게 문제가 작동될 수 있게 하는지를 알 수 있게 해준다. 과정질문은 불안을 감소시키고, 사람들이 명확하게 생각할 수 있도록 돕는다. 명확함은 문제를 다룰 수 있는 잠재적 해결방식을 발견할 수 있게 해준다.

◆ **관계실험** : 관계실험은 주요 삼각관계를 구조적으로 변화시키기 위해 사용한다. 목표는 가족으로 하여금 체계과정을 인식하고, 그 과정 내에서 자신의 역할을 깨닫도록 학습시키는 것이다. 아마도 가장 좋은 실험의 예가 정서적으로 쫓아가는 자와 거리를 두는 자에게 사용하기 위해 포가티가 개발한 방법일 것이다. 의존하려는 사람에게는 상대방에 대한 의존을 자제하고, 요구하기를 중지하고, 정서적으로 연루되려는 압력을 감소시키고, 자신과 상대방과의 관계에

어떤 일이 발생하는지 보게 한다. 이러한 연습은 (일부 사람이 기대하듯이) 마법의 치료가 아니라, 정서적 과정을 명료화시키는 데 도움을 준다. 또한 거리를 두는 자에게는 상대방에게 다가가 자기 생각과 감정을 전달하게 한다. 즉 상대방의 요구를 회피하거나 무조건 항복하지 않고 그 대안을 찾게 한다.

◆ **코칭** : 보웬이 내담자에게 정서적으로 연루되기 쉬운 치료 방법에 대한 대안으로 발달시킨 것이 코칭이다. 보웬 치료사들은 코치의 역할을 수행함으로써, 내담자의 역할을 대신하거나 가족 간의 삼각관계에 끌려들어 가는 것을 방지하려고 한다. 코칭한다고 해서 내담자에게 어떻게 하라고 요구하는 것을 의미하지 않는다. 코치하는 것은 내담자들이 자기 가족의 정서적 과정과 그 속에서의 자신의 역할을 이해하는 데 도움을 주기 위해 질문하는 것이다.

◆ **'나'–입장** : 서로 정서적 충동에 따라 반응하려는 경향을 막는 가장 직접적인 방법 중 하나는 '자신'의 입장을 피력하는 것이다. 즉 상대방이 한 행동을 지적하기보다는 자신의 감정을 피력하는 것이다. "당신은 게으르기 짝이 없다."는 말과 "좀 더 도와줬으면 좋겠다."는 말은 다르다. 또 "당신은 아이들을 망쳐놓고 있다."는 말과 "아이들에게 좀 엄격했으면 좋겠다."는 말 사이에는 큰 차이가 있는 것이다.

보웬 학파의 가족치료사들은 내담자에게 '나'–입장을 취하게 할 뿐만 아니라 치료사들도 이러한 자세를 취한다. 그 한 예로 가족치료를 마친 후 어머니는 치료사를 한쪽으로 불러서 남편이 암에 걸렸다는 사실을 털어놓고 아이들에게는 알리고 싶지 않다고 말했다. 어떻게 할 것인가? 치료사는 나–입장을 취해, 어머니에게 "제 생각에는 아이들도 알 권리가 있다고 믿는데요."라고 말할 수 있다. 물론 어떻게 할 것인가 하는 문제는 여전히 어머니에게 달려 있다.

보웬 치료에서 직면은 불안을 증대시키며, 분명하게 사고하고 대안을 찾을 능력을 떨어뜨린다는 것이 또 하나의 가정이다. 따라서 초점을 바꾸어, 덜 개인적이고 덜 위협적인 문제를 다루는 것이 객관성을 증대시키는 최상의 방법이다. 이것이 바로 집단가족 치료와 다른 가족 이야기로 대치하기라는 서로 관련된 두 가지 기법의 토대를 이룬다.

제5장

전략적 가족치료

문제해결

학습 목표

◆ 전략적 가족치료의 발전에 대해 설명하라.

◆ 전략적 가족치료의 세 가지 모델의 주요 신념을 설명하라.

◆ 전략적 가족치료의 세 가지 모델의 건강한 가족과 건강하지 못한 가족의 발달을 설명하라.

◆ 전략적 가족치료의 세 가지 모델의 치료 목표와 목표를 달성하기 위한 조건을 설명하라.

◆ 전략적 가족치료의 세 가지 모델의 진단과 치료 개입에 대해 논의하고, 실증하라.

◆ 전략적 가족치료의 세 가지 모델을 지지하는 연구들에 대해서 논의하라.

사이버네틱스와 체계이론의 적용과 함께 전략적 접근 또한 일찍이 가족치료 분야에서 각광을 받았다. 이 접근 방식은 실용적이며 문제해결중심이라는 측면 때문에 매력적이기도 했지만, 가족의 협조 유무에 상관없이 저항을 교묘하게 다루고 가족의 변화를 자극하는 전략 때문에 더욱 인기를 끌었다. 그러나 이러한 조작적인 면은 결국 많은 사람으로 하여금 전략적 치료로부터 등을 돌리게 한 원인이 되었다.

21세기에 가장 우세한 접근법들은 행동 변화보다는 인지적 변화에 중점을 두었고, 치료사의 역할 또한 조작적인 역할에서 협조적인 역할로 변화하도록 격려했다. 치료사는 문제를 해결하고 변화를 자극하려는 대신 내담자가 갖고 있는 해결책을 강화하여 내적 변화에 초점을 맞추기 시작했다. 그 결과 제이 헤일리, 존 위클랜드, 마라 셀비니 파라졸리와 같이 한때 유명했던 전략적 치료의 대표적인 인물들은 사실상 잊혀졌다. 그러나 전략적 접근법은 모든 가족치료 접근에 가장 강력한 두 가지 통찰을 제공하였다. 첫째, 가족 구성원은 증상 행동을 유지하면서 가족의 문제를 지속시킨다는 것과 둘째, 그 가족의 특정한 필요에 맞게 잘 짜인 전략적 지시는 때때로 갑작스러우면서도 결정적인 변화를 가져올 수 있다는 것이다.

주요 인물에 대한 묘사

전략적 치료는 베이트슨의 조현병에 관한 연구 과제에서 비롯된 **의사소통이론**communications theory으로부터 성장하였으며, MRI의 단기치료 모델, 헤일리와 마다네스의 전략적 치료, 그리고 밀라노 모델의 세 가지로 각각 발전하였다. 이 모델들의 원천지는 모두 MRIMental Research Institute였으며, 특히 전략적 치료는 인류학자인 그레고리 베이트슨과 정신과 의사이자 법 의학자인 밀턴 에릭슨에 의해 영감을 받았다.

1952년에 록펠러 재단으로부터 의사소통의 역설에 관한 연구비를 지원받은 베이트슨은 제이 헤일리, 존 위클랜드, 돈 잭슨[1], 그리고 윌리엄 프라이William Fry를 팔로 알토로 초청했다. 가족치료의 지적 탄생지라고 할 수 있는 이 팀의 연구는, 사람들 사이에 이뤄지는 복잡한 층의 메시지 교환이 인간관계를 규정한다는 결론에 도달했다.

베이트슨의 영향으로 인해 이들의 연구는 인류학적인 경향을 띠었고, 이들의 목표는 가족을 관찰하는 것이었는데, 그 과정에서 우연하게 가족치료 분야를 알게 되었다. 사람을 조종하는 것을 좋아하지 않았던 베이트슨이 함께 일하던 연구원들에게 밀턴 에릭슨을 소개했다는 것은 아이러니한 일이었다. 당시에는 치료하는 일이 매우 고되고 장기간의 작업이 필요하다고 여겨졌는데,

에릭슨은 전략적 접근 치료에 있어 선도적인 역할을 했던 천재였다.

에릭슨의 최면치료 경험을 보면서 사람들이 갑자기 변화할 수 있다고 확신하게 되었고, 실제로 그는 가능한 한 단기간에 끝낼 수 있는 치료를 개발하였다.

역설적 개입paradoxical intervention이라고 불리는 많은 방법은 에릭슨의 최면치료의 원칙을 적용하여 저항을 강점으로 바꾸는 시도에서 나온 것이다(Haley, 1981). 예를 들어 최면술사가 환자를 최면 상태로 유도하기 위해 내담자에게 현재 무의식 상태로 들어가기 위해 매우 애쓰고 있다고 말하는 대신 '눈꺼풀이 무거워져서 참을 수 없을 때까지' 눈을 뜨고 있으라고 말하는 것을 배운다.

돈 잭슨은 1959년에 MRI를 설립하였고, 쥘 리스킨Jules Riskin, 버지

---

1 잭슨이 1968년, 48세의 나이로 세상을 떠났을 때, 많은 사람은 그토록 창의적이었던 재원을 잃었다는 것에 대해 크게 슬퍼했다. 그는 이 분야에서 중요한 논문과 학술지 *Family Process*(1962년에 나단 애커먼과 공동 창간)를 유산으로 남겼다. 1995년 존 위클랜드가 루게릭병으로 사망하면서 MRI 집단뿐 아니라 가족치료 분야 전체는 가슴 아픈 또 하나의 상실을 경험하게 되었다.

니아 사티어, 제이 헤일리, 존 위클랜드, 파울 바츨라빅, 아서 보댕Arthur Bodin, 그리고 재닛 배빈Janet Beavin을 포함한 열정적이고 창의적인 연구원들을 모았다. 몇 년 후 연구원들 중 몇몇은 밀턴 에릭 슨의 실용적이고 문제해결 중심적인 접근법에 매료되었으며, 이와 같은 관심은 잭슨으로 하여금 리처드 피시의 지도 아래 단기치료 프로젝트를 추진하게 하였다. 이 프로젝트의 초기 멤버에는 아서 보댕, 제이 헤일리, 파울 바츨라빅, 그리고 존 위클랜드가 있었다.

단기접근법은 문제를 해결하려는 시도가 문제를 더 악화시키기만 할 경우, 문제를 발생하게 만 드는 순환의 문제점을 식별해 내고 교정하는 작업에 기초를 둔다. 그러나 팔로 알토 팀이 의도적 으로 짧게 고안한 이 접근법은, 오늘날의 치료사들이 치료 과정에서 해야 할 것을 하지 않음으로 써 치료 기간이 짧아지게 되는 것과는 분명 다른 것이다. MRI 모델로 알려진 이 접근법은 바츨 라빅, 위클랜드, 피시(1974)의 상담과 심리치료를 위한 변화Change: Principles of Problem Formation and Problem Resolution와 그 후속편인 *The Tactics of Change—Doing Therapy Briefly*(Fisch, Weakland, & Segal, 1982)라는 책에 기술되었고, 이 책은 MRI 모델에 대한 모든 것을 포함하고 있으며, 이 모델을 가 장 잘 설명하고 있는 책으로 남아 있다.

제이 헤일리는 언제나 이방인이었다. 그는 이 분야에 임상 자격 없이 들어왔고, 잔소리 또는 비 판하는 사람이라는 별명을 얻게 되었다. 그가 초기에 끼친 영향은 냉소적이며 예리한 분석을 했 던 그의 저술에서부터 비롯된다. *The Art of Psychoanalysis*(Haley, 1963)에서 그는 정신분석학에 대 해 치료사가 이미 한 수 이기고 들어가는 게임이라고 재정의했다.

분석가가 환자를 소파에 눕히는 것은 환자에게 발이 공중에 떠 있는 것 같은 느낌을 주는 동시 에 분석가는 여전히 두 발을 땅에 디디고 있다는 인식 또한 환자에게 주게 된다. 환자는 이야 기하는 동안 누워 있어야 하는 것이 당황스러울 뿐 아니라 말 그대로 분석가 아래 놓여 있는 자신을 발견하게 되며 그 결과, 공간적으로 한 단계 낮은 위치에 있다는 것이 강조된다. 게다 가 분석가는 환자를 관찰할 수 있는 위치인 소파 뒤에 앉지만 환자는 그를 볼 수가 없다. 이것 은 환자에게 눈을 가린 채 적과 논쟁하는 것과 같은 당황스러운 느낌을 준다. 그의 책략이 어 떤 반응을 불러일으킬 것인지에 대해 알 수 없기 때문에 그는 언제 그가 한 수 위인지 혹은 아 래인지 확신할 수 없다. 어떤 환자는 "저는 어제 제 여동생과 같이 잤습니다."와 같은 말을 하 면서 분석가가 어떻게 반응하는가를 슬쩍 떠 봄으로써 이러한 문제를 해결하려고 시도한다. 이런 충격적인 책략은 대개 효과가 없다. 왜냐하면 분석가는 약간의 충격으로 경련을 일으킬 지 모르겠으나 환자가 그를 보려고 채 돌아서기도 전에 그러한 충격으로부터 회복할 시간이 있기 때문이다. 대부분의 분석가는 소용돌이를 일으키는 환자를 다루는 법을 잘 알고 있다. 환 자가 분석가를 보려고 몸을 돌릴 때 분석가는 허공을 응시하거나, 연필로 낙서를 하거나, 벨트 를 꼬거나, 혹은 열대어를 뚫어지게 쳐다보고 있다. 이렇게 분석가를 관찰할 기회를 포착하는 것도 드문 일이지만, 본다 하더라도 환자가 볼 수 있는 것은 분석가의 냉정한 태도뿐이다. (pp. 193-194)

1962년 베이트슨의 연구팀이 해체된 후, 헤일리는 MRI로 옮겼다가, 1967년 필라델피아 아동지도 클리닉에 있는 살바도르 미누친과 합류했다. 그곳에서 헤일리는 훈련과 슈퍼비전에 관심을 기울이게 되었고, 이 영역은 그가 가장 큰 공헌을 한 부분이기도 하다(Haley, 1996). 1976년 헤일리는 워싱턴 D. C.로 옮겨 가서 클로에 마다네스와 함께 가족치료 연구소를 창설했다. 마다네스는 이 분야에서 가장 창의력 있는 치료사 중 한 사람으로 알려져 있는데, 그녀 역시 이전에 MRI와 필라델피아 아동지도 클리닉에서 일한 적이 있다. 1995년 헤일리는 다시 캘리포니아로 돌아왔고, 2007년 2월 13일에 운명을 다했다.

헤일리와 마다네스는 너무도 특출한 인물이어서 이들의 명성은 종종 후계자들의 이름을 가리곤 한다. 반항적인 청소년을 다루는 혁신적인 방법을 개발한 캘리포니아의 제임스 케임James Keim은 헤일리-마다네스의 전통을 훌륭하게 이어간 치료사이다. 이 모델에 탁월한 또 다른 치료사로는 청소년 문제 전문가인 워싱턴 D. C.의 닐 시프Neil Schiff, 사바나 가족 연구소Savannah Family Institute의 스콧 셀즈Scott Sells, 미시간의 제롬 프라이스Jerome Price가 있다.

MRI 모델은 밀라노 학파의 셀비니 파라졸리, 루이지 보스콜로Luigi Boscolo, 잔프랑코 체친Gianfranco Cecchin, 길리아나 프라타Guiliana Prata에게 지대한 영향을 주었다. 이탈리아의 저명한 정신분석가로 섭식장애 치료 전문가였던 셀비니 파라졸리는 정신분석적인 치료 결과에 낙담하여(Selvini Palazzoli, 1981) 가족을 치료하기 위한 독자적인 방법을 개발하기 시작했다. 1967년 그녀는 베이트슨, 헤일리, 바츨라빅의 개념으로 관심을 돌렸던 8명의 정신과 의사로 구성된 집단을 이끌고 밀라노에 가족 연구를 위한 센터Center for the Study of Family를 만들어 **밀라노 체계 모델**을 발달시켰다. 밀라노 학파는 결국 나뉘어 파라졸리와 프라타는 불변의 처방과 정신분석 개념을 통합하고, 보스콜로와 체친은 순환적 질문에 초점을 맞추었다. 두 집단 모두 현재 이탈리아에 훈련센터를 가지고 있다.

조르지오 나르도네Giorgio Nardone는 또 다른 유명한 이탈리아 가족치료사로 MRI에서 훈련을 받았다. 가까운 동료는 바츨라빅이었다. 두 사람은 함께 여러 권의 책을 집필하였다. 나르도네는 현재 이탈리아 아레초에서 전략적 훈련 프로그램 클리닉을 운영하고 있다.

이론적 발달

*Pragmatics of Human Communication*이라는 책에서 바츨라빅, 배빈, 그리고 잭슨(1967)은 일련의 공리(公理)들로 설명할 수 있는 의사소통 계산법을 개발하고자 했다. 첫 번째 공리는 사람들은 항

상 의사소통을 한다는 것이다. 모든 행동은 무언가를 전달하고 있기 때문에, 그리고 사람은 행동하지 않을 수 없기 때문에 당연히 그 누구도 의사소통을 하지 않는 사람은 있을 수 없다는 것이다. 다음의 예를 생각해 보자.

> 치료사는 라몬을 향해 말했다. "자, 어머니가 이렇게 말씀을 하셨는데 네 생각은 어떠니?" 라몬은 아무 말도 하지 않았다. 대신 그는 뚱한 표정을 하고 방구석에 계속 쭈그리고 앉아 있었다.
>
> 라몬은 의사소통을 하고 있지 않은 것이 아니다. 그는 화가 났으며 그것에 대해 말하기를 거부한다는 것을 전달하고 있는 것이다. 의사소통은 의도적이거나, 의식적이거나, 혹은 성공적이지 않더라도, 즉 상호 간에 이해되지 않을 때에도 역시 일어난다.

두 번째 공리는 모든 메시지가 보고와 명령의 기능을 하고 있다(Ruesch & Bateson, 1951). 메시지의 보고(혹은 내용)는 정보를 전달하는 반면, 명령은 관계 정의에 관한 진술이다. 예를 들어 "어머니 샌디가 나를 때려요!"라는 메시지는 정보를 전달하고 있지만, 동시에 이 문제를 좀 해결하라는 명령도 암시하고 있다. 그러나 암시적인 명령은 모호하다는 점에 주의해야 한다. 인쇄된 단어에는 말하는 사람의 표정과 문맥을 이해할 수 있는 실마리가 빠져 있기 때문이다. 울면서 질러대는 말은 낄낄거리며 웃는 아이가 하는 말과는 매우 다른 함축적 의미를 가지고 있다.

가족 안에서의 명령의 메시지는 하나의 규칙으로 패턴화되는데, 이러한 규칙은 상호작용에서 반복적으로 관찰되는 것들로부터 찾아낼 수 있다(Jackson, 1965). 잭슨은 규제보다는 규칙을 묘사하는 말로서 **가족규칙**family rule이라는 용어를 사용했다. 규칙을 정하는 사람은 아무도 없다. 사실 가족은 그러한 규칙을 알고 있지도 않다.

가족 상호작용의 규칙 혹은 불변하는 것들은 가족항상성을 유지하는 기능을 한다(Jackson, 1965, 1967). 항상성 기제는 가족이 어떤 혼돈된 상태에 직면했을 때 평형 상태로 되돌아오게 하고, 그 결과 변화에 저항하게 만든다. **가족항상성**family homeostasis에 대한 잭슨의 개념은 가족체계의 보수적인 관점을 묘사하고 있는 것이고, 사이버네틱스 개념인 **부정적 피드백**negative feedback과도 비슷한 것이다. 의사소통의 분석에 따르면 가족은 목표 지향적이고, 규칙에 의해 다스려지는 체계로 작동한다.

사례연구

샘은 메리의 가족을 처음 방문했을 때 건넌방에 있던 메리가 왜 놀란 토끼처럼 자기를 바라보는지 도저히 이해가 가지 않았다. 두 사람은 하이킹을 가려던 참이고, 메리의 아버지가 카메라를 빌려주기로 했다. 미래의 장인인 프랭크는 카메라를 꺼내서 어떤 건전지를 사야 하는지를 설명하였다. 샘은 그보다 더 좋은 건전지를 알

(계속)

고 있었기 때문에 프랭크에게 더 좋은 건전지가 있으니까 그것을 사서 쓰겠다고 말을 하였다. 그러나 샘이 말을 꺼내자마자 프랭크는 눈살을 찌푸리며 입을 꽉 다물고 자기가 이야기한 건전지를 사라고 주장하였다. 그 순간 식구들은 입을 다물고 불안하게 두 사람이 이야기하는 것을 바라보고 있었다. 샘은 이 모든 비언어적 단서를 놓치고 자꾸 더 좋은 건전지에 대해 설명하고 있었다. 그 순간 갑자기 프랭크가 일어서서 카메라를 마루에 내동댕이쳤다. 그러고는 방을 홱 나가면서 "아무도 이 집안에서는 내 말을 듣지 않아!"라고 소리 질렀다.

　이것이 메리의 가족에게서 발견한 규칙이다. 아무도 아버지의 권위에 도전해서는 안 된다.

의사소통이론가들은 문제 저변에 깔린 동기에 관심을 기울이지 않았다. 대신 그들은 순환적 인과관계와 분석된 의사소통 패턴들이 피드백 고리에서처럼 일련의 증가하는 자극과 반응 안에서 함께 결합한다고 가정했다. 가족 구성원의 문제 행동에 대한 반응이 문제를 더욱 악화시키면 이 사슬은 긍정적 피드백 고리로 볼 수 있다. 이런 공식이 지닌 이점은, 대체로 변화할 수 없는 문제 저변에 깔린 원인을 추론하는 대신 문제를 유지시키지만 변화할 수 있는 상호작용에 초점을 맞춘다는 점이다.

❖ ❖ ❖

전략적 치료사strategic therapist는 긍정적 피드백 고리의 개념을 도입하여, 그들 모델의 가장 중요한 개념으로 삼았다. MRI 집단은 이 개념을 단순하지만 강력한 문제 형성의 원리로 해석하였다. 즉 가족은 삶의 과정에서 많은 어려움에 직면하게 되는데, 그 어려움이 문제가 되는지의 여부는 가족 구성원이 그 어려움에 어떻게 대처하느냐에 달려 있다(Watzlawick, Weakland, & Fisch, 1974). 다시 말해 가족은 어려움을 해결하기 위해 상식적이기는 해도 분명히 잘못된 시도를 흔히 하게 되는데, 문제가 되풀이된다는 것을 알게 되어도 이전에 시도했던 똑같은 해결 방법을 계속해서 반복적으로 사용하게 된다. 이는 문제를 더욱 악화시키며 결과적으로 악순환을 가져오게 된다.

자말이 여동생의 탄생에 대해 위협을 느끼게 된다면 그는 심술을 부릴 것이다. 그러면 자말의 아버지는 자말이 반항적이라고 생각하고, 벌을 줌으로써 자신의 나이에 걸맞은 행동을 하게 하려고 한다. 그러나 아버지의 가혹한 행동 때문에 자말은 부모가 자기보다 여동생을 더 사랑한다고 확신하게 되고, 더욱 어린아이처럼 행동한다. 이에 아버지는 자말에게 더욱 비판적이 되고 처벌하게 되며, 자말은 점점 가족에게서 멀어진다. 이것이 바로 현재 상호작용의 결과가 부정적임에도 불구하고 기존의 상호작용 방식을 강화하는 긍정적 피드백 고리가 상승하는 과정이다. 즉 가족체계는 일탈을 약화시키도록 고안된 피드백(부정적 피드백)을 가지고 가족 구성원 중 한 사람의 일탈적 행동에 반응한다. 그러나 실제로는 그 일탈을 증폭시키는 효과(긍정적 피드백)를 가져온다.

　여기에서 필요한 것은 아버지가 자신이 시도한 해결 방법과 반대로 하는 것이다. 만약

(계속)

> 아버지가 자말을 비난하는 대신 편하게 대해 주고 자말이 동생으로 인해 밀려나는 것이 아니라는 것을 알게 해준다면 자말은 진정될 것이다. 그러나 자말의 체계는 자말의 행동을 불손한 것으로 보는 하나의 해석만을 하게 하는 무언의 규칙에 의해 지배된다. 아버지가 자신이 시도했던 해결책을 변형하여 다른 해결책을 시도하려면 이 규칙이 변해야 한다.

대부분의 가족 안에서 무언의 규칙은 모든 행동을 지배하고 있다. 규칙은 앞서 언급했듯이, 시도된 일종의 경직된 해결책을 계속 사용하게 만들기 때문에, 변화되어야 하는 것은 단지 행동이 아니라 그 행동을 지배하는 규칙이다. 체계 내에서 구체적인 어떤 행동만 변할 때 이것을 **일차 수준의 변화**first-order change라고 하고, 이것은 체계의 규칙이 변할 때 일어나는 **이차 수준의 변화**second-order change와는 다른 것이다(Watzlawick et al., 1974). 규칙을 어떻게 변화시킬 수 있을까? 한 가지 방법은 **재구성 기법**reframing인데, 이것은 자말의 행동에 대한 아버지의 해석을 불손이 아닌 대치에 대한 두려움, 그리고 나쁜 것이 아닌 슬픈 것으로 바꾸는 것이다.

일차 수준의 변화	이차 수준의 변화
어머니가 아들이 집안일을 도우면 스티커를 주기 시작한다.	어머니와 아버지가 함께 아들의 행동에 대해 같은 입장에서 이야기하기 시작한다.
부모는 딸이 일정한 시간 내에 귀가할 것을 강요한다.	부모가 딸이 성장함에 따라 딸과 함께 귀가 시간을 논의하여 결정한다.
아버지가 아들이 성장하면서 느는 생활비를 감당하기 위해 본업 외의 일을 시작한다.	어머니가 직장을 구하고, 아버지가 집안일을 같이 나누어서 한다.

따라서 문제에 대한 MRI 접근법은 비교적 간단하다. (1) 문제를 유지시키는 긍정적 피드백 고리를 찾아내고, (2) 이러한 상호작용을 지지하는 규칙을 파악하며, (3) 행동을 지속하게 하는 문제를 중단시키기 위해 이러한 규칙을 변화시킬 수 있는 방법을 찾는 것이다.

헤일리는 상호작용에서 보상이 되는 행동에 관심을 갖고 사이버네틱스의 해석에 기능주의적 강조점을 추가하였다. 후에 그는 필라델피아에서 미누친과 함께 지내는 동안 개발했던 구조적 개념도 통합했다. 예를 들어 헤일리는 자말과 아버지가 다툴 때마다 어머니는 아버지에게 너무 심하다고 비난함으로써 자말을 보호한다는 것을 알아차릴 것이다. 또한 어머니가 아버지를 비난할 때 부모의 관심이 자신들의 갈등으로부터 자말에게 옮겨지도록 애쓰면서 자말은 격앙되는 것을 보고 있을 것이다.

헤일리는 가족의 **위계구조**hierarchical structure를 둘러싸고 있는 규칙이 매우 중요하다고 믿으면서, 대부분의 문제 이면에 숨어 있는 부적절한 부모의 위계를 발견했다. 정말로 헤일리(1976)는 "한 개인은 자신이 소속된 역기능적 위계의 수에 비례하여 더 많은 장애를 보이게 된다."고 제안하였다(p. 117).

헤일리는 문제로 인해 얻게 되는 보상을 주지 않기 위해, 증상을 유지할 때 증상을 포기하는 것보다 더 큰 대가를 치르게 하는 에릭슨의 **시련**ordeals을 처방하는 기법을 종종 사용하였다(Haley, 1984). 예를 들어 불면증 환자에게 매일 밤 자명종을 맞춰 놓고 일어나 부엌 바닥을 닦도록 처방한 에릭슨의 유명한 책략을 생각해 보라.

헤일리와 마찬가지로 마라 셀비니 파라졸리와 동료들(1978b)도 가족 안에서의 파워 게임 그리고 증상이 전체 가족을 보호하는 기능을 한다는 것에 초점을 맞추었다. 그들은 몇 세대에 걸친 가족의 역사를 탐색하였는데, 자녀들의 증상이 어떻게 해서 필요하게 되었는가에 대한 그들의 가설을 확인해 줄 증거를 찾기 위해서였다. 이런 가설들은 종종 가족의 동맹과 연합이 얽힌 관계망과 연관이 있었다. 그들은 일반적으로 환자가 한 사람 이상의 다른 가족 구성원을 보호하기 위해 증상을 발달시키는데, 이것은 확장된 가족동맹의 정교한 관계망을 유지하기 위해서라고 결론지었다.

가족역동

가족발달에 관한 전반적인 설명을 알고자 하면 다른 학파를 참조하라. 전략적 치료사들은 정상 가족에 대한 설명을 거의 안 하고 기능적이 않아서 문제가 되는 것을 변화시키는 데만 초점을 맞추고 있다. 그러나 만일 치료사의 목표가 단지 가족이 갖고 오는 문제를 해결하고자 하는 것이라면 문제해결에 관한 이론만 필요할 것이다.

◆ 정상 가족 발달

일반체계 이론general systems theory에 의하면 정상 가족은 다른 모든 살아 있는 체계와 마찬가지로 2개의 중요한 과정에 의존하고 있다(Maruyama, 1968). 첫째, 그들은 환경으로부터 도전을 받게 되면 부정적 피드백을 통해 온전함을 유지한다. 서로 밀착된 구조 없이 생존할 수 있는 생물체계는 하나도 없다. 한편, 지나치게 경직된 구조는 변화하는 환경에 적응하여 적절하게 대처할 수 없다. 이것이 정상 가족도 긍정적 피드백의 기제를 가지고 있는 이유이다. 부정적 피드백은 안정된 상태를 유지하는 데 방해가 되는 것에 저항을 하고, 긍정적 피드백은 변화된 환경에 적응하기 위해 변화를 강화시킨다. 긍정적 피드백을 위한 통로가 의사소통이라는 것을 인식한다면 사건을 더 솔직하게 말하는 것이 가능할 것이다. 건강한 가족은 명확하게 의사소통하고 적응 능력이 있기 때문에 변화할 수 있다.

MRI 집단은 정상에 대한 기준을 단호히 반대했다. "우리는 치료사로서 내담자가 불만을 표현하지 않는 한 그들이 특정한 방식으로 기능하고, 관계를 맺으며 살아가는 것 자체를 문제로 보지 않는다"(Fisch, 1978). 따라서 MRI 모델에서는 내담자가 제시하는 문제를 제거하는 것으로 치료사의 임무를 제한시킴으로써, 가족이 어떻게 행동해야만 하는가에 대해 어떤 입장을 취하게 되는 것을 피했다.

밀라노 학파는 **중립적인** 태도를 유지하고자 노력하였다(Selvini Palazzoli, Boscolo, Cecchin, & Prata, 1980). 이들은 내담자 가족에게 사전에 생각해 둔 치료 목표나 규범적인 모델을 적용하지 않았다. 그 대신 가족이 그들 자신을 재조직할 것이라고 믿으면서, 가족에게 자신들을 점검하는 데 도움이 되는 숨겨진 파워 게임을 노출시키는 질문을 했다.

이 두 가지 접근의 상대성과 대조적으로 헤일리의 진단은 건강한 가족 기능에 대한 가설에 기초를 두고 있었다. 헤일리의 치료는 명확한 경계선과 세대 간의 위계질서가 있는 좀 더 기능적인 구조로 가족이 재조직될 수 있도록 돕는 것이었다(Haley, 1976).

◆ 행동장애의 발달

의사소통이론에 의하면 증상의 핵심적 기능은 가족체계의 항상적 평형 상태를 유지하는 것이다.[2] 증상이 있는 가족은 역기능적인 그리고 항상성의 패턴을 가진 의사소통 안에 갇혀 있다고 여겨졌다(Jackson & Weakland, 1961). 이런 가족은 그들의 완고한 방식에 집착하고 부정적 피드백으로 작용하는 변화에 대한 신호에 반응한다. 즉 변화를 성장의 기회라기보다 위협으로 간주하는 것이다. 다음의 예를 살펴보자.

사례연구

라반은 동유럽 출신의 정통 유대인 부모의 외아들로 조용한 소년이었다. 그의 부모는 미국에 오기 위해 작은 농촌 지역을 떠났고, 미국 대도시에 정착하여 두 사람이 함께 공장을 세웠다. 이제 종교적 핍박으로부터는 안전했지만, 부부는 이방인이라고 느꼈고 새 이웃들과도 잘 맞지 않았다. 그들은 서로 꼭 붙어 있었고, 라반을 양육하는 데서 기쁨을 느꼈다.

라반은 자신만의 독특한 버릇을 많이 가지고 있는 연약한 아이였으나 부모에게만큼은 완벽한 아이였다. 학교에 들어가면서 라반은 친구를 사귀기 시작했고, 또래사회에서 받아들여지기를 원하면서, 미국식 생활습관을 취해 갔다. 그는 껌을 씹었고, 만화영화도 보고, 자전거를 타고 온 마을을 돌아다녔다. 부모는 라반이 껌을 씹는 것이나 TV를 좋아하는 것을 싫어했지만, 솔직히 아들이 이방인들과 함께 놀고 싶어 하는 것을 가장 힘들어했다. 그들은 종교적 핍박을 피해 미국으로 피신해 온 것이지, 다원주의를 포용하거나 동화되기 위해 온 것은 아니었다. 부모에게 아들은 그들의 가치를 저버린 사람이었다. 부모가 아동상담소로 전화했을 때 그들은 라반이 정서장애가 있다고 확신하고 있었고, "우리 아들은 분명히 잘못되어 가고 있습니다. 우리 아들을 정상으로 되돌려 주세요."라고 호소하면서 도움을 요청했다.

---

2 증상을 기능적이라고 하는 것은 가족이 문제를 필요로 한다는 것을 의미하는 것으로 나중에는 논쟁거리가 되었다.

전략적 모델은 문제가 발달하는 방식에 대해 기본적으로 세 가지 차원에서 설명하고 있다. 첫째는 사이버네틱인 것으로, 곤경은 잘못된 해결책을 지속적으로 시도함으로써 긍정적 피드백의 구조를 형성하고 만성적 문제로 자리 잡게 된다. 두 번째는 구조적인 것으로, 문제는 일관성이 없는 위계질서 때문에 발생한다. 세 번째는 기능적인 것으로, 문제는 사람들이 서로를 암암리에 보호하거나 통제하려고 할 때 생기며, 이들의 증상은 체계를 위해 어떤 기능을 한다. MRI 집단은 첫 번째 설명만 받아들였지만, 헤일리 학파와 밀라노 학파는 세 가지 모두를 포용하고 있다.

이 세 가지의 차이점을 명확하게 설명하기 위해 다음의 예를 생각해 보자. 16세인 주완이는 최근 집을 떠나가기를 거부하기 시작했다. MRI 치료사라면 주완이의 부모에게 아이가 집을 떠나는 모험을 감행하기 위해 어떤 시도를 해 보았는지 질문할 것이다. 이 치료사는 부모가 시도했던 해결책들이 주완이의 거부를 지속시키는 것이라고 믿기 때문에 부모가 시도했던 해결책에 초점을 맞출 것이다. 그리고 주완이의 행동에 대한 부모의 사고 틀이 그들이 시도했던 잘못된 해결책을 계속 쓰게 할 것이라고 믿으면서 주완이의 행동에 대한 부모의 설명이나 사고의 틀에 초점을 맞출 것이다.

헤일리식의 치료사는 부모가 시도한 해결책에 관심이 있을 수 있지만, 부모의 결혼생활에 관한 정보, 주완이 부모 사이 또는 다른 가족 구성원 간의 갈등에 어떻게 관여되어 있는지, 그리고 주완이의 문제가 혹시 무언가를 보호하고자 하는 것이 아닌지에 대해서도 의문을 가질 것이다. 치료사는 주완이의 행동은 역기능적 삼각관계의 일부라고 가정하고 치료를 진행할 것이다. 더 나아가 이러한 삼각관계가 부모 사이의 해결되지 않은 갈등에 의해 촉진되었다고 가정할 수도 있다. 마다네스 또한 이러한 삼각관계에 관심을 기울일 것이지만, 그 외에도 주완이의 행동이 부모가 어떤 위협적인 쟁점에 직면해야 하는 것으로부터 부모를 보호하는 것일 수도 있다는 점에 관심을 가질 것이다.

밀라노 체계 모델의 치료사는 시도된 해결책에는 크게 초점을 두지 않는 대신 과거와 현재의 가족관계에 대해 물을 것이다. 그렇게 함으로써 치료사들은 종종 세대에 걸쳐 계속해서 가족의 '게임'을 만들어 온 권력의 동맹 관계망을 파헤치려 할 것이다. 이러한 게임이 주완이로 하여금 자신의 증상을 이용하여 다른 가족 구성원을 보호하려 했다고 가정하기 때문이다. 예를 들어 주완이가 성장하여 집을 떠난다면 주완이의 어머니는 증상이 있는 아이에게 몰두함으로써 피할 수 있었던 부부간의 권력 투쟁에 다시 휘말릴 수도 있다는 것을 이 가족이 털어놓을지도 모른다. 또한 주완이는 인생에 성공하지 못함으로써 할아버지와의 관계에서 아버지가 그랬던 것처럼 성취 면에서 자신보다 뛰어난 아들에 대해 수치심을 느끼는 아버지를 보호할 수도 있다.

변화기제

전략적 치료사들은 무엇을 어떻게 변화시킬지에 대한 관점을 제공하였다. 이들의 방법이 제한되었든, 아니든 이들은 문제를 유지시키고 있는 잘못된 해결책을 찾아내는 데 집중하여 새로운 해결책을 찾아 변화를 시도하였다.

◆ 치료 목표

MRI 팀은 치료 과정을 최소화하는 것에 긍지를 느낀다. 당면한 문제가 일단 해결되면 치료는 끝이 난다. 다른 문제들이 분명할 때조차도 가족이 그 문제에 대하여 도움을 청하지 않으면, 그 문제는 치료의 대상이 되지 않는다. MRI 치료사는 문제를 가지고 있는 사람들이 아픈 것이 아니라 문제에 걸려 있다고 보기 때문이다. 따라서 MRI 치료사들은 내담자들이 자신들의 삶을 다시 살아갈 수 있게 하는 것뿐이다.

MRI 치료사는 가족이 구체적이며 성취 가능한 목표를 정해서, 치료가 성공했을 때 구성원이 치료의 성과에 대해 알 수 있도록 했다. 그들은 내담자가 명확한 행동 목표를 정하도록 강조하는 과정에서도 치료의 많은 부분이 일어나는 것을 자주 보게 되는데, 이것은 그 과정에서 내담자들이 막연히 불만족스럽다고 느꼈던 것을 명료화할 수 있기 때문이다. 또한 내담자들이 성취 가능한 목표를 정할 때 실망만을 가져다주게 되어 있는 이상적인 열망을 버리도록 도울 수 있기 때문이었다. 가장 중요한 목표는 행동의 변화이다.

헤일리의 접근법 역시 행동적이며, MRI 모델보다도 더욱 통찰을 중요하게 여기지 않았다. 그는 내담자들에게 그들 행동의 원인을 이해시키려고만 하고 뭔가 다른 행동을 하도록 만들지 못하는 치료사들을 경멸했다. 헤일리의 궁극적인 목표는 가족, 특히 가족의 위계질서와 세대 간의 경계에 대한 구조적 재구조화이다. 그러나 구조적 가족치료에서와는 달리, 이러한 구조적 목표는 항상 당면한 문제에 직접적으로 연결되어 있다. 예를 들면 반항적인 아들을 둔 양분화된 부모 관계를 개선하기 위해서, 구조적 치료사는 부모에게 결혼생활에서의 문제에 대해 이야기하도록 할지도 모른다. 그러나 헤일리는 부모에게 반항적인 아들을 다루면서 그들이 함께 경험하는 어려움에 대해서만 이야기하게 할 것이다.

밀라노 집단의 초기 연구(Selvini Palazzoli, Boscolo, Cecchin, & Prata, 1978b)는 MRI와 헤일리 모델에 의해 큰 영향을 받았다. 밀라노 학파는 문제를 지속시키는 데 관련된 사람들의 관계망을 확장시켰지만, 여전히 파괴적인 가족 게임을 중단시키기 위한 방법을 찾는 것에 관심이 있었다. 그들이 발전시킨 기법은 조금 덜 행동적인 대신에, 숨겨진 공모를 드러내고 이상한 행동에 대한 동기를 재구성하도록 고안되었다는 점에서 다른 전략적 학파와는 달랐다.

◆ 행동 변화의 조건

가족치료의 초기에는 단순히 의사소통의 개선을 목표로 삼았다. 이후에 이 목표는 문제를 지속시키는 특정한 의사소통의 형태를 변화시키는 방향으로 다듬어졌다. 치료사는 치료적 변화를 위해 문제가 되는 연속적인 패턴을 집어내거나 단순히 그것을 조작할 수 있다. 첫 번째 전략은 내담자 가족의 통찰력과 기꺼이 변화하고자 하는 의지에 의존한다. 두 번째 전략은 가족의 협력의 유무와 상관없이 가족이 현재 하고 있는 게임을 그만두게 한다.

❖ ❖ ❖

MRI 학파에서 문제를 해결하는 방법은 문제를 지속시키는 행동과 반대로 처방하는 것이다. 경직된 행동 반응이 변화되는 결과를 보면서 내담자들은 그들의 문제해결 전략에 더 융통성을 가질 수 있게 된다. 이런 일이 벌어졌을 때 내담자들은 이차 수준의 변화, 즉 그들이 문제에 반응하는 것을 통제하는 규칙을 변화시키게 된다.

예를 들어 마리아는 아버지와 귀가 시간에 대해 논쟁하고 아버지는 외출 금지령을 내린다. 그 다음 그녀는 가출해서 친구와 함께 지낸다. 이 시점에서 일차 수준의 중재는 마리아의 아버지가 통제하기 어려운 아이를 길들이기 위해 더 효과적인 처벌 방법을 찾을 수 있도록 돕는 것이다. 이차 수준의 전략적 중재는 아버지로 하여금 딸을 통제하려는 시도를 포기했다는 메시지를 암시하면서 딸 주위에서 마음이 괴롭고 슬픈 듯 행동하도록 지시하는 것이다. 이것은 마리아로 하여금 아버지에게 속박된다는 느낌으로부터 아버지에 대해 걱정하는 느낌으로 옮겨 가도록 하고, 딸이 좀 더 합리적이 되도록 한다. 아버지는 시도된 해결책이 효과가 없을 때 무엇인가 다른 시도를 할 필요가 있다는 것을 배운다. 이러한 변화는 이차 수준, 즉 아버지가 딸과 상호작용하는 방법을 다스리고 있던 규칙의 변화를 의미한다.

헤일리(1976)는 사람들에게 그들이 잘못하고 있는 것이 무엇인가를 말해 주는 것은 단지 저항을 일으킬 뿐이라고 믿었다. 그는 지각이 행동을 변화시키기보다 행동의 변화가 지각을 변화시킨다고 믿었다. 밀라노 그룹은 이런 행동주의에 대해 머리를 돌렸다. 그들은 가족 구성원으로 하여금 다르게 행동하도록 하기보다 가족이 사물을 다르게 보도록 하는 것에 더 관심을 기울였다(긍정적 의미부여라고 불리는 재구성 기법을 사용하는데, 여기에 관해서는 후에 다루겠다). 행동에서 의미로의 이런 전환은 구성주의와 이야기 운동의 무대를 마련했다(제3장과 제12장 참조).

치료

◈ 진단

MRI 진단의 목표는 (1) 해결 가능한 불평을 정의하고, (2) 불평을 지속시키는 시도된 해결책을 식별하고, (3) 내담자가 문제를 설명하기 위해 사용하는 독특한 언어를 이해하는 것이다. 앞의 두 가지 목표는 어디에서 개입을 시작할 것인지를 알려 주고, 세 번째 목표는 어떻게 해야 할지를 제안한다.

첫 단계는 누가 그것을 문제로 인식하고 있으며, 그것이 현재 왜 문제가 되는지, 불평에 대한 세부적이고 행동적인 그림을 그리는 것이다. 치료사가 "오늘 여기까지 오도록 한 문제는 무엇이지요?"라고 물을 때 많은 내담자는 "우리는 대화가 안 돼요.", "열네 살 된 우리 아이가 우울한 것 같아요." 혹은 "클래런스가 과잉행동을 하고 있는 것 같아요."라며 애매모호하게 대답한다. 그러면 MRI 치료사는 이러한 불평이 정확하게 무엇을 의미하는지에 대해 묻는다. '대화가 안 된다'는 말은 "아들은 내가 말하는 모든 것에 대해 억지를 부린다." 혹은 "남편은 신문만 보면서 나와 결코 말하려고 하지 않는다."는 것을 의미할지 모른다. '우울하다'는 슬프고 철회하는 것 또는 퉁명스럽고 의견에 동의하지 않는다는 것을 의미할지 모른다. '과잉행동'은 불순종이나 집중하지 못하는 것을 의미할 수도 있다. 이럴 경우 유용한 질문은 "이것을 비디오로 찍어 보면 어떻게 보일까?"라고 묻는 것이다.

일단 문제가 정의되고 나면 치료사는 누가 어떻게 문제를 해결하려고 노력했는가에 대해 결정하려 한다. 때때로 시도된 해결책이 문제를 더 나쁘게 하고 있음이 분명한 것처럼 보일 때도 있다. 예를 들어 남편에게 함께 시간을 더 보내자고 잔소리하는 아내는 남편을 더 멀리 떠나도록 만들 뿐이다. 마찬가지로 여동생과 싸우는 것 때문에 아들을 혼내는 부모는 그들이 딸을 더 좋아하고 있다는 것을 아들에게 확인시키게 된다. 가정의 평화를 유지하기 위해 아내가 요청한 것이면 무엇이든지 하는 남편은 결국 화가 나서 아내를 싫어하게 될지도 모른다.

> ### 문제가 해결책이다.
> "당신이 물러서니까 내가 잔소리하는 것이다."
> "당신이 잔소리하니까 내가 물러서는 것이다."

이러한 질문으로부터 문제해결 고리와 구체적 행동에 대한 공식이 나오게 되는데, 바로 이것이 개입의 초점이 될 것이다. 대개 전략적인 목표는 내담자가 해오고 있는 것을 180도로 뒤집는 일이 될 것이다. 개입은 몇몇 대안적인 행동을 처방하는 것과 관련되지만, 중요한 열쇠는 문제를 지속시키는 방식을 중단시키는 것이다(Weakland & Fisch, 1992).

내담자의 독특한 언어와 그들의 딜레마를 보는 법을 이해하는 것은 그들이 받아들일 수 있는 방법 안에서 제안을 만들어 낼 때 중요한 고려 요인이 된다. 예를 들어, 독실하게 종교적인 아내는 계속해서 남편을 비난하기보다 남편이 가족과 좀 더 많은 시간을 보낼 수 있게 해달라고 기도하라는 제안을 좀 더 쉽게 받아들일 것이다. 소함과 로어바우(Shoham & Rohrbaugh, 2002)에 의해 인용된 또 다른 예에서, 마음챙김 명상을 하는 한 젊은 여성은 질투가 심한 남자 친구가 자꾸 질투 어린 비난을 하면 방어적이 되고, 그러다 보면 싸움이 지속되었다. 남자 친구를 이해시키려고 노력할 때마다, 그것은 관계를 위협할 만큼 고통스러운 논쟁으로 끝날 뿐이었다. 그 여성은 마음챙김 명상을 열심히 하는 사람이었기 때문에, 치료사는 다음번에 남자 친구가 또 질투 어린 질문을 하면 자신을 변호하려 하지 말고 남자 친구에게 지금 스트레스를 받기 때문에 명상을 해야겠다고 말하도록 제안했다.

헤일리의 진단은 모든 가족 구성원의 관점에서 표현된 문제에 대해 신중한 정의를 내리는 것으로 시작한다. 그러나 MRI 그룹과 달리 헤일리는 가족의 구조적인 배열이 그들의 문제, 특히 병리적인 삼각관계나 세대 간 연합에 기여했는지의 가능성을 알아내기 위해 상담 회기 중 가족 구성원이 어떻게 상호관계를 맺는지를 관찰한다.

구조적인 문제에 더하여 헤일리와 마다네스는 문제 행동이 상호작용 안에서 보상으로 작용할 가능성에 대해서도 고려하였다. 헤일리는 환자의 무기력이 흔히 증상을 가진 사람을 많이 걱정하는 사람에 대해서는 굉장한 권력을 갖게 해준다고 말했다. 또는 투약을 거부하는 조현병 환자는 일하러 가기를 회피하는 것인지도 모른다고 생각했다. 그러나 헤일리는 치료를 위해서 증상이 정말 질병인지 아니면 다른 의도가 있는지를 결정할 필요는 없다고 보았다. 그는 증상 행동이 사라지면 된다는 입장이었다. 결국 헤일리는 증상 행동이 비자발적인 것처럼 보여도 자발적이라고 추정하는 경향이 높았다. 그러나 약물중독이나 분노폭발과 같은 경우에는 증상 행동에 대해 정확하게 진단하는 것이 필요하다.

밀라노 모델에서 진단은 예비 가설로 시작되는데, 첫 회기에서 옳거나 부적절함이 확인된다. 이런 가설은 일반적으로 지목된 환자의 문제가 가족에게는 보호 기능을 한다는 가설에 기반을 두고 있다. 그러므로 제시된 문제와 그것에 대한 가족 반응을 진단하는 것은 가족을 하나의 상호 연결된 관계의 세트로서 탐색하기 위해 고안된 질문에 기초를 두고 있다. 예를 들어 "이 문제에 대해 누가 더 많이 걱정을 하고 계신가요? 당신입니까 아니면 당신 아내입니까?"와 같은 질문에 대답하는 것은 가족 구성원의 친밀감과 거리감에 대한 가설을 암시한다. 진단의 궁극적인 목표는 문제에 대해 체계적 관점을 파악하는 것이다.

◆ 치료 기법

전략적 치료사들이 가족에 변화를 유도하기 위해 간접적인 방법이 필요하다는 믿음을 공유하였을지라도, 방법에 있어서는 분명하게 다른 기법을 개발했다.

MRI 접근법

MRI 모델은 다음 6단계의 치료 절차를 따른다.

1. 치료 과정에 대한 소개
2. 문제에 대한 질문과 정의
3. 문제를 유지하는 행동에 대한 진단

4. 치료 목표의 설정
5. 행동적 개입의 선택과 실행
6. 종결

이러한 사전 준비가 끝나면 치료사는 주요 문제에 대해 질문을 통해 명확하게 정의를 한다. 만약 "우리는 잘 지내고 있는 것 같지 않아요."처럼 모호한 용어로 언급하거나 "아버지의 직업이 아버지를 우울하게 만들고 있어요."와 같이 원인을 추측하는 용어로 문제가 진술될 때, 치료사는 "상황이 좋아지고 있다는 것을 보여 주는 최초의 작은 표시는 무엇일까요?"라고 질문을 하면서, 명확하고 구체적인 목표로 바꾸도록 돕는다.

문제와 목표가 명확하고 행동적인 용어로 정의되면, MRI 치료사들은 문제를 지속시켰을지도 모르는 해결 방법에 대해 질문하기 시작한다. 일반적으로 문제를 지속시키는 해결 방법은 다음의 세 가지 범주에 해당된다.

1. 문제가 존재한다는 사실을 부인하는 해결 방법은 행동이 필요하지만 취하지 않는 경우이다. 예를 들면 10대 아들이 약물을 사용하고 있다는 증거가 있음에도 불구하고 부모는 아무것도 하지 않는다.
2. 실제로 문제가 아닌 것을 해결하기 위해 노력하는 해결 방법은 하지 않아야 할 때 행동을 취하는 경우이다. 예를 들면 부모가 자녀의 자위행위를 야단친다.
3. 해결이 불가능한 틀 안에서 문제를 해결하고자 노력하는 해결 방법은 잘못된 수준에서 행동을 취하는 경우이다. 예를 들면 부인이 원하는 것은 애정인데 남편은 아내에게 점점 더 비싼 선물만 사준다.

치료사가 일단 문제를 유지시키던 연속 과정을 바꾸는 전략을 고안하면, 내담자는 이 전략을 따르도록 설득되어야 한다. 치료사의 지시가 잘 받아들여지게 하도록 MRI 치료사들은 문제를 재구성하여 순응의 가능성을 증가시킨다. 치료사는 분노하고 있는 10대에게 그를 징계하는 것만이 아버지가 알고 있는 유일한 사랑 표현의 방법이라고 이야기해 줄 수 있다.

문제를 유지시키는 연속 과정을 변화시키기 위해 전략적 치료사들은 가족 구성원으로 하여금 상식적인 것과 반대되는 어떤 것을 하도록 할 수 있다. 이러한 반직관적인 기법은 역설적 개입이라 불린다(Haley, 1973; Watzlawick, Weakland, & Fisch, 1974).

사례연구

바츨라빅과 동료들(1974)은 자신에게 모든 것을 다해 주면서 어린애 취급을 하는 부모의 성향 때문에 힘들어 하는 한 젊은 부부에 대해 기술하였다. 남편의 월급이 괜찮은데도 불구하고 부모는 이들에게 계속 돈을 보내

(계속)

고, 값비싼 선물을 하고, 외식비용의 일부조차도 내지 못하게 하는 식이었다. 전략적 치료 팀은 이 부부를 좀 더 유능하기보다 더욱 무능하게 만들어 그들을 맹목적으로 사랑하는 부모님과의 어려움을 해결할 수 있도록 도와주었다. 도움이 필요하지 않다는 것을 보이려고 부모에게 애쓰기보다 부모가 진저리를 치면서 결국에는 물러설 정도로 무기력하고 의존적으로 행동하라고 지시하였다.

가장 일반적인 역설적 기법은 **증상 처방**인데, 가족이 불평하는 행동을 계속하게 하거나 미화하도록 한다. 어떤 상황에서는 이러한 처방이 가족으로 하여금 순응하려는 희망을 만들어 내기도 하고, 그 결과 그들이 시도한 해결책을 거꾸로 뒤엎을 수 있게 한다. 만약 슬퍼하는 조지에게 하루에 여러 번 우울하라고 지시하고 가족에게 그가 슬퍼하도록 부추기라고 한다면, 그들은 더 이상 비효과적인 방법으로 그의 기분을 좋게 해주려고 하지 않을 것이고, 조지 또한 행복하지 않은 것에 대해 죄의식을 느끼지 않게 될 것이다.

어떤 경우에 치료사는 내담자가 치료사의 지시에 반발할 것을 은근히 바라면서 증상에 대해 처방할 수도 있다. 치료사는 조지에게 계속해서 우울한 상태에 있도록 격려할 수 있는데, 그렇게 함으로써 조지는 형(그와 경쟁관계에 있는)이 우월감을 느끼게 하는 데 도움을 주기 때문이다.

불안한 감정이나 우울한 감정에 자기 파괴적인 반응을 하는 사이클을 유지하는 내담자에게 MRI 모델이 즐겨 적용하던 기법은 다음과 같다. 어떤 사람이 위와 같은 감정에 휩싸일 때 그 사람이 가장 싫어하는 혹은 그 사람의 삶을 파괴적으로 이끌 수 있는 행동 목록을 작성하게 한다. 이렇게 하다 보면 자기 파괴적인 반발 행동에 대해 흥미를 잃게 되고, 결국 충동적으로 하던 행동을 멈추게 된다.

때때로 치료사는 문제를 유지시키던 가족관계망이 노출되기를 바라는 희망을 가지고 증상 처방을 할 수도 있다. 치료사는 조지가 계속 우울해야 한다고 말하는데, 그 이유는 아직도 할머니와 감정적으로 연루되어 있는 아버지에게 애정을 갈구하는 어머니의 관심을 계속 자기에게 머물게 할 수 있기 때문이다.

또 다른 역설적 지시는 치료사가 부부가 어떻게 논쟁을 하는지 확실하게 파악하기 위해서 주말에 열심히 싸우라는 지시를 내리는 것이다. 그래서 치료사가 어떻게 싸우기 시작하고 어떻게 상대방이 '비이성적'으로 반응하는지를 알아야 하기 때문이라고 말해 준다. 이렇게 하면 치료사가 진단에 관한 정보를 수집할 수 있고 부부는 '비이성적'으로 보이지 않기 위해서 논쟁하기를 저항하게 된다.

권력의 투쟁을 피하기 위해 MRI 치료사들은 지시적인 태도를 취하지 않는다. 그들이 취하는 한 단계 아래의 자세one-down stance는 평등을 의미하며, 내담자들의 불안과 저항을 감소시켜 준다. 비록 일부 전략적 치료사들은 한 단계 아래의 자세를 부정직하게 사용하기도 하지만, 이 겸손한 자세의 접근은 고(故) 존 위클랜드의 수줍고 겸손한 성격과 잘 어울리는 것이다. 자신의 파이프 담배 연기에 파묻힌 채 앉아 위클랜드는 천천히 변화하도록 주의를 주고, 개선이 일어날 때 재발의 가능성이 있음을 소리 높여 걱정하면서 가족이 너무 빨리 변화하려는 것을 경계하였다. 이런 **억제 기법**restraining은 치료사의 한 단계 아래의 자세를 강화시킨다.

똑똑한가 아니면 불성실한가?

많은 전략적 개입과 같이 억제 기법은 정직하거나 조정하는 것이어야 한다. 진실은 많은 경우에 사람들을 변화시키지 못한다. 모든 것은 그대로 있기를 바란다. 치료사가 천천히 가라고 하거나 상황은 변화하지 않을 것이라고 말하는 것은 진지하면서도 동기를 갖게 해야 한다. 이 기법은 치료사가 틀렸다는 것을 증명하기 위해서 내담자가 변화를 하려는 동기를 가지게 하려는 것이다. 비슷하게 역설적 지시도 반대 심리를 전달할 수 있다. "오, 아네요, 아프게 찌르지 마세요(윙크, 윙크)." 또는 좀 더 조심스럽게 말할 수도 있다. "계속해서 아드님을 깨우세요. 어떠하든 당신은 아들이 너무 일찍 책임감을 가지는 걸 원하지 않잖습니까?" 사람들은 똑똑하기 때문에 워크숍에서 행해지는 이런 기법에 많은 관심을 갖는다. 그러나 MRI 기법은 지나치게 속임수를 쓰거나 약거나 도전적이지 않다. 중요한 것은 가족이 문제를 지속시키는 것을 발견하여 다른 방식으로 행동하게 하는 것이다. 지시적 접근이 심한 저항을 일으킬 때 이런 비지시적인 기법을 사용한다.

헤일리와 마다네스 접근법

헤일리의 접근법은 각 사례의 독특한 요구사항에 맞추어진 것이기 때문에 설명하기가 더 어렵다. 전략적이라는 말이 MRI 접근법에서처럼 체계적인 의미를 내포한다면 동시에 기교적이라는 뜻을 내포하기도 하는데, 특히 헤일리의 전략에서 그러했다. 다른 전략적 접근에서와 같이 헤일리의 결정적인 기법 또한 지시의 사용이다. 그러나 헤일리의 지시는 단순히 가족을 속이거나 그들이 하고 있는 것을 반대로 하게 하는 책략이 아니라 오히려 그 사례의 특수한 요구에 맞추어진 사려 깊은 제안이다.

헤일리(1976)는 치료가 잘 끝나기 위해서는 시작이 적절해야 한다고 믿었다. 그래서 그는 치료의 개시 부분에 많은 관심을 쏟았다. 누가 공식적인 환자로 보여지느냐와 관계없이 헤일리는 전체 가족을 인터뷰하는 것으로 치료를 시작했다. 그의 첫 상담 인터뷰는 다음의 4단계를 따른다. 친화 단계, 문제 규명 단계, 상호작용 단계, 그리고 마지막으로 목표 설정 단계이다.

헤일리는 첫 상담의 초반의 몇 분간을 모든 사람이 긴장을 풀 수 있도록 돕는 데 사용했다. 각 가족 구성원과 일일이 인사를 나누고, 이들이 편안해하는지를 확인했다. 그는 마치 손님을 맞이하는 주인처럼 손님들이 환영받는 느낌을 갖기를 원했다. 이처럼 친화 단계를 가진 후, 헤일리는 문제에 대한 그들의 개인적인 견해를 물어보면서 문제 **규명** 단계로 들어갔다. 일반적으로 어머니가 아버지보다 더 중심적 위치에 있기 때문에 헤일리는 아버지에게 먼저 말할 것을 권하면서, 아버지의 참여를 증대시켰다. 이러한 제안은 헤일리의 전략적 술책을 잘 보여 주고 있고, 가족에 대한 그의 전체적인 접근 방법을 특징짓는 것이기도 하였다.

헤일리는 가족 구성원이 제각기 문제에 대해 묘사하는 방법을 주의 깊게 경청하면서, 한 사람의 이야기가 끝날 때까지 다른 사람이 방해하지 않도록 했다. 이 단계가 진행되는 동안 헤일리는 가족의 삼각관계와 위계를 파악할 수 있는 실마리를 찾았다. 그러나 이러한 관찰에 대해 어떠한 코멘트도 하지 않았다. 그 이유는 가족이 방어적이 될 수도 있기 때문이다.

일단 모든 사람이 이야기할 기회를 갖고 나면 헤일리는 가족 구성원이 각자 갖고 있는 다양한 관점에 대해 논의하도록 격려했다. 이것이 **상호작용** 단계인데, 치료사는 문제를 둘러싸고 있는 교류에 대해 그것을 단순히 듣기보다는 관찰할 수 있다. 그들이 이야기할 때 헤일리는 가족 사이에 존재하는 **연합**을 찾았다. 가족의 위계는 얼마나 기능적인가? 부모는 서로 잘 협력하고 있는가, 아니면 서로의 기를 꺾고 있는가?

때때로 헤일리는 가족에게 과제를 주면서 첫 상담을 끝냈다. 이후의 상담에서는 지시가 중요한 역할을 했다. 효과적인 지시는 보통 간단한 충고의 형태가 아니며, 오히려 그것은 거의 도움이 되지도 않는다. 왜냐하면 문제가 지속되는 데에는 대부분 그럴 만한 이유가 있기 때문이다.

지시를 사용하기

직접적 지시는 변화를 가져오기 위해서만 사용되지는 않는다. 직접적 지시는 관계를 형성하기 위해서도 사용된다. 켄드라의 부모는 단순히 두 사람이 마주보고 딸이 귀가 시간을 지키지 않는 것에 대해 의논하도록 지시하였지만 이 과제를 실행하지 못했다. 그러자 치료사는 이것을 부정적 피드백 ― 바라지 않는 변화를 밀어붙이는 것에 대한 반응 ― 으로 간주했다. 그래서 치료사는 직접적인 지시를 피하고 부모의 불평에 더욱더 귀를 기울이면서 들었다.

어떤 직접적 지시는 매우 직접적이다. "하비에르가 불평할 때 논쟁하지 마시고 그의 불평을 잘 들으시고, 하비에르를 내보내시고, 그와 반대 의견을 제시하는 것을 하지 마십시오. 논쟁은 핑퐁 같습니다. 두 사람이 필요하죠."

어떤 직접적 지시는 간접적이다. "이번 주에는 아무것도 다르게 하지 마십시오. 그러나 부인에 대한 반응이 얼마나 비판적인지 아니면 지지적인지를 기록하십시오."

간접적 지시는 직접적 지시를 따르지 않을 때 대부분 사용된다. 몬탈보 부부는 한 사람씩 순서대로 대화를 하는 연습을 하기가 힘들다고 말했다. 그러자 치료사는 이번에는 듣는 사람이 들은 내용을 적으면서 왜 상대방이 말할 때 듣지 못하는지 이유를 적으라고 지시했다.

다음의 두 가지 사례는 헤일리의 *Problem-Solving Therapy*에서 발췌한 것이다. 한 사례에서는 서로에게 다정하게 대하지 못하는 부부에게 '애정 표현 방법을 자녀에게 가르쳐 주기 위해' 서로에게 다정하게 행동하라는 지시를 내렸다. 다른 사례에서는 12세 된 아들을 통제할 수 없어서 사관학교에 보내기로 결정한 어머니가 있었다. 헤일리는 그 아들이 사관학교에서의 생활이 얼마나 힘든지를 전혀 모르고 있기 때문에 어머니가 아들을 미리 준비시키는 것이 좋을 것이라고 하였다. 어머니와 아들 모두 이에 대해 동의하였다. 헤일리는 어머니가 아들에게 차렷 자세로 서 있는 법과 공손하기, 매일 아침 일찍 일어나서 잠자리를 정돈하는 것 등을 가르치게 하였다. 어머니는 하사관, 아들은 병사인 것처럼 이 둘은 마치 게임을 하듯 이 지시를 따랐다. 2주 후 아들은 너무도 잘 행동하고 있었고, 어머니는 더 이상 아들을 멀리 보낼 필요가 없다고 느끼게 되었다.

헤일리의 접근을 독특하게 만드는 것은 정신병리 증상이 환자나 가족에게 주는 보상에 관심을 두었다는 것이다. 그러나 사람들이 증상으로부터 무엇인가를 얻게 된다는 생각은 희생자를 비난하는 것처럼 보인다는 이유로 대부분의 가족치료 학파로부터 거부되었다. 헤일리의 요점은 사람들이 다른 사람들을 조종하기 위해 불안하거나 우울하게 되는 것이 아니라, 일단 그들이 증상을 갖게 되면 그러한 문제가 가족 구성원들 사이에 어떤 역할을 하게 된다는 점을 지적한 것이었다. 헤일리가 탐색했던 것은 바로 이러한 가려진 증상의 기능이었다.

하지만 MRI 치료사들은 증상을 유지하게 만드는 것을 추측할 수 있다 하더라도 내담자와 가족의 잘못된 해결책을 강조하면서, 증상 그 자체가 가지는 상호관계적인 보상에 집중하지는 않았다. 헤일리의 접근의 주요 목표는 증상이 주기적으로 발생하고 있는 가족 드라마의 핵심이기 때문에 증상의 기능을 이해하고자 하는 것이었다. 헤일리는 가족 구성원들 사이의 싸움이 어떤 의미를 내포하고 있으므로 그 의미를 알 수 있다면 합리적인 해결책을 찾을 수 있다고 보았기 때문에 그에 대한 해결책을 제안한 것이다. 그리고 이러한 해결책은 가족의 문제를 해결하는 새로운 방법일 수 있으므로 이러한 접근을 시도하였다.

사례연구

제롬 프라이스의 치료 사례에서 열세 살 된 한 소녀가 만성적 무단결석으로 인해 청소년 법정으로부터 연계되었다. 이 소녀는 계속 무단결석을 하고 있었고, 부모와 학교 관계자들은 위협과 처벌을 가했지만 아무 소용이 없었기 때문에 판사가 치료를 의뢰하였다. 프라이스는 소녀가 왜 학교를 가지 않는지를 찾아내기 위해 의도된 질문을 하면서 치료를 시작했다. 가장 명백한 질문은 "학교에 가지 않을 때 너는 어디를 가니?"였다. 치료사의 뜻밖의 질문에, 소녀는 아흔두 살 된 할머니의 집으로 간다고 대답했다. 부모는 딸이 할머니 핑계를 댄다고 생각했다. 그러나 프라이스가 "왜 거기에 가니?"라고 물었을 때, 소녀는 할머니가 혼자 살면서 행여나 넘어지지는 않을까 하는 지속적인 두려움을 느끼고 있다는 것을 알게 되었다. 할머니는 자녀들이 거의 방문하지 않아서 자녀들에게 자신의 염려와 형편을 직접 말할 수 없었기 때문에, 손녀가 할머니의 안전에 대한 책임을 떠맡게 된 것이었다.

(계속)

프라이스의 지시는 소녀가 무단결석을 하는 목적과 가족의 위계질서의 불균형을 함께 다루고자 하였다. 그는 부모가 할머니를 좀 더 자주 방문하고, 낮 시간 동안 할머니와 함께 있어 줄 수 있는 도우미를 고용하며, 할머니를 위해 지역 양로원에서 실시하는 여러 활동을 주선할 수 있도록 했다. 할머니가 안전하다는 것, 즉 소녀의 부모가 이제는 그들의 책임을 다하고 있다는 것을 알게 되면서, 소녀는 학교로 돌아갔다.

동시대의 많은 가족치료사와는 달리, 헤일리/마다네스로부터 전승받은 치료사는 가족 구성원들 사이의 권력의 불균형을 공개적으로 다루었다. 치료를 실시하던 초기에 헤일리(1963)는 의사소통이 가족을 연결시키는 방법에 영향을 증가시키거나 또는 감소시킨다는 사실을 알게 되었다. 헤일리가 의사소통에 이어 권력의 역학을 다룬 것은 가족을 판단하기 위해서가 아니라 왜 문제가 발생하는지에 대해 설명하고자 한 것이었다. 헤일리는 치료사들이 가족 내의 권력의 투쟁을 무시할 수도 있고 아니면 그것을 인식하고 가족이 문제를 해결하도록 도울 수도 있다는 생각을 하였기 때문이다. 따라서 헤일리는 초기에 권력이 가족 안에서 균형 있게 분배되어 사용되는지 아닌지를 관찰하기 위해서 많은 노력을 하였다.

사례연구

남자가 여자를 때릴 때 사람들은 이것이 권력의 문제이며 또 권력을 잘못 사용한 문제로 보지 않는다. 개인치료사도 열여섯 살인 브래드(Price, 1996)가 어머니의 차를 사용하는 문제로 어머니하고 싸울 때, 이를 권력의 문제로 보지 않았다. 브래드가 계속해서 어머니를 바닥으로 밀치고 손에서 열쇠를 빼앗는데도 그 치료사는 여전히 브래드가 어머니에게 화난 이유를 탐색하려 했다.

이러한 접근에 싫증이 난 어머니가 전략적 치료사를 찾았고, 새로운 치료사는 브래드가 어떻게 권력을 가지게 되었는지, 그리고 어머니가 다시 주도권을 잡기 위해 무엇을 취해야 할지에 초점이 맞추었다. 그리고 대부분의 치료 회기에 어머니와 브래드의 삼촌을 함께 참여시켰고, 삼촌은 브래드에 대해 신경을 많이 쓰고 기꺼이 논의하고 결정을 도우려 했다. 브래드가 치료사를 만날 때, 그리고 학교 관계자들과 만날 때에도 삼촌이 항상 어머니와 함께 참여하였다. 어머니와 삼촌이 함께 브래드 문제를 다루자 권력의 균형이 이루어졌으며, 그렇게 되자 브래드는 원래의 열여섯 살 소년으로 되돌아왔다.

가족의 중요한 역동은 문제가 해결되기 전까지는 드러나지 않는다. 브래드가 얌전하게 행동하고 학교에서 수업도 잘하는 모습을 보이기 시작하자, 어머니의 우울증이 더욱 뚜렷이 드러나기 시작하였다. 브래드는 어머니와 아버지가 싸우던 모습을 재현하여 어머니와 싸우면서 아들의 문제에 몰두하게 하여 우울증에서 빠져나오게 했다. 또 어머니가 아들과 싸우느라 새로운 친구를 사귀거나 데이트를 할 필요가 없어지면서 삶의 다음 단계로 나아갈 필요도 없어지게 하였다. 그러나 브래드가 개선되어 더 이상 다루어야 할 위기가 없어지자, 어머니는 자신의 삶에서 뭔가 잃어버린 것을 자각하게 되었다. 이제 치료사는 어머니 자신의 미래에 대해 다룰 수가 있었다. 브래드는 어머니에게 해결해야 할 골칫거리를 제공하여 어머니가 자신의 문제를 살필 여유가 없게 만들어 우울할 시간을 가질 수 없게 하였다. 어떤 사례에서는 '무력함'이 의식적이고, 어떤 사례에서는 그렇지 않다.

은유는 헤일리의 치료 방식에 반복적으로 나오는 접근법이다. 앞의 사례에서 보듯이 브래드가 어머니한테 하는 폭력적인 행동은 마치 아버지가 어머니에게 폭력을 행하던 모습을 그대로 하는 것인데, 이는 어머니가 남편과의 관계에서 경험했던 감정을 해결하지 못하는 것을 은유적으로 드러내는 것이라고 생각할 수 있다. 이 접근법에 따르면 누군가가 가지고 있는 증상은 종종 근본적인 문제를 암시한다. 따라서 아이가 학교에서 경험하는 갈등은 부모가 직장에서 겪는 갈등을 비추고 있을지도 모른다. 성적을 잘 받지 못하는 아이는 잘 기능하지 못하는 부모를 반영하는 것일 수도 있다. 중독의 문제를 갖고 있는 아이는 가족 중 남모르게 자기 파괴적인 방법으로 행동하고 있는 누군가를 암시하는 것인지도 모른다.

이러한 역동은 서른일곱 살 마저리가 세 살 난 딸 때문에 도움을 요청했던 사례에서도 드러난다. 두 사람이 가게에 들어갈 때마다 어린 소녀는 껌 또는 사탕 봉지와 같은 것을 훔치곤 했다. 치료사는 탐색을 통해 마저리가 가장 친한 친구의 남편과 외도를 가졌다는 것을 알게 되었다. 따라서 훔치는 행동을 통해 암시하는 것은 아주 적절한 행동이다.

클로에 마다네스(1981)는 한 관계가 은유적으로 다른 관계를 어떻게 반복하는지에 대해 설명한다. 브래드의 어머니의 사례에서 볼 수 있듯이 부모는 부부 사이에서 다루어야 할 문제 때문에 아이들과 싸울 수 있다. 두 아이는 만약 이 아이들에 의해 방해받지만 않는다면 그들 부모가 싸우고 있을 똑같은 방법으로 서로 싸울 수 있다. 한 아이는 부모의 감시를 피하려고 하면서 부모와 투쟁할 수 있는데, 그렇지 않으면 이러한 감시는 형제들에게 돌려질지도 모른다. 흔히 볼 수 있는 사례인데, 한 젊은 청년이 일도 하지 않고 학교도 가지 않은 채 집에만 머물러 있다. 그야말로 다음

마다네스의 '가장 기법'은 통제-반항의 사이클을 깨도록 돕는 재치 있는 방법이다.

단계로 나아가야 할 이륙장에서 꼼짝없이 움츠리고 있는 것이다. 이때 청년의 동생은 부모로 하여금 생산적일 필요가 있는 문제를 다루도록 강요하는 암시적 방법의 일환으로 증상을 갖게 되거나 학업에 실패하기 시작할지도 모른다.

마다네스(1984)는 또한 부부 사이의 권력의 균형과 그것이 넓은 범위의 증상 안에서 가지는 역할에 대해 다루고 있다. 그녀는 돈, 교육, 아이들에 대한 통제, 친척 간의 연합, 종교, 성을 포함하여 권력이 조절되고 있는 부부의 삶의 영역을 살펴본다. 흔히 최소한의 권력을 가진 배우자가 가장 감정적인 문제를 발달시키는 것으로 드러난다. 우울, 두통, 약물 복용, 섭식장애, 공포증과 같은 증상은 이것들로부터 고생하고 있는 사람들을 괴롭히는 것이 분명하지만, 동시에 다른 가족 구성원, 특히 배우자를 괴롭히

고 있는 것도 분명한 사실이다. 가족 내 다른 구성원은 흔히 이러한 증상에 대해 뭔가를 절실하게 하려고 하지만, 정작 증상을 가지고 있는 사람은 도움받는 것을 거절할지도 모른다. 그 결과, 문제가 되는 증상을 붙들고 있는 것으로 고집스러운 권력을 유지하게 된다. 다시 말하지만 이 과정은 대개 무의식적으로 일어난다. 그리고 이 과정에 대한 사고방식은 객관적인 사실에 근거한 것이 아니라 오히려 하나의 유용한 임상적 가설로부터 주어진 것이다. 권력의 균형에 대한 측면에서 이러한 투쟁들을 볼 때, 치료사는 부부가 휩쓸려 들어가는 한 편의 드라마를 좀 더 융통성 있는 시각으로 볼 수 있게 된다. 학대하는 사람은 실제로 자녀의 삶에서 보다 많은 역할을 필요로 하는 사람인가? 배우자는 자신이 좀 더 성공한 사람이라는 느낌을 갖기 위해 부업이 필요한가?

사례연구

이러한 역동은 마크와 브리아나의 사례에서도 드러난다. 마크는 실직 이후 점점 더 우울해지면서 직장을 찾는 일을 그만두었다. 6개월이 지나도록 그는 거의 한 것이 없다. 수입이 없음에도 불구하고 지출하는 모양은 직장 다닐 때와 같았다. 브리아나는 정식 간호사로 일할 곳이 많음에도 불구하고 아이들을 키우기 위해 집에서 육아와 살림을 하였다. 브리아나는 마크가 적극적으로 직업을 찾지 않기 때문에 자주 남편에게 욕을 퍼부었다. 때로는 소리를 지르기도 하면서 남편의 자존심을 긁기도 했다. 브리아나는 양육에 있어서만큼은 전문가였다. 브리아나는 아이들을 교회에 데리고 갔다. 브리아나는 석사학위까지 있었지만 남편은 단지 전문대학을 졸업했을 뿐이었다.

마크가 더 우울해지고 더 움직이지 않으려 하지 않기 때문에 브리아나는 직장에 나가기 시작하였다. 마크는 일하지 않을 권리, 즉 우울하기 때문이다. 마크를 지배하던 우울은 이제 온 집안 식구를 지배하게 되었다. 지금 마크는 브리아나가 일하는 동안 집에 머물러 아이들을 돌보고 있으며(브리아나의 불만족에도 불구하고), 브리아나가 일요일 밤에 근무를 해야 했기 때문에 아무도 교회에 가지 않았다. 마크의 우울은 그가 직장을 잃고 실패했다고 느끼기 시작하면서 생겨났던 권력의 불균형을 대등하게 만들었다. 마크가 가장으로 돈을 벌었을 때, 브리아나는 정서적으로 남편을 통제하였다. 따라서 마크는 부인의 통제에 맞서 권력의 균형을 이루기 위해서는 일이 아닌 다른 방법으로 권력의 균형을 이루어야 했다. 즉 우울하고 무력하게 되어 일을 하지 않기 때문에 부인이 경제권을 갖게 함으로써 권력의 균형을 이루게 할 수 있는 힘을 갖게 된 것이다.

헤일리의 전략적 치료의 상식적 요소는 갈등이 최고조에 달한 이혼을 볼 때 이해될 수 있다. 헤일리는 갈등이 최고조에 달한 부부를 병리적으로 보지 않고 오히려 이 문제를 발달 과정의 관점에서 그리고 가족생활주기의 측면에서 보았다(Haley, 1973; Haley & Richeport-Haley, 2007). 이러한 접근법은 내담자를 가장 긍정적으로 보려는 좋은 시도이다. 헤일리식의 치료사는 전 배우자를 성격장애자로 보는 대신, 아직 정서적으로는 이혼하지 못한 사람으로 볼 것이다(Gaulier, Margerum, Price, & Windell, 2007). 이러한 개념화는 치료사에게 문제를 해결하기 위해 어떠한 작업들을 해야 할지에 대해 아이디어를 제공한다.

사례연구

롭과 멀리사는 이혼을 한 후에도 열일곱 살 된 딸 마르타의 생활에 관한 모든 측면에 대해 계속해서 언쟁했다. 치료사가 마르타에게 이러한 싸움이 부모가 결혼했을 때 했던 싸움과 비슷한 것인지 물었을 때, 그녀는 한숨을 쉬면서 아주 '똑같다'라고 말했다. 치료사는 부모에게 정말로 서로를 단호하게 놓아줄 수 있을 것인지 물었다. 두 사람은 여전히 정서적으로 결합되어 있다는 사실을 부인했지만, 치료사는 그렇다면 증명해 보이도록 도전했다.

치료사는 부모에게 결혼생활로부터 남겨 두기를 원하는 사건을 기록하고 기념품을 수집하도록 요청했다. 치료사는 약 한 달에 걸쳐 의식을 진행하도록 했고, 그 후에 물건과 기록을 가져와 서로에게 설명하고 왜 더 이상 이 물건들의 영향을 삶 속에 두고 싶어 하지 않는지에 대해 말하고 난 후, 치료사 앞에서 그것들을 태우는 의식을 행하였다. 롭과 멀리사는 태운 재를 병에 담아, 주말에 미시간 북부로 여행 가는 길에 소나무 숲에 들러 그 재를 묻도록 지시받았다. 치료사의 제안에 따라 보트 여행을 떠났고, 특정한 시간에 특정한 방법으로 이제껏 갖고 있었던 결혼반지를 깊은 호수 속으로 던져 버렸다.

제임스 케임과 제이 래핀(James Keim & Jay Lappin, 2002)은 잔소리하는 부인과 철회하는 남편의 사례에 적용한 전략적 접근법을 기술하였다. 처음 치료사들은 부부의 문제를 '협상 과정의 붕괴'라고 재구성하고, 한 사람이 어떤 요청을 하면 다른 사람은 값을 부르면서 협상하는 대화를 하라고 요청하였다. 이렇게 재구성하면 부인은 자신을 잔소리꾼으로 생각하지 않으면서 남편에게 원하는 것을 요청할 수 있고, 남편은 부인에게 무언가를 착취당하는 것 같은 주눅 든 감정을 덜 느낄 수 있다.

케임과 래핀은 이 과정은 정상적인 협상 과정이고, 이렇게 하면 협상의 정상적인 과정을 경험할 수 있다고 설명한다. 그리고 부부에게 협상 과정을 세세하게 적은 인쇄물을 주고, 실행 방법을 설명한다. 먼저 쉬운 주제부터 선택하고, 점차 어려운 갈등을 불러일으킬 수 있는 순서로 작업을 한다. 상담회기 중에 몇 번 연습하게 하고, 집에 가서 실행하도록 요구한다. 마지막으로 부부에게 몇 가지 맞교환, 즉 **퀴드 프로 쿼**quid pro quo를 하고 난 후에도, 받아들이지 않는 선택을 할 수도 있다고 설명한다. 때로는 반드시 변화를 위한 무언가를 하지 않고 그대로 두는 것이 괜찮을 때도 있다.

마다네스(1981)는 가족이 일상적으로 하던 것도 마치 연극처럼 하라고 하면 하지 않게 된다는 것을 관찰하였다. 증상을 마치 가짜로 연극처럼 실행하라고 하는 것이 **가장 기법**pretend technique이다. 아동에게 증상을 가진 척하라고 지시하고, 부모에게는 증상을 돌보는 척하라고 지시한다. 이렇게 하면 아동이 증상을 포기한다. 다음의 두 가지 사례는 마다네스(1981)의 가장 기법을 잘 보여 주고 있다.

사례연구

첫 번째 사례는 한 어머니가 열 살 된 아들의 야경증 문제를 가지고 상담을 요청해 왔다. 마다네스는 열 살 된 아들이 가난하고 영어도 잘 못하고 남편과 두 번이나 사별한 어머니에 대해 걱정하고 있을지도 모른다고 생각했다. 치료사는 모든 가족이 각자의 꿈에 대해 기술하도록 하였는데, 어머니와 아들만 악몽을 꾸는 것으로 나타났다. 어머니의 악몽은 누군가가 집에 침입하고, 소년의 악몽은 마녀가 공격하는 것이다. 마다네스는 아들이 악몽을 꾸었을 때 어머니가 어떻게 했는지 물었다. 어머니는 아들을 자기 침대로 데려와 신에게 기도하라고 말했다고 하였다. 어머니는 악몽이 악마의 짓이라고 아들에게 가르쳤다.

마다네스는 소년이 야경증을 가진 것이 어머니의 두려움, 그리고 어머니를 도우려는 아들의 시도가 모두 은유적으로 표현된 것이라고 추측하였다. 소년이 두려워하는 한 어머니는 강해져야만 했다. 불행히도 어머니가 아들을 보호하려고 노력하는 동안 신과 악마에 대한 이야기를 하게 되면서 아들을 더욱 놀라게 만들기까지 했다. 결국 어머니와 아들은 비생산적인 방법으로 서로를 돕고 있었다.

치료사는 가족 구성원은 집에 있는 척하고 어머니는 누군가 침입해 올지도 모른다는 두려움을 느끼는 척하라고 지시했다. 그리고 아들에게 어머니를 보호하라고 했다. 이때 어머니는 아들의 도움이 정말 필요하기보다는 도움이 필요한 척 행동해야 했다. 처음에 가족은 그러한 장면을 연기하는 것을 어려워했는데 그 이유는 아들이 어머니를 돕기 전에 어머니가 가상적인 도둑을 먼저 공격할 것을 알고 있기 때문이었다. 그 결과 어머니는 자기 자신을 보호할 능력이 있다는 것과 아들의 보호가 필요하지 않다는 것을 아들과 식구들에게 알리게 되었다. 아들이 도둑을 공격하는 장면까지 제대로 연기한 다음, 가족은 모두 연기한 것에 대해 토론하였다. 어머니는 자신의 역할이 어려웠다고 설명했는데, 그 이유는 자신이 침입자를 방어할 수 있는 능력이 있는 사람이기 때문이라고 하였다.

마다네스는 일주일 동안 매일 밤 이 각본을 반복하는 과제를 주고 가족을 돌려보냈다. 만약 아들이 자면서 비명을 지르면, 어머니는 아들을 깨우고 이러한 장면을 다시 연기하게 하였다. 이 일은 중요하기 때문에 아무리 시간이 늦든 쓰러질 정도로 피곤하든 간에 상관없이 해야 한다고 하였다. 소년의 야경증은 곧 사라졌다.

사례연구

두 번째 사례는 다섯 살 된 아들의 통제할 수 없는 분노발작 때문에 정신과 치료에 온 어머니의 사례이다. 가족과 몇 분간 이야기를 나눈 후, 마다네스는 아들에게 정말로 분노발작하는 것처럼 한번 해보라고 하였다. 그러자 "좋아요, 난 무서운 괴물이다!"라고 말하며 가슴을 부풀리고 팔 근육을 오므리면서 괴물과 같은 얼굴을 만들고는 비명을 지르고 가구를 발로 차기 시작했다. 마다네스는 어머니에게 평소에 이러한 상황에서 하는 행동을 해보라고 하였다. 어머니는 아들에게 매우 약하고 비효과적인 방법으로 조용히 하라고 말하였다. 어머니는 집에서 하던 대로 아들을 다른 방으로 보내는 척했다. 마다네스는 어머니에게 아들이 연기를 잘했는지 물었고, 어머니는 그렇다고 대답했다.

마다네스는 아들에게 그 장면을 반복해 보라고 하였다. 이번에는 아들이 프랑켄슈타인이 되어 경직된 몸동작과 일그러진 얼굴을 만들면서 발작을 하였다. 그리고 나서 마다네스는 아들과 함께 아들이 흉내 내었던 괴물들에 대해 이야기하고 어머니가 이처럼 상상력이 풍부한 아들을 키워 왔음을 축하해 주었다.

이 논의 후에 어머니가 아들을 방으로 데리고 갈 때 아들에게 발작하는 척을 해 보라고 하였다. 소년에게 무서운 괴물처럼 행동하면서 시끄러운 소리를 많이 내라고 하였다. 그리고 나서 문을 닫는 척하고 서로 안고 키스하라고 지시하였다. 그다음에는 어머니가 마치 발작을 하는 것처럼 가장하고 소년이 어머니를 안고 키스하라는 지시를 했다. 그리고 어머니와 아들이 함께 매일 아침 소년이 학교 가기 전, 그리고 오후에 학교에서

(계속)

돌아온 후 이 두 장면을 연기하게 하였다. 연기를 한 후 아들이 잘해 낸 경우 어머니는 아들에게 우유와 과자를 주도록 하였다. 그 결과 어머니는 무기력한 위치에서 아들의 가상적 연기에 대해 보상해 주는 권위를 가진 위치로 바뀌었다. 그다음 주에 어머니는 아들이 발작을 멈추고 매우 잘 지냈기 때문에 더 이상 치료를 받으러 갈 필요가 없다고 치료사에게 전화를 했다.

헤일리(1984)는 *Ordeal Therapy*라는 책에서 에릭슨적인 치료법을 다시 사용하였다. 이 책은 내담자의 증상보다 훨씬 더 힘든 과제를 부여하는 시련처방에 대한 사례집이다. "어떤 증상을 갖는 것이 그것을 포기하는 것보다 더 힘들어지면 결국 그 증상을 포기하게 될 것이다"(p. 5). 예를 들어 흔히 사용하는 시련의 하나는 내담자가 그날 낮 동안에 증상이 있었다면 그때마다 한밤중에 일어나 격렬하게 운동을 하게 하는 것이다. 다른 예는 내담자가 증상을 보일 때마다 자기와 관계가 좋지 않은 사람, 예컨대 시어머니나 장모, 또는 전 배우자에게 선물을 주게 하는 것이다.

헤일리는 가족 재구성을 위해서도 시련 기법을 사용하였다. 예를 들면 16세 소년이 여러 가지 물건을 자신의 항문에 집어넣었다가 다시 세차게 싸 버리면, 계모가 어지럽혀진 물건과 오물을 청소해야 했던 사례가 있다. 헤일리(1984)는 소년이 그럴 때마다 아버지가 아들을 뒷마당으로 데리고 가서 깊이와 폭이 1미터가 되도록 큰 구덩이를 파게 하고 그 안에 아들이 항문에 넣었던 모든 물건을 파묻게 하도록 지시했다. 이렇게 몇 주일을 한 뒤 그 증상은 멈추었고, 아버지는 아들과 더 가까워졌으며, 계모도 아버지와 더 가까워졌다고 헤일리는 보고하였다.

오늘날 **전략적 인본주의**라고 불리는 헤일리와 마다네스의 치료 기법은 여전히 지시 기법을 사용하지만 가족 구성원들이 서로에 대해 통제권을 갖기보다는 서로를 위로하고 사랑하는 능력을 증진시키기 위한 것에 더 가깝다. 이것은 가족치료가 구성원들 사이의 위계질서를 권력의 관점에서 다루기보다는 조화를 이루는 방향으로 변화하게 하는 방법이다.

이러한 기법을 적용한 제임스 케임의 반항하는 아동의 사례를 살펴보자(Keim, 1998). 케임은 반항적인 자녀 때문에 걱정을 많이 하는 부모에게 자녀의 반항적인 행동이 부모의 잘못이 아님을 재확신시키면서 상담을 시작한다. 그다음으로 그는 부모의 권위에는 두 가지 종류, 즉 훈육과 양육이 있다고 설명한다. 권력의 다툼을 피하면서 부모의 권위를 강화하기 위해 케임은 부모가 얼마 동안은 공감적이고 지지적이 되도록 격려한다. 부모가 아이의 잘못된 행동을 고치려고 아이와 맞서 싸우기보다는 예전에 하던 대로 아이를 이해하고 지지하도록 지시한다. 아이가 어느 정도 진정된 후―특히 적대적인 아이가 부모가 말한 모든 것을 가지고 논쟁하면서 가족의 분위기를 좌우하는 패턴을 깨뜨림으로써―부모가 규칙을 알리고 그 결과를 강화하라고 코치한다. 이 전략을 통해 문제 아동이 흔히 일으키는 난리법석을 거치지 않고도 고분고분하지 않은 아이에 대한 통제권을 부모가 다시 가지게 된다.

밀라노 모델

원래의 밀라노 모델은 매우 전략적이며 공식적이었다. 가족은 남녀로 구성된 공동치료사에게 치료를 받았고 치료 팀에 속해 있는 또 다른 구성원이 이들을 관찰하였다. 기준이 되는 상담의 형식은 다음과 같이 다섯 부분으로 나뉜다. 치료 전 단계, 치료 단계, 치료 중간 단계, 개입 단계, 치료 후반 단계이다. 보스콜로, 체친, 호프만, 펜(1987)은 다음과 같이 기술하고 있다.

치료 전 단계에서 치료 팀은 가족이 제시한 문제에 관한 가설을 만든다. … 치료 단계에서 팀은 이 가설을 증명하고 수정하고 또는 변화시킨다. 40여 분 후에 전체 치료 팀 구성원만 모여 가설에 대해 논의하고 개입 방법을 구상한다. 그다음 치료사는 가족과 다시 만나 이 개입 내용을 전달하는데, 개입이란 문제 상황에 긍정적인 의미를 부여하거나 가족이 문제 상황에 대한 의견을 나누고 변화를 위해 계획된 하나의 의식을 치르게 하는 것이다. … 마지막으로 치료 후반 단계에서 치료 팀은 가족의 반응을 분석하며 이후 상담에 대한 계획을 위해 논의한다. (p. 4)

앞에서 지적된 바와 같이 주요 개입은 가족의식 또는 긍정적 의미부여에 의해 이루어진다.

긍정적 의미부여positive connotation는 밀라노 모델에서 나온 가장 독특한 혁신적 기법이었다. 긍정적 의미부여는 증상을 보호적인 기능을 하는 것으로 재구성하는 MRI 기법에서 유래된 것이다. 하나의 예로, 카를로는 부부 갈등을 겪고 있는 부모의 시선을 돌리기 위해 계속 우울해질 필요가 있다. 긍정적 의미부여는 가족 구성원이 환자의 증상 때문에 이득을 얻는다는 암시를 피했다. 이러한 암시는 밀라노 팀이 발견한 저항으로 인해 만들어지는데, 만약 환자의 행동이 특정한 사람을 보호하기 위해서가 아니라 가족 전체의 조화를 유지하기 위한 것이라면 빠져나갈 길을 찾을 수도 있을 것이다. 참으로 모든 가족 구성원의 행동은 이와 같이 체계에 기여하는 방식으로 의미를 부여받곤 하였다.

치료 팀은 환자의 증상이 가족체계에 어떻게 맞아떨어지는가에 대해 가설을 세우고, 상담 중간의 휴식 시간 후에 치료사는 이 가설과 함께 그들이 변화하려고 노력해서는 안 된다는 명령을 가족에게 전달한다. 카를로는 그가 할아버지처럼 학대하는 사람이 되지 않을 것을 가족에게 확신시키는 하나의 방법으로써 계속 우울한 채로 남아 자신을 희생해야만 한다. 어머니는 카를로가 자신을 희생하는 동안은 그가 가치 있다고 느끼게 하는 방법으로 계속해서 카를로에게 심하게 관여를 해야만 한다. 아버지는 부인과 카를로의 관계를 계속 비난해야만 하는데, 이는 어머니가 카를로를 포기하고 부인의 역할을 할 마음이 생기지 않게 하기 위해서이다.

긍정적인 함축적 표현

가족구성원 중 어떤 사람을 '좋다' 혹은 '나쁘다'라고 갈라놓으면 가족을 하나의 체계로 다루는 데 문제가 생긴다. 가족구성원 중 어떤 특정한 사람만이 아니라 가족 전체에 대해 긍정적으로 표현해야 하며, 집단의 안정성과 응집력을 유지시키기 위해서도 모든 가족 구성원의 행동도 긍정적으로 받아들여야 한다.

"두 분은 마음이 참 좋습니다. 레오, 당신은 부인이 걱정할까 봐 말을 안 하셨습니다. 그리고 마르타, 당신이 남편이 오는 시간, 나가는 시간을 일일이 확인하는 것은 남편에게 관심이 있다는 것을 보여 주기 위한 것이죠."

"헨리, 당신이 직장에서 늦게까지 일하시는 것은 부인이 아이들을 양육하는 데 방해가 되지 않으려 하시는 거죠. 부인께서는 아이들이 시간을 낭비하지 않고 남편이 일을 열심히 하는 것을 방해하지 않으시려고 아이들이 할 일을 다하게끔 노력을 많이 하시네요. 세스와 폴라, 너희들도 자기 할 일을 스스로 하지 않으려는 것은 엄마가 필요한 사람이라는 것을 느끼게 해드리려고 그런 것 같구나."

의식ritual은 가족이 경직된 가족규칙과 신화를 거꾸로 행하거나 또는 더 과장해서 행하는 일련의 행동을 하게끔 하도록 사용되었다. 확대가족 구성원과 매우 밀착되어 있는 가족의 예를 들어 보겠다. 이들에게 이틀에 한 번씩 저녁 식사 후 방문을 잠그고 토론을 하게 하였는데 그때 각 구성원은 자기 가족에 대해 15분간 말해야 했다. 그렇게 하면서 동시에 이들은 확대가족의 구성원에 대한 공손함을 2배로 표현해야 했다. 확대가족에 대한 가족의 충성심을 한층 과장하는 동시에 핵가족만 따로 모여 충성심에 대한 규칙을 깨뜨리고 이야기함으로써 그 가족은 역기능적 체계를 영속시켰던 규칙을 검토하고 깰 수 있었다.

의식은 또한 긍정적 의미부여를 극화하는 데에도 사용되었다. 예를 들면 가족 구성원이 매일 밤 내담자에게 문제를 가지고 있는 것에 대해 감사하는 마음을 표현하는 것 등이다(Boscolo et al., 1987). 밀라노 학파는 홀수-짝수 날 형식에 기초한 일련의 의식을 고안하였다(Selvini Palazzoli et al., 1978a). 예를 들어 부모의 통제 기능이 마비된 가족에게, 일주일 동안 짝수 날에는 아버지가 환자의 행동에 대해 책임을 지고 어머니는 마치 옆에 없는 것처럼 행동하게 하였다. 홀수 날에는 어머니가 책임을 맡고 아버지가 물러서 있게 하였다. 다시 말하지만, 여기에서 가족의 경직된 연속 행동은 중단되고, 그들은 서로에게 다르게 반응해야 한다.

이처럼 긍정적 의미부여와 의식은 강력하고 도발적인 개입 방법이다. 이러한 방법을 사용하는 동안 가족이 계속해서 관여하게 만들기 위해서는 치료사와 내담자의 관계가 결정적이다. 불행하게도 밀라노 팀은 처음부터 치료를 치료사와 가족 간의 세력 다툼으로 보았다. 그들이 치료사들에게 하는 주된 충고는 가족 중 어느 구성원의 편을 드는 것처럼 보이는 것을 피하고 중립을 고수하라는 것이었다. 이 **중립성**neutrality은 종종 거리를 두라는 것으로 해석되었고, 그 결과 치료사는 무관심한 척 행동하면서 극적으로 과장된 모습을 보였다. 당연히 가족은 화를 내고 다시는 상담을 받으러 오지 않았다.

1980년대 초반에 원래의 밀라노 팀은 치료 성격의 차이로 인해 갈라졌다. 셀비니 파라졸리는 역설적인 개입을 사용하지 않았지만 치료 모델이 가진 전략적이고 적대적 경향을 유지하였다. 대신, 그녀와 길리아나 프라타는 치료를 받으러 온 모든 가족에게 **불변의 처방**invariant prescription이라는 특별한 의식을 실행하도록 과제를 부여하면서 실험하였다.

셀비니 파라졸리(1986)는 정신병 혹은 거식증 환자가 '더러운 게임dirty game'에 걸려들었다고 믿었는데, 이것은 원래 부모 사이의 권력 다툼에 환자가 끌려들어가 결국은 한쪽 부모를 위해 다른 쪽 부모를 패배시키는 시도를 하면서 자신의 증상을 이용하는 것을 끝내게 된다고 생각했다. 불변의 처방에서 부모는 자녀에게 그들이 비밀을 하나 가지고 있다고 말하도록 지시받는다. 부모는 가족에게 알리지 않고 아무 때나 신비스러운 방법으로 집을 비운다. 치료는 이런 식으로 환자의 증상이 없어질 때까지 계속된다.

1990년대 초 셀비니 파라졸리는 자신의 치료를 다시 개발하였는데, 이번에는 단기적이고 전략적인 치료를 포기하고(불변의 처방을 포함하여) 내담자와 가족을 대상으로 장기적인 치료를 실시하였다(Selvini Palazzoli, 1993). 그리하여 그녀는 마치 한 바퀴 원을 그린 것처럼 정신역동에서 시작하여 가족의 패턴으로 초점을 옮겼고, 마침내 통찰을 강조하면서 다시 개인에게 초점을 맞추는 장기적인 치료로 돌아왔다. 이 새로운 치료는 가족의 비밀을 부인하는 것에 대한 이해와 세대에 걸친 고통을 다루는 것을 중심으로 이루어지고 있다. 이러한 면에서 이 치료는 비록 기법적으로는 아닐지라도, 개념적으로는 그녀의 이전 모델과 연결되어 있다.

보스콜로와 체친 또한 전략적인 개입으로부터 협동적인 치료 형태로 옮겨 갔다. 이러한 접근은 밀라노 모델의 가치가 이 모델의 핵심으로 간주되었던 지시(긍정적 의미부여와 의식)의 사용보다는, 내담자와의 면담 과정 그 자체에 있다는 결론에서부터 시작되었다. 그들은 베이트슨의 '이중적 묘사'의 개념을 임상적으로 해석한 '순환질문'을 중심으로 치료를 진행하게 되었다. **순환질문**circular questioning은 내담자로 하여금 관계적 맥락 안에 있는 자신을 보게 하고 또한 다른 가족 구성원의 관점으로도 그 관계적 맥락을 볼 수 있게 함으로써 내담자가 자기중심에서 벗어날 수 있도록 고안된 기법이다. 예를 들면, 치료사가 이렇게 질문할 수 있다. "언니가 대학교로 떠나기 전 혹은 떠난 후에 체중이 줄어들었습니까?", "만일 아버지가 당신과 자유롭게 대화를 나눌 수 있다면 아버지께서는 어머니와 언니의 관계에 대해 어떤 말씀을 하실까요?", "만일 그 아이가 태어나지 않았다면 두 분의 결혼생활은 어떻게 달라졌을까요?", "만일 당신이 이혼한다면 어떤 아이가 당신과 같이 살겠다고 할까요?" 이러한 구조화된 질문은 내담자로 하여금 관계에 대한 설명을 하게 할 것이다.

이와 같이 관계의 유형에 대해 질문함으로써 문제의 순환적 성격이 분명해진다. 순환적 질문은 페기 펜(Penn, 1982, 1985)과 칼 톰(Tomm, 1987a, 1987b)에 의해 더욱 정교해지고 범주화되었다. 보스콜로(Boscolo & Bertrando, 1992)는 순환적 질문이 가지는 잠재력에 여전히 매료되어 있다. 카를로의 가족으로 다시 돌아가서 치료사와 여러 가족 구성원 사이에 이루어진 다음의 대화를 상상해 보자(Hoffman, 1983).

사례연구

Q : 카를로의 우울 때문에 가장 화가 나는 사람은 누구인가요?

A : 어머니요.

Q : 어머니는 카를로를 어떻게 돕고 있나요?

A : 몇 시간 동안 이야기를 하고 그 애를 위해 여러 가지를 하려고 애쓰죠.

Q : 어머니가 카를로를 돕는 방법에 대해 가장 동의하는 사람은 누구인가요?

A : 카를로에게 약을 처방하는 정신과 의사요.

Q : 그럼 이 방법에 동의하지 않는 사람은 누구인가요?

A : 아버지요. 아버지는 카를로가 원하는 것을 할 수 있도록 허락하면 안 된다고 생각해요.

Q : 누가 아버지의 의견에 찬성하나요?

A : 우리는 모두 카를로가 너무 아기 취급을 받는다고 생각해요. 할머니도 마찬가지구요. 할아버지는 아마 도 어머니의 의견에 동의하셨겠지만 이미 돌아가셨어요.

Q : 카를로가 우울해지기 시작한 것은 할아버지의 사망 이전이었나요? 아니면 이후였나요?

A : 아마 할아버지가 돌아가신 지 얼마 되지 않아서였던 것 같아요.

Q : 만약 할아버지가 돌아가시지 않았다면 가족은 지금과 어떻게 다를까요?

A : 글쎄요. 할머니가 우리와 함께 살지 않았을 테니까 어머니와 할머니가 지금처럼 많이 싸우지는 않을 거예요. 그리고 어머니가 항상 슬퍼하시지 않겠지요.

Q : 만약에 어머니와 할머니가 많이 싸우지 않고, 어머니가 그렇게 슬퍼하지 않는다면 카를로가 어떨 것 같아요?

A : 글쎄요. 그 애 역시 더 행복할 것 같아요. 그렇지만 카를로는 아버지와 다시 싸우고 있을지도 모르겠네요.

이와 같이 순환질문을 함으로써 카를로의 문제를 보는 관점이 정신과적인 틀에서 벗어나 가족 구조의 변화를 증상으로 나타낸 것으로 변하는 것이다.

보스콜로와 체친은 이 기법의 유용성이 어떠한 생각을 갖고 이러한 질문을 하는가에 달려 있음을 알게 되었다. 만약 치료사가 전략적인 사고방식을 갖고 특정한 결과를 얻기 위해 질문의 과정을 사용한다면 가족 구성원은 치료사가 무엇인가를 강요하고 있다는 느낌을 받게 될 것이다. 반면 치료사가 마치 그들의 문제를 탐험하기 위해 가족과 하나가 되는 것처럼 순수한 호기심(Cecchin, 1987)을 갖고 순환적 질문을 한다면, 가족이 그들의 곤경에 대해 새롭게 이해하게 되는 분위기가 조성될 수 있다.

다른 공헌

전략적인 치료사들은 팀 접근방식의 치료를 개발하였다. 원래 MRI 집단은 전략을 짜기 위해 일방경 뒤에서 팀이 함께 치료를 이끄는 방법을 사용했는데, 이것은 밀라노 팀에서도 마찬가지였다. 애커먼 연구소의 페기 팝(Papp, 1980)과 동료들은 자신의 팀을 치료 과정에 보다 직접적으로 참여시켰는데, 관찰자들로 하여금 '그리스 합창단'처럼 상담 중에 일어난 일에 반응하게 한 것이다. 예를 들어 치료 팀은 전략적인 목적을 위해 치료사에게 동의하지 않을 수도 있다. 가족이 해야만 하는 일에 대해 치료 팀과 치료사 간의 각색된 논쟁을 목격하면서 가족은 그들의 양가감정이 치료 과정에서 드러나고 있다고 느낄 수도 있다. 치료 과정 동안 팀이 치료사 또는 심지어 가족과도 공개적으로 상호작용하게 하는 것은 이후에 팀이 치료실로 들어가 가족이 지켜보는 가운데 가족에 대해 논의하는 방식의 접근을 사용하는 발판을 마련하였다(Andersen, 1987).

행동주의자인 짐 알렉산더Jim Alexander는 행동주의 이론이 가지는 한계에 좌절을 느끼면서 전략적인 개념들을 혼합하였다. 그 결과물이 기능적 가족치료(Alexander & Parsons, 1982)였는데, 이름에서도 알 수 있듯이 가족의 행동은 어떠한 기능을 이루기 위한 것이라는 측면에 관심을 둔다(제10장 참조). 기능적 가족치료사들은 대부분의 가족 행동이 좀 더 혹은 덜 친밀해지기 위한 시도라고 여기면서, 재명명, 다시 말해 재구성을 통해 가족 구성원이 서로의 행동을 선한 측면에서 보도록 돕는다. 이들은 또한 가족 구성원들이 원하는 방식의 친밀감을 형성하기 위한 유관관리 계획contingency management program을 세우도록 돕는다. 기능적 가족치료는 전략적 치료와 행동주의적 치료를 흥미 있게 혼합한 것이고, 다른 전략적인 모델과는 달리 탄탄한 연구에 기초한 개입 방법을 사용하는 행동주의자의 윤리를 지키고 있다.

모델의 이론과 결과에 대한 평가

의사소통 가족치료는 단지 개인 심리치료를 가족에게 적용한 것이 아니었다. 의사소통에 대한 생각을 새롭게 개념화한 것으로 매우 신선한 변화이다. 신선함이란 보통 의사소통하면 내용에 집중하던 것을 과정에 초점을 두었다는 것이다. 의사소통을 피드백의 과정으로, 그리고 권력의 주고받음의 과정으로 설명하고 있다.

의사소통이 개인의 머릿속에서 혹은 가족의 사적 대화와 같은 폐쇄된 체계 안에서 일어나면 외부로부터 객관적 분석을 받을 기회가 거의 없다. 따라서 체계의 외부에서 누군가가 개입할 때에만 교정이 가능하다. 대체로 규칙, 특히 의사소통 규칙은 그 규칙을 지키는 가족들은 잘 알지 못한다. 그렇기 때문에 가족 구성원들 사이의 의사소통에 대한 객관적인 분석은 의사소통 이론에 밝은 치료사를 통해서 확인할 수 있다. 오늘날에는 의사소통 이론은 아예 가족치료 이론에 흡수되었고 특히 전략적 모델과 해결중심 모델에 기초가 되었다.

전략적 치료는 1980년대 초반에 최고의 인기를 누렸다. 치료를 받으러 온 가족의 정서에 압도당한 치료사들은 전략적 처방을 높이 평가하였다. 그 후 사람들은 전략적 치료의 조작적인 측면을 비판하기 시작했다. 아마도 의사소통 치료사와 전략적 치료사들이 몇몇 심하게 경직된 가족을 치료할 때 체계를 변화시키기 위해 지나치게 과장되게 접근한 모습을 보였기 때문은 아닐까 생각한다.

이 장에서 설명한 전략적이고 체계적인 접근법들은 1990년대의 가족들에 대해 좀 더 협조적인 접근법들에게 가족치료의 중심 자리를 내주었다. 이렇게 세력이 점차 줄어들어도 전략적 치료의 특징인 명확한 치료적 목표를 가지기, 가족이 개입에 어떻게 반응할 것인지를 기대하기, 상호작용의 연속 행동을 이해하고 추적하기, 지시의 창의력 있는 활용 등은 계속 매우 유용한 특징들로 간주된다.

역사적으로 전략적 치료의 효과에 대한 대부분의 연구는 근거가 그리 충분하지 못하다. 이 책에 소개된 다른 어떤 모델보다도 전략적 치료에 대한 정보는 사례 보고 형식을 통하여 소개되고 있다. 하지만 전략적 치료에 대한 거의 모든 논문과 책은 성공적인 치료 성과에 대해 적어도 한 번은 언급하고 있다. 따라서 전략적 치료가 그 효율성에 있어 상당한 숫자의 사람들의 사례 보고를 통해 지지를 받고 있는 것처럼 보인다(사람들이 자신의 실패 경험담에 대해서는 기록하지 않는 경향을 감안하더라도). 근래에 전략적 아이디어에 대해서 다시 연구를 시작하면서 실험적 결과를 통해서 지지하려고 노력하고 있다.

전략적 치료에 기초한 초기 가족치료의 성과에 대한 일부 연구는 전략적 가족치료의 인기를 상승시키는 데 기여했다. 랭슬리, 마초카, 프로맨하프트(Langsley, Machotka, Flomenhaft, 1971)는 그들의 고전적 연구에서 MRI와 헤일리 모델과의 유사성을 가지는 가족위기 치료가 입원의 필요성을 극적으로 줄였음을 발견하였다. 알렉산더와 파슨스는 그들의 기능적 가족치료가 범죄 집단을 치료하는 데 있어서 내담자 중심의 가족 접근, 절충적·역동적 접근, 혹은 아무런 치료도 하지 않은 통제집단에 비해 더 효과적이라는 것을 발견하였다(Parsons & Alexander, 1973). 스탠턴, 토드와 동료들(Stanton & Todd et., al. 1982)은 헤로인 중독자를 치료하는 데 구조적 치료와 전략적 치료를 결합한 접근이 효과적이었음을 입증하였다. 이 연구 결과는 인상적이었는데, 그 이유는 가족치료가 메타돈(진정제) 유지 프로그램에 비해 헤로인을 절제할 수 있는 기간을 2배나 길게 만들었기 때문이다.

1980년대 초에 밀라노 학파는 신경성 식욕부진증, 조현병, 비행치료에 대한 놀라운 치료 결과를 보인 일화식 사례를 제공했다(Selvini Palazzoli, Boscolo, Cecchin, & Prata, 1978b, 1980). 그러나 후에 원래 팀의 구성원은 이 모델에 대해 보류의 입장을 표현했으며, 그들이 애초에 제시했던 것만큼 효과적이지는 않음을 시사하였다(Boscolo, 1983; Selvini Palazzoli, 1986; Selvini Palazzoli

& Viaro, 1988).

비록 원래의 밀라노 모델은 마치 공룡처럼 사라진 듯 보이지만, 현재 번성하고 있는 2개의 전략적 집단이 존재한다. 서부 지역의 MRI 그룹과 동부에서 헤일리와 마다네스에 의해 창설된 워싱턴 학파이다. 그리고 헤일리와 나르도네가 이탈리아 동부 해안 지역에 세운 나르도네 전략 치료센터가 있다.

MRI 추종자 몇몇은 사회적 사이버네틱스 이론을 지지할 수 있는 실증적 자료를 모으는 데 초점을 맞추고 있다. 개인의 문제(Shoham, Bootzin, Rohrbaugh, & Ury, 1996; Shoham-Salomon, Avner, & Neeman, 1989; Shoham-Salomon & Jancourt, 1985), 그리고 부부 문제(Goldman & Greenberg, 1992)에서 내담자가 변화에 저항하는 경우에 전략적으로 개입하는 것이 직면적인 정서 혹은 기법 중심의 개입보다 좀 더 효과적이라고 나왔다. 예를 들면, 소함과 로어바우는 전략적 MRI 모델을 적용하여 담배나 술 문제를 가지고 있으면서 동시에 변화에 저항하는 부부를 치료하는 모델을 개발하였다(예 : Shoham, Rohrbaugh, Stickle, & Jacob, 1988; Shoham, Rohrbaugh, Trost, & Muramoto, 2006). 이들의 연구는 다른 금연 개입보다 더 효과가 있거나 비슷한 효과를 보여 주고 있다. 특히 특정한 집단, 여성 흡연자와 부부 흡연자에게 더 효과가 있다(Shoham, et al., 2006). 더하여 남자가 알코올 중독이면서 흡연자인 경우 인지행동 치료에서는 실패율이 높았지만 이 모델에서는 실패율이 특별히 더 높지는 않았다(Shoham et al., 1998). 이러한 결과는 방법의 차이보다는 부부역동이 치료 효과에 차이를 내는 데 더 중요한 요인이라는 것을 보여 준다. 그리고 덜 지시적이고, 덜 직면적인 전략적 치료가 요구-철회를 하는 부부에게는 더 효과적이다.

마이애미의 한 연구 팀은 수십 년 동안 알코올 · 담배 중독 집단과 청소년 물질남용과 문제 행동 치료를 위해 단기전략 부부치료Brief Strategic Family Therapy, BSFT 개발에 전념해 왔다. 이 모델은 헤일리와 마다네스의 전략적 모델의 중요 개념을 빌려 왔다. 그들은 BSFT가 (1) 변화를 촉진시키기 위해서는 무엇이든 사용하는 실용적인 모델이며, (2) 문제 행동에만 연관된 상호작용에 초점을 맞추고, (3) 치료를 계획할 수 있다는 장점을 지니고 있다고 주장한다. 이에 더하여 증상은 가족체계의 어떤 기능을 감당하고 있는데, 만일 증상을 사라지게 하면 상호작용이 해체될지 모른다는 마다네스의 생각과는 달리, BSFT의 지난 수년 동안의 연구 결과는 이 모델을 적용한 내담자나 가족의 탈락률은 오히려 높지 않았다(Robbins et al., 2003, 2008; Szapocznik et al., 1988). 그리고 가족 기능을 높이는 것뿐만 아니라 청소년 물질남용과 이와 관련된 행동장애에서도 효과가 있었다(Robbins et al., 2000, 2012; Santiseban et al., 2003). 청소년의 물질남용 사례에서 내담자의 물질남용의 증가 및 감소가 회기 중 치료사와 내담자의 관계와 유의미한 연관성이 있음이 드러났다. 회기 중의 치료사의 요구/청소년의 상담 회피 상호작용과 부모의 요구/청소년의 회피와 물질남용 증가 및 감소와 비슷한 패턴을 보인다(Rynes et al., 2014). 이런 연구 결과는 내담자의 증상을 유지하는 행동이 치료사와 내담자의 관계가 가족과 내담자의 관계와 비슷하기 때문에 이 점에 유의해야 한다는 점을 강조하고 있다.

❖ ❖ ❖

사람들이 전략적 모델을 반대한 이유는 상투적인 기법이 주는 속임수 때문이었다. 그러나 속임수는 결코 전략적 모델의 본래적 특성이 아니었다. MRI가 시도했던 기법들은 시도되었지만 효과가 없는 해결책을 뒤엎는 매우 건설적인 아이디어이다. 사람들은 패배적 전략을 사용하는 한 틀에 박힌 채로 꼼짝하지 못한다. 만약 몇몇 사람들이 생각하는 것처럼, 엇비슷한 해결책을 사용하지 못하도록 막는 것은 심리학을 역으로 적용한 결과로, 이 방식은 사이버네틱 은유의 문제라기보다는 적용 방법의 문제이다.

전략적 치료사들은 현재 새로운 개념들을 통합하면서 21세기의 탈근대주의적 정신적 흐름에 보조를 맞추고 있다. 헤일리의 생각에도 변화가 일어난 것을 그의 책에서 발견할 수 있다(Haley, 1996). 또한 MRI의 영향력에 대한 새로운 책도 발간되었다(Weakland & Ray, 1995). 이에 더하여 어떤 저술가들은 MRI의 전략적 개념을 이야기 치료와 통합시켰다(Eron & Lund, 1993, 1996). 전략적 사고가 변천하는 일을 보는 것은 고무적이다. 비록 오늘날 비전문가 치료사들이 많다 해도, 숙련된 치료사가 사려 깊은 문제해결 전략을 시도하고, 치료 방향을 제시해 주는 것은 우리 모두에게 도움이 된다.

요약

의사소통 치료는 최초의 가족치료이자 가장 영향력 있는 모델 중 하나였다. 이것의 이론적 발달은 일반체계 이론에 기반을 두고 있고, 여기서 나온 의사소통 치료는 특히 뛰어난 체계적 접근법이다. 의사소통은 치료사가 대인관계 체계의 블랙박스를 분석하기 위해 사용하는 탐색 가능한 입력과 출력이었다.

의사소통 치료의 또 다른 중요한 개념은 가족은 규칙에 의해 통제되는 체계이며, 항상성 피드백 기제에 의해 유지된다는 점이다. 부정적 피드백은 정상적인 가족 안에서는 안정성을, 그리고 역기능적 가족 안에서는 경직성을 설명한다. 역기능 가족은 적절한 긍정적 피드백 기제를 가지고 있지 않기 때문에 변화하는 환경에 적응할 수가 없다.

헤일리, 잭슨, 사티어와 바츨라빅의 치료적 전략 사이에는 주된 차이점이 있었지만 그들은 모두 의사소통의 파괴적인 형태를 변화시키는 데 집중하고 있었다. 그들은 이 목표를 직접적인 또는 간접적인 방법으로 추구했다. 사티어는 직접적인 접근법을 선호했는데, 분명한 의사소통을 가르치면서 변화를 추구했다. 이 접근법은 기본 규칙 혹은 메타커뮤니케이션의 원칙을 세우는 것으로 설명될 수 있다. 그리고 사람들에게 자신을 표현하라고 말하고 의사소통의 비언어적이고 다수준적 통로를 가리키는 전략을 포함했다.

헤일리가 지적했듯이 내담자들에게 무엇을 하라고 지시하는 데의 어려움은 "정신과 환자들이 들은 것을 행동으로 옮길 때 망설이는 것으로 알려져 있다."는 사실에서 비롯된다. 이러한 이유 때문에 의사소통 치료사들은 자각을 일깨우기보다 변화를 촉구하기 위해 고안된 좀 더 간접적인 전략에 의지하기 시작했다. 예를 들어 가족 구성원에게 자기 자신을 표현하라고 하는 것은 가족규칙에 도전하는 것이 될 수도 있지만, 그렇기 때문에 저항에 직면할 수도 있다. 이러한 자각과 함께 의사소통 치료는 저항을 치료하는 것으로 발전했다.

저항은 **치료적 이중구속**이라고 막연하게 알려진 다양한 역설적 지시로 다루어진다. 밀턴 에릭슨의 저항을 처방하는 기법은 예를 들어, 치료사가 가족 구성원에게 첫 회기 때 모든 것을 다 털어놓지 말라고 말하는 것과 같이 기선을 제압하는 수단으로 사용되었다. 동일한 전략은 숨겨진 규칙을 드러내는 행동인 증상을 처방하는 데 사용되었고, 그런 행동이 자발적이라는 것을 암시했으며, 치료사가 통제권을 잡을 수 있도록 했다.

에릭슨의 최면치료와 베이트슨의 사이버네틱스에서 유래한 전략적 치료는 심리적인 문제를 치료하는 강력한 과정을 발전시켰다. 전략적 접근법들은 구체적인 이론과 기법에 있어서는 다양하지만, 문제해결중심적이고 실용적인 방법으로 행동적인 순서를 변화시키는 데 초점을 둔다는 것과 치료사가 문제해결에 대한 책임을 진다는 점은 공통적으로 공유된다. 가족 구성원이 상호작용하는 방식을 변화시키기 위하여 고안된 지시적 기법이 선호되는 과정에서 통찰과 이해는 중요하게 여겨지지 않는다.

MRI 모델은 전적으로 상호작용에 초점을 맞추고 있는데, 상호작용하는 사람들의 의도에 대해 파헤치기보다는 문제를 둘러싼 일련의 상호작용 순서를 관찰하고 개입하려 한다. 한편, 헤일리와 마다네스는 동기에 관심을 가지고 있는데, 헤일리는 주로 타인을 통제하려는 욕구에, 마다네스는 사랑하고 사랑받고자 하는 욕구에 관심을 가지고 있다. MRI 그룹과는 다르게 헤일리와 마다네스는 성공적인 치료가 흔히 가족위계의 개선에 초점을 두는 구조적인 변화를 필요로 한다고 믿는다.

헤일리처럼 밀라노 학파도 처음에는 가족 구성원의 동기 안에 권력이 있다고 보았다. 그리고 증상을 둘러싸고 있는 다세대 간의 정교한 게임을 이해하려고 노력하였다. 그들은 이런 게임을 노출시키고 문제의 의미를 바꾸기 위해 긍정적 의미부여와 의식을 포함한 강력한 개입 방법을 고안하였다. 이후 원래의 그룹이 나뉘었고, 셀비니 파라졸리는 현재 사용하고 있는 가족 비밀에 기초한 장기치료를 하기까지 수차례의 변화를 겪었다. 체친과 보스콜로는 공식화된 개입 방법들로부터 벗어나 가족에게 새로운 이해를 주는 방법인 질문 과정에 관심을 가졌으며, 그 결과 최근의 가족치료가 대화와 이야기에 관심을 가지게 되는 발판을 마련하였다.

제6장

구조적 가족치료

가족의 삶의 조직

학습 목표

◆ 구조적 가족치료의 발전에 대해 설명하라.

◆ 구조적 가족치료의 주요 신념을 설명하라.

◆ 구조적 가족치료 관점에서 건강한 가족과 건강하지 못한 가족의 발달을 설명하라.

◆ 구조적 가족치료의 치료 목표와 목표를 달성하기 위한 조건을 설명하라.

◆ 구조적 가족치료의 진단과 치료 개입에 대해 논의하고, 실증하라.

◆ 구조적 가족치료를 지지하는 연구들에 대해 논의하라.

가족치료가 매우 어려운 이유 중의 하나는 개인들의 집합체인 가족이 강력하고 예측 불가능한 방법으로 서로 영향을 주고받기 때문이다. 구조적 가족치료는 이러한 가족 내 복잡한 상호교류에 질서와 의미를 부여하는 틀을 제공한다. 가족의 상호작용 중에서 일관성 있게 드러나는 가족의 행동 유형은 가족의 기능적 측면의 구조를 보게 해준다. 물론 가족구조를 형성하는 정서적 경계선과 연합은 추상적인 개념이지만, 이러한 개념들은 치료사로 하여금 체계적이고 조직적으로 접근할 수 있도록 도와준다.

가족치료를 원하는 내담자 가족은 대부분 말썽을 일으키는 자녀의 행동이나 부부 갈등 등의 어떤 특정한 문제를 해결하는 데 도움을 받고자 한다. 가족치료사는 대개 이러한 문제에 대한 구체적인 내용을 듣지만 더 나아가 가족이 문제를 해결하기 위해 시도하고 있는 방식들도 탐색한다. 잘못된 행동을 하는 자녀의 부모는 평소 아이가 잘못된 행동을 하였을 때 야단만 치지 잘할 때 결코 칭찬을 해준 적이 없었을지도 모른다. 또 갈등하는 부부는 쫓아가는 자-거리를 두는 자의 역동에 갇혀 있거나 논쟁하지 않고는 대화를 나눌 수 없는 사람들일지도 모른다.

구조적 가족치료가 이러한 원리에 더한 것은 상호작용을 유지시키고 지지해 주는 전체적인 구조에 대한 인식이었다. 아이를 '야단만 치는 부모'의 경우, 한 배우자가 아이에게 지나치게 몰두하고 있는 동안 다른 배우자는 화가 난 채 따돌림당하고 있는 상태에서 서로를 깎아내리는 상호작용을 하고 있을 수도 있다. 만일 그렇다면 부모가 이러한 구조적 문제에 대해 이야기를 나누고 서로가 부모로서 동료 의식을 형성하지 않고서는 훈육만 잘하도록 격려한다고 해서 문제가 해결되지는 않을 것이다. 유사한 예로, 부부의 갈등을 두 사람 사이의 경계선, 자녀와의 경계선, 또는 시집이나 친정과의 경계선을 제대로 형성하기 전까지는 부부관계를 개선할 수 없을지도 모른다.

가족은 **하위체계**subsystem들로 조직되는데, 이 하위체계는 구성원 사이의 접촉을 조절하는 **경계선**boundary에 의해 형성된다. 경계선 개념은 구조적 가족치료가 발견한 매우 중요한 통찰이다. 이와 대등할 만큼 중요한 통찰은 **실연**enactment 기법이다. 실연 기법은 치료사가 상담 현장에서 가족 구성원들로 하여금 직접 상호작용을 하게끔 하여 구성원들 간의 상호작용을 관찰하고 교정하는 방법이다.

주요 인물에 대한 묘사

살바도르 미누친이 가족치료 분야에 처음 등장했을 때, 그는 기법에 정통한 치료사로서 큰 영향을 주었다. 그러나 가장 오래 지속되고 있는 그의 공헌은 가족구조에 관한 이론과 치료적 기법을 구성하는 일련의 지침을 정립한 것이었다.

미누친은 아르헨티나에서 태어나 그곳에서 자랐다. 그는 이스라엘군의 군의관으로 근무하였고, 미국으로 건너와 뉴욕에서 나단 애커먼과 함께 아동 정신과 의사로서 훈련을 받았다. 공부를 마친 뒤, 미누친은 1952년에 다시 이스라엘로 돌아가 난민 아동을 위하여 일하였다. 1954년에 그는 다시 미국으로 돌아와 윌리엄 애란산 화이트 연구소William Alansan White Institute에서 정신분석 훈련을 시작하였고, 그곳에서 해리 스택 설리번Harry Stack Sullivan의 상호관계의 정신의학적 접근을 연구했다. 화이트 연구소를 떠난 후, 미누친은 월트윅학교Wiltwyck School에서 비행 청소년들을 위해 근무했고, 그곳에서 동료 치료사들에게 비행 청소년의 가족을 함께 만나 볼 것을 제안하였다.

월트윅에서 미누친과 그의 동료들, 딕 아우어스발트Dick Auerswald, 찰리 킹Charlie king, 브롤리오 몬탈보Braulio Montalvo 그리고 클라라 라비노비츠Clara Rabinowitz는 스스로 가족치료를 실시하면서 이론과 기법을 구성해 나갔다. 그렇게 하기 위하여 그들은 일방경을 설치하고 서로의 치료 장면을 차례로 관찰하였다. 1962년 미누친은 그 당시 가족치료의 메카로 불리던 팔로 알토를 방문하였다. 그곳에서 제이 헤일리를 만나 우정을 쌓기 시작했는데, 두 사람의 협동 작업은 가족치료 분야에 특별한 결실을 가져오게 되었다.

미누친의 구조주의 모델은 가족치료 분야에서 가장 영향력 있는 치료 모델이다.

월트윅에서 미누친의 성공적인 가족과의 작업은 *Families of the Slums*(1967)라는 혁신적인 책의 출간으로 이어졌고, 여기에서 처음으로 구조주의 모델의 윤곽이 그려졌다. 가족치료의 대가로서 미누친의 명성은 높아졌고, 1965년에는 필라델피아 아동지도 클리닉 소장이 되었다. 그 당시 이 연구소는 12명 미만의 연구원으로 구성되어 있었다. 미누친은 이렇게 소규모로 시작된 연구소를 나중에는 세계에서 가장 크고 명성 있는 아동상담소로 만들었다.

필라델피아에 있는 미누친의 동료들 중에는 브롤리오 몬탈보, 제이 헤일리, 버니스 로스먼, 해리 아폰테Harry Aponte, 카터 움바거Carter Umbarger, 마리안 월터스Marianne Walters, 찰스 피시먼Charles Fishman, 클로에 마다네스Cloe Madanes, 스티븐 그린스타인Stephen Greenstein이 있었고, 이들 모두는 구조적 가족치료의 발달에 중요한 역할을 하였다. 1970년대 후반까지 구조적 가족치료는 모든 가족치료 접근법 중에서 가장 많이 사용되는 접근법이었다.

미누친은 1976년에 필라델피아 아동지도 클리닉 소장직에서는 물러났지만 1981년까지 가족치료 훈련 과정 책임자로서의 역할을 담당하였다. 미누친은 필라델피아를 떠난 후, 뉴욕에 자신의 가족치료센터를 개설하여 1996년 은퇴 후 보스턴으로 옮겨 가기까지 가족치료와 교육을 계속하였다. 그는 2005년에 현역에서 은퇴한 다음에 플로리다 주 보카 레이턴으로 이사했지만, 아직도 세계 여러 나라를 돌아다니며 활발하게 강연 활동을 하고 있다.

뉴욕에 있는 가족치료센터는 미누친의 정년퇴임을 기해 가족치료 분야에서의 그의 공헌을 기리기 위해 미누친 가족치료센터라는 이름으로 개칭하였고 차세대가 운영을 맡게 되었다. 현재 미누친 가족치료센터의 지도자들은 에이미 베이글Amy Begel, 카라 블렌들러Cara Brendler, 호르헤 콜라핀토Jorge Colapinto, 퍼트리샤 도우즈Patricia Dowds, 에마 제니조비치Ema Genijovich, 데이비드 그리넌David Greenan, 리처드 홀름Richard Holm, 대니얼 미누친Daniel Minuchin, 로니 슈나도Roni Schnadow, 조지 사이먼George Simon, 와이-융 리Wai-Yung Lee이다. 그 외의 저명한 제자들은 필라델피아에서 사설 상담소를 운영하는 찰스 피시먼, 델라웨어 주의 아동복지국에서 일하는 제이 래핀, 윌리엄메리대학에서 교수직을 맡고 있는 마이클 니콜스가 있다.

이론적 발달

초보 가족치료사들은 가족의 역동 과정을 보게 해주는 청사진을 가지고 있지 않기 때문에 가족이 내놓는 문제의 내용 자체에 얽매여 헤매게 된다. 이들에게 구조적 가족치료는 가족구조의 청사진을 제공하였다. 구조적 가족치료 이론이 구성하고 있는 세 가지 중요 개념은 **가족구조, 하위체계,** 그리고 **경계선**이다.

집의 구조를 생각해 보면 이해하기가 쉽다. 이것은 마치 집의 설계도와 비슷하게 집을 구성하고 있는 요소들이 조직되어 있는 방식과도 같다. 예를 들어 얼마나 많은 방이 있는지, 각 방은 어디에 위치하는지, 그것들은 서로 어떻게 연결되어 있는지 등에 관한 것이다. 집에 살고 있는 가족 구성원들 또한 조직되어 있는데, 이 구조는 평면 설계도와는 달리 좀 더 정의하기 어렵다.

가족구조family structure는 가족이 하위체계로 조직되어 있는 방식을 말하고, 이러한 하위체계 사이에서 일어나는 상호작용은 경계선에 의해 조절된다. 가족의 상호작용 과정은 저녁 식사에서 나누는 대화의 패턴과 같다. 가족의 구조는 구성원이 맺고 있는 관계를 고려할 때 어디에 앉는지와 같다. 누가 누구 옆에 앉는지는 어떤 사람과 상호작용하는 것을 좀 더 쉽게 만들기도 하고 또 다른 사람과 상호작용하는 것을 어렵게 만들기도 한다.

가족의 구조를 이해하기 위해서는 그들의 상호작용 자체를 넘어 상호작용이 일어나는 조직적인 틀을 봐야만 한다. 그리고 가족의 어느 한 부분에서 일어나는 상호작용이 전체 체계의 조직에 의해 영향을 받는다는 것을 기억해야 한다. 이제는 이러한 조직적 구조가 어떻게 발생하는지 보도록 하자.

가족의 상호 교류가 지속적으로, 반복적으로 이루어질 때 패턴을 형성하게 된다. 일단 패턴이 형성되고 나면, 가족 구성원은 다양한 행동을 할 수 있음에도 불구하고 일정 범위 내의 행동만을 선택하게 된다. 예를 들어 처음으로 아기가 울거나 혹은 자녀가 학교 통학버스를 놓쳤을 때 누가 무엇을 해야 하는지는 명확하지가 않다. 책임을 나눠서 질 것인가? 다툴 것인가? 한 사람이 모든 책임을 다 질 것인가? 그러나 곧 행동 패턴은 정해지고, 역할은 분배되며, 다음번에 같은 상황이 반복되면 어떻게 해야 할지 예측할 수 있게 된다. 즉 "누가 하지?"에서 "아마 아내가 할 거야."로 바뀌었다가 더 나아가서 "당연히 아내의 몫이지."가 되어 버린다.

가족구조는 가족 구성원의 규칙에 의해서 서로가 규칙을 지키려하고, 또 지켜야 한다는 기대에 의해서 강화된다. 예를 들어 "가족은 서로를 충분히 잘 돌보아야 한다."와 같은 규칙은 상황과 누가 연관되어 있는지에 따라 다양한 방법으로 표현될 수 있다. 만약 한 소년이 이웃에 사는 소년과 싸웠다면, 그의 어머니는 그 이웃을 찾아가 불평할 것이다(부모는 자식을 보호해야 한다). 청소년기의 자녀가 학교에 일찍 가야 하면 어머니는 학교에 늦지 않도록 아이를 깨워줄 것이다(엄마는 우리가 학교 시간에 늦지 않게 잘 돌봐 줄 거야). 남편이 아침에 숙취에서 깨어나지 못해 출근하지 못할 것 같을 때, 부인은 회사에 전화를 걸어 그가 감기에 걸렸다고 말한다(남편이 회사에서 퇴직요구를 당하지 않으려면 보호해야 된다). 만약 부모가 싸우고 있으면 자녀가 개입한다(우리 가족이 유지되려면 부모가 싸우면 안 된다). 부모가 자녀의 문제에 지나치게 몰두하게 되면(부모는 자녀를 잘 돌보아야 한다), 부부가 함께 시간을 보내지 못한다. 이러한 일련의 순서는 모두 동일한 **구조**의 유형이다. 이것들은 구조화되어 있다. 이들 상호작용 중 어느 하나를 바꾼다고 근본적인 가족구조를 변화시키지는 않을 것이다. 그러나 기본적인 구조를 바꾸는 것은 모든 가족의 상호 교류에 파급효과를 가져올 것이다.

가족구조는 어떤 부분은 일반적이며, 동시에 어떤 부분은 특수한 구속 요인에 의해 형성된다.

예를 들어, 일반적으로 모든 가족은 부모와 자녀가 각기 다른 정도의 권위를 지니고 있는 위계구조로 이루어져 있다. 또한 가족 구성원은 상호적이고 보완적인 기능을 하는 경향이 있다. 그러나 이러한 기능이 가족 안에 깊이 배어들어서 언제부터 그러한 기능이 시작되었는지조차 모르게 되면 선택적이라기보다 필수적이 되면서 구속 요인으로 작용한다.

> 만약 한 젊은 주부가 아기를 키우는 것 때문에 힘들고 화가 나서 남편에게 불평을 하면 남편의 반응은 다양하게 나타날 수 있다. 만약 남편이 자녀 양육에 적극적으로 참여해서 아내의 부담을 덜어 준다면 잘 연합된 한 팀의 부모가 될 수 있다. 반면, 남편이 아내가 우울하다고 단정 짓는다면 아내에게 심리치료를 받게 하는 것으로 끝낼 것이다. 이렇게 되면 아내는 남편과 멀어지고, 정서적 지지를 얻기 위해 외부로 고개를 돌리게 하는 가족구조를 만들어 낸다.

선택된 패턴이 무엇이든지 간에 그 패턴은 스스로 지속되는 경향을 띤다. 비록 다른 대안이 있을지라도 가족은 변화하는 환경이 가족체계 내에 스트레스를 고조시키기 전까지는 다른 대안에 대해 고려하지 않게 되기가 쉽다.

마치 선생님에게 사과를 들고 오는 것처럼 가족이 상담실에 들어올 때 자신들의 구조를 들고 와서 보여 주는 것은 아니다.[1] 가족이 치료사에게 들고 오는 것은 무질서와 혼란이다. 치료사는 이들이 들고 오는 것에 숨어 있는 것을 정확하게 발견해야 한다. 구조는 가족 내에 있는 것을 발견하는 것이지 치료사가 이미 갖고 있는 어떤 가정을 덮어씌우는 것이 아니다. 또한 가족구조를 식별하는 데는 구조를 설명하는 이론적 체계와 그 가족의 행동을 관찰하는 것이 필요하다. 한 부모 가족이라는 사실 또는 부모가 중간 서열의 아이 문제를 겪고 있다는 사실을 아는 것만으로 그들의 구조가 어떤 것인지 알 수는 없다. 구조는 치료사가 가족 구성원의 실제 상호작용을 관찰할 때에만 분명해진다.

> 다음과 같은 사례를 살펴보자. 한 어머니가 상담소에 전화를 걸어 15세의 아들이 말을 듣지 않는다고 하소연한다. 치료사는 그 어머니에게 남편, 아들, 그리고 나머지 세 자녀를 모두 데리고 첫 상담에 오도록 요청한다. 가족이 전부 치료실에 들어왔을 때 어머니는 아들이 불순종했던 사소한 일들을 늘어놓기 시작한다. 그때 아들이 끼어들어 어머니는 항상

(계속)

---

1 역자 주 : 미국에서는 아이들이 잘못한 것에 대해 반성하거나 호의를 표하는 의미로 신선도가 비교적 오래 유지되는 사과를 선생님에게 드리는 풍습이 있다.

자신을 가만두지 않는다고 말한다. 그러나 아들은 결코 어머니를 멈추게 할 수 없다. 순간적으로 일어난 이 언쟁은 모자 사이가 심각하게 밀착되어 있다는 것을 보여 주고, 그것은 단지 이들이 갈등관계에 있다고 해서 집착의 강도가 덜한 것도 아니다. 또 이 두 사람이 보여 준 상호작용이 전체 가족의 이야기를 보여 주는 것은 아니다. 왜냐하면 아버지와 나머지 자녀들이 이 관계에 포함되어 있지 않기 때문이다. 가족구조 안에서 그들의 역할을 관찰하기 위해서는 그들이 어떻게 연루되는지 알아야 한다.

만약 남편이 부인의 편을 드는 것 같으면서 정작 무관심한 태도를 보인다면, 아들에 대한 부인의 지나친 개입은 바로 남편이 전혀 개입하지 않는 것과 관계가 있다. 그리고 동생들이 형이나 오빠가 나쁘다면서 어머니 편을 들면, 세 자녀는 모두 비교적 어머니와 가깝고 순종적인 편이거나 아니면 진짜 그러하다는 것이 분명해진다.

가족은 세대, 성별, 기능에 기초하여 하위체계로 분화되는데, 이 하위체계는 상호 간의 경계선, 즉 다른 사람들과의 접촉을 조절하는 눈에 보이지 않는 장벽에 의해 구별된다. 저녁 식탁에서 전화하는 것을 금지하는 규칙은 외부의 침입으로부터 가족을 보호하는 경계선이다. 만약에 아이들이 부모의 대화에 마음대로 끼어들도록 허락된다면, 세대를 구분 짓는 경계선은 점점 사라지고, 부부관계는 부모 역할 속으로 파묻혀 버려 부부 하위체계는 무너지게 된다. 경계선에 의해 적절히 보호되지 못하는 하위체계 내의 가족 구성원들은 서로 관계 맺는 기술을 발달시키는 것을 배우지 못한다. 만약 부모가 자녀들 사이에 일어나는 언쟁에 항상 끼어든다면, 아이들은 갈등을 해결하는 방법을 배우지 못하게 될 것이다.

상호작용의 경계는 경직된 경계부터 산만한 경계까지 다양하다(그림 6.1). 경직된 경계선rigid boundary은 지나치게 엄격하고 외부의 하위체계들과의 접촉을 거의 허용하지 않기 때문에 유리된 관계를 초래한다. 유리된 하위체계는 독립적이긴 하지만 고립되어 있다. 긍정적인 측면에서 보면 이는 자율성을 가지게 한다. 반면, 유리된 관계는 가족 간의 따뜻한 사랑과 돌봄을 충분히 경험하지 못하게 한다. 유리된 가족은 극도의 스트레스 상황에 처해야만 비로소 서로를 지지하기 시작할 것이다. 밀착된enmeshed 하위체계에서는 친밀함과 지지가 있지만 독립할 수 있는 능력을 제한받는 대가를 치러야 한다. 밀착된 부모는 자녀와 함께 많은 시간을 보내고 자녀를 위해 많은 것을 해준다. 그러나 부모와 밀착된

그림 6.1 경계선들

경직된 경계선
─────────
유리된 경계선

명확한 경계선
─ ─ ─ ─ ─
정상 범위

산만한 경계선
· · · · · ·
밀착

자녀는 의존적이게 된다. 그들은 혼자 있는 것이 편하지 않고, 가족 외부의 사람들과 관계를 맺는 데 있어서 어려움을 겪을 가능성이 높다.

구조는 정지된 상태를 말하는 것처럼 들리지만 모든 인간적인 것이 항상 변화하고 성장하는 것과 마찬가지로 구조도 발달 과정을 거친다(Minuchin, 1974). 가족은 두 사람이 만나 부부 하위체계를 이루면서 시작된다. 서로 사랑하는 두 사람은 자신들의 삶과 미래를 함께 공유하지만, 연애 기간에서 부부의 기능적 파트너십의 단계로 완전히 옮겨 가기 전까지는 흔히 어느 정도의 어려운 적응 기간을 거치게 된다. 그들은 서로의 욕구와 상호작용하는 방식에 맞춰 가는 법을 배워야 한다. 남편은 인사할 때 키스해 주기를 바라는 아내의 요구에 응하는 법을 배우게 되고, 아내는 아침에 커피를 마시면서 신문을 보는 남편을 혼자 있게 두는 법을 배우게 된다. 결혼생활 속에서 수천 번 반복되는 이러한 사소한 적응은 쉽게 이루어질 수도 있고 극심한 갈등 끝에 얻을 수도 있다.

부부는 또한 상호보완적인 지지관계를 발달시켜야 한다. 어떤 상호보완적 패턴은 일시적이어서 나중에 바뀔 수도 있다. 예를 들면 부부 중 한 사람이 학업을 계속하는 동안 다른 한 사람은 일을 해서 가계를 꾸려 갈 수도 있다. 비정상적으로 과장된 보완적 역할은 개인의 성장을 방해한다. 적당한 상호보완성은 부부로 하여금 기능을 분담하게 하면서 서로를 지지하고 삶을 풍요롭게 할 수 있다. 한 사람이 감기에 걸리면, 다른 사람은 감기가 낫는다. 한 사람이 자녀에 대해 허용적인 자세를 취한다면, 다른 한 사람은 엄격한 태도를 가지면서 균형이 맞추어진다. 한 사람의 급한 성질은 다른 사람의 느긋함을 보완하는 데 도움이 될 것이다. 상호보완적인 패턴은 모든 부부에게 존재한다. 그러나 보완의 기능이 너무 경직될 때는 역기능적인 하위체계를 만드는 문제가 발생하게 된다.

부부 하위체계는 조부모나 자녀, 외부로부터 분리되는 경계선을 가지고 있어야 한다. 대부분의 부부는 많은 경우에 자녀가 태어나면서 서로를 지지하기 위해 필요한 공간을 포기한다. 분명한 경계선은 자녀로 하여금 부모와의 상호작용을 가능하게 하는 동시에 부부 하위체계에 끼어들지는 못하게 한다. 부모와 자녀는 함께 먹고 놀면서 서로 삶의 많은 부분을 공유한다. 그러나 자녀와 공유할 필요가 없는 부부만의 기능이 있다. 부모가 단둘이서만 대화를 나누고, 가끔씩 외식하고, 다투고, 사랑을 나눌 수 있는 시간을 가질 수만 있다면 부부관계와 좋은 부모 역할을 지속할 수 있을 것이다. 불행하게도 어린 자녀의 많은 요구는 종종 부모가 둘만의 관계를 둘러싸고 있는 경계선을 지킬 필요가 있다는 생각을 아예 잊어버리게 만든다.

분명한 경계선은 부부의 사생활을 유지해 줄 뿐만 아니라 위계구조를 설정하여 부모로 하여금 지도자의 위치에 설 수 있도록 한다. 많은 경우, 이러한 위계질서는 자녀가 중심이 되는 문화에 의해 자주 무너지곤 하는데, 이것은 부모뿐 아니라 이들을 돕는 치료사들에게도 영향을 미친다. 자녀와 밀착된 부모는 누가 이 가정에서 어른이고 책임을 질 것인가 하는 문제로 자녀와 다투기도 하고 부모가 결정해야 할 문제를 자녀와 나누거나 또는 자녀에게 떠맡기기도 한다.

Institutionalizing Madness(Elizur & Madness, 1989)라는 책에서 미누친은 가족치료사는 가족을 넘어 지역사회 전체로 관점을 확장시켜야 한다고 주장하였다. 만일 가족치료사가 가족에게 영향을 미치는 더 큰 사회체계를 보지 못한다면 제대로 내담자 가족의 문제를 이해할 수도 없고, 치료가 가능하지도 않을 것이라고 하였다.

가족역동

가족들의 조직을 고려하는 구조적 가족치료사들은 무엇이 가족들을 조절하고, 왜 구성원들이 그렇게 행동하는지 — 어떻게 가족을 형성하여 잘 살아가고 혹은 잘 살아가지 못하는지 — 에 대해 설명할 수 있어야 한다.

◆ 정상 가족 발달

두 사람이 결혼해서 한 쌍의 부부를 형성할 때 새로운 연합을 위한 구조적 요구사항은 **적응**accommodation과 **경계선 설정**boundary making이다. 첫 번째 우선순위는 일상생활 속에서 무수히 일어나는 세세한 일들을 처리하는 데 있어 서로가 적응하는 것이다. 각각의 배우자는 서로 자신에게 익숙한 방향으로 관계를 만들어 가면서 상대방이 자신에게 맞춰 주기를 바란다. 그들은 어디서 살 것이며 자녀를 가질 것인지, 갖는다면 언제 가질 것인가와 같은 중대한 문제에 대해서 합의를 봐야 한다. 뿐만 아니라 TV에서 어떤 프로그램을 볼 것이며 저녁은 무엇을 먹을 것인지, 언제 잠자리에 들 것인지, 거기서 무엇을 할 것인지 등과 같이 뚜렷하지는 않아도 똑같이 중요하게 여겨지는 일상적 관습에 대해서도 함께 결정해야 한다.

부부가 서로 적응해 가는 데 있어서 외부로부터 그들을 구분 짓는 경계선뿐만 아니라 부부간의 경계선에 대해서도 논의해야 한다. 부부가 서로 직장에서 지나치게 자주 전화를 하거나 각자의 친구나 독립적인 활동이 없는 경우, 혹은 자신들 각자를 독립된 인격체가 아닌 한 쌍으로서 보는 경우, 부부 사이에는 산만한 경계선이 존재하고 있는 것이다. 반면에 서로 함께 보내는 시간이 거의 없고, 침실을 따로 쓰고, 휴가도 따로 보내고, 은행 구좌 역시 따로 사용하고, 부부관계보다 일이나 다른 사람들과의 관계에 훨씬 더 많이 투자한다면 부부 사이에는 경직된 경계선이 존재하는 것이다.

배우자 각자는 자신의 원가족 안에서 존재했던 근접성의 수준을 유지하는 것을 더 편안하게 생각하는 경향이 있다. 또한 이것에 대한 기대 수준이 다르기 때문에 갈등은 불가피하게 된다. 남편이 친구들과 골프를 치러 가고 싶어 할 때, 아내는 버려진 것 같은 느낌을 받는다. 아내는 대화하기를 원하는데, 남편은 스포츠 중계방송을 보고 싶어 한다. 남편은 자기가 하는 일에 열중하고자 하지만, 아내는 부부관계에 열중하고자 한다. 두 사람 각자는 상대방이 잘못했다고 생각한다.

부부는 그들 사이의 경계선과 함께 자신들을 원가족으로부터 분리시켜 주는 경계선도 분명히 해야 한다. 결혼과 함께 원가족은 두 번째로 밀려나게 되어 있다. 이는 신혼부부에게뿐만 아니라 그들의 부모에게 역시 어려운 적응 과제이다.

자녀의 출산은 새로운 가족구조를 부모 하위체계와 형제 하위체계로 변형시킨다. 자녀에 대해 보이는 부부의 헌신 유형은 서로 다르기 마련이다. 아내는 임신 때부터 뱃속의 아기가 현실로 느껴지기 때문에 이미 임신 초부터 삼인군 가족에 대한 헌신적 태도를 취하기 시작한다. 그러나 남편은 아기가 태어났을 때에야 비로소 자신이 아버지라는 것을 실감할 수 있다. 많은 경우 남자는 아기가 자라서 자신에게 반응하기 전까지는 아버지로서의 역할을 받아들이지 않는다. 그러므로 정상적인 가정에서도 자녀의 출생은 그 자체가 스트레스와 갈등의 요인이 될 가능성이 있다. 출생과 더불어 아내의 생활은 남편에 비해 급격한 변화를 겪는다. 많은 것을 희생하게 되고 남편의 지지가 한층 더 필요하게 된다. 한편 남편은 직장에서 자기 일을 계속하기 때문에 부인에 비해서는 새로 태어난 아기로 인해 방해를 덜 받는다. 비록 부인을 도와주려고 노력하기는 하지만 부인의 지나치고 터무니없는 요구 때문에 화를 내기 쉽다.

자녀는 연령에 따라 다른 방식의 양육을 필요로 한다. 유아는 우선적으로 보살핌과 먹을 것의 공급을 필요로 한다. 아이는 지도와 통제가 필요하다. 청소년기의 자녀에게는 독립심과 책임감이 필요하다. 두 살짜리 자녀에게 적합한 양육 방식이 다섯 살이나 열네 살짜리 자녀에게는 적합하지 않을 수 있다.

미누친(1974)은 가족치료사에게 성장을 위한 갈등을 병리현상으로 보지 않도록 경고했다. 정상적인 가족도 가족 구성원의 변화와 성장에 따라 갈등과 불안을 겪는다. 많은 가족이 이러한 변화 과정에서 도움을 요청한다. 가족치료사는 그러한 가족이 단지 새로운 환경에 적응하기 위해 자신들의 가족구조를 수정해 나가는 과정에 있음을 잊지 말아야 한다.

◆ 행동장애의 발달

가족구조의 수정은 가족 또는 구성원 중의 한 사람이 외부로부터의 압력(부모의 실직, 가족의 이사)에 직면하거나 발달 단계의 전환기적 시점(자녀가 청소년기에 접어들거나 부모가 정년퇴임을 맞는 경우)에 있을 때 요구된다. 건강한 가족은 변화된 환경에 잘 적응하지만 적응력이 부족한 가족은 기능적이지 못한 구조에 매여 더욱더 경직되기만 한다.

유리된 가족의 경우 경계선은 경직되어 있고, 지지가 필요할 때 제대로 하지 못한다. 유리된 가족의 부모는 자녀의 문제가 심각한 상태로 드러나기 전에는 자녀가 우울하다거나 학교에서 문제가 있다는 것을 모른다.

혼자서 열두 살 된 아들을 키우는 어머니가 최근 아들이 두 주씩이나 학교를 가지 않은 것을 알게 되면서 상담실을 찾았다. 두 주씩이나! 치료사는 어떻게 어머니가 그렇게 오랜 시간 동안 아이가 학교를 빠진 것을 몰랐는지 궁금해했다.

구조주의적 관점에서는 두 가지를 중요하게 볼 것이다. 첫째, 어머니와 학교 관계자들 간의 유리 관계는 모자간의 명백한 유리 관계만큼이나 심각한 수준이다. 둘째, 구조주의적 분석은 어머니로 하여금 아들의 삶에서 무슨 일이 일어나고 있는지 모르고 있는 것에 대한 비난을 피해 갈 수 있도록 도울지도 모른다. 만약 어머니가 아들로부터 유리되어 있다면, 그 밖에 다른 무엇에 관심을 쏟고 있을까? 아마도 편부모로서 감당해야 할 재정적 부담에 압도되어 있을지도 모른다. 기억해야 할 요점은 만약 누군가가 어떤 관계로부터 유리되어 있다면 어머니는 다른 무언가에 몰두하고 있을 가능성이 크다는 것이다.

밀착된 가족의 경우, 경계선이 혼란스럽고 가족 구성원은 서로에게 의존적이 된다. 자녀에게 개입을 많이 하는 부모는 자녀의 발달을 저해하고 그들이 스스로 문제를 해결하는 능력을 가로막으면서 어려움을 만들어 낸다.

가족을 밀착된 혹은 유리된 가족이라고 설명할 수 있지만, 정확하게 이야기하자면 특정 하위체계가 밀착 혹은 유리되어 있다고 말하는 것이 좀 더 정확하다. 사실상 밀착과 유리 상태는 상호적인 경향이 있다. 예를 들어 자기 일에만 몰두하는 아버지는 가족으로부터 유리되어 있다. 자주 보게 되는 유형은 밀착된 어머니와 유리된 아버지 증후군으로서, '문제를 겪고 있는 중산층 가족이 보이는 특징적인 형태'이기도 하다(Minuchin & Nichols, 1993, p. 121).

여성주의자들은 밀착된 어머니와 유리된 아버지 증후군이라는 개념을 비판해 왔다. 왜냐하면 그들은 생산 활동에 있어서의 틀에 박힌 구분(도움이 되는 수단으로서 아버지의 역할과 감상적인 표현을 하는 어머니의 역할)을 거부하고, 이렇게 문화적으로 인식된 역할 배역 때문에 어머니가 비난받게 되는 것을 우려하기 때문이다. 이러한 우려는 모두 타당한 것이다. 그러나 선입견과 비난은 그러한 생각 자체에 내재된 것이 아니라 그러한 생각을 잘못 적용한 데서 기인한다. 가족 구성원 중 어느 한 사람에게라도 모든 변화에 대한 책임을 질 것을 기대해서는 안 되지만, 이유가 무엇이든지 간에 한쪽으로 치우친 비대칭적 관계는 문제가 될 수 있다.

위계구조는 경직되고 불공평하거나, 약하면서 비효과적일 수 있다. 첫 번째의 경우, 어린 자녀는 부모가 제대로 지도해 주지 못하기 때문에 보호받지 못한다는 느낌을 가질 수 있다. 두 번째의 경우, 자율적인 개인으로 성장하지 못하거나 힘겨루기의 싸움이 잇따라 발생할 수 있다. 가족의 안정을 위해 기능적인 위계구조가 필요한 것처럼 변화에 적응하기 위해서는 유연성이 필요하다.

가족치료사가 자주 관찰하게 되는 한 가지 문제는 자신들의 갈등을 해결할 수 없는 부부가 자

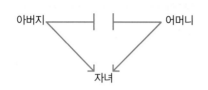

그림 6.2 갈등을 우회하기 위해 자녀를 희생 양으로 만들기

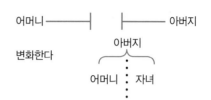

그림 6.3 세대 간 연합

녀에게로 관심의 초점을 돌리는 경우이다. 그들은 자신들에 대해 걱정하는 대신 자녀에 대해 걱정한다(그림 6.2). 이렇게 되면 아버지(F)와 어머니(M) 사이에서 발생하는 긴장감은 줄어들지만 관심의 대상이 되는 자녀(C)는 희생된다.

이와 마찬가지로 흔히 볼 수 있는 유형은 자녀를 사이에 두고 부부가 서로 다투는 것이다. 남편은 아내가 지나치게 허용적이라고 비난하고, 아내는 남편이 너무 엄하다고 비난한다. 이에 남편이 뒤로 물러서면 아내는 남편이 무관심하다고 비난하고, 남편은 더욱더 무관심해진다. 밀착된 어머니는 극도의 관심을 가지고 자녀에게 반응한다. 그리고 유리된 아버지는 자녀에게 전혀 반응하지 않을지도 모른다. 두 사람 모두 상대방의 방식에 대해서 비난하지만, 그 비난은 결국 각자가 싫어하는 상대방의 행동을 지속시키는 결과를 낳는다. 그 결과 어머니와 자녀 간의 **세대 간 연합** cross-generational coalition이 나타나게 된다(그림 6.3).

어떤 가족은 자녀가 어렸을 때는 기능을 잘하지만 자녀가 성장함에 따라 필요한 통제와 훈육을 수행하지 못하기도 한다. 밀착된 가족 내의 어린 자녀는 엄청난 보호를 받는다. 그들의 부모는 자녀에게 많은 관심을 기울인다. 아이를 돌보느라 너무 지쳐서 부부가 서로를 위한 시간을 많이 가질 수 없을지라도, 가족체계는 대체로 성공적일지 모른다.

그러나 만약 이렇게 맹목적으로 자녀를 사랑하는 부부가 자녀에게 규칙을 지키고 어른의 권위를 존중하는 것에 대해 가르치지 않는다면, 그 자녀는 학교생활을 시작하는 데 어려움을 겪게 될 것이다. 이러한 아이들은 자기만의 방식을 고집하면서 권위에 대해 저항할지도 모른다. 이런 상황에 빠진 몇몇 가족은 치료사를 찾아올 것이다. 자녀들은 학교에 가기를 꺼리고, 이러한 두려움은 그들을 집에 머물도록 허락하는 이해심 많은 부모에 의해 강화된다(그림 6.4). 이러한 경우 학교공포증으로 분류되고, 만약 부모가 자녀에게 며칠 동안 계속해서 집에 있는 것을 허락할 경우 문제는 더욱 심각해진다.

그림 6.4 학교공포증

물론 이러한 가족의 자녀라고 해서 모두가 학교에 가지 않으려고 하는 것은 아니다. 그러나 학교에 가더라도 다른 친구들과 적응하고

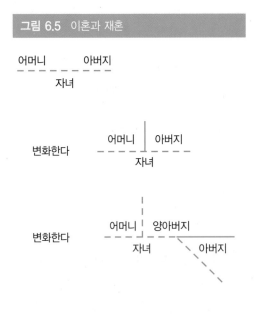

그림 6.5 이혼과 재혼

변화한다

변화한다

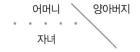

그림 6.6 양아버지를 받아들이는 데 실패한 경우

어울리는 법을 배우지 못했기 때문에 학급 친구들로부터 거부당하기 일쑤이다. 또 다른 경우에, 부모와 밀착되어 있는 아이들은 학교에서의 훈육에 문제가 생기기 때문에 학교 측은 상담을 시작하게 될지도 모른다.

이혼했거나 사별한 배우자가 재혼을 하게 되는 경우, 구조적인 적응을 필요로 하는 큰 변화가 발생한다. 이러한 혼합가족은 경계선에 다시 적응을 하거나 아니면 바로 변화에 따른 갈등을 경험하게 된다. 한 여성이 이혼을 하게 되면, 그녀와 자녀는 이혼한 남편(아버지)과 분리되는 동시에 자녀가 계속해서 아버지와 접촉하는 것을 허용하는 분명한 경계선을 확립하는 새로운 구조에 다시 적응해야 한다. 만약 이 여성이 재혼을 하게 되면, 이 가족은 새 남편 그리고 의붓아버지와 함께 살아가는 것에 새롭게 적응해야 한다(그림 6.5).

때로는 의붓아버지가 새로운 부모 하위체계 내 동반자로서 어머니와 동등한 입장에서 양육 기능을 하도록 허용하는 것이 자녀나 어머니에게 어려울 수 있다. 어머니와 자녀는 이미 오랫동안 상호작용의 규칙들을 형성해 왔고, 서로에게 적응하는 방법을 익혀 왔다. 의붓아버지는 자녀 양육에 대한 의견을 주고받을 수 있는 새로운 동반자라기보다 이 가족 내에서 익숙한 일을 배워야 하는 외부 사람처럼 취급받기가 쉽다(그림 6.6).

어머니와 자녀가 의붓아버지를 받아들이지 않은 채 자신들의 익숙한 관계 패턴을 견고하게 지키려고 하면 할수록, 의붓아버지는 더욱 좌절하고 분노하게 될 것이다. 그 결과 만성적인 부부 갈등이나 아동학대로 이어질 수 있다. 따라서 재혼가족에게 문제가 발생하였을 때, 치료를 빨리 받으면 받을수록, 새로운 변화에 적응하기 위한 도움을 받는 것이 더 쉬워진다.

구조적인 가족 문제의 중요한 특징은 한 가족 구성원에게서 나타나는 증상이 단지 그 사람과 다른 가족과의 상호작용을 반영하는 것뿐만 아니라, 그러한 문제가 가족 내의 다른 관계에서도 마찬가지로 존재한다는 사실을 보여 준다는 것이다. 열여섯 살인 조니가 우울증에 시달릴 때 그가 어머니와 밀착된 관계에 있음을 아는 것은 도움이 된다. 조니의 어머니가 아들에게 절대적인 순종을 요구하고, 아들이 자기만의 생각을 키워 가거나 집 바깥에서 다른 사람들과 관계 맺는 것을 허락하고 있지 않다는 것을 발견하게 될 때 그의 우울증은 좀 더 쉽게 설명될 수 있을 것이다

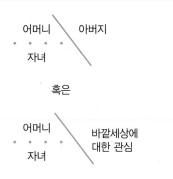

그림 6.7 어머니와 아들의 밀착, 바깥세상과 유리된 관계

(그림 6.7). 그러나 이것은 가족체계의 한 단편일 뿐이다.

왜 어머니는 아들과 밀착된 관계가 되었을까? 아마 그녀는 남편으로부터 유리되어 있을지도 모른다. 남편과 사별하였지만, 새로운 친구를 사귀지 않고 있을지도 모른다. 이럴 때 아들의 우울증을 치료하는 가장 좋은 방법은 그녀로 하여금 일상에서 다른 어른들과 친밀함을 나누고 싶어 하는 욕구를 충족시킬 수 있도록 돕는 일일 것이다.

변화기제

대부분의 고전 가족치료 모델과 마찬가지로 구조적 가족치료는 한때 엄격한 행동중심의 접근 방법이었다. 가족치료 선구자들은 공격적으로 정서와 인지를 무시하면서 정신분석적 방법에서 점차 분화되어 나와서 현재 상호작용에 초점을 맞추어 왜 가족이 그런 방식으로 상호작용을 하는지, 어떻게 그렇게 행동하는 것을 배웠는지를 알려고 했다. 그렇게 할 때 현재 상호작용을 알 수 있기 때문이다. 그러나 여러분들이 볼 수 있듯이 구조적 가족치료는 가족 구성원들이 상호작용뿐만 아니라 어떻게 그렇게 행동하는 법을 배웠는지를 알아보려고 하면서 발전하였다.

◆ 치료 목표

구조적 가족치료사는 가족의 문제가 역기능적 가족구조에 의해 지속된다고 본다. 따라서 치료는 가족구조를 변형시켜 가족이 그들의 문제를 해결할 수 있도록 하는 데 있다.

가족의 문제가 역기능적 가족구조에서 비롯된다는 개념 때문에 구조적 가족치료가 가족을 병리적인 관점으로 보고 있다는 비판을 받게 되었다. 비평가들은 구조주의가 가지고 있는 역기능적 조직에 대한 구조적인 그림이 마치 핵심적인 병리적 요소가 내담자의 가족 안에 있는 것처럼 묘사하고 있다는 점에 대해서 비판한다. 그러나 이러한 비판은 사실과 거리가 멀다. 구조적인 문제는 가족이 변화하는 상황에 적응하는 데 실패한 것을 의미한다. 구조적 가족치료사는 가족이 본래부터 결함을 가졌다고 보는 것이 아니다. 구조적 가족치료사는 자신들의 치료를 내담자 가족이 이미 가지고 있는 구조의 목록 중에서 휴면하고 있는 적응적 구조를 활성화시키는 작업이라고 보았다(Simon, 1995).

모든 가족은 독특하다. 그리고 보편적인 구조가 있다. 가장 중요한 것은 효과적인 위계를 세우는 것이다. 부모는 권위를 가지고 있어야 하고, 아이들과 똑같은 위치에 있어서는 안 된다. 밀착된 가족의 목표는 개인을 분리시키고, 하위체계의 경계선을 강화시키는 것이다. 유리된 가족의 목표는 경계선의 투사율을 높여 구성원들 사이에 접촉이 가능할 수 있도록 하는 것이다.

◆ 행동 변화의 조건

치료사는 가족의 구조적 변화를 이루기 위해 가족과 **합류**joining하고, 유연성을 가질 수 있는 영역을 찾아내고, 숨어 있는 대안적 구조를 찾아 활성화시킨다. 합류란 치료사가 가족 안으로 들어가 적응하는 것인데, 이때 가족의 방식에 맞추는 것은 치료사로 하여금 유리한 입장에 서서, 재구조화의 전략으로 가족의 구조를 변형시킬 수 있게 한다.

　가족에게 합류하기 위해 치료사는 가족 구성원에 대한 수용을 보이고 그들이 하는 방식에 대해 존중해야 한다. 만일 자녀의 문제로 도움을 받기 위해 부모가 상담을 왔다면 치료사는 자녀의 의견을 물으면서 치료를 시작하지는 않는다. 이렇게 하면 치료사가 부모를 존중하지 않는 것처럼 보이게 될 것이다. 가족과 성공적으로 합류한 다음에 가족을 재구조화하는 것이 현명하다. 그리고 이때 가족이 도전하고 변화하도록 격려하는 극적인 직면도 할 수 있는 것이다.

　치료사에게는 가족이 자신들의 문제를 보는 관점을 이해하는 것이 가장 우선하는 과제이다. 치료사는 가족이 자신들의 문제를 설명하는 말, 그리고 그러한 말을 증명하는 행동 속에서 발견되는 그들만의 공식을 따라가면서 가족의 관점을 이해할 수 있다. 그런 후 가족치료사는 가족구조에 대한 이해를 바탕으로 이러한 공식을 재구성한다.

　구조적 가족치료사를 특별하게 만드는 것은 그들이 실제 상담 과정에서 **실연**enactment을 통해 재

구조적 가족치료사는 부모가 분명한 위계질서 안에서 권위를 유지할 필요가 있다고 강조한다.

Comstock/Stockbyte/Getty Images

구성을 일으킨다는 것이다. 상담이 진행되는 중간에 가족 상호작용의 구조를 관찰하고 수정하는 것은 구조적 가족치료에서 필수적인 요소sine qua non이다. 구조적 가족치료사는 상담 중에 진행되는 것만을 보고 작업할 뿐 가족이 상담 현장 외부에서 일어났다고 보고하는 것에 대해 작업하지 않는다.

치료

◆ 진단

구조적 가족치료사들은 가족들이 문제에 어떻게 반응하는지를 살펴보면서 진단을 한다. 첫 상담 회기에서 치료사가 방문 목적을 묻자, 젊은 여성은 아버지를 한번 흘낏 쳐다보면서 머뭇머뭇한다. 아버지는 딸이 설명하기 힘들어하자 딸을 대신해서 설명하기 시작한다. 이제 딸의 우유부단함은 아버지가 도움을 주려는 것과 연결되어 있으며, 이렇게 연결되는 것은 바로 밀착 패턴이 존재함을 시사한다. 아마도 치료사가 딸의 문제에 대해 부모에게 의논하라고 하면 서로 논쟁하면서 말싸움이 그치지 않을 것이다. 이 모습은 부부 사이가 유리되어 있음을 보여 준다. 이렇게 되면 부모와 자녀 사이에 밀착관계 패턴이 있다는 것을 시사한다.

구조적 가족치료사들은 가족이 어떻게 조직되어야만 한다는 가정을 하지 않는다는 점을 주시해야 한다. 한부모 가족들도 충분히 기능적이고, 두 어머니 혹은 두 아버지 가족들, 또 그 외의 다양한 형태의 가족들도 충분히 기능적일 수 있다. 가족의 구성원들이 문제가 아니라 가족이 자신들의 구조적 문제를 스스로 해결하기 힘들어 자격증이 있는 치료사들이 도움을 줄 수 있지 않을까 하는 바람으로 치료사에게 도움을 요청하는 것이다.

가족의 문제가 전체 가족구조의 기능 문제이기 때문에 진단을 위해서 전 가족이 참석하는 것이 중요하다. 그러나 때때로 전체 가족만으로도 충분하지 않을 수도 있는데, 이는 가족만이 삶의 전체를 보여 주는 것이 아니기 때문이다. 직장과 관련된 어머니의 우울증이 문제일 수 있고, 아들의 학교 문제가 가족이 아니라 학교 사정 때문에 발생했을 수도 있기 때문이다.

마지막으로, 어떤 문제들은 개인의 문제로 다루어야 할 때도 있다. 미누친(1974)은 "병리는 내담자 내면의 것일 수도 있고, 사회적 맥락 혹은 관계맥락의 피드백으로부터 발생한 것일 수도 있다."(p. 9)라고 말하고 있다. 또 다른 곳에서 미누친(Minuchin, Rosman, & Baker, 1978)은 "가족을 왕의 직위에 올려놓고 개인들의 존재를 무시하는"(p. 91) 문제점에 대해 경고를 했다. 가족을 인터뷰할 때 부모가 자녀들을 어떻게 다루는지 좀 더 자세히 볼 수 있는 치료사는 한 자녀가 신경증적 문제가 있는지 아니면 학습부진의 문제가 있는지도 알아챌 수 있다. 이런 문제들은 발견되어야 하고 적절한 치료를 받을 수 있도록 다른 기관으로 이관할 수 있어야 한다. 대부분의 경우 어린아이가 학교에서 문제가 있으면, 가족 혹은 학교 환경에서 문제가 있을 수 있다. 그러나 항상 그런 것은 아니다!

현재 문제에 초점을 맞추고, 그 문제에 대한 가족들의 반응을 보면서 진단을 내리는 것이 가장 중요하다. 열세 살 된 딸이 거짓말을 하는 문제로 상담한 사례를 살펴보자. 첫 번째 질문은 "누구에게 거짓말을 하는가요?"라고 시작할 수 있다. 이때 부모라고 대답할 수 있다. 다음은 "부모가 따님이 거짓말할 때를 얼마나 잘 알아내시는가요?"라고 물을 수도 있다. 약간 덜 순진하게 "부모님 중 누가 더 잘 알아채시는가요?"라고 묻는다. 그 대답은 아마도 어머니일 것이다. 사실, 어머니는 딸의 거짓말을 강박적으로 찾아내려 한다. 그런데 그 거짓말이라는 것은 딸이 독립심을 쟁취하려는 것이고, 이에 대해 어머니는 몹시 불안감을 느낀다. 성장하는 과정에서 걱정이 많은 어머니와 복종하지 않는 딸 사이에 갈등관계 패턴이 생기고 아버지는 소외된다.

이 사례의 진단을 좀 더 살펴보면, 구조적 가족치료사들은 부모의 부부관계를 탐색할 것이다. 가정은 아마도 자녀의 문제는 부부 문제의 결과이고, 어머니와 딸의 갈등관계는 부모관계와 연루되었을 것이다. 아마도 부부는 자녀가 사춘기가 되기 전까지는 잘 지냈지만, 걱정이 많은 어머니가 딸에 대해 더 많은 걱정을 하였을 것이다. 이유가 어떠하든, 진단은 부모의 과거 성장 과정 경험이 현재 상황에 반응하는 방식에 미치는 영향을 탐색할 것이다.

미누친과 동료들은 최근 4단계로 구성된 사정의 과정을 설명하는 책을 집필했다(Minuchin, Nichols, & Lee, 2007). 첫 번째 단계는 증상을 가진 사람의 문제가 그 개인의 문제라기보다는 가족 전체 체계의 문제임을 보기 시작할 때까지 드러나는 불평에 대해 질문을 한다. 두 번째 단계는 구성원의 상호작용이 무의식중에 문제를 지속하게 만든다는 것을 가족 구성원이 통찰할 수 있도록 도와준다. 세 번째 단계는 가족의 윗세대 사람들이 현재 문제가 되고 있는 가족의 상호작용에 영향을 미치는 관점을 어떻게 발달시켰는지에 초점을 맞추어 과거에 대해 간단히 탐색한다. 네 번째 단계는 가족구조에 변화를 주고 당면한 문제를 해결할 수 있는 좀 더 생산적인 방법으로 상호작용하기 위해 가족 구성원이 취할 수 있는 선택을 탐색한다.

최근의 연구로 노련한 치료사들이 이 네 단계를 어떻게 보완하는지에 대한 보고가 있는데 니콜스와 타프리(Nichols & Tafuri, 2013)가 그 가이드라인을 제공하고 있다.

구조주의적 가족치료 진단 가이드라인

첫 번째 단계는 내담자가 자신들의 현재 불평을 털어놓을 수 있게 하는 것이다. 그러나 가족이 말하는 문제가 고착된 문제라는 관점에는 도전한다. 일단 치료사는 구성원들 각자에게 말할 수 있는 기회를 제공하고, 감정도 표현할 수 있도록 도와준다. 그러나 치료사는 가족이 어떤 한 구성원이 문제라고 지적할 때 동의하지 않는다. 이 회기에 치료사는 "제가 정확하게 이해하지 못했습니다. 본인의 관점은 무엇인지 매우 궁금합니다."라고 하면서

(계속)

탐색을 하다가 마지막에는 "예. 알겠습니다."라고 끝마친다.

　　첫째 단계에서 치료사는 가족이 지적한 내담자를 가족들이 불평하는 방식대로 대하는 것이 아니라 좀 더 긍정적인 방식으로 상호작용한다. 예를 들면, 부모가 열 살 된 아들이 통제 불가능하다고 설명하였다면 치료사는 그 아이의 관심이 무엇인지, 친구는 있는지 등 적절하고 존중하는 태도로 반응할 수 있는 질문을 한다. 이렇게 되면 치료사가 가족에게 이 아이가 잘못했던 행동과 다르게 행동할 수 있다는 것을 보여 주는 기회가 된다. 물론 아이의 잘못된 행동을 회피하게 하는 것은 아니지만 적어도 가족 구성원들이 서로 영향을 미치는 상호작용에 대해 토론할 수 있는 장을 열 수 있기 때문이다.

　　현재 제시하는 불평을 털어놓게 하는 통상적인 기법은 구성원의 어떤 행동이 그런 불평을 갖게 하느냐고 묻는 것이다. 한 사례로 부부 갈등을 해결하기 위해 찾아온 남편에게 부인한테 가장 참을 수 없는 상황이 언제냐고 묻는다. 이런 개입은 남편으로 하여금 부인과의 관계에 쫓아가는 자–거리를 두는 자의 역동이 있다는 것을 깨닫게 해준다. 즉 자신의 거리를 두는 행동이 부인으로 하여금 자기를 더 쫓아오는 행동을 하게 만든다는 것을 깨닫게 해준다.

　　치료사들은 자주 두 사람의 관계에 제삼자가 낄 때 제지하고, 가족들한테 다르게 행동하도록 요구한다. 이렇게 하는 것은 문제가 그 사람의 성격에서 오는 것이 아니라 상호작용 패턴에서 비롯되었다는 것을 깨닫도록 하기 위해서이다.

　　두 번째 단계는 구조에 대한 평가인데, 가족 구성원들의 어떤 반응이 현재 가족이 갖고 있는 문제를 만들었는지를 찾아보는 것이다. 그렇다고 내담자가 증상을 가진 것이 온전히 가족들의 상호작용의 결과라고 말하는 것은 아니다. 하지만 가족 구성원들로 하여금 자신들을 괴롭히는 문제가 바로 자신들의 어떤 행동 때문에 지속된다는 것을 깨닫게 하면 자신들의 문제를 인정할 수 있게 되면서 스스로 변화하려는 마음이 든다. 예들 들면 한 아버지가 아침마다 아들을 깨우는 것이 아들로 하여금 스스로 책임지는 것을 방해하는 행동이라는 것을 깨닫게 하는 것이다.

　　두 번째 단계에서 흔히 사용하는 기법은 치료사가 자주 가족 구성원들에게 다른 가족 구성원들의 어떤 행동에 어떤 방식으로 반응하라고 지시하고, 가족 구성원들로 하여금 역할 놀이를 하게 하는 것이다. 문제 상황에서 각자 역할을 맡고, 행동을 시작하고, 상호작용을 하라고 지시하거나, 혹은 단순히 가족 구성원들에게 현재 문제를 지속시키는 어떤 행동을 하라고 한다.

　　세 번째 단계는 짧고 빠르게 가족 구성원들이 과거의 어떤 상황에 어떤 반응을 해왔는지,

(계속)

어떤 문제를 계속 지속시켜 왔는지, 어떻게 서로 상호작용을 해왔는지, 어떤 생각을 가지고 있는지를 파악하는 것이다. 충고를 하는 것과 상담의 차이는, 상담은 사람들의 어떤 행동을 단순히 그만두게 하는 것이 아니라 왜 사람들이 자신들에게 도움이 안 되는 행동을 하는지 그 이유를 밝혀내는 것이다. 사람들의 과거를 알려고 하는 것은 현재의 행동을 이해하기 위해서이다. 가족의 통념을 깨뜨리려고 하는 것이 아니라 좀 더 상황을 이해할 수 있게 도와주는 것이다. 가족 구성원들 자신이 현재의 삶에 도움이 안 되는 행동을 하고 있다는 것을 깨달은 다음에는 어떻게 그런 행동을 배웠느냐고 질문하는 것이 바람직하다. 예를 들면, 한 어머니가 열네 살 난 딸이 반항적이라고 불평을 하면 적어도 한 시간 정도 매우 조심스러운 질문을 한다. 질문에 답하다 보면 그 어머니는 자신이 지나치게 딸을 과보호한 것이 딸이 문제 행동을 하게 만든 원인이라는 것을 알게 된다. 그러고 나서야 어머니는 치료사가 어떻게 딸을 과보호하게 되었느냐고 물었을 때 자신의 과거를 말하기 시작한다.

무엇에 가족이 걸리고, 그 걸림돌이 어떻게 생기게 되었는지에 대한 분명한 그림을 그릴 수 있으면 네 번째 단계로 나아간다. 이때 치료사는 내담자에게 무엇을 변화시켜야 할 필요가 있고, 또 누가 원하거나 원하지 않아도 변화를 해야 한다고 분명하게 이야기한다. 진단에서 변화하는 과정으로 나아가기 위해서 반드시 필요한 단계이다. 치료는 왜 나아가야 하는지 모르는 곳으로 밀어내는 과정이다. 사람들이 저항하는 것은 당연하다.

◆ 치료 기법

*Families and Family Therapy*에서 미누친(1974)은 치료 과정을 세 단계로 나누어 설명하고 있다. 치료사는 (1) 리더의 위치에서 가족에 합류하고, (2) 가족의 기본적인 구조를 파악하고, (3) 이 구조를 변형시키기 위해 개입한다. 이러한 세 가지 단계는 분명한 순서를 따른다는 점에서 간단해 보이지만, 가족구조의 무한한 다양성 때문에 매우 복잡한 치료적 개입이다.

치료사의 개입이 효과적이려면, 미리 계획되거나 사전에 연습될 수 없다. 좋은 치료사란 기술자 이상인 것이다. 그러나 구조적 가족치료에서는 치료 전략을 신중하게 계획하고 그 계획에 따라 치료를 진행한다. 대체로 구조적 가족치료사들은 다음의 치료 단계를 따른다.

1. 합류와 적응하기
2. 실연
3. 구조 형태 파악하기
4. 특정 상호작용을 부각시켜 수정하기

5. 경계선 설정하기

6. 균형 무너뜨리기

7. 비생산적인 신념에 도전하기

합류와 적응하기

개인 상담을 원하는 내담자는 일반적으로 치료실에 들어올 때부터 이미 치료사의 권위를 인정한다. 치료받기로 한다는 것 자체가 자신이 도움을 필요로 하며 치료사를 기꺼이 신뢰하겠다고 암묵적으로 동의하는 것이다. 그러나 가족의 경우에는 그렇지 않다.

가족치료사는 환영받지 못한 이방인과 같다. 그렇다면 왜 치료사는 문제 있다고 낙인찍힌 환자 한 사람만 보면 될 것을 굳이 가족 전체를 봐야 한다고 주장했을까? 가족은 자신들이 모두 잘못하고 있다는 말을 들을 것이라고 예상하면서 자신들을 방어할 준비를 한다.

치료사는 우선 가족 구성원들이 방어 자세를 누그러뜨리고 편안한 마음을 갖도록 하는 것이 중요하다. 그렇게 하기 위해서는 가족 구성원 각자를 이해하는 방식으로 동맹을 맺어야 가능하다.

가족을 맞이하고 각 사람들에게 문제에 대한 관점에 대해서 묻는다. 조심스럽게 잘 들은 후 들은 것에 대해 분명히 한다. "존슨 씨, 따님의 학교에서 발생한 무언가 때문에 따님이 우울하다고 생각하시고 계시군요.", "존슨 씨, 부인이 보신 것과 같은 것을 보시지만 이 문제가 심각하다고 믿지는 않으시군요. 맞습니까?"

모두가 하고 싶은 이야기가 있지만, 행복하지 않은 가족 안에서는 거의 모두가 이해받지 못한다고 느낀다. 치료사에 대한 오해의 사이클을 깨기 위한 첫 번째 단계로 가족 구성원이 서로에게 주지 못하고 있는 공감을 그 순간에만큼은 치료사가 제공해야 한다. 가족의 고통에 대해 각 사람이 보고하는 것을 듣고 인정하는 것은 정보를 갖게 해주기도 하지만 가족 구성원으로 하여금 아무도 들어주지 않았던 분노의 감정으로부터 해방될 수 있게 해준다. 이러한 공감적인 연결을 의미하는 **합류**는 가족 구성원이 서로에게 귀를 기울이기 시작하도록 하고, 치료사와의 결속을 형성하여 앞으로 찾아올 도전을 받아들일 수 있도록 만든다.

이러한 초기의 대화는 가족 개개인에 대해서뿐만 아니라 가족의 위계질서 구조와 가족체계에 대한 존중을 보여 준다. 치료사는 부모의 권위를 인정함으로써 부모에 대한 존중을 나타내고, 자녀보다 부모에게 먼저 문제가 무엇인지 설명하도록 요청한다. 만약 가족이 부모 이외의 다른 누군가를 가족의 대변자처럼 내세우면 치료사는 그 사실에 주목하되 처음부터 그 부분에 대해 도전하지는 않는다.

자녀 역시 특별한 관심과 능력을 가지고 있다. 자녀에게도 부드러운 인사와 함께 단순하면서 구체적인 질문을 한다. "안녕, 나는 누구란다. 네 이름은 뭐니? 아, 이름이 케이샤구나. 멋진 이름이네. 케이샤는 어느 학교에 다니고 있니?", "나중에 어른이 되면 무엇이 되고 싶니?"와 같이 어른들이 흔히 사용하는 상투적인 질문은 피하고, "네가 학교에서 가장 싫어하는 것은 무엇이니?" 와 같이 좀 더 신선한 질문을 던지도록 한다. 침묵을 지키려는 자녀는 그대로 존중해 줘야 한다. "이 문제에 대해 너는 어떻게 생각하니?" (완강한 침묵) "그래, 지금은 별로 말하고 싶지 않은 모양이구나? 그래, 괜찮아. 나중에 언제든지 이야기하고 싶을 때 해도 돼."

화가 난 가족 구성원뿐만 아니라 특히 가족 내에서 힘을 가지고 있는 가족 구성원에게 합류하는 것이 특히 중요하다. 치료를 바보 같은 짓이라고 생각하는 아버지나 기소된 범죄자처럼 끌려 온 것에 대해 분노하는 청소년 자녀가 가지고 있는 관점을 수용하기 위해서는 특별한 노력이 필요하다. 또한 치료가 점차 궤도에 오르려고 할 때 띄엄띄엄 오게 되는 사람들과 다시 연결되는 일도 매우 중요하다.

실연

가족구조는 가족 구성원의 상호작용 방식에서 나타난다. 이것은 가족의 설명을 통해 항상 유추될 수 있는 것이 아니다. 가족은 대체로 있는 그대로의 사실보다 자신들이 어떠해야 한다고 생각하는 모습에 대해 설명하려는 경향이 있다.

가족 간에 서로 이야기하도록 하는 것은 가족들의 기대와 상반되는 것이다. 그들은 자신들의 문제를 전문가에게 보여 주고 무엇을 어떻게 해야 할지 조언을 듣기 원한다. 만약 상담 시간에 무엇인가에 대해 토론해 보도록 요청한다면 가족은 "우리는 벌써 여러 차례 이야기했어요." 또는 "그건 소용없는 짓이에요. 그이는 절대로 듣지 않아요." 또는 "하지만 선생님은 전문가시잖아요."라는 식의 반응을 보일 것이다.

치료사가 가족 구성원 각자에게 이야기할 기회를 주게 되면 일반적으로 사람들은 다른 가족 구성원에 대해 말하기 시작하고, 이는 가족 상호작용의 실연을 이끌어 낼 수 있는 발판을 마련해 준다. 예를 들어 누군가가 다른 구성원에 대해 너무 엄격하다고 말하면 치료사는 "지금 부인께서 당신이 너무 엄격하다고 말씀하셨는데, 아내에게 어떻게 대답하시겠습니까?"라고 말하면서 실연을 시작할 수 있다. 모호하게 요청하기보다 "두 분이 이 주제에 대해 한번 이야기를 나눠 보실까요?" 와 같이 구체적인 주제를 골라서 반응하도록 하는 것이 훨씬 효과적이다.

내담자와 실연을 실시할 때는 세 단계의 작업이 필요하다. 첫째, 치료사는 문제가 되는 상황의 순서를 찾아내야 한다. 예를 들면, 어머니가 딸에게 이야기할 때 친구처럼 대화를 하는가, 그리고 남동생은 소외되는가를 본다. 둘째, 치료사는 실연을 시작한다. 예를 들면, 치료사가 어머니에게 이렇게 말할 수 있다. "이 문제에 대해 아이들과 이야기해 보세요." 셋째 단계가 가장 중요한데 치료사는 가족으로 하여금 실연을 실시하도록 지도한다. 만일 어머니가 아이들에게 말할 때 중요한 결정에 대한 책임을 지지 않는 방식으로 말한다면, 치료사는 어머니가 그렇게 계속하도록 해서 가족이 실연을 지속하도록 한다.

일단 실연이 시작되면 치료사는 가족구조에 관한 많은 것을 발견할 수 있다. 두 사람은 방해받지 않고 얼마나 오랫동안 이야기할 수 있는가? 즉 경계선은 얼마나 분명한가? 한 사람이 공격하면 다른 사람은 방어하는가? 누가 중심인물이고 누가 주변인물인가? 부모가 자녀를 자신들의 논쟁 속에 끌어들이고 있는가? 즉 그들은 밀착되어 있는가?

가족은 자주 상대방의 말에 간섭하고, 다른 사람 대신 말하고, 자녀가 스스로 할 수 있는 일도 부모가 대신하고, 또는 끊임없이 논쟁하면서 실연을 보여 줄 것이다. 유리된 가족의 경우에 아내가 울고 있는 동안 남편은 무감각하게 앉아 있거나, 가족 내에 아무런 갈등이 없거나, 자녀에 관한 중요한 정보에 대해 놀라울 만큼 무지하거나, 서로의 관심사에 대해 전혀 관심이 없다는 것을 발견할 것이다.

실연이 와해되면 치료사는 이렇게 개입할 수 있다. 첫째는 무엇이 잘못되었는지를 지적하거나 혹은 그대로 진행하도록 밀어붙인다. 예를 들면 첫 상담이 시작되자마자 자녀가 상담실 안에서 심하게 장난치면서 뛰어다니고 부모는 저지하려고 하지만 효과가 없을 때 치료사가 "축하드립니다."라고 하면 아버지는 "무슨 말이십니까?"라고 물을 수 있다. "축하드립니다. 당신이 이기고, 딸이 졌습니다." 혹은 치료사는 단순히 아버지에게 "잘하고 계십니다. 계속 이야기하십시오. 그렇지만 따님이 감정을 표현하도록 도와주십시오. 따님은 아직 어린아이입니다. 따님은 당신의 도움이 필요합니다."라고 한다.

만일 첫 회기가 시작하자마자 아이들이 상담실을 뛰어다니고 부모는 야단을 제대로 치지 못하면 치료사는 부모의 무능함을 보기 위해 집에서 무슨 일이 일어나고 있는지 굳이 설명을 들을 필요가 없다. 만약 두 모녀가 서로 고함을 치며 언쟁을 벌이는 동안 아버지는 조용히 구석에 앉아 있다면 집에서 그 아버지가 얼마나 관여하고 있는지에 대해 물어볼 필요가 없다.

구조 형태 파악하기

초기 진단은 첫 회기의 상호작용에 근거해 이루어진다. 다음 회기에서는 처음에 진단한 것을 정밀하게 혹은 교정하게 된다. 초기에 진단을 한 다음 그 틀에 가족을 끼워 넣으려는 위험도 있지만 더 큰 문제는 지나치게 오래 기다리는 것이다. 가족은 자기들의 문화에 치료사를 쉽게 끌어들이기 때문이다. 가족이 처음에는 매우 혼란스럽고 밀착된 것처럼 보일지라도 곧 그들의 가족문화에 친숙해져 버린다. 이러한 이유 때문에 치료 과정 초기에 구조에 대한 가설을 개발하는 것이 중요하다.

어머니, 열여섯 살 된 딸, 새아버지로 구성된 가족을 곧 만날 것이라고 생각해 보라. 어머니는 전화를 걸어서 딸의 비행에 대해 불평했었다. 어떤 구조일 것이라고 생각되는가? 당신이 치료사라면 어떻게 당신의 가설이 맞는지 알아볼 것인가? 아버지는 소외된 채 어머

(계속)

니와 딸이 밀착되어 있을 것이라고 추측했다면 아주 잘한 것이다. 이것은 상담 시간에 모녀가 긍정적인 내용이든 부정적인 내용이든 간에 주로 서로에 대해서만 이야기하는지 관찰함으로써 점검해 볼 수 있다. 만약 부부의 대화가 계속해서 딸의 방해를 받는다면 아버지가 유리되어 있다는 것이 확증될 것이다.

구조적 진단은 가족이 현재 가지고 있는 문제와 그들이 보이는 구조적 역동 모두를 설명해 준다. 그리고 거기에는 모든 가족 구성원이 다 포함된다. 앞의 사례에서 모녀가 밀착되어 있다는 것을 아는 것만으로는 충분치 않다. 의붓아버지가 하는 역할이 무엇인지에 대해서도 알아야 한다. 만약 그가 아내와는 가깝게 지내지만 딸과 거리가 멀다면 의붓아버지와 딸이 함께할 수 있는 즐거운 활동을 찾아보는 것이 어머니로부터 딸이 독립할 수 있도록 돕는 방법이 될 것이다. 그러나 만약 아내가 딸과 밀착된 것이 남편으로부터의 거리감 때문이라면 부부관계에 초점을 맞추는 것이 좀 더 효과적일 것이다.

특정 상호작용을 부각시켜 수정하기

일단 가족이 서로 상호작용을 시작하면 문제가 되는 관계 형태가 드러난다. 그들의 구조가 의미하는 바를 알아차리기 위해서는 가족이 말하는 내용이 아니라 상호작용하는 과정에 초점을 맞추어야 한다.

아마 아내는 "우리는 의사소통에 문제가 있어요. 남편은 나와 말을 하지 않을 거예요. 그는 한 번도 자신의 감정을 표현한 적이 없어요."라고 불평할 것이다. 이때 치료사는 실제로 어떤 일이 일어나는지 보기 위해서 실연을 시작한다. "부인이 당신의 의사소통에 문제가 있다고 이야기하는군요. 부인에게 어떻게 반응하시겠습니까? 부인에게 말씀해 보시겠어요?" 부부가 대화를 시작할 때 아내는 점점 거만하고 비판적이 되는 반면에 남편은 점점 침묵하게 되는 것을 보면서, 치료사는 무엇이 문제인지 발견하게 된다. 남편이 말하지 않는 것이 문제라고 본다면 이것은 단선적인 설명이다. 아내가 잔소리하는 것이 문제라는 것도 역시 단선적인 설명이다. 문제는 아내가 잔소리를 할수록 남편이 의기소침해지고, 남편이 의기소침해질수록 아내는 더욱 잔소리를 한다는 것이다.

해결 방법은 이 관계 유형을 수정하는 것이다. 이는 강력한 개입이나 구조적 치료사가 **격화**intensity라고 부르는 것을 요구할지도 모른다.

격화는 어떤 성격의 기능을 말하는 것이 아니다. 격화는 명료한 목적을 반영하는 것이다. 가족구조에 대한 지식을 가지고 가족이 변화하도록 돕기 위해 헌신할 때 비로소 강력한 개입이 가능하게 된다. 구조적 치료사는 애정과 반복, 그리고 지속을 선택적으로 조절하면서 격화의 효과를 이뤄 낼 수 있다. 목소리의 크기나 높낮이, 말의 속도, 단어의 선택은 진술에 대한 효과적인 격화를 일으키기 위해 사용되는 요소이다. 무엇을 말하기 원하는지를 아는 것은 도움이 된다. 여기에 부드러운 진술에 대한 예가 있다. "사람들은 언제나 자신에 대해 큰 관심을 갖습니다. 늘 자신이 관심의 중심에 있기를 원하고, 원하는 것을 얻고자 찾아다닙니다. 그런데 만약 모든 사람이 변화하고자 다른 사람들을 위해 자신이 할 수 있는 일이 무엇일까를 생각하기 시작한다면, 참 멋진 일이 되지 않겠습니까?" 이것을 다음의 진술과 비교해 보라. "국가가 당신을 위해 무엇을 해줄 수 있는지 묻기보다 당신이 국가를 위하여 무엇을 할 수 있는지 물어보라." 존 케네디가 했던 이 말은 간결하고 요점만을 이야기한 것이기 때문에 그 효과가 매우 컸다. 가족치료사는 웅변가가 될 필요는 없지만 종종 정곡을 찌르기 위해 강렬하게 말해야 할 필요가 있다.

효과적인 격화는 단순히 딱 부러지게 말하는 것을 의미하지 않는다. 언제 어떻게 내담자의 정곡을 찔러야 할지를 알아야 한다.

사례연구

마이크 니콜스는 29세의 신경성 식욕부진증 여성을 둔 가족을 치료했다. 이 가족은 표면적으로는 화합하는 가족처럼 보였지만, 매우 경직된 구조를 가지고 있었다. 어머니와 거식증을 가진 딸은 밀착되어 있었고 아버지는 소외되어 있었다. 이 가족에서 아버지만이 유일하게 분노를 드러내어 표현하고 있었고, 그 때문에 그는 가족으로부터 소외당하고 있었다. 딸은 아버지가 화내는 것이 무섭다고 거리낌없이 말했다. 그러나 석연치 않은 점이 있었다. 어머니가 남편의 분노를 다룰 수 없었기 때문에 은연중에 딸이 아버지를 피하도록 가르친 것이다. 결과적으로 딸은 자라면서 더욱 아버지를 두려워하게 되었고, 그러한 두려움은 모든 남자에게까지 일반화되었다.

치료 중 어느 시점에서 아버지는 딸로부터 얼마나 큰 소외감을 느끼는지 말했다. 딸은 그의 말에 동의하면서 "그건 아버지의 잘못이에요."라고 말했다. 그때 치료사가 어머니의 의견을 묻자 "그건 저 사람의 잘못이 아닙니다."라고 말했다.

치료사는 "부인 말씀이 맞습니다."라고 말했다.

부인은 갈등을 피하기 위해 자신의 솔직한 감정을 부인하면서 "이건 누구의 탓도 아닙니다."라고 말했다.

그때 치료사는 어머니를 주목하게 하는 한마디를 하였다. "누구의 탓도 아니라는 말은 사실이 아닙니다."

깜짝 놀란 어머니는 그게 무슨 뜻인지 물었다. 그러자 치료사는 "잘못은 바로 부인에게 있는 것이죠."라고 말했다.

모녀간의 파괴적인 **연합**coalition을 지속시키는 갈등-회피의 경직된 유형을 깨뜨리기 위해서는 이 정도 수준의 격화가 반드시 필요하다. 누가 정말 분노를 두려워하는지에 대한 내용보다 어머니의 과도한 개입으로부터 딸을 자유롭게 해주는 구조적인 목표를 세우는 것이 더 중요하다.

격화는 행동의 순서 과정의 시간을 늘려서 항상성이 유지되려는 시점까지 가지 않게 해야 한다. 흔한 예로, 자녀가 떼를 쓰며 성질부리는 것은 부모가 아이에게 굴복하기 때문에 유지된다. 대부분의 부모는 자녀에게 굴복하지 않으려고 하지만, 충분히 오랫동안 버티지 못하고 결국 굴복하게 된다.

사례연구

네 살 된 소녀는 언니가 방에서 나가자 살인이라도 난 듯이 비명을 질렀다. 소녀는 언니와 함께 가기 원했다. 소녀의 비명은 참을 수 없을 정도였고 부모는 포기할 준비가 되어 있었다. 그러나 치료사는 부모가 지지 말아야 한다고 강조했고, 조용해질 때까지 소녀를 붙잡고 있으라고 제안했다. 소녀는 20분이나 비명을 질렀고, 방에 있던 모든 사람은 지쳐 떨어졌다. 그러나 어린 소녀는 드디어 자기 뜻이 이루어지지 않을 것이라는 사실을 알아차렸고, 그 후 조용해졌다. 이후로 부모는 소녀의 이런 파괴적인 습관을 없애기 위해 동일한 격화의 지속을 사용할 수 있었다.

때때로 격화는 다양한 상황에서 한 가지의 상호작용 방식을 반복해서 해야 한다. 자녀를 아이 취급하는 부모는 아이를 과보호하는 다양한 행동에 대해 과거와 같이 도와주는 행동을 그만두어야 한다. 예로, 자신의 자녀를 아이 취급하는 부모는 코트를 걸어 주지 말고, 대신 말해 주지 말고, 화장실에 데려다주지 말고, 혼자 할 수 있는 많은 일을 해주지 말라는 지시를 받게 될 것이다.

어떤 사람은 우리가 격화라고 부르는 것이 지나치게 공격적이라고 생각할지도 모른다. 비록 미누친과 동료들이 중재자 역할을 하려는 경향이 있다는 것을 부인할 수는 없을지라도, 격화의 요점은 사람들을 괴롭히는 데 있는 것이 아니라 그들 서로가 궁지에서 빠져나가기를 포기하려고 하는 지점을 지나갈 수 있도록 하는 것에 있다. 난국에 빠져 있는 상호작용을 해결하기 위한 또 다른 전략은 가족 구성원이 표면적인 방어적 언쟁의 저변을 이해하도록 도와주는 **공감**empathy을 활용하는 것이다.

예를 들어 말 안 듣는 아이의 부모가, 부인은 남편이 아이에게 관심이 없다고 공격하고, 남편은 부인에게 변명하는 비생산적인 다툼의 사이클에서 벗어나지 못한다면, 치료사는 격화를 사용하여 부모가 아이의 행동을 통제할 수 있는 계획을 생각해 내라고 강력하게 요구한다. 혹은 치료사가 말싸움을 저지하고, 공감하고, 각자가 느끼고 있는 것에 대해 차례로 말하게 할 수도 있다. 화만 내는 아내는 상처와 원하는 것을 표현하지 않았을지 모르고, 부인에게 공격당하는 남편은 아내가 왜 짜증을 내는지 모르기 때문에 부인이 남편의 도움이 필요해서 화를 낸다는 사실을 모를 수 있다. 부인이 솔직하게 자신이 원하는 것을 표현한다면 두 사람 모두 덜 방어적으로 연결될 수 있다.

능력 조형하기shaping competence는 상호작용을 수정하는 또 다른 방법이며, 이것은 구조적 가족치료를 대표하는 기법이기도 하다. 상호작용이 반복되는 것을 막기 위해 격화를 사용한다면, 능력 조형하기는 상호작용 흐름의 방향을 바꾸는 것과 같다. 구조적 가족치료사의 역할은 긍정적인 것을 부각시키고 강화시킴으로써 가족 구성원이 이미 그들의 목록에 가지고 있는 다른 기능적 방법을 사용하도록 돕는 것이다.

사람들이 많은 잘못을 할 경우에도 대부분 잘한 것을 찾아낼 수 있다. 중요한 것은 긍정적 피드백도 적절한 시간에 사용할 때 효과가 있다는 것이다.

사례연구

부모가 자녀를 제대로 통제하지 못해서 매우 혼란스러운 가족이 있었다. 치료사가 어떤 시점에 어머니에게 "여기가 너무 소란스럽네요. 아이들을 좀 조용히 시켜 주시겠어요?"라고 말했다. 그녀가 자녀를 훈육하는 것을 얼마나 어려워하는지 알고 있기 때문에 치료사는 이 시점에 부모에게 효과적으로 자녀를 다루는 방법을 설명해야겠다고 마음먹었다. 어머니가 몇 번씩이나 "조용히 해!"라고 고함을 질러야만 아이들은 하던 일을 일시적으로 멈췄다. 치료사는 아이들이 다시 소란을 피우기 전에 재빨리 "아이들에게 단호하게 대할 수 있을 만큼 아이들을 사랑하시는군요."라고 어머니를 칭찬해 주었다. 이 말은 "당신은 아이들을 잘 다루는 능력이 있는 어머니입니다. 어머니는 이미 자녀에게 어떻게 단호하게 훈육을 해야 하는지를 알고 계십니다."라는 의미이다. 만약 치료사가 다시 소란스러워진 후에 그녀가 단호해야 한다고 말했더라면 그 메시지는 "어머니는 아이들을 제대로 훈육하지 못하시는군요."라는 의미로 들렸을 것이다.

경계선 설정하기

밀착된 가족의 경우, 경계선을 강화시키기 위한 개입이 필요하다. 가족 구성원 중의 한 사람이 자신에 대해서 이야기할 때는 다른 사람이 말을 막지 못하게 막는다. 또 두 사람이 대화를 할 때 다른 한 사람이 끼어들려고 하면 저지시키면서 대화를 중단 없이 끝낼 수 있게 한다. 부모가 자녀 하위체계를 존중하고 강화시키기 위해서는 아이들이 대화를 할 때 부모가 끼어들지 못하게 한다. 부모의 불필요한 간섭으로부터 자녀를 보호하면서 그들의 하위체계를 강화시키고자 할 때 치료사는 "자, 이번에는 숀과 수지가 이 문제에 대해 이야기해 볼래? 그리고 다른 사람들은 잘 들으셔야 합니다."라고 말할 수 있다. 만약 아이들이 부모의 대화에 끼어든다면, 치료사는 "두 분 어른이 대화할 수 있도록 아이들을 저쪽으로 밀쳐버리는 게 어떠시겠어요?"라고 말함으로써 부모가 자신들의 하위체계를 강화시키도록 도전할 수 있다.

구조적 가족치료는 가족 전체와 함께 시작되지만, 이후의 상담에서는 개인이나 하위체계 그룹을 따로 만나면서 경계선을 강화시킬 수 있다. 어머니에 의해 과보호를 받고 있는 10대 자녀의 경우 몇 차례에 걸친 개별 상담을 받으면서 독립적인 한 개인으로 지지받을 수 있다. 자녀와 지나치게 밀착되어서 사적인 대화를 나누어 본 적이 별로 없는 부부라면 치료사와 부부가 따로 만나서 어떻게 해야 할지를 배울 수 있다.

사례연구

40대 여인이 전화로 우울증에 대한 도움을 요청했을 때 나머지 가족과 함께 오도록 요청했다. 이 부인은 4명의 자녀를 키우느라 너무 많은 일을 하고 있었고, 남편으로부터 지지나 도움을 제대로 받고 있지 못하는 것으로 드러났다.

치료사는 우선 어머니와 자녀들 사이의 경계선을 강화하고, 부부간에 서로 더욱 친밀해지도록 하는 것을 전략으로 세웠다. 이것은 여러 단계에 걸쳐 이루어졌는데, 치료사는 우선 열여섯 살 된 맏딸과의 상담을 통해 어머니에 대한 잠재적인 도우미로서 맏딸의 능력을 지지해 주었다. 일단 이 작업이 이루어지자 맏딸은 상담실에서나 집에서나 어린 동생들에 대해서 책임감을 보이기 시작했다.

어느 정도 아이들의 시달림으로부터 벗어나자 부부는 함께 좀 더 많은 대화를 나눌 기회를 갖게 되었다. 하지만 그들은 그다지 할 말이 없었다. 이는 숨겨진 갈등 때문이 아니라 두 사람 모두 상대적으로 말수가 적은 사람들이기 때문이었다. 몇 차례에 걸쳐 상담을 하는 동안 치료사는 그들 부부가 대화할 수 있도록 하려고 노력했지만 곧 중요한 사실을 깨닫게 되었는데, 어떤 사람들에게는 대화하는 것이 즐거운 일이지만 어떤 사람들에게는 그렇지 않을 수 있다는 것이다. 부부간의 유대관계를 좀 더 지지하기 위해 치료사는 둘이서 함께 특별한 여행을 떠나 보도록 했다. 그들은 집 근처에 있는 호수에서 작은 배를 타면서 시간을 보내기로 했다.

다음 상담시간에 부부는 밝은 미소를 띠고 있었다. 그들은 모처럼 자녀들과 떨어져 즐기면서 아주 멋진 시간을 보냈다고 말했다. 그러고 나서 그들은 매주 조금씩이라도 집 바깥에서 둘만의 시간을 갖기로 결정하였다.

유리된 가족은 갈등을 회피하는 경향이 있고 그 결과 상호작용을 거의 하지 않게 된다. 이럴 때 구조적 가족치료사는 가족 구성원이 그들 사이에 있는 벽을 무너뜨릴 수 있게 하기 위해 갈등을 회피하는 태도에 도전하고 우회하려는 경향을 차단하는 개입을 하게 된다.

초보 치료사는 가족 안에서 유리된 관계를 발견할 때, 긍정적 상호작용을 증대시킬 방법을 찾으려는 경향이 있다. 사실 유리된 관계는 흔히 논쟁을 피하기 위한 한 가지 방법이다. 따라서 서로에게 소외된 사람들은 좀 더 가까워질 수 있기 전에 차이점에 대해 이야기를 나눌 필요가 있다.

대부분의 사람은 자신들의 행동이 주위 사람들에게 미치는 영향력에 대해 과소평가한다. 특히 유리된 가족의 경우에는 더욱 그렇다. 문제는 자신 외의 다른 사람이 하고 있는 일 때문에 발생하는 것처럼 보이고, 해결책은 다른 사람이 변하는 것이라고 생각한다. 구조적 가족치료사는 가족 관계의 **상보성**complementarity에 대해 강조함으로써 '단선형 인과론'으로부터 '순환적 인과론'으로 가족의 대화를 이끌어 나간다. 말썽을 일으키는 아이에 대한 불평을 터뜨리는 어머니에게 그러한 아들의 행동을 자극하거나 지속시키는 일을 하고 있지는 않은지 생각해 보도록 가르친다. 변화를 요구하는 사람은 그것을 얻어 내려고 노력하는 자신의 방식을 바꾸는 법을 배워야 한다. 남편에게 자기와 함께 더 많은 시간을 보내자고 잔소리하는 아내는 좀 더 매력적인 방법으로 남편을 끌어들이는 법을 배워야 한다. 아내가 자기 말을 경청하지 않는 것 때문에 불평하는 남편은 아내의 말을 더 많이 들어야만 비로소 아내가 남편의 말을 기꺼이 들으려고 할 것이다.

균형 무너뜨리기

경계선을 만드는 과정에서 치료사는 하위체계 간의 관계를 재조정해 나가는 목표를 세운다. 균형 무너뜨리기 단계에서의 목표는 하위체계 내에 있는 구성원 간의 관계를 변화시키는 것이다. 종종 가족이 난국에 빠져 꼼짝 못하고 있는 경우가 있는데, 이는 갈등관계에 있는 가족이 서로 대립 상태에서 평형을 이루고 있기 때문이다. 이 경우에 치료사는 균형을 무너뜨리기 위해 가족에 합류해서 한 개인이나 하위체계에 합류하여 한쪽을 지지한다.

편을 드는 것(편의상 그렇게 부르자)은 중립성이라는 신성한 치료의 법칙에 위반하는 것처럼 보인다. 그러나 치료사는 누가 옳고 그른지를 따지는 심판관으로서가 아니라, 얼어붙어 있는 체계의 균형을 무너뜨려서 재조정하기 위해 한쪽 편에 서는 것이다. 치료사가 번갈아 가면서 다양한 가족 구성원의 편을 들기 때문에 궁극적으로는 균형과 공평이 이뤄질 수 있다.

사례연구

매클린 가족은 고집불통인 자녀 문제로 상담을 받으러 왔는데, 그 아이는 두 번이나 학교에서 퇴학을 당한 말썽꾸러기였다. 미누친이 보기에 부부관계가 은밀하게 균열되어 있었고 그 문제에 대해 서로 아무 이야기도 하지 않으면서 균형 상태를 유지하고 있었다. 10세 소년의 비행은 아주 극적으로 드러났다. 아버지는 완강하게 저항하면서 발로 차고 소리를 지르는 아이를 강제로 끌고 들어와야 했다. 한편 아이의 동생은 상냥하게 미소를 지으면서 조용히 앉아 있는, 그야말로 아주 착한 소년처럼 보였다.

도저히 어떻게 해볼 수 없는 아이로부터 부모의 통제와 협력에 대한 주제로 초점을 옮기기 위해, 미누친은 눈에 보이지 않게 말썽을 피우는 일곱 살 된 동생, 케빈에 대해 물어보았다. 그 아이는 욕실 바닥에 오줌을 누었다. 아버지에 따르면 아이가 욕실 바닥에 오줌을 누는 행동은 '부주의함' 때문이었다. 이에 미누친이 "그렇게 형편없이 겨냥하지 못하는 사람은 아무도 없습니다."라고 말하자 부인이 크게 웃었다.

미누친은 그 아이에게 늑대들이 자신의 영토를 어떻게 표시하는지에 대해 이야기해 주고, 집에 가서 거실 네 귀퉁이에 오줌을 싸면서 그의 영역을 넓혀 볼 것을 제안했다.

미누친: 집에서 개를 키우니?

케빈: 아니요.

미누친: 오, 그러면 바로 네가 너희 집의 강아지였구나.

오줌을 싸는 아이와 부모의 반응에 대해 논의하면서 미누친은 부모가 얼마나 대립되어 있고, 서로를 깎아내리는지에 대해 극적으로 표현했다.

미누친: 왜 아이가 그런 일을 하려고 할까요?

아버지: 글쎄요, 저는 제 아들이 일부러 그러는지는 잘 모르겠습니다.

미누친: 아마도 무의식적으로 그렇게 하나 보죠?

아버지: 아니요, 제 생각엔 조심하지 않기 때문에 그런 것 같습니다.

미누친: 어쨌든 아이의 목적이 무시무시하군요.

아버지는 아이의 행동을 우연한 사고였다고 말했고, 어머니는 아들이 반항하는 것이라고 생각했다. 부모가 자녀에 의해 통제를 받게 되는 이유 중 하나는 부모가 자신들이 가진 차이점에 직면하는 것을 회피하려 들기

(계속)

때문이다. 차이가 있다는 것은 정상이지만, 한쪽에서 상대방이 자녀를 다루는 방법에 대해 비방하게 되면 부모의 차이는 아이들에게 매우 해롭고 불이익을 주게 된다. 아이의 행동은 마치 겁쟁이가 표현되지 않은 슬픔에 대해 복수하려는 것과 같다.

미누친은 부드러우면서도 일관된 태도로 자녀의 행동에 초점을 맞추지 않고, 부모의 반응에 대해서 대화를 나누도록 압력을 넣었다. 그러자 오랫동안 꾹 참아 왔던 분노가 밖으로 터져 나왔다.

어머니 : 남편은 아이들이 문제를 일으킬 때 도와주지 않고 아이들에 대해 변명만 해요.
아버지 : 맞아, 하지만 내가 도우려고 하면 당신은 항상 나를 비난했어. 그 뒤로 난 포기해 버렸어.

동영상을 보듯이 부부의 갈등은 이제 분명해졌다. 미누친은 부모의 문제를 다루기 위해 아이들에게 잠시 밖으로 나가달라고 부탁했다. 자녀 양육 문제를 뒤로 하고 두 사람은 남자와 여자로서 서로를 마주하게 되었다. 그리고 자신들의 상처와 슬픔에 대해 이야기했다. 이것은 분명 외롭게 유리된 두 사람의 슬픈 사연이었다.

미누친 : 두 분은 이제 서로 동의하는 부분을 찾으셨나요?

남편은 그렇다고 했지만 아내는 아니라고 대답했다. 남편은 문제를 작게 생각했던 반면에 아내는 문제를 비판적인 태도로 보았다.

미누친 : 부인은 언제 남편과 이혼하고 아이들과 결혼하셨죠?

부인은 조용해졌고, 남편은 허공을 쳐다보았다. 부인이 조용히 말했다. "아마도 십 년 전일 거예요."
그러고는 결혼생활이 어떻게 부모 역할 속으로 푹 빠져들게 되었는지에 대한 고통스럽지만 너무나 흔한 이야기가 이어졌다. 갈등은 겉으로 표현된 적이 없었기 때문에 한 번도 해결되지 않았었다. 그래서 둘 사이의 틈은 한 번도 수리될 사이 없이 계속 벌어져 왔다.

미누친의 도움을 받으면서 부부는 한 사람씩 자신들이 그동안 겪었던 고통에 대해 이야기했고 또 경청하는 법을 배웠다. 굳어진 균형을 무너뜨림으로써 미누친은 부부가 서로의 차이점을 극복하고 서로에게 솔직해지면서 자신들이 원하는 것을 내놓고 다투고, 결국에는 남편과 아내로서, 그리고 부모로서 함께 설 수 있게 되었다.

균형을 무너뜨리는 것은 때때로 전투 형태를 띠는 변화를 향한 몸부림이다. 치료사가 아버지에게 충분히 하고 있지 않다고 말하거나 어머니에게 남편을 소외시키고 있다고 말한다면, 마치 치료사와 가족 사이의 싸움에서 치료사가 가족을 공격하고 있는 것처럼 보일지도 모른다. 그러나 진짜 싸움은 가족과 그들의 변화에 대한 두려움과의 싸움이다.

비생산적인 신념에 도전하기

구조적 가족치료는 인지적 접근이 주요 신념이 아니지만, 치료사들은 때때로 구조적 문제를 유지시키는 비생산적인 신념에 도전하기도 한다. 가족의 상호작용 방식을 변화시키다 보면 상황에 대한 관점도 달라진다. 그 반대도 역시 마찬가지이다. 가족 구성원들이 현실에 대한 관점이 변화하면 구성원들 사이의 상호작용 방식도 변화시킬 수 있다.

여섯 살 된 소녀의 부모가 딸의 행동에 대해 호소하는데, 그들의 표현에 따르면 딸아이가 과잉

행동을 하고 '민감'하며 '신경질적인 아이'라는 것이다. 이러한 꼬리표를 붙이는 것은 굉장한 힘을 가지게 된다. 아이의 행동이 '나쁜 행동'인가? 아니면 '불안' 증상인가? 아이가 '장난치는 것'인가? 아니면 '도움을 요청하는 것'인가? 아이가 '화난 것'인가? 아니면 '나쁜 것'인가? 그렇다면 '누구' 때문인가? 무수히 많은 이름을 붙일 수 있다.

때때로 치료사는 구조적인 것에 대한 정보와 충고를 제공하면서 가르치려 든다. 그러나 가족을 재구조화할 때는 저항을 최소화해야 한다. 치료사는 '칭찬하고 나서 발로 차기' 방법을 사용한다. 만약 치료사가 가족을 치료하는데, 어머니가 자녀를 대변해서 이것저것 말하고 있다면, 치료사는 어머니에게 "어머니 말씀이 도움이 많이 되네요."(칭찬)라고 말한다. 그러나 아이에게는 "어머니가 네 목소리를 빼앗아 가버렸구나. 네 스스로 말할 수 있겠니?"(발로 차기)라고 말한다. 즉 어머니는 도움이 되기도 하지만 방해되기도 하는 존재로서 정의된다(칭찬하고 나서 발로 차기).

효과적인 도전은 사람들이 하고 있는 것과 결과를 보여 준다. 그러나 가족 구성원이 지적당한 것을 듣게 만들기 위해서는 공격 대신 지지받는다고 느껴야 한다. 문제를 지적하기 전에, "그것 참 흥미롭습니다."라고 말하면서 호기심을 보여 준다. 사람들에게 가르치고 싶은 유혹이 있지만, 그렇게 하면 결과를 보면서 자연스럽게 배울 가능성을 감소시킨다.

모델의 이론과 결과에 대한 평가

Families and Family Therapy(1974)에서 미누친은 가족치료사들이 무엇을 바라보고 있는지를 알아야 한다고 가르쳤다. 구조주의 이론의 렌즈를 통해서 가족을 보게 되면 과거에는 전혀 이해가 안 가던 가족 구성원들의 상호작용이 갑자기 초점이 맞추어지면서 눈에 확 들어오게 된다. 이 미누친의 저서는 밀착과 유리를 찾아내고 연합, 실연, 균형 깨트리기 등의 기법을 통해서 가족의 구조를 쉽게 변화시킬 수 있겠다는 희망을 제공한다. 미누친은 가족 변화를 쉽고 빠르게 하는 방법을 보여 주었다. 그렇지 않은가!

가족치료 분야가 서서히 형성되었듯이, 구조적 가족치료도 오랜 시간에 걸쳐서 형성되었다. 지금도 치료사들이 구조주의 학파의 상표와 같은 말("누가 이 가족의 대장인가?")을, 가족을 직면시킬 때 사용하기도 한다. 하지만 지난 30년간 구조적 가족치료사들의 도전적인 태도가 점차 줄어들면서 가족들로 하여금 자신들의 가족의 조직을 이해할 수 있도록 돕는 데 중점을 두게 되었다. 중요하게 기억해야 할 것은 구조적 가족치료사들의은 기법이 아니라 가족을 바라보는 방식이다.

신체화 질환을 가지고 있는 아이와 약물중독인 젊은 성인을 대상으로 한 일련의 연구 결과가 구조적 가족치료에 대한 가장 강력한 경험적 지지를 뒷받침하고 있다. 매우 심각한 신체화 질환을 가진 아이와의 치료에서 효과를 입증한 연구는 심리학의 측정법을 사용했기 때문에 설득력이 있고, 생명을 위협하는 문제를 다루었다는 점에서 극적인 요소를 가지기도 했다. 미누친, 로스먼,

베이커(1978)는 가족 갈등이 신체화 질환의 성격을 띤 당뇨병 어린이 환자의 산성증을 어떻게 촉진시키는지에 대해 보고하였다. 기초 면접 과정에서 부모는 자녀가 함께 있지 않은 상태에서 가족 문제에 대해 의논하였다. 정상 가족의 부부는 가장 높은 수준의 직면을 보인 반면, 신체화 질환이 있는 가족의 부부는 매우 광범위한 갈등 회피 책략을 보였다. 그다음에 치료사는 부모에게 압력을 가해서 갈등 수준을 높였고, 자녀는 일방경 뒤에서 그 광경을 보도록 하였다. 부모가 다툴 때 신체화 질환이 있는 아이만 흥분하는 반응을 보였다. 게다가 이 아이들이 보인 스트레스 반응은 산성증의 척도인 혈액 내의 유리지방산 수준의 급격한 증가와 함께 나타났다. 세 번째 단계에서 환자 자녀는 부모와 함께 면접에 참여하였다. 정상 가족의 부모와 행동장애 가족의 부모는 이전과 동일하게 행동했지만, 신체화 질환이 있는 가족의 부모는 자녀를 논쟁에 끌어들이거나 주제를 자신들에 관한 것에서 자녀에 관한 것으로 바꿈으로써 갈등을 우회했다. 그러자 부모의 유리지방산 수준은 떨어졌고, 반면 자녀의 수준은 계속해서 상승했다. 이 연구는 신체화 질환을 앓고 있는 아이가 부모 사이의 스트레스를 조절하는 역할에 연루되고 있다는 임상적 관찰에 대해 강력한 증거를 제시해 주었다.

미누친, 로스먼, 베이커(1978)는 신경성 식욕부진증 환자 53명을 구조적 가족치료 방법으로 치료한 결과를 요약하였다. 외래 가족치료에 잇달아 입원을 포함한 치료 과정 후에, 43명의 거식증 아이가 '대단히 좋아졌고', 2명이 '좋아졌고', 3명은 '변화가 없었으며', 2명은 '더 나빠졌고', 3명은 중간에 그만두었다. 윤리적인 점을 고려해서 심각한 증상의 아이들을 통제집단으로 활용할 수는 없었지만, 보통 거식증 환자의 30%가 사망한다는 것을 고려하면 환자의 90%가 호전되었다는 사실은 대단히 인상적이다. 더 놀라운 것은 가족치료가 끝난 후 몇 년간의 사후 보고에서도 긍정적인 치료 효과가 유지되고 있다는 것이었다(예 : Campbell & Patterson, 1995). 섭식장애 치료에 구조적 가족치료를 함께 적용했을 때도 비슷한 연구 결과가 나왔다(예 : Lock, Le Grange, Agras, & Dare, 2001 ; Eisler, Simic, Russell, & Dare, 2007 ; Lock, Le Grange, Agras, Moye, Bryson, & Jo, 2010). 구조적 가족치료가 심인성 천식이나 신체화 질환의 성격을 가지고 있는 복합적인 증상의 당뇨 환자에게도 대단히 효과적인 것으로 나타났다(Minuchin, Baker, Rosman, Liebman, Milman, & Todd, 1975). 마지막으로, 이 이론을 근거로 아동 비만치료에 구조적 접근이 포함된 가족 기반 개입 방법이라고 불리는 치료 방법이 성공적이라는 보고가 있다.

초기 구조적 가족치료는 행동장애와 청소년 물질남용 치료에서 드러난 효과에 대한 연구가 많았다. 예를 들면 *Families of the Slums*(1967)이라는 그의 책에서는 사회적으로 저소득층 가족의 구조적 특징을 설명하면서 이 인구집단에 대한 구조적 가족치료의 효과성을 보여 주고 있다. 치료를 시작하기 전에 내담자 가족의 어머니들은 지나치게 통제를 많이 하거나 아니면 지나치게 통제를 하지 못하거나 한다. 두 집단 다 자녀들은 다른 통제집단의 자녀들보다 파괴적인 행동을 많이 했다. 치료가 끝난 뒤에 어머니들이 덜 강제적인 통제를 하되 규칙을 분명히 하고 엄격하게 규칙을 적용하도록 하였다. 열한 가족 중 일곱 가족이 6개월에서 1년간의 치료를 받은 뒤에 의미 있게 변화를 하였다고 보고하고 있다. 비록 통제집단과 비교하지는 못했어도 윌트윅의 성공비율인 50%보다 나았다. 듀크 스탠턴Duke Stanton은 약물 중독자와 그의 가족을 치료하는 데 구조적 가족치료가 효과적임을 보여 주었으며, 스탠턴과 토드(1979)는 잘 통제된 연구에서 가족치료를 개인치료 그리고 가족에게 일시적인 위안을 주었을 때의 상태와 비교하여 그 효과를 측정하였다. 그 결과 구조적 가족치료 접근법을 사용하였을 때 증상이 상당히 감소되었으며, 긍정적 변화의 수준이 다른 조건 안에서 성취된 것의 2배 이상으로 나타났고, 이러한 긍정적인 효과는 6개월과 1년 후에 실시된 추적조사에서도 지속되고 있었다.

최근에는 파괴적 행동, 청소년 물질남용, 행동장애, 주의력결핍 과잉행동장애 등의 행동 차원의 증상을 지닌 내담자의 가족에 구조주의가 효과적임이 드러나고 있다. 구조적 가족치료는 아프리카 흑인, 라틴계 청소년들의 약물중독에 대한 초기 개입에 효과가 있다(Santisteban, Coatsworth, Perez-Vidal, Mitrani, Jean-Gilles & Szapocznik, 1997). 치료 과정에 끌어들이고 치료에 남아 있는 비율을 높일 수 있고(Robbins et al., 2003, 2008; Szapocznik et al., 1988), 청소년 약물사용과 그와 관련된 문제 행동 증상을 지닌 가족의 기능과 부모 기능을 개선시켰다(예 : Grief & Dreschler, 1993; Robbins et al., 2000; Santisteban et al., 2003). 그 외의 연구들도 갈등, 그리고 분노 표현을 감소시키기 위한 의사소통 훈련과 행동조절 훈련 프로그램에서도 그 효과가 동등하게 나타나고 있다(Barkley, Guevremont, Anastopoulos, & Fletcher, 1992). 구조적 가족치료는 또한 행동장애와 같은 청소년의 장애(Chamberlain & Rosicky, 1995; Santisteban et al., 2003; Szapocznik et al., 1989), 그리고 섭식장애(Campbell & Patterson, 1995)를 치료하는 데도 효과적이었다.

청소년의 행동 문제뿐만 아니라 구조적 가족치료에 기초한 아이디어는 성인 문제를 치료하는 데도 꽤 효과적이라는 것이 드러났다. 예를 들면, 구조주의 에코 시스템 치료에서는 약물절제나 HIV 혹은 AID 환자의 가족기능을 개선하는 효과를 보여 주고 있고(Mitrani, McCabe, Burns, & Feaster, 2012), 또 이 모델은 임산부의 우울증에 도움이 되고, 자녀 양육에도 도움이 된다(Weaver, Greeno, Marcus, Fusco, Zimmerman, & Anderson, 2013). 물론 더 많은 연구가 필요하지만 이러한 연구들은 증상뿐만 아니라 증상으로 인해 고통받는 가족 구성원들에게 가족 기반 접근이 도움이 많이 된다는 점을 부각시키고 있다.

비록 구조적 가족치료가 살바도르 미누친과 매우 밀접하게 연관되어서 한때는 동의어로 여겨지기도 했지만, 이 모델로부터 사람을 분리시키는 것이 더 좋은 생각일 것이다. 우리는 구조적 가족치료를 생각할 때 그 접근법을, 1974년에 출판된 *Families and Family Therapy*에서 설명하고 있는 형태로 기억하는 경향이 있다. 이 책은 여전히 구조주의 이론에 대해 훌륭하게 소개하고 있지만, 그 당시 미누친이 선호했던 기법들에 대해서만 강조하고 있다. 미누친은 지난 35년 동안 상당한 발전을 거듭해 오면서, 종종 거친 모습으로 항상 가족에게 도전할 준비가 되어 있었던 젊은 치료사의 모습을 벗고, 좀 더 경험을 쌓은 임상가로서 여전히 도전적이기는 하지만, 훨씬 부드러운 모습을 보이고 있다. 만약 이 장에서 소개된 몇몇 사례가 지나치게 공격적이었다는 점에서 당신에게 충격을 주었다면, 당신이 제대로 본 것이 맞을 것이다. 이러한 몇몇 사례는 가족치료사가 직면하는 방식을 선호하는 경향을 띠었던 1970년대에 이뤄졌던 치료이다. 직면하는 방식이 구조적 가족치료를 하는 몇몇 치료사를 특징짓는 요소가 되기는 하지만, 결코 이 접근이 가지는 본질적인 특징은 아니다.

미누친은 개념적인 측면에서도 발전을 거듭해 왔는데, 사람 사이의 상호작용에만 초점을 두는 것으로부터 이러한 상호작용을 이끄는 인지적 관점뿐만 아니라 그러한 관점을 만들어 낸 과거의 원인도 고려하기까지 이르렀다(Minuchin, Nichols, & Lee, 2007). 그러나 그가 만들어 낸 구조적 접근은 그의 치료 작업 속에도 드러나고 있고, 이 모델에 대한 권위 있는 문헌(예 : Minuchin, 1974; Minuchin & Fishman, 1981; Minuchin & Nichols, 1993), 그리고 그의 제자와 동료들이 이어 가고 있는 작업 속에서도 여전히 녹아 있다.

구조주의 모델은 치료사가 문제의 내용을 넘어, 그리고 심지어는 상호작용의 역동을 넘어서 그러한 상호작용을 지지하고 속박하는 근본적인 가족구조를 보도록 한다. 1974년 이후로 많은 것이 변화해 왔지만, 구조주의 모델은 여전히 우뚝 서서, 문제를 겪는 가족 안에 어떤 일이 일어나고 있는지를 이해하기 위해 가장 널리 사용되는 방법론이 되고 있다.

요약

미누친은 그의 뛰어난 임상적 기법으로 가장 많이 알려졌을지 모르지만, 그의 구조적 가족치료 이론은 가족치료 분야에서 가장 널리 이용되는 모델 중의 하나가 되었다. 구조주의 이론이 그렇게 인기 있었던 이유는 이론이 단순하고 포괄적이면서 실용적이라는 점 때문이다. 기본적인 개념 — 경계선, 하위체계, 제휴, 상보성 — 은 쉽게 이해되고 적용할 수 있다. 그러한 개념은 개인, 가족, 사회적 맥락을 모두 고려할 뿐만 아니라 가족을 이해하고 치료하기 위한 분명하고 조직적인 틀을 제공해 준다.

구조적 가족치료 접근법의 가장 중요한 신념은 모든 가족이 구조를 가지고 있다는 것과 이 구조는 오직 가족이 행동하고 있을 때에만 드러난다는 것이다. 이 견해에 따르면, 전체 가족구조를 생각하지 못하고 단지 하나의 하위체계에만 개입하는 치료사는 지속적인 변화를 거두지 못하기 쉽다. 만약 한 어머니가 아들과 과잉 연루된 관계에 있다면, 이것은 남편과 멀어진 관계를 포함하는 구조의 일부분일 것이다. 이런 상태에서 모자관계를 위한 치료를 아무리 한들 가족을 변화시키지는 못할 것이다.

하위체계는 기능을 기초로 한 가족 내의 단위이다. 만약 가족 내에서의 주도적인 힘이 아버지와 딸에 의해 차지되었다면, 남편과 아내가 아닌, 딸과 아버지가 가족 내의 집행적 하위체계가 된다. 하위체계는 대인관계상의 경계선에 의해 규제된다. 건강한 가족의 경계선은 독립성을 지켜줄 만큼 분명하면서도 상호적인 지지를 보장해 줄 만큼 투과성이 있다. 밀착된 가족은 산만한 경계선에 의해, 유리된 가족은 경직된 경계선에 의해 특징지어진다.

일단 가족의 신뢰를 얻기 시작하면, 치료사는 중심적인 역할은 피하면서 가족 상호작용을 촉진시킨다. 이러한 위치에서 가족치료사는 가족 내에서 어떤 일이 벌어지고 있는지를 관찰하고 진단을 내릴 수 있으며, 여기에는 문제와 그 문제를 지속시키는 구조가 포함된다. 이러한 진단은 경계선과 하위체계의 관점에서 이루어지는데, 이 개념은 마치 변화를 위한 길들을 보여 주는 두 차원의 지도와 같다.

일단 성공적으로 가족에 합류해서 진단하면, 구조적 가족치료사는 하위체계 내에서나 하위체계 간의 연합을 변경하고 권력을 바꾸는 기법을 이용하여 잠자고 있는 구조를 활성화시킨다. 이러한 재구조화 기법은 구체적이고 때로는 강제적이기도 하다. 그러나 성공의 여부는 기법 자체가 가진 힘만큼 합류와 진단을 얼마나 효과적으로 하는가에도 달려 있다.

제7장

경험적 가족치료

정서적 만남으로서의 가족치료

학습 목표

◆ 경험적 가족치료의 발생에 대해 설명하라.

◆ 경험적 가족치료의 주요 신념을 설명하라.

◆ 경험적 가족치료의 건강한 가족과 건강하지 못한 가족의
  발달을 설명하라.

◆ 치료 목표와 목표를 달성하기 위한 조건을 경험주의적
  관점에서 설명하라.

◆ 경험적 가족치료의 진단과 치료개입 기법에 대해 논의하
  고, 실증하라.

◆ 경험적 가족치료를 지지하는 연구들에 대해 논의하라.

경험적 가족치료는 인본주의 심리학에 뿌리를 두고 있다. 그리고 지금-여기의 경험을 표현하는 것을 중시한다. 경험주의는 가족치료 발생 초기, 체계적 이론이 거론되기는 하지만 기법은 개인치료나 집단치료의 것을 그대로 사용하던 시기에 가장 많은 인기를 얻었다. 경험적 가족치료도 다른 치료집단의 기법을 많이 도입하였다. 게슈탈트 치료, 참만남집단의 역할놀이, 정서적 직면 기법과 더불어 미술과 심리극의 영향을 받은 가족조각, 가족 그리기 같은 표현 기법도 도입하였다.

거의 모든 가족치료 학파들이 체계와 상호작용을 중요시하는 데 비하여 경험적 가족치료는 상호작용뿐만 아니라 정서적 경험을 매우 강조하고 있다. 1960년대에 강력한 영향을 끼치던 버지니아 사티어와 칼 위태커는 경험적 가족치료 학파의 선구자이다. 칼 위태커는 직접적인 경험을 가장 중요하게 여겼다. 따라서 위태커는 이론을 세우거나 제자 훈련을 하지 않았다. 반면에 사티어는 감정을 경험하고 일치적으로 표현하는 것이 인간관계의 기본이라고 여겨 의사소통을 분석하고 가르치는 기법뿐만 아니라 심리내면 탐색, 가족조각, 가족지도 등의 다양한 치료 기법을 소개하였다. 또한 사티어는 훈련센터와 수많은 워크숍을 통해 제자들을 훈련시키려고 노력하였다.

대부분의 가족치료 학파들에서 구조나 행동, 원가족 이해 등에 초점을 맞추는 것이 유행하였기 때문에 경험주의는 한동안 쇠퇴하는 듯 보였다. 최근에는 수잔 존슨의 정서중심 부부치료, 그리고 내면 가족체계 치료(Schwartz, 1995)가 개인의 경험과 가족체계를 연결하여 자신들만의 방법론을 제시하여 새로운 각광을 받고 있다.

경험을 다루는 것은 심리치료에 매우 핵심적인 과정이다. 프로이트는 부정적인 정서만 다루는 것, 또는 부정적인 정서를 합리화하고 무시하는 것 모두 내담자의 본질과 만나는 기회를 잃어버리게 한다고 이야기하였다. 그동안 가족치료 분야는 문제해결에 집중하여 인지와 행동에 초점을 맞추다가 경험에 대한 중요성을 잃어버리게 되었다. 경험적 가족치료가 경험을 중요시하고, 정서를 만나고 해결하려는 노력을 하는 것은 한쪽으로 치우친 가족치료 분야에 지속적으로 유용한 영향을 미치고 있다.

주요 인물에 대한 묘사

경험적 가족치료의 두 대가는 칼 위태커와 버지니아 사티어이다. 위태커는 경험적 가족치료의 거장이며, 가족 구성원들이 감정을 숨기고, 책임을 회피하는 것을 그대로 들춰내어 직면시켰다. 위태커의 치료 과정은 직관에 의지하여 자유롭게 진행되었는데, 이는 가족 구성원들이 자유로운 사람이 되는 것을 보여 주기 위한 위태커의 숨은 의도라고 추측된다. 치료 과정 중에 화를 내기도 하고, 무료한 가족을 치료하다가 졸기도 하는 등의 그의 태도는 전통적인 치료사의 모습은 아니었기 때문에 정신치료계의 이단자처럼 취급받았다. 그러나 그의 뛰어난 직관, 순발력, 감정 표현을 위한 강한 직면 등의 능력 때문에 점차 가족치료 분야에서도 가장 존경받는 치료사 중 한 사람이 되었다.

칼 위태커는 뉴욕의 북부 지방의 고립된 낙농 농장에서 자랐으며, 이런 환경의 영향으로 수줍음은 많았지만 사회적 인습의 영향은 덜 받았다. 의대 졸업과 산부인과 수련 생활을 마치고 위태커는 정신의학에 입문하게 되었고, 곧 정신병리에 매혹되었다. 1940년 후반에 위태커는 환자의 환각적인 환상을 막기 위해 신경안정제에만 의존할 수 없다는 것을 깨닫게 되었다. 그는 환자들의 정신병리적인 사고도 인간의 사고라는 생각을 하게 되면서 그들의 병리적인 사고도 경청하고 이해하는 방법을 배우기 시작하였다.

루이빌 의과대학교와 오크리지 병원에서 근무한 후, 위태커는 에모리대학교 정신의학과의 학과장직을 수락했다. 위태커는 1946년부터 1955년까지 그 자리에 있으면서 우수한 프로그램을 만들었다. 그러나 의대로부터 정신분석적 접근을 선호하는 정신과를 만들라는 강력한 압력이 들어오자, 위태커와 토머스 멀론Thomas Malone, 존 워켄틴John Warkentin, 리처드 펠더Richard Felder를 포함하는 의료 팀은 모두 교수직을 사임하고 애틀랜타 정신의료원을 설립하였다. 경험적 가족치료는 이 연합체에서 탄생되었으며, 이 그룹은 도전적인 중요 논문들을 발표했다(Whitaker & Malone, 1953). 1965년에 위태커는 위스콘신 의과대학교에 재직하였으며, 1980년 후반 은퇴 후에는 많은 워크숍이나 학술대회를 통해 자신의 방법론을 설파하였다. 1995년의 위태커의 죽음은 가족치료계의 큰 손실이었다. 위태커의 동료들 중 가장 많이 알려진 어거스트 네이피어August Napier는 애틀랜타에서 개인치료를 실시하고 있으며, 데이비드 키스David Keith는 시러큐스주립대학교에 재직하고 있다.

실제로 가족치료계에 가장 큰 영향을 미친 경험적 가족치료사는 버지니아 사티어이다. 사티어는 MRI 초대 멤버로 의사소통과정(제1장과 제5장 참조)과 정서적 경험을 강조하였다. 개인 심리, 상호작용, 현재 가족과 원가족, 영성까지 포함한 체계적 접근을 하였다. 이러한 인간 이해는 그녀의 치료 방법에도 그대로 드러나 사티어의 치료는 가족치료라기보다는 인간 가치를 회복시키려는 실존주의적 · 인본주의적 · 초월주의적 입장에 현상학적 입장을 더했다고 이해할 수 있다(제1장과 제5장 참조).

버지니아 역시 위스콘신의 농촌에서 성장하였다. 시골에서의 성장 경험은 모든 존재에 내재되어 있는 생명력의 힘을 믿게 하였다. 어린 사티어는 부모의 갈등을 보고, 어린 시절부터 가족을 탐색하는 탐정가가 되겠다고 결심하게 되었다는 일화도 있다. 가난한 집안의 맏딸로, 학업과 생활을 스스로 해결하였으며, 이런 삶은 힘들었지만 독립적이고 부지런한 생활 태도를 형성하는 데 도움이 되었다. 버지니아 사티어는 1951년에 시카고 개인상담소에서 가족을 관찰하기 시작했으며, 1955년에 일리노이 주의 정신의학기관에서 수련생을 위한 훈련 프로그램을 만들기 위해 초청되었다(그녀의 학생 중 한 사람인 이반 보스조르메니-나지가 그곳에 있었다). 1959년 돈 잭슨의 초청으로 MRI 옮겨 간 후 최초로 가족치료사 훈련 프로그램을 만들었고, 1966년 캘리포니아 빅서의 에솔렌 인스티튜트Esalen Institute의 책임자 자리를 맡기 위해 MRI를 떠나기까지 소장으로 재임하였다.

그 당시 추상적인 이론적 개념과 전략적 기법에 치중하던 가족치료 영역에서 사티어는 사랑, 돌봄, 존재 가치를 가족치료 방법론의 기저에 놓았기 때문에 양육적 치료사의 원형이 되었다. 그녀의 온정과 진실성은 전 세계를 다니며 워크숍과 시연을 할 때 엄청난 영향력을 발휘하였다. 대중을 움직일 수 있는 능력은, 사티어를 가족치료계의 가장 찬사받는 인본주의자라는 거대한 인물로 만들었다. 어린 시절의 성장 과정으로 인한 열정과 부지런함은 엄청난 에너지로 전환되어 자신의 방법론을 미국은 물론 전 세계에 설파하다가 1988년에 췌장암으로 사망하였다.

가장 최근의 가족치료의 경험적 접근은 그린버그와 존슨의 정서중심적 부부치료인데, 그들은 펄스Perls, 사티어, 보울비의 애착이론을 도입하였다(Greenberg & Johnson, 1985, 1986, 2010; Johnson, 2004). 사티어의 영향을 특히 많이 받은 슈워츠(Schwartz, 1995)의 내면 가족체계 치료는 또 하나의 다른 경험적 접근이다. 이 모델은 내담자들 안에 갈등을 일으키는 내면을 '부분'으로 다루고, 이 부분을 의인화해서 다루었다.

이론적 발달

경험적 가족치료는 가족 문제의 원인을 정서적 억압에 두고 있다. 비록 모든 자녀가 자기가 하고 싶은 대로 행동할 수 없다는 것을 배워야 하지만, 부모는 불행하게도 자녀가 가진 정서의 **표현적 기능**과 **도구적 역할**에 대해 혼동하고 있다. 부모는 자녀의 행동을 자녀의 감정(표현적 기능)을 통제 (도구적 역할)하면서 조절하려고 한다. 그 결과 자녀는 부모에게 야단맞는 것(통제)을 피하기 위해서 정서적 경험(감정 표현)을 못하게 된다. 이런 현상은 보편적인 현상이지만, 역기능 가족에서는 정서 표현의 수용도가 지나치게 낮다는 데 문제가 있다. 역기능 가족 환경에서 자란 자녀는 점차 자신의 감정을 자각하지도 경험하지도 표현하지도 못하게 된다. 결국 지루하고 무기력하며 불안과 억눌린 감정을 지닌 채 생명력을 상실하고 자기를 상실하게 된다.

체계론적 가족치료사는 문제 행동의 원인이 춤을 추는 것과 같은 가족 구성원들의 상호작용에 있다고 보는 반면, 경험적 가족치료사는 가족 구성원들의 상호작용은 단지 가족 구성원들의 방어 기제가 투사된 춤의 그림자일 뿐이라고 보았다. 결국 변화는 가족 구성원들이 각자의 진정한 정서와 접촉할 때에만 가능하다. 정서는 회상, 바람, 두려움, 불안, 사랑, 열정 등 모든 감정을 다 포함하고 있다. 가족 구성원들이 경험하는 다양한 폭의 감정을 정직하게 표현하고, 인정받을 때 자존감이 높아져서 자신의 가능성을 펼칠 수 있다. 비록 감정을 정직하게 표현하면 갈등이 발생할 수 있지만, 갈등을 해결해야 가족의 결속력도 다질 수 있다.

경험적 가족치료에서 위태커와 달리 사티어는 이론과 방법론을 다 중요하게 여겼지만 방법론이 뛰어났기 때문에 관심이 전부 방법론으로 몰리면서 이론이 부실하다고 억울하게 매도를 당하곤 하였다. 근래에 존슨의 정서중심 부부치료에서는 부부관계를 설명하는 데 애착이론을 적용하였다(Bowlby, 1969). 그린버그와 존슨(2010)에 의하면 정서는 애착 반응을 만들어 내고, 이 반응에 따르는 두 사람 관계의 의사소통 기능을 제공한다. 사람들이 자신의 약한 면을 직접적으로 표현할 때 상대방으로부터 동정적인 반응을 끌어내는 것을 예로 들 수 있다. 그러나 애착관계가 불안정하게 형성된 사람은 자신의 약한 면을 드러내는 정서 표현을 두려워하여 상대방으로부터 한 발 물러선다. 그렇게 되면 애착관계를 원하고 가까운 관계를 갈망하면서도 현실에서는 상대방을 밀어내는 반응을 보이게 된다. 이것이 경험적 가족치료에서 다루고자 하는 모든 것이다. 즉 사람들로 하여금 두려워하는 정서에서 풀려나 보다 깊고 진솔한 자신의 정서와 만나도록 하는 것이다.[1]

---

1 역자 주 : 개인주의적 서구사회는 부부중심이기 때문에 부부간 정서 표현이 매우 중요하다. 근대에 한국 사회에서도 부부관계의 축이 두 사람만의 관계로 옮겨 가는 경향이 있지만, 사회문화적 가치관이 가족에 뿌리를 두고 있기 때문에 체계적 관점에서 개인, 가족, 사회, 환경, 그리고 발달주기의 문제 등을 전부 포괄적으로 다룰 때 부부치료도 치료 효과가 높다.

가족역동

정직한 정서 경험과 표현에 초점을 맞춘 경험적 가족치료는 초기 가족치료사들이 상호작용 행동에만 좁게 초점을 맞춘 치료 방법에 매우 유용한 교정을 해주었다. 이러한 경험적 가족치료가 가족치료 분야에 기여한 공헌은 지금까지도 유용하다. 지금도 경험적 가족치료는 상호작용의 변화, 인지, 행동의 변화 등을 강조하는 가족치료 학파들의 편협함을 교정해 주고 있다.

◆ 정상 가족 발달

경험적 가족치료사들은 인간의 솔직한 정서가 지닌 지혜를 믿는 인본주의적 입장을 공유한다. 인본주의 입장은 만일 사람들이 자신의 본능을 따르면 내재된 모든 가능성을 꽃피울 수 있다는 것이다. 그러나 자기실현(Rogers, 1951)의 욕구는 사회적 압력과 충돌할 수밖에 없고 갈등은 불가피하다. 사회는 개인의 본능을 길들여 사회라는 집단의 틀에 맞추려 하기 때문에 억압은 불가피해진다. 불행하게도 사회 적응은 '과잉 억압'의 자기통제를 통해서 성취된다(Marcuse, 1955). 이러한 억압은 가족으로부터 시작된다. 가족의 억압은 가족규칙이 강화되면 **가족신화**family myth(Gehrke & Kirschenbaum, 1967)를 통해서 이루어진다. 이렇게 되면 자녀들은 애매모호한 **신비화**mystification(Laing, 1967)를 통해 자기를 인식하기 때문에 실제 자기 경험과는 멀어지게 된다.[2]

바람직한 상황은 부모가 자녀를 지나치게 통제하지 않는 것이다. 자녀는 감정과 창조적 충동을 지지받는 분위기 속에서 성장해야 한다. 부모는 자녀를 소중히 다루고, 자녀의 정서적 경험을 수용하고 그 경험들을 인정한다. 자녀는 삶을 충만히 경험하고, 모든 감정을 표현하도록 격려받는다.

경험적 가족치료사는 가족을 구성원들이 경험을 공유하는 하나의 장field으로 본다(Satir 1972). 기능적 가족은 넓은 범위의 경험을 지지하고 격려한다. 역기능적 가족은 따뜻함보다는 두려움과 냉정함이 깔려 있다. 경험적 가족치료는 문제해결 기술이나 특정한 가족구조보다는 자연스럽고 자발적인 경험을 더 중요하게 여긴다. 건강한 가족은 각 구성원에게 그들 자신이 되는 자유를 허락한다.

◆ 행동장애의 발달

경험적 가족치료는 충동을 부정하고 감정을 억압하는 것이 문제의 근원이라고 보았다. 역기능적 가족은 자기방어와 회피로 갇혀 있다(Kaplan & Kaplan, 1978). 해리 스택 설리번(1953)의 용어로, 사람들은 만족이 아닌 안전을 추구한다. 가족이 제시하는 불평은 다양하지만 가장 근본적인 문제는 감정과 열망의 질식이다.

---

2 역자 주 : 신비화는 속인다는 의미도 있는데, 자녀가 X라는 경험을 했다고 할 때 부모가 자녀의 경험이 Y라고 부정하면 자녀는 자신의 경험에 대한 확신이 사라지고 결국 자신의 경험을 믿지 못하게 된다.

위태커(Whitaker & Keith, 1981)는 결혼은 가족이 쫓아낸 두 희생양이 만나서 자기가 속했던 가족의 모습을 복사하듯이 만들어 낸다고 설파하였다. 따라서 부부 갈등, 가족의 문제를 해결하기 위해서는 부부 내면의 갈등을 함께 해결해야 한다. 만일 부부가 헤어지지 않고 협상하든지, 아니면 포기를 해서 화해하고 갈등을 감소시키면 어느 정도의 적응 수준에 도달하게 된다. 역기능 가족은 갈등에 대한 두려움, 불확실성에 대한 불안을 해결하기 위해 규칙에 더 매달리면서 안정을 추구한다.

문제를 지닌 가족을 묘사할 때, 사티어(1972)는 정서적으로 피폐된 분위기를 강조한다. 이러한 가족은 냉담하다. 가족은 단순히 습관이나 의무 때문에 함께 사는 것처럼 보인다. 어른은 자녀를 달갑게 생각하지 않으며, 자녀는 자신에 대한 존중감이 없고, 부모를 돌보려 하지 않는다. 따라서 가족 내 온정이 없으며, 가족은 서로를 피하기 위해 외부 활동이나 그 밖의 일로 자신들을 바쁘게 만든다.

사티어가 언급한 역기능이라는 말은 진단 매뉴얼에 있는 병리적인 것이 아니다. 사티어는 다른 경험주의 치료사들이 그러하듯, 공식적으로 치료의 대상인 사람들에게 관심을 가지는 것만큼 조용히 절망하는 삶을 이끌어 가고 있는 정상적인 사람들에게도 관심을 가졌다. 사티어(1972)는 이렇게 말했다.

> 이러한 가족과 함께 있는 것은 슬픈 경험이다. 나는 그들의 절망감, 무기력감, 외로움을 본다. 나는 이렇게 힘든 것을 버티고 숨기려는 용기를 본다. 즉 서로에게 큰소리로 고함치고, 잔소리하고, 푸념하기를 계속하는 용기를 본다. 다른 사람들은 더 이상 관심을 갖지 않는다. 이러한 사람들은 자신들의 절망과 비참을 한 해 두 해 견뎌 내면서 서로 갈등한다. (p. 12)

사티어는 감정을 오염시키는 파괴적인 의사소통의 역할을 언급하면서 이러한 파괴적인 의사소통은 정직하지 못한 의사소통이며, 이 의사소통 방식을 비난형, 회유형, 산만형(부적절형), 초이성형으로 분류하여 언급하였다. 이러한 부정직한 의사소통 유형 뒤에 숨어 있는 것은 무엇인가? 그것은 낮은 자존감이다. 만약 우리가 우리 자신에 대해 부정적으로 느낀다면, 우리의 감정을 정직하게 표현하기 어려울 것이다. 그리고 다른 사람들의 감정을 수용하는 것도 두려울 것이다.

수잔 존슨에 의하면 건강한 관계는 정서적 접근이 용이하고 반응적이며 안전한 애착관계에서 비롯된다고 하였다(Johnson & Denton, 2002). 안정 애착은 사랑받으며 성장하고, 신뢰할 수 있는 친밀한 관계 경험에서 형성된다. 애착의 안전성이 위협받을 때 사람들은 대부분 화를 내고 항의를 한다. 이런 반응은 다른 사람들로부터 원하는 것을 얻게 하기보다는 원하지 않는 반응, 즉 사람들을 쫓아버린다. 최근에 존슨은 애착상처라는 개념을 소개하였다. 부부 사이의 연결을 해치는 트라우마는 애착상처를 입히고, 이러한 애착상처가 해결되지 않은 불안정 애착관계는 부정적 사이클을 반복한다(Johnson, 2004).

변화기제

경험주의 변화기제는 두 가지 특징을 지니고 있다. 첫째는 정서적 방어에 초점을 맞춘다. 가족 구성원들은 자신들이 경험하는 정서를 잘 모르기 때문에 방어하려는 감정에 초점을 맞춘다. 따라서 두 번째는 정서적 방어를 공격하여 정서적 표현을 촉진시킨다.

◆ 치료 목표

경험주의자들은 창조성, 순발성, 정서적 정직 등의 인간 본성 중에서 감정 측면을 강조하였다. 따라서 이 모델에서는 감정 경험 그 자체에 가장 중요한 가치를 두고 있다. 사티어(1972)는 가족치료의 목표를 다음과 같이 진술했다.

> 나는 가족을 만났을 때 세 가지 변화를 시도한다. 첫째로, 가족 구성원들 각자가 일치적이고 온전하고 정직하게 자기가 보고, 듣고, 느끼고, 생각하는 것을 표현할 수 있도록 돕는다. 둘째로, 각 구성원의 고유성을 존중하면서 협상을 통해서 타협을 할 수 있도록 돕는다. 셋째로, 각 구성원의 차이점은 인정되어야 하고 그 차이점이 성장을 위해 쓰여지도록 돕는다. (p. 120)

경험적 가족치료사들은 가족 구성원들의 개체성을 가로막는 경직된 기대를 깨뜨리기 위해서 정서적 표현을 촉진시킨다(Kaplan & Kaplan, 1978). 버니와 프레드 덜(1981)은 치료 목표를 능력에 대한 자신감, 건강함, 자기존중감을 증진시키는 것이라고 말하고 있다. 사티어(1964)와 마찬가지로, 덜은 낮은 자아 존중감과 파괴적 의사소통이 불행한 가족의 주요 문제라고 했다. 위태커(1976a)는 가족이 치료를 받으러 오는 이유는 그들이 서로 가까워지는 능력과 개별화하는 능력이 부족하기 때문이라고 생각한다. 그는 가족 구성원이 경험을 위한 자신의 잠재력을 회복하도록 도움으로써, 그들이 서로를 보살필 수 있는 능력을 회복하는 것 또한 도울 수 있다고 믿었다.

◆ 행동 변화의 조건

가족치료에 대해 잘 모르는 초보자들은 가족이 유리같이 깨지기 쉽기 때문에 가족을 보호해야 한다고 생각한다. 그러나 가족들을 치료하다 보면 반대의 상황을 발견할 수 있다. 가족의 변화를 위해서는 강력한 개입이 필요하고, 경험적 가족치료에서는 그 기제가 바로 정서적 경험이라고 보았다.

네이피어(Napier & Whitaker, 1978)는 그의 저서 가족을 위로한다 : 서로에게 서툰 가족을 위한 치유의 심리학The Family Crucible에서 경험주의적 치료사가 변화의 원인이라고 기술하였다. 치료의 획기적인 진전은 가족 구성원이 '서로 가까워지고 보다 친밀해지는' 위험을 무릅쓸 때뿐만 아니라 '보다 분리되고, 벗어나고, 심지어는 화를 내는' 위험을 무릅쓸 때 일어난다. 경험주의적 가족치료사는 도전과 따뜻한 지지를 번갈아 가며 활용한다. 이것은 가족으로 하여금 자기보호라는 방어를 벗어 버리고 서로를 향해 마음을 열게 한다.

정신역동적 치료에서는 실존적 만남을 필수적인 힘으로 믿는다(Kempler, 1973; Whitaker, 1976a). 이러한 만남은 상호적이어야 한다. 치료사가 전문가라는 역할 뒤에 자신을 숨기기보다는 가족의 변화를 위한 촉매제가 되어 상호작용을 해야 가족에 대한 영향력을 발휘할 수 있다. 켐플러(1968)는 다음과 같이 말했다.

> 가족치료사는 치료 과정에서 가족의 일원이 되어 자신이 할 수 있는 만큼 최대한 참여한다. 가족에 대한 격려와 비평까지도 할 수 있기를 바란다. 치료사는 웃기도 하고 울기도 하며 화를 내기도 한다. 그는 자신의 무력함, 혼란스러움, 그리고 당황스러움을 나누기도 한다. (p. 97)

사티어에게 돌봄과 수용은 가족 구성원들이 자신들의 경험을 치료 현장에서 치료사에게뿐만 아니라 구성원들끼리 표현하도록 도와주는 열쇠가 된다.

> 어떤 치료사들은 치료받으러 오는 사람들이 변화를 원하지 않는다고 생각한다. 그러나 나는 그것이 진실이 아니라고 생각한다. 그들은 자신들이 변화할 수 있다고 생각하지 못할 뿐이다. 전혀 경험해 보지 못한 상황에 놓인다는 것은 누구에게나 두려운 일이다. 내가 처음 치료를 시작했을 때, 나는 그들을 변화시키는 데 관심을 가지지 않았다. 나는 그들의 리듬을 발견하고, 그들과 합류하고, 경험이 확장되는 놀라움의 장소로 들어오도록 돕는 데 관심을 가진다. 저항은 사람들이 이제껏 경험하지 못한 상황에 대한 두려움일 뿐이다. (Simon, 1989, p. 38-39에서 인용)

치료

경험적 가족치료사들의 인간관은 인본주의와 맥을 같이 하고 있다. 이 인간관에 의하면 인간은 본래 자원을 가지고 태어나고, 외부의 압력이 가해지지 않으면 스스로 창조적이고, 사랑을 할 수 있으며, 생산적이라고 본다(Rogers, 1951). 따라서 치료적 과제는 방어를 풀어 본성적인 생명력을 활성화 하도록 돕는 데 있다.

◆ 진단

경험적 가족치료사는 문제해결보다는 가족의 기능을 회복시키는 데 치료의 초점을 맞추기 때문에 가족이 제시하는 문제의 구체적인 부분에 대해 많은 관심을 쏟지 않는다. 더구나 개인과 개인의 경험에 치료의 초점을 맞추기 때문에 가족구조를 진단하는 데는 별로 관심을 갖지 않는다. 그러나 사티어는 가족에게 문제가 있다고 진단을 내리지는 않지만 건강함을 끌어내기 위해서는 가족의 역기능을 탐색하는 것을 중요하게 여겼다. 빙산탐색, 가족지도, 의사소통 과정분석 등의 다양한 기법은 진단과 더불어 치료도 함께 시도하는 기법들이다.

대부분의 경험주의 치료사는 일정한 형식을 따르지 않고 가족을 만나 알아 가는 과정에서 가족을 진단한다. 이런 과정에서 치료사는 가족이 어떤 사람들인지를 알게 된다. 위태커는 각 가족 구성원으로 하여금 가족을 묘사하게 하고 가족이 어떻게 살아가는지 설명하게 한다. 이런 과정을 통해 위태커는 가족 구성원 개개인이 가진 가족 전체에 대한 전반적 관점을 파악할 수 있다고 말하고 있다. 이것이 경험주의 치료사가 하는 평가의 모든 것이라 할 수 있다. 이런 형태의 평가의 장점은 치료가 진행되는 과정에서 가족 구성원이 자신을 개방하려고 할 때 가질 수 있는 방어를 풀게 해준다.

◆ 치료 기법

켐플러(1968)는 경험적 가족치료에서 기법이란 없으며 오직 사람만이 있을 뿐이라고 말하고 있다. 이 말은 치료사의 치유적인 힘이 치료적 과정에 중요한 요인이라는 점을 요약한 것이라고 볼 수 있다. 즉 치료사가 무엇을 하느냐보다는 치료사 자신이 어떤 사람인가 하는 것이 훨씬 중요하다는 것이다.

그러나 이렇게 말하는 것은 부분적으로 과장된 것이라고 볼 수 있다. 어떻든 치료사들은 무엇인가를 해야 하고, 비록 그들의 치료 과정이 계획되지 않은 것이라 하더라도 그들이 무엇을 하는지는 설명되어야 한다. 게다가 켐플러를 포함하여 경험주의 치료사들은 많은 것을 하는 경향이 있고 매우 활동적이고 많은 관심을 불러일으키는 기법을 사용하였다.

이들은 가족조각, 안무와 같은 구조화된 기법을 사용하기도 하였다. 그리고 버지니아 사티어와 칼 위태커와 같은 치료사는 치료사 자신의 자발성과 창조성을 적극적으로 활용하였다.

버지니아 사티어는 분명하고 민감하게 의사소통할 수 있는 뛰어난 능력을 가졌다. 대부분의 유능한 치료사와 마찬가지로 사티어는 역동적인 성격의 소유자였다. 또한 사티어는 매우 수용적이고 따뜻한 성격의 소유자였다. 그럼에도 치료를 실시할 때는 의사소통 과정에 적극적으로 참여하면서 구성원들이 방법을 찾으려 할 때 지지하기보다는 각 구성원들의 좋은 의도를 지적하면서 자존감을 높이려 했다. 긍정적인 의도를 지지하는 것이 치료 과정에서 하나의 전략으로 사용되기 훨씬 전에 사티어는 이 기법을 사용하였는데, 사실 기법이라기보다는 사티어의 인간관에서 자연스럽게 흘러나온 것이다. 아울러 사티어는 따뜻한 정서와 어떻게 접촉하는지를 행동으로 보여 주었다(Satir & Baldwin, 1983). 사티어는 사랑이 넘쳤으나 수많은 치료 기법을 활용한 매우 강력한 치유자였다.

사티어 치료의 특징 중 하나는 접촉을 사용하는 것이다. 사티어 기법은 부드러움의 언어이다.

버지니아 사티어는 가족 구성원이 서로 연결되도록 도와주는 데 초점을 맞추었다.

Courtesy of the Virginia Satir Global Network

'꽃과 바위'라는 사례에서 보듯이 사티어는 자주 아이들과 신체적 접촉을 하면서 상담을 시작한다. 이 사례에서 밥은 알코올 중독을 극복하고 있는, 두 아들의 아버지였다. 그의 아들 에런(4세)과 로비(2세)는 친어머니로부터 계단에서 밀어뜨리기, 담뱃불로 지지기, 싱크대 밑에 묶어 놓기 등의 학대를 지속적으로 당했었다. 면접 당시 친어머니는 정신치료를 받는 터라 자녀들을 만나지 못하고 있었다. 밥의 새 부인 베티는 알코올 중독자인 전 남편에게 학대를 당했었다. 베티는 임신 중이었고 자신의 아기가 태어나면 두 아이가 자신의 아기를 학대할까 봐 두려워했다. 아이들은 자신들이 당했던 것처럼 다른 아이들을 때리고 목을 조르는 등 폭력적인 행동을 이미 하고 있었다. 밥과 베티는 좌절과 두려움을 느꼈고 이로 인해 두 아들을 많이 혼내곤 했는데, 이러한 행동은 아이들의 공격성만 더 증가시켰다.

상담 회기 중에 사티어가 먼저 아이들의 볼을 따뜻하게 만져 주자 아이들 역시 사티어의 볼을 따뜻하게 만지는 과정을 부부에게 보여 주었다. 그리고 부모에게 자녀들과 어떻게 부드럽게 접촉하며, 아이들이 잘못된 행동을 못하도록 할 때는 어떻게 단호하게 그 행동을 그만두도록 훈육해야 하는지를 보여 주었다. 밥이 멀리서 에런에게 이야기를 시작하자 사티어는 가까이 다가서고 접촉을 하도록 계속 강조하였다. 에런을 아버지 앞에 앉게 하고 밥에게 아들의 손을 잡고 직접 이야기하도록 하였다.

다음은 안드레아스(Andreas, 1991)가 녹취한 사티어의 사례이다. 사티어는 한 치료사의 사례에 개입하여 자신의 치료 방법을 보여 주고 있다.[3]

사례연구

저 어린아이들은 이미 많은 것을 배워 알고 있어요. 따라서 아이들이 달라지길 바라시면 아이들이 새로운 것을 배우게 해야 합니다. 두 분이 에너지가 있듯이, 아이들도 그들만의 에너지가 있습니다. 저는 두 분을 돌보시는 치료사에게 두 분이 너무 지친 상태이기 때문에 (자녀로부터 벗어나) 쉬는 여유가 필요하다고 말하려고 합니다. 그러나 기회가 되는 대로 아이들과 지금같이 따뜻한 신체적 접촉을 많이 가지시기 바랍니다. 그리고 아이들한테 두 분이 원하는 것을 명확하게 이야기해 주시기 바랍니다.

그리고 아버지께서는 부인으로부터 자녀들에게 관심을 기울이는 방법을 배우셨으면 합니다. 아버지가 아이들 한테 야단치듯이 강력하게 '하지 말라'는 말을 하지 않고도 아이들에게 해야 할 말을 제대로 하실 수 있으면 합니다. 자, 이렇게 팔을 들어 올리면 팔에 힘이 들어갑니다. 이제 팔을 드는 데 따라 힘이 달라지는 것을 보여 드리려고 합니다. 제가 아버님 팔을 들어 보겠습니다. 아버님이 제 팔을 들어 올려 보세요. 팔을 들어 올

(계속)

리면 팔에 힘이 들어간 걸 느끼시죠. 그러나 제가 당신의 팔을 잠시 동안 들고 있어 볼게요(밥의 팔 쪽으로 손을 뻗는다). 차이를 보여 드리겠어요. 저를 잡으려는 것처럼 제 팔을 들어 보세요(밥이 그녀의 팔을 잡았다). 좋아요. 이제 아버님이 제 팔을 이렇게 잡으려 할 때는 제 팔의 근육이 딱딱해지기 시작합니다. 저는 방어하고 싶어지죠(밥이 고개를 끄덕였다). 이제 저를 보호하는 것처럼 부드럽게 제 팔을 들어 보세요(밥이 그녀의 팔을 잡았다). 좋아요. 저는 이제 아버님의 힘을 느낄 수 있지만 공격적으로 느끼지 않기 때문에 뒤로 물러서고 싶다고 느끼지 않습니다. (아버지는 "흠" 하고 반응한다.)

그리고 제가 아버님에게 원하는 것은 두 아드님에게 이런 따뜻한 접촉을 될 수 있으면 많이 하시라는 것입니다. 그리고 아이들이 일을 벌리기 시작하면(아이들이 통제를 벗어날 때) 아이들에게 다가가서 아무 말도 하지 않고 그냥 그들을 안아 주세요(로비의 양 손목을 보호하듯이 감싸 안는 시연을 보이면서). 그러나 마음속으로 아이들을 끌어당기지 않아야 된다는 것을 아셔야 해요. (에런은 자기 손을 버지니아와 로비의 팔에 잠시 갖다 대면서) 이렇게 하시는 거예요(부드럽게 잡는 시연을 해 보인다.) 그러나 아버님은 아이들을 강하게 안으십니다. (양손으로 아버지의 팔을 어루만지면서) 이렇게. 아버님, 차이점을 보셨죠. 제가 아버님에게 시범을 보일게요. 첫째, 저는 아버님을 이렇게 잡으려 해요(강하게 잡는 시연을 보이면서). (아버지는 "네에." 하고 말한다.) 아버님은 밀쳐내고 싶을 거예요. 좋아요. 이제 제가 하려는 대로 당신에게 힘을 가할 거예요(두 손으로 그의 팔을 잡는 것을 보인다. 로비는 버지니아의 손을 어루만진다). 그러나 아버지에게 억지로 이렇게 하라고 요구하지 않겠어요. 지금부터라도 시작하는 것이 가장 중요하니까요.

(버지니아가 적절한 강도로 베티를 잡기 위해 팔을 벌린다.) 좋아요. 이제 저는 부인에게도 똑같이 하려고 해요. 제 팔을 꽉 잡아요. (베티가 버지니아의 팔을 잡으면서, 에런도 그렇게 한다.) 좋아요. 당신이 저에게 '정말 무언가'를 주고자 하는 것처럼 하세요. 좋아요. 당신이 저를 지지해 주고자 하면서 동시에 저와 당신 사이에 경계를 긋고자하는 것처럼 하는 것이지요. (에런은 베티의 손을 잡고 버지니아가 에런의 나머지 손을 잡았다.) 힘이 약간 아주 약간 들어간 이 상태 말입니다.

그래서 다음에 아이들과 지금 저와 부인이 한 것처럼 아이들에게 접근해서 접촉을 하는 것입니다(버지니아는 에런의 팔을 잡고 시연해 보인다). 그리고 그 팔을 부드럽게 내려놓습니다(버지니아는 에런의 손을 잡고 베티의 무릎에서 벗어나게 한다). 자, 에런, 여기 올라와보렴. 내가 어머니에게 잠시 무엇인가 시연해 보이는 것을 봐. (에런은 "오케이"하고 말한다.) 내가 잠시 동안 생각하지 않고, 너를 잡는다고 상상해 보자. (갑자기 두 손으로 베티의 손을 잡는다.) 당신이 원하는 것이 무엇인지 볼게요. (베티가 끄덕였다.) 좋아요. 이제 저는 이제 다른 방법으로 하려고 해요. 제가 똑같은 메시지를 당신에게 줄게요. (버지니아가 양손으로 베티의 팔을 강하게 붙잡는다. 그녀의 눈을 똑바로 쳐다보면서 일어선다.) 그러나 저는 이렇게 하려고 해요. 그리고 저는 당신을 보면서, 직접적인 메시지를 주려 해요. 좋아요. 이 시점에서 당신의 몸이 저에게 부정적으로 반응하지 않아요. 멈춰지는 것을 느끼지만 부정적이지는 않아요. 그리고 저는 당신을 이렇게 잡으려고 해요(버지니아가 한 손은 베티의 등에 가져가고 한 손은 어깨 쪽에 놓는다). 그리고 저는 당신을 이렇게 잠시 안을 거예요.

앞의 치료 회기가 끝난 후 사티어는 자신의 기법에 대해 다음과 같이 언급하였다.

이 가족에게는 너무도 많은 사건이 있었고, 새 어머니는 두 아들에 대한 두려움이 컸어요. 가족들은 마치 두 아이가 괴물이나 된 것 같은 이미지를 가지고 있었지요. 그래서 저는 그 부모가 제 얼굴에 손을 갖다 대는 신체 접촉을 통해서 아이들에게 부드럽게 접근해 가는 것을 배우길 바랐습니다. 이렇게 보여 주는 것은 가족 자체와 가족 구성원에게 어떻게 하는가를 보여 주는 거울 역할을 하는 것이지요. 그리고 아이들에게도 부모에게 똑같이 하도록 허락하고 격려하지요. 보고 만지는 것은 때로 말로 표현할 수 없는 것을 나타내 주지요.

공감대를 형성하고 가족 구성원들이 더욱 가까워지도록 사티어는 부모에게 다음과 같은 연습을 할 것을 종종 요구했다(Satir & Baldwin, 1983).

1. 자녀와의 어려운 상황을 떠올려 보라. 어쩌면 당신은 자녀를 어떻게 다루어야 할지 몰라 당황하고, 자녀는 당신이 원하지 않는 행동을 해왔을 것이다.
2. 지금 떠올린 상황을 마치 영화를 보듯이 당신의 관점에서 그려 보라. 그리고 자녀와 힘든 이 상황을 다시 헤쳐 나가야 한다고 상상해 보라. 무엇을 느끼고 보고 듣는지 주목하라.
3. 이번에는 당신의 자녀로서 다시 이 상황을 경험하라. 이 모든 상황을 자녀의 눈을 통해 천천히, 자세한 부분까지 상상하라. 자녀가 갖는 느낌이 어떠할 것 같은지 느껴 보라. 당신이 깨닫지 못했던, 자녀가 느낄 것 같은 기분을 느꼈는가? 그때는 당신이 알지 못했던, 그 상황에서 자녀가 필요로 했던 혹은 원했던 것이 무엇인지 깨달았는가?
4. 이번에는 제삼자인 관찰자로서 다시 한 번 동일한 상황을 경험하라. 무슨 일이 일어나는지 보고 듣고, 당신과 자녀를 동시에 관찰하도록 하라. 당신과 자녀가 서로에게 반응하는 방법에 대해서 무언가 느꼈는가? 당신과 자녀에 대해서 어떤 것이 더 명확하게 보이는가?

위태커는 이론적인 틀이나 기법을 위주로 한 접근보다는 사적이면서 친밀한 만남을 선호하였기 때문에 개인, 부부, 집단을 만날 때에도 구태여 다른 방법을 취할 필요가 없었다(Whitaker, 1958). 그는 가족의 현실적인 문제에 대해 결정을 도와주기보다는 가족 구성원들이 감정을 표현하고, 불확실성에 함께 도전하도록 도왔다. 이런 위태커의 태도는 치료적으로 매우 중요하다. 치료사들은 내담자를 변화시키려고 노력하지만 이 목표를 이루는 것은 너무나 힘들다. 그나마 내담자들이 이해받았다고 느끼거나 쉽진 않지만 치료사가 공감해 주었다고 느낄 때 내담자들은 변하려고 한다.

위태커의 초기 연구(Whitaker, Warkentin & Malone, 1959; Whitaker, 1967)와 후기의 연구를 비교해 보면(Napier & Whitaker, 1978), 가족에 대한 그의 관점이 변화한 것을 알 수 있다. 초기에는 의도적으로 도발적인 접근을 하는 것으로부터 치료를 시작하였다. 한 예로, 그는 상담 회기 중에 잠시 졸았다면서 그 순간에 꾼 꿈을 보고하였다(예 : 내담자와 싸우는 꿈, 성적 환상에 관한 꿈). 수년 후 그는 다소 덜 도전적이 되었다. 이러한 변화는 치료사가 성숙되어 갈수록 지시적인 태도에서 내담자의 말을 기꺼이 경청하고자 하는 태도로 바뀌는 좋은 사례이다.

위태커의 치료 방법은 너무 강력하고 사적 관점에서 직면시키기 때문에, 그는 2명의 치료사가 공동 작업하는 것이 필수적이라고 믿었다. 공동 치료사들이 감정적인 짐을 공유하고 상호작용하는 것은 치료사가 가족의 감정 영역에 완전히 흡수되는 것을 막아 준다. 어떤 가족 구성원의 특징이 치료사의 해결되지 않은 감정을 불러일으킬 수 있기 때문이다. 감정적 이입은 투사를 불러일으키는 데 반해, 일정한 거리를 유지하고 분석적인 입장에 서면 투사를 줄여 준다. 두 사람의 치료사는 투사의 위험을 줄여 준다.

역전이에 관한 문제는 그것이 무의식중에 일어난다는 것이다. 치료사는 대체로 회기가 끝난 후에야 이런 감정을 확인하게 된다. 역전이는 아직도 자신보다 다른 사람에게 일어날 때 관찰이 더 용이하다. 개인치료사이던 폭스 박사의 부부치료를 보면 역전이를 볼 수 있다. 그는 내담자들 중 이혼을 하고자 하는 부부의 75%에게 이혼할 것을 지지하였고, 그 외의 내담자들도 그의 조언에 따라 높은 이혼율을 나타냈다. 만약 폭스 박사의 결혼이 좀 더 행복했거나 아니면 변화시킬 용기가 있었다면 자신의 내담자를 이혼으로 이끄는 역할을 덜 했을 것이다.

역전이 감정으로 인한 부정적인 결과를 최소화하기 위해서 위태커는 치료사에게 내담자 가족과 개방적으로 감정을 나누라고 조언한다. 감정을 가족에게 표현하면 감정을 숨기고 있을 때보다 훨씬 덜 일으키기 때문이다.

위태커의 초담(Napier & Whitaker, 1978)은 대체로 구조화된 편으로 가족사를 알아보는 것으로 시작하였다. 위태커는 가족의 첫 면접은 '구조화를 위한 싸움'에서 일제 사격을 시작하는 것과 같이 힘든 과정이라고 고백하고 있다(Whitaker & Keith, 1981). 그는 가족에게 치료사가 치료의 책임자임을 알게 하였다.[4] 이런 입장은 처음 전화를 걸 때부터 시작된다. 위태커(1976b)는 될 수 있으면 많은 가족 구성원들이 참석할 것을 강력하게 요구한다. 위태커는 조부모를 포함한 삼 세대 가족이 참여할 것을 적극적으로 요구하였다. 조부모가 반대만 하지 않으면 조부모가 참석하는 것이 왜곡된 것을 교정하는 데 도움이 된다고 믿었다. 만일 중요한 가족 구성원이 참여하지 않으면 위태커는 가족치료를 거절했다. 불리한 카드 게임인 줄 알면서 왜 시작하겠는가?

버지니아 사티어와 함께 위태커는 치료사 자신이 치료 과정에 중요한 변화 요인이라고 믿었다. 사티어는 따뜻함과 지지를 강조하는 반면 위태커는 때때로 무뚝뚝하고 직선적인 편이었다. 사실 위태커와 같이 도전적인 치료 개입은, 이해가 많고 돌보려는 마음을 가진 치료사라는, 내담자로부터의 신뢰와 확신이 생긴 후에야 치료적이 될 수 있다. 따라서 가족 구성원들을 직면시키기 전에 무엇보다 필요한 것은 신뢰를 쌓는 것이다.

그러나 도전적이든 지지적이든 간에 경험적 가족치료사는 꽤 능동적이고 지시적인 편이다. 가족의 방식대로 상호작용하도록 방치하지 않고 가족 구성원에게 "당신이 느끼는 것을 그에게 말하세요!" 혹은 "당신은 지금 무엇을 어떻게 느끼고 있지요?" 등의 질문을 한다. 마치 학교 교사들의 주의를 끄는 것이 학생들의 비행이듯이, 경험적 가족치료사의 관심을 끄는 최고의 방법은 가족 구성원들이 감정을 말로 표현하지 않으면서도 온몸으로 신호를 보내는 것이다. 이러면 경험적 치료사들은 즉각적으로 반응을 한다.

---

4 회기를 구조화하기 위해 통제하는 것과 사람들을 통제하는 것은 다르다.

사례연구

치료사 : 너는 엄마에게 질문할 때마다 아빠를 쳐다보는데 왜 그러지?

켄드라 : 아무것도 아니에요.

치료사 : 그것은 무언가를 의미하고 있을 거야. 지금 무엇을 느끼고 있지?

켄드라 : 아무것도 느끼지 않아요.

치료사 : 너는 분명히 무언가를 느끼고 있어. 그것이 무엇이니?

켄드라 : 글쎄요. 때때로 엄마가 나에게 어떤 일을 하라고 할 때, 아빠는 화가 나 있어요. 그런데 아빠는 엄마에게 소리치지 않고 나에게 소리를 쳐요(약간 흐느낀다).

치료사 : 아빠에게 그렇게 말해 보렴.

켄드라 : (치료사에게 화를 내면서) 간섭하지 마세요!

치료사 : 아니, 네가 어떻게 느끼는가를 아빠에게 말해 봐. 그건 참 중요한 거야.

켄드라 : (격하게 흐느끼면서) 아빠는 항상 나를 괴롭혀요. 내가 아무것도 못하게 하고요.

경험주의 치료사는 다양한 표현 기법을 사용한다. 기법 중에는 가족조각(Duhl, Kantor, & Duhl, 1973), 가족 인형극(Irwin & Malloy, 1975), 가족그림치료(Geddes & Medway, 1977), 가족 공동그림 그리기(Bing, 1970), 그리고 형태치료 기법(Kempler, 1973) 등이 있다. 경험적 가족치료사의 집무실에는 장난감, 인형의 집, 점토, 공, 크레용, 도화지 등이 항상 준비되어 있다.

가족조각family sculpting을 실시할 때, 치료사는 가족 구성원 한 사람 한 사람에게 나머지 가족 구성원을 배열해서 의미 있는 장면을 조각하도록 한다. 이것은 공간과 자세, 태도를 통해 가족에 대한

경험적 가족치료사는 가족 구성원이 감정을 표현하도록 도와주기 위해서 표현적 기법을 자주 사용한다.

각 가족 구성원의 생각을 나타내도록 하는 도형적인 방법이다. 이것은 버지니아 사티어가 좋아하는 기법이었다. 사티어가 선호한 또 하나의 기법은 밧줄 기법이다. 밧줄 기법은 가족 구성원이 걸려 있는 갈등의 덫과 같이 얽어매는 역할을 극화한 것이다(Satir & Baldwin, 1983).

다음의 사례는 치료사가 내담자 가족 중 아버지 N 씨에게 직장에서 집에 돌아왔을 때의 전형적인 장면을 배열하라고 요구했을 때 일어난 가족조각의 한 예이다.

사례연구

N 씨 : 내가 직장에서 집으로 돌아왔을 때 말입니까? 좋습니다. (그의 아내에게) 여보, 당신은 부엌 가스 레인지 옆에 있지?

치료사 : 말씀하시면 안 됩니다. 단지 그들이 있어야 한다고 생각하는 그곳에 사람을 옮겨 놓으세요.

N 씨 : 좋아요.

그는 아내를 부엌이 있는 장소에 세우고 아이들은 부엌 바닥에서 그림을 그리며 놀고 있는 것으로 배치하였다.

치료사 : 잘 하셨습니다. 자, 아직 아무 대화 없이 행동하게 합니다.

그때 N 씨는 아내를 요리하는 것처럼 행동하게 하고는 아이들이 무슨 일을 하나 보기 위해 자주 뒤돌아보게 한다. 그리고 아이들이 놀다가 싸움을 하면서 어머니에게 말을 걸고 불평을 하게 한다.

치료사 : 당신이 집에 왔을 때 무슨 일이 일어났지요?

N 씨 : 아무 일도 없어요. 나는 아내와 이야기하려고 하지만 아이들이 아내를 성가시게 하고, 아내는 화가 나서 자신을 혼자 있게 해 달라고 말하죠.

치료사 : 좋아요. 그것을 재연해 봅시다.

아내는 요리를 하면서 아이들의 싸움을 중재하는 모습을 재연했다. 아이들은 서로 어머니의 관심을 끌기 위해 싸움에서 이기려고 노력했다. '집에 왔을 때' 그는 아내에게 가까이 가려고 했으나 그들 사이에 아이들이 끼어들어 왔고, 그녀는 아이들과 남편을 모두 쫓아버렸다.

이 장면을 보고 아내는 남편이 자기에게 쫓기고 떠밀려서 서재에 간다는 것을 깨닫지 못했다고 진술했다. 남편은 집에 오면 으레 "잘 있었어?"라고 말하고는 항상 신문과 맥주를 가지고 서재로 사라진 것으로만 생각했다고 하였다.

가족조각은 또한 과거의 사건과 그 장면을 재조명하는 데 사용된다. 전형적인 지시문은 "어린 시절 집 앞에 서 있다고 상상하면서 집 안으로 걸어 들어가 일어났던 일을 말해 보세요."이다. 이 기법은 가족생활에 대한 개인의 지각을 묘사하게 하는 방법이다. 이것은 개인의 자각과 민감성을 높이는 기법이기도 하다.

페기 팝과 동료들(Papp, Scheinkman, & Malpas, 2013)은 애커먼 클리닉에서 부부에게 이 기법을 소개하였다. 그들은 부부에게 서로의 감정을 좀 더 즐겁게 의사소통해 보겠느냐고 물어본 다음에 조각을 하게 하였다. 만일 부부가 동의하면, 치료사는 부부에게 눈을 감고 편안하게 긴장을 풀라고 지시한다. 일단 긴장이 풀리면 두 사람이 갖고 있는 가장 힘든 문제에 대해 생각해 보라고 지시한다. 그 문제를 집중해서 생각하고, 그때 올라오는 감정이 무엇인지 느껴 보라고 한다. 그리고 감정이 어떤 상징물로 보이는지 물어본다(예 : 다윗과 골리앗, 경찰관과 범죄자, 불과 얼음). 그리고 그 감정을 다루려고 할 때 두 상징물이 서로 어떻게 움직이는지 상상하라고 한다.

"두 상징물이 어떻게 상호작용하나요?", "두 사람이 문제가 해결되지 않음에도 계속 반복하고 있는 방법은 무엇인가요?", "그 외에 노력한 방법들이 있습니까?", "문제가 해결되지 않은 가장 큰 두려움은 무엇입니까?", "당신이 가장 가장 절실하게 원하는 희망은 무엇입니까?", "둘이 이상적으로 상호작용하는 모습은 어떤 모습입니까?"와 같은 질문을 한다.

그리고 치료사는 부부로 하여금 눈을 뜨게 한 다음에 서로 쳐다보면서 말은 하지 않고 팬터마임으로 상대방에게 무엇을 할지를 전달하라고 이야기한다.

사례연구

펩과 동료들에게 일주일에 여러 번의 성관계를 가지던 부부가 한 달에 한 번 정도만 성관계를 맺게 되어 상담을 신청하였다. 치료사들은 이들 부부에게 가족조각 기법을 적용하여 치료를 시도하였다. 조각에서 남자는 자신을 스폰지로 상상하고, 부인은 생수병으로 상상하였다. 남편은 아무리 노력해도 스폰지는 생수 뚜껑을 열 수 없기 때문에 결국에는 목이 말라 죽어 버리는 상상을 지시하였다. 부인은 얼음을 얼리는 트레이의 조그만 칸의 얼음조각인데 남편이 자기한테 달려들 때에는 마치 불꽃 같아서 무섭다고 말하였다.

부부의 상상을 이용해서 치료사는 부인에게 물을 다른 방법, 예를 들어 소다수의 물방울같이 혹은 분수의 아름다운 물방울 같이 상상해 보라고 지시하였다. 이런 상상은 두 사람이 자신들의 상상을 바꿈으로써 서로에게 접근하는 방법을 다르게 할 수 있었다. 성관계뿐만 아니라 일상에서도 불만이 있음이 드러났다. 특히 부인은 가사에서 두 사람의 역할이 불공평하다고 느끼고 있었고, 이런 점이 성관계에도 영향을 미친다고 고백하였다. 부인은 자신을 물이라고 상상하자 자신의 모습이 좀 더 유연하고 활동적이 되었으며 남편의 '불'에 덜 겁을 먹게 되었다.

또 다른 구조화된 표현적인 기법은 **가족그림 그리기**family art therapy이다. 퀴아트코스카(Kwiatkowska, 1967)는 가족들에게 '공동의 가족낙서그림'을 그리게 하는데, 한 사람이 낙서같이 그리면 다음 사람이 이어서 그림을 그리게 해서 가족의 공동그림을 완성하게 한다. 엘리자베스 빙(Elizabeth Bing, 1970)은 가족의 분위기를 따뜻하게 고양시키고 자유스럽게 자신들을 표현하도록 **공동가족그림 그리기**conjoint family drawing를 하게 한다. 이 과정을 통하여 "가족의 일원으로서 당신의 모습을 그려 보세요."라고 했을 때 가족그림의 결과는 이전에 논의되지 않았던 관점을 노출할 수도 있고, 한 번도 생각해 보지 않았던 관점을 자극할 수도 있다.

사례연구

한 아버지가 가족그림을 그렸는데, 아내와 자녀들은 서로 손을 잡고 있고 자신은 한쪽 부분에 떨어져 있는 모습이었다. 아버지는 자신과 아내가 잘 아는 사실을 그린 것이지만 이를 공개적으로 언급한 적이 없었다. 그러나 그림을 다 그려서 치료사에게 내놓았을 때 이 장면에 대해 언급을 하지 않을 수 없었다. 다른 예에서 치료사가 각 가족 구성원에게 가족을 그리라고 했을 때 10대 딸은 뭘 해야 할지 잘 몰랐다. 딸은 가족과 가족 안에서의 역할에 대해 깊이 생각한 적이 없었다. 그리기를 시작하자 그림이 나타났다. 작업이 끝났을 때 딸은 자신을 어머니보다는 아버지와 자매에 더 가까이 그려 놓은 것을 보고 다소 놀랐다. 이 작업은 딸과 어머니와의 관계에 대해 이야기를 활발하게 하게 하였다. 두 사람이 함께 시간을 보내도 딸은 어머니와 가까운 느낌이 없었다. 왜냐하면 딸은 어머니가 자신을 아직까지 아이로 여겨 자신의 관심사에는 관심을 가지지 않고 딸의 입장에서는 별로 관심이 없는 것에만 관심을 가진다고 생각했기 때문이다. 어머니는 매우 놀랐지만 불쾌해지지는 않았다. 왜냐하면 딸이 이미 성장해서 어머니와 다양한 관심사를 나눌 준비가 되었다고 느꼈기 때문이다.

가족인형 인터뷰family puppet interviews는 어윈과 멀로이(Irwin & Malloy, 1975)가 고안한 것으로, 가족 구성원 중 한 사람에게 인형을 이용해서 이야기를 구성해 보도록 하는 것이다. 이 기법은 어린 아이들과 함께하는 놀이치료에서 사용되며, 가족 내의 갈등과 동맹을 쉽게 표현한다. 인형은 안전하게 상징적인 의사소통을 하는 데 도움이 된다. 보기를 들면, 어떤 아이는 인형을 이용해 자기의 특정 분노(예 : 공룡인형)를 표현했는데, 위협을 받거나 하면 공룡인형을 찾았다.

다이애나 아라드Diana Arad는 근간에 동물인형을 적용한 이야기 기법animal attribution storytelling technique을 발달시켰다. 즉 가족 구성을 상징하는 동물을 선택해서 가족에 대해 이야기를 하는 것이다. 다음은 이 기법을 적용한 가족에 대한 공격성을 표출하는 아홉 살 난 내담자의 사례이다.

사례연구

사라와 제이콥 코헨은 네 살 난 딸 다나와 적대적 반항장애 판정을 받은 아홉 살 난 로이를 데리고 치료실을 찾아왔다. 로이는 공격적이며 반항적이고 오줌을 싸고 우울해하면서 죽었으면 좋겠다고 말하면서 분노를 폭발하곤 하였다. 그리고 여동생에 대해 극단적으로 경쟁적이며 자주 동생과 다투고, 다툴 때는 자주 동생을 쥐어박았다.

로이는 첫 면담 때 아버지의 손에 꽉 잡혀서 들어왔다. 그는 가족치료에 오기 전부터 자기는 절대 협조하지 않을 것이라고 하면서 울었다고 했다. 그래서 치료사는 본인이 원하지 않는 것은 아무것도 요구하지 않겠다고 그를 달랬다.

동물인형을 이용한 이야기하기를 시작할 때 (자기보다 나이 많은 가족이 하는 이야기를 그대로 옮기는 것을 막기 위하여) 가족 중 가장 어린 다나부터 시작하였다. "만약 너의 어머니가 동물이라면 무슨 동물이겠니?" 하고 치료사가 물었다.

다나는 자기 어머니는 말, 아버지는 다람쥐, 오빠는 병아리, 그리고 자신은 늑대라고 답했다. 그리고 가족 동물을 가지고 다음과 같은 이야기를 만들었다.

옛날에 말 한 마리가 그의 친구 병아리를 찾아갔다. 그리고 같은 시간에 늑대도 병아리를 잡아먹으려고

(계속)

찾아왔다. 그러나 말이 병아리를 구해 줬다. 그리고 다람쥐는 병아리와 말을 자기 나무 밑에 놀러오게 해서 병아리를 웃게 만들었다.

이 이야기에서 드러나는 것은 착한 아이로서 오빠의 희생양으로 보이는 네 살 난 다나가 자신을 오빠(병아리)에게 공격적(늑대)이고 동시에 가족에게서 소외된 자(다람쥐 나무 밑에서 열리는 파티에 초대받지 못한)로 본다는 것이다. 부모는 아이의 이러한 가족 묘사에 매우 놀랐다. 오빠를 공격하는 한 가지 예를 들어 보라고 했을 때, 다나는 오빠 로이가 컴퓨터를 하고 있을 때 문밖에서 엿보고 있다가 마우스 패드를 사용하는 그의 손을 '때리고' 엄마에게로 도망친다고 묘사하였다. 그러면 오빠 로이는 암탉처럼 '꼬꼬댁'거리면서 동생을 쫓아오지만 엄마의 보호를 받는 다나를 어쩌지 못한다. 그러면 로이는 소리를 지르면서 분노를 터트리고 결국 벌을 받아 컴퓨터는 동생 차지가 된다. 여기에 로이가 들려주는 이야기가 있다.

옛날 옛적에 코끼리(아버지) 한 마리가 정글 속에서 산책을 하다가 바퀴벌레(다나) 한 마리를 밟았다. 그 바퀴벌레는 짓뭉개졌으나 코끼리는 모르고 지나갔다. 고양이(로이) 한 마리가 와서 뭉개진 바퀴벌레를 발견하고 그것이 비행접시인줄 알고 같이 가지고 놀려고 친구인 개(어머니)에게 가지고 갔다. 그리고 싫증이 날 때까지 둘이서 그것을 가지고 놀다가 고양이가 처음 그 비행접시를 발견한 장소에 버렸다. 그리고 코끼리가 지나가다 뭉개진 바퀴벌레를 보고 집어먹어 버렸다. 그 바퀴벌레는 코끼리 뱃속에서 다시 살아나서 돌아다녔다. 그렇게 하는 것이 코끼리를 간지럽게 해서 코끼리는 크게 웃으면서 입으로 그 바퀴벌레를 토해 내어 본래 자리에 떨어지게 했다. 그리고 어느 날 코끼리가 산책을 하다 다시 그 바퀴벌레를 밟았다.

두 아이의 이야기 속에서 아버지는 무관심한 사람으로 묘사되었다. 즉 위험이 지난 후 나타나는 우스운 다람쥐로, 그리고 의식하지 못한 채 상처를 입히면서 지나가는 코끼리로 묘사된 것이다. 아이들의 이야기 속에서 묘사되는 이 가족의 그림은 "우리 가족은 서로 사랑하고 서로에게 관심을 많이 가진다."는 아버지의 말과는 맞지 않는다. 그러면서 아버지는 장난스러우나 접근하기 쉽지 않은 고래라고 묘사한 어머니의 묘사가 반영된다. 아이들의 이야기는 부모가 로이를 다른 각도에서 보게 하는 데 도움이 되었다. 그래서 부모는 다음에 로이가 소리 지르고, 분통을 터트리고, 집어던지고 할 때 그것을 '암탉이 꼬꼬댁거리는 것'으로 보고 간섭하지 않기로 동의하였다. 그리고 나아가서 부모는 아이들의 생각을 존중하여 앞으로 모든 싸움을 다 로이의 잘못으로 돌리지 않기로 하였다. 그리고 아이들 둘이 싸울 때 공정하게 대하도록 결정하였다. '늑대가 다시 나타날 것을 고려하여' 아이들은 둘 다 벌을 받았다. 로이는 이것을 공평하다고 생각하였고, 동생과 경쟁하는 모습이 눈에 띄게 줄어들었다.

엘리아나 길(Eliana Gil, 1994)은 가족치료에서 몇 가지 놀이치료 기법을 사용해서 어떻게 어린 아이들과 치료 접근을 해 나갈지 설명한다. 일상적인 날에 관한 인터뷰를 할 때, 길은 아이들에게 주중의 어느 날을 선택하고, 가족을 나타내는 인형을 직접 고르게 한다. 그리고 치료사는 아이들에게 그 인형을 이용해서 누가 어디에 있고 무엇을 하는지 그들의 하루 생활을 보여 달라고 한다. 이렇게 할 때 길은 특별히 아이들에게 그 사람들의 텔레비전을 보는 습관, 먹고 자는 습관이 어떠한지, 그리고 위생관리나 분노 및 애정 표현 등을 어떻게 하는지 물어보도록 추천한다. 학교가 끝나고 집에 와서 자기가 보는 '데이비드 레터맨David Letterman'으로 끝나는 열두 가지 텔레비전 쇼를 나열하면서 자기 집에는 아무 문제가 없다고 말한 열 살 난 어린이가 있었다. 치료사가 "레터맨을 다 보고 나면 뭘 하니?" 하고 묻자 "그러면 난 자러 가요."라고 했다. "네가 자러 갈 때 누가 집에

수잔 존슨의 정서중심 부부치료 방법론은 지나치게 인지적인 방법론에 편중되어 있는 작금의 가족치료 분야에 하나의 해독제 역할을 하고 있다.

있니?" 하고 묻자 "아무도 없어요."라고 말했다(Gil, 1994).

역할놀이role-playing는 치료사들이 선호하는 또 하나의 기법이다. 역할놀이는 실제의 경험을 바탕으로 현재의 느낌을 노출시키는 것을 전제해야 한다. 치료 회기 중에 직접 역할놀이를 해 보게 함으로써 가족들이 과거의 사건이나 바람 또는 미래 사건에 대한 두려움을 피부로 느낄 수 있도록 기회를 제공한다. 켐플러(1968)는 부모에게 어린 시절의 장면을 상상하게 하며, 어머니가 작은 소녀였을 때 좋아했던 것을 표현하도록 하고, 아버지에게는 그 자신이 그의 아들과 같은 딜레마에 빠진 한 소년이 되었다고 상상하라고 한 후 역할놀이를 하게 한다.

치료에 참여하지 않은 사람을 포함시키고자 할 때 게슈탈트의 빈 의자 기법empty chair technique을 사용하기도 한다(Kempler, 1973). 만일 한 아이가 할아버지에 대해 이야기하고자 한다면, 빈 의자를 할아버지로 의인화하여 이야기할 수 있을 것이다. 위태커(1975)는 역할놀이와 비슷한 기법을 사용했는데, '별난 사람들의 심리치료'라고 불렀다. 이것은 이상하리만큼 비논리적이 되어 가는 내담자의 말에 치료사가 시비를 거는 형태로 엮여 있다. 다음의 예와 같이 이러한 시비는 직선적인 반응을 불러일으킬 때가 많다.

> 내담자 : 나는 도저히 남편을 참을 수 없어요!
> 치료사 : 그럼 왜 남편을 쫓아버리고 남자 친구를 오라고 하지 않나요?

앙탈을 부리는 어린아이에게 맞서서 같이 앙탈을 부리거나, 앙탈 부리는 자체를 약간 비꼬듯 하였다. 치료사의 이러한 역할과 반응 기법을 통해 내담자가 자신의 문제를 객관적으로 깨닫게 한다. 주의해야 할 것은 이 과정을 통해 내담자가 상처를 받지 않도록 하는 것이다.

이러한 기법은 개인 심리치료에서도 유용한 것으로 밝혀졌는데(Nichols & Zax, 1977), 과거의 기억을 되살리고 억눌러 왔던 반응을 나타내게 하여 강렬한 정서적 경험을 하게 한다. 이러한 기법이 가족치료에 필요한 것인가 하는 것은 질문의 여지가 있다. 개인치료에서는 치료 장면에 개인만 있기 때문에 역할놀이 같은 기법이 도움이 될 것이다. 그러나 가족치료는 중요한 대상인 가족이 모두 함께 모여 있기 때문에 역할놀이나 다른 가공적 현실을 구성하는 기법이 꼭 필요하다고는 말할 수 없다. 정서적 반응을 원한다면 단순히 가족 앞에서 개방적인 상호작용을 통해서 얼마든지 경험할 수 있기 때문이다.

❖ ❖ ❖

정서적 접근의 가족치료 중 최근에 발달한 두 가지 접근이 가족역동에 대한 심도 깊은 이해를 제공한다. 그것은 부부의 정서에 초점을 맞춘 정서중심 부부치료와 내면 가족체계 모델이다.

정서중심 부부치료

정서중심 부부치료는 두 가지 차원에서 진행된다. 하나는 부부간의 상처와 기대, 그 밑에 깔려 있는 분노와 의기소침과 같은 방어적 표현을 탐색하는 것이다. 또 다른 차원은 이러한 감정들이 부부관계에 미치는 영향을 이해하도록 돕는 것이다. 내담자로 하여금 자신이 이해받고 있다는 것을 알 수 있도록, 치료사는 먼저 그들의 상처받은 감정과 분노를 인정하면서 시작한다(Johnson, 1998).

사례연구

"당신은 점점 더 화가 나고 있군요. 남편 월이 자신은 아무 잘못도 없다고 말하는 것을 들으니 화가 나는군요? 안 그런가요?"

부부간의 말다툼에 개입하여 적개심을 완화시키고 서로의 잘못에 대해 초점을 맞추기보다 지금 무엇을 경험하고 있는가에 초점을 맞추도록 도와준다. 그리고 배우자 각자가 상대방에게 가지는 감정 밑에 있는 상대방에 대한 생각을 탐색하기 위하여, 집에서 무슨 일이 일어났는지 묘사하도록 질문을 한다.

"아, 당신은 한편으로는 남편을 믿고 한편으로는 의심하는군요?"

"한편으로는 남편이 상처를 주지 않을까 하고 관찰과 기대를 하는 건가요?"

"한편으로는 남편이 정직하다고 믿는데, 그 점에 대해 좀 더 이야기해 보시겠어요?"

그다음 치료사는 부부간의 감정이 어떻게 서로에 대한 인식을 가지고 양극화라는 악순환 고리를 형성하고 고조시키는지 지적한다.

남편 월은 부인 낸시의 화를 회피하기 위해 거리를 두고, 부인은 거리감으로 인한 배신감을 피하기 위해 남편을 감시하고 싸움을 거는 악순환의 고리가 형성되고 있다. 부인이 불안하고 화가 날수록 남편 월은 점점 더 무력해지고 거리를 두게 된다. 양쪽 모두가 악순환의 희생자가 된다. 이것은 부부가 서로 협력해야 하는 일반적인 문제로, 내가 계속적으로 구조화시키고 있는 문제이다(Johnson, 1998, pp. 457-458).

부부가 자신들의 정서적 반응이 서로의 기대와 갈망에 어떤 영향을 미치는지 깨닫게 되면 갈등 밑에 깔려 있는 감정을 표현하고 탐색하는 시간을 갖게 된다. 서로 표현을 하여 정서적으로 정화되면서 상호 파괴적인 관계 패턴에 대한 이해가 깊어진다. 이러한 순환적 과정은 부부치료 과정을 통해 지속된다.

애착이론은 정서중심 부부치료사로 하여금 부부간의 상처와 갈망을 불러일으키는 잠재된 문제점을 포착하는 데 도움이 된다.

"아무도 당신을 사랑하지 않는 것처럼 느낄 것 같은데 그런가요?"

"무력하고 혼자라고 느끼시지 않나요?"

정서를 짚어 주는 이러한 질문은 배우자가 있는 앞에서 하는 것이 감정을 충분히 살려 내면서 새로운 측면을 보게 하는 데 도움이 된다.

"그러면 부인께 그 말을 할 수 있겠어요?"

이러한 질문의 궁극적인 목표는 부부가 상대방의 애착 욕구를 알아차리고 서로에 대해 정서적으로 솔직해

(계속)

지도록 모험을 할 수 있게 도와주는 데 있다.

"오직 당신 자신만이 당신의 두려움을 직면하고 남편 윌을 믿는 모험을 할 수 있잖아요? 남편이 그렇게 할 수는 없잖아요. 그렇지 않나요? 자신의 방어를 풀고 그를 믿는 일은 오직 당신만이 할 수 있어요. 안 그래요?"

"최악의 경우 어떤 일이 일어날까요?"

다시 언급하지만, 부부와 작업을 할 때 한쪽 배우자가 용기를 내서 자기의 갈망을 표현할 때 상대 배우자는 그 요구에 힘입어 반응을 하게 한다.

"이 이야기를 들으니까 윌 당신 안에 어떤 반응이 일어나나요?"

이 질문에 대한 대답은 물론 배우자들이 서로 방어적인 태도를 버리고 자신이 두려워하는 것이 무엇이고 진정으로 상대방에게서 원하는 것이 무엇인지 이야기를 하는 것에 따라 매우 달라진다.

정서중심 부부치료사는 박탈감, 고립감, 그리고 깊은 유대 형성의 실패에서 오는 상실감의 세 감정을 중심으로 부부의 경험을 경청한다. 애착이론에 근거한 이러한 관점은 상대방의 잘못과 실패에 초점을 맞추기보다 서로의 갈망을 충족시키는 방향에 초점을 맞추게 한다.

애착이론이란 부모가 정서적으로 자녀에게 반응하는 데 실패했을 경우, 자녀는 부모와 **불안정 애착관계**를 형성한다는 보울비(Bowlby, 1988)의 이론이다. 애착관계 유형은 성장한 후에 사랑하는 사람을 만났을 때 발동한다. 부모와의 불안정 애착관계를 형성한 사람은 타인에게 의지할 수 없기 때문에 사랑하는 사람과의 관계에서 정서적 안전이 위협당하면 불안정 애착관계 유형이 발동한다. 한 사람은 상처입지 않으려고 상대방을 멀리하거나 거부하는 **철회, 회피**의 애착관계 유형을 나타내거나, 다른 한 사람은 **쫓아가는** 유형을 나타낸다. 두 사람은 정서적으로 친밀한 관계를 원하지만 각자 다른 방식을 선택하면서 오히려 실제로 원하는 것을 서로 주지 못하게 되어 버린다 (Johnson, 2004). 결국 자신들의 해결책이 문제가 되어 버린다.

애착관계가 위협당하게 되면 사람들은 두려움, 슬픔, 상처, 그리움 등의 원초적 정서를 처음에 강하게 느낀다. 원초적 정서는 사람들로부터 측은지심의 감정을 불러오게 하는 경향이 있다. 그러나 사람들은 이런 원초적 정서를 표현하는 것을 안전하게 느끼지 않는다. 그래서 그런 감정을 표현하기보다는 오히려 **이차적 감정**으로 화를 내고, 멸시하고, 냉정하게 방어적으로 표현한다. 결국 두 사람이 친밀하기를 바라지만 이차적 감정에 반사적으로 반응하다 보면 부적절한 패턴을 반복하게 된다. 따라서 치료는 부부의 이차적 감정 밑의 원초적 감정을 찾아내고 그 감정을 표현할 수 있도록 도와주어야 한다(Johnson, 2004).

짧게 말하자면, 정서에 초점을 맞추는 모델의 치료 목표는 부부가 안정 애착을 형성하도록 돕는 데 있다. 따라서 배우자가 자신의 원초적 애착 욕구를 깨닫고, 그것을 배우자에게 개방적이고 직접적으로 표현하고, 상대방 배우자의 애착 욕구도 깨달아 적절히 반응하도록 돕는 데 있다. 이렇게 되면 치유적 상호작용의 사이클을 형성하게 되고, 각자 깊이 내재된 수치스러운 존재에서 사랑받을 만한 존재라는 관점을 형성할 수 있게 되면서 안정적이 된다. 예를 들어, 성관계의 횟수 때문에 싸우는 부부를 보자. 성관계를 더 하고 싶어서 쫓아가는 사람은 거부에 대한 두려움이 있다. 친밀감을 두려워하는 사람은 거리를 두려하기 때문에 성관계를 거부하거나 억지로 투덜대면서 응하게 된다. 성관계의 횟수가 더 이상 애착의 두려움을 상징하지 않게 되면, 부부는 반사적 반응 대신에 성관계의 횟수에 대해서 의논할 수 있게 된다.

이름이 말하듯이 정서적으로 초점을 맞추는 치료 모델은 경험적이고, 분석적이거나 지시적이지 않다. 그러나 위태커나 사티어처럼 자연스럽게 과정을 흘러가게 하는 것이 아니라 이 모델은 넓게 세 단계로 나누고, 각 단계에는 좀 더 자세한 치료 개입 단계가 있다(Johnson, Bradley, Furrow, Lee, Palmer, Tilley, & Woolley, 2005).

1단계 : 상호작용을 낮추기
　　1. 진단
　　2. 부정적 상호작용 사이클 확인하기
　　3. 알지 못하던 감정과 연결하기
　　4. 애착 욕구에 근거해서 문제를 재구성하기

2단계 : 상호작용의 위치를 변화시키기
　　5. 거부하던 욕구를 확인하고 증진시키기
　　6. 상대방의 경험을 수용하고 증진시키기
　　7. 욕구와 원하는 것을 표현하기를 촉진시키기

3단계 : 통합하고 확고히 하기
　　8. 옛 문제에 새로운 해답을 찾기
　　9. 새로운 위치와 애착 사이클을 확고하게 하기

이 모든 단계에서, 치료사는 배우자가 그들의 정서적 경험을 자각하고 표현하도록 도움을 주며, 상호작용 양식을 재구성한다. 예를 들면 다음과 같다.

처음에 치료사는 철회하고 방어적인 배우자가 자신의 철회 행동을 야기하는 무력감(무기력함)에 대해서 명확히 말하게 한다. 치료사는 이 무력감이 두 사람의 관계에 파괴적인 역할을 한다고 확인해 준다. 그리고 치료사는 치료 회기에서 무력감을 경험하게 하고 수용하도록 촉구한다. 마지막으로, 치료사는 무기력 때문에 만들어진 상호작용 패턴을 다루고, 새로운 상호작용을 구성하기 위한 첫 단계로 들어간다. "이제, 당신은 부인을 의지할 수 있나요? 부인에게 '나는 너무 무기력하고 패배감을 느껴. 나는 그저 도망치거나 숨고 싶어.'라고 말할 수 있나요?"

이렇게 표현하기 시작하게 되면 소극적으로 철회하던 방식에서 벗어나서 적극적인 정서적 연합을 할 수 있다. (Johnson, Hunsley, Greenberg, & Schindler, 1999, p. 70)

내면 가족체계 이론

내면 가족체계 모델(Schwartz, 1995, 2001)에서는 갈등하는 내면의 목소리들을 하위인격, 혹은 '부분'으로 의인화한다.[5] 이러한 접근이 효과가 있는 이유는 내담자의 문제가 외부에 존재하는 구성원들 사이의 갈등으로 인한 것이기도 하지만, 가족 구성원의 역동이 내면화된 다음에는 내면화된 갈등이 문제가 된다. 따라서 다른 사람들과 갈등관계에 있는 사람들은 자기 내면의 갈등을 해결하지 못한 경우가 많다.

청소년의 반항이나 부모에 대한 불신은 단지 가족 구성원들 사이의 복잡한 감정의 한 표현일 뿐이다. 다른 예를 들자면, 부부간의 관계에서 한쪽은 가까워지는 것을 원하고 다른 한쪽은 거리를 두는 것을 원하는, 밀어내기와 당기는 갈등이 있을 수 있다. 이것 역시 유기되어 자기를 완전히 잃어버릴 것 같은 두려움의 표현일 뿐이다. 내담자의 내면의 갈등을 극화시킴으로써 내면 가족체계 이론은 가족 구성원들이 자신의 감정을 찾아내어 다른 사람과 덜 양극화된 감정으로 연결될 수 있도록 도와줬다.

슈워츠는 내담자가 갈등하는 내면의 소리를 분별하도록 돕기 위해서 부분들에 대한 설명을 해준다.

사례연구

"그래서 아들이 자신을 추스르지 못할 때 울화가 치밀고 화가 나는 부분이 있군요. 그렇게 화가 나지 않으면 아들을 도와주는 것이 좀 수월하겠군요?"

"그러니까 당신은 남편이 아이들을 다루는 방법에 대해 동의하는 부분이 있고, 동시에 남편이 아이들을 너무 심하게 대한다고 생각하는 부분도 있군요. 이 두 번째 목소리는 무엇인가요? 무얼 말하는 것 같나요? 당신이 두려워하는 것은 무엇인가요?"

치료사가 내담자의 감정을 경청하고 어떤 반응이 어느 하위인격에서 나오는 것인지 정리하게 되면, 가족 구성원 간의 양극화된 감정을 변화시키는 작업을 시작할 수 있다. 사람들은 자신의 전체가 그렇다기보다, 자기의 한 부분이 화나고 무기력하게 느낀다는 것을 더 쉽게 받아들인다. 아들이 학교에서 제대로 공부를 안 하는 것에 대해 화가 난 부모도 자신의 한 부분이 아들에게 화가 났다는 것은 받아들이기가 더 쉽다. 그러면서 화가 난 자기의 한 부분이 아들에 대해 동정을 느끼는 또 다른 부분을 누르고 있다는 것을 알게 된다.

(계속)

---

5 역자 주 : 사티어는 그녀의 '부분들의 잔치' 기법에서 개인 내면의 갈등을 외현화시켜 통합적으로 해결하는 기법을 소개하였다. 슈워츠는 사티어의 이 기법을 그대로 개인치료, 특히 섭식장애자에게 적용하였으며, 내면가족체계치료Internal Family System Therapy라고 명명하였다.

한 사람 안에 여러 부분이 있다는 것을 알게 되면 가족은 다른 가족 구성원 안에 있는 여러 부분을 알아보게 된다. 그들은 다른 식구들을 이상하게 보기보다 다른 식구의 어떤 부분이 또 다른 식구의 어떤 부분을 건드린다는 것을 알게 된다. 분명한 것은 갈등의 감정은 그 사람의 한 부분일 뿐이고, 그 사람 안에 다른 감정을 느끼고 다르게 행동할 가능성을 지닌 하위인격이 있다는 점이다.

"그래서 아버지의 화난 모습이 당신 안에 있는 슬프고 무기력함을 느끼는 부분을 자극하는 것 같군요. 맞아요?"

그리고 화난 아버지의 모습은 어쩌면 배우자의 투사에 의해 자극을 받았는지도 모른다. 이렇듯 양극화는 많은 경우 삼각관계를 형성한다.

"그래서 남편의 화난 부분이 아들에게 향할 때 당신 안에 투사 감정을 불러일으키나요? 당신의 일부는 아들을 보호하기 위해 남편과 싸워야겠다는 생각을 하나요?"

그리하여 성적이 좋지 않은 아들만이 아니라 아버지는 동정적이지 않은 자신의 부분을 보게 되고, 부모로서 자녀 양육에 일치점을 갖고 있지 않다는 것을 알게 된다. 이로 인해 가족 구성원 각자가 문제를 갖고 있는 부분이 있다는 것을 발견한다. 아버지는 화가 난 무서운 역할을 하는 자신의 부분을 변화시킨다. 그리고 부인은 자기가 아들을 보호하려고 하는 부분이 남편의 화를 자극한다는 것을 알게 된다. 그리하여 아들이 실패작이 아니라 화가 난 아버지와 갈등하는, 부모 앞에서 무기력하게 느끼는 부분이 있는 아들일 뿐이라는 것을 알게 된다.

모든 경험적 가족치료 모델과 같이, 내면 가족체계 모델은 인간의 정서적 반사 행동 밑에는 인격의 중심부에 건강한 자기가 존재한다는 신념을 가지고 있다. 치료사가 내담자 안에 여러 하위인격이 작용한다는 것을 알아차리면, 내담자로 하여금 자기 안에 있는 다른 모습을 시각화하여 그려 보도록 하면서 진정시킨다. 예를 들어 화난 자신의 부분을 으르렁거리는 개로 그려 본다면, 그 개를 쓰다듬고 달램으로써 화를 진정시킬 수 있을 것이다. 다른 예로(Schwartz, 1998에서 인용), 자기를 마치 헝겊 인형처럼 생각한다면, 그 인형을 품에 안고 달래는 상상을 함으로써 자신의 두려운 부분의 자기를 진정시킬 수 있을 것이다.

내면 가족체계 모델에서는 양극화된 정서적 반응을 의인화시켜 시각화하고, 이들 반사적 부분들을 안심시킴으로써 두려움과 분노를 내려놓게 한다. 이렇게 하면 개인과 가족의 문제를 한꺼번에 좀 더 효과적으로 작업할 수 있다.

모델의 이론과 결과에 대한 평가

경험적 가족치료는 가족 구성원들 사이의 상호작용 저변에 깔려 있는 깊은 감정을 탐색한다. 이 접근의 강점은 사람들로 하여금 방어적 태도를 버리고 현재의 감정에 서로 진실하게 상호작용하도록 하는 것이다. 행동과 인지에 강조점을 둔 가족치료에 내담자로 하여금 자신들의 감정 부분을 경험하도록 하는 이 접근은 다른 모델들이 놓친 측면을 더하여 준다.

　　어떤 가족치료 모델에 의거하여 접근을 하든 간에, 개인의 경험에 초점을 맞추게 하는 것은 사람들로 하여금 방어적 태도에서 벗어나게 하는 매우 강력한 방법이다. 가족 구성원들 간의 다툼은 대체로 방어적이다. "나는 속이 상한다."라고 말하기보다 "너 때문에 속상하다."고 하고, 힘들고 두렵다고 하기보다는 다른 사람들을 비판한다. 생산성 없이 고조되는 말다툼을 끊는 방법은 가족치료에 참여하는 한 사람 한 사람의 감정과 그 감정의 뿌리를 나누게 하는 것이다. 이것은 방어 수준을 넘어서 서로 한 발 물러서서 상대방의 입장을 보게 하고 보다 진솔한 수준에서 서로를 느끼게 한다.

　　그러나 가족 전체와 그 가족의 상호작용에 주 초점을 둔 접근이 치료 과정에서 무엇인가를 미진하게 다루는 점이 있듯이, 개개인의 정서 체험에 좁게 초점을 맞추는 접근 역시 무엇인가 미진한 점을 가질 수 있다. 경험주의의 전성기를 맞이했던 1970년대에는 경험주의적 접근이 마치 친족들을 모아 놓고 참만남 집단을 하는 것처럼 진행되었다. 그들은 개인의 정서 체험에 큰 비중을 두었으며, 그 정서 체험을 규제하는 가족체계의 기능에 대해서는 소홀히 다루었다. 결국 가족치료가 점점 가족의 조직, 상호작용, 가족의 대화에 초점을 맞추게 되는 1980~1990년대에 와서는 경험적 가족치료가 사양길을 걷게 되었다.

　　이미 제시했듯이 개인의 정서 체험에 초점을 맞추는 접근은 참만남 집단에 더 적합하다. 그러나 행동과 인지에 초점을 맞춘 가족치료 접근에서는 조금 더 개인의 정서 체험에 비중을 둘 필요가 있다고 본다. 이 말이 막연하게 들릴지 모르므로 구체적인 제시를 하겠다. 가족 구성원으로 하여금 그 개인의 감정과 접촉하게 함으로써 두 가지를 이룰 수 있다. 첫째는 개인으로서 그들이 무엇을 생각하고 느끼는지 알 수 있도록 해주고, 그들이 무엇을 원하고 무엇을 두려워하는가를 알게 도와준다. 이렇게 되면 방어적이지 않고 보다 정직하고 진솔하게 서로를 대할 수 있다.

　　정서중심 부부치료와 내면 가족체계 치료는 개인의 내적 경험과 접촉하게 도와주는 창의적인 접근법이다. 두 모델의 특징은 정서적인 표현과 부부간의 상호작용의 역동적 패턴을 정교하게 통합하는 데 있다. 정서중심 부부치료는 정서적인 접근이 그렇듯이 내담자의 정서에 초점을 맞춘다. 비록 부부가 방어적이라 하더라도 감정에 초점을 맞춘다. 사람들이 자신들의 감정을 모른 체하면 감정 밑에 있는 것을 다룰 수가 없다.

　　보다 깊고 다치기 쉬운 감정을 탐색하고 그 감정으로 인해 일어나는 상호 반사적 반응이 어떻게 부부간의 관계 패턴을 형성하고 있는지 가르치는 것은, 내담자 부부로 하여금 의미 있는 경험을 하게 한다. 리버만, 얄롬, 밀러(Lieberman, Yalom, Miles, 1973)가 참만남 집단에서 시연해 보였듯이, 강렬한 정서적 체험은 그 체험의 의미를 통찰하는 인지적 경험이 동반될 때에야 그 효과가 오래 지속된다. 그러나 먼저 정서적 표현으로 감정을 체험한 뒤에 내담자의 정서적 경험에 비추어 내담자의 특정한 인지적 설명이 이루어져야 한다. 이 점이 심리치료와 일상생활에서 마음 편한 친구와 이야기를 나누는 것의 차이점이다.

정서에 초점을 맞춘 부부치료는 관계의 어려움이 애착 욕구를 무시하고 방어적 상호작용 사이클을 만들고 비효과적인 의사소통 패턴을 형성하는 데 뿌리가 되었다고 보았다. 따라서 이 모델은 이러한 문제와 파괴적인 사이클을 확인하고 내담자들로 하여금 이러한 사이클 밑의 감정을 인정하고 배우자의 입장에 공감하도록 지지한다. 이렇게 부부가 욕구를 소통할 때 좀 더 효과적으로 관계에 대한 해답을 찾을 수 있고 친밀감을 증진시킬 수 있다.

슈워츠의 내면 가족체계 치료는 개인의 혼란스러운 정서적 갈등을 다룸으로써 가족 전체가 서로 함께 이해하도록 도와준다. 건드릴 수 없을 것 같은 감정을 그 사람의 한 '부분'으로 의인화시키는 기법은 개인으로 하여금 갈등으로부터 한 발 물러서게 하는 매우 강렬한 기법이다. 정서치료와 달리 내면 가족체계 치료는 상호작용의 설명에 크게 의존하지 않는다. 이 접근은 치료사가 설명하기보다 내담자 스스로 자신의 감정을 변별해 냄으로써 자신의 정서 경험이 무엇인지 알도록 한다.

정서중심 부부치료의 효과성을 지지하는 실증적 연구가 꽤 많다(예 : Johnson, 2003; Johnson, Maddeaux, & Blouin, 1998; Johnson, Hunsley, Greenberg, & Schindler, 1999; Denton, Burleson, Clark, Rodriguez, & Hobbs, 2000). 특히 최근의 연구는 정서중심 부부치료가 부부 갈등을 감소시키고, 신뢰와 용서를 촉진시킨다고 보고하고 있다(Greenberg, Warwar, & Malcolm, 2010). 또 부부 갈등 그리고 여성 배우자가 우울증을 앓고 있는 부부에게 유의미한 효과가 있다는 연구보고도 있다(Dessaulles, Johnson, & Denton, 2003). 최근에는 정서중심 부부치료의 요인들이 유방암 환자(Tie & Poulsen, 2013)와 임종을 앞둔 환자(Adamson, 2013)에게 도움이 될 수 있다는 가능성도 제시하고 있다. 한 통제집단에 대한 연구는 암의 마지막 단계에 있는 부부가 정서중심 부부치료에 참가하여 부부기능 및 돌보는 사람의 공감 증진으로 인한 부부관계가 개선되었다고 보고했다(McLean, Walton, Rodin, Epslen, & Jones, 2013).

최근에 경험주의 기법의 효과성을 연구하는 사람들은 치료 결과보다 치료 과정에 초점을 맞추어 연구하자는 마러(Mahrer, 1982)의 제안을 따르고 있다. 왜냐하면 그는 치료 결과에 대한 연구는 실제로 치료사들에게는 큰 의미가 없다고 보았기 때문이다. (치료에서 어떤 기법을 사용했는지 이미 알고 있는 치료사들이기에) 그는 치료 과정 중의 결과에 초점을 맞추기 바란다. 왜냐하면 치료 과정 중이라야 어떤 기법이 바라는 대로 결과(정서적 표현 혹은 개방된 의사소통 등)를 낳는지 알 수 있기 때문이다. 개인치료에서 치료 과정 중의 결과를 연구하길 권장하는 마러(1982)와 연구자들(Pierce, Nichols & DuBrin, 1983)의 제안을 따라 레슬리 그린버그와 수잔 존슨이 배우자에 대한 분노와 공격으로 가득 차 있는 내담자들에 대한 연구를 한 결과, 성공 사례들의 공통점은 이들이 자신의 진정한 감정을 표출할 수 있었다는 것이었다(Johnson & Greenberg, 1988). 그리고 개인의 감정을 개방하게 되면 내담자가 더욱 깊은 정서적 경험을 하게 되어 치료 과정이 더욱 생산적이 된다(Greenberg, Ford, Alden, & Johnson, 1993).

내담자의 깊은 감정 표현이 한때 심리치료의 중심 무대에 섰으나, 지금은 내담자의 인지와 행동에 초점이 맞추어지고 있다. 심리치료사가 인간은 생각하고 행동한다는 것을 발견한 것이다. 그렇다고 경험주의의 중요 관심사인 인간이 가지는 그 순간의 정서적 경험을 소홀히 해서는 안 된다.

요약

효과적인 가족치료의 일반적인 방향과는 다르게, 경험적 가족치료는 개인의 자기 표현을 강화함으로써 가족체계의 힘을 회복시킨다. 즉 개인에서 가족체계라는 (내부에서 외부로 향한) 방향으로 이루어진다. 경험적 가족치료는 문제의 해결보다는 개인의 정서적 안위에 중점을 두는 특징을 지니고 있다. 자기방어 기제를 벗고 나면 개인은 자기 통합과 자기실현을 향해 나아가고자 하며, 이것은 인간에게 내재된 중요 경향이라고 설명하고 있다. 일상적인 습관처럼 친숙한 개인의 역기능적 반응체제에 도전하여 내담자가 새로운 양식의 반응체제를 더욱 많이 경험할 수 있도록, 치료사는 자신이 갖고 있는 생동감 있는 인간성이나 갖가지 표현 지향적인 기법을 사용한다.

비록 1980년대에 와서 경험주의 접근은 전성기를 잃었으나 지금은 정서중심 부부치료와 내면 가족체계 치료의 창의적인 치료 접근으로 다시 빛을 보기 시작하고 있다. 가족이 체계라는 것은 한때 소설적인 가공의 사실이며 논쟁점이었으나 지금은 가족치료 영역에서 하나의 정통 교리처럼 되었다. 또한 추가 흔들리는 방향은 체계론적 사고 쪽으로 기울고 있다. 개인과 개인적인 기쁨 및 고통은 자주 언급되지 않는다. 한 가지 분명한 것은, 경험적 가족치료의 공헌 중 하나는 우리로 하여금 체계 내의 개인의 중요성을 결코 잊어서는 안 된다는 것을 상기시켜 준다는 점이다.

제8장

정신분석적 가족치료

정신역동의 재발견

학습 목표

◆ 정신분석적 가족치료의 발전을 설명하라.

◆ 정신분석적 가족치료의 주요 개념을 설명하라.

◆ 정신분석적 가족치료 관점에서 건강한 가족발달과 건강하지 못한 가족발달을 설명하라.

◆ 정신분석적 가족치료 관점에서 치료 목표와 목표를 달성하기 위한 조건을 설명하라.

◆ 정신분석적 가족치료의 진단과 치료 개입에 대해 논의하고, 실증하라.

◆ 정신분석적 가족치료를 지지하는 연구들에 대해 논의하라.

가족치료의 선구자들 중 많은 이들이 정신분석 훈련을 받았는데, 그들 중에는 나단 애커먼, 머레이 보웬, 이반 보스조르메니-나지, 칼 위태커, 돈 잭슨, 살바도르 미누친 등이 포함된다. 이들은 개혁에 대한 뜨거운 열정으로 오래된 정신분석적 틀을 버리고 체계적 역동이라는 새로운 세계로 뛰어들었다. 심지어 잭슨과 미누친 같은 이들은 정신분석적 뿌리에서 완전히 떨어져 나왔다. 반면에 보웬과 나지와 같은 이들은 정신분석적 입장을 유지하면서 가족치료의 새로운 이론을 제시하였다.

1960~1970년대에 잭슨과 미누친의 주도하에 가족치료가 급속히 퍼져 나가기 시작하면서 정신분석적 사고는 무시되었을 뿐만 아니라, 때로는 지나치게 비판의 대상이 되기도 하였다. 잭슨(1967)은 개인치료의 종언을 선언하였고, 미누친(1989)은 "관계를 고려하지 않은 개인은 정신역동적 맹목이 만들어 낸 신화적 괴물이며 환상일 뿐임을 알아야 한다."고 주장했다.

1980년대에는 놀라운 변화가 나타났다. 가족치료사들이 개인심리학에 대한 새로운 관심을 가지게 된 것이다. 이런 변화는 정신분석 내에서 프로이트 이론을 중심으로 한 개인주의 심리학에서 관계를 더 중시하는 대상관계이론과 자기심리학 쪽으로 관심이 옮겨졌고, 가족치료 자체에서도 사이버네틱 모형의 기계적인 요소에 대한 불만을 느끼면서 새로운 변화가 일어났다. 가족치료와 정신분석 사이에 교량 역할을 한 책은 다음과 같다. *Object Relations: A Dynamic Bridge Between Individual and Family Treatment*(Slipp, 1984), *Object Relations Family Therapy*(Scharff & Scharff, 1987), *The Self in the System*(Nichols, 1987)이다.

이러한 정신역동적 접근이 독자들의 관심을 끈 이유는, 가족치료사가 체계적 상호작용에 관해서 심오한 진리를 발견했지만 심층심리학의 교훈에 등을 돌린 것이 잘못이라는 많은 사람의 믿음 때문이었다. 자기인식의 중요성을 아는 사람은 누구나 인간의 내면생활이 거의 표현되지 않는 많은 갈등과 혼란으로 가득 차 있다는 사실을 알고 있다. 가족치료사는 가족 구성원들의 상호작용에서 드러나는 내면에 초점을 맞추는 반면에, 정신분석적 치료사는 가족 구성원들의 내적 두려움과 열망을 찾아 그것이 상호작용에 미치는 영향을 탐색하였다.

주요 인물에 대한 묘사

프로이트는 가족에 관심을 보였으나, 가족을 한 가족 구성원이 지니게 된 신경증적 공포를 유지시키고 있는 현재의 관계로 보기보다는 단지 신경증적 공포를 습득한 예전의 묵은 관계로만 취급했다. 프로이트(1909)가 제시했던 꼬마 한스의 사례에서도 그는 한스의 가족을 이해하려는 노력보다는 아이의 오이디푸스 콤플렉스를 분석하는 데 더 관심을 두었다.

1930~1950년대 정신분석적 연구자들의 가족에 대한 관심은 점차로 증대되었다. 에릭 에릭슨 Erik Erikson은 자아심리학의 사회학적 분야를 탐구했다. 에리히 프롬Erich Fromm의 사회의 영향으로부터 벗어나 개체성을 찾으려는 노력은 보웬이 주장했던 가족 내에서의 분화 과정에 대한 개념의 전조가 되었다. 해리 스택 설리번의 대인관계이론은 불안이 자녀들에게 전수되는 데 있어서 어머니의 역할이 강조되었다.

1950년대에 미국의 정신분석가들은 심리내적 구조에 강조점을 둔 자아심리학에 빠져 있었고, 대인관계 분석을 허용한 대상관계이론은 멀리 바다 건너 영국에서 꽃을 피우고 있었다. 1940년대에 헨리 딕스(1963)는 영국의 타비스톡 클리닉에 가족정신의학부서를 설립했으며, 그곳에서는 정신과적 사회사업가들이 이혼 재판소에서 의뢰된 부부를 다시 화해시키는 작업을 시도하고 있었다. 1960년대까지 딕스(1967)는 결혼생활의 갈등을 이해하고 치료하는 데 대상관계이론을 적용했다.

이디스 제이콥슨(Edith Jacobson, 1954)과 해리 스택 설리번(Harry Stack Sullivan, 1953)은 미국 정신의학계가 대인관계적 관점에 눈을 돌리도록 하는 데 지대한 공헌을 한 인물들이다. 비교적 덜 알려졌지만 가족치료의 발달에 있어서 더욱 중요한 연구가 NIMH에서 이루어졌다. 1953년

Jill and David Scharff

질과 데이비드는 대상관계 가족치료 학파의 주요 인물이다.

에 NIMH가 문을 열었을 때, 어빙 리크오프Irving Ryckoff가 장기 조현병 환자를 가족으로부터 격리한 채 치료하고 있었던 체스 넛 로지를 떠나서 이곳에 합류했다. 그는 NIMH에서 로버트 코 헨Robert Cohen의 지도 아래 조현병 환자 가족에 대한 연구를 시 작했다. 그는 줄리아나 데이Juliana Day, 리만 윈Lyman Wynne, 이후에 는 로저 샤피로Roger Shapiro, 존 지너John Zinner와 합류했다. 이 그 룹에서 가성상호성pseudomutuality(Wynne, Ryckoff, Day, & Hirsch, 1958), 해리의 상호교환trading of dissociations(Wynne, 1965), 윤곽 그리기delineations(Shapiro, 1968)와 같은 개념을 소개했다. 그러 나 이 그룹의 가장 중요한 공헌은 가족관계에 투사적 동일시 projective identification(Melanie Klein)의 개념을 적용한 것이라 할 수 있겠다.

1960년대에 리크오프와 윈은 가족치료에 관한 훈련 프로그램을 시작했던 워싱턴 정신의학교 에서 가족역동에 관한 강좌를 열었다. 곧이어 샤피로와 지너, 로버트 위너Robert Winer가 합류하였 다. 1975년에 그들은 질 세비지Jill Savege(현재는 샤르프가 된)와 데이비드 샤르프를 초대했다. 1980 년대 중반까지 워싱턴 정신의학교는 데이비드 샤르프의 영도 아래 정신분석적 가족치료의 중심 기관 중 하나로 발전했다. 1994년에 샤르프 부부는 그들 자신의 기관을 세우기 위해서 이곳을 떠 났다.

정신분석 이론을 가족치료에 접목시키려고 시도했던 다른 치료사들은 다음과 같다. 헬름 스티 어린(Helm Stierlin, 1977), 로빈 스키너(Robin Skynner, 1976), 윌리엄 마이스너(William Meissner, 1978), 아르논 벤토빔과 워런 킨스턴(Arnon Bentovim & Warren Kinston, 1991), 프레드 샌더(Fred Sander, 1979, 1989), 사무엘 슬립(Samuel Slipp, 1984, 1988), 마이클 니콜스(1987), 나단 엡스타인, 헨리 그룬바움Henry Grunebaum과 클리퍼드 세이거Clifford Sager이다.

이론적 발달

정신분석 치료의 핵심은 무의식적 충동과 이에 대한 방어를 밝혀내고 해석하는 일이다. 정신분석 이 가족의 상호작용 대신에 단순히 개인을 분석하는 것만은 결코 아니다. 핵심은 개개인이 성숙 하게 상호작용을 하지 못하게 만드는 기본적인 결핍과 두려움을 어디서 찾아낼 수 있는가를 아는 데 있다. 칼과 페기의 사례를 생각해 보자(Nichols, 1987).

사례연구

부인 페기가 남편 칼과의 관계에 대해 남편에게 이야기할 때는 언제나 침울해지고 비판적으로 되었다. 그러면 칼은 공격을 당한다는 느낌을 받고는 복종적으로 되어 버렸다. 페기가 침울해질수록 칼은 더욱 조용해졌다. 칼은 몇 분간이나 지속되는 페기의 공격을 참아내고 난 후에는 기분이 회복되어, 페기에게 화를 내고 호통을 치기 시작했다. 그렇게 되면 결과적으로 페기는 자신이 원하던 것과는 반대의 결과를 얻을 뿐이었다. 칼은 페기의 관심이 무엇인지 이해하기보다 위협을 느끼고는 철수해 버렸다. 이러한 방법이 먹혀들지 않자 칼은 화가 폭발했다. 집에서 이러한 일이 반복되면서 칼은 페기에게 때로는 손찌검까지 하게 되었다.

　치료사는 이러한 순환을 깨트리는 데 주안점을 두고, 다시는 그러한 양상이 반복되지 않도록 문제의 패턴을 보도록 부부를 도와주었다. 불행하게도 칼과 페기는 치료 장면에서는 보다 효과적으로 관계를 맺는 방법을 배웠으나 집에만 가면 잊어버렸다. 몇 주일 동안 이러한 일이 반복되었다. 치료 장면에서는 서로의 이야기를 들을 수 있었지만, 집에서 적어도 한 달에 한 번씩은 이를 잊어버렸다. 결국 그들이 더 이상 치료를 받고 싶지 않을 정도로 실망하게 되었을 때, 치료사는 변화에 대한 충분한 동기가 이들에게 없다는 결정을 내리게 되었다.

사람들은 자신에 대해서는 깊이 생각하는 반면에 상대방에 대해서는 그리 심각하게 생각하려하지 않는다. 가족치료사는 내담자들의 행동을 단순히 상호작용의 결과로 보는 데 반해 실제의 상호작용은 여러 요인들이 복잡하게 연관되어 있다. 따라서 상호작용의 일부는 정신 체계와 연계되었다는 사실을 잊지 말아야 한다.

사례연구

왜 칼은 부인에 대한 구타를 멈출 수 없었는가? 그녀가 남편의 화를 돋우었다는 사실은 실제로 아무것도 설명해 주지 못한다. 왜냐하면 부인이 화를 돋우었다고 해서 모든 남편이 부인을 때리지는 않기 때문이다. 되돌아보아, 칼이 이와 관련된 말을 했던 것을 치료사는 기억했다. "내가 성질을 죽여야만 했어!" 또한 치료사는 칼이 치욕적인 구타 행위와 부인의 위축에 대해서 얼마나 극적인 표현을 쓰는지 기억했다. 그리고 치료사는 페기가 남편 칼의 야만성에 대해 이야기했을 때 칼의 입가로 웃음이 번져 나오고 있었음을 기억했다. 이처럼 의도적이고 동기화된 측면은 정신역동적 은어로 설명될 수 있다. 왜냐하면 그것은 이질적이고 낡아빠진 사고의 잔재로 여길 수 있기 때문이다. 정신역동적 용어로는, 칼이 아내 학대의 책임을 그의 무의식에 돌릴 수 있다. 이 이론에 따르면 칼은 자신의 내적 갈등에 대해 무력한 것이다.

　정신역동이론은 체계 내에서의 자기를 이해하는 데 유용할 수 있지만, 지나치게 전문적일 필요는 없다. 우리가 칼의 행동을 극적으로 서술한다고 할 때, 그는 자신의 감정과 의도, 심지어는 자기 자신마저도 잘못 나타내고 있다고 말할 수 있을 것이다. 그는 아내를 우롱하고 자신을 기만했으며, 치료사가 자신의 공격성을 엄격하게 통제하고 있었기 때문에 아마도 부분적으로는 치료사마저도 우롱했을 것이다. 자신의 비인간적인 폭력성에 관심이 있다고 생각하는 칼은 아내를 무시하는 힘과 남성적이라는 단어가 나타내는 측면을 실제로 즐기고 있었다. 이러한 설명은 상호작용적 측면을 대신하는 것이 아니라 오히려 더 복잡하게 만든다. 그의 공격 행동은 부부의 상호작용에서 유발된 것이지만, 칼의 인식되지 않은 불안전성에 의해 가속화되었다. 그의 행동이 품고 있는 동기를 알게 되면, 칼이 자신의 부인을 구타하는 행위는 연약하다고 느끼는 자신의 감정에서 벗어나기 위함이라는 사실을 이해할 수 있도록 도와줄 수 있고, 이를 통해서 자신이 보다 강하다고 느낄 수 있는 다른 방법을 찾도록 그를 도와줄 수 있게 된다. 치료사가 상호작용의 단순한 행동적 측면에 머물러 있는 한, 그들이 접하는 사례에서는 별다른 진척은 기대할 수 없을 것이다.

당구공이 어디로 튈지 모르는 것처럼 인간의 행동도 어디로 튈지 모른다. 따라서 사람들의 행동을 이해하기 위해서는 그 사람의 내면 깊이 들어가 보아야 한다. 인간의 내면이 복잡한 만큼 정신분석적 이론들도 복잡하기 때문에 세부적으로 들어가면 쉽게 길을 잃을 정도이다. 그러나 기본적인 이론은 다음과 같다.

◆ 프로이트의 추동심리학

인간 본성의 중심에는 성적libidinal이고 공격적aggressive인 추동drive이 있다. 이러한 추동은 사람들을 행동하게 하는데, 추동 에너지에 따라 행동하면(또는 행동하지 않으면) 처벌이 뒤따를 것이라는 무의식적 생각과 이에 따르는 갈등과 연관되어 있다. 갈등의 전조는 불안이다. 예를 들면, 어머니에게 분노를 표현하면 어머니가 나를 더 이상 사랑하지 않을 것이라는 불행한 사건이 마치 이미 일어난 것처럼 무의식적으로 생각되면서 불안이 올라온다. 불안이 올라오면서 부정적 감정을 느끼는데, 그중 우울이 주요 정서이다. 우울은 걱정했던 불행한 사건이 이미 일어났다는 무의식적 생각에 따르는 불쾌한 감정이다.

갈등을 해결하는 방법은 갈등을 유발하는 욕구를 억압하면서 방어를 강화하거나, 방어를 낮추어 어느 정도 욕구를 충족시키는 것이다.

◆ 자기심리학

자기심리학self psychology(Kohut, 1971, 1977)의 핵심은 인간은 항상 자기 존재를 인정받고 싶어 한다는 데 있다. 부모가 자녀를 인정해 주면 자녀는 부모의 인정을 내면화해서 자신감 있는 성격을 형성하게 된다. 그렇지만 부모가 자녀를 제대로 받아들여 주지 않는다면 그러한 인정에 대한 갈구가 원시적인 방법으로 사람들 안에 남아 있게 된다. 사람들은 이러한 인정 욕구를 번갈아 억눌렀다가 자신을 받아들여 주는 대상을 만날 때마다 그 욕구를 폭발적으로 드러내게 된다.

자신을 인정해 주는 부모로부터 양육을 받은 운 좋은 아이는 세상을 안전하게 느끼고, 자발성을 길러 독립심을 키우며, 자기만의 독특한 개체성을 형성하고, 사랑을 주고받을 수 있는 능력을 지닐 수 있게 된다. 반면에 사랑을 확인받지 못하고 자란 불행한 아이는 자신이 받지 못했던 관심을 쟁취하기 위한 끝없는 노력으로 평생을 소비하게 된다. 이것이 나르시즘의 뿌리이다.

◆ 대상관계이론

정신분석은 우선적으로 개인의 내면이 연구 대상이라면, 가족치료는 관계가 연구 대상이다. **대상관계이론**object-realation theory은 이 둘을 연결시키는 다리 역할을 하고 있다. 대상관계의 이론들이 매우 복잡하게 보이지만 핵심 내용은 단순하다. 사람들은 어린 시절의 경험에 의해 형성된 기대를 바탕으로 현재의 사람들과 관계를 맺는다. 어린 시절의 관계성의 잔여가 **내적 대상**internal object, 즉 과거의 경험과 기대로써 이루어지는 자기와 타인의 정신적 이미지를 형성하며, 성인이 되어서 사람들과의 관계를 맺을 때는 이러한 이미지를 바탕으로 관계를 형성한다.

대상관계의 내적 세계는 현실 세계의 실제 사람들과 정확하게 맞지는 않는다. 사람들에 대한 내적 이미지는 생애 초기의 내적 대상, 내사, 동일시 등의 영향을 강하게 받아 형성되는 것이기 때문에 실제 대상은 아니다. 이러한 내적 세계는 점차 성숙하고 성장하면서 실제와 비슷하게 합성되는 방향으로 나아간다. 사람들이 갈등과 실패를 감당할 수 있는 내적 능력은 그 사람의 내적 세계와 깊이 연관되어 있다. 자신에 대한 신뢰, 그리고 다른 사람들에 대한 좋은 마음goodness은 자신의 좋은 내적 대상good object으로부터 확인될 때 우러나온다.

어린아이는 성장하면서 자기를 돌보는 사람이 좋지만 나쁘기도 한 사람이라는 이미지를 형성할 능력이 없다. 아버지가 자녀의 필요를 잘 충족시켜 주면 아이는 잘 성장한다. 만일 아버지가 가끔은 엄격하거나 비판적인 태도를 취하면 아이는 수치심을 느끼고, 학대 같은 트라우마를 경험하면 아이들은 딜레마에 빠지게 된다. 좋은 아버지가 왜 강한 두려움과 불안을 불러일으키는 두려운 존재가 될 수 있는지 이해할 수가 없기 때문에 아이는 아버지와의 연결을 유지할 수 없다. 결국 아이는 아버지 대상을 둘로 나누게 된다. 아버지가 좋은 대상all good object으로 남아 있어야 아이는 아버지와 안전하게 연결될 수 있는데, 아버지의 두려움과 불안을 일으키는 행동은 때때로 아버지가 전부 나쁜 대상all bad object로 느끼게 한다. 이러한 둘로 나누어진 대상에 대한 이미지는 아이의 자아를 형성하는데, 아이는 아버지를 분리splitting해서 내사한다(Fairbairn, 1952). 아버지의 나쁜 측면(예 : 강한 분노)을 잘라내어 다른 사람에게 던져 버려야 아버지의 이미지를 안전하고 의존할 수 있는 좋은 아버지로 유지할 수 있다.

사례연구

남편 팀은 부인 마리아의 '분노 문제'에 대해서 불평하였다. 그러자 마리아는 팀의 '유약함'에 대해 반격을 가하였다. 치료사는 마리아에게 분노조절 기법을 적용하였고, 팀에게는 좀 더 자기주장을 할 수 있도록 도왔다. 그러나 모두 실패하였다.

치료에 진전이 없자, 치료사는 그 이유가 어쩌면 좀 더 깊은 데에 있다고 가설을 세웠다. 어쩌면 팀은 자신의 분노를 분리하고, 마리아는 자신의 연약함을 분리하였을지 모른다. 두 사람의 가족의 역사를 탐색하자 팀은 아버지의 폭발적인 성격에 대해 화가 나 있고, 자신은 절대로 자기 아버지 같은 사람이 되지 않겠다고 말했다. 팀에게 아버지와 닮은 점은 무엇이고 닮지 않은 부분은 무엇인지 묻자, 팀은 "나는 아버지의 어떤 점도 닮지 않았다는 것에 대해서 자랑스럽게 느끼고 있습니다."라고 말했다. 이런 말은 팀이 자신의 아버지를 완전히 나쁜 사람이라고 판단하고 있다는 사실을 이야기해 주었다.

마리아의 가족은 마리아가 태어난 후 알거지로 미국에 이민을 왔다. 그 후에 이들은 노력해서 부동산 중개업으로 꽤 많은 성공을 거두었다. 그녀의 가족은 상류층에 힘들게 올라갔기 때문에 자기 입장을 주장하지 못하거나 피동적이거나 결핍이 있는 것처럼 보이는 것은 수치스러운 연약함을 드러내는 것이라고 비난하면서

(계속)

심하게 벌을 가하였다. 결과적으로 마리아는 자신의 예민하고 부드러운 부분을 분리해서 팀에게 투사하였다. 마리아는 팀을 매우 사랑하였지만 '그녀를 밟고 지나가는' 그의 버릇은 참기가 힘들었다. 결국 마리아는 자신의 약점을 팀에게 투사하면서 남편을 무시하고, 남편은 분노를 느낄 때 마리아에게 투사하여 수동-공격적으로 표출하여 마리아를 폭발하게 만들었다. 그러면 마리아는 다시 팀에게 무력한 사람이라고 소리를 지른다. 이렇게 두 사람 사이의 사이클은 끝을 모르고 반복되었다.

어린아이는 부모 대상에 대한 강한 분노를 분리시켜 '내사'를 통해 그 부분을 전부 나쁘다고 이름을 붙이고 무의식에 저장한다. 그리고 아버지와 비슷한 부분을 보이는 사람을 나쁜 사람이라고 이름 붙인다. 이런 부분이 해결되지 못한 채 아이는 성인기에 들어서게 되고, 강한 분노를 표출하는 사람은 자기 자신을 포함하여 '나쁜' 사람이라고 판단하며, 그 판단에 따라 대한다. 여기에 문제가 있다. 분리된 대상을 내사하게 되면, 분리된 부분이 전체 나라고 느끼기 때문에 내가 전부 나쁜 사람이라고 경험하게 된다. 다른 말로 이야기하자면, 아버지가 강하게 분노를 표출하면 자녀의 불안이 높아져서 회피 전략을 쓰게 된다. 결과적으로, 아이는 자신의 분노를 어른이 되어서도 조절하는 방법을 배우지 못해서 어른이 되어서 분노에 취약해서 폭발하거나 참거나 한다. 두 방법 모두 실패로 이끈다. 아버지같이 화를 내면 아버지가 아주 나쁜 사람이라는 아픈 생각을 떠올리게 하기 때문에 자신이 좋은 사람이 되기 위해서는 어떤 값을 치르더라도 분노를 회피하려 한다. 만일 아무 감정도 느끼지 않으려 하면, 그렇게 하는 것이 얼마나 어려운지 깨달을 것이다. 이제 아무것도 느끼지 않는 것을 선택하는 것이 쉽지 않다. 감정을 피하려고 노력할수록, 자신을 더 깎아 먹게 된다.

이렇게 되면 '투사적 동일시'가 일어난다. 투사적 동일시는 자신의 감정을 다른 사람에게 던지고 마치 그 사람이 나로부터 분리된 감정을 가졌다고 확신하는 것이다. 자신이 분노를 느끼면 그 분노가 자신의 감정이라고 받아들이기보다는 그 감정을 상대방에게 투사하여 그 사람을 화나게 만들고, 오히려 상대방이 화를 내면 상대방이 자기를 화나게 만들었기 때문에 '나쁘다'라고 믿는다. 의식적으로는 상대방이 그런 갈등의 감정을 느끼지 않기를 바란다. 무의식적으로는 상대방이 자기가 투사한 감정을 절대로 해결하지 않기를 바란다. 그렇게 되면 그 감정이 자신의 감정이라는 것을 인정해야 하기 때문이다. 부부 상담이 실패하는 이유는 무의식적으로 두 사람 모두 상대방이 변하기를 바라지 않기 때문이다. 그래야 자기에 대한 느낌sense of self이 유지될 수 있기 때문이다.

사례연구

치료사는 팀과 마리아가 관계를 개선하기 위해서는 두 사람 모두 자신들의 힘든 감정을 깊은 차원에서 이해할 필요가 있다는 것을 알고 있다. 첫째, 치료사는 두 사람이 경험하는 분노, 상처, 두려움 등의 감정이 중립적이라는 것, 그러한 감정은 좋은 것도 나쁜 것도 아니고 그러한 감정을 경험하는 사람들도 좋거나 나쁜 사람이 아니라는 것을 알게 할 필요가 있다. 팀과 마리아가 감정을 억압할수록 감정과 관련된 행동을 통제하기 힘들어하고, 행동으로 감정을 터뜨릴 때 더 수치심을 느끼곤 한다. 치료사는 팀과 마리아가 억압한 감정이나 상처를 좋거나 나쁘다고 가치 판단을 하지 않고 경험하도록 지지한다. 이러한 태도는 두 사람에게는 매우 어색한 것이며, 이러한 감정을 표현해도 서로 사랑을 할 수 있다는 것을 받아들이는 데는 시간이 걸렸다. 치료사가 팀이 아버지(아버지와 같이 분노를 보이는 사람들)를 이해하는 폭과 깊이를 더할수록 사람들을 단순히 흑백논리로 판단하기에는 매우 복잡하다는 것을 알게 된다. 마리아도 똑같은 과정을 통해 약점을 받아들이게 한다.

점차 팀은 분노를 건강하게 표현하게 되었고, 마리아 역시 자신의 약점과 연약함을 쉽게 표현하게 되었다. 이런 과정에서 드러날 수 있는 위험성은 분노억압과 격노폭발을 시계추같이 번갈아 가면서 표출할 수 있다는

(계속)

점이다. 또는 지나치게 독립적이거나 달랠 수 없을 만큼 격렬한 감정 표출을 왔다 갔다 할 수 있다. 팀은 무엇이 자신을 화나게 하는지 알게 되었고 좀 더 건강하게 자신의 감정을 표현할 수 있게 되었으며, 마리아 역시 언제 상처를 입는지를 알게 되었고 좀 더 건강하게 자신의 감정을 표현할 수 있게 되었다.

점차 팀은 억압해 왔던 분노를 정확하게 느끼게 되었고, 마리아 역시 언제 상처를 입는지를 알게 되었으며 표현하게 되었다. 두 사람은 힘든 감정을 반사적으로 표현하는 대신 감정을 표현하는 과정을 어렵지만 한걸음씩 내딛게 되었다.

자신의 감정을 인정하는 과정을 통해서 자신과 타인을 좋은 사람들이지만 가끔은 화를 내기도 하고, 약점도 있는 사람이라고 정체성을 재정의하고, 반사적 행동을 하지 않게 되었다. 이들은 자신의 약점을 드러내고, 감정을 건강하게 표현하게 되자 부정적인 순환 과정에서 빠져나와 좀 더 친밀하고 만족스러운 결혼생활을 하게 되었다.

부부가 갈등을 해결하기 위해서는 자신들이 힘들어하는 것이 주로 상대방의 감정 표현 때문이 아니라 자신들의 다룰 수 없는 억압된 감정이라는 사실을 인정할 수 있어야 한다. 이렇게 인정하지 않으면 아무것도 변화하지 않는다. 따라서 부부가 변화하기 위해서는 자신들의 내면이 분리된 과정에 대한 새로운 통찰을 해야 할 것이다. 무의식적 욕구를 의식적 차원으로 끌어올리고 느끼며 자각하고 인정하는 과정을 걸쳐야 한다. 그리고 현재의 경험이 어린 시절의 경험과 연결되었다는 것도 알아채야 한다. 이러한 과정이 분열된 내적 대상을 통합하는 과정이다. 이렇게 분열된 대상을 통합하는 과정은 주요 대상관계 기법으로 안아 주는 환경을 제공할 때 통합으로 나아갈 수 있다(Scharff & Scharff, 1987). 내담자와 구차스러운 권력싸움을 피하기 위해서 치료사는 해석을 잠정적으로 해주는 것이 좋다. 예를 들면, "…한 것이 아닐까요.", "제가 잘 이해하고 있나요?", "제가 보기에는 …한 것처럼 보입니다."와 같다. 여기에 팀과 할 수 있는 해석 과정에 예를 들어 보자.

> 치료사 : (쫓아가는 자에게) 부인이 늦게 돌아올 때 어떻게 느끼시나요?
> 내담자 : 나라는 사람이 존재하지 않는 것처럼 완전히 무시당한 것처럼 느끼죠.
> 치료사 : 언제 그런 감정을 처음으로 느꼈는지 기억나시나요?
> 내담자 : 우리 가족이 모두가 나를 무시했을 때죠.
> 치료사 : 그럴 때 어떻게 행동하였나요?
> 내담자 : 피가 날 때까지 손톱을 물어뜯었어요. 그래야 내가 무시당했다고 느끼는 것을 알 수 있었으니까요.
> 치료사 : 다른 방식으로 부인이 좀 돌봐 주기를 바라는 마음을 전달할 수는 없었나요?
> 치료사 : 남자 친구가 당신에게 소리를 지를 때 어떤 감정을 느끼시나요?
> 내담자 : 내 자신이 아무 가치도 없는 것처럼 느껴지죠.
> 치료사 : 과거에도 그렇게 느껴 본 적이 있나요?
> 내담자 : 아버지가 나를 비난할 때 그랬습니다.
> 치료사 : 어렸을 때 아버지가 당신에게 화를 내면 어떻게 반응하셨나요?
> 내담자 : 아무것도 할 수 없었죠. 얼어붙었고 뒤로 물러섰죠. 나는 절대로 잘할 수 없는데 노력을 할 필요가 없으니까요.
> 치료사 : 이제 성인이 되었으니 어떻게 다르게 행동하시겠습니까?
> 내담자 : 그 사람이 나를 가치가 없다는 태도로 대하면 화가 난다고 남편에게 말할 수 있어요.

물론 모든 상호작용의 사이클이 내사의 분리된 대상의 투사적 동일시로 인한 것이라고 할 수는 없다. 어떤 경우는 단순히 습관일 수 있고, 문화적 가치 혹은 의사소통의 실패에서 비롯될 수 있다. 이런 경우의 부부들은 행동치료에 잘 반응한다. 그리고 오히려 이런 부부에게는 대상관계이론이 좌절감을 느낄 수 있을 정도로 복잡하다. 그러나 내담자가 상호작용에 대해 작업하려고 할 때 치료사를 어려움에 처하게 한다면 대상관계이론이 매우 도움이 될 것이다.

가족역동

정신분석은 가족의 발달과 문제 형성에 대해 가장 포괄적이고 풍부한 이론을 제공하였다. 여기에서 는 가족치료사들이 치료 장면에 적용할 수 있는 중요한 요소에 초점을 맞추어 개념을 정리하였다.

◆ 정상 가족 발달

아이는 외부와의 상호작용과 무관하게 성숙하지 않는다. 처음부터 아이는 성장할 수 있는 외부 환경이 필요하다. 이러한 환경은 이상적이지 않아도 된다. 그러나 **충분히 좋은 엄마**가 있고, **평균적으로 기대할 수 있는 환경**(Winnicott, 1965a)이면 된다.

유아가 자아를 발달시킬 수 있도록 충분히 좋은 부모가 되어 주고 충분한 안정감을 제공할 수 있는 부모의 능력은 부모 자신이 얼마나 안정감을 느끼느냐에 달려 있다. 초기에는 어머니 자신 이 어린 아기를 지지하고 돌보는 일에 자신의 모든 에너지를 쏟아 부을 수 있을 만큼 안정적이고 헌신적이어야만 한다. 어머니는 자신과 결혼생활에는 흥미가 줄어들고, 오직 아기에게만 초점을 맞춘다. 점차 아기가 엄마의 손길을 필요로 하지 않게 되면서 엄마는 서서히 자신에 대한 관심을 회복하기 시작하며, 아기는 점차 독립적이 되어 간다(Winnicott, 1965b).

정신분석가는 초기 유아기의 경험을 후기에 맺게 되는 관계의 핵심으로 여긴다.

유아에게 부모는 분리된 개체가 아니다. 코헛(1971, 1977)에 의하면 그들은 어머니를 **자기대상**selfobject으로 여기며 어머니와의 접촉, 부드러운 말을 통해 사랑이 전달될 때 유아는 그 경험이 자기라고 받아들이게 된다. 이런 방식으로 "엄마가 너를 사랑해."라고 말할 때 아이는 자신이 (1) 하나의 충분히 괜찮은 인간이고, (2) 사랑스러운 존재라고 배운다.

자기심리학에서는 아이가 안전하고 확고한 자기를 형성하는 데 두 가지 양상의 부모 역할이 필수적이라 주장한다. 첫 번째는 이해와 수용을 함께 지닌 **반영**mirroring이다. 주의를 기울이는 부모는 아이들의 느낌에 대해 깊은 이해를 전달한다. "나는 네가 어떻게 느끼는지 알아."라는 부모의 태도는 아기의 내적 경험을 확인시켜 준다. 부모는 또한 **이상화**idealization 대상을 아이에게 제공한다. 아이가 "우리 엄마(아빠)가 최고야. 그리고 나는 그들의 일부이지."라고 믿을 수 있을 때 확고한 자존감을 형성할 수 있다. 이처럼 멋진 환경에서 아이는 이미 기본적으로 자신에 대한 안정감을 지니게 되고, 힘과 능력을 지닌 부모와의 동일시를 통해서 부차적인 힘을 이끌어 낸다.

최근 정상 가족 발달에 대한 정신분석 연구에 있어 지대한 공헌을 한 것은 대니얼 스턴(Daniel Stern, 1985)의 연구이다. 정신분석가이고 유아에 대해 많은 연구를 한 스턴은 유아와 어린아이를 자세히 관찰하면서 자기에 대한 감각이 어떻게 발달하는지를 아주 자세하게 추적해 나갔다. 스턴이 발견한 가장 혁신적인 사실은 어린아이의 발달 과정이 분리와 개별화의 점차적인 과정이 아니라는 것이다(Mahler, Pine, & Bergman, 1975). 오히려 유아는 태어날 때부터 이미 자신을 분화시키고, 점차 복잡한 관계들을 통해서 발전해 나간다. 아이의 정서적 상태에 대한 이해와 나눔에 초점을 맞추는 과정attunement에서 공감, 애착, 그리고 의존성이 필요한데 이러한 경험은 일생 동안 필요하다.

가장 흥미롭고 유익한 정신분석적 개념 중 하나가 결혼생활의 역동성에 대한 묘사이다. 1950년대에 결혼생활의 유대는 무의식적 환상의 결과처럼 묘사되었다(Stein, 1956). 결혼은 배우자에 대한 실제와 희망하는 것 사이의 애매한 혼합으로 이루어진다. 최근에는 정신분석가들이 흥미롭게도 환상과 투사가 중복되고 얽혀 가면서 만들어지는 것이라고 결혼을 묘사한다(Blum, 1987; Sander, 1989).

정신분석적 가족치료사 중에서 가족발달의 윤리적 차원을 강조하면서 **맥락치료**contextual therapy를 내세운 이반 보스조르메니-나지만큼 지대한 공헌을 한 치료사는 흔하지 않다. 나지는 가족이나 공동체를 지탱해 주는 기본적인 힘은 바로 관계적 윤리라 여겼다. 실제로 치료사들이 중립성이라는 이름으로 자주 책임을 회피하는데, 나지는 품위와 공정성의 중요성을 상기시켰다. 보스조르메니-나지는 부부에게는 권리와 책임 사이의 균형이 건강의 척도가 되는 것으로 보았다. 각자의 요구에 대한 통합과 상보성에 따라서 부부는 서로 주고받는 신뢰성을 발달시킬 수 있다(Boszormenyi-Nagy, Grunebaum, & Ulrich, 1991).

◆ 행동장애의 발달

전통적인 정신분석적 갈등이론에 의하면, 증상이란 무의식적 갈등과 억압된 충동이 튀어나올 때 일어나는 불안을 극복하기 위한 시도이다. 정신분석가가 본능에서 대상관계로 그들의 강조점을 옮김으로써, 오이디푸스 콤플렉스와 억압된 본능 대신에 갓난아기의 의존성과 미완성된 자아 발달이 중심 문제가 되었다. 발달 초기에 불안에 짓눌려 대상관계에서 멀어진 현상이 심리적 어려움의 가장 깊은 뿌리가 된다는 것이 최근의 주장이다.

관계를 맺는 데 어려움을 주는 중요한 이유 중 하나는 아이들이 어떤 한 사람에게 속한 속성을 다른 사람에게 부여하게 되어, 왜곡된 지각을 발달시킨다는 것이다. 프로이트(1905)는 도라라는 한 여자 환자가 아버지와 가족에게 느꼈던 감정을 자신에게 대치한 현상을 **전이**transference라 불렀는데, 이 환자는 마치 치료가 끝난 것처럼 갑작스레 치료를 중단해 버렸다. 다른 이론가들은 이와 비슷한 현상을 속죄양(Vogel & Bell, 1960), 비합리적 역할 부여(Framo, 1970), 윤곽 그리기(Shapiro, 1968), 가족 투사 과정(Bowen, 1965)라고 설명하였다. 이름을 무엇이라 하든 이 모든 이름은 멜라니 클라인(1946)의 투사적 동일시의 개념에서 비롯되었다.

투사적 동일시projective identification란 어떤 사람이 한 대상을 마치 자기 자신과 같은 성격적 측면을 지니고 있는 것처럼 지각하고, 자신이 투사적으로 지각한 것들을 확인시켜 주는 행동과 감정을 상대방에게 요구하는 과정이다. 단순한 투사와는 달리, 투사적 동일시는 실제로 상호작용이 일어나는 과정이다. 부모는 자신이 지닌 불안 촉발적 요소를 아이들에게 투사할 뿐만 아니라, 아이들도 이와 결탁해서 부모의 두려움을 채워 주는 방식으로 행동하게 된다. 그렇게 함으로써 아이들은 상처를 입거나 속죄양이 되는 반면에, 비행 행동을 함으로써 자신들의 공격 충동 역시 충족시키게 된다(Jacobson, 1954). 이런 청소년은 자신이 지니고 있는 모든 것을 할 수 있을 것 같은 환상에 사로잡히게 되고 가족으로부터 미묘한 강화를 받게 됨으로써, 일탈 행동 때문에 거부당하리라는 무시무시한 두려움을 결국 피하게 된다(Zinner & Shapiro, 1976). 그동안에 부모는 어떤 충동과 결부된 불안을 피할 수 있게 되고, 자녀를 통해서 투사된 충동의 대리 만족을 경험하면서도 여전히 그것을 표현함으로써 자녀를 처벌한다. 이런 식으로 심리내적이며 구조적인 갈등이 표면화되는데, 부모는 자신의 원본능을 닮아 그대로 행동하는 자녀를 처벌하는 초자아의 역할을 하게 된다. 이것이 바로 부모들이 과잉 행동을 하는 한 가지 이유이다. 부모는 그들 자신이 지닌 충동을 두려워하고 있다.

사례연구

J 씨 가족은 열다섯 살 된 아들 폴의 일탈 행동 때문에 도움을 청했다. 폴은 이것저것 닥치는 대로 부수고 훔치는 행동으로 여러 차례 유치장 신세를 지면서도 자신의 행동에 대해 전혀 부끄러움이 없었고, 자신이 왜 권위에 대항하며 충동적으로 행동하는지를 조금도 이해하지 못했다. 치료가 진행되면서, 폴의 아버지인 J 씨가 천한 일은 거들떠보지도 않으면서 언제나 고급차를 몰고 거들먹거리는 살찐 인간들이 득실거리는 사회에서 자신은 오랫동안 저임금에 시달려야 하는 불평등한 사회 구조에 대해 표현하지는 않았지만 깊은 원한을 품고 있다는 사실이 분명해졌다. 일단 치료사가, J 씨가 권위에 대해 갖고 있는 아주 강하면서도 억압된 분노를 이해하고 나서야, 폴이 최근에 일으켰던 폭발적인 행동을 어머니가 이야기할 때마다 J 씨가 약간씩 웃음을 짓는다는 사실을 부인도 알아챌 수 있었다.

자신의 자녀가 분리된 존재라는 사실을 받아들이지 못하는 부모는 극단적인 행동을 취하게 된다. 리츠(Lidz, Cornelison, & Fleck, 1965)는 자신이 변비에 걸렸을 때 두 아들에게 관장을 시키려 했던 쌍둥이 형제를 둔 어머니를 예로 들고 있다.

분화가 덜 된 아이들은 유아적인 가족 애착으로부터 독립을 원하는 발달 요구가 강력해지는 청소년기가 되면 위기에 직면하게 된다. 그 결과 이들은 계속 의존적으로 되거나 거칠게 반항하는 청소년이 되어 버린다. 이처럼 해결하지 못한 의존 욕구에 대한 저항으로 반항적이 된 청소년은 성숙한 사회관계를 제대로 맺지 못한다. 이들이 지닌 교만한 자기 믿음의 이면에는 깊은 의존감이 자리 잡고 있기 때문에 극단적인 감정반응을 쉽게 하게 된다. 이들이 결혼을 하게 되면 끊임없이 인정을 요구하거나 통제나 영향을 자동적으로 거부하기도 하며, 이 두 모습을 함께 나타내기도 한다.

사례연구

B 씨 부부의 불평은 똑같은 양상으로 드러났다. 남편은 아내가 보스 기질이 있고 요구가 너무 많다고 불평했고, 아내는 남편이 무엇이든지 자기 멋대로 하고 누구의 말도 듣지 않는다고 불평을 했다. 남편 B 씨는 다섯 남매의 막내로서 아주 친밀한 가족 사이에서 자랐다. 그의 어머니는 따뜻하고 사랑스러운 여자였지만, 그가 독립적이 되려는 어떠한 시도도 좌절시켰고 치마폭으로 감쌌다. 이와 같은 어머니의 영향으로 두 누나도 아직 결혼을 하지 못하고 부모와 같이 살고 있었다. 그렇지만 B 씨는 어머니의 영향으로부터 벗어나기 위해 17세에 해병대에 입대했다. 그는 해병대에서의 긍정적인 경험과 사업의 성공과 관련해 자신의 독립을 아주 자랑스럽게 여겼다.

어머니의 과도한 통제로부터 성공적으로 벗어난 B 씨의 이야기를 화제로 삼았을 때, B 씨 부부는 남편이 왜 통제를 당한다고 여길 때는 언제나 과민반응을 보이는지를 분명히 이해하게 되었다. 치료가 더 깊이 진행되어 감에 따라 B 씨가 '보스 기질'에 대해 지독히 거부감을 보이는 것은 반대로 자신이 칭찬과 인정을 목말라 하고 있다는 사실과 관련이 있다는 사실이 드러났다. 분명히 그 자신 안에 있는 의존감에 대한 두려움이 뿌리 깊이 형성되었으며, 이 때문에 어느 누구의 도움도 필요로 하지 않는 왜곡된 모습으로 자신을 보호해 왔다. 그렇다고 할지라도 자신의 욕구는 여전히 살아 있었고 그가 부인을 선택할 때 실제로 큰 영향을 미쳤다.

연애 대상을 골라야 할 시기에는, 사랑은 맹목적으로 되어 버린다고 정신분석가들은 확언한다. 프로이트(1921)는 사랑을 느낀 대상에 대해서 과대평가를 하는 사람은 그가 사랑에 빠졌을 때 자신이 지닌 이상화에 근거해서 잘못된 결정을 내리게 되는 것으로 보았다. 사랑에 빠진다고 했을 때의 '빠진다'라는 단어는 바로 자기애적인 리비도libido가 넘침을 반영하고, 이에 따라 사랑의 대상은 자신이 획득할 수 없는 자아 이상의 대체물로 평가된다. 그렇게 되면 당연히 우리 자신의 정체성은 이상화된 상대의 반사적인 빛으로 번쩍이게 된다.

배우자 선택을 복잡하게 하는 또 다른 요소는, 우리가 인정을 얻기 위해서는 자신의 진정한 욕구나 감정을 감추어야 한다는 것을 일찍부터 배운다는 사실에서 비롯된다. 불안정한 아이들은 겉으로는 착하게 보이고, 거절당할 위험이 있는 충동이나 감정은 부정하고 억압하는 경향을 발달시킨다. 위니콧(1965a)은 이러한 거짓 자기false self의 현상을 밝혀냈는데, 이러한 아이는 마치 자신이 완벽한 천사인 것처럼 행동하고 자신이 아닌 어떤 다른 존재인 것처럼 가장한다. 극단적인 형태로, 거짓 자기는 분열적 행동을 야기시키며(Guntrip, 1969), 비록 그보다는 훨씬 덜하지만 결혼 상대자를 선택하는 데 영향을 미친다. 연애 시절에는 양쪽이 모두 상대방을 즐겁게 해주기 위해서 자신의 가장 밝은 부분을 보여 준다. 강력한 의존 욕구나 자기애, 그리고 다스려지지 않은 충동은 숨기게 되고, 일단 결혼을 하면 배우자들은 자신의 약점을 있는 그대로 드러내며 생긴 그대로의 자기 자신이 되어 간다.

가족들은 개인과 마찬가지로 **고착**fixation과 **퇴행**regression을 경험한다. 대부분의 가족은 문제가 발생될 때까지는 충분히 기능을 하는데 과부하가 걸리게 되면 역기능적 패턴 때문에 문제가 발생한다(Barnhill & Longo, 1978). 지나친 스트레스에 직면하면 가족들은 발달 과정의 전 단계 수준으로 퇴행하고, 구성원들의 고착 형태에 의존하게 된다.

❖ ❖ ❖

정신분석가들은 사람들로 하여금 자신들의 행동에 대한 책임을 면제해 준다고 비판받아 왔다(Szasz, 1961). 어떤 사람이 외도를 했을 때 성적 욕구를 억압한 것을 '행동화', '억압' 등으로 설명하기 때문에 마치 책임회피의 구실을 제공하는 것처럼 보이기 때문이다. 반면에 보스조르메니-나지는 가족 구성원들 사이의 윤리적 책임을 강조하였다. 좋은 가족관계는 구성원들끼리 윤리적으로 행동해야 하고, 서로의 복지와 이익을 고려해야 한다. 다른 구성원들과 윤리적으로 행동하는 것을 포함하고 서로의 복지와 이익을 고려하는 것이다. 보스조르메니-나지는 구성원들 사이에 **충성심**이 있고, 서로 간에 지지하여 **도움**merit이 되어야 한다고 말했다. 그리고 부모는 어느 정도 공평하고 책임질 수 있어야 한다. 그런데 부모는 자녀들에게 한 부모에게만 충성할 것을 요구하는 경우도 있는데, 이런 경우에는 다른 한쪽의 부모가 받아야 할 충성심을 탈취하는 것과 같다(Boszormenyi-Nagy & Ulrich, 1981).

자녀가 자신의 안녕을 희생하면서 가족을 도우려는 일념으로 나타나는 무의식적 투사인 **보이지 않는 충성심**invisible loyalty에서 병리학적 반응이 발달될 수 있다. 예를 들면 부모를 재결합시키기 위해서 자녀가 문제를 일으키는 경우이다. 이런 보이지 않는 충성심은 합리적인 방법으로 찾아낼 수 없기 때문에 문제가 된다.

변화기제

정신분석적 이론의 풍부함과 복잡성을 살펴보았는데, 정신분석적 관점에서의 치료 과정은 오히려 간단하다는 데 놀랄 수 있다. 물론 간단하다는 것이 쉽다는 이야기는 아니다.

◆ 치료 목표

정신분석적 가족치료의 목표는 가족의 구성원을 **무의식적**unconscious 제약에서 해방시켜 줌으로써, 지금의 현실에 바탕을 둔 전인적이고 건강한 사람으로 상대방과 상호작용을 할 수 있도록 하는 데 있다. 이렇게 말하는 것은 분명히 지나치게 야심 찬 표현이다.

정신분석의 목표는 성격 변화라고 말하기 쉽지만 이 말이 정확하게 무엇을 뜻하는지 이해하기는 힘들다. 대체로 분리-개별화(Katz, 1981) 혹은 분화, 분별differentiation(Skynner, 1981)이 목표라고 말하기도 한다. 두 단어 모두 자율성을 의미한다. (아마도 분리-개별화를 강조하는 것은 대부분 상담을 원하는 가족이 분리된 가족보다는 밀착, 엉킨 가족이기 때문일지도 모른다.) 개인 치료사들은 자주 분리를 신체적 분리로 말할 때가 많다. 사춘기와 청년기 내담자들의 자율성을 획득하도록 돕는 경우가 많아 가족과 따로 상담하기 때문일 것이다. 그러나 정신분석적 가족치료사는 내담자의 자율성과 연결 능력을 키우기 위해서는 가족들이 도와주어야 한다고 주장한다. 다음 사례를 통해 특정한 내담자를 상담할 때 정신분석적 치료사의 접근을 살펴보자.

사례연구

대학에 진학한 3개월 후, 배리에게서 처음으로 증상이 드러났다. 잠시 동안의 입원 생활을 통해서 아무런 안전 장치 없이는 배리가 가족을 떠나서 생활하기가 불가능하다는 것이 확실해졌다. 병원의 치료진은 퇴원을 시키면서 배리가 독립적인 젊은이로 성장하도록 돕기 위해서는 최소한의 접촉만 가지면서 부모와 떨어져서 생활해야 할 필요가 있다고 권고했다. 당연히 배리는 이러한 젊은이를 위해서 가정을 방문하여 특별히 도와주는 치료 단체로 넘겨졌으며, 일주일에 두 번씩 개인 정신치료를 받았다. 그러나 불행하게도 그는 두 번째 발병으로 고통을 겪어야 했고, 다시 한 번 2개월간의 입원생활을 하게 되었다.

두 번째 입원생활을 마치고 퇴원할 무렵이 되자, 정신과 의사는 퇴원 후 배리의 적응 방안을 논의하기 위해서 가족 모두를 불러 모으기로 결정하였다. 이 모임을 갖는 동안 가족 내의 강력한 힘이 배리를 꼼짝 못하게 하고 있으며, 배리의 홀로 서기를 방해하고 있다는 사실이 명백하게 밝혀졌다. 부모는 유쾌하고 인상적이었

(계속)

으며, 개별적으로는 참으로 매력이 넘치고 남을 잘 돕는 사람들이었다. 그러나 서로에 대해서는 차가운 증오심을 드러내었다. 면담을 하는 몇 개월 동안 그들이 배리가 아닌 상대방에게 말을 할 경우, 적개심은 활활 타올랐다. 집안의 막내둥이인 배리에게 쏟는 그들의 유일한 관심은 이미 전쟁터로 화해 버린 부부관계에서 아들을 보호하는 일이었다. 배리는 부모의 이런 불화 상태 때문에 양친 중 어느 한편이나 혹은 두 분이 모두 파멸되고 말리라는 두려움에 떨고 있었다.

면담 후에 가진 치료진의 회합에서 문제해결을 위한 두 가지 계획이 거론되었다. 한 그룹은 가족에 대한 병적인 영향력이 너무 크기 때문에 가능한 한 부모로부터 배리를 떼어 놓고서 개별적으로 정신치료를 하자고 제안하였다. 그들은 배리를 가족에서 떼어 놓아야만 독립적인 사람으로 성장할 수 있는 희망이 보인다고 주장했다. 치료진 중 다른 한편은 이러한 제안에 반대하면서 가족을 함께 치료해야만 배리와 부모가 서로 결탁해서 만들어 낸 유대관계를 해소시킬 수 있다고 주장했다. 오랜 토의 끝에 치료진은 후자의 치료 방식을 시도해 보기로 의견을 모았다.

대부분의 초기 가족 모임에서는 배리에 대한 부모의 근심과 걱정이 대화의 주를 이루었다. 즉 그가 어디서 살았으며, 무슨 일을 하였고, 친구관계는 어떠하였으며, 여가를 어떻게 보냈고, 옷차림과 몸치장은 어떻게 하였는지 등의 잡다한 문제, 한마디로 그의 생애에 대해서 시시콜콜하게 모든 것을 이야기하였다. 치료사의 도움을 받으면서 점차적으로 배리는 부모가 보이는 지나친 관심과 간섭에 대해 일정한 한계를 그을 수 있었다. 배리가 자기 자신의 일을 더욱 성공적으로 꾸려 갈수록 부모는 서로에게 드러내 놓고 적대감을 표하였다.

부모의 부부관계가 초미의 관심사였던 상담 회기 이후, 치료사는 정규적인 가족 모임 외에도 부부만 따로 상담하는 시간을 몇 차례 갖도록 권장하였다. 배리에 대한 그들의 관심을 다른 데로 돌릴 수 없어 부부는 맹렬하게 싸웠고, 이로써 부부관계가 심각할 정도로 파괴적임이 분명해졌다. 치료를 통해 부부관계가 더 나아지기보다 오히려 더 악화되었다.

서로를 파멸시키는 2개월 동안의 전쟁 이후, 배리의 부모는 법적인 별거를 모색하게 되었으며 그동안 배리는 계속해서 호전되었다. 일단 별거에 이르게 되자, 부모 양편이 모두 다 이전보다 더 행복한 것처럼 보였고 친구들과 자신의 일에도 더욱 적극적으로 관여하는 대신 배리에 대해서는 관심이 줄어들었다. 그들이 자신의 아들을 옭아매는 태도에서 점차로 벗어나게 되자, 부모 모두 서로에게 더욱 다정해졌고, 아들과도 진심 어린 관계를 발전시켜 나가기 시작했다. 부부가 이혼을 한 후에도 그들은 배리와 함께하는 가족치료 모임에 계속해서 참석하였다.

◆ 행동 변화의 조건

정신분석적 치료사는 행동 기저의 숨겨진 동기를 들여다보아 통찰을 할 수 있도록 돕는다. 자연스럽게 가족들은 가장 내면 깊은 곳의 감정을 숨기려고 방어한다. 결국 이렇기 때문에 내담자에게 과거의 상처와 채우지 못한 깊은 열망에 대해 질문을 안 할 수가 없다. 이런 과정을 잘 진행시키기 위해서는 신뢰적 분위기와 안전감이 형성되어야 한다. 이러한 안전감이 형성되면 정신분석적 치료사는 투사기제를 찾아내기 시작해야 하고, 부부관계에 이런 통찰을 적용하기 시작해야 한다. 가족이 더 이상 투사적 동일시에 의지할 필요가 없게 되면, 부부는 자신들의 자아에서 분열된 부분을 상대에게 투사하던 것을 거두어들이고 자신 안에 통합할 수 있다.

치료사는 부부가 자신들의 원가족 내에서 경험한 갈등을 현재 관계에서 반복하고 있다는 사실을 깨닫도록 도와주어야 한다. 이러한 작업은 고통스러운 과정이기 때문에 지지적인 치료사가 안

전감을 제공할 수 있어야 한다. 니콜스(1987)는 가족 전체를 '품어 주는 환경'을 만들어서 공감해
줄 필요가 있다고 주장하고 있다.

치료

◆ 진단

분석가들은 그들의 사례를 자세히 파악하기까지 치료를 미루는 것이 아니라, 오히려 치료가 끝나
는 마지막 순간까지 최종적인 결론을 내리지 않을 수도 있다. 비록 분석적인 치료사가 치료 과정
에 대한 이해를 계속 심화시켜 나간다 하더라도, 어느 정도의 초기 자료에 대한 파악 없이는 효과
적인 치료를 기대할 수 없다. 이론과 경험이 다 부족한 초보 치료사는, 자신이 그냥 앉아서 잘 들
어주기만 해도 이해에 도달할 수 있으리라는 가정하에 치료를 진행한다. 이것은 개인치료에서는
가끔씩 일어날 수도 있지만 가족치료에서는 결코 일어나지 않는다. 다음에 제시하는 사례는 첫
면접에서 이루어지는 정신분석적 치료의 가족 평가의 예를 간략하게 잘 보여 주고 있다.

사례연구

학교공포증으로 고통을 받고 있던 샐리네 가족과 두 번의 상담을 한 끝에, 치료사는 그 가족의 역동에 대한
예비적인 정보를 얻었다. 가족 구성원에 대한 통상적인 기술, 제시된 문제, 가족력 외에도 부모의 대상관계에
대한 평가와 무의식적으로 결탁된 부부간의 상호작용에 관한 정보 등을 얻었다.

　샐리의 아버지 G 씨는 처음에는 아내를 관음적(觀淫的) 성향을 포함한 성적 환상을 충족시켜 줄 대상으로
여겨 빠져들었다. 그래서 그의 성적 감정의 평형 유지는 아내를 이상화하려는 경향으로 채색되었다. 이 때문
에 그는 심한 갈등을 겪었으며 아내와의 관계에 있어서도 강력하게 양면성을 드러내게 되었다.

　또 다른 차원에서 G 씨는 자기 어머니가 오랫동안 고통을 받으면서 자신을 희생한 분이었던 것처럼, 아내
도 그러한 인물일 것이라는 무의식적인 기대를 가지고 있었다. 당연히 그는 어머니에게서 받았던 위로를 아내
로부터 받고자 했다. 그러나 그처럼 의존하려는 갈망은 그의 남성성에 대한 인식을 위협하는 것이었다. 그렇
기 때문에 그는 표면적으로 자기가 마치 강인하고, 자부심이 강하며, 그 누구도 필요하지 않은 사람인 것처럼
행동하였다. 그는 자기 자신 안에 의존적인 내부적 대상을 가지고 있어서 아내나 자녀가 아플 때 그들 때문에
애간장을 태우는 것처럼 보이기도 하였다. 그러나 G 씨가 자신의 유아적 의존욕구를 대리 충족시키기 위한 방
어를 극복하기 위해서 아내와 자녀는 나약하고 상처 입기 쉬운 위치에 있어야만 했다.

　G 씨의 부인은 결혼을 통해서 이상적인 아버지를 갖게 되리라 기대했었다. 이러한 무의식적인 기대를 드러
내면서, 남성을 그녀에게 빠져들게 했던 바로 그 성적 매력이 귀여운 소녀 취급을 기대하는 그녀의 무의식적
소망에 위협이 되었다. 남편처럼 그녀 역시 성관계를 갖는 데 심각한 갈등을 느꼈다. 무남독녀로 자라면서 그
녀는 항상 가장 중요한 사람이기를 기대했었다. 그녀는 심지어 남편이 딸 샐리를 따뜻하게 대하는 것에도 질
투심을 느꼈으며, 샐리에게 과도하게 집착함으로써 아버지와 딸 사이를 떼어놓으려고 애를 썼다.

　따라서 대상관계의 차원에서 보면, 이들 배우자 양쪽 모두 이유 없이 무조건 보살핌을 받기 원하는 자신들
의 어린아이를 빼앗겨 버린 것처럼 느꼈다. 그와 같은 신화적인 소망이 용납되지 않게 되자 두 사람은 분노의

(계속)

감정으로 부글부글 끓어올랐다. 마침내 하찮은 일에도 잠재되어 있던 분노로 반응하게 되었고, 이 때문에 끔찍스러운 말다툼에 휘말려 들었다.

샐리가 부모의 폭력적인 언쟁을 목격했을 때, 자신이 지니고 있는 적대적인 살인 환상이 어쩌면 실제로 일어날지 모른다는 생각에 몸서리를 쳤다. 그녀의 부모는 비록 자신들 안에 내면화되어 있던 좋지 않은 부모상에 대해 적개심을 품었지만, 자신의 부모를 그대로 본떠서 상대방에게 행동하는 듯하였다. 어머니와 딸이 지닌 개성의 일면이 서로 공통되는 점이 있었을 뿐만 아니라 마치 하나의 성격을 공유하고 있는 것 같았다. 그녀는 갈등을 겪으면서도 샐리에게 더욱 밀착됨으로써 그들 사이의 자아 영역은 더욱 흐려졌다.

역동적으로는 샐리가 학교에 가지 않은 채 집에 머무름으로써 아버지의 공격으로부터 어머니와 자신을 보호하기 위해 필사적으로 노력하고, 자신이 지녔던 투사된 살인 환상으로부터 부모를 방어하는 것처럼 보일 수도 있었다.

영국의 아르 벤토빔과 워렌 킨스턴(Bentovim & Kinston, 1991)이 제시한 구체적인 가설 설정을 위한 5단계는 정신역동적 관점의 발달을 보여 주는 뛰어난 모형이다.

1. 증상을 중심으로 가족이 어떻게 서로 상호작용을 하며, 이러한 가족 상호작용은 증상에 어떤 영향을 미치는가?
2. 현재의 증상은 어떤 기능을 하는가?
3. 가족의 갈등을 보다 정직하게 직면하지 못하게 만드는 어떤 재난에 대한 두려움이 존재하는가?
4. 현재의 상황은 과거의 상처와 어떤 연관이 있는가?
5. 치료사가 중심적인 갈등을 어떻게 인상적인 짧은 말로 요약할 수 있는가?

정신분석적 치료를 기술하는 은유로는 심층과 노출이라는 용어가 있다. 모든 치료는 무엇인가를 드러내는 데 목적을 두고 있다. 심지어는 행동주의 치료사도 지시적 자세를 취하기 전에 드러나지 않은 유관적 강화를 찾으려 주의를 기울인다. 분석적 치료의 특징은 의식적인 사고나 감정에서뿐만 아니라 환상이나 꿈을 통해서도 끈질기게 이러한 추적의 과정이 이루어진다는 점이다.

◆ 치료 기법

정신분석 이론의 복잡함에 비해서 그 기법은 상대적으로 단순하지만, 그렇다고 쉽지만은 않다. 기본이 되는 기법은 경청, 공감, 해석, 분석적 중립 유지하기의 네 가지이다. 이 중에서 두 가지 기법, 즉 경청과 분석적 중립 유지하기는 다른 가족치료사들이 시행하고 있는 것에 비해 아주 난해하거나 크게 다르지 않아 보이지만 실제로는 큰 차이가 있다.

경청은 격렬하면서도 조용한 활동으로서, 이는 우리 문화에서는 흔하지 않은 기법이다. 대부분의 시간을 우리는 너무나 바쁘게 지내기 때문에 남의 말을 잘 듣기 위해서 끝까지 기다리지 못하고 그저 건성으로 듣게 되는 경우가 많다. 이러한 경향은 특히 치료사가 자기에게 맡겨진 문제에 직면한 가족을 돕기 위해서 무엇인가를 해야겠다는 생각으로 과중한 압박감을 느낄 때 더욱 현저하게 드러난다.

분석적 중립 유지하기가 중시되는 경우에도 이러한 현상이 나타난다. 그런데 정신분석적 치료 분위기를 조성하기 위해서는 변화를 도모한다거나 문제를 해결하고자 한다는 생각을 떨쳐버리고 그저 듣고 이해하려는 데 목표를 두는 것이 필수적이다. 변화란 이해의 부산물로 얻을 수 있는 것 이지만 치료사는 결과에 연연해서 안달하게 될 수도 있다. 분석적 탐색을 위한 분위기 조성에 있 어서 이러한 마음가짐의 중요성이 결코 간과될 수는 없다.

분석적 치료사는 확인이나 충고 또는 가족의 경험 안에 녹아 있는 지속적인 면을 들추어내기 위해 가족과 맞서고 싶은 유혹에 저항한다. 정신분석적 치료사가 개입하는 경우, 가족 구성원이 서로 마음을 열도록 돕기 위해서 공감적 이해를 표현하며, 숨겨진 채 복잡하게 얽혀 있는 경험의 여러 양상을 더 분명하게 하기 위해서 해석을 시도한다.

아침 식탁에서 입씨름을 벌였다고 보고해 온 한 부부의 경우를 보자. 체계적인 접근법을 사용하는 치료사라면 입씨름을 종결짓는 것보다는 오히려 입씨름을 통해서 그들 사이에 어떤 상호작용이 일어났는지에 관심을 기울일 것이다. 따라서 상대방에게 이야기를 건넸 을 때 어떤 일이 일어났는지를 우선적으로 부부에게 물을 것이다. 그러고는 그들의 행동과 상호작용에 초점이 맞추어지게 될 것이다. 그러나 정신분석적 치료사라면 그들 부부의 개 별적이며 정서적인 반응을 탐색해서 부부 쌍방을 돕는 데 더욱 관심을 쏟을 것이다. 그들 부부가 왜 그처럼 화를 내게 되었는가? 그들이 상대방에게서 바라는 것은 무엇인가? 그들 이 기대했던 것은 무엇인가? 어디에서 그러한 감정이 느껴지며 또한 어떤 점에서 그러한 기대가 일어나는가? 정신분석적 치료사는 논쟁을 해소하려 애쓰기보다 깊이 잠재되어 있 는 두려움이나 기대에 대한 일련의 질문을 제기하고자 논쟁을 중단시키려 들 것이다.

심리내적 갈등을 말해 주는 징표는 감정이다. 정신분석적 치료사는 누가 누구에게 무엇을 했는 지에 대해서 초점을 맞추기보다 강렬한 감정에 초점을 맞추며, 또한 그러한 감정의 근원을 파헤 쳐 보기 위해서 다양한 질문을 던진다. "당신의 느낌은 어떠했는가?", "당신은 예전의 어느 시점 에서 그런 방식으로 느꼈는가?", "또한 그보다 더 앞선 때의 느낌은?", "당신은 무엇을 기억하는 가?" 이러한 일련의 질문을 통해서 치료사는 부부가 현재 보여 주고 있는 행동을 이해하는 수평 선상에 머무르기보다는 이들 부부의 내적 체험과 그 체험의 내력을 파헤치는 수직적 차원으로까 지 시야를 넓혀 나갈 것이다.

요약해 보면, 부부를 정신분석적 방법으로 치료하는 이들은 다음과 같은 네 가지 통로를 따라 서 탐사를 시도한다. (1) 내적인 경험, (2) 그러한 경험의 역사, (3) 그러한 경험에 대해 배우자는 어떻게 반응하는가? 그리고 끝으로, (4) 치료 상황과 치료사의 개입은 배우자들 사이에서 진행되는 일에 어떻게 기여하게 되는가? 이러한 특징이 드러나는 좋은 예를 소개하고자 한다.

사례연구

몇몇 부부가 함께 참여하는 첫 번째 치료 과정이 끝나면서 앤드류와 그웬은 보다 폭넓게 이해하는 안목을 갖게 되었고, 이들은 새 차를 한 대 구입하는 문제를 두고서 일치점을 찾지 못해 서로에게 화를 냈다. 이들 부부는 자신들이 제대로 토론하지 못하는 것 때문에 더욱 당황하게 되었다. 그런데 정작 문제가 된 것은 자동차가 아니라 대금 지불 방식이었고, 그 문제 때문에 두 사람은 이상하게도 지나치게 화를 냈던 것이다. 앤드류는 저축해 놓은 돈을 인출해서라도 계약금을 지불하고 할부금은 낮추기를 원하였다. 그러나 앤드류의 그러한 생각은 그웬을 화나게 하였다. 앤드류는 도대체 저축이 중단되는 것을 어떻게 생각하는 것일까? 자동차 대출금을 지불할 수밖에 없다면 2배나 비싼 이자를 상호 기금에 지불해야 한다는 사실을 앤드류는 생각조차 하지 않았다는 말인가?

더욱 안타까운 것은 두 사람이 다 상대방의 마음을 돌이키려는 데 너무나 집착한 나머지 상대가 마음속으로 무엇을 생각하고 있는지를 이해하려는 노력은 전혀 하지 못했다는 사실이다. 치료사는 각자에게 그들이 무엇을 느끼고 있으며 또 무엇에 대해서 걱정하고 있는지를 묻기 위해서 일단 말다툼을 중단시켰다. 두 사람이 서로를 이해하고 절충하도록 돕기 위해서 언쟁 속에 깊이 배어 있는 감정에 대해서 묻기는 하였지만, 일차적인 관심은 두 사람 사이의 불협화음을 해소하는 데 있지 않았다. 그 대신에 치료사는 그들이 보이는 반응의 맹렬함이 이 문제의 핵심적인 관심사와 결부되어 있다고 느꼈다.

앤드류는 자동차를 위해 매월 지출하는 것이 짐이 되지 않을까 걱정하고 있었다. 그는 이렇게 간청하였다. "상당한 액수의 계약금을 지불하기 위해서 예금을 충분하게 빼내지 않으면, 할부금을 지불하기 위해서 달마다 걱정을 해야 한다는 점을 당신은 생각하지 않는단 말이요?" 그웬은 이에 대해서 반론을 제기할 준비가 되어 있었지만 치료사가 그녀를 제지하였다. 치료사는 이들 부부가 상대방에게 어떤 점을 납득시키려고 노력하는지에 대해서보다는 앤드류가 안고 있는 걱정거리의 내력에 대해서 더 많은 관심을 보였다.

앤드류에게는 돈을 넉넉하게 가지고 있지 않으면 두려워하는 습성이 오랫동안 배어 있었음이 드러났다. 앤드류에게는 돈을 넉넉하게 가지고 있다는 것은 커다란 저택이나 화려한 자동차를 사기 위해서가 아니라 유유자적하게 살고 있음을 보여 줄 수 있는 것들, 이를테면 멋진 옷을 사고, 저녁 외식을 하고, 그리고 꽃이나 선물 등을 사들이기 위해서 어느 정도의 넉넉함이 필요하다는 의미였다. 앤드류가 바라는 것은 자신이 어떤 보상을 받는 것인데, 스파르타식으로 엄격하게 교육시키는 가정에서 성장한 기억을 품위 있고 호화로운 결혼생활로 보상받고자 하였다. 그의 부모는 가난하지는 않았지만, 앤드류와 그의 형제자매는 꼭 필요한 경우가 아니면 외식을 하러 나간다거나 새 옷을 사는 것을 천박하고 돈을 낭비하는 것으로 생각하는 부모 밑에서 억눌리면서 자랐다.

더 깊은 차원에서 보자면, 내핍에 대한 앤드류의 기억은 그가 내핍에 대해 전혀 주의를 기울이지 않게 된 것이나 그저 수수방관만 하던 어머니에게 애정을 갈구하게 된 내력을 비춰 주는 스크린이었다.[1] 그래서 그는 아주 울적하다고 느껴질 때면 와이셔츠를 새로 산다거나 때로는 멋진 저녁 식사를 함으로써 자신을 달래는 방식을 익히게 되었다. 그웬의 가장 큰 매력 중 하나는 헌신적이며 표현을 잘 하는 것이었다. 그녀는 솔직하게 애정을 표현했으며, 앤드류가 무엇을 사려고 하면 남편을 지지해 주는 것을 즐거워했다.

그웬은 자신의 불안을 그리 안정된 직업을 갖지 못한 아버지에 대한 잊고 싶은 기억을 떨쳐 버릴 수 있는 안전 장치를 마련하는 일과 연결 지었다. 앤드류의 부모와는 달리, 그녀의 부모는 소비 생활이 자유로웠다. 그

(계속)

---

1 코헛의 용어로, 앤드류의 어머니는 부적절한 **자기대상 반영**의 기능을 제공했다.

들은 한 주에 3~4회씩 외식을 하였으며, 호화롭게 휴가를 다녔고, 가족 모두가 값비싼 옷을 입었다. 비록 그 웬의 아버지가 돈을 펑펑 써 대는 사람이기는 하였지만, 그웬이 기억하는 아버지는 자제력이 부족하고, 현명 하게 투자를 한다거나 앞을 내다보고 폭넓게 사업을 확장해 보고자 하는 통찰력이 부족한 사람이었다. 비록 그웬의 의식적 기억 속에 그것이 자리 잡고 있지는 않았지만, 아버지는 그녀에 대해서 무작정 관심과 애정을 쏟았을 뿐, 딸을 한 사람의 인격체로 대한 적은 없었다. 아버지는 친숙한 말로 '아빠의 작은 딸내미'라고 부르 면서, 그녀를 그저 귀엽고 물러터진 강아지나 새끼 고양이 정도로 대해 주었다. 그런 사연 때문에 앤드류의 진 지하면서도 또한 자기를 절제하는 성격과 그녀에 대한 지극한 배려에 매료되었던 것이다.

이런 두 사람이 상대방에 대해서 그렇게도 악의에 찬 반응을 어떻게 나타낼 수 있었을까? 은행에 돈을 그 대로 예치해 두고자 하는 그웬의 갈망은 자기 생각대로 돈을 쓰고 싶어 하는 앤드류의 욕구와 마찰을 빚었을 뿐만 아니라, 두 사람은 상대방에 대해서 배신감을 느끼게 되었다. 그웬이 앤드류와 무의식적으로 맺은 계약 에 비춰 보면, 앤드류가 그웬에게는 안전하고 튼튼한 기둥이며 미래를 설계해 주는 사람으로 여겨질 수도 있 었다. 그웬에게 걸었던 앤드류의 무의식적인 기대에 비춰 보면, 그웬은 앤드류를 기쁘게 해주고 그에게 너그 러워야 했다. 그러나 이 문제를 두고서 두 사람이 서로에게 지나치게 반응을 했다는 사실은 의심의 여지가 없 었다.

이러한 상황에서 치료사는 어떤 역할을 하였는가? 깊이 생각해 보니, 치료사는 자기가 지나치게 걱정한 나 머지 부부의 문제를 원만하게 처리하지 못했다는 사실을 깨닫게 되었다. 치료사가 이들 부부의 행복을 다시 찾아 주고 싶은 열망 때문에, 치료 중에 충돌의 수위를 조절하려고 했으며 자신이 바로 평화를 가져다주는 사 람인 양 적극적인 자세로 면담을 했다. 그 결과로 이 부부는 값비싼 대가를 치르고서 진전을 보기는 하였다. 그러나 치료를 통해 문제를 해결하기는커녕 깊은 열망과 분노만 둘 사이에 더욱 밀려들었다. 치료사는 자신의 분노를 직시하기를 두려워하는 이들 부부의 문제를 지적해 준 것으로 여겼을 것이다.

그러한 역전이 반응을 이끌어 내기 위해서 치료사는 어떤 기법을 활용해야 했을까? 그가 자신의 감정을 노 출시켜야 했을까? **역전이** countertransference에 유용한 정보가 내포되어 있을 수 있다고 말하는 것이 독선이라고 말할 수 있는가? 여기서 취할 수 있는 가장 유용한 방법은 내담자의 입장에서 체험에 대한 확실한 증거가 필 요하다는 가정을 세우기 위해서 역전이를 살펴보는 일이다. 이 경우에 있어서 치료사는 일을 원만하게 매듭짓 기 위해서 자신이 지나치게 달려들었다는 사실을 인정했고, 그웬과 앤드류에게 그들이 분노를 털어놓는 데 어 떤 두려움이 있었는지를 물었다.

치료 작업에 대한 많은 기록들이 그렇듯이, 앞의 사례도 하찮은 이야깃거리처럼 보일 것이다. 자동차를 구입하는 문제를 놓고서 앤드류 편에서는 반영적 자기대상을 원했고, 그웬의 입장에서 는 어느 누군가를 이상화하고자 했었다는 것을 어떻게 간파해 낼 수 있었겠는가? 사태를 부분적 으로나마 제대로 이해하려면 많은 것을 담고 있는 이야기에 어쩔 수 없이 귀를 기울여야 한다. 그 러나 정신분석가가 겉으로 드러난 현상의 내면을 꿰뚫어 봄으로써 어디를 살펴보아야 하는지를 아는 것 역시 중요한 것이다.

치료는 모든 가족이 모여서 치료사와 함께 그들이 겪은 최근의 경험, 생각과 감정에 대해서 논 의하면서 시작된다. 면담이 계속되면서 치료사는 침묵을 지키거나 아니면 "오늘은 어디서부터 시 작했으면 좋을까요?"라고 물을 것이다. 그리고 나서 치료사는 상체를 뒤로 재치고서, 최소한의 지시나 개입만 하면서 가족이 이야기를 나누도록 한다. 질문도 이야기를 더 확대하거나 아니면 무엇인가를 명료화하기 위해 짚고 넘어가야 할 경우에 국한해서 제기된다. 이를테면 "그것에 관해서 더 말해 줄 수 있겠습니까?" 혹은 "이 점에 대해서 당신은 어떻게 느끼시는지 두 분이 서로 이야기를 해보셨습니까?"라는 질문을 던지는 것이다.

맨 처음의 연상과 자연스러운 상호작용이 바닥이 나면 치료사는 가족력, 사람들의 생각이나 느낌, 가족의 관점에 대한 생각을 물으면서 부드럽게 파고든다. "당신이 안고 있는 문제에 대해서 당신의 아버지는 어떤 생각을 하시나요? 그런 문제에 대해서 그분은 어떤 식으로 설명할 것 같습니까?" 이러한 기법은 정신분석적 치료사의 관심이 가설과 투사에 쏠려 있음을 강조하고 있다. 이때 치료사는 어린 시절의 기억에 특별한 관심을 쏟는다. 다음의 짤막한 이야기는 현재에서 과거로의 이동이 어떻게 이루어지는지를 보여 주는 사례이다.

사례연구

S 씨 부부는 양편이 다 같이 서로에 대해 지독한 불평을 토로했다. 즉 상대방이 "내가 아플 때 나를 돌보아 주지 않으며, 저녁에 돌아와서도 내 불만을 들어주지 않는다."는 것이었다. 그들은 상대방에 대해서 서로 '감싸주는 모습'이 부족하다고 인식하고 있었을 뿐만 아니라, 지지와 이해를 해주는 모습을 변함없이 서로 견지해 주었으면 하고 바랐다. S 씨 부인의 불평은 어디서나 들을 수 있는 전형적인 것이었다. "어제는 참으로 악몽 같은 날이었어요. 아기는 아픈데다가 보채기까지 했고, 저도 심한 감기를 앓았거든요. 모든 일이 제게는 갑절로 힘들었고 해야 할 일은 평소의 2배였지요. 온종일 존이 돌아오기만을 기다리고 있었답니다. 마침내 그가 돌아오기는 했지만, 제가 얼마나 끔찍한 기분이었는지는 전혀 관심 밖이었어요. 자기 사무실에서 있었던 우습지도 않은 이야기를 내게 늘어놓기에 앞서, 그는 잠시 내게 귀를 기울이기는 했지요." S 씨도 엇비슷한 이야기를 털어놓음으로써 대응했지만, 단지 이번에는 불평을 늘어놓는 역할이 잠시 바뀌었을 뿐이었다.

이 시점에 이르러 치료사가 개입해서, 두 배우자에게 그들이 자신들의 어머니와 어떤 관계였는지 물었다. 그들은 각자의 가족력을 이야기했고, 두 사람의 가족력은 서로 판이하게 달랐다.

S 씨의 어머니는 과묵한 여인이었으며 자기 신뢰, 개인적인 희생, 부단한 노력이 최고의 미덕이었다. 그녀는 자녀들을 사랑하였으며 온정과 애정으로 감싸면서도 응석받이로 나약해지지 않도록 양육하였다. 그럼에도 불구하고 S 씨는 어머니가 관심을 가져 주기를 언제나 기대하였다. 당연히 그는 어머니에게서 때때로 퇴짜를 맞았다. 그에게는 특히 가슴 아픈 기억이 하나 있었다. 그것은 학교 운동장에서 깡패 같은 녀석에게 두들겨 맞고 눈물범벅이 되어 집으로 돌아왔을 때의 기억이다. 그가 기대했던 사랑이 깃든 위로 대신에 어머니는 어린애같이 군다며 그를 꾸짖었다. 세월이 흐르면서 그는 독립적이고 힘이 넘쳐 보이는 견고한 외모를 다져 감으로써 황소 같은 녀석들로부터 자신을 보호하는 법을 익히게 되었다.

그의 생애에서 두 번째로 의미를 지닌 여인인 지금의 아내와 살면서도 S 씨는 견고한 방어 태세를 견지해 나갔다. 그는 자기의 문제에 관해서 아내에게 이야기를 건넨 적이 없었다. 그러면서도 계속해서 동정심이 넘치는 이해를 바라고 있었기 때문에 자기에게 관심을 쏟지 않는다는 이유로 아내에게 몹시 분개하기도 했다. 도움을 요청하여 거절당하면 실패라는 생각 때문에 모든 것을 자기 혼자의 힘으로 처리하겠다고 미리 전제하고는 "그녀는 나에 대해서 관심이 없다."는 자신의 예상을 스스로 확신하고 있었다.

S 씨 부인의 배경은 남편의 경우와는 판이하게 달랐다. 그녀의 부모님은 관대하였으며 솔선수범하는 분들이었다. 그들은 외동딸을 애지중지하였고, 대화 중에는 자기네 사랑을 끊임없이 말로 표현하였으며, 그녀가 잘 자라 주었으면 하는 간절한 바람을 드러냈다. 그녀가 어린 소녀였을 때, 가벼운 충돌로 타박상만 입어도 하염없이 걱정하는 소리를 들으면서 자랐다. 그녀는 자기 자신에 대해서, 그리고 자신의 문제에 관해 이야기를 나

(계속)

눌 사람을 찾아 결혼하게 된 것이다. S 씨도 처음에는 이 점에 매료되었다. 이제야 감정을 곧이곧대로 발산하는 사람을 찾았다고 생각했다. 그러나 그녀가 자신의 관심사에 대해서는 아무런 말도 하지 않는다는 것을 알게 되었을 때 S 씨는 분노하게 되었으며, 이때부터 점차적으로 아내에 대한 동정심이 사라져 갔다. 이렇게 되자 부인 편에서도 '남편이 나에 대해서는 관심이 없는 것'으로 확신했다.

가족이 현재 겪고 있는 갈등의 뿌리가 노출되고 난 이후에는, 가족 구성원이 과거에 때로는 왜곡되기도 했던 어린 시절의 이미지를 현재까지 어떻게 계속해서 재현시키고자 하는지에 대해서 필요한 해석을 해주었다. 그러한 해석을 위한 자료는 치료사나 혹은 가족의 다른 구성원에 대한 전이 반응뿐 아니라 어린 시절에 대한 현재의 기억에서도 찾을 수 있다. 개인치료의 경우보다는 물론 더 많이 다루기는 하지만, 가족과 함께 일하는 정신분석적 치료사는 전이로 드러나는 과거의 영향에 대해서 평가는 하지만 과거에 대한 회상에는 주의를 덜 기울인다.

돈 캐서럴(Don Catherall, 1992)은 부부치료에서 투사적 동일시를 설명하는 데 매우 유용한 과정을 다음과 같이 설명했다. 투사적 동일시는 한 개인의 많은 경험을 부지불식 간에 전혀 알지도 못하는 다른 사람에게 전가하는 다소 이해하기 힘든 과정이다. 이러한 과정은 자칫 놓치기 쉽지만 미묘하면서도 알아차릴 수 있는 신호에 의해 전달되고 유발된다. 당신 주위의 어떤 사람이 당신을 유혹하는 행동을 해서 한 걸음 다가설 때 오히려 상대방이 기겁해서 물러나는 행동을 한다면, 당신은 투사적 동일시를 경험한 것이다.

부부치료에서 투사적 동일시를 다루는 첫 단계는, 상대 배우자의 진실한 감정을 가로막을 수 있는 반복되는 말다툼을 중단시키는 것이다. 부부는 갈등과 오해의 반복되는 패턴에 사로잡혀 있는데, 이것들이 바로 취약성의 감정을 회피하도록 부추기는 것이다. 부부의 다툼이 저지되면, 치료사는 각 개인이 어떻게 느끼는지를 파악할 수 있게 된다. 캐서럴은 투사 대상이 된 사람이 무엇을 느끼고 있는지에 먼저 집중할 것을 권한다. 개인들의 감정이 명확해지면, 그러한 감정을 배우자에게 전달하는 것이 훨씬 쉬워진다. 짜증나는 방어를 하지 않음으로써 **투사 대상자**는 예전에 표현할 때 부인되었던 감정, 즉 투사하는 배우자의 무엇이 그들을 짜증나게 했는가에 대해서가 아니라 느낌 그 자체로 표현할 수 있게 된다. 반면, **투사하는 배우자**는 자기 의견을 말해서는 안 되고, 단지 듣고만 있도록 한다. 투사 대상자의 차례가 끝나면, 투사자는 그 혹은 그녀의 배우자가 말한 것에 대한 의견을 제시할 수 있다. 이것은 투사자가 상대방의 시각을 추측해 볼 수 있도록 촉진시키며, 그들의 감정들을 이해하는 데 방해가 되는 동일시를 어렵게 만든다.

투사하는 배우자는 상대방에게 감정이입을 하도록 격려를 해준다. 잘만 되면 이 시점에서 부부는 서로에 대한 비난을 멈추고, 서로가 어떻게 느끼는지 이해하려는 노력을 시도할 수 있다. 이상적으로 이러한 감정의 공유는 배우자에게 더욱 가까워질 수 있게 하며, 서로를 더 잘 이해하도록 해준다.

사례연구

캐서럴은 예시로 데이비드와 실라의 사례를 인용한다. 데이비드가 실라와의 성관계에 대해 불안해하면 할수록, 그는 실라가 보이는 조그마한 거부의 낌새에도 더욱 민감해졌다. 그는 실라에게 관심이 없다는 것을 철회하는 방법으로 나타냈고, 실라가 화해의 손을 뻗을 때까지 그녀를 멀리 했다. 실라는 데이비드의 어머니가 아들을 낳았을 때 느낀 사랑받지 못했던 감정을 똑같이 느끼게 된 반면, 데이비드는 실라를 괴롭히던 삼촌에게서 느낀 것과 똑같은 무력감을 느꼈다. 다시 말해 각자가 서로에게서 투사적 동일시의 과정을 통해 서로를 자극해서 각자가 어린 시절에 경험한 감정을 상대방이 똑같이 느끼게 만드는 동일화를 경험한 것이다.

치료사는 데이비드가 거리를 두었을 때 실라가 어떻게 느끼는지 물어보았다. 그녀의 첫 번째 대답은 화가 난다는 것이다. 하지만 치료사가 무엇에 대해 그렇게 화가 나는지, 그리고 화가 나기 전의 감정은 어땠는지에 대해 묻자, 실라는 그것이 사랑받지 못하고, 보살핌 받지 못한, 대체적으로 외로움에 대한 감정이라는 것을 확인할 수 있었다. 이러한 감정은 데이비드의 투사적 동일시에 의해 자극된 감정이며, 그들은 실라가 화를 내고 다시 냉정해지는 것으로 그녀의 감정을 대부분 부인해 왔다고 느끼고 있었다.

그리고 나서 치료사는 실라에게 그녀가 외로우며, 사랑받지 못하는 감정을 갖고 있는 것에 대해 데이비드는 어떻게 느끼는지 서로 대화하도록 했다. 치료사는 실라가 그렇게 느끼는 것에 대해 데이비드가 어떻게 원인을 제공했는지가 아니라, 자신과 자신의 느낌에 초점을 맞추도록 주의했다. 이제 데이비드는 비난받지 않고, 실라가 설명한 외로움에 대해 공감하고 인정할 수 있었다. 치료사가 그에게 실라가 그렇게 느끼는 것에 대해 미리 알고 있었는지 물어봤을 때, 데이비드는 실라에게 투사함으로써 떠넘기려 했던 고통스러운 감정에 대해 보다 분명하게 이야기할 수 있었다.

정신분석적 가족치료사는 가족의 대화에서 숨겨진 것들 중 많은 부분이 의식적으로 억제된 것이 아니라 무의식 안으로 억압된 것이라는 사실을 강조한다. 이러한 소재에 접근하기가 쉽지 않은 것은 그것들이 때로는 전이의 형태로 드러나는 저항에 의해서 보호되고 있기 때문이다. 다음의 짤막한 사례는 저항에 대한 해석의 예를 잘 보여 주고 있다.

사례연구

Z 씨 부부는 결혼을 통해 얻은 안전감을 잃어버리지 않으려고 불행한 성관계를 맺으면서 10년씩이나 결혼생활을 이어 왔다. Z 씨 부인의 전혀 예상치 못했던 독특한 사건은 이들 부부로 하여금 결혼생활에 문제가 있다는 것을 받아들이게 했으며, 결국 그들은 가족치료사를 찾아와 상담을 하게 되었다.

비록 부부간에 갈등이 있다는 것을 한사코 부인할 수는 없었지만, 이들 부부는 둘 다 자신의 문제를 공개적으로 거론하는 데 대해서는 거부감을 드러냈다. 그들의 저항은 개인적으로 감정의 어떤 면을 인정하기를 꺼리는 것과 부부관계의 문제점을 터놓고 논의하는 것을 기피하기 위해서 굳게 결탁하는 것으로 나타났다. 첫 번째 면담에서 두 사람은 모두 결혼생활은 그럭저럭 괜찮은 편이라고 말하였다. 그러면서 Z 씨 부인이 중년기 위기를 겪고 있는 정도라서 치료가 필요한 사람은 바로 부인이라고 주장하였다. 개인치료를 받도록 해 달라는 이러한 요청은 결혼생활에 대한 고통스러운 탐색을 기피하려는 모종의 거부로 여겨져서 치료사는 이렇게 말하였다. "Z 씨, 당신은 두 사람 모두가 문젯거리를 만드는 데 어느 정도로 기여하고 있는지를 생각하기보다는 당신의 아내를 비난하고 싶어 하는 것처럼 보입니다. 그리고 Z 부인, 당신은 자신이 느끼는 불만족과 분노에 대해서 남편과 거론하는 것을 기피하고자 모든 죄를 뒤집어쓰려는 것처럼 보입니다."

(계속)

치료사의 해석을 받아들이고 결혼생활에 대해서 함께 검토해 보기로 동의함으로써 이들 부부는 저항할 수 있는 행동을 취하지 못하게 되었다. 즉 어떻게든 기피해 보려던 이들 두 전투사에게 도망갈 문이 폐쇄되어 버린 것이다. 이어진 몇 차례의 면담에서 이들 부부는 서로가 상대방을 통렬하게 공격하면서도 부부관계의 문제점에 대해서는 이야기하지 않고, 다만 Z 부인의 사건과 Z 씨의 반응에 대해서만 이야기하였다. 이러한 말다툼은 생산적이지 못했다. Z 씨는 불안감을 느낄 때마다 자기 아내를 공격하는 반면에 부인은 화가 날 때마다 침울해지고 죄책감에 빠지게 되었기 때문이다.

다툼이 비생산적이라는 생각이 들자, 치료사는 이렇게 말하였다. "분명히 두 분 모두 상대방을 이루 말할 수 없는 불행으로 빠뜨리셨군요. 그리고 두 분 모두 가혹하네요. 그러나 두 분이 결혼생활에서 겪는 특별한 문제에 대해서 이야기하지 않는다면 두 분에게는 어떻게든 해결책을 찾을 수 있는 최소한의 기회조차 주어지지 않을 것입니다."

그래서 자신들의 문제에 초점이 맞추어지자, Z 부인은 머뭇거리면서 말문을 열었다. 그녀는 남편과의 성관계에서 즐거웠던 적이 없었으며, 남편이 전희를 더 길게 이끌어 주었으면 하고 바랐다는 것이다. 그러자 Z 씨가 되받아 말하였다. "좋다고, 그래, 성관계가 별 볼 일 없어졌으니까 10년 결혼생활은 팽개치고 창녀 짓이나 하고 다닐 좋은 구실이 생겼군!" 이런 상황에 이르자, Z 부인은 두 손으로 얼굴을 감싸 쥐더니 걷잡을 수 없이 흐느껴 울었다. 그녀가 평정을 되찾은 후 치료사가 개입을 하였는데, 그는 이들 부부의 저항에 다시금 직면하게 되었다. "Z 씨, 당신은 화가 나면 공격에 나서는 것처럼 보입니다. 성관계에 대해서 논의를 하면 무엇이 당신을 그렇게도 불안하게 합니까?" 그다음부터 이들 부부는 결혼생활에서의 성관계에 대한 자신들의 감정에 관해서 상담이 거의 끝날 때까지 이야기할 수 있게 되었다. 이 시점에 이르자, Z 씨는 다시금 자기 아내를 매춘부요, 음탕한 계집이라고 하면서 그녀에게 욕설을 퍼부었다.

Z 부인은 다음번 상담에서 자기는 의기소침해지고 낙담에 빠지게 되었으며, 울음으로 나날을 보냈다고 털어놓았다. 그녀는 울면서 죄의식을 깊이 느낀다고 하였다. "당연히 죄의식을 느꼈어야지!"라고 그녀의 남편은 응수하였다. 치료사는 또다시 개입하였다. "당신은 아내의 말을 회초리처럼 사용하는군요. 당신은 결혼생활에서 겪는 특별한 문제를 거론하기가 여전히 두렵습니까? 그리고 Z 부인, 당신은 분노를 침울함으로 덮어 버리는군요. 당신은 무엇에 대해서 화를 내는 것입니까? 결혼생활에서 놓쳐 버린 것이 무엇입니까? 무엇을 원했나요?"

이러한 입씨름은 몇 번의 상담에서도 계속되었다. 거론하기를 기피하면서 또한 10년 동안이나 안고 있었던 자신들의 문제에 대해서 생각하기조차 싫어했던 이들 부부는, 치료 장면에서 자신들로부터 초점을 돌려놓기 위해서 갖가지 모양으로 저항을 시도하였다. 치료사는 그들의 저항을 끈질기게 지적해 주면서, 그들이 구체적인 불만에 대해 이야기하도록 부추겼다.

정신분석적 치료사는 통찰력과 이해력을 높이려고 노력한다. 그들은 또한 가족이 논의하는 문제에 관해서 그들이 하려고 하는 일이 무엇인지를 생각해 보도록 가족을 설득하곤 한다. 일련의 작업 과정(Greenson, 1967)인 이러한 노력은 개인치료보다 가족치료에 더욱 돋보인다.

보스조르메니-나지는 가족 구성원은 그들의 동기를 잘 알아야 할 뿐만 아니라, 자신들의 행동에 대해서도 책임을 져야 한다고 믿었다. 맥락치료에서 보스조르메니-나지(1987)는, 치료사는 사람들이 비가시적인 충성심 속에 들어 있는 파괴적인 기대감에 직면하도록 도와주고, 가족의 울타리 내에서 충성심을 드러내는, 보다 긍정적인 길을 모색하도록 도와주어야 한다고 지적했다. 요컨대 이것은 다양한 가족 구성원들 사이에 공평과 균형이 이루어져야 한다는 것이다.

모델의 이론과 결과에 대한 평가

가족치료사들 중에서 너무나도 많은 이들이 일반적으로는 심리학을, 그리고 구체적으로는 정신분석 이론을 등한시하고 있다. 한 치료사가 여러 가지 치료 기법을 사용하는 것과는 상관없이, 정신분석적인 치료사들의 저술은 풍성한 자원임에 틀림없다.

이에 덧붙여 말하고 싶은 것은, 새로운 경각심을 불러일으키고 싶다는 것이다. 순수 이론적인 정신분석적 가족치료는 수련을 받은 정신분석가의 손에서 그 위력을 발휘하고 있다. 그렇다고 하더라도 일상적으로 다투기를 좋아하는 가족의 대화를 접하고 의기소침해진 많은 가족치료사들은 가족의 방어적인 논쟁을 뚫고 그들에게 과거를 일깨워 주기 위해서 정신분석적 방법들에 이끌리고 있다. 가족 구성원 개개인의 감정을 파헤쳐 보기 위해서 가족의 논쟁을 중단시키는 것은 논쟁을 막는 훌륭한 방법이다. 그렇지만 치료사가 지나치게 자기중심적으로 되어 버린다거나(자신을 거쳐서 모든 대화가 이루어지게 함으로써), 또는 가족의 상호작용은 등한시하고 개인을 지나치게 강조한다면 가족치료의 위력은 사라지게 될 것이다. 일상적인 논쟁의 이면에 배어 있는 감정이나 희망, 두려워하는 바에 대해서 명확하게 파악하고자 방어적인 다툼을 중단시키는 것은 아주 바람직한 일이다. 그러나 이러한 탐색이 가족 구성원 사이에서 이루어지는 광범위하면서도 자유롭게 흘러가는 상호작용에 의한 것이 아니라, 치료사가 마치 심문하는 형사나 운동 경기의 주심이나 되듯이 행동하게 되면 기껏해야 변화에 대한 환상만을 그려 낼 수 있을 것이다.

정신분석적 치료사들은 그들의 작업을 평가하려는 실증적 연구 방법과 결과에 저항해 왔다. 증세를 약화시키는 것이 목표는 아니므로, 증상을 평가하는 것이 성공을 가늠하는 척도가 될 수 없다는 것이다. 또한 무의식적인 갈등이 있든 없든 간에 그것이 가족 구성원이나 또는 외부의 방관자들에게 분명하게 의식되는 것은 아니므로, 분석을 성공적인 것으로 생각할 수 있느냐 혹은 그렇게 생각할 수 없느냐 하는 것은 주관적인 임상적 판단에 달린 것이다. 물론 정신분석적 치료사는 치료사의 관찰을 이론이나 치료를 평가하는 유효한 수단이라고 생각한다. 블랭스(Blancks, 1972)의 저서에서 따온 다음의 인용문은 이 점을 잘 지적하고 있는데, 마거릿 말러Margaret Mahler의 견해를 이야기하면서 이렇게 기술하였다.

> 말러의 이론을 적용하는 치료사들은 방법론이나 조사 결과에 대해서 기술적 차원에서 의문을 제기하는 것이 아니다. 왜냐하면 그들은 임상적으로 결과를 확증할 수 있기 때문이다. 그들이 주장하는 타당성의 양식은 가능한 한 똑같은 실험을 되풀이해 볼 수 있는 방식을 과학적 방법의 준거로 삼아야 한다고 주장한다. (p. 675)

이러한 견해에 대한 또 다른 예는 로버트 랭스Robert Langs의 저서에서 찾아볼 수 있다. 랭스(1982)는 "치료사의 치료 방식에 대한 궁극적인 테스트는, 치료사가 받은 인상을 치료 개입을 위한 기초로 사용하느냐에 달려 있다."(p. 186)라고 기술하고 있다. 그렇다면 치료사가 하는 개입의 타당성과 효용성을 무엇으로 결정하는가? 랭스는 망설이지 않고 이에 대답한다. 그것은 의식적이고 무의식적인 내담자의 반응으로서 궁극적인 리트머스 시험litmus test을 구성하는 것이다. "진실한 검증은 인지적이고 대인관계적인 영역에서 보이는 환자의 반응들을 포함한다."

그렇다면 치료의 최후 시험은 환자의 반응이 아니겠는가? 그럴 수도 있고 아닐 수도 있다. 우선, 내담자의 반응은 해석할 수 있도록 개방되어 있다. 왜냐하면 확증이란 직접 드러내는 반응을 통해서뿐만 아니라 무의식적으로 암호화해서 표현하는 말 속에서도 찾아낼 수 있기 때문이다. 더욱이 이러한 생각은 상담실 밖에서 이루어지는 내담자 자신의 생활에서의 변화는 고려하지 않은 것이다. 정신분석적 가족치료의 결과에 대해 때때로 치료사들의 보고가 있지만, 대부분의 경우는 통제를 벗어난 연구의 사례들이다. 그처럼 입증되지 않은 보고 중 하나는 타비스톡 클리닉에서 정신분석적 부부치료의 결과에 대한 관찰을 담은 딕스(1967)의 보고인데, 여기서 그는 무작위 표본의 경우 치료 성공률이 72.8%에 이르렀다고 보고하고 있다.

최근에 정신분석 가족치료사들이 몇몇 사례들을 발표하였다. 이 사례들은 아동기의 트라우마가 포함된 다양한 정서와 행동 문제(Mackay, 2002; Paris, 2013), 사춘기 우울증(Christogiorgos et al., 2010), 조현병(Morey, 2008), 경계성 성격장애(Allen, 2001), 그리고 부모-유아 관계(Cutner, 2014; Diaz Bonino, 2013; Emanuel, 2012; Salomonsson, 2013)들이다. 이러한 사례들은 정신분석 이론에 근거한 이론을 분명하게 개념화였으며 치료 과정을 제시하고 치료 결과도 보여 주고 있다.

그중의 몇몇은 다른 치료 모델을 정신분석적 모델과 비교하는 연구를 하였다(예 : Dare et al., 2001; Trowell et al., 2007). 그러나 의미 있는 차이를 발견하지는 못했다.

요약

정신분석적으로 훈련을 받은 치료사들이 가족치료를 처음으로 실시하기 시작하였다. 그러나 이들은 가족들을 치료할 때 대부분의 경우에 체계이론을 받아들이면서도 심층심리학을 유지하였다. 그러나 1980년 중반부터 가족치료사들 중에서 정신역동, 특히 대상관계와 자기심리학에 대한 관심이 다시 부각되었다. 이 장에서는 이러한 주요 이론을 살펴보고 이런 이론들이 정신분석학적 가족치료에 타당한지에 대해 살펴보았다. 몇몇 치료사(예 : Kirschner & Kirschner, 1986; Nichols, 1987; Slipp, 1984)는 두 학파를 통합하거나 좀 더 정신분석 쪽으로 기울거나(특히 Sander, 1989; Scharff & Scharff, 1987) 하였지만 진정한 의미에서의 융합은 없었다.

프로이트의 이론이 뉴턴의 물리 법칙같이 절대적으로 옳은 것은 아니다. 이 둘 모두 중요한 관찰 결과를 보고하고 있지만 모든 자연 현상에 대해 다 맞는 것은 아니다. 특히 이렇게 혼란의 시대에 살 때에는 더욱 그러하다. 대상관계이론은 자기심리학과 프로이트의 추동심리학과 연합하여 발달 과정을 잘 설명하고 있고 둘 다 현재 병리 증상에 적용하는 데 도움이 되고 있다. 21세기에 이르러 우리는 문화적 복잡성으로 인해 자기와 가족의 발달에 영향을 미치고, 삶의 예측성이 불가해지고, 이론이 유용하지만 삶의 무한한 신비를 설명하는 데는 부분적임을 고백할 수밖에 없다.

작금에 인지와 생물학적 관점이 치료연구 현상에 중심이 되어 가고 있다. 애착이론에 대한 연구, 정서조절에 관한 이론, 신경발달, 그리고 트라우마 이론이 유용한 통찰을 제공하고 있다. 그러나 정신분석적 이론이 사람과 증상을 이해하는 데 필요한 풍부한 자료를 제공하는 매우 큰 공헌을 하였다.

정신분석적 치료의 가장 핵심적인 목표는 사람들의 깊은 욕망과 그 욕망을 표현하는 과정에서 발생하는 갈등을 해결하는 것을 이해할 수 있도록 돕는 데 있다. 프로이트 학파의 사람들은 리비도 에너지와 공격적 에너지, 자기심리학에서는 인정에 대한 갈망, 그리고 대상관계 학파는 안전한 애착에 관해 이야기하고 있다. 그러나 모든 방법론들이 자기를 이해하고 자신의 문제를 해결할 때 비로소 부부와 가족이 잘 살 수 있다는 믿음을 공유하고 있다.

제9장

인지행동적 가족치료

자극과 반응의 차원을 넘어서

학습 목표

◆ 인지행동적 가족치료의 발전을 설명하라.

◆ 인재행동적 가족치료의 주요 개념을 설명하라.

◆ 인지행동적 가족치료 관점에서 건강한 가족과 건강하지 못한 가족발달에 대해 설명하라.

◆ 인지행동적 가족치료 관점에서 치료 목표와 목표를 성취하기 위한 조건을 설명하라.

◆ 인지행동적 가족치료의 진단과 치료 개입에 대해 논의하고, 실증하라.

◆ 인지행동적 가족치료를 지지하는 연구들에 대해 논의하라.

부부에게 행동교정과 의사소통 기술을 훈련시킬 때 행동주의 치료사들은 학습이론을 적용하였다. 이러한 접근 방법들은 단순한 문제들이나 치료동기가 뚜렷한 내담자들에게는 효과적이었지만 이들은 내담자와 가족들의 잘못된 행동과 의사소통이 가족체계에 어떻게 뿌리내리게 되었는지에 대해서는 잘 몰랐다. 그러나 행동주의 가족치료사들도 인지치료의 원리와 가족역동에 관심을 가지면서 점차 성장하게 되었다.

주요 인물에 대한 묘사

초기 행동주의 치료는 조지프 울프Joseph Wolpe와 스키너B. F. Skinner에 의해 개발되었다. 1948년에 조지프 울프는 **체계적 둔감화**systematic desensitization를 소개하였는데, 이 방법으로 공포증 치료에 대성공을 거두었다. 울프에 의하면 불안은 고전적 조건화를 통해 획득된 자율신경체계의 지속적인 반응이다. 체계적 둔감화는 상호억제, 즉 불안을 발생시킨 자극에 대해 불안과는 공존할 수 없는 반응을 연결시켜 불안에 대한 조건 반사를 제거시키는 것이다. 예를 들어, 어떤 여성이 거미를 무서워한다면 울프 박사는 먼저 여성에게 긴장을 이완시키는 방법에 대해 가르친다. 그리고 여성으로 하여금 거미에게 접근하는 것을 단계별로 상상하게 하고 불안해할 때마다 긴장을 풀게 한다. 이렇게 하면 점차 불안은 체계적으로 소멸된다.

행동주의 가족치료에 가장 큰 영향을 미친 것은 단연 스키너의 **조작적 조건 형성**operant conditioning이다. 조작적이란 자발적 행동반응을 가리키는 용어로, 비자발적 반사 행동과는 반대되는 말이다. 조작반응의 빈도는 그 결과에 의해 결정된다. **정적 강화**positively reinforced는 특정 행동의 비율을 증가시키는 어떤 사건, 행동, 또는 대상을 말한다. 정적으로 강화된 반응은 보다 빈번하게 발생할 것이며 처벌받거나 무시된 반응은 소멸될 것이다.

조작적 조건 형성을 시도하는 사람은 목표 행동을 주의 깊게 관찰한 후 그 빈도와 비율을 수량화한다. 그리고 그 행위의 **기능분석**functional analysis of behavior을 위해 유관적 강화(우연하게 한 행동이 결과를 강화시키는 행위)를 결정하는 행동 결과에 주목한다. 예를 들면, 아이의 떼쓰는 버릇을 고치려 할 때 언제 떼쓰는 행동이 나타나는지, 어떤 결과가 나타나는지에 대해 관찰하는 것이다. 아이가 떼를 쓸 때 부모가 자녀의 요구를 들어주지 않다가 지속적으로 떼를 쓰면 포기하고 아이의 요구를 들어주게 되면 부모가 원하지 않는 바로 그 행동을 강화시키는 꼴이 된다.

조작적 조건 형성은 특히 자녀들을 다루는 데 효과적이다. 왜냐하면 부모가 자녀에게 상벌을 줄 수 있는 통제력을 가지고 있기 때문이다. 오리건대학의 사회학습센터에서 재직하던 제럴드 패터슨Gerald Patterson은 행동주의 부모훈련의 선구자였다. 패터슨의 치료는 부모가 유관적 강화물을 바꾸면 자녀들의 행동이 바뀔 것이라는 전제에 근거하고 있다. 패터슨의 역저인 *Case Studies in Couple and Family Therapy*(Forgatch & Patterson, 1998)에 매우 좋은 사례가 실려 있다. 이 사례는 아들을 혼자 키우는 어머니가 아들을 도저히 다룰 수 없어 치료를 요구한 경우이다. 치료사는 아들의 긍정적인 행동을 찾고, 문제 행동을 구체적으로 찾아서 두 행동 사이의 관계를 파악하게 한다. 그리고 조형shaping, 즉 긍정적인 행동을 할 수 있도록 행동을 규정해 주고 그러한 모습으로 변화될 수 있도록 조금씩 교정해 가는 과정을 거친다. 처음에는 어머니가 아들의 행동을 문제 행동과 긍정적 행동으로 구분할 수 있도록 돕는다. 그다음에는 구체적으로 단번에 관찰 가능한 아들의 부정적인 행동보다는 긍정적인 행동에 초점을 맞추어 아들이 그러한 행동을 할 때마다 상을 주게 하는 것이다. 이렇게 일주일 정도 아들의 고치고자 하는 행동을 기록하게 하고, 잘하는 행동을 할 때 상을 주며 유관적 강화의 과정을 지속하다 보면 긍정적인 사회적 행동을 강화시킬 수 있다. 이 과정을 통해 두 사람 사이의 긍정적인 상호작용이 촉진된다. 또한 자녀는 부모로부터 긍정적인 관심을 받기 때문에 부모와 자녀의 자존감이 증진한다.

패터슨은 타임아웃 같은 자녀훈련 기법을 소개하였는데, 그 이유는 자녀의 행동을 고치기 위해서는 문제 행동을 무시하는 것만으로는 충분치 않다는 것을 깨달았기 때문이다. 특히 공격적인 아이들한테는 더욱 충분하지 않다고 생각했다. 패터슨의 부모역할 훈련 프로그램은 문제해결 기법, 의사소통 훈련, 협상하기, 계약 맺기 등을 포함하고 있다. 그는 부모가 다른 학부모, 학교 선생님들 그리고 다른 활동 지도자들과 접촉하면서 자녀들의 집 밖 행동까지도 관찰하도록 가르쳤다. 그 외에 행동주의적 부모훈련 영역의 유명한 치료사들로는 앤서니 그라치아노Anthony Graziano, 렉스 포핸드Rex Forehand, 대니얼Daniel과 수잔 올리어리Susan O'Leary, 로저 매콜리Roger McAuley가 있다.

1970년대 행동주의 가족치료는 부모훈련, 행동주의 부부치료, 성치료 이 세 분야에서 괄목할 만한 발전을 이루었다. 현재 행동주의 부부치료 분야를 선도하는 인물로는 로베르트 바이스Robert Weiss, 리처드 스튜어트Richard Stuart, 마이클 크로Michael Crowe, 마크 대즈Mark Dadds, 이언 팰런Ian Fallon, 게이올러 마골린Gayola Margolin, 매튜 샌더스Matthew Sanders가 있다.

초기 가족치료사들의 자극과 반응에 대한 강조는 지나치게 단순한 것이었지만, 행동주의 치료는 점차 가족역동에 대한 이론을 좀 더 세련되게 다듬어 갔다. 작고한 이언 팰런은 개방체계의 강력한 지지자였다. 그는 개인의 신체적 반응과 함께 인지행동주의적 입장을 취하였지만 가족 내의 대인관계, 사회적 · 직업적 · 정치적 · 사회문화적 네트워크의 중요성도 함께 고려하였다(Fallon, 1985).

인지행동 치료cognitive-behavioral therapy 모델은 행동 교정을 촉진하고 유지하기 위해서는 태도의 변화가 필요하다는 점을 강조한 알버트 엘리스(Albert Ellis, 1962)와 아론 벡(Aaron Beck, 1976)의 영향을 받은 접근법이 있다. 인지중재 모델(Beck, 1978)에 의하면 행동은 구체적인 인지에 의해 중재된다. 이러한 인지를 이해하면(신념, 특성, 그리고 기대), 정서적 역기능과 행동 패턴을 유발하고 유지시키는 요인을 알아낼 수 있다. 임상에서는 사람들을 얽매는 숨겨진 가정(假定)을 드러나게 한다.

합리정서적 치료사는 가족들의 비논리적 신념이 정서적 고통의 기초라는 것을 깨닫게 도와주었다. A-B-C 이론은 어떤 사건, 즉 가족 구성원들이 정서적으로 반응하는 사건activating event, A이 발생할 때, 그러한 반응은 가족 구성원들이 상황을 해석하는 데 따라 정서적 반응이 일어나는 것이기 때문에 그런 반응을 일으키는 신념, 즉 비합리적 신념belief system, B을 찾아낸다. 그리고 비합리적 신념에 의해 정서적 반응을 한 다음의 결과consequence, C를 찾아내게 한다. 이러한 일련의 과정을 논박dispute하면서 가족들로 하여금 그들의 정서적 문제가 얼마나 비현실적인 신념에 의해 발생하는지, 자기 패배적 신념을 변화시킬 때 가족의 삶의 질이 얼마나 개선될지에 대해 가르치고 있다(Ellis, 1978).

인지, 정서, 그리고 행동은 서로 영향을 미치기 때문에 인지가 정서와 행동의 변화를 이끌어 내고, 정서와 행동은 인지에 영향을 미친다(Epstein, Schlesinger, & Dryden, 1988; Leslies, 1988). 그렇기 때문에 인지가 정서와 행동에 영향을 미치기도 하고 정서와 행동이 인지에 영향을 주기도 한다.

1980년대 후반부터 1990년대 초반에는 인지행동 접근이 가족치료에 폭넓게 적용되었다. 엡스타인, 슐레징어, 드라이든(Epstein, Schlessinger, Dryden, 1988)의 저서와 휴버Huber와 바루드Baruth가 편집한 책에서는 가족치료에 인지치료를 접목시킨 치료 모델에 대해 설명하고 있다. 이 분야의 또 다른 인물로는 슈베벨과 파인(Schwebel and Fine, 1992), 다틸리오(Dattilio, 1994, 1997), 티히만(Teichman, 1992)이 있다. 다틸리오(1998)는 통합적 인지행동 전략을 적용하여 치료한 다양한 부부치료와 가족치료 사례를 다룬 책과 인지행동치료 접근법을 폭넓게 설명한 교과서를 출판하였다(Dattilio, 2010). 이들 인지행동 가족치료의 지도적 위치에 있는 사람들은 노스캐롤라이나대학교의 도널드 보컴Donald Baucom, 메릴랜드대학교의 노먼 엡스타인Norman Epstein, 그리고 하버드의과대학과 펜실베이니아대학교의 프랭크 다틸리오가 있다.

이론적 발달

행동주의 치료의 기본 전제는 행동이 결과에 의해 유지된다는 것이다. 행동을 촉진시키는 것을 강화물reinforcer이라 부르고, 이에 반하여 행동의 속도를 늦추는 것을 징계물punisher이라 한다.

대부분의 사람은 어떤 반응이 강화물인지 깨닫지 못하기 때문에 치루는 대가가 큼에도 불구하고 계속해서 같은 행동을 하도록 강화시킨다. 예를 들면, 아이가 징징거릴 때 부모로부터 관심을 받으면 아이의 이런 행동은 강화가 되는데, 부모는 그것을 모르고 아이가 징징거릴 때 여전히 관심을 보인다.

행동주의 치료사들이 관심을 개인으로부터 가족관계로 옮기게 되면서 티보와 켈리(Thibaut & Kelley, 1959)의 **사회교환 이론**theory of social exchange에 의존하게 되었다. 이 이론에 따르면 사람들은 인간관계에서 보상을 최대화하고 대가는 최소화하기 위해 노력한다. 만족스러운 결혼생활을 하고 있는 부부는 서로에게 상호 간의 보상을 최대화하기 위해 노력한다. 이와 대조적으로 결혼생활에 만족하지 못하는 부부는 서로 상처받지 않기 위해 자신들을 보호하는 데 급급한 나머지 상대방을 행복하게 해주는 방법에는 관심을 가질 여유가 없다.

행동주의 모델은 '최대 보상'과 '최소 비용'이라는 것 때문에 기계적이라는 인상을 주기도 하였다. 그러나 점차 이들도 사람들은 행동할 뿐만 아니라 생각하고 느낀다는 사실을 인식하게 되었다. 이러한 인식을 바탕으로 자극-반응 행동주의(Skinner, 1953)에 인지이론(Mahoney, 1977)을 통합하기 위해 노력하게 되었다. 인지주의 접근법의 핵심은 다른 사람들의 행동을 어떻게 해석하느냐에 따라 우리가 그들에게 반응하는 양식이 매우 달라진다는 것이다. 가장 문제가 되는 반사적인 사고 중 하나는 임의적 추정에 근거한 것으로, 이것은 사람들의 선험적 **도식**schema 또는 세상이 어떻게 움직여야 하는가에 대한 신념에 의해 형성된 왜곡된 결론이다. 사람들이 대부분 이러한 왜곡된 신념들을 의식하지 못하면서 사물과 사람에게 반응하게 되는 것 때문에 문제가 발생한다.

가족역동

행동주의자들의 결과에 의해서 행동이 유지된다는 주장은 매우 간단하지만 강력한 메시지를 던지고 있다. 행동주의자들의 주장은 숨겨진 가정(假定)이 인간관계를 지각하고 반응하는 데 영향을 미치기 때문에 인지가 인간관계가 좋아지거나 나빠지는 데 영향을 끼친다는 것이다. 이런 인지행동주의자들의 주장은 행동주의 모델에 깊이를 더해 주었다.

◆ 정상 가족 발달

행동교환 이론behavior exchange theory(Thibaut & Kelley, 1959)에 의하면, 좋은 관계는 주고받음의 형평성이 유지될 때 가능하며, 이는 치르는 비용보다 효과가 높을 때를 의미한다. 그 예로, 비용이란 배우자가 폭발적으로 성질을 부리는 것으로, 효과는 배우자로부터의 애정, 형제간의 충성심이 될 수 있다. 이렇게 비용보다 효과가 높을 때 가족의 만족감이 높아질 수 있다.

바이스와 아이작(Weiss & Isaac, 1978)은 애정, 대화, 아이에 대한 배려가 결혼생활을 만족으로 이끄는 가장 중요한 요소임을 발견하였다. 그보다 앞서 윌스, 바이스, 패터슨(Wills, Weiss, & Patterson, 1974)은 긍정적인 행동이 결혼 만족도를 높여 주는 정도보다 불만족스러운 행동을 주고받는 것이 결혼 만족도를 훨씬 더 감소시킨다는 사실을 발견하였다. 따라서 좋은 부부관계를 위해서는 긍정적인 행동을 주고받는 것도 필요하지만, 불만족스러운 것을 최소화하는 것이 더 중요하다. 다르게 설명하자면 좋은 관계는 정적 강화가 이루어질 때 형성된다.

모든 부부는 갈등을 경험하기 때문에 가족의 조화를 유지시키는 결정적인 기술은 바로 갈등을 해결하는 기술이다(Gottman & Krokoff, 1989). 건강한 가족이라 하더라도 문제는 항상 있지만, 이들은 문제가 발생했을 때 그것을 극복할 수 있는 능력을 지니고 있다. 건강한 부부는 솔직하고 직접적으로 갈등에 대해 이야기할 수 있다. 그들은 문제에 초점을 맞추고 문제를 균형 잡힌 관점에서 바라보며 문제가 되는 구체적인 행동에 대해 토론한다. 그들은 상대방을 무조건 비난하고 상대방에 대해 불평하기보다는, 자신의 감정을 표현하고 상대방의 행동 변화를 요구한다. "나는 좀 외로워요. 그렇기 때문에 당신과 좀 더 자주 외출해서 뭔가를 함께했으면 좋겠어요."라고 말하는 것이 "당신은 내가 원하는 것에는 전혀 관심이 없어요. 당신이 관심 있는 건 오로지 당신 자신뿐이에요."라고 말하는 것보다 긍정적인 반응을 얻기가 훨씬 더 쉽다.

어떤 사람들은 서로 사랑하면 자연스럽게 좋은 관계로 발전할 것이라고 기대한다. 그러나 행동주의자들은 관계기술을 발달시킬 필요가 있다고 강조한다. 이들은 좋은 부부관계가 하늘에서 뚝 떨어지는 것이 아니기 때문에 효과적인 대처 방법에 대해 배울 때 만들어진다고 생각한다. 닐 제이콥슨(Neil Jacobson, 1981)은 좋은 관계란 두 사람이 높은 비율의 보상을 유지하고 있는 관계라 말한다.

성공적인 부부는 … 긍정적 교환을 위해 새로운 영역을 활발히 개척하여 강화 능력을 확장시킨다. 한정된 강화물에 의존하는 부부는 결국 만족스럽지 못한 결과로 고통당한다. 그 결과 시간이 지남에 따라 부부간에 상호작용으로 얻는 강화물의 가치는 떨어지게 된다. 성공적인 부부는 공유할 수 있는 다양한 활동을 하며, 새로운 공통 관심사를 갖고자 노력한다. 또한 성관계에 있어서도 다양성을 확대시키고, 서로 흥미를 느낄 수 있는 방향으로 대화를 발전시켜 나감으로써 피할 수 없는 부정적 강화의 침식 현상을 극복한다. (p. 561)

◆ 행동장애의 발달

행동주의자들은 증상을 학습된 반응으로 본다. 그들은 증상에 대해 잠재적인 동기를 찾으려 하지 않으며, 배우자 사이의 갈등이 자녀의 문제를 일으킨다고 가정하지도 않는다. 대신 그들은 증상 자체에 집중하면서 문제 행동을 강화하는 반응을 찾으려 한다.

처음에는 가족 구성원의 자녀나 배우자의 바람직하지 못한 행동에 대한 반응이 강화로 보이지 않을 수도 있다. 부모가 자녀의 떼를 부리는 행동을 강화시킬 이유가 있는가? 왜 부인이 남편을 멀어지게 한단 말인가? 이러한 질문의 해답은 내면의 동기에서 원인을 찾을 것이 아니다. 질문의 해답은 본인들도 모르는 사이에 무심코 고통을 유발하고, 문제 행동을 강화시키는 것이 무엇인지를 탐색하는 일에 있다.

일반적으로 부모들은 자녀들의 문제 행동에 대한 반응으로 꾸짖거나 훈계한다. 이러한 반응은 처벌처럼 보일 수도 있지만, 실제로는 문제 행동을 강화하고 있는 것일지도 모른다. 왜냐하면 심지어 비판적인 부모가 주는 관심이라 할지라도 주의를 기울이는 것은 강력한 사회적 강화물이 되기 때문이다(Skinner, 1953). 이 같은 사실은 "무시하라. 그러면 없어질 것이다."라는 충고에서도 드러난다.

문제는 대부분의 부모가 자녀의 바람직하지 못한 행동을 무시하기 어렵다는 것이다. 예를 들어, 특정한 나쁜 말을 할 때 부모로부터 큰 반응을 얻게 된다는 것을 아이들이 얼마나 빨리 배우는지 주목해 보라.[1] 또한 자녀의 바람직하지 못한 행동을 무시하고자 결심한 경우에도 대부분 그 결심을 꾸준히 지키지 못한다. 이것은 사태를 악화시키기까지 하는데, 그 이유는 부모의 간헐적 강화가 자녀의 잘못된 행동을 소멸시키는 데 가장 큰 걸림돌이 되기 때문이다(Ferster, 1963). 이는 마치 도박 중독을 단절하기 힘든 이유와 같다.

부모의 관심에 의해 부지중에 유지되는 문제 행동과 더불어, 많은 부모가 자녀에 대한 효율적인 처벌 방법을 알지 못하기 때문에 지속되는 문제도 있다. 부모는 처벌의 한 방법으로서 자녀를 위협하긴 하지만 그 위협이 끝까지 지속되지는 않는다. 또한 사건이 발생한 지 한참 후에 처벌을

---

1 이런 아이들 중의 몇몇은 혼자 말로 웃기는 코미디언이 되었다.

하거나 처벌이 너무 약하면, 처벌의 효과가 나타나지 않는 경우도 있다. 반대로 처벌이 너무 가혹한 나머지 학습의 효과를 얻기보다는 공포를 초래하기도 한다.

학습은 단지 일방통행이 아니다. 슈퍼마켓에서 일어난 모녀의 상황을 살펴보자.

> 어린아이가 사탕을 사달라고 어머니를 조른다. 어머니는 안 된다고 말한다. 아이는 울기 시작하고 칭얼대기 시작한다. 어머니는 "이렇게 난리를 치면 사탕을 사줄 거라고 생각하겠지만 절대로 안 사줄 거야!" 그러나 아이는 더 칭얼대고 떼를 쓴다. 지치고 당황한 어머니는 할 수 없이 아이한테 지고 만다. "알았어. 조용하게 굴면 과자를 사주지."

틀림없이 아이는 신경질 부리는 쪽으로 강화된 것이다. 아이의 행동이 강화되기도 하지만 동시에 아이가 조용해질 경우 어머니의 입장에서도 포기라는 행동이 강화되었을 것이라는 점이다. 이처럼 바람직하지 못한 행동의 악순환은 상호 강화에 의해 유지된다.

바람직하지 못한 강화는 가족역동의 측면에서 더욱 복잡한 형태가 된다. 예를 들어, 어머니와 아버지, 어린아이가 차를 타고 간다. 남편은 신호등에 걸리지 않으려고 노란불에 속도를 낸다. 아내는 남편에게 속도를 줄이고 안전하게 운전하라고 요구한다. 잔소리 듣기를 싫어하는 남편은 아내의 말을 무시하고 오히려 속도를 더 낸다. 그러자 아내가 고개를 돌려 아이를 보며, "애야, 괜찮아, 괜찮아. 울지 마."라고 말한다. 그리고 다시 한 번 소리를 지르며 속도를 줄이라고 말한다. 두 사람의 싸움은 아이가 "아빠, 엄마, 이제 제발 좀 싸우지 마세요."라고 울부짖을 때까지 지속된다. 죄책감을 느낀 남편은 결국 속도를 조금씩 줄이게 된다. 결과적으로 아이는 이제 자기가 어떻게 하면 부모보다 더 큰 힘과 통제력을 갖게 되는지 알게 된다.

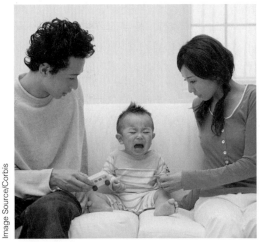

부모는 떼를 쓰는 아이에게 지나친 관심을 주는 것만으로도 의도적이지는 않지만 떼를 쓰는 행동을 강화시키곤 한다.

혐오 통제aversive control(울기, 떼쓰기, 우유부단한 행동)가 부부의 불행을 결정짓는 주요 요인이다(Stuart, 1975). 배우자는 상대가 사용하는 혐오 행동을 따라 하는 경향이 높기 때문에 두 사람 사이에는 악순환의 고리가 형성된다(Patterson & Reid, 1970).

갈등관계에 있는 사람들은 대부분 잘못된 문제해결 기술을 가지고 있다(Vincent, Weiss, & Birchler, 1975; Weiss, Hops, & Patterson, 1973). 이들은 갈등에 대해 이야기할 때 빈번하게 주제를 바꾼다든가 서로가 바라는 점과 불평을 모호하게 말한다든가 아니면 비판적인 방식으로 말한다. 또한 상대방의 불평에 대해 불평으로 반응한다. 갈등관계에서는 주제에서 벗어나기, 서로 불평하기, 욕하기, 비난하기 등 힘든 결혼생활에서 드러나는 모든 전형적인 상호 교환 형태가 드러나게 된다.

> "나는 요즘 당신이 아이들에게 과자를 너무 많이 주는 문제에 대해 이야기하고 싶어."
> "과자? 그게 뭐가 문제인데? 당신이 지금까지 애들한테 해준 것이 뭐가 있어? 당신은 집에 와서 불평이나 하고 있잖아. 그냥 사무실에 있지 그래! 당신이 없으면 나는 애들과 더 잘 지내."

대부분의 행동주의적 분석가들은 싸우는 가족에서 긍정적인 행동을 위한 강화를 찾기가 어렵다고 한다. "삐걱거리는 바퀴에 기름을 더 치게 된다(문제가 있는 데 관심이 더 간다)."는 오래된 격언이 바로 여기에 적용된다. 우울함, 두통, 짜증 등 부정적인 것이 사람들의 관심을 유도하기 때문에 긍정적 행동보다 오히려 부정적 행동이 더 많은 관심을 끌게 된다. 행동하는 사람도 이런 과정을 잘 자각하지 못한다. 부모도 자녀의 문제 행동을 자각하지 못한 채 강화시킨다.

인지행동주의 치료사들은 관계를 힘들게 만드는 도식이 성장 과정에서 학습된다고 이해한다. 이들은 사람들이 형성하는 다양한 역기능적 신념들을 제시하는데, 그중의 일부는 가족 역할에 대한 가설이고, 어떤 것은 일반적인 가족생활에 대한 것이다. 이러한 역기능적 신념들은 가족 구성원들 사이의 행동을 왜곡되게 받아들이고 반응하게 만든다.

1. 임의적 추론 : 합당한 근거 없이 결론을 내리는 것이다. 예를 들면, 한 남자가 부인이 직장에서 늦게 돌아올 때 "마누라가 바람난 것이 분명해." 혹은 부모가 집에 늦게 오는 아이를 "그 녀석은 아무 쓸모가 없어."라고 단정 짓는 것이다.

2. 선택적인 추상적 개념 : 중요한 정보는 무시하고 선택적으로 뽑은 정보만 중요하게 여기는 것이다. 예를 들면, 한 여성이 아침 인사를 해도 남편이 대답이 없자, "분명 저 사람은 나한테 또 화가 났어."라고 하는 것 혹은 한 아이가 기분이 좋지 않아 조용히 있을 때, 다른 형제들은 자기들이 무시당했다고 느끼는 것 등이다.

3. 과도한 일반화 : 한 사건을 선택해서 일반화시킨다. 예를 들면, 한 젊은이가 데이트 신청을 거부당하자 "여자들은 나를 좋아하지 않아. 나는 다시는 데이트를 하지 않을 거야." 또는 저녁에 놀러나가는 것을 허락하지 않는 부모에게 "우리 부모님은 나를 아무것도 하지 못하게 할 거야."라고 하는 것 등이다.

4. 확대와 축소 : 어떤 한 사건이 지나치게 비현실적으로 확대되거나 축소되는 경우이다. 예를 들면, 남편이 가사를 돕기 위해 한 달에 두 번씩 장을 보고 있음에도 불구하고 부인은 "저 사람은 아무것도 하지 않아."라고 한다.

5. 개인화 : 사건을 임의적으로 자기와 연관 지어 생각한다. 예를 들면, 사춘기 아들이 친구들과

좀 더 많은 시간을 보내기를 원할 때 아버지는 이제 아들이 자신과 함께하길 싫어한다고 판단하는 것이다.

6. 이분법적 사고 : 경험들을 전부 좋거나 나쁜 것으로 구분 짓는다. 예를 들면, 두 남녀의 관계가 좋기도 했다가 나빠지기도 하는 상호작용을 반복함에도 불구하고 남자는 좋은 시간만을 기억하고, 여자는 좋지 않았던 시간만을 기억한다.

7. 명명하기와 잘못된 명명하기 : 행동을 그 사람의 바람직하지 못한 성격으로 여긴다. 예를 들면, 어머니가 늘 자신에게 비난만 해왔기에 자신의 직업에 대해 어머니와 대화하기를 거부한 한 여성을 '입을 닫아 버린' 사람으로 취급한다.

8. 독심술 : 대화를 하지 않았음에도 불구하고 상대방이 내 마음을 다 알아주기를 바란다. 예를 들면, 남편은 아내에게 묻지를 않는다. 왜냐하면 그는 '부인의 마음속을 훤히 들여다볼 수 있기' 때문이다. 아이들은 때때로 부모에게 말을 하지 않아도 부모가 자신들의 힘든 처지를 알아주기를 바란다.

변화기제

비록 인지행동 치료의 인지 측면이 오늘날 많은 관심을 받고 있지만, 이 모델에서의 인지 재구조화는 행동을 변화시키고 강화시키기 위한 것이다.

◆ 치료 목표

인지행동 치료사들은 사례에 맞춰 치료 계획을 세우는데, 대체로 원하지 않는 행동을 그치게 하고, 긍정적 행동을 강화하는 것이다(Azrin, Naster, & Jones, 1973). 예를 들면, 아이가 떼를 쓸 때 자녀의 행동을 무시하고 아이가 말로 감정 표현을 할 때 상을 주는 것이다.

때로는 치료 목표를 부정적인 행동을 줄이는 것에서 긍정적 반응을 높이는 것으로 재정의해야 할 때도 있다(Umana, Gross, & McConville, 1980). 예를 들면, 부부가 치료 목표를 "나는 남편이 자꾸 논쟁하려 하지 않았으면 좋겠어요." 혹은 "아내가 자꾸 바가지를 긁어요."라고 부정적으로 표현할 때, 원하는 긍정적 행동을 목표로 설정한다. 많은 사람들이 배우자가 좋은 행동을 더 하기를 바라지만 그런 행동을 설명하기 어려워하기 때문에 그들을 돕기 위해서 치료사들(Azrin, Naster, & Jones, 1973)은 부부로 하여금 다음 주일에 배우자에게 원하는 것들의 목록을 작성해오라고 요구한다. 다음 치료 회기에 이 목록을 조사한 다음에 치료를 진행하는데, 긍정적 피드백을 하는 것이 중요하다고 강조한다.

인지행동 치료는 교육적 목표도 있다. 구체적인 행동 문제를 해결하기 위해 학습이론을 적용하고, 인지행동 치료사들은 의사소통, 문제해결 방식, 그리고 타협기술 등을 가르쳐 준다. 더 나아가 이 학파의 치료사들은 구체적 불평을 해결하기 위해 내담자들의 왜곡된 신념을 재검토한다. 그리고 가족으로 하여금 인지 전략을 사용하여 미래의 문제를 해결하는 데 사용하도록 가르쳐 준다.

◆ 행동 변화의 조건

행동치료의 기본 전제는 강화의 유관contingengencies of reinforcement이 변하면 행동도 변한다는 것이다. 행동주의 가족치료는 행동 목표의 확인, 이러한 목표를 성취하기 위한 이론적 기법의 학습, 이 과정을 촉진시키는 사회적 강화물을 통한 가족 문제의 해결에 중점을 둔다. 행동주의 가족치료를 대표하는 특징은 문제 발생의 기준이 되는 빈도를 결정하고 치료를 이끈다는 것과 치료의 성공에 관련된 피드백을 제공하는 주의 깊은 평가, 그리고 각각의 독특한 내담자 가족에서 유관적 강화 행동을 수정하기 위해 고안된 전략들이다.

우선 치료사는 문제 행동의 빈도와 문제 행동에 선행하는 강화를 자극하는 요소들, 그것에 뒤따르는 강화의 형태를 관찰한다. 이 과정을 통해 치료사는 각 개인에게 적합한 치료 프로그램을 계획한다. 행동주의 가족치료사는 행동 변화에만 초점을 맞췄었지만, 차츰 문제해결에는 인지적 요소가 중요한 역할을 차지하고 있다는 사실을 인식하기 시작하였다. 치료사의 첫 번째 과제는 문제 행동의 발생 빈도수, 문제 행동 발생 전의 자극, 그리고 발생 후의 강화가 무엇인지를 관찰하는 것이다. 이때 구체적인 행동을 강화하는 근접적 강화물뿐만 아니라 비근접적 강화물도 중요한 역할을 하기 때문에 잘 살펴보아야 한다. 예를 들면, 집안의 남자가 자녀의 공격적 행동을 교묘하게 인정하거나, 부모가 자녀에게는 폭력적 행동을 금하면서 아이들이 싸울 때는 부모가 아이들을 때리는 경우 등이 있다. 또한 또래들에 의해서 형성된 행동은 집에서 교정하기 힘든데, 특히 치료사가 아이의 문제 배경을 폭넓게 고려하지 않을 경우에는 교정하기가 더 힘들다.

가장 일반적으로 사용되는 접근법은 조작적 조건 형성으로 여기에는 가시적이거나 사회적인 강화물이 사용된다. 실제로 칭찬, 관심 보이기 등은 돈이나 사탕만큼 효과적인 것으로 나타났다(Bandura, 1969). 조작적 조건 형성 기법은 조형, 토큰 강화법, 유관계약, 유관관리, 타임아웃으로 보다 세분화될 수 있다.

조형shaping(Schwitzgebel & Kolb, 1964)은 단계별로 변화를 강화하는 방법이다. **토큰 강화법** token economy(Baer & Sherman, 1969)은 점수나 별표를 사용하여 자녀들의 잘한 행동에 대해 보상하는 방법을 말한다. **유관계약**contingency contracting(Stuart, 1971)은 자녀들이 긍정적인 변화를 보인 후 특정한 변화들이 이루어지도록 유도할 것을 부모들과 약속하는 것을 말한다. **유관관리**contingency management(Schwitzgebel, 1967)는 자녀의 행동에 근거해서 보상을 주기도 하고 뺏어 가기도 하는 것을 말한다. **타임아웃**time-out(Rimm & Masters, 1974)은 일종의 처벌로 자녀들을 구석에 앉아 있게 하거나 각자의 방에서 일정 시간 못 나오게 하는 것을 말한다.

행동주의 치료사는 부모가 혐오 통제보다 정적 강화를 사용하도록 가르친다.

바톤과 알렉산더는 기능적 가족치료(Barton & Alexander, 1981; Morris, Alexander, & Waldron, 1988)라고 불리는 치료 방법을 제시하였다. 이들은 불행한 가족은 자신들이 가진 문제의 원인을 다른 사람의 게으름, 무책임, 부적절한 충동조절 등의 부정적인 기질로 돌리려고 한다고 설명하였다. 이들에 의하면 이런 부정적인 원인을 부여받은 가족 구성원은 자신들의 뜻대로 살아가는 데 제한을 받게 되고, '게으름', '무책임', 혹은 '부적절한 충동조절'의 문제를 가진 자로 지적된 환자가 되며 다른 구성원들은 이 문제를 변화시켜야 하는 상황에 놓이게 된다.

인지가 가족 구성원들이 반응하는 데 의미 있는 역할을 하기 때문에 구성원들의 역기능적 행동을 변화시키기 위해서는 왜곡된 신념을 재구조화해야 한다. 또한 문제 행동을 둘러싸고 있는 가족 구성원들의 정서와 상호작용을 조절하고 역기능적 행동을 변화시키기 위해서는 가족 구성원들의 인지 혹은 핵심 신념들을 찾아내고 재평가하는 것이 중요하다.

치료

◆ 행동주의 부모훈련

진단

행동주의 치료의 다른 형태들과 마찬가지로, 부모훈련은 철저한 사정 과정과 더불어 시작된다. 사정 절차는 각 치료기관마다 다양하지만 대부분의 평가는 캔퍼와 필립스(Kanfer & Phillips, 1970)의 SORKC 행동 모델을 바탕으로 한다. S는 자극stimulus을, O는 유기체organism의 상태를, R은 목표 반응target response을, KC는 결과의 특징과 유관을 의미한다. 다음의 예는 이 모델이 어떻게 적용되는지를 보여 준다. 아이가 밥 먹기 전에 과자를 달라고 조를 때 부모가 과자를 주지 않으면 떼를 쓴다고 불평하는 부모에 대한 사례를 보자. 떼를 쓰는 행동이 고쳐야 할 표적 행동인 R이고, 아이가 배가 고프거나 심심해서 떼를 쓴다고 하면 아이의 상태(유기체의 상태)를 표현하는 O이며, 자극 S는 과자 통에 들어 있는 과자이다. 결과의 특징과 유관한 KC는 부모가 가끔씩 주는 과자, 특히 아이가 조를 때 주는 과자이다.

이와 같이 단순한 사례에서는 SORKC 모델을 적용하는 것이 간단하지만, 상호 연관된 행동들이 장기적인 연쇄 고리를 이루는 가족에서는 보다 복잡해진다. 다음을 살펴보자.

사례연구

J 씨 부부는 어린 두 자녀가 저녁 식탁에서 칭얼거리고 소란을 피우는 것에 대해 불평한다. 가족관찰을 통해 남편 J 씨가 자녀들의 잘못된 행동에 대해 소리칠 때 자녀들은 칭얼거리면서 어머니 곁에 서기 시작한다는 것이 밝혀졌다.

이 가족의 상호작용 순서를 살펴볼 때 SORKC 모델을 적용하기 어렵지 않다. 그러나 이 순서는 복잡한 그림의 일부분일 뿐이다.

아침에 남편 J 씨는 부인에게 성관계를 하자는 의사표시를 하였지만, 부인은 자녀들을 돌보느라 너무 지친 나머지 돌아누우며 다시 잠에 빠져든다. 남편 J 씨는 마음이 상해서 부인에게 퉁명스러운 태도로 몇 마디 말을 건넨다. 남편에게 비난당했다는 느낌을 받은 부인은 우울한 마음을 달래기 위해 하루 종일 자녀들과 노는 데 시간을 보낸다.

부인이 저녁 식사를 준비해야 할 시간이 되었을 때 이미 부인은 자녀들 때문에 화가 나있다. 남편 J 씨는 사무실에서 힘든 일과를 보낸 후 집에 돌아와서 부인과 포옹함으로써 화해하려 하지만, 부인은 요리를 준비하는데 매우 바빴기 때문에 단지 형식적으로만 반응한다. 부인이 가스레인지 옆에 있는 동안 자녀들과 남편 J 씨는 모두 그녀의 주의를 끌고자 한다. 마침내 그녀는 폭발하여 남편에게 "나 지금 바쁜 거 안 보여요!"라고 소리친다. 남편 J 씨는 저녁 식사가 준비될 때까지 화가 난 채로 서재에 있다.

그녀가 자신의 분노를 자녀들에게 표출하지 못하고 남편에게 쏟아부었던 것처럼, 남편 J 씨 역시 부인에게 표출하지 못한 분노를 자녀들에게 쏟아내곤 한다. 저녁 식사 시간에 남편 J 씨는 사소한 잘못에 대해서도 자녀들에게 소리를 지르게 되고, 자녀들은 칭얼거리며 어머니에게 간다. 부인은 한 아이는 무릎에 앉히고 다른 아이의 머리카락을 쓰다듬어 준다.

우리 주변에서 흔히 볼 수 있을 법한 이 가족의 하루 일과에서 자극은 무엇이고, 반응은 무엇인가? 사실 자극과 반응은 정해져 있는 것이 아니라 순환적임을 볼 수 있다. 그리고 자극과 반응은 각자의 관점에 따라 적용하게 된다.

행동주의 부모훈련에 있어서 평가는 변화되어야 할 행동의 빈도, 선행사건과 후발사건에 대한 관찰과 기록을 포함한다. 면담은 일반적으로 어머니와 이루어지는데, 문제에 대한 정의와 잠재적인 강화물의 목록을 제공하기 위해 이루어진다. 관찰은 일방경 뒤에서나 가정방문 기간 동안 이루어질 수 있다. 치료사나 가족 구성원들은 기본 자료를 수집하고 기록한다. 일반적으로 부모들은 문제 행동을 정확하게 지적하고 그것의 발생을 기록하며 자극과 강화물이 될 수 있는 여러 사건을 기록하도록 훈련된다. 체크리스트와 질문은 면담 과정에서 빠뜨리거나 간과될 수도 있는 정보를 제공해 줄 것이다.

치료 기법

일단 사정이 완료되고 나면 치료사는 증가되어야 할 행동과 감소되어야 할 행동을 결정한다. 행동을 가속화하기 위해 **프리맥 원리**Premack principle(Premack, 1965)가 적용되는데, 프리맥 원리란 행동으로 나타날 가능성이 높은 즐거운 행동을 강화하기 위해 선택하는 것이다. 한때 강화물은 배고픔이나 목마름 같은 기본적인 욕구를 만족시키는 것이어야 한다고 생각했었지만, 현재는 좀 더 보이는 행동이 (주어진 다양한 범위의 행동 중에서) 그렇지 않은 행동을 위한 강화물이 될 수 있다고 알려져 있다.

사례연구

아침에 G 부인은 다섯 살 난 아들 애덤에게 방 정리를 시켰지만 애덤은 전혀 말을 듣지 않았다. 그녀는 이미 사탕, 돈, 장난감 등을 이용한 보상을 시도해 보았지만 전혀 소용이 없었다고 하였다. 애덤의 선택권을 바탕으로 그의 행동에 대한 기능분석을 한 결과, 아담이 가장 선호하는 행동은 TV 시청, 자전거 타기, 뒤뜰에서 진흙놀이 하기로 나타났다. 일단 이와 같은 행동을 애덤이 방을 정리하는 경우에만 허용되도록 하자 애덤은 방 정리하는 것을 빠르게 습득하였다.

원하는 행동을 가속화시키기 위해서 다양한 물질적·사회적 강화물이 사용되고 있지만, 프리맥 원리가 효과적이라는 것이 입증되었다. 이에 따르면 강화물은 특별히 아이가 좋아하는 것이어야만 한다. 돈과 사탕이 강력한 보상인 것처럼 보이지만, 아이들마다 원하는 것이 다르기 때문에 어떤 아이들에게는 진흙놀이를 할 수 있는 기회만큼 효과를 발휘하지 못할 수도 있다.

일단 효과적인 보상을 선택하고 나면 부모는 아이가 계속해서 치료 목표에 근접할 수 있도록 강화함으로써 원하는 행동을 조형하는 법을 배워야 한다. 또한 치료사는 부모들이 강화에 대한 기준을 점차적으로 상향시키고, 아이가 원하는 행동을 했을 때는 즉시 강화물을 주도록 가르친다.[2] 일단 아이가 원하는 반응을 규칙적으로 보이게 되면, 새로운 행동의 지속성을 증가시키기 위해 간헐적으로 강화의 방법을 사용한다.

---

2 타임아웃이 효과적인 이유는 지금 당장 벌을 주기 때문이며, 이는 아이를 외출을 금지하는 벌이 비효과적인 이유이기도 하다.

타임아웃은 어린아이들에게 매우 효과적인 처벌 방법이다.

훈육기법은 긍정적 행동을 강화시킨 후 어느 정도 자리 잡은 후에 사용된다. 부정적인 행동을 감소시키기 위해서 가장 일반적으로 사용되는 기법은 타임아웃이다. 이것은 아이가 잘못된 행동을 했을 경우 아이를 고립시키는 방법이다. 연구에 따르면 타임아웃의 지속 시간은 대략 5분 정도가 가장 효과적이다. 먼저 아이에게 자신의 행동을 통제할 기회를 주기 위해 경고를 하고, 그 후에 타임아웃을 하도록 한다.

행동을 감소시키기 위해 사용되는 또 다른 기법으로는 꾸짖기와 무시하기가 있다. 아이들에게 단순히 명령을 반복하기만 하는 것은 아이들의 행동을 변화시키는 데 있어서 가장 비효과적인 방법으로 알려져 있다(Forehand, Roberts, Doleys, Hobbs, & Resnick, 1976). 집안일을 단계로 나눈 다음에 각 단계에 점수를 부여한다. 점수에 따라 상을 받게 되는데, 원하는 음식을 해 준다든가, 부모와 특별한 시간을 가진다든가, 집안의 기계(예 : 컴퓨터 혹은 TV시청 시간)를 사용하게 한다든가, 특권을 부여받거나, 장난감을 선물로 받는 등으로 보답해 준다.

행동이 발생했을 때 즉각적으로 강화시켜야 하는 불편함 때문에, 토큰 강화법은 부모훈련을 하는 사람들에게 인기를 끌게 되었다. 이는 바람직한 행동에 대해서는 점수를 주고 바람직하지 않은 행동에 대해서는 점수를 빼앗는 방법이다(Christophersen, Arnold, Hill, & Quilitch, 1972).

사례연구

두 아이의 어머니인 F 부인은 잦은 두통과 한번 시작하면 끊임없이 우는 아이들의 행동 때문에 힘들어했다. 그녀를 면접한 치료사는 그녀가 우울 증상을 보이며, 이 우울증은 자녀 양육의 어려움과 관련된 것이라고 결론지었다. 다섯 살인 딸 수지는 수줍음이 많고, 자주 짜증을 내곤 했다. 여덟 살 된 아들 로버트는 보다 사교적이었지만 학업에 있어서는 형편없었다. 아이들을 다루기 힘들었던 F 부인은 무력감을 느끼고 있었다.

행동에 대한 기능분석을 통해 수지의 수줍음이 딸을 걱정하는 어머니로부터 특별한 관심을 끌게 한다는 것을 알게 되었다. 수지가 다른 아이들이 함께 놀자는 초대를 거절할 때마다 어머니는 많은 시간을 들여 아이와 이야기하고 아이의 기분을 달래기 위해서 특별한 것들을 해주었다. 치료사는 사교적 행동(수줍음이 아닌)을 첫 번째 목표 결과물로 선택하였고, F 부인에게 아이의 사교적인 행동을 강화해 주되 사교적 행동을 회피하면 수지를 무시할 것을 제안했다. 그 후 수지가 다른 아이들과 사교적 행동을 하려는 시도를 할 때마다 F 부인은 즉각적으로 아이에게 관심과 칭찬을 보이며 그러한 행동을 강화했다. 수지가 다른 아이들과 노는 것보다 집에 있는 것을 선택하면 수지를 무시하면서 자신의 일에 집중했다. 3주 만에 F 부인은 수지가 "수줍음을 극복한 것처럼 보였다."고 말했다.

이러한 초반의 성공 이후, 치료사는 F 부인이 수지가 짜증 내는 것에 대한 좀 더 어려운 문제를 다룰 수 있

(계속)

도록 도움을 줄 때가 되었다고 느꼈다. 가족이 치료실에 있는 동안이나 치료사가 가정을 방문하는 동안에는 수지가 짜증 내는 일이 거의 발생하지 않았기 때문에 치료사는 F 부인에게 한 주 동안 관찰일지를 기록하도록 지시했다. 이 일지를 통해 수지는 일반적으로 뭔가 특별한 관용이나 대접, 예를 들어 TV를 더 보기 위해 조금만 더 늦게 잘 수 있도록 해달라고 했을 때 부모가 거절하는 등의 상황에서 짜증을 내는 것으로 나타났다. 특히 수지의 짜증은 하루가 끝날 무렵, 수지와 부모가 지쳐 있을 때 자주 발생했다. 이러한 미칠 것 같은 짜증에 대해 두 부부가 어떻게 대응하였는가에 대해 질문했을 때 F 부인은 다음과 같이 답변했다. "우리는 할 수 있는 모든 것을 다 시도해 보았어요. 때로는 아이를 무시하려고도 했지만 그건 불가능했지요. 아이는 우리가 더 이상 참을 수 없을 때까지 마구 소리치고 비명을 질러댔어요. 그럴 때면 우리는 가끔 아이의 엉덩이를 때리기도 하였고, 때로는 원하는 것을 주기도 했어요. 단지 입을 막기 위해서였죠. 어떤 경우에는 아이의 엉덩이를 때리고 난 후, 아이가 너무 심하게 울어서 잠잠해질 때까지 그냥 자지 않고 TV를 보도록 했어요. 보통 그렇게 하는 것이 아이를 조용하게 만드는 데 도움이 되었어요."

이와 같은 이야기를 들은 후, 치료사는 F 부부가 의도적이지는 않았지만 어쨌든 짜증을 강화해 왔다는 것과 그 짜증을 멈추기 위해서 그들이 해야 할 일이 무엇인지를 말해 주었다. 치료사는 수지가 짜증을 부릴 때마다 가족 모두가 그것을 무시할 것을 지시했다. 잠잘 시간에 짜증을 부려도 가족들이 무시하는 바람에 수지는 그냥 잠자리에 들어야만 했다. 수지가 계속해서 울고 소리칠 때면 가족들은 그 행동이 멈출 때까지 수지를 혼자 내버려 뒀다. 수지가 그 행동을 멈출 때만 부모는 수지의 마음에 대해 함께 이야기했다.

그다음 주, F 부인은 단 하룻밤만 제외하고는 짜증이 정말로 줄었다고 하였다. 그날은 다른 때와는 달리 새롭고 더 소란스러운 형태로 짜증을 부렸다고 했다. 수지에게 잠잘 시간이 되었으니 더 이상 TV를 볼 수 없다고 말하자 아이는 평소처럼 소리치고 울기 시작했다. 하지만 F 부인은 수지를 달래는 대신 방으로 데리고 가서 이제 잠잘 준비를 해야 한다고 말했다. 하지만 수지는 자기 부모님이 한 주 동안 그랬던 것처럼 다시 자기를 무시하려 한다는 것을 알아채고는 자기 방에서 소리치며 물건을 내던지기 시작했다. "끔찍했어요. 수지는 완전히 통제 불능이었어요. 심지어는 제가 사 준 조그마한 강아지 모양의 램프도 집어던졌어요. 우리는 어떻게 해야 할지 몰랐고, 그래서 결국 그때만 TV를 보게 했어요." 치료사는 다시 한 번 그렇게 하면 어떤 결과들이 일어날지에 대해서 이야기해 주었고, F 부인에게 수지가 또다시 파괴적인 반응을 보일 경우 부모가 수지의 짜증이 사라질 때까지 아이를 꼭 잡고 있어야 한다고 말했다.

다음 상담에서 F 부인은 수지가 어떻게 '또다시 통제 불능'으로 행동했는지를 설명하였다. 부부는 이번에는 포기하지 않고 치료사의 조언에 따라 수지를 꼭 붙들고 있었다. F 부인은 짜증의 난폭함 그리고 그것이 지속되는 과정에 놀랐다. "그러나 우리는 선생님께 들은 것을 기억했어요. 절대 항복하면 안 된다는 것을 말이죠!" 20분이 지나서야 수지는 마침내 조용해졌다. 이것은 수지가 짜증을 내면서 그렇게 난폭해졌던 마지막 사건이었다. 그러나 수지는 다음 몇 주 동안 계속해서 이따금씩 짜증을 내곤 했다.

F 부인에 의하면 그때 일어난 짜증은 집에서 일어났던 이전의 짜증과는 달리 다른 환경이나 조건에서 일어난 것처럼 보였다고 한다(집에서는 더 이상 자신의 방법이 먹혀들지 않는다는 것을 수지는 이제 경험으로 배운 것이다). 예를 들어, 한번은 슈퍼마켓에서 그런 일이 일어났는데, 수지에게 막대사탕을 사줄 수 없다고 말했을 때였다. 그러나 이제 F 부인은 짜증 내는 것을 강화해서는 안 되는 이유에 대해 확실히 알고 있었기 때문에 이전처럼 행동하지 않았다. F 부인은 사람들이 보는 가운데서 딸이 소란을 피워 당황스러웠고, 이에 수지를 슈퍼마켓 밖으로 데리고 나왔다. 수지를 차 안에 앉게 하고서는 그것이 아이에게 즐거운 경험이 되지 않게 하기 위해 고통을 참아 냈다. 이때 수지는 아주 약간의 짜증만 냈다.

다음으로 치료사는 로버트의 학업성취로 관심을 돌렸다. 신중한 평가를 통해 로버트는 학교에서 집으로 숙제를 거의 가져오지 않았으며 숙제에 대해서 물어보면 보통 숙제가 없다고 거짓말한다는 사실이 드러났다. 치료사는 로버트의 선생님께 확인한 결과 대부분 매일 숙제가 있으며 그 숙제는 보통 30분에서 1시간 정도면

(계속)

마무리할 수 있을 정도의 분량임을 알게 되었다. F 부인은 로버트의 선호도가 높은 행동으로 TV 보기를 선택하였고, 먼저 숙제를 끝마쳤을 때만 TV를 보도록 했다. 처음 두 주 동안 F 부인은 숙제를 확인하기 위해 매일 저녁 담임선생님에게 전화를 해야 했지만 곧 그렇게 할 필요가 없어졌다. 숙제를 미리 끝마치는 것이 로버트에게 습관이 되었고, 그의 성적도 D와 C에서 B와 A로 향상되었다. 이 시점에 이르자 모두가 보다 행복해졌고, F 부인은 가족에게 더 이상의 도움은 필요 없다고 느끼게 되었다.

가을에 있었던 추후 상담을 통해 자녀들이 순조롭게 성장하고 있는 것으로 나타났다. 수지는 이제 훨씬 더 사교적인 아이가 되었고, 몇 달 동안 전혀 짜증을 내지 않았다. 로버트는 학교생활을 잘하고 있었지만 더 어려운 숙제에 대해서는 일부 무시하는 경향을 보였다. 이 문제를 다루기 위해 치료사는 F 부인에게 토큰 강화법을 시행하는 방법을 설명해 주었으며, F 부인은 그것을 사용하여 좋은 결과를 얻을 수 있었다.

10대들에게는 유관계약(Alexander & Parsons, 1982; Rinn, 1978)이 보다 많이 사용된다. 계약은 가족의 모든 구성원이 타협을 통해 무언가를 얻을 수 있는 방법으로 소개된다. 부모와 10대 자녀 양쪽 모두에게 상대가 변화하기를 바라는 행동이 무엇인지를 구체화하도록 한다. 이러한 요구가 초기 계약의 핵심이 된다. 가족 구성원들이 계약에 이르도록 돕기 위해 치료사는 (1) 내용과 감정에 대한 분명한 의사소통, (2) 요구에 대한 분명한 표현, (3) 각 구성원들이 무언가를 양보하는 대가로서 다른 무언가를 얻기 위한 협상을 해야 한다. 즉 (1)과 (2)를 한 다음에 (3)을 이끌어 낸다.

◆ 행동주의 부부치료

진단

부모훈련에서처럼 행동주의 부부치료 또한 정교하게 구조화된 평가 과정에서 시작된다. 이 과정에는 일반적으로 임상 면담, 특정한 목표 행동의 평가, 표준화된 결혼 평가 설문조사가 포함된다. 가장 광범위하게 사용되는 것은 로크-왈라스 결혼적응척도Locke-Wallace Marital Adjustment Scale(Locke & Wallace, 1959)로서 이는 23가지 항목에 걸쳐 의사소통, 성, 애정, 사회 활동, 가치관을 포함한 다양한 측면에서의 결혼 만족도를 다루고 있다.

척도는 부부관계의 강점과 약점, 보상과 처벌이 상호 교환되는 방식을 드러내도록 설계되었다. 면담은 목표 행동을 구체화하기 위해 사용된다. 제이콥슨(1981)은 치료 전 진단pretreatment assessment을 위한 개요를 제시하였다(표 9.1 참조).

치료 기법

스튜어트(1975)는 문제를 겪고 있는 결혼생활을 치료하는 행동주의 접근을 요약하여 다음의 다섯 가지 전략을 소개하였다.

1. 부부는 모호한 불평보다는 각자 자신에 대해 분명하고 행동주의적인 묘사를 통한 표현 방식을 배운다.

2. 부부는 혐오 통제 대신에 긍정적인 통제를 강조하는 새로운 행동교환 절차를 배운다.

3. 부부는 자신들의 의사소통을 개선할 수 있도록 도움을 받는다.

4. 부부는 권력을 공유하고 의사를 결정하는 데 있어서 분명하고 효과적인 수단을 수립할 수 있도록 도움을 받는다.

5. 부부는 치료를 통해 얻은 좋은 점을 유지하고 확장시키며, 앞으로 일어날 문제를 잘 해결할 수 있는 전략에 대해 배우게 된다.

표 9.1 제이콥슨의 부부를 위한 치료 전 진단

A. 부부관계의 강점과 기술

- 이 부부관계의 주요 강점은 무엇인가?
- 각 배우자의 행동 가운데 상대방에 의해 높은 가치로 평가받는 행동은 무엇인가?
- 부부가 현재 하고 있는 일 중에서 서로 공유하는 활동은 무엇인가?

B. 당면한 문제

- 부부간의 주요 불평은 무엇인가? 그리고 이 불평을 분명한 행동주의 용어로 어떻게 바꿀 수 있는가?
- 이 행동을 유지시키고 있는 강화물은 무엇인가?
- 각 배우자의 관점에서 볼 때 원하는 빈도보다 낮거나 혹은 적절한 시기에 일어나지 않는 행동에는 어떤 것이 있는가?
- 이런 행동이 발생할 때, 그 결과는 어떻게 되는가?

C. 성과 애정

- 둘 중 어느 한쪽이라도 두 사람의 성생활의 횟수, 질, 다양성에 대해 불만족하고 있는가?
- 성생활이 현재 문제라면 서로 만족했던 때는 있었는가?
- 현재의 불만족과 관련된 것으로 보이는 성적 행동은 무엇인가?
- 둘 중 어느 한쪽이라도 성행위 이외의 육체적 애정 표현의 양이나 질에 불만족하고 있는가?

D. 미래에 대한 전망

- 부부는 그들의 관계를 개선시키거나, 헤어지거나, 관계를 계속 유지할 가치가 있는지의 여부를 결정하기 위해 치료를 받으려 하는가?
- 현재의 문제에도 불구하고 배우자 각자가 관계를 지속하려는 이유는 무엇인가?

E. 사회적 환경의 사정

- 현재의 관계에 대한 서로의 대안은 무엇인가?
- 이 대안이 서로의 마음을 어느 정도 끌고 있는가?
- 환경(부모, 친척, 친구, 직장 동료, 자녀)은 현재 관계가 지속되기를 지지하는가 아니면 단절되기를 지지하는가?

F. 각 배우자의 개인적 기능

- 배우자에게서 심각한 정서적 혹은 행동적 문제가 나타나는가?
- 과거에 치료를 받은 적이 있다면 한 사람만 받았는가, 아니면 둘 다 받았는가? 어떤 종류의 치료를 받았으며, 그 결과는 어떠했는가?
- 각 배우자가 과거에 친밀한 관계를 가졌던 경험은 무엇인가?
- 현재의 관계는 어떻게 다른가?

출처 : Jacobson, N. S. 1981. Behavioral marital therapy. In Handbook of Family Therapy, A. S. Gurman and D. P. Kniskern, eds. (pp. 565-566). Reproduced by permission of Taylor and Francis Group, LLC, a division of Informa plc.

행동교환 이론behavior exchange theory 과정을 배우게 되면 원하는 행동의 빈도를 증가시킬 수 있다. 부부는 자신들이 원하는 바를 구체적이고 행동적으로 표현한다. 전형적인 방법으로는 각 배우자에게 상대방이 보다 자주 행동하기 원하는 세 가지를 목록으로 작성하게 한다. 그리고 부부가 상대방이 원하는 행동을 교환하게 되면 긍정적 강화를 통해 서로에게 긍정적 영향을 미치는 방법을 은연중에 배우게 된다. 이렇게 스튜어트(1976)는 부부로 하여금 '돌봄의 날'을 서로 번갈아 가며 갖도록 하였는데, 그날에는 한쪽 배우자가 상대방에게 가능한 한 많은 방법을 통해 돌봄을 표현하도록 하였다.

다음은 비디오 교육 시리즈 중에서 발췌한 것으로, 리처드 스튜어드가 부부의 문제를 해결하기보다 부부가 서로를 행복하게 만드는 방법을 가르치는 것에 전념하는 모습을 담고 있다.

사례연구

남편 웨슬리와 부인 아델은 중년의 노동자 부부이다. 이 결혼이 부인은 세 번째, 남편에게는 네 번째이다. 남편은 부인의 야근이 잦아지자 자신을 거부하고 있다고 느꼈다. 부인 역시 남편의 애정이 식었고, 그 때문에 자신이 성관계를 요구할 때 남편이 거부한다고 생각하였다. 스튜어트 박사는 우선 각 배우자의 가족사를 간략하게 파악한 후 두 사람 사이의 관계를 조사하였다. 인터뷰의 중반 이후 스튜어트 박사는 부부관계를 개선하기 위해 마치 모든 것이 좋은 것처럼 그리고 서로를 보살펴 주는 것처럼 행동하도록 노력하라고 제안하였다.

스튜어트 박사가 부부에게 서로에게 사랑을 보여 주는 행동을 하면서 결혼생활을 좋게 만드는 방법을 선택할 수 있다고 말하자, 부부는 이에 대해 약간 회의적인 반응을 보였다. 부인은 남편이 관계를 유지하기를 원하는지 모르겠다고 표현하자, 스튜어트 박사는 부인에게 남편에 대해 안심할 필요가 있다고 제안한다. 그리고 스튜어트 박사 자신의 결혼생활을 한 예로 들면서, 그들이 서로에 대한 보살핌을 표현함으로써 긍정적인 면을 강조할 수 있다고 말하였다.

나중에 스튜어트 박사가 남편에게 먼저 '마치' 그가 부인과 매우 가까운 사이인 것처럼 행동할 것을 제안하고, 그가 애정 어린 행동을 하면 부인도 친절하게 반응할 것임을 재차 확인시켜 주었다. 또다시 스튜어트 박사는 자신의 결혼생활을 예로 들면서, 서로에게 애정 어린 행동을 하게 되면 두 사람의 관계가 행복하게 될 수 있다고 설명하였다. 사실 그는 남편이 애정 어린 행동을 하면 부인이 그에게 긍정적인 반응을 할 것이라고 확신하고 있었기 때문에 부인에게 실험 삼아 시도해 보자고 요구하였다. 두 사람은 약간 회의적인 듯하였지만, 두 사람은 서로를 긍정적으로 대하는 것에 동의하였다.

부부가 싸우는 것이 부부관계를 파괴적으로 끌고 간다고 생각하지만, 가트맨과 코르코프 (Gottman & Korkoff, 1989)는 장기적인 연구를 통해 다툼과 분노의 교환이 장기적으로 볼 때는 해롭지 않다는 사실을 발견하였다. 이러한 유형은 당장은 결혼생활이 만족스럽지 않을지 모르지만 3년 후에는 오히려 더 만족스러운 결혼생활을 할 수 있다고 주장하고 있다. 반면 갈등 상황에 대해 방어적이고 완고한 자세를 취하거나 아예 관계에서 손을 떼 버리면 결혼생활이 점차 어려워질 수 있다. 수동적으로 순응하면 외관상 화합은 이루어질 수 있겠지만 장기적으로는 화합하기 어려울 것이다. 예를 들어, 순종적인 배우자 위에 군림하며 살아가는 많은 사람들은 배우자가 평소에는 매우 순종적이었다가 갑자기 터무니없이 공격적으로 돌변하는 것을 발견하게 된다. 갈등에 빠지는 것이 부부 사이를 불편하게 할 수도 있지만, 종종 그것은 문제 상황을 직시하여 문제를 해결하게 해준다. 불만을 직접적으로 표현하면서 터뜨리는 분노는 고통스러울 수 있지만 동시에 건강한 것일 수도 있다. 가트맨과 코르코프(1989)는 다음과 같은 결론을 내린다. "우리가 가진 자료에 의하면, 부인이 결혼생활에서 발생한 의견 차이를 상세히 설명하며 남편에게 불화를 직면하게 하고 의견 차이와 분노를 솔직하게 표현함으로써 둘 간의 차이를 다루는 것은 장기적으로 볼 때 결혼생활의 만족도를 높이는 방법이다"(p. 51). 그러나 상대방을 문제 상황에 직면시킬 때는 상대가 방어적인 태도를 취하지 않을 경우에만 효과를 발휘할 수 있다. 이는 설명을 잘하는 것보다 상대방이 용납할 수 있는 방식으로 표현하는 것이 더 중요하다는 것을 말하고 있다.

의사소통 훈련은 집단 형태로 이루어질 수도 있고(Hickman & Baldwin, 1971 ; Pierce, 1973), 부부 두 사람을 함께 훈련시킬 수도 있다. 의사소통 훈련 과정에는 말을 할 때 구체적일 것, 긍정적인 용어로 요구사항을 표현할 것, 비판에 대해 똑같이 비난하기보다 직접적으로 반응할 것, 과거보다는 현재와 미래에 대해 이야기할 것, 상대의 말을 끊지 말고 경청할 것, 가혹한 표현을 최소화할 것, 선언처럼 들리는 질문은 삼갈 것 등에 대해서 배운다.

부부가 문제해결에 도움이 되는 방식으로 의사소통하는 법을 배우고 나면 유관계약의 원리를 소개하는데, 이것은 변화한 배우자에 대한 변화 유관을 바꾸는 것에 동의하는 것이다. 이는 **퀴드 프로 퀴**quid pro quo(Knox, 1971)를 통해 상대방이 먼저 변화하면 자신도 변화하기로 동의하는 것을 말한다. 각 배우자는 원하는 행동 변화를 열거하고 치료사의 도움을 받아 합의점을 찾기 위해 협상한다. 치료가 끝날 무렵 문서화된 목록이 만들어지고 여기에 부부가 서명한다. 합의서는 보통 다음과 같은 형식을 따른다.

계약 맺기의 다른 방법 중 하나는 부부 모두 서로가 어떻게 하든 상관하지 않고 변화하기에 동의하는 것으로 선한 믿음의 계약을 맺는 것이다(Weiss, Hopes, & Patterson, 1973). 각 배우자의 변화는 독립적으로 강화시킨다. 예를 들어, 남편이 오후 6시 전에 퇴근해서 저녁 식사 후에 아이들과 놀아 주면 그 주의 마지막 날에 자신이 원하는 셔츠를 사 입는 것으로 스스로에게 보상할 수 있으며, 부인이 등을 긁어 주는 보상으로 강화시킬 수도 있다.

문제해결 훈련은 단순한 교환합의로 해결하기에는 너무 복잡한 문제를 다루어야 하는 상황에서 사용된다. 협상 이전에 문제에 대한 주의 깊고 구체적인 정의가 필요하다. 논의는 한 번에 한 문제로 제한된다. 각 배우자는 상대방이 말한 것을 알기 쉽게 바꾸어 말하고 동기에 관한 추론, 특히 악의가 있는 추론은 피하도록 한다. 또한 혐오적인 반응도 피하도록 한다. 문제를 정의할 때, 긍정적인 진술로 시작하는 것이 가장 효과적이다. "당신은 절대로 ~하지 않아."라고 말하는 대신, "나는 당신이 ~해 준 것에 대해 고맙게 생각해. 거기에 더해 내가 원하는 것은 ~야."라고 말하는 것이다.

다음은 듣는 것만으로 마음을 얻는다 : 35년 연구로 증명한 기적의 소통법The Lost Art of Listening(Nichols,

2009)으로부터 발췌한 문제해결중심의 의사소통을 위한 지침이다.

1. 절대적인 진리가 아닌 자신의 생각과 감정으로서 관점을 표현하라.
2. 일반적인 불평이 아닌 구체적인 요청의 형태로 원하는 것을 부탁하라.
3. 차분하게 말하되, 쉬지 않고 계속 말하지는 말아라. 배우자가 반응할 기회를 주어라.
4. 노크를 하고 들어가라. 배우자가 다른 일을 하고 있을 때는 말을 걸려고 하지 마라.
5. 배우자가 자신의 생각과 감정을 표현하도록 정중히 요청하라.
6. 그냥 기다리다가 반응하기보다 이해하려는 의도를 가지고 경청하라.
7. 배우자의 말에 반사적으로 반응하기보다 상대가 무엇을 느끼고 있는지 이해하려고 하라.
8. 배우자가 말한 것을 인정함으로써 당신이 이해하고 있다는 것을 배우자가 알게 하라. 그리고 당신이 받은 인상을 상대방이 다듬고 수정할 수 있게 기꺼이 허락하라.
9. 주된 갈등 또는 오해가 있을 때 배우자의 관점을 듣고 인정하는 것에 집중하라. 이어지는 대화에서 당신의 입장을 표현하기 전에 당신이 상대를 이해하고 있음이 드러날 때까지 기다려라.
10. 해결책을 의논할 때 배우자의 생각을 먼저 받아들여라. 그 생각들을 경청하고 인정하라.
11. 해결책을 제안할 때 그것이 당신과 배우자 두 사람의 필요를 다루고 있는지 확인하라.
12. 두 사람 모두가 동의할 수 있을 만한 해결책을 찾아라. 그러나 먼저 시험 삼아 해볼 것을 계획하고, 시도하기로 했던 기간이 끝나면 다시 해결책을 검토하라.

◆ 인지행동 가족치료

진단

인지행동주의 사정의 목표는 (1) 개인, 부부 혹은 가족의 환경적 문제와 힘을 찾고, (2) 개인과 가족의 기능을 발달주기에 따라 평가하며, (3) 인지 · 정서 · 행동 차원의 가족역동에 개입하는 것이다.

가족의 상호작용 패턴을 관찰할 때는 가족 구성원들 사이의 생각, 감정 등을 서로에게 표현하는 방식과 깊이를 탐색한다. 누가 누구를 방해하고, 누가 누구에게 이야기를 하는가? 이러한 비구조화된 관찰은 첫 면담에서 구조화된 의사소통을 통해 얻은 정보를 보완할 수 있다(Epstein & Baucom, 2002). 내담자에 의해 제공된 자료에서 치료사는 가족 내에 해결되지 않은 문제를 찾아낸다. 그리고 약 10분 정도 이것을 다룬다. 가족 구성원들이 현재 드러난 문제에 대해 각자의 감정을 표현하게 하거나 주어진 시간 내에 문제를 해결하게 하면서 가족 구성원들의 상호작용을 관찰한다. 여러 방법을 통해 치료사는 가족 구성원들이 자신들의 문제에 대해서 어떻게 생각하고, 어떻게 상호작용하고 있는지 관찰할 수 있게 한다.

어떤 인지행동주의자들은 코딩체계를 사용하기도 한다. 결혼 상호작용 코딩체계-IV Marital Interaction Coding System-IV(Heyman, Eddy, Weiss, & Vivian, 1995)는 가족 구성원들의 상호작용 순서를 알아보기 위한 가이드라인으로 활용될 수 있다(예 : 긍정적 신체적 접촉, 건설적이거나 비건설적인 행동, 불평). 이런 결과들은 나중에 관찰을 통해 얻은 자료와 집에서 서로 상호작용한 보고서를 통한 확인을 거친 후 가설을 세우기 위한 자료로 활용된다.

예를 들어 사춘기 아들에 대한 규칙이 있고 부모가 함께 아들에게 규칙을 지킬 것을 요구하면, 치료사는 가족 내에 분명한 위계질서가 있다고 가정한다. 그러나 인터뷰를 실행하자 아들은 부모의 규칙을 안 지키고 부모의 벌칙에서 빠져나오고, 부모가 서로 이야기할 때 계속해서 끼어들어 부모가 이야기할 수 없게 만든다. 이런 모습을 보게 되면 치료사는 처음에 세운 가설을 다시 살펴보고 부모가 규칙을 실행할 권위가 없으며 자녀 양육 기술도 결여되었다고 가설을 다시 세울 것이다.

인터뷰, 질문지, 행동관찰을 통해 충분한 정보를 모은 다음 치료사는 부부 혹은 가족을 만나 가족이 가지고 있는 강점, 주요 관심사, 스트레스 요인, 현재 문제와 관련된 상호작용 패턴을 포함하여 이러한 문제가 발생하게 된 과정에 대해 명료화해서 들려준다. 이 시점에서 치료사는 가족과 함께 변화를 시켜야 할 것에 대해 순서를 매긴다. 그리고 해결해야 할 문제에 어떻게 개입해야 할지에 대해서도 논의한다.

치료 기법

인지행동 가족치료 접근은 체계적 이론을 전제로 한다. 한 가족 구성원의 행동은 다른 구성원들의 행동, 인지, 감정을 촉발시키고, 거꾸로 이것들은 처음 촉발시킨 가족 구성원에게 반사적인 인지, 행동, 감정을 불러일으킨다. 이러한 과정이 계속됨에 따라 가족역동이 불안정해지고, 가족은 부정적 갈등의 악순환에 노출된다. 엡스타인과 슐레징어(1996)는 가족 구성원들의 인지, 행동, 감정이 상호작용하여 불안정의 최극점을 형성하게 되는 네 가지 측면에 대해 다음과 같이 예를 들었다.

1. 가족 상호작용과 관련된 개인의 인지, 행동, 감정(예 : 나머지 가족들로부터 물러서는 자신을 자각하는 사람)
2. 가족 구성원들이 다른 구성원에게 보여 주는 행동에 대한 각 가족 구성원들의 행동
3. 몇몇 가족 구성원들이 다른 구성원들에게 보이는 복합적인 (그리고 항상 일관되지도 않은) 반사적 반응
4. 다른 가족 구성원들 간의 관계 특성(예 : 두 사람의 가족 구성원은 항상 서로의 의견을 지지한다는 것을 알아차리는 것)

개개인이 자기, 세계, 미래에 대해 나름대로의 신념을 가지고 있는 것처럼 가족에 대해서도 신념을 가지고 있다. 프랭크 다틸리오(2005)에 따르면 각 개인은 가족의 삶에 대해 두 가지 도식, 즉 (1) 부모의 원가족과 관련된 도식과, (2) 보편적인 의미에서의 가족과 관련된 도식 또는 가족의 삶

에 대한 개인적인 이론들을 가지고 있다. 두 가지 형태의 도식 모두 각 개인이 가족이라는 환경 안에서 어떻게 반응하는가에 영향을 미친다. 예를 들어, 가족은 모든 것을 함께해야 한다는 신념을 가지고 자란 여성은 남편이 혼자서 어떤 일을 하기 원할 때 위협을 느끼기 쉽다. 반면에 남편은 부부는 각자 자신의 독립된 관심사를 가져야 한다고 믿으면서 자랐다면, 갈등은 피할 수 없게 된다.

가족에게 인지행동 치료 방법의 원칙을 가르치기 위해서는 내담자 가족과 협력관계를 형성해야하기 때문에 치료 과정에 내담자 가족의 협조를 증진시킬 수 있다. 대개 치료사는 모델에 대해 전반적인 개념을 설명하고, 가끔 치료 과정에서도 모델의 구체적인 개념을 언급한다. 그리고 모델에 대한 독서 과제를 부여한다. 이렇게 모델에 대해 자주 언급하는 것은 가족 구성원들이 치료 과정을 놓치지 않고 따라오게 하는 동시에 자신들의 생각이나 행동에 대한 책임을 강화시킬 수 있기 때문이다.

인지적 개입은 가족 구성원들이 자신들의 인지의 효용도를 모니터링할 수 있는 기술을 증진시키도록 고안되었다. 이 기술은 인지치료에서 매우 중요하다. 인지치료는 일반적 해석으로 축소되어서는 안 된다고 믿는다("다른 사람들에게 의존하는 것은 잘못이다.", "뭔가 잘못될 때 이것을 재앙이라고 말하는 사람은 누구인가?"). 또 치료사가 치료 과정 전체를 책임져서도 안 된다. 오히려 인지 개입의 효과를 높이고, 구체적으로 왜곡된 인지체계가 드러나기 위해서는 내담자는 자신들의 가정을 시험하는 방법을 배워야 한다. 이러한 과정은 소크라테스식 질문 과정을 도입해서 탐색한다.

인지 접근의 주요 목표는 그들의 마음속에 떠오르는 반사적인 사고를 알아채는 방법에 대해 배우는 것이다. 그러한 사고(그 여자가 울고 있다. 아마도 그 여자는 나에게 화가 나 있다)를 알아내는 것의 중요성은 생각 기저에 있는 인지 기저의 도식(여자의 행복은 남자에게 책임이 있다)이 사고에 반영된 것이라는 믿음 때문이다.

이러한 반사적 사고를 알아채기 위해 내담자로 하여금 매일 일기를 작성하게하고, 반사적 사고를 불러일으켜 정서적 반응을 일으키는 상황을 적게 한다. 치료사의 역할은 이러한 가정에 직면시키기보다는 순서대로 질문을 던져 스스로 깨닫게 하는 것이다. 여기에 내담자의 사고에 직접 도전하기보다는 질문을 통해서 깨닫게 하는 사례가 있다.

사례연구

13세인 카일리는 학교를 마치고 부모가 만나지 말라고 하는 남자 친구와 함께 집으로 돌아오던 중 그 모습을 부모에게 들키고 말았다. 부모는 만나지 말라는 아이와 거짓말을 해가면서 만나고 있는 카일리에게 화가 난 나머지 일주일 동안 벌을 주고 "이제 우리는 너를 믿을 수 없다."라고 말했다. 이러한 말을 들은 카일리는 "이제 우리 부모는 나를 다시는 믿지 않을 거야."라는 반사적인 사고를 갖게 되었다. 카일리는 이런 생각을 하자 걱정이 되고 또 화가 났다. 그리고 또 다른 반사적 사고, 즉 "우리 집에서는 절대로 자유를 가질 수 없어. 빌어

(계속)

먹을, 이제부터는 내가 하고 싶은 대로 다 할 거야."라고 생각하게 되었다.

카일리가 이런 반사적 사고를 가지고 있다는 것을 찾아내고 이러한 생각이 맞는지 시험하게 되었다. 이 반사적 사고가 맞지 않는다면 다른 생각으로 바꿔야 하기 때문이다. 치료사는 카일리에게 "무슨 증거로 이러한 생각을 하게 되었니? 다른 의미가 있을 수도 있지 않겠니?"라고 물었다.

카일리도 부모가 앞으로 계속 이런 태도를 취할 것이라는 확신이 서지 않았기 때문에 다른 의미가 있을 수도 있고 다른 가정도 할 수 있다는 생각이 들었고, 거짓말을 하지 않기 시작하였다. 점차 카일리가 거짓말을 줄여 가기 시작하자 부모도 조금씩 딸을 믿기 시작하면서, 점차 자신의 자유를 되찾을 수 있게 되었다. 그리고 치료사는 카일리에게 자신의 반항적 행동에 어떤 다른 의미가 있는지에 대해 함께 탐색하기 시작했다. 화가 났었는가? 해방되고 싶었는가? 아니면 자존심 때문인가?

다음의 질문은 가족 구성원들에게 자신들의 생각을 점검하는 데 도움을 주기 위한 것이다.

"당신이 살아온 과거 경험에 비추어 볼 때 지금 당신이 말한 생각을 지지해 줄 만한 증거가 있습니까? 당신의 생각이 정확하다는 것을 입증하기 위해 좀 더 추가할 수 있는 정보를 어떻게 얻을 수 있습니까?"

"배우자의 행동 혹은 자녀, 형제의 행동에 또 다른 의미가 있는지 생각해 본 적이 있습니까?"

"당신이 갖고 있는 인지 왜곡의 리스트에 반사적인 사고가 있습니까?"

다음의 사례(Dattilio, 2005)에는 앞에서 설명한 치료 과정이 잘 드러나 있다.

사례연구

어머니의 경직된 태도 때문에 갈등을 겪고 있는 한 가족이 치료를 위해 방문했다. 원가족의 요구가 많았고, 내면이 약했던 부인은 문제라고 여겨지는 남편과 아이들의 어떤 조그마한 사인에도 과잉 반응하는 경향이 있었다. 부인은 아이들이 울고 불평하면 참을 수 없게 불안해졌다. 가족은 그녀에게 걱정을 끼치지 않기 위해 항상 '계란 위를 걷는 것'같이 조심스러워야만 했다. 그 결과 아버지와 아이들은 어머니를 '별난 사람'으로 여기게 되었고, 이내 적대적인 관계가 되었다.

남편은 통제가 심하고 지배적인 어머니 밑에서 자라면서 여자란 깡패 같고 불합리한 존재라는 생각을 갖게 되었다. 불합리하다고 생각되는 아내를 직면시키지 못한 이유는 자신의 어머니와의 경험 때문이었다. 남편은 아내를 직면시키는 대신, 마치 자신의 아버지와 함께 힘을 합쳐 어머니를 이겨 보려고 했던 것처럼 아이들과 연합하여 맞섰다.

치료사는 어머니의 신념을 확인하기 위해 인지적인 기법 중 하나인 '하향 화살'을 사용했다(그림 9.1 참조). 이 기법은 각 사람이 가진 가정의 기초가 되는 기본적인 도식을 발견하기 위한 일련의 질문을 하면서 실시된다. "만약 그 일이 일어난다면 그것은 어떤 의미가 될까요?"

아이들은 어머니에게 가까이 가기를 두려워했다. 그들은 어머니가 불합리한 사람이라고 생각했고, 어머니의 고집은 외할머니 밑에서 자랐기 때문이라고 생각했다. 외할머니는 자살을 시도했던 적이 있으며, 그때 딸이 자신에게 관심을 기울이지 않았다며 심하게 비난했었다. 치료사가 그 상황에 대한 자녀들의 신념을 발견하려고 했을 때, 딸은 "어머니는 일생 동안 겪어 왔던 스트레스 때문에 불안한 것 같아요. 그래서 우리는 어머니

(계속)

그림 9.1 하향 화살 기법

"삶에서 연약함을 위한 공간은 없다."

↓

"만약 나의 가족들이 약하다면, 그들은 삶에서
만나는 압도적인 힘에 굴복하게 될 것이다."

↓

"사람들은 무너질 때 마비되고 다른 사람에게
짐이 되며 자신에게는 손해가 된다."

↓

"이러한 결과는 쉽게 죽음이나
자살로 이어질 수 있다."

↓

"만약 내가 약해지면, 나는 죽을 것이다."

↓

"그러므로 우리는 어떠한 약한 조짐도
피해야만 한다."

와 함께 살아야만 해요. 그렇지 않으면 어머니에게 나쁜 일이 생길지도 몰라요. 비록 이렇게 살아야만 하는 게 너무 화가 나지만, 어머니에게 안 좋은 일이 일어나는 것은 원하지 않아요. 이 모든 원인은 바보 같은 외할머니 때문이에요."라고 말했다. 아이에게 만들어진 도식은 "아이들은 부모에게 문제가 있으면 부모에게 관심을 갖고 주의를 기울여야 한다."였다.

치료사는 이 가족의 도식을 발견하고 재고하기 위해 다음의 여덟 단계를 실행하였다.

1. 가족의 도식을 확인하고 도식에 의해 자극된 갈등의 영역을 강조한다(예 : "우리는 어머니에 대해 조심해야만 해. 만약 우리가 약하다는 어떤 사인이라도 보이게 되면, 어머니는 정신을 잃게 될 거야."). 도식은 하향 화살과 같은 기법을 통해 반사적인 사고를 면밀히 검토하는 과정에서 발견된다. 일단 도식이 식별되면 다른 가족 구성원들로부터 동의를 얻어 냄으로써 검증이 이루어져야 한다.

2. 원가족의 도식과 이러한 기제들이 이 가족 안에 어떻게 침투하게 되었는지에 대해 추적한다. 이것은 부모의 성장 배경을 탐색하는 과정에서 이루어진다. 부모의 양육방식에 대한 유사성과 차이점에 대한 탐색은 이들의 화합과 갈등의 영역을 이해하는 데 있어 매우 중요하다. 이 사례에서 아버지는 사랑하는 사람들에게는 상처받기 쉬운 마음을 보여 줘도 괜찮다고 믿으며 자란 반면, 어머니는 유약함을 보이는 것은 위험하다고 배우며 자랐다.

3. 도식의 재구성이 어떻게 가족의 상호작용을 보다 유연하고 조화롭게 만드는지에 대해 설명하면서, 변화의 필요성을 강조한다. 치료사는 어머니에게 항상 가족 모두를 책임져야 한다는 신념 때문에 얼마나 과중한 짐을 지고 있었는지에 대해 강조했다. 치료사는 부인의 인지가 그녀의 어머니와의 경험에 의해 얼마나 왜곡되어 왔는지 그리고 부인이 의도하지는 않았지만 유사한 짐을 남편과 아이들에게 어떤 식으로 짊어지게 하고 있는지 강조했다.

4. 존재하는 역기능적 도식을 변화시키거나 수정할 필요에 대한 인식을 끌어낸다. 이 단계는 서로 협력하며 변화하고자 하는 마음을 갖게 한다. 가족 구성원들이 다른 목표를 가지고 있을 때 치료사는 그들이 공통적 입장을 발견할 수 있도록 돕는다.

5. 변화를 만들어 내는 가족의 능력을 평가하고 변화를 촉진시킬 전략을 세운다. 이 사례에서 어머니에게 약하다는 사인이 항상 문제가 되고 있음을 입증할 만한 증거로는 어떤 것이 있는지 물어본다. 부인으로 하여금 이러한 생각이 자신의 어린 시절 경험에 근거한 왜곡일지도 모른다는 것을 생각할 수 있게끔 유도한다. 시험 삼아 가끔씩 부인에게 가족들 앞에서 울어 보게 하여 감정을 드러내는 것이 정말 위험한 것인지 스스로 확인하게 한다. 부인이 감정을 드러내는 것을 보고 남편과 아이들이 안도감을 느꼈다는 사실은 부인으로 하여금 때때로 행복하지 않은 감정을 보이는 것이 그렇게 나쁘지만은 않다는 것을 깨닫게 한다. 부인은 "사실, 꽤 괜찮았어요."라고 말한다. 유사한 과정에서 남편 또한 아내가 화난 것처럼 보일 때 아내를 보호하기 위해 간섭하는 것을 피했다. 이를 통해 아이들 또한 어머니를 지지하는 태도를 취할 수 있게 되었으며,

(계속)

남편 또한 "어떤 나쁜 일도 일어나지 않는다."는 것을 발견하게 된다. 아이들은 부모 사이의 갈등에 끼고 싶지 않다고 표현함으로써 부정적인 결과에 대한 걱정으로부터 자유로워진다는 것을 알게 된다.

6. 변화를 실행한다. 치료사는 가족 구성원들이 함께 생각을 모으고 의미에 대해 검토하는 협력적인 과정을 통해 신념 중 일부를 수정할 것을 독려한다. 만약 그들이 "다른 구성원들에게 부정적인 감정을 표현할 때 재치가 있어야 하지만, 가족 구성원들이 서로 그러한 감정을 공유할 수 있어야 한다."는 신념을 가지기로 결정한다면, 서로에게 어떻게 행동해야 할지에 대해 고려해 보게 한다.

7. 새로운 행동을 수행한다. 이 단계에서는 변화를 시도해 보고 그것이 어떻게 작용하는지 살펴보게 한다. 가족 구성원들 각자에게 수정된 도식과 일치하는 대안적 행동을 선택하게 하고 그것을 행동으로 옮겼을 때 가족에게 어떤 영향을 미치는지에 대해 살펴보게 한다. 일단 어머니의 행동은 그녀가 어렸을 때 겪었던 것으로부터 아이들을 보호하기 위함이었으며, 아이들은 그것이 사랑을 표현하는 하나의 방식이라고 생각하기 시작했다. 이를 통해 자녀들은 어머니에 대한 경계를 풀고 지지를 보내게 되었다. 자녀들의 긍정적인 반응은 그녀의 불안을 완화시켰다.

8. 변화를 뿌리내린다. 이 단계에서는 새로운 도식과 그것에 관련된 행동을 가족 내 영구적인 모습으로 확립하게끔 한다. 가족 구성원들에게 향후 재평가의 가능성에 대해 유연함을 가질 것을 권고한다. 비록 어머니가 이 가족 안에서 환자로 지적되었을지는 몰라도, 치료사는 아버지와 아이들이 이러한 항상성을 지속시키고 있음을 인지하는 것이 중요하다고 생각했다. 그들은 단지 어머니를 피하는 대신, 그들의 마음을 표현함으로써 이 과정을 시작했다. 그런 다음, 가족에 대한 그들의 반사적인 사고에 변화를 주기 위해 노력한다. 또한 그들 자신의 신념이 어떻게 해서 문제의 일부가 되어 가는지에 대한 자각을 돕기 위해, 모든 가족 구성원들은 대안에 대해 평가하고 그것의 의미에 대해 고려해 보게 된다. 다틸리오는 이러한 과정이 재구성 기법과 유사하지만 중요한 차이점이 있음에 주목한다. 인지행동 치료에서 가족 구성원들은 수동적으로 치료사가 제시하는 대안적인 설명을 받아들이기보다는 적극적으로 그들의 사고를 변화시키기 위해 자료를 모으고 증거를 검토한다는 것이 그 차이점이었다.

가족 구성원들이 잘못된 가정으로부터 빠져나오는 데 도움을 주기 위해 심상이나 역할놀이가 활용되기도 한다. 가족 구성원들이 서로를 좀 더 이해할 수 있도록 돕기 위하여 역할놀이를 통해 다른 사람의 입장을 이해하고 그 사람의 감정에 좀 더 공감할 수 있도록 한다(Epstein & Baucom, 2002). 한 예로, 최근 서로 갈등을 느꼈던 형제에게 상대의 입장에서 서로를 보게 한다. 다른 사람의 입장에서 상황을 바라보게 하면 이전과는 다른 감정을 느끼게 되고, 상대방에 대한 관점도 유연해진다.

인지 왜곡에 대한 치료 개입이 점차 중요해져 가는 동안에도 인지행동 치료사들은 여전히 의사소통 훈련, 문제해결 과제 주기 등의 고전적인 행동주의 치료 방법을 주로 사용하고 있다. 인지행동 치료에서 가르치는 문제해결 전략을 정리하면 다음과 같다. 엡스타인과 보컴(2002)은 다른 구성원을 비난하지 않으면서 목표를 분명하게 세우기, 각 해결책의 이익과 불이익을 평가하기, 모든 식구가 동의할 수 있고 실행 가능하게 보이는 해답 선택하기, 일정 기간 동안 대안을 시험해 본 다음 효과를 평가하고 보완하는 기간을 두는 방법에 대해 소개하고 있다.

여러 방법 중 흔히 사용되는 것은 의사소통 훈련으로서 상대방을 공격하지 않으면서 또 좋지 않은 말을 하지 않으면서 의도적으로 싸우기, 치료 과정에 나온 문제와 관련된 과제 읽기, 상담 회기 때 내담자가 자신들의 생각과 감정에 대해 기록하고 자기모니터링하기 등이다. '역기능적 사고 기록지'를 작성하게 하고(Beck, Rush, Shaw, & Emery, 1979), 이런 것이 내담자가 다른 사람들과 싸울 때의 생각, 정서, 행동 등과 상관관계를 맺고 있는지 탐색하게 한다.

프랭크 다틸리오(1999)는 '연필과 메모지'라는 기법을 소개하였다. 이는 식구들이 대화를 할 때 서로 상대방의 말을 가로막는 등, 원활하지 못한 대화를 개선하기 위해 한 사람이 말할 때 다른 구성원들은 상대방의 말에 대한 자신의 생각과 감정을 적게 하는 것이다

인지행동주의에 대한 초기의 비판 중 하나는 정서의 역할을 무시했다는 것이다. 그러나 인지행동주의는 크게 변화되었다. 현재 인지행동주의는 정서와 인지가 서로 연결되어 있어 상호 영향을 순환적으로 미친다고 본다. 연구에 의하면 인지 과정에 불쾌한 정서가 우울한 마음의 틀을 형성한다는 것을 보여 주고 있다(Gottman, 1994). 가트맨은 비관적 정서가 부정적 사건을 선택하여 그 사건에 집중적으로 관심을 가지게 함으로써 비관적 인지 과정을 만들어 낸다고 언급하고 있다. 이러한 선택적 관심은 부정적 관점을 만들어 내고, 미래에 대해서도 부정적인 기대를 갖게 한다. 벡 역시 이러한 '부정적인 틀'이 사람들을 취약하게 만들며 세상을 부정적인 시각으로 보게 한다고 말하고 있다.

> ▶ 프랭크 다틸리오의 인지행동적 부부치료에 대한 편견을 씻어 줄 수 있는 비디오를 보라. 프랭크의 작업이 당신이 갖고 있는 편견에 도전하는 것이 있는가?
> www.youtube.com/watch?v=rbFeMG_Uoxw

인지행동 치료사는 정서조절을 위해 다양한 치료 개입 방법을 소개하고 있다(Epstein & Baucom, 2002; Dattilio, 2010). 내담자가 자신을 표현할 수 있도록 코치하기도 하고, 가이드라인을 제시하기도 한다. 앞서 소개한 하향 화살을 사용하여 감정을 파악하고, 그러한 감정의 기저에 있는 왜곡된 인지를 찾아내게 한다. 또한 정서 상태를 파악할 수 있도록 내적 단서를 찾게 하고, 내담자가 주제를 바꾸려 할 때 정서적 주제에 대화의 초점을 맞추게 한다. 심상이나 역할놀이에서 가족 구성원들의 정서적 반응을 알아내 건설적인 방법으로 정서를 표현하도록 도와준다.

최근에는 마음챙김이라는 방법도 활용되고 있다. 마음챙김은 현재에 머물며 현재의 경험에 초점을 맞출 수 있도록 도와주는 한편, 부정적 감정을 회피하지 않고 다루게 한다. 근래의 연구를 통해 정서적 기술과 마음챙김의 방법이 부부가 서로 적응하는 데 도움을 주고 있다고 밝혀졌다(Hayes, 2004). 더불어 이 방법이 부부에게 상대방에 대한 공감 능력을 키우고 친밀감을 증진시키는 데 도움이 된다고 보고하고 있다.

◆ 성기능 장애치료

체계적 둔감화(Wolpe, 1958)와 적극적 훈련(Lazarus, 1965)의 도입이 성기능 장애치료의 발전을 이끌어 냈다. 이와 같은 행동주의 치료법이 유용하게 사용되었지만, 진정한 의미에서의 비약적인 발전은 매스터스와 존슨(Masters & Johnson, 1970)의 접근법에 관한 책이 출판되면서부터 시작되었

다. 그 후 많은 사람들이 매스터스와 존슨의 기본 절차를 적용하고 확장시켜 갔다(Kaplan, 1974, 1979; Lobitz & LoPiccolo, 1972). 최근 윅스와 감베시아(Weekes & Gambescia, 2000, 2002)는 부부치료, 성치료, 의료치료를 통합한 좀 더 확장된 치료 모델을 소개하였다.

세부적인 부분에서는 치료법이 다양할지라도 대부분의 성치료사가 따르는 일반적인 치료 접근법이 있다. 다른 행동주의 방법과 마찬가지로 첫 번째 단계는 철저한 평가이다. 여기에서는 철저한 의학적 검진이 이루어지고 장애의 특성을 확인하며, 치료 목표를 설정하기 위해 폭넓은 면담이 실시된다. 보통 성치료에서는 신체적 문제가 없는 것으로 판명되면 성 지식의 부족, 기교의 부족, 의사소통 부족과 관련된 사례가 다루어진다.

매스터스와 존슨을 따르는 치료사들은 성적 문제를 불안이라는 범주에서만 보는 경향이 있었다. 불안이 긴장을 풀고 흥분과 오르가슴에 이르게 하는 부부의 능력을 방해한다는 것이었다. 헬렌 싱어 캐플런(Helen Singer Kaplan, 1979)은 성적 반응에는 세 가지 단계가 존재하기 때문에 문제도 세 가지 유형, 즉 성욕장애, 흥분장애, 극치감장애로 나누어진다고 지적하였다. 성욕장애는 그 범위가 낮은 성 욕구로부터 성적 혐오에까지 이른다. 치료의 초점은 (1) 불안의 탈조건화, (2) 내담자로 하여금 성욕을 방해하는 부정적인 생각을 찾아내어 그것에 저항하도록 돕는 데 맞춰진다. 흥분장애는 감정적 흥분의 감소, 발기와 발기 상태 유지의 어려움, 팽창이나 윤활액 분비의 어려움 등이다. 이러한 문제는 흔히 여러 가지 긴장 완화 기법과 더불어서 부부에게 다음에 무슨 일이 일어날지에 대해 걱정하기보다는 만지고 애무하면서 느껴지는 육체적인 감각에 집중하도록 가르치는 방법으로 다루어진다. 극치감장애에는 오르가슴의 시기(예 : 너무 일찍 도달하거나 너무 늦게 도달하는 것), 오르가슴의 질적 수준, 오르가슴을 위한 요건(예 : 어떤 사람들은 오직 자위에 의해서만 오르가슴을 경험한다)이 포함된다.

일반적으로 성치료는 조루증 치료에 효과를 보이곤 한다. 여성의 오르가슴 결핍은 일반적으로 여성에게 혼자 오르가슴에 도달하는 법에 대해 가르치고, 성적 환상을 갖게 하는 방법으로 치료를 진행하는데, 이러한 방법은 오르가슴 결핍 개선에 효과적이다(Weekes & Gambescia, 2000, 2002).

성치료는 각 문제의 특성에 맞게 이루어져야 한다. 대부분의 치료는 감각적인 부분에 초점을 맞춰 시작되는데, 부부는 긴장을 풀고 애무를 주고받는 법에 대해 배우게 된다. 이를 실습하기 위해 부부는 충분히 긴장을 풀고 방해받지 않을 만한 자유로운 시간을 찾아 옷을 벗고 침실에 들도록 한다. 그리고 서로 번갈아 가며 부드럽게 애무한다. 애무받는 사람은 긴장을 풀고 그 느낌에 집중하도록 한다. 그 후 상대방에게 어떤 애무가 가장 좋았으며 어떤 것은 별로였는지에 대해 이야기해 본다. 처음에는 부부가 서로의 민감한 성감대나 성기 부분을 터치하지 않도록 하는데, 그것은 지나친 불안을 피하기 위함이다.

부부가 긴장을 풀고 부드럽고 즐거운 애무를 교환하는 법을 배우게 되면 점차 보다 친밀한 관계를 가지도록 하되, 만일 둘 중 어느 한쪽이라도 불안을 느끼게 된다면 그 속도를 늦추도록 한다. 이렇게 감각적인 것에 초점을 맞추는 것은 실제 둔감화in vivo desensitization의 한 형태가 된다. 성관계를 갖는 것을 매우 불안해하고 두려워하는 부부(삽입 후 잠시의 심한 흥분으로 끝나 버리는 것과 같은)는 점진적이고 단계적으로 애무하는 등 보다 친밀한 경험을 통해 자신들의 두려움을 극복하는 법을 배운다. 불안이 감소하고 욕구가 증가하게 되면 좀 더 친밀하게 애무를 주고받게끔 한다. 이러한 과정 중에 부부는 자신이 좋아하는 것과 싫어하는 것이 무엇인지에 대해 대화한다. 한 사람이 불쾌함을 참다 결국 화를 내며 성관계마저 회피하게 되는 지경에까지 이르기 전에, 상대에게 부드러운 어조로 "아니, 그런 식으로 말고, 이렇게 해줘."라고 말한다.

일단 감각적인 것에 초점을 맞추는 연습이 순조롭게 진행되면, 치료사는 구체적인 문제를 다루기 위해 기법을 소개한다. 여성의 성기능장애 가운데 가장 일반적인 어려움은 오르가슴과 관련된 것이다(Kaplan, 1979). 이러한 문제는 흔히 정보 부족에 그 원인이 있다. 부부 모두 아내가 성관계 중에 특별한 클리토리스의 자극 없이 삽입만으로 확실한 오르가슴을 경험하게 되기를 기대하고 있을지도 모른다. 남성에게 있어서 가장 일반적인 문제는 조루증인데, 치료를 위해 압박 기법squeeze technique(Semans, 1956)을 사용한다. 남성이 사정하려는 충동을 느끼게 될 때까지 여성이 남성의 성기를 자극하도록 하며, 남성이 사정의 충동을 느끼게 되는 순간 여성은 사정의 충동이 가라앉을 때까지 성기의 귀두 아랫부분을 엄지손가락, 집게손가락, 가운데 손가락으로 꽉 쥔다. 사정 충동이 생길 때마다 이러한 방법을 반복한다.

발기 부전을 다루는 기법은 성행위에 대한 불안을 감소시키고 성적 흥분을 증가시키기 위해 고안되었다. 이 기법을 살펴보면 남성의 불안을 둔감화시키기, 배우자들이 각자의 기대에 대해 토론하기, 다양한 전희와 그 시간 늘리기, 성기 자극을 시작했다 중단하는 것을 반복하기(Masters & Johnson, 1970), 여성이 남성의 힘없는 성기를 자신의 성기로 가져가 삽입 시작하기 등이 있다.

성공적인 성치료는 부부간의 성생활이 많이 개선되는 것으로 끝을 맺지만, 지나친 기대를 가지고 치료에 참여할 경우 상상했던 것만큼의 환상적인 결과를 내지 못할 수도 있다. 오히려 그러한 잘못된 기대 때문에 문제가 생기곤 한다. 다른 지시적인 치료 형태처럼 성치료사들도 점차적으로 치료사의 개입과 통제를 줄여 가는 것이 중요하다. 변화가 이루어진 과정을 되짚어 보고, 미래에 발생할 수 있는 문제를 예측해 보며, 치료를 통해 배웠던 원리에 따라 발생 가능한 문제에 대해 대처 방안을 세움으로써 치료 효과는 더욱 확고해지고 증대된다.

모델의 이론과 결과에 대한 평가

행동주의의 독특한 기법은 고전적이고 조작적인 인지이론에서 파생되었다. 목표가 되는 증상 행동은 조작적인 용어로 상세하게 구체화된다. 그리고 조작적 조건 형성, 고전적 조건 형성, 사회학습 이론, 인지적인 전략들이 변화를 이끌어 내기 위해 사용된다. 행동주의 치료사들이 가족 문제에 대한 경험을 쌓아 감에 따라 행동주의의 관심이 아니었던 치료 동맹, 공감의 필요성, 저항의 문제, 의사소통, 문제해결 기술 등에 대해 언급하기 시작했다. 그러나 행동주의자는 그러한 주류적인 주제를 다룰 때조차도 그들 특유의 방법적인 접근에 의해 구분된다. 다른 어떤 기법보다도 행동주의 치료는 조심스럽게 사정과 평가를 진행한다.

행동주의 치료는 학술 연구의 전통에서 태어나고 성장했기 때문에 가장 신중하게 연구된 가족치료의 형태라고 볼 수 있다. 이러한 실제적인 근거를 바탕으로 두 가지의 경향이 나오게 된다. 첫째, 행동주의 부모훈련과 행동주의 부부치료는 끊임없이 효과성이 입증되고 있다. 이 접근 방법 가운데 가장 큰 지지를 얻고 있는 것은 재럴드 패터슨의 부모훈련 치료(Patterson, Dishion, & Chamberlain, 1993; Patterson & Forgatch, 1995), 닐 제이콥슨의 행동주의 부부치료(Crits-Christoph, Frank, Chambless, Brody, & Karp, 1995), 그리고 팔 스튜어트와 동료들의 행동주의 커플치료(Fals-Steward et al., 2000)이다.

행동주의 가족치료 연구의 두 번째 경향은 이 접근법을 선도하는 지도자들이 전통적인 행동치료의 기본적 유관계약과 조작적 학습 절차를 넘어 그들의 접근을 확장시킬 필요가 있다는 가능성을 보기 시작했다는 것이다. 이미 언급했듯이 인지적 기법들을 전통적인 자극-반응의 행동주의 안으로 통합하는 것이다(Epstein & Baucom, 2002; Dattilio & Padesky, 1990; Dattilio, 2010).

인지행동 치료는 지금까지도 행동 변화를 강조한다. 치료 개입에는 대체로 두 가지가 있다. 첫째는 혐오통제를 긍정적인 것으로 대체하는 기술 훈련이고, 둘째는 부부 갈등의 특징인 부정적인 것을 깨뜨리기 위해 인지행동 치료사는 상대방에게 그날 배우자가 한 긍정적인 것들을 적어 갖고 오게 하고 배우자에게 칭찬을 하거나 감사를 표현하게 하며, 다음 회기에 의논하기 위해 목록을 갖고 오게 하는 것이다(Baucom, Epstein, & LaTaillade, 2002).

인지행동 치료의 인지 요소는 내담자의 태도와 가정(假定)이 긍정적 변화를 방해할 때 치료사는 구성원들의 신념과 가정을 깨뜨리기 위해서 소크라테스식 질문 과정을 통해서 인지체계를 탐색하도록 돕는다. 이렇게 인지행동 치료는 여전히 행동에 초점을 두고 있으며 치료사들은 여전히 적극적이고 지시적인 태도를 취한다. 이에 못지않게 치료사들은 불행한 정서와 그것들 아래에 있는 가정에 더 많은 관심을 기울인다.

패터슨과 그의 동료들은 아이들의 비행행위가 사회 환경에 의해 유지하게 된다는 사회학습이론에 근거하여 부모 매니지먼트 훈련PMTO을 고안하였다. PMTO는 자녀와의 관계 개선을 돕기 위해서 행동을 분석하고 조작적 조건과의 연관을 연구하였다. 패터슨과 그의 동료들은 광범위한 연구를 통해서 다른 부모들의 행동(훈육, 긍정적 지지, 모니터링, 문제해결, 부모 개입)들이 자녀들의 공격적 행동과 어떤 관계가 있는지를 연구하였다(Forgatch & DeGarmo, 2002). 그리고 만성 행동장애를 지니고 있는 사춘기 청소년들에게 PMTO 개입이 효과적이라는 것도 보여 주고 있다

(예 : Bank, Marlowe, Reid, Patterson, & Weinrott, 1991). 물질남용의 위험이 있는 청소년의 비행 행동을 예방하는 데 PMTO가 효과가 있다는 것이 밝혀졌고(Dishion, Nelson, & Kavanagh, 2003), 우범지역의 가족(Reid, Eddy, Fetrow, & Stoolmiller, 1999), 이혼모(Forgatch & DeGarmo, 1999), 계부모가족(Forgatch & DeGarmo, Beldavs, 2005)에 대한 연구도 있다. 최근의 연구는 PMTO가 태국, 멕시코, 노르웨이, 아이슬란드 등의 나라에서도 효과가 있음을 보고하고 있다(Arunothong & Waewsawangwong, 2012; Baumann, Rodriques, & Amador, 2014; Forgatch & DeGarmo, 2011; Sigmarsdottir & Gundsdottir, 2013). 마지막으로, 최근 몇몇 연구자들은 PMTO가 주요 돌봄업무 primary care office 같은 덜 전통적인 치료 현장에도 성공적으로 적용될 수 있는지 탐색하기 시작했으며. 초기 결과들은 이것이 매우 효과가 있다는 것을 시사하고 있다(Gomez et al., 2014; Kjobli & Ogden, 2012).

고인이 된 닐 제이콥슨은 앤드류 크리스텐슨Andrew Christensen과 함께 전통적인 가족치료의 줄기를 따라 전통적인 행동주의적 부부치료를 수정하는 단계까지 나아갔다. 그들은 행동 변화 기법을 유지하면서도 내담자의 정서적 수용성을 좀 더 증진시키는 참신한 전략을 추가하였다. 다시 말해 배우자의 행동을 변화시키기 위해 부부와 치료 작업을 시작할 때, 이들에게 먼저 서로를 수용할 수 있는 법에 대해 가르치는 것이다. 이 접근법은 통합적 접근법에 관한 장에서 좀 더 광범위하게 다룰 것이다(제13장 참조).

팔 스튜어트, 오파렐O'Farrell 그리고 그의 동료들은 물질남용 부부치료에 또 다른 형태의 행동주의 부부치료를 적용하여 얻게 된 긍정적 결과에 대한 충분한 자료를 갖고 있다. 이 방법의 특징은 부부가 치료를 받는 경우에 배우자가 물질을 남용하지 않으면 다른 배우자에게 상을 주는 방식이다. 이렇게 되면 두 사람이 협조적 관계가 될 수밖에 없기 때문에 두 사람 사이의 갈등을 감소시키며, 결과적으로 물질남용을 줄이고 재발을 방지할 수 있다고 보았다. 이 모델의 주요 목표는 물질에 관련된 상호작용을 변화시킴과 동시에 부부 상호작용에 긍정적 변화를 끌어내는 것이다 (Ruff, McComb, Coker, & Sprenkle, 2010). 특히 행동주의 부부치료가 알코올 남용(Fals-Stewart, Birchler, & Kelly, 2006; Fals-Stewart, Klosterman, Yates, O'Farrell, &, Birchler, 2005)과 불법 약물 남용을 성공적으로 줄이고(Fals-Stewart et al., 2000, 2001; Kelly & Fals-Stewart, 2007), 아동의 정신사회적 성과(Kelley & Fals-Stewart, 2007, 2008)뿐만 아니라 부부가 적응하는 데 도움이 되었다고 보고하고 있다(Fals-Stewart, Birchler & Kelley, 2006; Kelley & Fals-Stewart, 2008). 그 외에도 갈등에 처한 부부 중 한 사람이 물질남용과 관련된 폭력의 사례에서 행동주의 부부치료를 통해 부부 폭력이 줄었다는 자료도 충분하다(Fals-Stewart, Kashdan, O'Farrell, & Birchler, 2002; Fals-Stewart et al., 2006).[3]

---

3 Fals-Stewart의 결과에 대해서는 의문이 제기되고 있다(*Business First*, Februrary 16, 2010).

알다시피 인지행동 치료는 심리치료 분야에서 널리 사용되는 모델이다. AAMFT의 보고서에는 무작위적으로 선택한 치료사들의 27.3%가 자신들의 주 모델이 인지행동 치료라고 답했다.

이렇게 인지행동 치료 방법론이 인기 있는 이유는 방법론의 효과 검증이 가능하기 때문이다. 인지행동 부부치료가 의사소통 훈련, 문제해결 훈련, 행동 계약 등을 추가할 때 더 효과가 높고 관계 갈등도 감소한다는 결과가 나왔다(Baucom, Shoham, Mueser, Daiuto, Stickle, 1998). 행동주의에 근거한 가족치료가 아이들의 행동장애 치료에 효과적이라는 보고서가 많이 있지만(Nichols & Schwartz, 2006), 인지치료만의 치료 개입에 대한 평가는 그리 흔하지 않다.

전문가뿐만 아니라 일반인들에게도 관심을 끌고 있는 성치료의 효과에 대한 연구 보고는 그리 많지 않다. 그나마 있는 연구 보고도 자세히 살펴보면 사례연구 중심으로 이루어져 있기 때문에 성공 혹은 실패라는 단순한 평가표를 붙인 것에 불과하다는 비판을 받고 있다(Hogan, 1978). 이들 연구는 사전사후 검사, 기법에 대한 구체적 설명, 추후 효과 검증 자료가 없을 뿐만 아니라 치료사의 보고 이외의 참고 자료가 없다는 것 등이 연구의 객관성을 의심하게 한다. 이런 연구 동향은 최근의 요약 보고서들에 따르면 1990년까지 별반 달라지지 않고 있다(Crowe, 1988; Falloon & Lillie, 1998).

성치료는 부부가 성생활에 대한 분명한 불평이 있을 때 다루는 것이 효과적이라는 것에 대해 대부분의 연구자가 동의하고 있다(Gurman & Kniskern, 1981).

아동의 행동장애(Morris, Alexander, & Waldron, 1988; Patterson, 1986), 부부 갈등(Follette & Jacobson, 1988), 조현병 문제가 있는 가족(Falloon, 1985)에 개입하는 방법론에는 발전이 있는 것 같다.

요약

행동치료사들이 지금까지 40년 이상 자신들의 기법을 가족 문제에 적용해 오고 있지만, 대부분이 일차원적인 틀 안에서 행해져 왔다. 가족의 증상은 학습된 반응이고 가족의 뜻과는 상관없이 생겨나고 강화된 것으로 간주된다. 이에 대한 치료는 일반적으로 제한된 시간 내에 증상에 초점을 맞춰서 이루어진다.

초기 가족에 대한 행동적 접근은 사회학습 이론에 그 뿌리를 두었는데, 행동이란 학습되며 결과에 의해 강화되고, 그 결과를 바꿈으로써 수정될 수 있다는 이론이다. 가정(假定)과 왜곡된 지각을 다루는 인지적 개입을 도입하여 이론의 범위를 상당 부분 확대하였다. 사회학습 이론에서 비롯된 중요한 이론은 티보와 켈리의 사회교환 이론인데, 이 이론에 따르면 사람들은 대인관계적 보상은 최대화하는 반면 비용은 최소화하려고 노력한다는 것이다. 따라서 행동주의 가족치료의 보편적 목표는 보상으로 돌아오는 교환의 비율을 증가시키고 혐오 교환은 감소시키며, 의사소통과 문제해결 방법을 교육하는 것이다.

인지행동 치료에 대한 좀 더 현대적인 접근은 사고와 인식에 대한 조사와 재구성을 포함하기 위해 이 접근법을 확장시켜 왔다. 구체적 기법이 적용되는 동안, 가족들은 왜곡된 것을 식별하고 오해를 다루는 시도와 함께 반사적인 사고를 재평가하는 방법, 행동관리를 위한 보편적인 원칙을 배우게 된다.

행동주의자가 문제 행동의 결과를 수정하는 데 초점을 맞추는 것은 행동주의 가족치료의 강점과 약점을 보여 준다. 행동주의자는 현재의 문제에만 초점을 맞춤으로써 효과적인 일련의 기법을 발전시켜 왔다. 심지어 아이들의 비행이나 심각한 성기능 장애와 같이 상대적으로 다루기 힘든 문제들조차 행동주의 기술을 통해 수월히 해결해 나갔다. 그러나 현대의 인지행동 치료사는 행동이 인간의 일부분에 지나지 않으며, 행동 문제를 가지고 있는 사람 역시 가족 중 일부일 뿐이라는 견지를 취하고 있다. 만약 해결되지 않은 갈등이 사람들을 속박하고 있다면, 단순히 사람들을 가르쳐서 변화하도록 만들 수는 없을 것이다.

불행이 마치 행동에 대한 불평 가운데 있는 것 같지만 행동을 해결한다고 해서 불행이 반드시 해결되는 것은 아니다. 치료가 증상에 대해서는 성공적이었을지 몰라도 가족에 대해서는 실패한 것일지도 모른다. 행동이 바뀐 후 태도와 감정이 바뀔 수는 있겠지만, 가족에 대해서 반드시 그렇게 행동하는 것은 아닐 수도 있다. 의사소통 기술을 가르치는 것이 실제 갈등을 해결하는 데 충분하지 않을 수도 있는 것과 마찬가지이다. 단순한 행동 변화가 궁극적인 문제해결을 원하는 가족들에게는 충분하지 않을 수 있다. 부모는 "네, 아들이 이제는 집안일을 잘 거듭니다."라고 동의할 수 있다. 하지만 "그 아이가 돕고 싶어서 그렇게 하는 것 같지는 않아요. 아들 녀석은 여전히 진정한 우리 가족의 일부가 아니랍니다."라고 속으로 생각할지 모른다. 즉 행동이 가족 구성원들이 관심을 두고 있는 전부는 아니라는 것이다. 가족들의 필요에 반응하기 위해 치료사는 인지적이고 애정과 관련된 관심사를 다룰 필요가 있다.

행동주의자는 좀처럼 가족 전체를 다루지 않는다. 그 대신 목표 행동에 중심적인 역할을 하고 있다고 생각되는 하위체계만을 고려한다. 불행하게도 치료에 가족 전체를 포함하지 않는ㅡ최소한 고려하는 것조차도 하지 않는ㅡ것은 치료를 실패로 이끌 수밖에 없을지도 모른다. 만약 아버지가 공격적인 아들을 원하거나 또는 아내에 대한 아버지의 분노가 다루어지지 않는다면 어머니를 향한 아들의 공격성을 줄이기 위한 치료 프로그램은 좀처럼 효과를 거두지 못할 것이다. 또한 전체 가족이 변화에 참여하지 않는다면 새로운 행동은 계속해서 강화되거나 유지되기 힘들 것이다.

이러한 결점에도 불구하고 인지행동 치료는 자녀 문제와 부부 문제를 다루는 인상적인 기법을 제공한다. 더욱이 이러한 결점은 가족 전체를 치료 대상에 포함시키면서 치료의 범위와 개념화의 범위를 넓힌다면 충분히 극복될 수 있는 부분이다. 행동주의 치료의 가장 큰 강점은 현상을 관찰한 후 변화를 측정하는 데 있다. 인지행동주의자들은 믿을 만한 평가 방법을 대거 발전시켜 오면서 그것을 평가, 치료 계획, 관찰 과정, 치료 결과에 적용했다. 두 번째로 중요한 진보는 별개의 표적 행동을 제거하거나 강화하는 것으로부터 일반적인 문제해결, 인지, 의사소통 기술을 가르치는 쪽으로 점차 이동해 간 것이다. 현재의 행동주의 가족치료에 있어서 세 번째로 중요한 진보는 개인과 가족의 특수하면서도 변화하는 필요를 충족시키기 위해 치료개입 모듈modular treatment intervention을 만든 것이다.

제10장

21세기의 가족치료

현재 가족치료 분야의 모습

학습 목표

◆ 전통적인 가족치료에 도전하는 21세기의 가족치료 모델을 설명하라.

◆ 가족치료에 의미가 있는 현대 사회문화적 요인을 설명하라.

◆ 소수 소외 가족의 특수한 필요를 설명하라.

◆ 다양한 가족들의 상황에 적절한 치료방안에 대해 설명하라.

단일 모델(정신분석, 행동주의 치료)은 그 모델의 이론적 테두리 내에서 가족치료 모델로 발전되었으나, 대부분의 가족치료 모델은 다양한 모습으로 발전하였다. 각 모델들 사이에는 이론적 차이점도 있고, 이런 차이점 때문에 갈등도 있었다. 각 학파는 자신들만의 지도자와 이론서들, 기법들을 만들어 왔다. 하지만 모든 가족치료 학파들의 기저는 가족이 문제의 근원이라는 믿음은 공유되어 왔다.

오늘날 이 모든 상황이 변화하고 있다. 각 분야는 더 이상 별개의 학파로 분명하게 나누어지지 않고, 치료사들도 더 이상 체계이론만을 고집하지도 않게 되었다. 더 이상 파벌적이거나 독단적일 수 없는 시대적 흐름 속에서, 가족치료운동은 어떤 한 접근법이 모든 해답을 가지고 있다는 생각, 남녀의 본성, 미국 가족의 형성, 심지어 확실한 것을 안다는 신념에 도전을 받으면서 흔들리고 변화하게 되었다. 이 장에서 우리는 이런 도전을 검토하고, 21세기의 가족치료는 어떤 양상을 띠고 있는지 살펴보고자 한다.

전통적인 가족체계 모델에 대한 도전

◆ 경계의 무너짐

여러 학파 사이의 경계가 점차 무너지면서 자신을 순수한 보웬 학파, 구조주의 학파 또는 다른 어떤 학파라고 특징짓는 사람들이 점차 줄어들게 되었다. 이런 분파주의가 쇠퇴한 이유 중 하나는 치료사들의 경험이 쌓여 감에 따라 다른 학파가 보유한 기법을 차용하지 않을 이유가 없어졌기 때문이었다. 예를 들어, 순수 구조주의 학파의 치료사가 화이트와 엡스턴의 이야기 심리치료 방법론 : 치유를 위한 서술적 방법론Narrative Means to Therapeutic Ends(White, Epston, 1990)을 읽은 뒤, 내담자들이 삶에 대해 말하는 이야기를 탐색하는 데 더 많은 시간을 쓰기 시작했다고 가정해 보자. 이 치료사가 여전히 구조주의자일까? 이야기 치료사일까? 아니면 양쪽 모두일까?

이번에는 한 치료사가 학술회의에서 짐 케임Jim Keim이 전략적 접근법으로 공격적인 아이를 둔 가족을 치료했던 사례를 듣고, 그 접근법을 치료에 사용하기 시작했다고 생각해 보자. 이제 우리는 이 치료사를 뭐라고 불러야 할까? 구조주의 치료사? 이야기 치료사? 전략적 치료사? 절충적 치료사? 아니면 단순히 가족치료사? 이 치료사를 어떤 학파로 분류할 수 있을까?

이렇듯 학파를 구분하는 경계선이 모호해지는 것에 대해 블로, 슈프렝클, 데이비스(Blow, Sprenkle, & Davis, 2007)는 치료사들이 한 가지 특정한 모델을 배우는 데 집중하기보다 변화하는 이론들에 대해 배울 것을 촉구했다. 그들은 치료사들이 여러 가지 치료 모델에 익숙해져서 각각의 치료법을 내담자의 필요에 맞춰 분별력 있게 적용할 수 있기를 바랐다. 그러나 우리는 사실 치료사들이 치료실에서 여러 모델을 섞어서 사용한다는 말에 동의하지 않는다(예 : Davis & Piercy, 2007). 공감, 격려, 비생산적인 가설을 탐색하는 작업 등은 대부분의 치료가 공통적으로 공유하고 있는 요소이지만, 차이점도 있다. 보웬 학파에서는 가족 구성원들을 만날 때 치료사가 한 번에 한 사람씩만 이야기를 나누지만, 구조주의 치료사들은 가족 구성원들이 서로 대화할 수 있게 한다. 대부분의 학파는 당면한 문제를 주의 깊게 탐색하지만, 해결중심 치료사는 이것이 문제중심의 사고를 강화시킬 뿐이라고 말한다. 가족치료사들이 서로의 모델을 차용하고 있다는 것은 분명하다. 하지만 치료를 실시할 때는 기본적으로 자신들이 지닌 원칙을 고수한다. 서로의 기법을 빌려 오는 것이 때로는 효과적일 수 있지만, 기본이 되는 이론적 모델 없이 그저 이런저런 기법들만을 가져다 쓰는 것은 바람직하지 않다.

정통성이 무너지게 된 또 다른 이유는 문제와 내담자의 특수성에 따라 개개인에게 잘 맞는 기법을 사용할 필요가 있다는 인식이 커졌기 때문이다. 한때 가족치료사들은 자신의 모델만을 소중하게 생각했다. 만일 어떤 특정한 가족이 치료사가 추구하는 방법론에 잘 들어맞지 않았다면, 아마도 치료사는 이들이 단지 적절한 치료 사례가 아니라고 생각했을 것이다. 오늘날 모든 내담자에게 공통적으로 들어맞는 한 가지 치료 방법은 더 이상 존재하지 않는 것처럼 보인다.

◆ 포스트모더니즘

20세기 초 과학의 발전으로 진리는 객관적인 관찰과 측정을 통해 밝혀질 수 있다고 생각하게 되었다. 우주는 기계적 원리 안에서 운행되고 있다고 인식되었는데, 인류는 이러한 과학적 원칙을 발견하고자 했다. 일단 이러한 원칙을 알게 되면, 환경을 통제할 수 있다고 믿었기 때문이다. 이러한 근대주의적 사고는 가족치료의 선구자들이 내담자에게 접근하는 방식에 영향을 끼쳤다. 즉 이들은 암호를 해독해 내고 다시 프로그램화하는 기계론적 관점의 사이버네틱스 이론에 의거하여 가족이라는 체계를 바라보았다. 치료사들은 전문가였다. 구조주의와 전략주의의 청사진들은 가족 안에서 변화가 필요한 결함을 찾아내는 데 사용되었다. 가족들은 자신들을 이 같은 방법으로 관찰하는 것에 대해 상관하지 않았다.

포스트모더니즘postmodernism은 근대주의의 자기 과신에서 오는 오만에 대한 반응이었다. 인류는 과학적 · 정치적 · 종교적 진리의 타당성에 대한 믿음을 상실했을 뿐 아니라 과연 절대적 진리를 아는 것이 가능한가에 대해 의심하게 되었다. 월터 트루엣 앤더슨(Walter Truett Anderson, 1990)은 자신의 저서 *Reality Isn't What It Used to Be*(1990)에서 저물어 가고 있는 근대주의 시대를 분열시키는 대부분의 갈등은 각자 자신이 진리를 가지고 있다고 공언하기 때문이라고 보았다. "서로 다른 신념체계 간에 발생한 것으로, 이 신념은 다른 신념에, 자본주의는 공산주의에, 과학은 종교에 대항하고 있다. 모든 분야에서 가지고 있는 가정은 사람이 불변하는 진정한 진리를 소유하고 있지만 단지 인식하지 못할 뿐이다."(p. 2)라는 것이다. 가족치료에서는 이와 같은 현상이 구조주의적 진리, 정신역동적 진리, 사티어와 보웬이 맞서는 것으로 나타났다.

아인슈타인의 상대성 개념은 확실성에 대한 우리의 신념을 무너뜨렸다. 마르크스는 한 계급이 다른 계급을 지배할 수 있는 권리에 도전하였다. 1960년대에 인류는 기존에 확립된 것에 대한 신뢰를 잃었다. 여성운동은 자연법으로 받아들여졌던 성별에 대한 가설에 도전했다. 세상이 좁아지고 점점 다른 문화에 속한 사람들을 접하게 됨에 따라, 그동안 인류가 '이상하다'고 생각했던 다른 사람들의 신념에 대해 재검토해야만 하는 상황에 놓이게 되었다.

이렇게 증대되는 회의론은 1980년대를 주도하는 세력이 되었고, 인간이 공들여 쌓아 온 모든 것을 뒤흔들었다. 문학, 교육, 종교, 정치, 과학, 심리학 등 각 분야에서 기존에 받아들여졌던 관행은 **해체**deconstructed되어 갔다. 인류는 이러한 관행을 사람들이 자신들만의 편향된 관점을 반영하여 발전시켜 온 사회적 관습이라고 생각하기 시작했다. 사회철학자 미셸 푸코Michel Foucault는 기존에 받아들여지던 여러 분야의 원칙에 대해 "이는 권력 구조를 유지하고 대안적인 목소리들을 배제시키려는 하나의 이야기"라고 해석했다. 가족치료에서 이러한 목소리를 낸 최초이자 가장 영향력 있었던 분야는 여성주의가 내놓은 비판이었다.

◆ 여성주의의 비판

가족치료 분야 중에서 가장 신랄한 비판으로 경종을 울린 분야는 여성주의였다. 레이첼 하레 머스틴(Rachel Hare-Mustin, 1978)의 논문을 필두로 시작된 비판이 관심을 끌면서, 여성주의 가족치료사들은 기존의 모델이 갖고 있는 성에 대한 편견을 지적했을 뿐 아니라 체계이론 자체에 이의를 제기했다.

사이버네틱스에 대해 베이트슨 학파는 모든 요소가 순환적으로 반복되는 피드백 고리 속에서 서로에게 지속적인 영향을 미친다고 했다. 이렇게 모든 요소가 서로 영향을 미친다면 아무도 비난할 수 없게 된다. 이에 대해 여성주의자들은 문제에 대한 책임이 구성원들에게 똑같이 있다고 보는 것은 마치 "항상성을 설명하기 위해 희생자를 비난하는 것"(Goldner, 1985, p. 33)과 같은 것이라 지적한다. 여성주의자들이 보기에 사이버네틱스의 이론은 특히 여성을 대상으로 한 폭력과 강간 같은 범죄에 대해 그간 심리이론들에서 제기한, 여성이 남성을 유혹함으로써 남성에게 빌미를 제공하고 있으며, 따라서 여성이 폭력의 원인 제공자라는 견해와 별반 다를 것이 없는 것이었다(James & MacKinnon, 1990).

그동안 가족 안에서 문제를 일으키는 요소로 가장 많이 언급되었던 것은 가족과 동떨어진 존재로서의 아버지, 자녀들과 지나치게 밀착된 관계를 가지고 있는 어머니, 어떠한 증상을 보이는 아이였다. 수년 동안 정신분석 치료사들은 자녀의 증상에 대한 책임을 어머니에게 돌리며 비난했다. 이와 관련된 가족치료의 공헌은 아버지가 가족 안에서의 역할을 충분히 수행하지 않는 것이 어머니로 하여금 자녀들에게 지나치게 관여하게 만든다는 사실을 밝혀낸 것이다. 따라서 치료사들은 그간의 비난으로부터 어머니를 자유롭게 하는 대신 아버지를 어머니의 위치에 끼워 넣으려 노력하였다. 그러나 사실 이것은 여성의 입장에서 선물이라고 보기 어렵다. 왜냐하면 여전히 많은 사례에서 어머니가 자녀의 증상에 기여했다는 비난을 면하기 어려웠기 때문이다. 어머니들은 여전히 '밀착'되어 있었지만, 이제는 아버지를 자녀 양육에 포함시키는 새로운 해결 방안이 등장하게 되었다.

여성주의자들은 "자녀와 지나치게 밀착된 관계를 형성하고 있는 어머니와 가족으로부터 거리감이 느껴지는 아버지로 구성된 전형적인 가족의 사례가 하나의 임상적인 문제는 아니다. 이는 약 200년 동안 형성되어 온 과정의 산물로 볼 때 가장 잘 이해될 수 있다."(Goldner, 1985, p. 31)라고 말하며 가족치료사들이 이 점을 놓치고 있다고 지적했다. 더불어 여성이 지나치게 자녀에게 관여하고 정서적으로 불안정한 것은 개인적인 결점 때문이 아니라 정서적으로 고립되고 경제적으로 의존적이며 정신건강이 위태로울 정도로 가정 내에서 막중한 책임을 떠안고 있기 때문이라고 설명하고 있다.

우리가 성 역할에 대해 좀 더 민감해져야만, 어머니에 대한 비난을 멈추고 변화하는 시대에 맞추어 좀 더 넓은 관점에서 자신들을 보게 될 것이다. 그때야 비로소 여성을 자녀 양육과 집안일에

가족치료 내 여성 프로젝트Women's Project in Family Therapy의 창설자인 페기 팝, 올가 실버스테인, 마리안 월터스, 베티 카터이다.

일차적인 책임이 있는 사람, 자신의 삶은 무시한 채 남편의 성공을 뒷바라지하는 사람으로 생각하지 않을 것이다. 이를 통해 여성을 남자 없이는 삶을 이끌어 나가기 어려운 존재로 보는 무의식적인 편견에서 벗어날 수 있을 것이다(Anderson, 1995). 이러한 인식들이 보편화될 때 독립성과 경쟁력 같은 남성들의 전통적인 성향을 정신건강의 기준으로 삼는 것을 멈출 것이다. 또한 감정, 애정 어린 돌봄, 관계 지향성과 같이 전통적으로 여성이 갖추어야 할 미덕으로 간주되던 특징을 낮게 평가하거나 무시하는 것을 멈출 수 있을 것이다.

다음의 내용을 통해 이러한 원리가 어떻게 실행되는지 살펴볼 것이다.

◆ 여성주의 가족치료

전통적인 가족치료사들은 가족 내 상호작용에 초점을 맞춘 반면, 그러한 상호작용을 만드는 사회적 · 경제적 · 물질적 현실은 간과하였다. 여성주의 치료사들은 가족을 넘어 사회적이고 문화적인 상황까지 시야를 확대하여, 남성과 여성을 편협하고 불균등한 역할 속에 가두어 놓는 관습과 가치를 바꾸는 데 헌신하였다.

그 결과 여성주의 가족치료는 의도적으로 사회체계의 변혁을 요구하는 정치 성향을 띠게 되었다. 이러한 운동의 목적은 가부장적 사고를 여성주의적 자의식으로 대체하는 것이었다. 이들은 내담자로 하여금 그들이 자신을 어떻게 정의하는지 그리고 다른 사람들과 어떻게 관계를 맺는지가 종종 성 역할 기대에 의해 왜곡된다는 것을 자각하도록 도왔다. 그러나 이러한 정치적 목적은 치료사들에게 어떤 도전을 감행할 것을 요구하였다. 이들의 입장은 치료사가 **치료적 중립성**을 지키고, 치료사의 가치관을 주입하지 말아야 하는 경계선을 지키는 것이었다.

데보라 루프니츠(Deborah Luepnitz, 1988)는 여성주의 가족치료 분야에서 유명한 저서 중 하나인 *The Family Interpreted: Feminist Theory in Clinical Practice*(1992)의 저자로, 치료 현장에서 가부장제에 도전하기 위해서는 정치적 태도보다는 여성주의자의 감수성이 더 중요함을 주장하였다. 치료는 가치 주입과는 구별된다. 따라서 치료사는 내담자들이 남성과 여성으로서 삶에 대한 신념을 검토하게 하고 그러한 신념을 확장시키도록 돕는다. 루프니츠는 가치 주입으로 치우치지 않은 여성주의자의 감수성이 어떤 것인지 자신의 작업을 통해 보여 주고 있다. 가족에 대한 해석에서 발췌한 그녀의 사례를 살펴보도록 하자(Luepnitz, personal communication, September 25, 2006).

사례연구

리로이 존슨은 아프리카계 미국인 청소년이다. 유치원에 들어간 이후 줄곧 문제를 일으키던 리로이는 열다섯 살에 퇴학당하고 소년원에 가게 되었다. 루프니츠 박사는 그의 어머니에게 30일의 입원 기간 동안 일방경을 통해 이루어진 리로이에 대한 평가 내용에 대해 설명하려 했다. 그러자 어머니는 고개를 들지 못했다. 이렇게 치료사를 만나야만 했던 경험이 무려 아홉 차례나 되었기 때문이다. 루프니츠 박사는 이전의 기록을 살펴보았다. 치료사들은 존슨 부인에 대해 '무능하고', '우울하고', '자기애적이고', '의존적이고', '유리되어 있고', '과도하게 간섭하고 있는' 사람으로 표현했다. 어머니는 자신의 감정을 치료사와 나누고 싶어 하였는데 여성 치료사였던 루프니츠 박사는 이것을 비난하기보다는 오히려 이러한 경험을 내담자의 어머니와의 면담에 건설적으로 사용하면서 치료적으로 개입하였다.

루프니츠 : 존슨 부인, 이전에 어느 누구도 부인에게 말하지 않았던 매우 중요한 사실을 제가 부인에게 이야기하려 합니다.
존슨 부인 : 어서 말해 보세요.
루프니츠 : 리로이의 문제는 당신의 잘못이 아닙니다.
존슨 부인 : (오랜 침묵 이후) 음, 정말 이전에 한 번도 들어본 적 없는 새로운 것이네요.

존슨 부인은 무려 10년간 학교, 아동 상담사들, 판사들, 친척들로부터 그녀가 아이의 삶을 망쳐 놓았고, 아이가 청소년교도소에 가게 된다면 그것은 그녀가 그렇게 만든 것이라는 의미가 담긴 말을 수없이 들어 왔다. 그녀는 생각에 잠긴 채 앉아 있었다.

존슨 부인 : 저는 잘못을 많이 저질렀어요.
루프니츠 : 부인이 잘하셨던 일도 있지 않나요?
존슨 부인 : 예를 들면 어떤 것이요?
루프니츠 : 그동안 누가 아이를 먹이고 입혔나요? 누가 아이의 선생님, 치료사들과 이야기를 나눴으며, 누가 필요한 많은 일을 해가며 아이를 돌봤나요?
존슨 부인 : 어느 엄마라도 당연히 그렇게 했을 일들인걸요.
루프니츠 : 엄마들도 도움이 필요하답니다. 누가 당신을 도왔지요?
존슨 부인 : 제 자신은 제가 감당할 수 있어요.
루프니츠 : 혼자서도 잘하는 사람이라도 따뜻한 사랑과 돌봄을 주는 친구가 필요합니다. 누가 부인을 사랑해 주었나요?

(계속)

> *존슨 부인* : 아무도 없었어요.
>
> 존슨 부인과 치료사 사이에 이러한 대화가 이뤄진 뒤 치료적인 동맹이 형성되었다. 이것은 존슨 부인이 이제껏 봐 왔던 문제해결중심적이고 가부장적인 사고를 가진 치료사들에게서는 결코 경험하지 못했던 것이었다. 이러한 치료적 관계를 바탕으로 가족은 열심히 치료에 참여하며 중요한 변화를 경험할 수 있었다. 리로이는 집으로 귀가조치를 받았으며, 그 후 대학에 진학했다. 리로이는 더 이상 문제를 일으키지 않았다.

여성주의 치료사들은 여성 내담자들이 자신과 신체와의 관계를 재검토하게 하였다(예 : Orbach, 1997). 매체를 통해 전달된 사회적 여성에 대한 기대효과를 검토하면서 여성들은 신체적인 면보다는 진정한 자신이 되는 것에 집중할 수 있게 되었다.

옹호하는 것과 **가치**를 주입하는 것 사이의 차이점을 설명하기 위해 섭식장애를 갖고 있는 한 젊은 여성과 작업한 치료사가 문화적인 상황과 관련된 주제를 어떻게 다루었는지에 대해 살펴보도록 하자. "우리 사회가 날씬한 것에 대해 너무 집착하고 있죠."라는 질문과 "여성에게 날씬한 것이 중요하다는 생각이 어디에서부터 왔는지 알고 있나요?"라는 질문의 차이는 무엇일까? 첫 번째 대화는 내담자가 현재 방식으로 음식을 먹을 수밖에 없는지에 대해 치료사가 알고 있다는 대화이다. 또한 문제가 어떤 것에 의해 야기되고 있는지 치료사가 내담자를 자기의 의견으로 끌어들이는 것을 보여 준다. 두 번째 질문은 내담자로 하여금 자신의 문제를 스스로 탐색할 수 있도록 대화를 이끌고 있다. 이 과정에서 내담자가 스스로 적극적인 역할을 취하게 함으로써 내담자 스스로 문제해결 능력이 있음을 자각하게 한다.

가족 내의 권력을 언급하면서 여성주의자들은 부부의 수입, 가사일의 분담 등에 대한 질문을 함으로써 관계성의 균형을 알 수 있다고 주장하였다. 즉 어떤 역할을 선택하고, 어떤 때 인정과 상을 받는지를 파악하면 두 사람의 관계를 잘 알 수 있다.

재정은 누가 관리하는가?
관계상의 문제는 주로 누가 나서서 해결하는가?
사회생활과 관련된 일은 누가 계획하고 준비하는가?
주거 문제는 서로 의논해서 결정하는 편인가?
생일 선물 같은 것은 주로 누가 마련하는가?
화장실 청소같이 하기 싫은 일은 누가 도맡아 하는가?
부부의 성 역할에 대한 가치관은 어떠한가?
원가족에서 배운 부부 혹은 남녀의 긍정적 혹은 부정적 역할은 어떤 것인가?

여성주의 치료의 핵심 요소 중 하나는 힘을 키워주는 것이다. 여성들은 전통적으로 다른 사람의 감정과 생각에 반응하고 다른 사람의 성장과 안녕을 도우면서 힘을 쏟도록 양육되었다. 남성에게 가장 큰 수치가 연약함이라면, 여성에게 가장 큰 수치는 이기심일 것이다. 가족 안에서 남녀 간에 발생하는 구체적인 갈등을 뒷받침하는 것은 문화적으로 프로그램화된 가치인데, 심지어 자신의 발달을 희생시켜서라도 남성은 자신의 성공을 추구하고 여성은 다른 사람을 돌보는 것을 당연시하기도 한다. 여성주의 치료사들은 여성들이 자신의 가치를 느낄 수 있게끔 힘을 북돋아 주면서, 이러한 불균형을 교정하는 데 목표를 둔다. 따라서 이러한 힘은 **지배하는** 힘이 아닌 할 수 있는 **능력으로서의** 힘을 의미한다. 능력은 수행하고 생산할 수 있는 능력과 그렇게 할 수 있는 자유와 자원을 가지는 것을 의미한다. 권력은 지배 및 통제와 연관되어 있다.

어떤 남성들은 어머니에게 통제당했던 경험 때문에 부부관계에서 아내가 무기력할 수 있음을 받아들이기 어려워할 수도 있다. 이런 남성들이 존재한다고 해서 사회적으로 남성이 우위를 차지하고 특권을 가지고 있는 현실이 달라지는 것은 아니다(Goodrich, 1991).

힘이 남녀가 경쟁하는 요인이 될 필요는 없다. 오히려 남녀관계는 더 친밀한 관계로 연결될 수 있고, 서로의 능력을 증진시키는 상호작용을 할 수도 있다(Miller, 1986; Surrey, 1991). 그렇게 될 때 남성과 여성 모두 서로에게 이로운 존재가 될 것이다.

최근 몇 년 동안, 결혼관계는 서로 **동등**하고 **평등**한 관계로 발전되어 왔다. 그러나 가부장제의 잔재는 누가 아이의 등교를 준비시킬 것이며 누가 차를 몰 것인지, 누가 대화를 청하고 누가 최종 결정을 내릴지, 경의를 표하는 사소한 행동에서부터 중대한 결정에 이르기까지 여전히 다양한 모습으로 가족에게 나타나고 있다.

사례연구

성 평등을 당연하게 여기는 세대에서 자란 올리비아와 노아는 이상적인 성 평등의 모습이 말처럼 쉬운 것이 아님을 실감했다. 노아가 집안일에 대해 올리비아만큼 책임을 져야 한다고 두 사람 모두 믿고 있지만, 그는 그러한 책임을 지는 것이 어려웠다. 반면 올리비아는 그러한 책임을 내려놓는 것이 어려웠다. 올리비아는 자신의 어머니가 그러했듯이 돌보는 것에 대한 책임을 지고 있었고, 노아가 그 일을 대신하려고 하면 그의 노력을 비판하는 경향이 있었다.

남편이 집안일을 좀 더 맡고자 하는 의지를 표현할 때조차도 서로 간에 양보해야 할 필요가 있다. 부인은 남편이 빨래를 할 때 비록 얼룩이 그대로 남아 있고 색이 배어 나오더라도, 남편이 빨래를 하겠다고 나설 때 그런 남편의 노력을 인정해 줄 필요가 있다. 남편이 제시간에 장을 보지 못해서 애들 도시락 반찬이 떨어지는 경우가 있더라도 그럴 수도 있다고 받아들일 수 있어야 한다.

어떤 남자가 단순히 '돕는 차원'이 아니라 가족의 일원으로 실제 책임을 나누려 할 때는 부인의 충고를 따라야 한다. 그리고 부인도 자신의 기대를 좀 내려놓아야 한다. 남편에게 왜 부인의 충고를 받아들이기 힘든지를 설명하라고 묻는 것이 남편의 속상한 마음을 좀 누그러뜨릴 수 있는 좋은 접근 방법이다. 상대방의 제안을 따른다는 것은 자유를 포기하는 것이다. 내가 원하는 방식이 상대방에게 문제가 된다면 내가 원하는 방식대로 모든 것을 처리할 수는 없다.

가족치료사들은 주로 여성들을 자주 만나고 남성들은 억지로 상담에 오는 경우가 많기 때문에 남성에게는 질문을 많이 하지 않게 된다. 이러한 것은 '아버지는 바깥에서 일하셔야 되니까' 상담에 잘 참여하지 않아도 그냥 넘어가는 태도에서부터 비롯된다. 그래서 치료사는 특히 남녀평등이 잘 이루어지지 않은 가족과 상담을 할 때 문제를 해결하기 위해서는 두 사람 다 상담에 참여해야 한다고 주장해야 한다.

여성주의 치료사들의 정치적 신념은 가정에서의 평등은 물론 가정 밖에서의 평등도 이루어져야 한다는 것이다. 20년 전의 여성주의자들의 논쟁은 직장 내에서 여성들이 고위직에 진출할 수 있느냐는 것이었지만, 지금은 일하는 여성들을 위해 환경이 조성되느냐 하는 것이다. 예를 들면, 회사가 다양한 목표를 추구하는지, 여성 직원의 가족들에게도 관심을 갖는지 등이다. 근래에는 사업장이나 직장에서도 여성들의 욕구는 남성들과 다르다는 것을 깨닫기 시작하였고 가족에 대한 여성들의 욕구를 채워 주기 위해 노력하기 시작하였다. 여성들도 직장과 가정의 필요를 충족시키기 위해 적극적으로 자신들의 요구를 내세우고 그런 요구를 채워 주지 못하는 직장에서는 더 이상 일을 하려 하지 않는다.

그러나 가난한 노동자 계급 여성들의 상황은 매우 다르다. 그들은 직업을 갖기를 몹시 원하지만 최저 임금을 받고 아이들을 돌볼 사람을 고용하는 것은 쉽지 않기 때문이다. 이들에게는 말로 하는 상담보다 현실적인 문제를 해결하는 것이 더 필요하다. 자녀를 돌보기 위해 일하는 시간이 조정 가능해야 하고, 시간제 일이 더 많이 있어야 한다.

◆ 사회구성주의와 이야기 혁명

구성주의constructivism는 가족치료 분야에서 치료사가 가족에 대해 객관적으로 진단하고 치료하는 것에 대한 의구심을 갖게 하였다. 인간의 경험은 근본적으로 모호하다. 경험의 단편들은 그것을 조직하고 그것에 의미를 부여하는 과정을 통해서만 이해될 수 있다. 구성주의는 가족의 상호작용 유형에 초점을 맞추는 대신, 사람들이 그들의 문제를 바라보는 관점을 탐색하게 하는 쪽으로 방향을 전환시켰다. 즉 '의미'가 일차적인 목표가 된 것이다.

1980~1990년대에 할린 앤더슨Harlene Anderson과 해리 굴리시안Harry Goolishian은 구성주의 철학에 근거하여 치료사-내담자의 위계 관계를 동등한 협력적인 관계로 해석했다. 린 호프만Lynn Hoffman을 포함한 협력적 치료사들은 사이버네틱스 모델과 기계론적인 해석에 반대하는 데 뜻을 같이 하였다. 그들은 치료사가 전문가의 위치에서 내담자와 동등한 동반자의 위치로 옮겨 갈 것을 요구했다.

가족치료 분야에 민주화 바람을 일으킨 인물로는 노르웨이 정신과 의사였던 톰 안데르센Tom Andersen이 있다. 그는 내담자에게 아무것도 감추지 않았으며, 치료의 장을 평등한 곳으로 만들었다. 그와 그의 치료 팀은 가족이 말한 것에 대해 공개적으로 토의했다. 이러한 **반영 팀**reflecting team은 치료사의 치료 작업을 관찰한 다음 관찰자, 치료사, 내담자 가족이 다 함께 토론을 통한 합의를 거쳐 치료적 방법을 적용하는 협동적 모델에서 널리 사용되게 되었다. 관찰자들은 일방경 뒤에 있다가 치료사, 가족들과 함께 그들의 생각에 대해 토론한다. 이러한 과정을 통해 가족은 자신을 그 팀의 일부라고 느끼게 되고, 팀은 가족을 좀 더 공감할 수 있게 된다(Brownlee, Vis, & McKenna, 2009; Sparks, Ariel, Pulleyblank Coffey, & Tabachnik, 2011).

이러한 협동적 치료사들은 기존의 치료 작업에서는 치료사들이 상위에 위치하기 때문에 내담자의 말에 귀 기울이지 못한다는 사실에 공감했다. 이런 권위적인 태도를 고치기 위해 할린 앤더슨(1993)은 치료사들에게 '경청'의 자세를 취할 것을 권고했다. 이러한 자세는 내담자와의 진정한 대화를 이끌어 낼 수 있고, 그 속에서 "치료사가 가지고 있는 전문성과 내담자가 가진 전문성이 만나 함께 문제를 해결할 방안을 찾게 된다"(p. 325).

이러한 새로운 관점은 성서 연구의 **해석학**hermeneutics 접근 방식으로부터 많은 영향을 받았다. 해석학이라는 용어는 그리스어로 의미 해석이라는 뜻이다. 해석학은 가족치료 분야가 등장하기 전 이미 정신분석에 많은 영향을 끼쳐 왔다. 해석이란 치료사가 독립적으로 혹은 환자나 가족들과 함께 협력하고 조직하고 구성한 것이다. 이런 해석학적인 관점이 본래부터 민주적인 성향을 가졌던 것은 아니지만, 이는 자연스럽게 근대에 발전한 핵심주의 관점에 대한 도전이자 권위주의에 대한 도전으로 이어졌다.

구성주의에서 개인이 어떻게 자신의 현실을 만들어 가느냐에 중점을 둔다면 가족치료사들은 상호작용의 힘을 강조해 왔다. 그 결과 **사회구성주의**social constructionism라고 불리는 또 하나의 포스트모더니즘 심리학이 여러 가족치료사에게 영향을 미치게 되었다.

사회심리학자인 케네스 거겐(Kenneth Gergen, 1985)은 사람들이 의미를 만들어 낸다고 하여 각자 독립적으로 의미를 구성한다고 보지는 않았다. 그는 사람들이 자기만의 의미를 만들어 낼 때 이미 사회적 상호작용을 통해 강력한 영향을 받고 있다고 했다. 거겐은 인간이 자기만의 독립적인 신념을 지니고 있는 자율적인 인간이라는 믿음에 대해, 인간의 신념이란 사회적 상황이 변함에 따라 변화할 수 있는 유동적인 것이라고 주장하였다.

이러한 관점은 다음의 의미를 내포하고 있다. 첫째, 사람은 누구도 홀로 신념을 갖게 되지 않는다. 즉 각 개인의 신념이라 할지라도 그것은 서로가 서로에 대해 영향을 미치고 있는 사회적 구성체 안에서의 결과물이라는 것이다. 결국 치료사는 내담자가 굳게 믿고 있는 신념, 더 나아가 자연의 법칙까지도 다시 한 번 검토해 볼 것을 촉구해야 한다. 둘째, 치료는 언어적 활동이다. 만일 치료사가 내담자로 하여금 문제를 새롭게 구성하도록 이끌 수 있다면, 문제와 그에 대한 답은 변할 수 있다. 셋째, 치료는 치료사와 내담자의 협력적 관계를 바탕으로 이루어져야 한다. 치료사 혹은 내담자 그 누구도 자신의 것만이 진실이라고 할 수 없다. 따라서 두 사람은 서로의 관점을 존중하고, 의견을 교환하는 가운데 새로운 현실을 만들어 가야 한다.

사회구성주의는 행동중심에서 인지중심으로 초점을 바꾸려고 노력하는 사람들에게 환영을 받았다. 1990년대에 이야기 치료(제12장)가 바로 가족치료에 등장하였다. 이야기 치료의 질문은 진실이냐, 아니냐를 판단하는 것이 아니라 어떤 관점이 도움이 되느냐 하는 것이다. 정신분석과는 달리 이야기 치료는 문제가 사람 내면이나 관계에 있는 것은 아니라는 입장이다. 오히려 문제는 개인과 상황에 대한 관점에 있다는 입장이다.

◆ 다문화주의

가족치료는 항상 맥락을 고려하는 치료로 알려져 왔다. 제2차 세계대전 이후 미국에서 가족치료가 탄생했을 때 이 원리는 가족관계의 영향력을 보기 위한 실용주의적인 관점으로 해석되었다. 현재 아시아, 중남아메리카, 아프리카, 동유럽으로부터 온 이민자들로 인해 미국은 더 많은 다양성을 가진 나라가 되었다. 이런 상황에서 전문 분야로서의 가족치료는 다른 사람들의 긍정적인 부분을 기꺼이 포용하고자 하는 의지를 보였다. 미국은 다른 문화권에서 온 가족들이 그들 나름대로의 삶을 살아가는 방법이 있음을 존중하는 법을 배우고 있을 뿐 아니라 학술지와 전문 단체들도 다양성과 포괄성을 높이기 위해 노력하고 있다.

모니카 맥골드릭과 동료들(McGoldrick, Pearce, & Giordano, 1982)은 저서를 통해 인류의 자민족 중심주의에 일격을 가하는 내용을 다루고 있다. 이 책에서는 서로 다른 민족이 가지고 있는 가치와 구조의 특성에 대해 서술하고 있다. 이 저서를 비롯하여 이와 유사한 내용을 다루고 있는 여러 저서(예 : Falicov, 1983, 1998; Boyd-Franklin, 1989; Saba, Karrer, & Hardy, 1989; Mirkin, 1990; Ingoldsby & Smith, 1995; Okun, 1996; McGoldrick, 1998; Fontes, 2008)가 출간됨에 따라 내담자 가족이 뿌리를 두고 있는 민족의 배경에 대한 이해가 중요하다는 점을 더 민감하게 인식하게 되었다. 그 결과 단지 다르다는 이유만으로 건강하지 않다고 가정하는 실수를 피할 수 있게 되었다.

다문화주의는 자민족 중심주의를 넘어선 진보임에 틀림없다. 그러나 차이를 부각시키는 것은 정체성 대립을 지나치게 강조할 위험이 있다. 차별과 분리는 민족적 자부심이라는 이름하에 사람들을 소외시키고 편견을 만들어 낼 수 있기 때문이다. 그렇기 때문에 다원주의pluralism라는 용어가 다문화주의multiculturalism보다 더 적절하다고 여겨지는데, 그것은 민족적 정체성 그리고 보다 큰 집단과 관계 사이에서의 균형이라는 의미를 내포하고 있기 때문이다.

제3장에서 제안한 것과 같이 민족에 대한 민감성은 결코 모든 문화에 대한 전문가가 되는 것 또는 전문가가 될 것을 요구하는 것과는 다르다. 그렇기 때문에 만약 치료사인 당신이 멕시코 농촌 가족에서 자녀들이 집을 떠나가는 것이 어떤 느낌인지 모른다면, 또는 한국인 부모가 청소년기의 딸이 미국 소년과 데이트하는 것에 대해 어떻게 생각하는지 모른다면, 언제나 내담자에게 물어볼 수 있다.

◆ 인종

초기 가족치료는 아프리카계 미국인들에게 관심을 기울였다(예 : Minuchin et al., 1967). 그러나 수년 동안 가족치료 분야는 미국 내 다른 분야에서와 마찬가지로 유색인종과 그들이 일상에서 경험하는 인종차별 문제에 대해 외면해 왔다. 그러나 결국, 낸시 보이드 프랭클린(1993)과 켄 하디 (Ken Hardy, 1993)와 같은 아프리카계 미국인 가족치료사들이 음지에 있던 인종에 관한 주제를 끄집어내어 가족치료 분야가 이것을 자각하지 않을 수 없게 하였다.

백인 가족치료사들은 아직까지도 인종에 대한 주제를 회피하기도 한다. 그러나 유색인종인 가족치료사들과 내담자들은 그러한 주제를 회피할 여유가 없다(Hardy, 1993).

우리는 백인에게 문제를 일으키는 사람으로 보이고 싶지 않기 때문에, 우리 주변에서 벌어지는 인종차별로 인한 상처와 분노를 억누른다. 백인에게 위협을 주지 않기 위해 의도된 차분한 직업인의 표정을 하고 있는 '제도상의 나'를 발전시켜 왔다. … 우리가 만든 '제도상의 모습'에만 익숙한 백인들은 흑인들이 금방 서로에게 느끼는 끈끈한 친밀감, 말로는 표현되지 않지만 한 공동체의 일원으로 느끼는 충성심의 진가를 잘 알지 못한다. (pp. 52-53)

로라 마코위츠(Laura Markowitz, 1993)는 한 흑인 여성의 치료 경험을 다음과 같이 설명하고 있다.

나는 수년 전, 한 친절한 백인 여성과의 상담을 기억한다. 그녀는 계속해서 자신이 화가 나 있는 이유와 우리 부모님이 부적절한 사람들이라는 점에 대해 이야기하였다. … 나는 결코 아버지를 형편없는 흑인 남성으로, 어머니를 형편없는 흑인 여성으로 생각해 본 적이 없다. 또 내가 살아온 환경에 대해 불만을 가져 본 적도 없었다. … 몇 년이 지난 후, 나는 한 유색인종인 치료사를 만났다. 그녀의 입에서 나온 첫 마디는 "자, 당신의 부모님이 어떤 분들이셨는지 생각해 봅시다."였다. 그것은 내가 우리 아버지를, 우리를 미워했던 끔찍한 인간이 아닌, 너무도 어려운 상황을 견뎌 낸 놀라운 생존자로 볼 수 있게 해준 기쁜 순간이었다. (p. 29)

Nancy Boyd-Franklin

보이드 프랭클린의 *Black Families in Therapy*는 소수민족 가족들을 치료하는 것을 다룬 최초이자 최고의 책이다.

Courtesy of Ken Hardy

하디는 치료사들에게 인종차별이 내담자 또는 치료적 관계에 미치는 영향을 간과하지 말 것을 권고한다.

백인이 아닌 가족들과 일하는 치료사들의 과제는 이들이 만나는 치료사들과 치료기관이 유색인종에게 보여 준 부적절한 태도 때문에 치료받기를 꺼려한다는 점을 이해하는 것이다. 특히 치료사가 백인이라면 더욱 그러하다. 더불어 치료사는 가족의 강점을 인식하고 그들의 관계망을 이끌어 내며, 만일 가족이 고립되어 있다면 그들이 서로를 지지해 주는 관계망을 형성할 수 있도록 도와야 할 것이다.

최종적으로 치료사들은 자신의 내면을 성찰하고, 인종이나 계층, 빈곤에 대한 자신의 태도를 확인해야 한다. 이를 위해 학자들은 교훈적인 차원의 교육을 넘어 우리 자신이 가지고 있는 인종차별 의식을 직접적으로 직면할 수 있도록 격려하는 내용의 교과 과정을 권하고 있다(Pinderhughes, 1989; Boyd-Franklin, 1989; Green, 1998).

◆ 빈곤과 사회계층

돈과 사회계층에 대한 논의는 사람을 돕는 직업을 가진 대부분의 전문가가 토론하기 좋아하는 주제가 아니다. 우리 문화에서 경제적으로 불리한 상황에 놓인 것에 대한 수치심은 자립에 대한 윤리와도 연관이 되는데, 이것은 사람들이 자신의 성공에 대해 책임이 있다고 생각하기 때문이다. 즉 가난한 것은 자신의 결점 탓인 것이다.

관리 보호로 인해 의료비가 감소했음에도 불구하고, 대부분의 치료사는 상당히 안정된 중산층의 생활 방식을 유지하고 있다. 치료사는 빈곤한 내담자가 직면하는 장애물과 그러한 생활 환경이 주는 심리적인 영향을 잘 감지하지 못한다. 이러한 내담자가 치료받으러 나타나지 않거나 주어진 지시를 잘 따르지 않을 때, 어떤 치료사들은 그들이 무감각하거나 무책임하다고 생각한다. 이것은 흔히 빈곤한 사람들이 자기 자신을 보게 되는 방식이기도 하다. 그리고 이러한 부정적인 자아상이 매우 거대한 장애물이 될 수 있다.

가난한 사람들이 빈곤을 벗어날 수 없다고 생각하는 경향에 대해 우리는 어떻게 대항할 수 있을까? 첫째, 가족치료사는 미국 내 빈곤에 대한 사회적·정치적 현실에 대해 교육을 받을 필요가 있다. 저널리스트 바버라 에런라이크(Barbara Ehrenreich, 1999)는 스스로 노동시장에 들어가 일 년 동안 복지수혜자로 살고자 했다. 이동 주택에서 살면서 종업원으로 일할 때, 꼭 필요한 비용을 지출하고 나면 남는 것이 거의 없었다.

　이전의 복지수혜자와 여성 가장들이 노동 현장에서 그렇게 낮은 임금을 받고 어떻게 살아왔는지 나는 상상할 수가 없다. 아마도 그들은 종일근무제로 일하면서 짧은 시간 동안 양육과 세탁, 로맨스와 식사 준비를 포함한 일상의 과제를 한꺼번에 하는 방법을 찾아낼 것이다. 아마도 차를 가지고 있다면 차 내에서 생활하는 친구들과 마찬가지로 차 내 생활을 할 것이라고 생각할 수도 있다. 내가 아는 것이라곤, 이들이 2개의 직장생활을 지속할 수도 없지만, 하나의 직업만을 가지고 충분한 돈을 벌수도 없다는 것이다. 이들과 비교하여 나는 장기적인 빈곤을 생각

할 수조차 없다는 유리한 점을 가지고 있었다. 건강과 정력이 있고, 차가 있으며, 양육하거나
보살펴야 할 자녀도 없었다. 복지 개혁의 사고는 가난한 이 사람들은 아주 작은 일이라도 할
기회가 생기면 심기가 편해지고 정신적으로 사기가 충전되리라고 생각하는 것이다. 그러나 불
행하게도 현실에서는 이들이 경험하는 것은 모욕감과 스트레스일 뿐이다. (p. 52)

사실상 미국은 동등한 기회가 제공되는 나라가 아니다. 경제는 이미 불균형 속에 확고하게 자
리 잡았고, 이러한 격차는 빈곤에서 벗어나는 것을 극도로 어렵게 만들어, 거의 1,000명 중 1명의
어린이가 지속적으로 결핍 상황에 처하게 된다(Walsh, 1998).

오늘날 빈곤 가족이 감당해야 할 부담은 경제적 불안뿐만이 아니다. 실패에 대한 의식은 중산
층에게까지 넓게 퍼져 있다. 대출금, 기름 값, 대학 학자금은 점점 올라가고 회사들은 고용자를
갑자기 그리고 가차 없이 해고함에 따라, 최고 부유층을 제외한 대부분의 가족은 경제적인 불안
에 의해 점점 지배당하고 있다. 중산층 가족의 수입은 지난 30년 동안 감소해 왔고, 젊은 세대는
맞벌이를 하고 있음에도 불구하고 매우 검소한 생활 수준을 유지하며, 그들의 부모처럼 여유 있
게 살 수 있다는 희망조차 가질 수 없는 지경에까지 이르렀다.

치료사가 내담자의 집세를 내 줄 수는 없지만 그들이 짊어지고 있는 부담이 모두 그들의 탓이
아니라는 점을 인식할 수 있도록 도울 수 있다. 비록 그들이 경제적 어려움을 호소하지 않더라도
민감한 치료사는 내담자 가족의 삶 속에서 작용하고 있는 경제적인 압박에 대해 인식해야만 한다.
그들이 어떻게 그렇게 잘 해내며 살아가고 있는지 물어보면서 이 주제를 꺼낼 수 있으며, 이것은
그들이 하루를 생존하기 위해 감당하고 있는 노력과 재능에 대한 위대한 평가가 되기도 한다.

◆ 동성애자의 권리

동성애자의 권리 투쟁만큼 사회를 변화시킨 사회운동은 없을 것이다. 2008년 캘리포니아 제안
8호에서 동성애자의 결혼을 허락하지 않자 미국사회는 동성애자의 권리를 지지하는 집단과 그렇
지 않은 집단으로 갈라졌다. 그러나 이 사항은 사람들로 하여금 동성애자의 권리와 결혼할 수 있
는 권리에 대해 다시 한 번 생각해 보게 하였다. 미국의 주마다 입장이 서로 다르긴 하지만 이들
에 대한 관심이 증가한 것은 분명 큰 발전이다. 그러나 아직도 동성애자들이 가야 할 길은 멀다고
할 수 있다. 제안 8호가 발의되었을때 어떤 주도 이 법안을 통과시키지 않았다. 후에 코네티컷 주
에서 동성애자 결혼을 허용하고 점차 다른 주에서도 허용되기 시작하였으며 2015년에 연방대법
원이 모든 주에 허용하면서 끝이 났다. 그러자 동성애자인 체육인, 정치인, 연예인 등이 대거 정
체성을 드러내면서 이제는 동성애가 보편적으로 받아들여지면서 그 어느 때보다도 이들은 질적
인 삶을 살게 되었다.

가족치료 분야에서 동성애와 관련된 주제는 인종 문제와 동일한 방식으로 부각되었다. 이 주제
에 대해 경시하고 부인해 오던 시간들이 지나고, 1980년대 후반에 이르러서야 가족치료는 동성애

자들이 경험하는 차별대우의 문제를 직면하기 시작했다(Carl, 1990; Krestan, 1988; Laird, 1993; Roth & Murphy, 1986; Sanders, 1993). 1996년에 의미 있는 임상 안내서(Laird & Green, 1996)와 *In the Family*(로라 마코위츠 편집)라는 잡지가 발행되면서, 가족치료 분야에서 쉬쉬해 오던 동성애자에 관한 주제가 마침내 세상 밖으로 나오게 되었다.

동성애자들이 일부 사회에서는 용인되고 있음에도 불구하고, 여전히 모욕과 차별을 받고 있고, 심지어는 단지 동성애자라는 이유로 폭력의 대상이 되기도 한다. 수치스럽고 혼란스러운 아동기를 거쳐, 대다수의 동성애자는 그들이 동성애자라는 것이 알려지는 순간 가족들로부터 외면당하게 된다. 그리고 아직도 동성애자들의 관계를 합법적인 부부로 인정하는 주는 많지 않다. 이렇게 합법적 관계로 인정받지 못하기 때문에 사회적 지지를 받지 못하고, 관계의 불안 때문에 서로 간에 질투를 느끼고 더 스트레스를 받고 더 고립감을 느끼며 힘들게 살아가는 것이 현실이다.

부모는 흔히 죄의식을 느끼는데, 이는 자녀의 동성애 문제의 원인이 부모 때문이라는 생각에서 기인한 것이다. 부모의 반응은 외면, 부모 자신에 대한 비난, 자녀의 장래에 대한 두려움에서부터 적대감, 폭력, 자녀와의 의절까지 다양하다(LaSala, 2010). 치료사들은 동성애 자녀가 그들의 자아정체감을 가지게 되기까지 수년 동안 몸부림쳐 왔을지도 모른다는 사실과 그들의 부모가 초기의 충격 이후 그것을 받아들이기까지 시간이 필요할지도 모른다는 것을 기억해야 한다.

치료사는 동성애, 양성애, 성전환 내담자를 상담할 때 이들의 독특한 정체감 형성과 소외 계층으로서 부딪히는 관계로부터의 문제에 대해 치료사가 할 수 있는 한 많은 정보를 수집하는 것이 필요하다. 동성애자들의 경험에 대해 정보가 많지 않은 치료사는 경험이 많은 슈퍼바이저의 감독을 받으면서 내담자들을 치료하거나 경험이 많은 다른 치료사를 소개해야 한다. 그들이 처한 문화적 맥락과는 별개로 개인과 가족들이 겪는 문제가 모두 똑같은 것이라고 보는 것은 옳지 않다.

우리는 언젠가 가족치료사들이 동성애 가족, 양성애자와 성전환자, 아프리카계 미국인, 나아가 사회에서 주변자적인 위치를 차지하고 있는 소외된 사람들이 겪고 있는 어려움과 그들이 그러한 어려움 속에서 살아 내고 있는 삶에 대해서도 연구하는 그런 날이 오기를 소망하고 있다. 예를 들면, 게이와 레즈비언의 가족은 혈연관계가 아니라 '선택하여 만든 가족'이다(Johnson & Keren, 1998). 조안 레어드(Joan Laird, 1993)는 이들 가족들로부터 "젠더관계, 부모 역할, 입양 등에 대해 이들이 경험하는 긴장감, 그리고 특히 이들의 강점과 회복력"(p. 284)에 대해서 많은 것을 배울 수가 있다고 말하고 있다. 그러나 중요한 것은 우리가 그것을 배울 준비가 되어 있느냐 하는 것이다.

새로운 개척 분야

◆ 신경과학의 발전

과학자들은 뇌 기능의 단서가 되는 두개골의 융기를 들여다보게 된 이후로 먼 길을 왔다. 이제 우리는 골상학을 대신하는 많은 기술을 가지게 되었는데, 뇌에서 가장 활동적인 영역으로 흐르는 혈류량의 증가를 측정하는 *fMRI*(기능성 자기공명 영상), 뇌의 특정 부위와 활동을 보여 주는 *PET scan*(양전자방출 단층촬영), 전자신호를 통해 뇌의 활동을 측정하는 *ERP*(사건 관련 전위), 가상의 조직 부상을 유도하기 위해 대뇌 피질로 자기장을 유입시키는 방법으로, 반복적으로 행해질 경우 단파를 사용하는 신경계를 활성화시키거나 방해하게 되는 *TMS*(경두개 자기자극) 같은 것이 그것이다.

이러한 기술적 진보는 사람들이 해서는 안 된다고 알고 있는 것들을 계속하고, 해야 한다고 알고 있는 것들을 하지 않는 이유가, 인간의 뇌가 그렇게 하도록 프로그램화되었기 때문이라고 믿게 하는 많은 증거를 제공해 주었다. 편도체, 해마, 전두엽 피질에 관한 연구는 뇌가 사람들로 하여금 프로그램화된 사고와 행동 패턴을 실행하도록 하는 신경반응회로를 활성화시킴으로써, 특정 자극에 자동적으로 반응하도록 조건화되어 있다는 것을 보여 주고 있다(LeDoux, 1996; Siegel, 1999).

이러한 조건화된 반응 패턴은 인지행동 치료사가 도식이라고 언급하는 것과 유사한데(제9장 참조), 이것은 우리가 과거의 경험에 기초하여 현재의 경험을 해석하는 인지적 구조를 말한다. 그러나 많은 도식이 잠재적 기억 속에 암호화되어 의식적 기억이나 이성적인 재평가의 지배를 받지 않는다는 것이 차이점이다.[1]

신경과학이 입증한 증거는 인지가 아닌 감정이 인간의 경험을 조직하는 주요 역할을 담당한다는 것이다. 사고가 중요하지만, 우리가 생각했던 것만큼은 아니다.

뇌가 매우 어린 나이에 특정한 종류의 신경계 활동을 확보한다는 것과 한번 이러한 활동이 만들어지면, 그것은 한 사람의 일생에 걸쳐 끈질기게 지속되는 경향이 있다는 것을 설명하는 아주 좋은 증거가 있다. 뇌의 신경 작동계에 대한 발견은 사람들이 변화하는 것이 가장 최선이라는 것을 잘 아는 순간에조차도 왜 그렇게 자주 자멸적인 상호작용을 고집하는지에 대해 설명해 준다. "대부분의 경우 정서적인 반응은 무의식적으로 발생했다"(LeDoux, 1996, p. 17). 프로이트가 의식은 빙산의 일각이라고 설명했던 것이 맞았던 것으로 판명된 것이다.

편도체는 정서적인 파수꾼 역할을 하면서 끊임없이 위협적인 신호에 대해 경보 태세를 취한다. 만약 경험이 잠재적인 위험으로 등록되면, 편도체는 뇌 전체에 고통의 신호를 보내게 되는데, 이것은 아드레날린과 노르아드레날린의 분비에서부터 증가된 심박 수, 혈류량의 증가, 투쟁-도피 반응을 위해 움직이기 시작하는 근육에 이르기까지 다양한 생리적 반응의 동요를 일으킨다. 우리의 의식적 상태가 무슨 일이 일어났는지 평가하고, 간혹 무엇을 할지에 대해 생각만큼 충분히 멈추라고 우리를 설득하기도 훨씬 전에, 우리는 단 천 분의 일 초 안에 격발할 수도 있고 또는 두려

---

1 잠재적 기억은 의식적인 자각이라기보다 감정적·행동적·반복적인 기폭제에 기초한 기억의 형태이다.

움에 굳어질 수도 있는 것이다. 편도체는 상황이 위험한지에 대해 평가하려고 할 때, 그 사건을 감정적으로 기입된 과거의 사건과 비교한다.

결혼생활의 고통이 발생하는 과정에서 이러한 촉발 방아쇠 역할을 하는 뇌의 기제는 워싱턴대학교에 있는 심리학자 존 가트맨(John Gottman, 1999)의 연구에 의해 완전히 입증되었다. 가트맨은 뇌의 격세유전의 감정적 반응이 비판, 멸시, 의사 방해와 높은 상관관계가 있음을 발견했다. 점진적으로 출현하고 있는 감정적 뇌에 대한 묘사는 많은 내담자가 친밀한 관계 안에서 그들의 반작용을 억누르는 것이 왜 그렇게 어려운지를 조명해 주는 창과도 같다. 이혼의 궤도가 대부분 부부로 하여금 결국 서로에 대한 생체적·감정적 과민성을 발달시키도록 만드는 빈번하고 불쾌한 언쟁에서 시작된다는 것이 밝혀졌다.

사람들이 잘 지내는 법을 배울 수 있기를 바라는 이들이 기억해야 할 요점은 대뇌의 신피질이 어떤 행동을 개시하기도 전에 편도체가 감정적 불꽃을 터뜨린다는 사실이다. 이것은 치료사가 부부로 하여금 의사소통을 더 잘할 수 있도록 도와야 하는 이유이다. 한쪽 배우자가 상대의 심장에 비수를 꽂는 말을 할 때, 그동안 쌓아온 모든 노력이 한순간에 연기 속으로 사라지는 것 같이 허사가 되기 때문이다. 비록 과거의 경험이 아니더라도 현재 비슷한 경험은 최초의 신경회로를 활성화시킨다.

이러한 몇몇 신경과학적 발견이 흥미를 자극하는 만큼, 이것들은 불행한 결론을 이끌 수도 있다. 우리가 사용하는 말로 한 개인의 행동을 묘사할 때("그녀는 느닷없이 화를 내.", "그는 듣지를 않아." 등), 우리는 사람들에게 책임을 지우는 경향이 있다. 그리고 치료가 도움이 될 수 있다고 믿는다. 그러나 생물학적 설명으로 전환하는 것은 사람들로부터 자유의지를 빼앗는 것처럼 보일지도 모른다. 이미 프로그램화된 신경반응회로와 어떻게 의논을 할 수 있겠는가? 이렇게 현재 부각되고 있는 생물학적 결정론은 사람들이 그들의 뇌에서 일어나는 것 때문에 어떤 것을 한다는 것을 제안한다. 그러나 그것은 거짓이다.

생물학적 사건은 인간의 행동의 원인이 되지 않는다. 이것은 다른 분석적 차원에서 발생한다. 편도체의 최초 반응이 전두엽 피질에서 일어나는 논리적인 작업을 압도할 수 있다는 사실에 대한 이해는, 특정한 상황에 감정적으로 반응하는 것을 피하기가 매우 어려운 이유를 설명해 준다. 그러나 우리는 여전히 사람들의 행동에 대한 책임을 그 사람에게 지울 수 있다.

한 남자가 아내와 논쟁하다가 아내를 때렸을 때 그의 편도체가 뇌의 감정회로를 자극했다는 사실은 행동에 대한 변명이 되지는 않는다. 일어났던 일을 생물학적 용어로 설명할 수는 있지만, 생물학적인 과정이든 행동적인 과정이든 어떤 수준에서 그 행동을 설명하고 있는지와 상관없이, 우리는 여전히 그 남자가 자신의 공격적인 충동에 저항하는 법을 배우기를 기대한다. 인간 행동의 측면에서 볼 때, 우리는 그 남자가 매우 화가 난 상태에서조차도 아내를 때리고 싶은 충동을 견디는 법을 배울 수 있다고 말할 것이다. 리처드 데이비드슨(Richard Davidson, 2001, 2003)과 같은 정서를 연구하는 신경과학자들은 생물학적인 용어 안에서 전두엽 피질이 감정적 반응성을 완화시킬 수 있으며, 사람들이 자신의 전두엽 피질을 활성화시키고 감정적 반응을 억제하는 방법을 배울 수 있다는 것을 발견했다.

내담자가 평온할 때, 즉 그의 편도체가 전두엽 피질을 단락시키기 전이라야, 인지적 개입이 효과가 있을지도 모른다(Atkinson, 2005). 그러나 가족 구성원의 불안 수준이 낮아지기 전까지는 함께 논리적으로 이야기를 나눌 수 없다고, 50년 전 머레이 보웬이 우리에게 가르쳐 주지 않았는가?

신경회로는 의미의 창조, 신체 상태의 조절, 감정 변화의 조정, 기억의 구성, 상호 간의 의사소통 능력을 조절한다. 그러나 이러한 기능은 또한 관계의 경험에 의해 영향을 받기 때문에, 우리는 상호작용의 경험과 뇌의 구조가 순환적인 방법으로 서로 영향을 주고받는 것을 볼 수 있다. 다시 말해 뇌는 경험을 만들고 경험은 뇌의 구조와 기능을 만든다.

◆ 성과 인터넷

이메일, 휴대전화, 무선호출기, 즉석 교신, 전자 게임, 그리고 인터넷 등의 전자기술만큼 21세기의 지표를 바꿔 온 것도 없다. 인터넷은 검색과 의사소통을 용이하게 한다. 인터넷은 정보를 제공해 주고, 사람들을 서로 연결해 주고, 또한 사람들로 하여금 관계에 적극적으로 참여하는 것으로부터 탈출하여 고독한 취미를 즐기는 사적인 공상 속으로 들어가게 함으로써 사람들 사이를 단절시키기도 한다.

현대의 과학기술은 많은 혜택을 가져다준다. 그러나 결혼생활을 다루고 가족을 치료하는 일을 하는 누군가에게는 과학기술이 종종 가족관계 안에 문제를 일으키는 최소한의 한 영역에 대해 인식하는 것이 중요하다. 그 영역은 바로 사이버섹스이다.

최근의 연구는 대다수의 결혼과 가족치료사가 사이버섹스와 관련된 문제를 보이는 내담자를 만나고 있으며, 이러한 사례의 수가 점점 증가하고 있다는 것을 발견했다(Goldberg, Peterson, Rosen, & Sara, 2008). 청소년 자녀를 둔 가족을 만날 때, 치료사는 청소년 자녀가 음란물에 노출된 것과 부적절한 성적 접촉의 위험과 관련된 문제를 다루어 달라는 요청받을 수 있다. 그리고 부부를 만나는 치료사는 좀 더 적극적인 형태의 외도뿐 아니라 음란물에 대한 강박적인 소비와 연관된 문제를 가진 사례를 만나게 될 것이다.

치료사의 임무를 복잡하게 만드는 것은 사이버섹스에 대한 문제가 확산되었음에도 불구하고 그것이 여전히 수치스럽게 여겨져서 입 밖으로 쉽게 이야기되지 않는다는 사실이다. 결과적으로 무엇을 찾고 어떤 종류의 질문을 할지에 대해 알기 위해서 이러한 문제에 관한 정보를 아는 것은 중요하다.

인터넷에는 많은 영역이 있지만, 10대가 온라인상에서 성적 행동과 관련된 것을 실험하거나 성희롱과 성범죄의 피해자가 되는 것을 감행하는 첫 번째 장소는 월드 와이드 웹World Wide Web, WWW이다. 소셜 네트워크 사이트(MySpace, Facebook, Bebo, Friendster, Orkut, Ecrush, eSpintheBottle, Tagged, LinkedIn), 영상과 사진을 공유하는 기술(GooglePlus, Webshots, Photobucket, YouTube, YahooPhotos, SmugMug, Flickr), 그리고 온라인 게임(Gunz, Runescape, World of Warcraft, Grand Theft Auto, Dance Dance Revolution, Guita Hero, Madden NFL, Kongregate, Halo3)은 모두 부적절한 성적 활동을 위한 기회를 제공하고 있다. 이러한 활동은 성적으로 선정적인 사진과 영상의 게시, 대화방과 이메일을 통한 성적인 대화, 또는 다른 게시물을 포함한다(Gillispie & Gackenbach, 2007).

10대가 문제가 되는 성적 행동에 빠지게 되는 온라인상의 다양한 범행 장소를 이해하는 것과 더불어, 기본적으로 온라인에서 사용되는 특유한 언어와 표현을 기본적으로 이해하는 것도 중요하다. 온라인에서 사용되는 속어에 대해 부모와 치료사가 배울 수 있도록 도와주는 공급처로 2개의 인터넷 사이트가 있는데, Netlingo(www.netlingo.com)와 Noslang(www.noslang.com)이다. 여기에 몇 가지 예가 있다.

Cybering — 온라인에 있는 누군가와 성적 행동을 하는 것

POS(Parent over shoulder) — 부모님이 감시하고 있어

IWSN(I want sex now) — 지금 섹스하고 싶어

Q2C(Quick to cum) — 곧 사정하려고 그래

Lurking — 대화방에 직접 참여하지는 않지만, 그 안에서 이뤄지는 대화를 관찰하고 있는 것

RUH(Are you horny?) — 너 흥분했니?

LMIRL(Let's meet in real life) — 실제로 만나자

TDTM(Talk dirty to me) — 음란한 얘기 좀 해 봐

P911(Parent alert) — 부모님 오셨어

8 — 오랄 섹스

CU46 — 섹스하기 위한 만남

GNOC — 카메라 앞에서 나체로 자기 몸 보여 주기

가족과 기술에 대해 이야기할 때, 인터넷에 접속하는 모든 형태에 대해 물어보는 것이 중요하다. 왜냐하면 휴대전화, 블랙베리, 게임 시스템, 아이팟 모두 인터넷 접속 서비스와 관련된 유혹물을 제공하고 있기 때문이다. 대부분의 가족 안에서 컴퓨터에 대해 가장 잘 아는 사람은 가족 중 가장 어린 사람이기 때문에, 부모가 아이의 컴퓨터 사용을 감독하는 것은 어려울 수 있다. 게다가 점프 드라이브, USB 드라이브, 이동식 하드 드라이브와 같은 이동식 저장 매체의 발명으로 사용자는 인터넷과 다른 경로를 통해 제공받은 정보를 쉽게 숨길 수 있는 작은 장치 안에 저장할 수 있다.

아이의 컴퓨터에서 성적인 내용과 대화를 볼 수 없도록 차단하기 위해 고안된 다양한 소프트웨

어 프로그램이 있다. 그러나 이러한 프로그램이 어린아이에게는 효과를 발휘할지도 모르지만, 좀 더 나이가 있는 10대에게는 쉽게 해제되어 아이들은 얼마든지 원하는 곳에 접근할 수 있다. 비록 부모가 문제를 예방하는 소프트웨어의 사용에 대한 충고를 감사히 받아들일지라도, 이러한 프로그램은 청소년의 인터넷 사용에 대한 거짓된 안전감을 주어서는 안 된다.

방지 프로그램을 사용하더라도 대부분의 10대는 인터넷상에서 음란한 사진, 영상, 이야기, 또는 성적 대화에 노출될 것이다. 실제로 10~17세 사이 아이들의 70%가 인터넷상에서 각종 형태의 음란물에 노출된 적이 있다고 인정한다. 다음은 온라인상에서 문제 행동이 일어나고 있다는 것을 보여 주는 몇 가지 지표이다(Delmonico & Griffin, 2008).

◆ 컴퓨터와 더 많은 시간을 보내기 위해서 이전에 즐기던 활동을 희생한다.
◆ 온라인 활동의 횟수와 형태에 대해 비밀을 유지한다.
◆ 특히 인터넷 사용 이후 또는 인터넷 접속이 불가능한 시간 동안 우울 또는 불안의 증상이 현저하게 드러난다.
◆ 학교에서 음란물에 접근하기 위해 컴퓨터를 사용하거나 사전 대책도 없이 인터넷에서 알게 된 사람을 만나는 등 온라인 활동과 함께 더 큰 위험을 감수한다.
◆ 학교에 결석하거나 지각하거나 인간관계 상실 등 인터넷 사용으로 인해 중요한 활동을 위험에 빠뜨린다.

인터넷이 아이들에게 노출하는 위험은 음란물뿐 아니라 사이버 폭력과 사이버 희롱 그리고 좀 더 나쁘게는 현실 세계에서 사람들과의 부적절한 성적 접촉까지 포함한다.

10대가 온라인 대화방에서 만나는 친구는 성인 약탈자로 드러나는 경우도 있다. 미국 청소년의 19%에 이르는 많은 숫자가 원치 않는 성적인 유혹의 표적이 되어 왔다. 소녀, 좀 더 나이가 있는 10대, 문제를 일으키는 청년, 잦은 인터넷 사용자, 대화방 참여자, 온라인에서 낯선 사람들과 대화하는 사람들이 가장 큰 위험에 노출되어 있다(Mitchell, Finkelhor, & Wolak, 2001). 치료사는 어린 사람들에게 이러한 위험에 대해 가르칠 준비가 되어 있어야 한다. 그리고 이들이 위와 같은 만남에 대해 부모 또는 책임이 있는 다른 어른들에게 알리도록 거듭 강조해야 한다.

여기에 사이버섹스의 약탈자로부터 아이들을 보호할 수 있는 몇몇 제안이 있다(Weiss & Schneider, 2006).

◆ 인터넷 접속이 가능한 컴퓨터를 쉽게 감독할 수 있는 곳에 두어 컴퓨터의 사적인 활용을 제한한다.
◆ 컴퓨터의 즐겨찾기, 접속된 웹사이트의 기록, 캐시 기억장치를 확인하여 아이들의 인터넷 사용을 감독한다. Disk Tracy(www.disktracy.com)와 같이 컴퓨터에 프로그램을 설치하면 해당 컴퓨터에 의해 접속된 모든 온라인 사이트의 목록을 제공해 주는 컴퓨터 소프트웨어의 사용을 고려

한다.

◆ CyberPatrol(www.cyberpatrol.com)과 같이 즉석 메시지를 포함하여 성적으로 부적절한 사이트에 접속할 수 없도록 하는 방지 소프트웨어를 설치한다.

◆ 성적으로 부적절한 자료가 당신의 컴퓨터로 들어오는 것을 막아 주는 '가족 지향적인' 인터넷 서비스 제공처의 사용을 고려한다.

◆ 아이들에게 실명, 주소, 전화번호를 누군가에게 절대 알리지 말고, 그들을 쉽게 찾아낼 수 있도록 만드는 어떤 정보(학교 이름 등)도 제공하지 말도록 가르친다.

◆ 아이들로 하여금 부모의 감독 없이 온라인에서 만났던 사람을 직접 만나는 일은 절대 허용될 수 없다는 것을 알게 한다.

◆ 아이들과 인터넷 활동에 대해 이야기를 나눈다. 그들이 죄책감이나 불편함을 느끼게 만드는 어떤 온라인 활동에 대해서도 이야기를 나눌 수 있도록 격려한다.

◆ 만약 당신의 아이가 성적으로 착취당했거나, 누군가가 아이를 착취하려는 시도를 하고 있다고 생각된다면, 이것을 성범죄로 여기고 FBI에게 보고하도록 한다.

마지막으로 비록 기술이 문제가 되는 성적인 행동을 조장했을지 모르지만, 그러한 문제를 해결하는 것이 단순히 기술과 관련된 문제라고 생각한다면 그것은 오산일 것이다. 부모는 아이들의 컴퓨터에 예방적인 소프트웨어를 설치하기를 원하겠지만, 치료사는 부모와 10대 사이에서 인터넷의 사용과 성에 대한 대화가 이루어질 수 있도록 격려하는 것이 아마 더 중요할 것이다. 게다가 치료사는 건강하지 않은 성적 경험으로부터 10대를 보호하는 것을 생각할 때, 어른의 감독과 통제만이 답이 될 수 없다는 것을 부모가 이해하도록 도와야 할 것이다. 일단 아이들이 특정한 나이에 이르게 되면 부모의 통제, 특히 불공평하게 인식되는 통제라면 순종하는 것만큼의 많은 반항을 낳을 수 있다. 만약 통금시간이나 집안일에 대한 것이라면 저항은 눈에 명확히 보이는 논쟁의 형태로 드러나겠지만, 성만큼이나 민감하게 수치심을 동반하는 주제들이라면 저항은 '침묵의 논쟁' 형태로 이루어질 것이다(Nichols, 2009). 즉 겉보기엔 순종하는 것처럼 보이겠지만, 은밀히 문제를 일으키게 되는 것이다. 따라서 컴퓨터 사용을 제한하는 것에 대한 토의에 10대를 포함시키는 것은 현명한 일이다. 왜냐하면 10대는 그들이 참여할 기회를 가졌던 결정을 받아들이기가 훨씬 더 쉽기 때문이다.

◆ ◆ ◆

어른의 경우 음란물과 다른 형태의 성적 경험은 해로울 것 없는 사적인 활동이며, 심지어 이것은 부부관계에서 열정을 강화시켜 줄 수 있다고 주장할 수 있다. 그러나 음란물, 온라인에서 맺은 관계, 성적인 행동은 강박 충동으로 발전할 수 있고, 종종 관계에서의 믿음과 친밀감을 손상시키는 비밀의 특성을 가지게 된다(Cooper, 2002). 그 결과 치료사는 음란물과 인터넷에서의 부정행위를 강박적으로 보는 것과 연루된 사례를 점점 더 많이 접하고 있다(Gonyea, 2004). 문제가 될 수 있는 성적인 행동에는 다음과 같은 예가 있다.

◆ 음란물을 보고 자위행위를 한다.
◆ 성과 관련된 이야기와 편지를 읽고 쓴다.
◆ 성적인 모임을 주선하기 위해 이메일을 사용한다.
◆ 성적 파트너를 만나기 위해 광고를 낸다.
◆ 성적인 것을 나누는 대화방에 들어간다.
◆ 상호적인 정사(웹 카메라를 통해 나체와 성적인 행동을 보여 주는 것을 포함)를 시도한다.

디지털 영상 흐름과 상대적으로 저렴한 가격의 웹 카메라의 출현으로, 영상을 찍어 보낼 수 있고 실시간으로 이것에 관한 메시지가 돌아온다. 인터넷의 기술이 진보할수록, 사이버섹스의 경험은 사진과 녹화된 영상을 뛰어넘어 실황의 행동 영상, 주문식의 성적 응대, 가상섹스로까지 이어졌다. 이러한 발전은 경험을 좀 더 강제적으로 만들고, 좀 더 깊은 관계의 배우자에게 배신감을 안겨 준다. 사이버섹스와 관련된 주제를 호소하는 사례가 증가하는 것을 볼 때, 치료사는 어떤 질문을 할 것인지, 그리고 그것을 어떻게 제시할 것인지를 알기 위해 기술적인 방법에 대해 충분히 정통해 있어야 한다.

다음은 내담자의 온라인상 성적 행동의 성격과 범위를 탐색하기 위해 고안된 질문이다(Weiss & Schneider, 2006).

1. 당신은 자신이 온라인에서 음란물을 보거나 성적인 또는 로맨틱한 이야기와 사건에 몰입하는 데 점점 더 많은 시간을 사용하고 있다는 것을 발견하고 있습니까?
2. 온라인에서 로맨틱한 또는 성적인 정사를 맺은 적이 있습니까?
3. 음란물이나 온라인상의 성적 활동이 당신의 결혼에 대한 헌신을 방해합니까?
4. 당신이 하고 있는 온라인상의 성적 활동의 횟수를 줄여야 한다고 생각함에도 불구하고 그렇게 할 수 없었습니까?
5. 자신에 대한 수치감과 죄책감을 느끼게 하는 성적 자료와 사이트, 상호작용으로부터 거리를 두는 것이 어렵습니까?
6. 음란물의 사용이 당신의 가정생활, 직장 일, 학업 수행(당신을 피곤하게 만들고 의무 이행을 지연시키는 것을 포함)을 방해합니까?
7. 음란물의 사용이 당신에게 중요한 관계를 침해하고 있습니까?
8. 음란물을 수집하고 있습니까?
9. 온라인상에서 성적·공상적인 행동 또는 강간, 성도착, 아동 음란물과 같은 불법적이고 폭력적인 성적 행동을 그리고 있는 음란물을 보는 데 열중하고 있습니까?

10. 음란물의 사용 또는 성적 환상에 몰입하느라 친구, 가족, 사랑하는 사람과 보내는 시간이 줄어들었습니까?

11. 음란물을 보는 데 사용하는 시간의 양, 선택하는 음란물의 형태, 온라인에서 몰두하고 있는 활동의 형태에 관해 거짓말을 하거나 비밀에 부치고 있습니까?

12. 배우자 또는 파트너가 아닌 다른 누군가와 온라인상의 성적 환상을 통해서든 직접 만나서든 성관계를 가지고 있습니까?

13. 온라인에서 음란물을 사용하는 시간과 당신이 사용하는 음란물의 형태에 대해 가족이나 친구들로부터 불평을 듣고 있습니까?

14. 음란물에 몰입하는 것을 포기하거나 줄이라고 요구받았을 때 흥분하거나 화가 납니까?

15. 성적인 또는 로맨틱한 생활에 대한 일차적인 초점이 잡지에서 발견되는 사진, 영상, 인터넷 활동과 점점 연관되고 있습니까?

앞의 질문에서 세 가지 이상에서 그렇다고 대답한다면 염려할 근거가 된다.

진부한 종류의 외도처럼, 인터넷에서 이루어지는 정사가 관계의 문제로부터 비롯된 것이라고 말하는 것은 공정하지 않다. 그러나 체계이론의 순환적인 관점에서 볼 때, 관계에서의 문제가 인터넷 섹스나 다른 어떤 것과 관련된 문제를 일으키느냐 하는 것은 중요하지 않다. 이것들은 서로를 부추긴다. 무엇이 먼저인지에 대해 걱정하는 대신, 치료사는 두 가지 면을 동시에 다룰 수 있다. 강박적인 성적 활동을 끝내도록 격려하고 이러한 활동을 촉진했을지도 모르는 관계의 문제를 보게 하는 것이다. 예를 들어 배우자의 분노, 특히 표현되지 않았거나 해결되지 않은 분노는 어떤 사람들로 하여금 그들이 관계 바깥에서 마음을 달래고 흥분을 고조시킬 수 있는 어떤 것을 추구할 권리가 부여되었다고 느끼도록 만든다.

약물 및 알코올 중독처럼, 성적 강박도 여성과 남성 둘 다에게 영향을 미친다. 성 중독의 회복 프로그램에 참여한 사람 중 약 25%가 여성이었다(Cooper, 2002). 남성이 음란물을 다운로드받는 것을 좀 더 쉽게 한다면, 여성은 전형적으로 관심의 대상에 대해 실제로 알아갈 수 있는 기회가 더 많은 대화방과 개인적으로 광고를 낸 사람을 더 선호한다.

외부의 개입 없이, 대부분의 강박적 활동은 시간이 지날수록 고조되는 경향이 있다. 특히 약물 복용과 성적 행동처럼 매우 강화되는 활동일 경우 더욱 그렇다. 강박적인 자기만족에 사로잡혀 있는 대부분의 사람은 그 결과가 매우 극심할 경우에 이르러서야 도움을 구하게 된다. 강박적인 성적 행동의 결과는 관계의 문제, 직업의 상실, 공개적 망신, 성병, 체포, 그리고 심지어 투옥까지 포함한다.

치료에 있어서 뚜렷이 다른 많은 접근법이 있고, 모든 치료사가 강박적인 성적 행동을 섹스 중독으로 보거나 12단계의 치료 모델을 고집하는 것은 아니지만, 중요한 것은 치료사가 자신의 전문성 범위 밖에 있는 문제를 다루려고 시도해서는 안 된다는 것이다. 만약 치료사가 음란물 남용과

322 제3부 가족치료 분야의 최신 발전

강박적인 성적 행동을 이해하지 못하거나 이러한 문제를 다루는 것에 있어 훈련이나 경험을 가지지 않았다면, 치료사는 다른 전문가에게 이 내담자를 보내야 할 것이다. 나라와 주에 의해 조직된 기관인 성 건강의 발전을 위한 모임The Society for the Advancement of Sexual Health는 강박적인 성적 행동에 대해 정통한 전문가의 명단을 포함하는 웹사이트(www.sash.net)를 보유하고 있다.

외부의 성적 활동과 연관된 (원인과 결과로서) 부부관계에서의 문제는 의사소통, 경계선, 헌신의 문제와 연관된다. 부부의 의사소통 문제를 다룰 때, 치료사는 부부가 그들의 필요와 그것을 어떻게 충족시키는지에 관해 대화할 수 있도록 격려해야 한다. 인터넷 음란물로 인해 나타나는 혼외정사 문제는 한쪽 배우자 또는 두 사람의 탈선으로부터 관계를 보호하지 못하는 부적절한 경계선에 관한 것이다. 그러나 모든 경계선처럼, 산만한 경계선 및 경직(유리)된 관계와 같이 관계는 상호적이다. 그리고 유리된 관계에 대해 기억해야 할 것은 이것이 존재하는 한 가지 이유가 있다는 것이다. 만약 부부가 유리되어 있다면, 아마도 한쪽 또는 두 사람 모두 상당한 정도의 해결되지 않은 적개심을 마음에 품고 있을 것이다.

만약 배우자 중 한 사람이 성적인 자극과 친밀감, 또는 그저 평범한 관심을 찾아 관계 밖으로 나간다면, 관계의 헌신과 관련된 문제가 분명히 발생하게 된다. 치료사가 탐색할 질문은 왜 그렇게 되었는지에 관한 것이다.

◆ 영성과 종교

20세기 전체를 거쳐 심리치료사들은 종교를 상담실 안으로 가지고 들어오지 않으려고 애썼다. 그들은 또한 내담자가 자신의 삶에 대해 스스로 결정을 내릴 수 있게 하려고 중립적인 입장을 취하려고 노력하면서, 동시에 치료에서 내담자를 교화시키려고도 하지 않았다.

그러나 21세기에 접어들어 점점 많은 사람이 현대의 삶이 고독하고 공허함을 느끼게 되면서, 널리 확산된 소외감에 대한 해독제로서 영성과 종교에 관심을 두게 되었다. 이러한 주제는 유명한 잡지의 표지를 장식하기도 했고, 가족치료 문헌에서도 언급되기 시작했다(Brothers, 1992; Burton, 1992; Prest & Keller, 1993; Doherty, 1996; Walsh, 1999). 미국의 대다수 국민은 영성이 자신들의 삶에 매우 중요한 부분(Gallup, 2007)이라고 말하고 있고, 치료 현장에서 영성에 대해 언급해야 한다는 요구가 증가하고 있다. 그럼에도 불구하고 가족치료 현장에서 영성이 차지하는 영역이 다른 일반적인 정신건강 치료 분야보다 훨씬 낮은 것을 볼 수 있다(Erickson et al., 2002). 부부가족치료사들이 대학원을 졸업하고 치료 현장에 투입될 때 대부분의 경우 내담자와 영성을 다룰 수 있는 준비가 되어 있지 않고 훈련센터들도 이 중요한 영역에 대한 준비를 제대로 시키지 못하고 있다(Ahn & Miller, 2009). 그러나 치료사가 내담자와 작업할 때 종교와 영성을 통합시키면 치료 과정이 더욱 깊고 의미 있는 과정이 된다고 보고하고 있다(Hook, Worthington, Davis, & Atkins, 2014).

그러면 어떻게 하면 치료사가 내담자의 영성 혹은 종교를 효과적으로 다룰 수 있을까? 답은 치료사가 지녀야 할 일반적 원칙, 즉 개방, 존중, 호기심을 가지고 문화적 배경에 대해 조심스럽게 다가 가야 한다는 것이다(Richard & Bergin, 2005). 첫 회기에 정보 수집을 할 때 영성 혹은 종교가 내담자의 삶에 어느 정도의 영향을 끼치고 있고, 언제 이 영역을 상담 과정 중에 다루어야 할지를 결정지어야 한다. 어떤 사람들은 이 영역을 다루고 싶어 하지만, 또 다른 사람들은 원하지 않을 수도 있기 때문이다. 치료사가 종교나 영성이 내담자의 삶에 어떤 영향을 끼치는지, 특히 현재의 문제에 대해서 어떤 영향을 끼치는지를 묻는다고 해서 전문가가 될 필요가 없다. 만일 치료사가 종교적이라고 하더라도 치료사가 갖고 있는 종교가 내담자의 것과 같다고 예단하면 안 된다. 또 치료사가 종교를 갖고 있지 않을 때 내담자의 문제가 종교로부터 비롯되었다고 단정 지어서도 안 된다. 가장 문제가 되는 것은 치료사 자신의 무지이다. 역전이는 영성과 종교를 다룰 때 가장 문제가 되는 것이므로 치료사가 어떤 내담자에 대해 정서적으로 반사적 반응을 한다면 반드시 슈퍼비전을 받을 것을 권한다.

다양한 배경의 내담자와 문제에 대한 맞춤치료

가족치료사들이 현실 세계의 복잡한 문제와 한판 승부를 벌이기 위해 상아탑에서 내려왔을 때, 그들은 다른 어떤 것보다도 그들의 접근법을 내담자의 욕구에 맞출 필요가 있다는 것을 알게 되었다. 가족치료의 성숙한 발전은 문헌 속에서 찾아볼 수 있지만 대부분의 저서는 고전적인 모델을 다루면서 이것을 일반적인 가족에게 어떻게 적용할 것인지에 관한 내용이었다(예 : Haley, 1976; Minuchin & Fishman, 1981). 1980년대에 들어서면서, 어떤 한 가지 학파에만 얽매이지 않았던 책들은 많은 특정한 문제와 가족 유형을 대상으로 가족치료를 어떻게 할 것인지에 초점을 맞추었다.

현재 약물 중독(Barth, Pietrzak, & Ramier, 1993; Stanton, Todd, & Associates, 1982), 알코올(Elkin, 1990; Steinglass, Bennett, Wolin, & Reiss, 1987; Treadway, 1989), 음식물(Root, Fallon, & Fridrich, 1986; Schwartz, 1995), 그리고 각각 다른 문제(Friedrich, 1990; Madanes, 1990; Trepper & Barrett, 1989)를 가진 가족과 일할 때 사용 가능한 책들이 출판되어 있다.

또한 한부모 가족(Morawetz & Walker, 1984), 재혼 가족(Visher & Visher, 1979, 1988), 이혼 가족(Ahrons & Rogers, 1989; Emery, 1994; Sprenkle, 1985; Wallerstein & Kelly, 1980), 혼합 가족(Hansen, 1982; Sager et al., 1983), 이러한 상황에서 과도기에 처한 가족(Falicov, 1988; Pittman, 1987)을 치료하는 것에 관한 책들이 있다.

어린 자녀를 둔 가족(Bailey, 1999; Combrick-Graham, 1989; Freedman, Epston, & Lobovits, 1997; Gil, 1994; Nichols, 2004; Selekman, 1997; Smith & Nylund, 1997; Wachtel, 1994), 문제를

일으키는 청소년을 둔 가족(Micucci, 1998; Price, 1996; Sells, 1998), 초기 성인기를 거치고 있는
자녀를 둔 가족(Haley, 1980), 형제관계에 어려움이 있는 가족(Kahn & Lewis, 1988)을 치료하는
것에 관한 책들, 그리고 정상 가족(Walsh, 1982, 1993)과 성공한 가족(Beavers & Hampson, 1990)
에 관한 책도 등장하였다.

    그런가 하면 조현병 환자가 있는 가족(Anderson, Reiss, & Hogarty, 1986), 양극성장애가 있는
가족(Miklowitz & Goldstein, 1997), 에이즈 환자가 있는 가족(Boyd-Franklin, Steiner, & Boland,
1995; Walker, 1991), 외상으로 고통을 겪고 있는 가족(Figley, 1985), 만성질환자 또는 장애인 가
족(McDaniel, Hepworth, & Doherty, 1992; Rolland, 1994), 가족의 죽음을 애도하고 있는 가족
(Walsh & McGoldrick, 1991), 장애가 있는 아이가 있거나(Seligman, & Darling, 1996) 아이를 입
양한 가족(Reitz & Watson, 1992), 빈곤 가족(Minuchin, Colapinto, & Minuchin, 1998), 노인이 있
는 가족, 다른 인종으로 형성된 가족(Boyd-Franklin, 1989; Falicov, 1998; Lee, 1997; McGoldrick,
Pearce, & Giordano, 1996; Okun, 1996)과 함께하는 치료 작업에 대한 책들, 그리고 동성애 가족
을 치료하는 것에 관한 책들도 있다(Greenan & Tunnell, 2003; Laird & Green, 1996).

    이와 같이 전문화된 책의 등장과 함께 가족치료 분야는 체계론적 사고를 가족 밖으로 확장시켜
가족 외부의 다른 조력 기관 또는 사회 기관 그리고 학교와 같은 보다 큰 체계가 가족에게 미치는
영향(Elizur & Minuchin, 1989; Imber-Black, 1988; Schwartzman, 1985), 가족 의식과 이것을 치
료에서 사용하는 방법의 중요성(Imber-Black, Roberts, & Whiting, 1988), 그리고 가족이 처한 사
회 · 정치적 상황(McGoldrick, 1998; Mirkin, 1990)에 적용하는 것까지 관심을 기울였다.

    어떤 한 학파와도 연관이 없는 가족치료의 실용적 지침서들(Patterson, Williams, Graul-
Grounds, & Chamow, 1998; Taibbi, 2007)과 모든 학파로부터의 공헌한 부분을 포함하는 책들
(Dattilio, 1998; Donovan, 1999)도 있다. 이와 같이 특정한 모델의 추종자라면 그 외의 다른 학파
에 관한 저작물을 거의 읽지 않았던 가족치료의 초기 시절과 반대로, 모델보다 문제 영역별로 전
문화가 이루어지는 경향이 이러한 포스트모던 시대에 어울리는 좀 더 다원화된 분야를 만들었다.

    도전과 위기를 경험하고 있는 가족 중 우리가 가장 자주 대면하게 되는 가족의 형태는 한부모
가족, 아프리카계 미국인 가족, 그리고 동성애 가족이다. 다음은 이러한 가족을 치료할 때 만나게
되는 몇 가지 문제를 소개하고 있다.

◆ 한부모 가족

한부모 가족 안에서 흔히 발생하는 구조적 문제는 대부분의 문제 있는 양부모 가족과 유사하다.
양부모이든 한부모이든 이들 가족이 주로 겪게 되는 문제는 지나치게 많은 짐을 짊어져야 하는
어머니, 자녀들과의 밀착된 관계, 성인관계의 단절 등이다. 이러한 점에서 볼 때 치료 목표는 어
머니의 위계적 위치를 강화시키고, 좀 더 만족스러운 삶을 살도록 도와주는 것이다. 그런데 문제

는 이들이 하루 종일 일을 하는 것이 가장 우선순위이고, 집에 돌아와서는 자녀를 돌봐야 하며 음식을 준비하고 설거지와 산더미같이 쌓여 있는 빨래를 해야 하는 등 자신의 사회적 생활을 해나갈 시간과 자원이 거의 없다는 점이다.[2]

한부모 가족을 치료할 때 치료사들이 부모의 자녀 양육을 지원하는 것만큼이나 한부모가 자신의 삶에서 만족감을 채울 수 있어야 상호적인 성취reciprocal achievement가 가능하다. 즉 치료사는 어머니의 우울증이든 자녀의 학습부진 문제이든 가족체계에 들어가 내담자의 현재 문제를 다루면서 동시에 한부모를 지지해 주고 자원을 더 확보할 수 있도록 양면에서 도와야 한다. 한부모에 대해 효과적인 치료를 하기 위해서는 적극적인 지지를 통해 치료적 관계가 우선 형성되어야 한다. 충분한 공감을 통해 치료적 동맹을 맺을 때 한부모에게 자신감을 심어 주고, 긍정적인 변화를 이끌어 내며, 내담자의 삶의 장에서 다른 사람들과의 좋은 관계를 형성할 수 있도록 도울 수 있다. 특히 이들 한부모가 관계의 상실, 경제적 어려움, 일과 자녀들의 요구에 대처하려는 노력으로 인해 자주 화를 내고 실망하고 있다는 것을 인식해야 한다.

한부모들과 자녀들을 가장 힘들게 하는 문제는 경제적 빈곤이다(Duncan & Brooks-Gunn, 1997). 치료사들은 이들 한부모들의 우울증, 낮은 자존감, 독립해야만 하는 상황, 엄청난 노동, 학대관계로부터의 고통 등을 다룰 때 경제적 빈곤이 미치는 영향을 과소평가해서는 안 된다. 많은 한부모 가족은 대부분 위기에 놓여 있으며, 언제든 예상치 못한 위급한 일들이 그들을 벼랑 끝으로 밀어 버릴 수도 있다는 것을 알고 있다. 지지적인 치료사는 이들의 어려움에 더하여 경제적 어려움이 주는 부담감을 인식하고, 치료시간도 한부모의 직장 스케줄에 편의를 맞추어 주고, 자녀의 학교 시간도 고려해 주어야 하고, 어떤 경우에는 한부모가 경제적으로 보다 안정된 직업을 가질 수 있도록 돕는다.

한부모가 가장 손쉽게 접근할 수 있는 지지 자원은 원가족이다. 여기서 치료적 업무는 두 가지로 나눌 수 있다. 지지적 관계를 촉진시키고, 갈등을 감소시키는 것이다. 힘든 문제를 해결하려고 집중하기보다 도움을 줄 수 있는 잠재적 자원을 개발하는 것이 더 용이할 수 있다. 예로, 32km 떨어진 곳에 살고 있는 여동생이 우울해하는 한부모 언니를 위해 기꺼이 조카들을 보살펴 주고 싶어 할 수도 있다. 한부모의 원가족이 경제적 지원을 해줄 수도 있으며 살 곳을 마련해 주거나 자녀들을 돌봐 줄 수도 있다. 한편 이런 경우 가족들이 도움을 제공하면서도 비난할 경우가 있기 때문에 치료사는 조부모를 만나 동맹을 형성하고, 성인 자녀와의 효과적인 협력관계를 형성할 수 있도록 도와야 할 때도 있다.

한부모에게 도움을 주고 지지해 주어야 한다고 해서 치료사가 이 역할만 해서는 안 된다. 대부

---

2 한부모 가족은 여러 형태가 있다(U.S. Census Bureau, 2014). 10대 어머니와 조부모와 살고 있는 자녀, 이혼한 대학교수, 혹은 암으로 부인이 사망해서 자녀와 사는 경우 등이다. 그러나 여기에서는 임상적으로 흔히 만날 수 있는 어머니 혼자서 자녀 양육에 대한 재정적 책임을 전부 짊어진 가족에 대해 논의하고자 한다.

분의 가족이 그렇듯이 한부모도 갈등을 해결하지 못해서 치료를 청한 것이다. 따라서 이들의 심리적 문제, 인간관계 문제 혹은 둘 다의 어려움을 해결할 수 있도록 도움을 주어야 한다. 한부모와 작업할 때 치료사의 가장 중요한 역할은 내담자가 자신의 자원과 다른 사람들의 자원을 활용하지 못하고 걸려 있는 부분을 찾아내어 해결하는 것이다.

때때로 엄마가 가장인 한부모 가족의 가장 심각한 갈등은 잘 눈에 띄지 않는 가사이다. 이혼을 하게 되면 아이의 아버지는 부재하고, 삶의 장에서 나가 버린 사람이다. 그러나 아버지가 삶의 현장에 빠져 있다 해도 모든 상황에서 아버지가 나가 버리면 안 된다.

사춘기에 아버지가 된 경우에 자녀 양육에 참여하는 것은 쉬운 일이 아니기 때문에 치료사의 주의가 필요하다(Lehr & MacMillan, 2001). 이 어린 아버지들은 아이를 포기하기가 쉽기 때문에 치료사는 그들에게 다가가서 라포를 형성하고 어린 아버지가 책임을 질 줄 아는 부모가 되도록 지지해 주어야 한다(Ngu & Florsheim, 2011).

함께 살지 않는 아버지들도 자녀와 만나기를 원하고 아이를 원해서 더 많은 책임을 지려고 한다. 따라서 치료사는 양육권을 갖지 못한 아버지들도 접촉해서 자녀의 정서와 경제적 지원을 위해서 도움을 줄 수 있도록 한다.

이때에도 삼각관계가 심각하게 형성될 수 있다. 배우자가 전 부인에 대해 동정심을 느끼거나 자녀를 돌보려 할 때 새 파트너가 일을 더 꼬이게 할 수 있다. 전 부인에 대해 부정적인 태도를 취하면서 갈등을 부채질하여 아이의 아버지로 하여금 자녀에게 다가가는 것을 어렵게 만들기도 한다.

사례연구

엘라나 산토스는 10세인 자신의 아들 토니가 우울증을 호소하여 상담소에 연락했다. "아들은 내가 이혼해서 힘들어하고 있어요." 엘라나는 말했다. "아들이 아버지를 그리워하는 것 같아요." 2회의 상담 이후, 치료사는 비록 토니가 아버지를 그리워하긴 하지만 우울증에 걸린 것은 아니며, 이혼을 극복하지 못한 것은 토니의 어머니라고 생각했다. 토니는 방과 후 친구들과 어울리는 것을 멈췄는데, 그를 계속 집에만 있게 만드는 것은 우울증 때문이 아니라 고통스러워하며 집에만 있는 어머니에 대한 염려 때문이었다.

치료사는 엘라나가 아들과 과도하게 밀착되어 있으며, 어머니와 아들 모두 외부와의 접촉을 하지 않고 있다고 보았다. 치료사는 엘라나에게 아들이 어머니를 걱정하기 때문에 슬퍼한다고 말했다. 그녀는 잘 지내지 못하는 것처럼 보였고, 토니는 그런 어머니의 보호자가 되기 위해 자신을 희생하고 있었다.

"당신은 토니가 보호자가 되길 바라세요?" 치료사가 물었다.

"아니요."라고 엘라나는 강하게 말했다.

"그렇다면 당신이 토니를 해고해야 할 것 같네요. 토니는 어머니를 보호할 필요가 없고 친구들과 시간을 보내도 당신이 괜찮을 것이라고 확신시켜 줄 수 있나요?"

엘라나는 아들이 어머니의 수호천사가 되는 일을 그만두도록 토니를 '해고'했다. 그리고 치료사는 토니가 친구들을 사귈 수 있도록 방과 후 활동에 좀 더 참여하도록 이야기했다. 치료사는 "누가 알겠어요? 토니가 친구

(계속)

들을 사귀기 시작할 수 있다면, 당신에게도 친구를 만들 시간이 더 많아질지 말이에요."라고 말했다.

엘라나는 토니를 돌봐 줄 수 있는 사람으로 유일하게 아이의 아버지밖에는 떠오르지 않았는데, 그는 '완전히 도움이 되지 않는' 사람이었다. 치료사는 이러한 그녀의 말을 액면 그대로 받아들이기보다 '아버지가 아들을 전혀 돌보지 않을 것'이라는 말에 놀라움을 표했다. 헤어진 남편이 토니와 전혀 시간을 보내고 싶어 하지 않을 것이라고 산토스 부인이 강하게 말할 때, 치료사가 남편에게 전화할 수 있도록 허락해 줄 것을 요청했다.

치료사가 산토스 씨에게 전화해서 부인이 아들에 대해 걱정하고 있으며, 아들은 아버지의 보살핌이 필요하다고 말하자 산토스 씨는 그 말에 반응하는 것 같았다. 하지만 그의 뒤에서 누군가가 말하는 것이 전화상에서 들렸고, 그 후 산토스 씨는 물러나기 시작했다.

한 사람의 머릿속에 강하게 심겨져 있던 문제 "이 아이는 내 아들이다. 그리고 아이가 우울해하고 있다."는 단지 아이와 엄마 사이의 상호작용에 관련된 것만이 아니었다. 전 부인이 자신의 남자친구에게 연락하는 것이 싫었던 아버지의 애인이 그와 아이가 만나는 것을 반대하며 복잡한 삼각관계를 형성하고 있었다. 치료사는 아버지와 그의 애인, 아버지와 어머니, 아버지와 아들, 마지막으로 네 사람 모두 함께 만나는 일련의 상담을 진행했다. 여기서 치료사는 그들이 협력적으로 함께 작업하는 데 방해가 되는 분노를 말로 표현함으로써 긴장을 완화시키는 데 집중했다.

토니의 아버지가 전 부인이 화가 나서 전화한 것에 대해 불평할 때, 그의 애인은 전 부인에게 아무것도 해주지 말라고 산토스 씨를 부추겼다. 치료사는 이러한 감정들 그리고 부인의 노여움과 분노에 대해 반응하면서 이들이 이혼으로 비롯된 2개의 하위체계 사이의 중요한 차이점을 이해하도록 도왔다. 첫째, 배우자 관계는 끝난 것이고 묻어 두어야 한다. 둘째, 부모로서 아이에게 최선의 이익을 주기 위해 협조할 방법을 찾는 것이 필요하다. 이 사례에서 이혼한 부부의 관계를 '묻어 버리는' 작업은 대부분의 경우 엘라나와 개인 상담에서 이루어지긴 했지만, 사랑했던 남자에게 버림받은 고통과 분노를 표현하면서 진행되었다.

동거 애인이 있는 경우에 자녀 양육에 도움이 될 수도 있지만 반대로 오히려 갈등을 심화시키기도 한다. 많은 경우에 동거 애인은 아이들을 질투하면서 아이들과 경쟁관계에 있을 때도 있다. 어떤 경우에는 어머니의 권위를 손상시키기도 하고, 어떤 경우에는 자신의 규칙을 강화하기 위해 삼각관계를 형성하기도 하는데, 어머니는 애인 또는 아이들 중 한편에 서야 하는 상황에 놓이기도 한다. 또는 지나치게 훈육을 하려는 동거 애인의 시도는 특히 사춘기 자녀들을 상대할 때 자주 실패한다. 동거 애인의 역할은 부모의 역할이 아닌, 아이들에게 일차적 권위를 갖고 있는 어머니의 지지자 역할이어야 한다.

아이들은 한부모-자녀 관계에서 경험하는 긴장을 완화시키기 위해 늘어난 사회적 접촉으로부터 도움을 받을 수 있다. 주요한 자원으로는 선생님, 지도자, 형/오빠, 언니/누나, 동아리 선배, 배우자 없는 부모 모임Parents Without Partners과 엄마의 휴가일Mother's Day Out과 같은 지역공동체, 종교 단체, 공예 수업, 직장 동료 모임 등을 포함한다.

가족은 여러 형태를 취하고 있고, 한부모 가족은 그중 하나이다. 가족은 깨지거나 파괴되지 않아도 수시로 그 형태를 바꾸기도 한다. 유감스럽게도 서로 분리되어야 하는 전환기는 지도가 없는 길을 가는 것과 같다. 거기에 수많은 아픔과 혼돈이 있는 것은 당연한 일이다.

◆ 아프리카계 미국인 가족

아프리카계 미국인 가족과 일하는 치료사들은 가족에 대한 정의를 확장시켜 **확대된 친족체계**까지 포함시킬 준비가 되어 있어야 한다. 아프리카계 미국인 가족의 안과 밖에서 영향을 주는 사람들로는 숙모, 삼촌, 큰엄마, 남자친구, 오빠나 형, 누나나 언니, 사촌 등이 있을 수 있다(White, 1972, p. 45).

그러나 정신건강 관련 기관의 직원들이 돌보고 있는 가족들은 대부분 고립되어 있다. 치료사의 임무 중 하나는 가족이나 친족관계 안에서 힘이 되어 줄 수 있는 사람들을 찾고, 그들이 가족을 도울 수 있도록 지지를 유도하는 것이다. "당신이 도움을 필요로 할 때 기댈 수 있는 사람으로는 누가 있나요?"라고 질문하는 것은 그러한 사람들을 찾아내는 한 방법이 될 수 있다. 그리고 구조적 평가를 할 때는 가족과 관련된 사람들뿐 아니라 협조를 구해야 하는 사람들까지 고려해야 한다. 아프리카계 미국인 가족 공동체 안에서 이러한 잠재적 연결들은 가족과 친구 두 부류 모두에 의해서 이루어진 광범위한 관계망을 포함한다(Billingsley, 1968; McAdoo, 2002). 이러한 현실적이고 잠재적이며 광범위한 연결들은 다음의 사례에서 나타나는 것처럼 가족의 경계와 권위의 한계를 모호하게 만들기도 한다.

사례연구

주아니타 윌리엄스가 마약재활 프로그램에 입소할 때, 운 좋게도 이웃이자 친구인 낸시가 세 아이들을 기꺼이 돌봐 주었다. 6개월 후 주아니타는 재활 시설을 떠나 집으로 돌아갈 준비가 되었다. 그동안 주아니타의 자녀들은 낸시와 그녀의 두 10대 자녀들과 사는 것에 익숙해졌다.

아동 관련 기관 직원이 낸시와 주아니타 그리고 세 아이들과의 만남을 주선했을 때, 낸시는 주아니타가 재활 프로그램을 끝마치고 아이들을 다시 책임질 준비가 된 것을 축하해 주었다. 낸시는 주아니타에게 "너도 알겠지만, 나는 이 아이들을 내 친자식처럼 사랑해."라고 말했다. 주아니타는 고개를 끄덕였다. "그렇지만 이젠 엄마에게 돌아갈 시간이야." 낸시는 말했다. 그러나 사회복지사에게는 낸시가 이 가족을 효과적으로 맡아 오는 동안, 반대로 주아니타는 어머니로서의 권위를 상실한 것처럼 보였다. 주아니타는 고개를 숙이고 조용히 앉아 있는 반면, 낸시는 대부분의 이야기를 주도했다. 마틴(14세), 제시(12세), 코레타(11세)는 아무 말도 하지 않았다.

사회복지사는 주아니타가 없는 동안 그녀의 아이들과 낸시가 정서적으로 매우 밀착된 관계를 형성했다고 보았다. 사회복지사는 낸시가 통제하는 역할이 아닌 협력자로서 한 걸음 뒤로 빠지도록 하는 한편, 주아니타와 아이들이 다시 어머니와 자식 간의 관계를 형성할 수 있도록 돕는 것이 자신의 역할이라고 보았다. 치료사는 주아니타가 아이들의 양어머니 역할을 해줄 정도로 좋은 친구를 둔 것은 행운이지만, 이제는 가족의 가장으로서 역할을 되찾을 때라고 말했다. 치료사는 주아니타에게 가까운 장래의 계획에 대해 아이들과 이야기해 볼 것을 제안했다.

주아니타가 아이들에게 자신이 얼마나 아이들을 보고 싶어 했는지에 대해 이야기하는 것으로 치료 작업을 시작했을 때, 낸시가 아이들도 엄마를 그리워했다는 것을 말하기 위해 입을 열었다. 낸시의 의도는 좋았지만, 그녀의 개입은 그녀가 지나치게 중심적 역할을 하고 있다는 표시였다. 치료사는 낸시의 도움에 대해 칭찬했

(계속)

지만, 주아니타가 스스로 이야기하게 함으로써 그녀의 지지를 보여 줄 때라고 말했다. 주아니타가 아이들에게 다시 이야기하기 시작했다. "내가 어떤 것도 약속할 수 없다는 것을 알지만, 너희에게 좋은 엄마가 되기 위해 매일 최선을 다해 노력할 것이고 내 병에 굴복하지 않을 거야. 그리고 ⋯." 그녀의 눈에 눈물이 맺혔다. "하나님께서 우리가 이전과 다른 가족이 되도록 도우실 거라고 믿어."

마틴은 고개를 숙였다. 제시와 코레타의 눈에도 눈물이 맺혔다. 그리고 마틴이 치료사를 향해 이야기했다. "제가 말해도 되나요?" 치료사는 다음과 같이 대답했다. "물론이지 마틴. 네가 하고 싶은 말은 무엇이든 다 이야기해도 좋아."

"저는 엄마를 사랑해요. 그리고 엄마가 다시 약에 빠지지 않도록 하나님께 기도해요. 그렇지만 나는 엄마가 다시 예전의 삶으로 돌아가는 것을 봐야 하는 집에서 결코 살지 않을 거예요. 엄마가 약에 취해 제정신이 아닐 때면 나는 한밤중에 어디서 도움을 받을 수 있는지조차 모르겠어요. 엄마는 또다시 나를 그런 힘든 상황으로 결코 내몰 수 없어요."

"마틴", 낸시가 다시 끼어들려고 했고, 치료사가 다시 그녀를 저지했다.

마틴은 15분 동안 약물중독자 어머니 밑에서 자랐던 것에 대한 고통과 분노에 대해 이야기했다. 그는 어떤 것도 감추지 않았다. 주아니타는 심하게 울었다. 마틴이 이야기를 마쳤을 때 길고 무거운 침묵이 흘렀다.

그리고 나서 주아니타가 말했다. "내가 너희를 얼마나 힘들게 했는지 안단다. 마틴, 너희 모두에게 한 짓을. 그리고 내가 결코 그것을 보상할 수 없다는 것도 알아. 그러나 하나님께 맹세하건데, 결코 너희들을 실망시키거나 너희가 나를 부끄럽게 여기지 않도록 내 온 힘을 다해 노력할 거야. 다시 한 번 기회를 주렴."

정말이지 창자가 비틀리는 것같이 고통스러운 대화였다. 마틴은 그의 마음속에서 우러나오는 이야기를 그대로 했고, 좋은 의도를 가진 친구의 방해나 전문가의 도움 없이 자녀들과 어머니는 서로를 이해해 갔다.

아프리카계 미국인 가족의 삶에서 종교와 영성(Hines & Boyd-Franklin, 1982)은 현실에 큰 영향을 미친다. 흑인 가족과 일을 하는 치료사들은 성직자와의 관계를 발전시킴으로써 도움을 얻을 수 있다. 이들은 고립된 한부모, 약물 중독에 빠진 청소년, 돌봐 주던 사람의 죽음 이후 지원이 단절된 정신병 환자들에 대한 치료를 할 때 이들의 협조를 구할 수 있다(Boyd-Franklin, 2003).

아프리카계 미국인 가족에서 아버지가 없는 가족이 매우 흔한 이유는 흑인 공동체에서 남성의 수가 여성보다 훨씬 적기 때문이다. 흑인 남성의 부재의 원인으로는 약물 중독, 위험한 직업과 관련된 죽음, 건강관리 소홀, 군 입대, 살인 그리고 놀랄 만큼 높은 젊은 흑인들의 수감률 등을 들 수 있다(U.S. Bureau of the Census, 2014). 흑인 남성의 수가 적은 것도 이유이지만, 그들이 가족에 참여하는 것이 어려운 것은 흔히 직업의 특성상 가족과 함께할 수 있는 시간 자체가 제한적인 경우가 많기 때문이다. 또한 일부 정신건강 전문가들이 아이의 삶에 영향을 미칠 수 있는 아버지의 친척들, 어머니의 남성 친구들, 확대가족체계 안에 있는 남성들을 간과하는 경향 때문이기도 하다.

상당수의 치료사들이 가족치료에 아버지를 참여시키는 일을 스스로 단념한다. 그러나 참여가 불가능해 보이는 아버지들의 경우에도 치료사가 직접 연락할 경우 참여의 의사를 보일 때도 있다. 아버지가 직장에서 빠져나오는 것이 어려운 상황일지라도, 가족들이 그를 정말 필요로 한다는 것을 확신한다면 그는 한 번이나 두 번 정도 상담에 참석하는 것에 동의할 수도 있다. 치료사는 전화나 편지를 이용해서 아버지를 가족치료에 지속적으로 참여시킬 수 있다. 아버지의 역할을 존중하는 것은 그가 고의적으로 치료를 방해할 가능성을 줄여 주고(Hines & Boyd-Franklin, 1996), 제한적인 참여라고 할지라도 가족의 구조적인 변화를 가능하게 만들 수 있기 때문이다. 미국 흑인 공동체에서 아버지의 부재로 인해 엄마, 자녀들, 외할머니로 구성된 3세대 체계의 가족이 많아졌다.[3] 부모를 대신하여 아이들을 양육하는 조부모들은 자녀들을 너그럽게 봐주는 것이 어렵다. 그들은 성인 자녀가 무책임하게 행동하는 것을 보면서 그에 맞게 자녀를 대한다. 불행하게도 이것은 많은 젊은 사람들이 부모와의 관계에서 경험하는 전형적인 지배와 반항의 악순환 구도를 지속시킨다. 치료사들이 이런 난처한 상황에서 항상 중립을 지키는 것은 쉽지 않다. 조부모가 기여하고 있는 부분과 충고 및 지지에 대해 존중을 표하는 동시에 부모 역할을 하고 있는 어린 어머니나 아버지를 지지해 줄 필요가 있을 것이다(Minuchin, Nichols, & Lee, 2006).

건강한 가족이라고 할지라도 경제적인 문제에 당면하면 효과적으로 기능하는 것이 어렵게 된다. 음식, 집, 생활필수품과 같은 생존의 문제는 가족의 갈등에서 가장 우선순위를 차지하게 된다. 치료사들은 가족 구성원들이 주거, 직업훈련, 고용, 탁아 문제를 다룰 때 도움을 받을 수 있는 지역 공동체와 사회복지 기관과 함께하도록 권고할 필요가 있다(Rojano, 2004).

인종차별과 빈곤은 많은 아프리카계 미국인에게 극심한 분노를 가지게 했다(Cose, 1993). 치료를 실시하는 전문가들은 이러한 분노가 자신들에게 향할지도 모른다는 것을 인식해야 한다. 그러

백인이 아닌 내담자들은 백인 치료사가 그들의 경험을 충분히 이해할 수 없다고 느낄 수 있다.

---

3 급격하게 변화하는 우리나라의 가족체계도 비슷한 양상을 띠고 있다.

나 중요한 것은 그들에 대해 방어적인 태도를 취해서는 안 된다는 것이다. 낸시 보이드 프랭클린 (1989)은 정신건강 서비스를 제공하는 사람들이 어느 정도 이러한 불신을 예상하고, 치료의 시작 단계에서 신뢰를 형성하기 위해 흑인 내담자들과 연합할 것을 권고한다. 그들을 존중하는 태도를 보이는 것은 성공적으로 가족들의 참여를 이끌어 낼 수 있는 열쇠이다.

도시에 사는 아프리카계 미국인들을 상담할 때 치료사들은 그들이 학교와 병원, 심판소, 미성 년 사법체계, 사회복지, 아동보호 서비스, 정신건강 서비스와 같은 다양한 종류의 기관들과 이미 깊은 관련을 맺고 있을 수 있다는 것을 고려해야 한다(Henggeler & Borduin, 1990). 이런 상황에 서 가족의 힘을 강화하는 것은 (1) 가족과 연계된 여러 기관들과의 회의를 주선하는 것, (2) 가족 들을 지지하는 편지를 쓰는 것, (3) 방해가 되는 사람들의 슈퍼바이저와 회의를 하는 것과 같은 일 로 이루어질 수 있다(Boyd-Franklin, 2003). 중요한 것은 가족 스스로 이러한 문제에 대해 책임을 지도록 장려함으로써 가족에게 힘을 실어 주는 것이다. 치료사들은 도움을 줄 수 있지만 주도해 서는 안 된다.

◆ 동성애자 가족치료

동성 커플도 친밀한 관계에 있는 여느 다른 커플이 경험하는 것과 같은 갈등과 열망의 고뇌와 씨 름한다. 모든 부부는 개인적인 관심과 부부가 함께하는 시간을 균형 있게 조정하는 방법을 찾아 야 한다. 그리고 아이를 가질 것인지 아닌지, 그리고 갖는다면 언제 가질 것인지를 선택하고, 누 구의 가족과 함께 휴가를 보낼 것인지를 결정해야 한다. 그러나 동성 커플은 그들의 가족과 사회 내에 존재하는 동성애 혐오와 같은 독특한 어려움에 직면하게 되는데, 관계에의 헌신, 경계선 성 역할과 관련된 행동의 영역에서 관계적인 애매모호함을 해결해야 하는 것, 직업적으로 또는 사회 적으로 동성애자임을 '공개하는 것'이 만들어 내는 차이점을 인식하고, 사회적인 지지망을 발달 시켜 가는 것 등이 이에 해당된다(Green & Mitchell, 2002). 동성애 내담자와의 상담을 효과적으로 하기 위해서는 동성 커플의 독특한 특징을 무시해서도 안 되고 과장해서도 안 된다는 것이 중요 하다.

이성애치료사가 우리 문화 안에 존재하는 명백한 동성애 혐오로부터 자신을 분리시킨다면 좀 더 위안이 될지 모르지만, 내담자와 치료사 자신 안에 내면화된 동성애 혐오를 다루는 것은 좀 더 어려운 일이다. 두 남자 또는 두 여자 사이의 사랑과 성에 관해 편하게 느끼지 않는 치료사는 동 성 부부와 솔직한 이야기를 하는 데 어려움이 있을 수 있고, 또한 약한 사람을 보호하는 듯한 태 도를 취할지도 모른다. 자신의 진보적인 태도를 지나치게 전달하고 싶어 하는 치료사는, 서로 잘 지내지 못하는 부부에게 필요할지도 모르는 어려운 종류의 질문을 묻거나 변화를 촉구하는 것이 어렵다고 느낄 수 있다.

사례연구

스티븐은 다른 커플들에게 자신들의 관계를 털어놓기를 원하고, 데이비드는 그러한 가능성에 대해 이야기하는 것조차 거부하는 문제 때문에 갈등이 심각해져서 치료사를 찾아왔다. 남성 동성애자는 성적으로 문란하다는 고정관념으로부터 벗어나지 못한 치료사는 의사소통과 의사결정에서 커플이 겪고 있는 어려움과 관련된 좀 더 광범위한 문제를 탐색하기보다 스티븐이 관계에 헌신하지 못하는 문제를 해결하는 데 사로잡혀 있었다. 만약 이 커플이 집을 살 것인지 아니면 아파트에 세를 들 것인지에 관한 문제로 싸우고 있는 이성 커플이었다면, 치료사가 이처럼 빨리 한 사람의 편을 들면서 문제해결을 하는 것으로 치료를 축소하지는 않았을 것이다.

치료사가 동성애자를 상담할 때, 동성애와 동성애 관계에 대한 부정적 이미지가 미묘하게 표현되고 있는지를 탐색해야 한다. 그러한 고정관념 중에 하나는 동성 커플의 관계는 불안정하다는 것이다. 모든 애인관계에서 특히 남성 동성 커플이 특히 관계유지가 불가능하다고 믿는 경향이 있다.

치료사는 자신에게 선입견이 없다고 생각하기보다 자신의 태도를 재고해 보는 것이 매우 중요하다. 자신의 가정(假定)을 확인해 보는 것으로 편견의 영향에서 벗어날 수 있다. 만일 자신이 편견이 없는 척하게 되면 결국은 자기도 모르는 사이에 부적절한 태도를 취할 수 있다.

동성 커플을 상담할 때 치료사는 자신의 내면화된 전통적인 성 역할 규범에 대해서도 알고 있어야 한다. 이성 커플은 보통 상호보완적인 역할로 사회화되어 있다. 남자와 여자는 더 이상 1950년대의 전형적인 미국 가족에서 부모의 역할을 기대하지 않지만, 좋든 싫든 상관없이 어쨌든 여자는 여전히 좀 더 돌보고 조금 덜 소원한 자아감을 갖도록 가르쳐지는 반면(Jordan et al., 1991), 남자는 통제하고 구역을 정하고 관계에서의 거리감을 잘 견디며 경쟁에서 성공하도록 길러진다. 그렇다면 동성의 배우자가 함께 있을 때 무슨 일이 벌어질까? 누가 화장실 바닥에 떨어진 수건을 주울까? 누가 성행위를 먼저 시작할까?

많은 동성 부부는 이성 부부만큼이나 아이를 가질 것인지 말 것인지, 그리고 언제 가질 것인지에 대해 많은 의견 대립을 가진다. 그러나 이성 부부와는 달리 동성 부부는 누가 생물학적 부모가 될 것인지(만약 둘 중 하나가 되기로 한다면)에 대한 문제도 해결해야 한다.

사례연구

레이첼과 얀은 10년간 함께 살아왔고 아이를 갖는 문제에 대해 고려하고 있었다. 두 사람 모두 그들의 친 자녀를 가지기로 동의했지만, 두 여성 모두 자신이 직접 정자를 기증받기를 원했다.

레이첼과 얀이 곤경에 처해 있는 것을 보면서, 치료사는 그들에게 입양을 고려해 볼 것을 제안했다. 직접 아이를 임신하고 싶어 하는 소망을 둘 중 누가 포기할 것인지 결정하지 못해 실망하고 지친 그들은 이 제안을 얼른 받아들였다. 그러나 그들이 살고 있는 주(V로 시작하는 주)에서 동성 커플에게 입양을 허락하지 않는다는 사실을 알았을 때 그들의 안도는 분노로 바뀌었다. 그들은 치료사에 대한 신뢰감을 잃고 치료를 그만두었다.

동성 커플과의 상담에서는 헌신, 경계, 그리고 역할에 대한 명확한 동의를 협의할 경우가 많다. 치료사가 유용하게 사용할 수 있는 질문은 다음과 같다.

"두 분 사이에 관계에 대한 규칙이 있습니까?"
"재정, 공동출자, 그리고 재산의 공동소유권에 관한 합의 내용은 무엇입니까?"
"집안에서 누가 어떤 임무를 맡고 있으며, 이것은 어떻게 결정됩니까?"

이성애자는 결혼에 대한 일반적인 기대를 갖고 있는데 비해 동성애자의 경우는 그 부분에 대해 논의하지 않는 이상 분명하지 않다(Green & Mitchell, 2002). 삶의 다양한 부분에서 서로의 기대가 다를 수 있다. 차이점을 확인해야 하는 영역은 일부일처제, 공동출자, 중병에 걸렸을 때 서로를 돌보는 것, 서로의 직업적 성공을 위해 함께 이사하는 것, 나이가 든 서로의 가족을 돌보는 것, 그리고 공동 유산상속 등이 있다. 지금까지는 동성 커플에 대한 일반적인 모델이 없기 때문에 두 사람의 기대를 더욱더 드러내어 이야기하는 것이 좋다. 치료사는 동성 커플이 당면할 수 있는 이런 문제들에 대해 이야기할 수 있도록 도와주어야 한다. 그러나 동성 커플의 부부관계에 대한 모델이 없기 때문에 치료사 자신이 이러한 문제를 인식하지 못하면 이야기를 꺼낼 수 없다. 그러나 내담자가 아직 이런 문제를 다룰 준비가 안 되어 있다면 구태여 다룰 필요가 없다.

간혹 치료사들은 남성 동성애자들이 일정한 대상과 안정된 관계를 유지하면 다른 대상과의 성적 관계를 맺지 않을 것이라고 생각하는데 의외로 그렇지 않은 경우도 있다(Bringle, 1995; Bryant & Demian, 1994). 이러한 현상에 대한 연구에서 마이클 라살라(Michael LaSala, 2004a)는 철저한 일부일처제 그리고 공공연하게 일부다처제임을 드러내는 남성 동성애자 간에 실시한 부부적응 척도Dyadic Adjustment Scale에서 어떤 차이도 없었음을 발견했다. 그러나 일부일처제에 동의한 커플이지만 둘 중 한 사람 또는 두 사람 모두 관계를 맺고 있는 파트너 이외의 사람과 성관계를 가질 때, 두 사람의 관계는 잘 정착되지 못했다. 이렇게 몇몇 남성 동성애자에게는 성적인 일부일처제가 두 사람 간의 만족스러운 헌신 관계에 있어 필수 요소가 아닐지도 모른다. 라살라(2004b)는 개방적인 관계임에도 불구하고 두 사람이 매우 성공적인 관계를 유지하는 남성 동성애자들은 나름대로 원칙을 가지고 관계를 유지하는 것을 알게 되었다. 그들은 각자 자신들의 건강을 잘 유지하고, 두 사람의 관계가 가장 좋은 관계라고 느끼고 있는 경우이었다. 이렇게 동성 커플의 관계는 다양한 모습을 띠고 있기 때문에 치료사가 독단하기보다는 동성 커플 자신들이 말할 수 있도록 자유를 허락해야 한다. 그래서 그들 스스로 자신들이 원하는 관계를 건강하게 유지할 수 있도록 도와줄 수 있어야 한다.

이성애자인 치료사는 동성애자들이 주위 사람들에게 커밍아웃하는 것이 얼마나 두렵고 복잡한 과정인지를 잘 이해할 수 없는 경우가 많다(LaSala, 2010). 따라서 이성애자 치료사는 이들이 겪는 어려움을 공감하면서 이들에게 그 어떤 것을 강요해서는 안 된다. 무엇보다 먼저 이들이 경험하는 것들을 이해하고 해결할 수 있도록 도와주어야 한다.

이성애 치료사가 동성애관계에서 간과할 수 있는 또 다른 어려움은 파트너 중 한 사람의 마음속 일부에 질투심이 있는 경우가 많다는 것이다(Green & Mitchell, 2002). 이러한 질투는 서로에 대한 불확실성 때문에 타인이 위협적인 요소가 된다고 생각하는 커플의 신념에 기초한다. 결국 결혼하지 않은 상태에서 어떻게 이 관계가 진짜의 관계가 될 수 있을까?

사례연구

짐은 동성애 공동체에서 친구들과 어울리기 위해 클럽에 가는 것을 즐겼다. 그의 파트너인 카일은 술집과 클럽에 가는 것을 좋아하지 않았다. 카일은 짐이 즐거운 시간을 보내는 것을 그렇게 심하게 반대하는 것은 아니지만, 클럽에서 만나는 다른 남자들이, 짐이 파트너가 있는 사람이라는 것을 잘 존중하지 않는다고 믿는다. "그들은 끈덕지게 졸라대고 구애한 끝에 성관계만 할 수 있다면 우리가 커플이라는 것에 전혀 신경 쓰지 않아요." 카일은 엑스터시, 코카인, 크리스털메스, 스페셜 K와 같이 클럽 문화의 한 부분인 유명한 약물의 유포에 대해 걱정하고 있었다. 짐은 다른 남자에게 관심이 없고 약물도 하지 않았다고 주장했다. 그는 그저 친구들과 어울리고 싶었을 뿐이었다.

어떤 치료사들은 술집에 가겠다는 짐의 주장이 더 이상 싱글이 아니라는 것을 수용하지 못하는 것 때문이라고 볼 수도 있지만, 이 사례에서 치료사는 동성애자가 클럽이나 술집에 가지 않는 것은 사실 그들 사회와 단절하는 것이 될 수 있다는 것을 인식했다. 치료사는 짐이 포기하고 집에 있든지, 카일이 포기하고 짐은 계속 클럽에 다니든지, 커플이 보여 주는 이러한 선택권이 없는 선택을 그대로 수용하기보다, 커플이 동성애자 사회 속에서 어울릴 수 있는 다른 방법이 없는지에 관하여 찾아보도록 했다.

동성 커플을 상담하는 치료사를 위한 가장 좋은 충고는 자신에게 다음과 같이 질문을 던져 보라는 것이다. "나는 동성관계에 대해서 어떤 판단을 내리고 있는가? 나는 이 커플에게 어떤 메시지를 전달하고 있는가?" 이 말은 치료사는 동성애를 미화해서도 안 되고 그렇다고 부정적으로 보아서도 안 된다는 것이다.

❖ ❖ ❖

한 번 상상해 보라. 당신이 남자인데 여자의 몸을 가지고 있다거나 반대로 여자인데 남자의 몸을 가지고 있다면 어떨 것 같은가? 혹은 당신이 온전히 여자도 아니고, 남자도 아니라면 어떻겠는가? 또는 여자이면서 동시에 남자라면 어떻겠는가? 만일 당신이 사랑하는 사람이 그렇다면 어떻겠는가? 혹은 그 사람의 가족은 어떨 것 같은가?

성전환자들을 병리적이며 치료를 받아야 되는 사람들로 바라보거나 재밋거리로 이야기하기도 한다. 성정체성에 대해 경직된 관점을 지닌 사람들에게 게이, 레즈비언 등 성전환자들은 참을 수 없는 비정상적인 사람들로 치부된다. 한 여성이 남성처럼 행동하거나, 한 남성이 여성처럼 행동하는 것은 그들의 신경을 거스르게 한다. 이런 자녀를 둔 부모도 자녀를 받아들이기 힘들다. 말론(Mallon, 1999)과 레브(Lev, 2006)는 이런 자녀를 둔 부모들이 자신들의 자녀가 이렇다는 것을 개방하는 것이 얼마나 힘든지, 자녀 역시 자신들의 상태를 부모에게 알리는 것이 얼마나 어려운지에 대해 말하고 있다. 이런 자녀들은 가족이 자기를 거부할 것이라는 두려움을 느끼고 있다. 배우자가 이런 사람이라는 것을 알았을 때 느낄 엄청난 실망과 배신(Lev, 2006)은 말로 표현할 수조차 없다. 더 문제가 되는 것은 이들이 자기를 개방했을 때 가장 지지를 해주어야 하는 사람, 즉 가족이 가장 받아들이기 힘들어한다는 점이다.

시간이 흐르면서 이러한 사람들에 대한 가족의 이해가 높아지게 되거나 적응이 된다면 다행이다. 레브(2006)는 이러한 자녀를 둔 부모들이 자녀를 수용하는 과정을 단계별로 설명하고 있다. 처음에는 발견하고, 혼란스러워 하다가, 타협하고 평상심을 되찾는다. 여자에서 남자로 성전환을 한 자녀를 둔 가족에 대한 연구에서 18명의 어머니는 상실감을 느끼며 가족 이외의 사람들로부터의 지지에 대한 요구가 필요하다는 사실이 드러났고, 그리고 자녀들이 행복해하는 것을 보는 것이 적응에 도움을 받는다고 보고하고 있다(Pearlman, 2006). 가족치료사는 적절한 정보와 기법과 측은지심과 이해를 가지고 화난 가족을 돌보고 또 성전환을 한 사람이 자기를 찾아 잘 성장할 수 있도록 도와야 한다. 치료사가 참고할 도서는 레브(2004)의 세미나 자료인 **성전환자의 출현 : 다양한 성정체성을 가진 사람들과 그들의 가족을 상담하는 가이드라인**Transgender Emergence: Therapeutic Guidelines for Working with Gender-Variant People and their Families이 있다.

◆ 가정방문 서비스

전통적인 가족치료에서처럼 가정방문 서비스의 대상도 정신건강 서비스의 일차적 수혜자인 가족이다(Friesen & Koroloff, 1990). 그러나 전통적인 모델과는 달리 가정방문 접근법은 가족 역기능을 고치는 일보다 가족의 자원을 강화하는 것에 좀 더 중점을 둔다(Henggeler & Borduin, 1990). 가정방문 서비스 또한 가족체계 안의 문제들을 파악하고 다루기는 하지만, 우선적으로 가족과 자원이 되는 다양한 공동체 사이의 관계 형성에 중점을 둔다.

가정방문 서비스는 보통 가족 지원 서비스, 치료적 개입, 사례 관리, 위기 개입의 네 가지 구성요소로 이루어져 있다(Lindblad-Goldberg, Dore, & Stern, 1998). 가족 지원 서비스는 의식주와 같은 구체적인 원조뿐 아니라 일시적 위탁 제도를 포함한다. 치료적 개입은 개인·가족·부부치료를 포함한다. 가장 중요한 치료 목표는 가족 단위의 강화와 안정이다. 가족은 아이를 집 밖의 시설에 입소시키기보다 문제해결을 위해 그들 자신의 강점과 자원을 활용하도록 도움을 받으면서 내부적인 힘을 키워 가게 된다. 사례 관리는 의료, 복지, 교육, 직업훈련, 법률 서비스를 포함한 지역사회의 자원과의 연결을 포함한다. 위기 개입은 가정방문 대리인을 통해 또는 외부의 정신건강 응급 서비스와의 계약을 맺어 24시간의 응급 서비스를 가능하게 만드는 것을 말한다.

치료사는 가정을 방문하여 가족들의 정체성, 예를 들면 자녀, 애완동물, 종교적 공예품, 유품, 상패 등과 같은 것을 확인하게 된다. 가족 앨범을 보는 것은 가족에 합류하여 그들의 역사, 희망,

꿈에 대해 알 수 있는 소중한 방법이 될 것이다.

일단 긍정적인 관계가 형성되면 치료사는 흡연, TV의 큰 소리나 개의 짖는 소리와 같이 방해 요인을 줄여 달라고 요청할 수 있다. 그러나 긍정적인 관계가 형성되기 이전에는 조심해야 한다. 가정방문 담당자는 치료실에서와 같은 환경을 설정하기 위해 역할과 경계에 관한 구체적인 것을 설명할 필요가 있다. 집에 있는 동안 역할을 명확히 하는 것은 치료 과정에서 어떤 일이 일어날 것인지, 치료의 기본 원칙, 치료사와 가족 구성원들의 역할을 정의하는 것으로 시작된다. 다음은 역할을 명확히 하는 과정을 보여 준다(Lindblad-Gordberg, Dore, & Stern, 1998에서 인용).

사례연구

"상담을 시작하기 전에, 제가 여기에 온 특별한 목적은 없으며 당신이 어떻게 살아가야 하는지를 이야기해 주려 온 것이 아니라는 점을 말하고 싶습니다. 저의 일은 당신이 어떻게 아이들을 다룰지 알아내도록 돕는 것입니다. 저는 당신의 문제를 해결해 줄 수 없으며, 오직 당신만이 할 수 있습니다."

"우리가 함께 만날 때, 무엇이든 당신이 생각하고 느끼는 바를 이야기하는 것이 중요합니다. 우리는 솔직해야 합니다. 저에게 바라는 것을 이야기해 주세요. 저도 당신에게 기대하는 점을 이야기하겠습니다. 제가 모든 문제의 답을 가진 것처럼 행동하지 않을 것입니다. 왜냐하면 저에게는 답이 없기 때문입니다."

"할머니가 오늘 밤에 오시나요? 안 오신다 해도 좋습니다. 그러나 다음 상담에는 그녀가 참석해 주셨으면 합니다. 왜냐하면 도움이 될 만한 좋은 생각을 가지고 있을 것이라고 확신하기 때문입니다."

"오늘밤에 여러분에 관해서 조금 알고 싶습니다. 그런 다음, 가족의 삶에 대해서 각자가 가지고 있는 걱정과 변했으면 하는 점에 대해 듣고 싶습니다."

가족치료사들은 '생태체계'에 대해 입으로만 말하는 경향이 있지만, 가정방문 서비스 담당자는 자신의 노력과 서비스체계를 실제로 잘 조화시켜야 한다(Boyd-Franklin & Bry, 2000). 그렇게 하기 위해서 가족과 관련되어 있는 다른 기관들의 관심사를 이해하고, 그들과의 협력체계를 발전시켜 나가는 것은 필수적이다. 가정방문 서비스 담당자는 가족과 아이에게 도움을 주지 못하는 것처럼 보이는 소년재판소나 학교 담당자를 비난하는 대신, 비록 접근법이 다르더라도 그들이 내담자들의 욕구에 관심을 갖고 있는 것을 인정해야 한다. 견해가 일치하지 않는 여러 기관들로부터 도움을 받는 가족은 팀으로 함께 기능할 수 없는 부모 사이의 삼각관계에 놓인 아이와 다를 바 없다.

몇몇 연구에서 가정에서의 치료가 효과적이 되기 위해서는 치료적 관계가 잘 이루어져야 한다고 말하고 있다(예 : Cortes, 2004). 따뜻하고 무비판적인 치료사가 특히 도움이 된다고 보고하고 있다(Thompson, Bender, Lantry, & Flynn, 2007). 내담자들은 치료사가 자신과 진심으로 만나기를 바란다. 즉 내담자들은 치료사가 자신들의 고통을 '이해하는 척'하는 것을 원하지 않는다는 것이다. 그리고 치료사도 그들의 이야기를 내담자 자신들에게 나누어 주기를 바란다. 그러나 동시에 내담자들은 치료사가 단순히 친절하기만을 바라는 것이 아니라 그들에게 방향을 제시하고 지금 현재 겪고 있는 문제를 어떻게 해결해야 할지 알려 주기를 바란다(McWey, Humphreys, &

Pazdera, 2011).

심리치료 상황에서 일어날 수 있는 가장 위험한 일 중 하나는 내담자가 대부분의 사람과 맺었던 불만족스러운 관계의 형태를 치료사와의 관계에서 똑같이 재현하는 것이다. 치료사들이 할 수 있는 가장 중요한 일은 통상적인 패턴에 이끌리지 않도록 하는 것이다. 가정방문 치료사들이 반복하는 가장 위험한 패턴은 내담자들에게 그들이 가기를 두려워하는 방향으로 가도록 강요하는 것이다. 당장 변화를 강요하기보다 변화의 장애물을 인식하는 것으로 시작하는 것이 더욱 효과적이다.

괴로운 일을 겪었던 가족들은 버림받는 것을 두려워하며, 불안정한 치료사들은 자신이 도움이 되지 못할까 두려워한다. 내담자를 위해 모든 것을 해주어야 한다고 느끼는 치료사는 결과적으로 가족들의 요구에 압도되고, 경직된 한계를 설정하고 지원을 보류하면서 후퇴하게 될 수도 있다. 이때 '구조자'는 또 다른 '문제의 당사자'가 되는 것이다. 이것은 내담자의 불안을 재발시키고 불가피하게 그들을 밀어내게 만든다. 그렇게 되면 아무것도 변하지 않을 것이며 아무도 믿어서는 안 된다는 명백한 교훈이 하나 더 생겨나게 된다.

◆ 심리교육과 조현병

조현병에 대한 가족치료 분야에서의 연구는 1950년대에 시작되었다. 그러나 조현병이 심리적 문제라기보다는 생물학적 장애로부터 기인했다는 사실이 드러나면서 가족치료를 비롯한 심리치료 분야에서는 이 병에 대해서 어떤 태도를 취할지 혼란스러웠다. 그러나 점차 비록 조현병이 생물학적 병이라 하더라도 가족치료와 심리교육 모델이 조현병 치료에 가장 효과적인 방법이라는 연구 결과가 나오기 시작하였다.

심리교육 모델의 탄생은 조현병에 대한 전통적인 가족치료와 정신과적 접근에 대한 불만에서 비롯되었다. 캐럴 앤더슨, 더글러스 라이스, 제럴드 호가티(Carol Anderson, Douglas Reiss, Gerald Hogarty, 1986)는 다음과 같이 한탄하였다.

> 환자들은 조현병의 발생 원인과 자주 겪게 되는 끔찍한 과정에 대해 자기 자신, 부모와 조부모, 공권력과 사회를 비난해 왔다. 일반적으로 치료에 대한 희망과 돈이 고갈될 때면 조현병 환자를 가족에게서 억지로 떼어 놓았다. 그리고 그들을 수용기관으로 또는 일인실 호텔로 보냈으며 최근에는 미국 도시의 길거리로 내몰았다. (p. vii)

가족치료사들은 조현병 증상을 파악하기 위해서 가족 구성원들에게 억눌렸던 감정을 표현하도록 감정을 고조시키며 치료를 진행하였다. 그러나 이 방법은 긴장을 낮추는 약간의 효과는 있지만 오히려 치료 이후에 환자의 기능은 더 나빠졌고 가족 구성원들의 불안이 증가하는 것을 알게 되었다. 한편 퇴원 후 잘 지내는 조현병 환자들은 스트레스가 높지 않은 가족에게로 돌아갔다는 사실을 연구를 통해 밝혀내게 되었다. 조지 브라운George Brown, 존 윙John Wing, 줄리언 리프Julian Leff, 크리스틴 본Christine Vaughn이 참여했던 영국의 한 연구집단은 조현병 가족 내에서 표현된 감정expressed emotion, EE이라 이름 붙이고 감정에 초점을 맞추어 연구를 실시하였다. 이들의 발견은 조현병 발병과 비난, 적대감, 지나친 감정과 관련성이 높고, EE가 높은 가족으로 환자가 되돌아가면 재발률이 높은 것을 발견하게 되었다(Brown, Birley, & Wing, 1972; Vaughn & Leff, 1976; Vaughn et al., 1984).

표현된 감정에 대한 연구는 조현병을 가족 구성원들이 서로 간에 적대적 태도로 비판을 많이 할 때 특히 분위기에 민감한 구성원에게 발생할 수 있는 사고장애로 정의하였다(Hooley, Gruber, Scott, Hiller, & Yurgelun-Todd, 2005; McFarlane & Cook, 2007). 환자가 가족으로 돌아왔을 때 가족 구성원들 사이에서 발생하는 강력한 정서적 자극은 환자를 혼란에 빠뜨리게 하고 회복을 더욱 힘들게 한다. 결국 가족 구성원들은 환자에게 지나치게 참견하고, 염려하고, 비판하는 말들이 감정을 자극하고 흥분시켜 정서적 과부하가 걸려 재발하게 만든다.

따라서 조현병 환자의 재발률을 낮추기 위해서는 가족 구성원들의 표현된 감정 수준을 낮추어 주는 것이 효과적이다(Atkinson & Coia, 1995). 그러나 조현병뿐만 아니라 우울증과 양극성장애에 있어서도 이 방법이 재발률을 낮추는 데 도움을 주는 것으로 나타났다(Muesser & Glynn, 1995).

이러한 연구 결과를 기본으로, 1970년대 후반에 3개의 연구집단이 연구를 실시하였다. 즉 조현병 환자들의 가족의 스트레스를 약화시키는 방법에 대한 실험을 착수하였다. 이들 중 UCLA에서 단기 구조화된 모델을 고안하였던 마이클 골드스타인이 이끈 집단(Goldstein et al., 1978)은 가족들이 조현병 환자로 인해 경험할 수 있는 스트레스를 예측하고, 환자로 인해 발생할 수 있는 갈등을 낮추는 데 초점을 맞추었다. 이 연구에 뒤따라 서던캘리포니아대학교의 이언 팰런, 피츠버그에 소재한 웨스턴 정신병리연구소Western Psychiatric Institute의 캐럴 앤더슨이 주축이 되어 심리교육 모델에 관한 실험에 착수하였다.

심리교육자들은 가족 구성원들을 지지해서 환자를 다룰 수 있는 역량을 강화시키기 위해 전문가와 가족이 협력적 파트너 관계를 구축하고자 하였다. 이러한 협력관계를 달성하기 위해 앤더슨과 동료들(1986)은 무엇보다 가족이 조현병 환자에 대한 죄책감에서 벗어나게 하고, 가족의 강점을 강화시키며, 조현병 가족들 사이에 정보를 나누고, 이러한 역할을 할 수 있도록 전문가들을 재교육시켜야 한다고 주장하였다. 심리교육 모델의 교육적인 요소가 바로 이러한 정보 공유이다. 가족이 조현병에 대한 특성을 이해하고, 또 치료 과정에 대한 정보, 가족의 대처 방식에 대한 정보 교환 등을 나누면서 가족들이 조현병에 대한 전문가가 되게 하는 것이다. 그렇게 되면 조현병 환자 앞에서 무기력하게 되지 않고, 상황을 통제할 수 있다는 힘을 회복시키면 조현병 치료에 도움이 된다.

심리교육의 핵심적인 개입 중 하나는 조현병 환자의 회복에 대한 기대 수준을 낮추고, 환자에게 정상적으로 행동할 것을 요구하는 압박 수준을 낮추는 것이다. 예를 들어, 급성 증상 이후의 첫해 목표는 일차적으로 재발을 막고 점진적으로 가족 내에서 어떤 책임을 지게 하는 것이다. 반면에 가족 구성원들은 환자를 심각한 질환이 있는 회복을 필요로 하는 사람이라고 생각해야 할 것이다. 환자는 아주 긴 수면 시간과 안정을 필요로 하고 발병 후 당분간은 활동에도 제한을 받을 것이다. 그리고 안절부절못하고 집중하는 데 어려움을 경험하는 것처럼 보일 수도 있다. 이러한 일이 일어날 수 있다는 것을 가족들이 미리 예견할 수 있도록 도와주면 환자와 가족 사이의 갈등을 낮출 수 있다.

앤더슨의 심리교육적인 접근은 가족에 나타나는 구조적인 결함이 환자가 가진 정신질환의 원인이라기보다 그 결과라고 보는 점을 제외하면 구조적인 가족치료와 상당히 유사하다. 치료의 상당 부분이 익숙한 주제들로 이루어져 있다. 예를 들면, 세대 간의 경계 강화, 외부 사회에 가족을 개방하고 지지망을 발달시키는 것, 부모가 다시금 결혼생활에 관심을 기울이도록 촉구하는 것, 가족 구성원들이 환자를 대변해 주거나 환자가 할 일을 대신해 주지 않도록 하는 것 등이 그것이다.

앤더슨과 그녀의 동료들은 조현병에 관하여 가족들을 교육시키기 위한 일일 생존 기술 워크숍을 시작했다. 워크숍 내용에는 조현병의 발병률과 과정, 생물학적 병인, 약리학과 심리사회학적 치료의 동향, 일반적인 약물치료, 예후 등이 포함된다. 환자의 요구와 가족의 요구가 논의되고, 가족의 대처 방법이 소개된다. 또한 표현된 감정에 대한 연구 결과들이 발표되고 표현된 감정을 절제할 수 있는 지침이 제공된다. 가족에게는 회복하고 있는 환자를 압박하지 말 것과 정상적인 기능을 하도록 재촉하지 말 것을 조언한다. 또한 가족에게 경계를 존중할 것과 필요하다면 회복 중인 가족 구성원이 위축되어 우유부단하게 행동하는 것을 이해하라고 충고한다.

환자의 목표는 증상이 완전히 치료되기보다는 증상이 완화되는 것이다. 따라서 가족에게는 회복 중인 환자에게 비난받지 않을 조용하고 안정적인 환경을 제공하게 하는 한편, 회복 기간 중 환자에게 너무 많은 것을 기대하지 말 것을 제안한다. 가족의 목표는 조현병을 가진 사람과 함께 살아야 하는, 어렵고 장기적인 임무에 대처하는 기술과 병의 재발과 재입원을 예방하거나 늦추는 방법에 대해 배우는 것이다. 〈표 10.1〉은 조현병 증상 이후 재활관리를 위한 심리교육 지침을 제시한 것이다.

심리교육 모델이 효과적인가? 그렇다. 앤더슨과 동료들(1986)이 실시한 연구 결과가 그 예이다.

치료를 받은 전체 90명 중에서 가족치료만 받았던 사람의 19%가 퇴원 후 1년 안에 재발하는 것으로 나타났다. 또한 개별 행동치료를 받은 사람들 중 20% 역시 퇴원 후 1년 안에 재발하는 것으로 나타났다. 그러나 가족치료와 사회기술 훈련을 함께 받은 사람들은 재발하지 않은 것으로 나타났다. 화학요법과 지지만을 받은 집단에서 41%에 달하는 재발률이 나타났다는 점과 비교할 때, 이러한 재발률은 위의 두 가지 치료법이 상당한 효과를 거두었다는 점을 보여 준

표 10.1 조현병 환자의 친구와 가족을 위한 심리교육 지침

---

1. 회복을 위해 서두르지 않는다. 회복에는 시간이 걸린다. 휴식이 매우 중요하다. 환자가 필요로 하는 휴식 시간이 지나면 상태는 좋아질 것이다.
2. 환자가 흥분할 때 침착함을 유지한다. 감정적으로 몹시 흥분하는 것은 당연하다. 언성을 낮춘다. 제안을 했을 때 반대하는 것은 당연하다. 다시 언성을 낮춘다.
3. 환자에게 여유를 준다. 시간을 갖는 것은 모두에게 중요하다. 제안을 해도 되고 거절해도 된다.
4. 제한을 설정한다. 모든 사람은 규칙을 알아야 한다. 몇 가지 좋은 규칙은 상태를 좀 더 진정시킨다.
5. 당신이 변화시킬 수 없는 것은 무시한다. 어떤 것들은 내버려 둔다. 그러나 폭력이나 마약을 사용하는 것을 무시해서는 안 된다.
6. 간결함을 유지한다. 꼭 해야 할 말만 명확하고 차분하게 그리고 긍정적으로 한다.
7. 의사의 지시를 따른다. 처방받은 대로 약물을 복용할 수 있도록 돕는다. 더불어 처방받은 약물만 복용할 수 있게 한다.
8. 평상시처럼 행동한다. 가능한 한 빨리 가족의 일상을 다시 구축한다. 가족, 친구들과의 관계를 유지한다.
9. 인정되지 않은 약물과 술은 금지한다. 그런 것들은 증상을 더욱 나쁘게 한다.
10. 초기 신호를 잘 알아차린다. 변화에 주목한다. 주치의와 의논한다.
11. 단계별로 문제를 풀어 간다. 점차적으로 변화를 만들어 간다. 한 번에 한 가지씩만 한다.
12. 일시적으로 기대 수준을 낮춘다. 개인적인 표준척도를 사용한다. 작년이나 내년과 비교하기보다는 이번 달과 지난달을 비교한다.

출처 : Republished with permission of Taylor and Francis Group LLC Books, from McFarlane, W. R. 1991. Family Psychoeducational Treatment. In Handbook of *Family Therapy*, Vol. II, A. S. Gurman and D. P. Kniskern, eds. New York: Brunner/Mazel. P.375; permission conveyed through Copyright Clearance Center, Inc.

다. 이것은 누구나 보다 쉽게 실천할 수 있는 것이다. (p. 24)

다른 연구들에서 나타난 결과 역시 인상적이다(Falloon et al., 1982; Leff et al., 1982). 조현병을 치료하기 위한 다른 접근들보다 심리교육이 재발과 재입원을 방지하는 데 효과적이라는 사실은 의심의 여지가 없는 것 같다.

◆ 의료 가족치료

만성질환은 많은 경우 가족에 파국적인 영향을 미친다. 이것은 가족의 건강과 희망, 마음의 평화를 황폐하게 만들면서 가족의 삶을 점령한다. 피터 스테인글라스Peter Steinglass가 언급하였듯이 만성질환은 "갑자기 문 앞에 나타나 집안으로 쳐들어와서는 가족이 가진 모든 것을 달라고 요구하는 강도와 같다"(McDaniel et al., 1992, p. 21에서 인용).

의료 가족치료는 환자의 가족만을 체계로 보는 것이 아니라 의사, 간호원 등도 체계에 포함시킨다. 따라서 목표는 가족 구성원들뿐만 아니라 의료진들과의 관계도 긍정적으로 형성할 수 있도록 의사소통과 지지를 잘할 수 있게 돕는 데 있다(Atwood & Gallo, 2010; Wright & Bell, 2009; Schmaling & Sher, 2000). 질병은 사람들을 무력하고 혼란스럽게 만든다. 의료 가족치료는 의사소통 촉진자의 역할을 통해서 가족이 그러한 감정들과 싸울 수 있도록 고안되어 있다.

의료 가족치료사는 소아과 의사, 가정 주치의, 재활 전문가, 그리고 간호사와 협력하면서 일한

다. 그들은 진단 시점을 전후하여 가족이 질병이나 장애와 관련되어 있는 자원을 탐색하기 위해 의례적인 상담을 받아야 한다고 주장한다. 연구 결과에 의하면 가족역동은 질병의 임상적 진행 과정과 밀접한 관계가 있고(Campbell, 1986), 가족치료는 신체적인 건강과 의료보험의 활용에도 긍정적인 효과를 가진다(Law & Crane, & Russell, 2000).

결론적으로 심리교육적 접근과 의료 가족치료 접근은 이 장에서 서술한 다른 모델과 많은 요소를 공유하면서, 동시에 가족과의 협동적인 동료관계를 향해 가는 뚜렷한 경향을 보여 준다. 이제 치료사는 가족의 결함을 찾기보다 가족이 가지고 있는 장점을 찾고, 종종 그들의 문제와 동반되는 죄책감이나 비난으로부터 가족을 벗어나게 하는 방법을 찾도록 격려한다.

◆ 관계 향상 프로그램

심리교육적인 방법은 일상적인 관계 문제를 다루는 기술을 배우기 원하는 가족과 부부에게도 적용되어 왔다. 어떤 치료사들은 자조훈련 과정이 전문적으로 훈련된 치료사의 개인적인 돌봄을 대신할 수 있다는 것에 대해 회의적이다. 그러나 부부관계 향상 프로그램의 참여자들은 '치료를 받을' 때 따라오는 불명예스러운 감정을 거의 느끼지 않기 때문에 이러한 프로그램은 엄청나게 인기가 있다.

이러한 프로그램 중 가장 잘 알려진 것은 버나드 거니 주니어(Bernard Gnerney, Jr., 1977)에 의해 만들어진 관계 향상 시스템Relationship Enhancement system이다. 강사는 참여자들이 갈등을 명확히 하고, 그들이 느끼는 것을 표현하며, 서로의 감정을 수용하고, 문제를 협상하고 해결하여, 감정적인 배우자가 됨으로써 만족을 얻을 수 있도록 가르친다(Ginsberg, 2000). 각 회기마다 강의와 실습 훈련을 하고, 참여자들이 배운 기술을 일상에서 연습하고 확장시켜 갈 수 있도록 과제를 준다.

관계 향상 프로그램은 핵심적인 3개의 기술을 부부에게 훈련시킨다(Ginsberg, 2000).

◆ **개인적인 표현 기술** : 자신의 감정을 자각하고, 자신의 감정을 다른 사람에게 투사하지 않으면서 책임을 진다.
◆ **상대방에 대한 공감적 반응 기술** : 다른 사람의 감정과 동기를 경청하는 것을 배운다.
◆ **대화(토론, 협상, 계약) 기술** : 들은 것의 의미를 이해했다고 반응하는 방법을 배운다. 부부는 듣는 사람과 말하는 사람의 위치를 바꿀 수 있다.

커플의 결혼 준비에 관한 평가를 돕기 위해 데이비드 올슨David Olson과 동료들은 '결혼 전 개인적인 것과 관계 조사표Premarital Personal and Relationship Inventory, PREPARE'를 개발했다. 여기에서 165개 항목의 질문(Olson, 1996)은 커플의 배경과 기대, 그리고 그들이 어려움을 겪을 수 있는 영역에 대해 이해하고 토론하는 것을 돕기 위해 제작되었다. 태도와 기대는 결혼에 대한 기대, 의사소통, 성관계, 성격 차이, 재정 관리, 갈등해결, 자녀 양육, 여가, 가족과 친구, 부부 역할, 그리고 영적인 신념

등 11개 영역에서 탐색된다. PREPARE는 잠재된 갈등을 파악하고 미래에 문제가 될 수 있는 것에 대한 토론을 촉진하는 데 유용하다는 것이 입증되었다(Stahmann & Hiebert, 1997).

지금까지 가장 인기를 모으고 있는 관계 향상 프로그램은 예수회 사제인 가브리엘 칼보Gabriel Calvo 신부에 의해 바르셀로나에서 처음으로 소개된 **결혼생활 대화 주말 모임**marriage encounter weekend 이다(Chartier, 1986). 가톨릭 교회의 커플에게 지지와 풍요로움을 제공하는 이 주말 피정은 1960 년대 후반에 미국으로 들어왔고, 그 후로 다양한 교회 집단에 의해 널리 확산되었다(Stahmann & Hiebert, 1997). 수천 명의 커플이 의사소통, 문제해결 기술, 친밀한 성관계, 그리고 영성의 문제를 다루는 이 주말 강화 프로그램을 통해 유익을 얻었다. 어떤 종파들은 커플이 교회에서 결혼하기 전에 이러한 프로그램에 참여할 것을 요구하기도 한다.

더욱 상세히 연구된 관계 향상 프로그램은 덴버대학교의 플로이드, 마컴, 켈리, 블럼버그, 스탠리(Floyd, Markham, Kelly, Blumberg, Stanley, 1995)에 의해 개발된 예방과 관계 강화 프로그램 Prevention and Relationship Enhancement Program, PREP이다. 1980년대에 계발된 이 사회학습 접근은 의사소통과 갈등해결 기술을 가르치고, 결혼에 대한 태도와 기대를 검토한다. 우선적인 목표는 부부가 갈등에 직면하여 해결하는 법을 배우고, 그들의 관계에서 건강하지 않은 방어적 패턴의 사용을 피하도록 돕는 것이다. 〈표 10.2〉는 관계 형성 작업에 관한 지침이다.

요약

가족치료사들은 우리가 개인적인 성격을 넘어 가족을 형성하는 패턴을 보도록 가르쳤다. 가족은 엄격하지만 말로 표현되지 않은 규칙의 지배를 받고 있는 상호 연관된 삶의 체계이다. 그러나 이러한 과정에서 기계적인 실재, 즉 가족체계가 만들어지고, 이 체계와의 한판 승부가 시작되는 것이다. 가족치료를 흔들고 새로운 모양으로 만들었던 대부분의 도전은 이 기계주의 재창조 안에서 있어 왔다. 만일 체계적 혁명이 한쪽 방향으로 너무 멀리 갔다면, 이에 대한 비판 역시 똑같이 따라갔을 것이다.

여성주의 비판은 가족치료의 전통성에 대한 최초의, 그리고 가장 영향력 있는 도전이었다. 어머니를 혹독하게 비난했던 입장에 반대했던 여성주의자들은 체계적인 사고의 핵심에 도전장을 던졌고, 상호보완성과 순환적 인과관계와 같은 개념은 예속된 여성들이 그들의 억압자만큼이나 비난을 받아야 한다는 것을 암시할 수 있다고 지적했다.

가족치료가 21세기로 건너 올 때 다리 역할을 했던 것은 사회구성주의이다. 초기의 선구자들이 개인으로부터 가족으로 초점을 옮겼을 때처럼, 최근 들어 행동에서 인지로, 가족에 대한 도전에서 협조로 전환하고 있는 것은 새로운 가능성의 세계를 열어 주고 있다. 이어지는 장에서는 이러한 흥미로운 새로운 가능성에 대해 살펴보게 될 것이다.

표 10.2 커플로서 효과적으로 기능하기 위해 중요한 기술

A. 구조

1. 조정

상대방이 선호하는 것과 기대를 수용하고 그것에 적응하는 법을 배운다. 몇몇 문제에 대해서는 타협을 하지만, 항상 포기하는 것만은 아니기 때문에 분노를 쌓아 두지 않는다.

남편은 매주 종교적인 예배에 아내와 함께 참여할 것에 동의하며, 부인은 저녁을 일찍 먹기를 원하는 남편의 바람을 수용하는 것을 배운다. 그러나 부인은 자신의 일을 시간제로 바꾸는 것에 동의하지 않는다. 남편은 부인이 집에 혼자 남아 있기를 싫어하는데도 불구하고, 매년 자신의 형제들과 함께 낚시 여행을 갔다.

2. 경계 만들기

외부 사람들과의 접촉을 끊지는 않지만 줄일 수 있는 보호적인 경계를 만든다.

남편은 자신의 친구들과 일주일에 3일 밤에 놀러 나가는 것을 그만두었다. 부인은 주말에 자신의 부모가 오는 것에 동의하기 전에 이것이 괜찮은지 남편에게 묻기 시작했다.

배우자에게 전념하고 있다는 것을 증명하는 것은 관계가 지속될 것이라는 확신뿐 아니라 안전한 애착 기지를 형성한다. 당신이 배우자를 생각하고 있고 배우자에게 헌신하고 있다는 것을 배우자가 알고 있는지 확인한다.

남편은 "싫으면, 다른 사람을 찾아보지 그래."라고 말함으로써 자신을 방어하는 것을 멈추었다. 왜냐하면 그것은 부인을 불안하고 화나게 만들 뿐이었기 때문이다. 부인은 누구와 점심을 먹었는지 말하기로 했다. 그 이유는 남편의 질투가 남편을 걱정하게 만든다는 것을 알았기 때문이다.

B. 의사소통

1. 배우자의 견해를 경청하고 인정한다.

부인은 자신의 의견을 말하기 전에, "그러한 이유 때문에 당신은 그것을 더 좋아하는군요."라고 말하는 진실한 노력이 그로 하여금 그녀가 남편의 견해를 존중하고 있다고 느끼도록 만든다는 것을 발견하였다. 논쟁의 여지가 많은 문제가 있을 때, 그는 먼저 부인이 어떻게 느꼈는지를 묻고, 그다음 상세히 듣는 것이 필수적인 것임을 깨달았다. 경우에 따라서는 시간이 지날 때까지 자신의 입장을 표현하지 않는 것이 좋다.

2. 부정적인 악순환이 심해지기 전에 한 발짝 물러서는 것을 배움으로써 언쟁이 고조되는 것을 피한다. 타임아웃을 선언하고 이후의 구체적인 시간에 이야기하기로 동의한다.

"화가 나려고 해. 그만하고 오늘 저녁 식사 이후에 이야기하자고. 괜찮지?"

3. 상대방이 이상한 것처럼 만들거나 무시하는 것은 피한다.

"당신은 너무 무책임해요."라고 말하는 것도 상대방을 명백히 잘못된 것처럼 만드는 것이지만, "당신 과민 반응하는 것 같아."라고 말하는 것도 덜하지는 않다. 배우자의 성격을 비난하거나 감정을 부정해서는 안 된다.

C. 문제해결

1. "당신은 절대 ~하지 않을 거야."와 같은 비판보다 "당신 ~해 줄 수 있어요?"와 같이 긍정적으로 요구한다.

2. 만약 무엇을 요구하려면 반대로 어떤 것을 되돌려 줄 것인지 준비한다.

부인이 남편에게 스스로 좋아하는 일을 할 수 있는 시간을 제안했더니, 남편은 가족과 함께 일하는 것이 좀 더 쉬워졌다. 남편은 가끔 자신이 자발적으로 쇼핑을 하거나 저녁 준비를 하는 것이 부인으로 하여금 남편을 위해 무엇인가를 해주고 싶은 마음을 갖게 한다는 것을 배웠다. 그리고 자발적인 일은 협상하는 것보다 더 낫다는 것을 알게 되었다.

3. 해결해야 하는 문제를 꺼내기 전에 화가 풀릴 때까지 기다린다. 직접적이지만 부드럽게 염려를 꺼낸다.

부인은 논쟁에서 남편이 자신의 의견에 반대하는 아버지의 편을 든 것에 관하여 매우 화가 났다. 그러나 부인은 화난 것이 진정될 때까지 아무 말도 하지 않기로 결정했다. 저녁 식사 후, "여보, 내 기분에 대해서 말하고 싶어요. 그러나 그렇게 표현하면 당신이 화날 것 같아서 걱정이 돼요."라고 말하기 시작했다. 그녀 자신의 기분에 관한 것임을 강조하는 것과 남편의 반응에 신경을 쓴다는 것을 말하는 것은 남편이 수용적인 분위기로 들어오게 하는 데 도움이 되었다.

표 10.2 커플로서 효과적으로 기능하기 위해 중요한 기술(계속)

C. 문제해결

4. 커플인 두 사람은 문제에 대항에서 싸우는 같은 팀이라고 생각한다.

남편의 '냉정함'과 부인의 '의존성'에 대해 싸우는 것 대신, 그들은 어떻게 '서로 다른 편안한 상태'에 적응할 수 있을지에 대해 이야기하기 시작했다. 다음 휴가에 대해서 논의한 결과, 그들은 골프와 테니스는 함께하고, 남편이 낚시를 가는 하루 동안 부인은 친구들을 방문하도록 계획했다.

5. 해결책을 찾으려고 노력하기 전에 배우자의 걱정을 이해하였는지 확인한다.

새 집을 구입하면서 부인이 계약금을 최소화하려는 것에 대하여 남편은 화가 났는데, 그 이유는 많은 돈을 융자를 받아야 했기 때문이다. 그에게는 매달 지불금을 가능한 적게 내기 위해 가능한 가격을 많이 깎는 것이 더 설득력이 있었다. 그러나 논쟁을 계속하는 대신, 부인이 걱정하는 것이 무엇인지를 물어보았다. 부인은 저축한 돈이 충분하지 않은 상황에서 예측할 수 없는 응급 상황이 발생할 수도 있다는 것을 염려하였다. 이제 남편은 부인의 기분을 이해할 수 있었다.

D. 배려

1. 배우자와 두 사람의 관계를 위해 즐거운 일을 한다.

자연스러운 몸짓, 예를 들면 칭찬, 포옹, 작은 선물, 대낮에 전화를 걸어 "당신을 사랑해."라고 말하는 것은 긍정적인 관계를 유지하기 위해 당신이 노력하는 것을 배우자에게 확인시켜 주는 것이다.

E. 즐거움

1. 함께 즐거운 시간을 갖도록 노력하되, 재미난 활동시간을 어려운 문제나 갈등에 대해 논의하는 것으로 사용하지 않는다.

남편은 부인에게 함께 영화를 보러 갈 것을 요청하고, 공원을 산책하고, 박물관에 가고, 그리고 토요일에 저녁 외식하는 것이 습관화되었다. 부인은 이런 시간에 문제를 꺼내는 것은 분위기를 망친다는 것을 배웠다.

출처 : Adapted from Nichols, M. P. 2009. *The Lost Art of Listening*, 2nd ed. New York: Guilford Press.

가족치료의 발전에 있어 주요한 주제─일차 수준에서 이차 수준 사이버네틱스로, MRI에서 해결중심 치료로, 밀라노 체계에서 호프만과 굴리시안으로, 구성주의에서 사회구성주의로 그리고 현재의 이야기 접근으로─는 지적 토의의 선두를 차지해 왔다. 이러한 중요한 발전이 일어나고 있는 동안, 유행에 뒤쳐진 접근(행동주의, 정신분석, 구조주의, 보웬 모델, 경험주의)을 사용하고 있었던 가족치료사들 또한 자신의 작업을 이어 가고 있었다. 그러므로 새롭고 관심을 끄는 것만이 이 분야에서 계속되고 있는 유일하거나 주요한 것이라고 생각한다면 잘못된 것이다.

협동적인 움직임은 치료사의 지도력 형태에 대한 많은 질문을 불러일으켰다. 할린 앤더슨과 해리 굴리시안이 협동적인 접근을 주창했을 때, 치료사가 전문가의 역할을 하고 환자는 대답을 기다리는 권위주의적인 역할 모델이었던 의료 모델이 거부되었다. 그러나 전문가가 된다는 것이 사람을 잡아먹는 도깨비가 되는 것은 아니다. 이러한 진보는 역설적이게도 전략적 모델과 밀라노의 체계적 접근과 같은 선구적인 모델 안에 끊임없이 존재하는 의료 모델에 도전하고 있다. 이제 더 이상 우리는 치료사를 변화를 위한 전문 기술인으로 보지 않는다. 이것은 치료사가 전문가, 즉 변화의 과정에서 리더가 되어서는 안 된다는 것을 의미하지는 않는다.

마지막으로 가족치료가 최근에도 입지를 굳히지 못하고 있듯이, 현대 가족도 그렇다는 점을 언급해야 할 것 같다. 오늘날의 가족은 점진적으로 변화하고 있고, 또한 스트레스 상황에 놓여 있다. 비록 우리는 아직 새로운 모델과 전문용어를 사용하는 데까지 이르지는 못했지만, 1950년대 가족의 상호보완적 모델에서 벗어나 균형적인 해석으로 나아가고 있다. 아마도 지금은 다음과 같은 질문을 제기해야 할 때인 것 같다.

미국 가족이 겪는 이러한 스트레스 많은 전환기의 어려움 속에서, 21세기의 변화무쌍한 가족을 이해하고 다루는 데 가족치료의 어떤 개념이 도움이 될 수 있을까?

제11장

해결중심 치료

긍정적인 것 강조하기

학습 목표

◆ 해결중심 치료 모델의 발전을 설명하라.

◆ 해결중심 치료의 주요 개념을 설명하라.

◆ 해결중심 치료의 건강한 가족과 건강하지 못한 가족의 발달을 설명하라.

◆ 해결중심 치료의 치료 목표와 목표를 달성하기 위한 조건을 설명하라.

◆ 해결중심 치료의 진단과 치료 개입에 대해 논의하고, 실증하라.

◆ 해결중심 치료를 지지하는 연구들에 대해 논의하라.

대부분의 치료에서 치료사가 하는 일은 우울이나 문제 행동 등 내담자가 제시한 문제를 해결하기 위해 문제의 원인을 찾아내는 것이다. 그러나 해결중심 치료사는 문제가 나아지기 위해 문제의 원인을 파악할 필요가 없다는 급진적인 입장을 취한다.

해결중심 치료사는 내담자가 효율적으로 행동할 능력을 갖고 있지만, 그 효율성이 부정적인 사고방식 때문에 약화되었다고 가정한다. 내담자가 잊고 있던 자신의 능력에 주의를 기울이면 실패에 대한 집착에서 벗어나 유능감을 회복하게 된다. 내담자가 문제에 압도당하는 이유는 문제가 항상 일어나고 있다고 보기 때문이다. 내담자는 문제가 일어나지 않았던 시기를 인식하지 못하거나 사소한 것으로 간주한다. 해결중심 치료 기술의 묘미는 내담자가 자기 문제의 **예외**exception, 즉 문제가 발생하지 않았던 때가 있으며 이러한 예외가 아직까지도 쓸 수 있는 해결책임을 보도록 도와주는 것이다.

주요 인물에 대한 묘사

해결중심 치료는 밀워키에 있는 단기가족치료센터Brief Family Therapy Center, BFTC의 스티브 드 세이저 Steve de Shazer, 인수 버그Insoo Berg와 동료들에 의해 발전하였다. 이 사설 훈련 연구소는 1979년에 설립되었는데, MRI 모델에 매력을 느끼던 사람들이 지역사회 기관의 규제에 불만을 갖게 되어 자체적인 프로그램을 운영한 데서부터 시작되었다. 초기 구성원으로는 부부였던 스티브 드 세이저와 인수 버그, 짐 더크스Jim Derks, 일레인 누날리Elaine Nunnally, 마릴린 라 쿠르Marilyn La Court, 이브 립치크Eve Lipchik가 있었다. 연구원으로는 존 월터John Walter, 제인 펠러Jane Peller, 미셸 워너 데이비스Michele Weiner-Davis가 있었다.

고(故) 스티브 드 세이저는 해결중심 치료의 주요 개발자로, 이 접근에 대해 가장 흥미롭고 자극적인 저작물(예 : de Shazer, 1988, 1991)을 쓴 사람이다. 치료사일 뿐 아니라 학자인 그는 베이트슨의 의사소통 이론과 변화에 영향을 미치는 방법에 대해 밀턴 에릭슨이 제시한 실용적인 아이디어에 매료되었다. 그는 초기 팔로 알토에서 근무한 경험이 있으며, MRI의 접근법에 큰 영향을 받았다. 그는 2005년 9월 11일 비엔나에서 생을 마감했다.

인수 김 버그는 드 세이저와 함께 해결중심 접근의 주요 개발자 가운데 한 사람이다. 그녀는 전 세계를 방문하며 치료사들을 훈련시켰고, 이 모델을 알코올 중독(Berg & Miller, 1992), 부부치료(Berg, 1994a), 빈민을 위한 가족중심 서비스(Berg, 1994b) 같은 다양한 문제와 서비스 환경에 적용시킨 책과 논문 다수를 저술하였다. 그녀는 남편이 사망한 그다음 해인 2007년에 생을 마감했다.

드 세이저의 훈련을 받은 미셸 워너 데이비스(1992)는 일리노이 주 우드스톡에 있는 한 기관의 프로그램을 해결중심 모델로 바꾸었다. 워너 데이비스(1992)는 인기 저서인 *Divorce-Busting* (2007)에서 해결중심 모델을 결혼 문제에 적용하였다.

빌 오핸런Bill O'Hanlon은 BFTC에서 공식적인 훈련을 받은 적은 없으나 밀턴 에릭슨에게서 단기문제해결 치료를 훈련받은 덕분에 해결중심 치료가 수월했다. 오핸런은 워너 데이비스와 협력하여 해결중심 치료에 관한 책(O'Hanlon & Weiner-Davis, 1989)을 집필하였고, 그 후 이 모델의 주요 인물이 되었다. 그는 유명한 워크숍의 강사였으며, 가능성에 대한 치료Possibility Therapy(O'Hanlon, 1998)라 불리는 실용적인 접근에 대해 다수의 저서와 논문을 써 왔다.

1980년 중반 이후 버그와 드 세이저의 학생이었던 이본 돌란 Yvonne Dolan은 외상과 학대를 위한 치료(Dolan, 1991)에 해결중심 모델을 적용하였다. 그녀는 영향력 있는 사례집(Berg & Dolan 2001)의 공동 저자로, 이 모델을 복지 기관에 적용하였으며

이본 돌란은 해결중심 치료 리더 중의 한 사람이다.

(Pichot & Dolan, 2003), *More Than Miracles: The State of the Art of Solution-Focused Therapy*이라는 책을 출판했다(de Shazer & Dolan, Korman, Trepper, Berg, & McCollum, 2007). 돌란은 세계 곳곳에서 해결중심 치료 훈련을 실시하고 있으며, 현재 해결중심 단기치료협회의 회장이다.

이밖에 유명한 해결중심 치료사로는 이브 립치크, 스콧 밀러Scott Miller, 존 월터, 제인 펠러가 있다. 립치크는 1988년 BFTC를 떠나기 전 8년 동안 해결중심 모델을 배우자 학대에 최초로 적용하였으며(Lipchik & Kubicki, 1996), 최근에는 해결중심 치료 방법(Lipchik, 2011)에 관한 매우 유용한 책을 출간했다. 스콧 밀러는 3년간 BFTC에 있으면서 알코올과 약물치료 서비스를 담당했으며, 해결중심 모델에 대한 폭넓은 저술을 했다. 존 월터와 제인 펠러는 시카고에서 함께 활동 중이다. 그들은 BFTC에서 수련받은 후 이 접근의 단계를 잘 설명한 책(Walter & Peller, 1992)을 썼으며, 그 후 유명한 순회 워크숍 강사가 되었다.

이론적 발달

MRI 모델처럼 해결중심 치료의 입장 역시 인간은 문제에 대한 편협한 시각에 갇혀 잘못된 해결책을 반복적으로 사용하는 경직된 패턴 속에 있다고 생각한다. 만일 계란을 한 바구니에 담게 되면 그 바구니를 죽을 때까지 붙잡고 있어야 한다. 오핸런과 위너 데이비스(1989)는 이에 대해 다음과 같이 언급한 바 있다.

> 사람들이 행동에 부여하는 의미 때문에 어떤 상황에 대한 해결책의 범위가 제한된다. 해결책이 만족스러운 결과를 도출하지 못해도, 처음에 사용했던 방법에 내재되어 있는 기본 가정에 대해서는 의심을 품지 않는다. 만일 의심을 한다면 새로운 의미를 찾게 되고, 오히려 더 효율적인 방법을 찾을 수도 있을 것이다. 그러나 일반적으로 사람은 더 많이, 더 열심히, 더 잘하면 (예 : 더 많이 처벌하고, 마음이 통하는 대화를 더 많이 하는 등) 문제를 해결할 수 있을 것으로 생각하여 동일한 비효율적인 방법으로 더욱더 노력한다. (p. 48)

MRI 모델은 인간은 개발 가능한 무의식적 자원을 많이 지니고 있다고 언급한 바 있는 밀턴 에릭슨으로부터 영향을 받았다. 이 관점에 따르면 사람은 인식을 조금 변화시키거나 문제에 대해 말하는 방식을 조금만 바꿔도 잠재 능력을 충분히 발휘하여 문제를 해결할 수 있다고 본다.

문제중심적 대화problem talk는 해결중심적 대화solution talk와 다르다. 루트비히 비트겐슈타인 (Ludwig Wittgenstein, 1985)은, "행복의 세계는 불행한 세계와는 사뭇 다르다."라고 말했다. 대개 문제중심적 대화는 부정적이고 과거에 초점을 맞추며 문제가 영구적임을 시사한다. 해결중심적 대화는 좀 더 긍정적이고 희망적이며 미래지향적이다. 따라서 치료사의 임무는 내담자의 문제중심적 대화를 해결중심적 대화로 이끌어, 미래의 변화를 이루는 것이다.

가족역동

해결중심 모델을 설명하면서는 가족역동에 관한 설명을 빼고 싶은 마음이 든다. 이 모델이 가족역동에 대해 언급을 하지 않는 이유는 사실 이들은 가족역동에 대해 별로 할 말이 없기 때문이다. 이들은 가족역동을 강조할수록 인간을 행동을 제한하는 인간 네트워크에 매여 있는 존재로 보게 된다고 간주한다. 따라서 해결중심 치료사들은 가족 구성원들을 통제하는 힘에 관심을 주지 않는다. 이 모델의 인간관은 사람들을 대체로 유연하고 변화 가능한 존재로 보며, 치료에서도 사람들을 그렇게 대하기 때문이다.

◆ 정상 가족 발달

해결중심 모델에서는 내담자야말로 자신의 상황에 대해 전문가라고 가정한다. 따라서 내담자는 누구보다도 자신을 괴롭히는 것이 무엇인지, 자신에게 필요한 것이 무엇인지도 알고 있다. 이런 가정하에서 치료사들은 "빠뜨린 질문이나 혹은 제가 알아야만 할 것이 더 있나요?"라고 질문한다. 더용과 버그(De Jong, & Berg, 2002)는 "내담자가 자신의 삶의 전문가라고 믿는다면, 치료사는 자신의 준거 틀을 가능한 한 배제하고 내담자의 준거 틀에서 치료하기 위해서 내담자를 탐색해야 한다."(p. 20)고 말하고 있다.

해결중심 치료사는 사람은 자원이 풍부하다고 가정한다. 내담자의 문제를 적응해야 하는 기준을 성취하는 데 실패한 증거로 보기보다는 정상적인 생활주기로 인한 문제가 복잡하기 때문에 생긴 것으로 본다. 이러한 낙관적인 관점이 지나친 낙천주의로 취급될 필요는 없다. 오히려 가족이 자신의 삶을 나아지게 할 해결책을 구성할 능력이 있다는 신념으로 보아야 한다.

그렇다면 치료는 매우 상대적이다. 이 모델은 가족의 정상성에 대해 비정상적인 관점을 갖고 있다. 즉 제시된 문제가 없으며 그들 자신의 독특하고 기능적인 삶의 방식으로 되돌아간 가족을 정상 가족으로 본다.

> 해결중심 치료사는 인간이 살아가는 데 '옳거나', '타당한' 방법이 하나만 있다고 가정하지 않는다. 어느 가족이나 개인에게 용납될 수 없는 행동이 다른 사람에게는 바람직한 행동일 수 있다는 것을 알게 되었다. 따라서 치료에서 성취되어야 할 목표를 확인하는 사람은 치료사가 아닌 내담자이다. (O'Hanlon & Weiner-Davis, 1989, p. 44)

◆ 행동장애의 발달

해결중심 모델은 행동장애의 발달이라는 주제에 대한 논의를 거부한다. 이 모델에 의하면 사람을 분류한다는 것 자체가 항상 그런 방식으로만 행동한다고 규정짓는 것이라 여기기 때문이다. 어느 부부가 친밀하지 못해 거리가 있다고 말한다면 이 부부는 한 번도 친밀한 적이 없단 말인가? 해결중심 모델에서는 이렇게 말하는 것 자체가 그들이 가깝게 지내는 행동에는 관심을 두지 않는 것이라고 지적한다.

해결중심 치료사는 내담자로 하여금 문제의 원인을 찾게 하지 않으며, 마찬가지로 치료사도 내담자의 문제에 대한 추측을 피한다. 그들은 해결책이 문제와 관련이 없으며, 병리적인 면을 탐색하는 것은 해결중심 치료사라면 피해야 하는 문제중심적 대화를 하는 것이라고 여긴다. 문제 중심적 대화 및 문제와 관련된 것에 몰두하는 것은 문제의 원인을 확인하게 만드는데, 이는 그들이 가장 피해야 하는 일이다. 문제중심적인 사고는 사람들이 이미 사용해 온 효과적인 해결책을 자각하지 못하게 하거나, 사람들이 상황에 대해 규정하는 방식과 고집스럽게 취하는 잘못된 행동을 지속적으로 유지하게 만든다.

변화기제

해결중심 모델은 내담자가 문제라고 한 것에서 예외를 찾아 치료 목표를 분명하게 설정한다. 다음에 이러한 모델의 특징을 소개하겠지만 기억해야 할 것은 기법들 몇몇을 추가하는 것으로 좋은 치료 방법이 되는 것만은 아니라는 사실이다. 치료 과정이란 여러 요인이 함께 작용하는 과정이다.

◆ 치료 목표

해결중심 치료의 목표는 가능한 한 신속하게 제시된 불만을 해결하는 것이다. 그러나 문제의 근원을 찾으려는 탐색은 거부한다. 드 세이저(1991)는 "구조주의자는 증상을 어떤 근원적인 문제의 결과로 보며, 이 문제는 부적합한 위계, 은밀한 부부 갈등, 낮은 자존감, 왜곡된 의사소통, 억제된 감정, '더러운 게임' 등과 같은 정신적 혹은 구조적 문제"라고 말한다. 해결중심 치료사는 이렇게 심각한 문제를 파고드는 것이 내담자의 문제해결에 도움이 된다고 믿지 않는다.

해결중심 치료사의 목표는 가족이 어떻게 구성되어야 하는가가 아니라, 가족이 그들의 삶이 어떻게 달라지기를 원하는가에 있다. 따라서 치료 목표는 내담자의 말로 표현되어야 하며, 각 가족의 목표는 그들의 목소리로 정의되어야 한다. 이렇게 해결중심 치료에서는 목표설정 과정 자체가 이미 치료 개입이 된다. 월터와 펠러(1992)는 내담자가 자신들이 원하는 목표가 무엇인지 제대로 설정하는 것이 치료 결과에 중요한 역할을 한다고 강조하였다. 잘 정의된 목표란 긍정적인 용어로 정리된 구체적이고 행동적이며 성취 가능한 것을 말한다. 사람들이 불만에 파묻혀 사는 것을 멈추게 하고 대신 자신이 하고 싶은 일을 상상하게 하는 것이 목표 성취를 돕는 첫걸음이다. 그러므로 내담자가 "나는 덜 우울하고 싶어요.", "로저가 마약을 끊길 바라요."라며 불만을 부정적인 언어로 말할지라도, 해결중심 치료사는 "당신(혹은 그 사람)이 그렇게 되려면 무엇을 하면 될까요?"라고 질문을 던져 불만을 긍정적인 목표로 바꾸도록 돕는다. 만약 당신이 체중 감량을 시도한 적이 있다면, 햄버거나 감자튀김을 먹지 말라고 하는 것보다는 운동을 하고 저지방 식품을 먹으라고 긍정적인 조치를 취하는 것이 더욱 효과적이라는 사실을 아마도 발견했을 것이다.

◆ 행동 변화의 조건

해결중심 치료는 내담자가 문제 상황이라고 제시하는 상황이 일어나지 않은 예외를 찾아서 예외 상황을 더 많이 할 수 있게 증폭시킨다. 따라서 내담자들의 삶의 목록 중에서 이미 효과적임이 증명된 것을 찾게 도와준다. 버그와 드 세이저(1993)가 말했듯이 변화해야 할 것은 '말로 표현된' 문제에서 방향을 바꾸는 것이다.

> 내담자와 치료사는 사용하는 언어의 이면을 보기보다는 액면 그대로 받아들여야 한다. … 우리가 무엇을 말하며 어떻게 말하느냐가 차이를 만들며, 이 차이가, 내담자가 중요한 차이를 만들어내는 동력이 된다. … 우리(해결중심 치료사)는 내담자와의 대화를 통해 문제가 되는 것의 의미가 무엇인지, 어떠한 문제가 벌어지고 있는지 등의 원인을 탐색할 것이 아니라, 마치 협상을 하듯 내담자와 주고받는 일상적인 대화처럼 치료적 대화를 실시해야 한다. (p. 7)

이렇게 사람들이 자신의 문제에 대해 말하는 방식을 변화시키는 것은 치료를 통해 성취되어야 할 전부이다. 왜냐하면 "내담자와 치료사가 함께 해결책에 대해 더 많이 이야기할수록, 내담자들이 자신이 말하고 있는 것이 진실이며 현실임을 점점 더 믿게 되기 때문이다. 이것이 바로 언어가 자연스럽게 효과를 발휘하는 방식이다"(Berg & de Shazer, 1993, p. 9). 이것은 해결중심 치료가 매우 짧은 시간에 이루어질 수 있는 근거가 되기도 한다. 사람들은 자신의 행동을 변화시키는 것보다 자신의 문제에 대해 다르게 말하는 것이 훨씬 쉽기 때문이다. 해결중심 치료에서는 사람으로 하여금 긍정적으로 말하게 하면 긍정적으로 생각하게 되고, 궁극적으로는 자기 문제를 해결하기 위해 긍정적으로 행동하게 될 것이라고 가정한다.

치료

◆ 진단

제시된 불평에 대한 간략한 설명을 들은 후, 치료사는 곧바로 내담자에게 그의 문제가 해결되면 삶이 어떻게 달라질 것인가에 대해 묻는다. 그리고는 중재 계획을 만드는 대신 내담자에게 문제가 발생하지 않았거나 덜 심각했던 시기에 대해 묻는다. 다음의 질문(Lipchick, 2011에서 인용)에서 미리 대책을 강구하는 해결중심 사정의 성격을 볼 수 있다.

"현재 당신은 무엇이 문제라고 생각하십니까?"

"문제가 해결된다면 그것을 어떻게 알 수 있을까요?"

"이곳에 더 이상 올 필요가 없다면 그것을 어떻게 알 수 있겠습니까? 무엇을 보면 알 수 있을까요?"

"그런 일이 일어나기 위해서는 당신의 행동, 생각, 감정이 어떻게 달라져야 할까요?"

"이 상황에 관련된 다른 사람들이 달라진 것을 무엇을 보면 알 수 있을까요?"

"자유로운 상상 속에서는 어떤 일이 일어나기를 바라십니까?"

해결중심 치료사는 가족의 역동성을 사정하는 데 관심이 없으므로 특정 집단의 사람을 소집해야 할 필요를 느끼지 않는다. 대신 문제에 관심을 가진 사람은 참석해야 한다고 말한다. 또한 접수 정보를 거의 필요로 하지 않는데, 그 이유는 내담자로부터 직접 설명을 듣고 싶어 하기 때문이다. 해결중심 치료사는 느낌보다는 지각에 대해 더 많이 물으며 내담자의 입장을 지지한다. 모든 내담자는 자신의 행동에 영향을 미친 관점을 치료사가 이해했음을 보여 주길 원한다.

해결중심 치료에 있어 사정 절차는 문제해결 접근에서 하는 것과는 매우 다르다. 해결중심 치료사는 무엇이 문제(밀착, 삼각관계)인지를 규명하는 것과 이를 바로 잡을 방법에 대한 계획을 세우는 데 전문가의 역할을 하지 않는다. 이 모델에서는 내담자 자신이, 스스로가 어떤 변화를 원하는지를 아는 전문가이다(Walter & Peller, 1992). 해결중심 치료사가 내담자의 문제를 해결하는 권위자의 역할을 하지는 않지만, 내담자가 궁지에서 벗어나며 해결책에 다가갈 수 있도록 적극적인 조치를 취한다.

다음에 제시된 질문은 치료 목표를 발전시키는 데 도움이 된다.

"상담실에 온 결과 어떤 일이 생기면 상담실에 오길 잘했다고 나중에 말할 수 있을까요?"

"어떤 일이 생기면 오늘 오신 것이 시간 낭비가 아닐까요?"

"우리가 종종 경험한 바에 의하면 상담 예약을 한 후 직접 오시기까지 문제를 좋아지게 하는 어떠한 일이 생기곤 합니다. 오늘 여기에 오시게 한 문제가 나아지는 일이 일어난 적이 있습니까?"

이러한 질문에 대한 대답에 기초하여, 치료사와 내담자는 보다 자세한 치료 목표를 만들기 시작한다. 일단 목표가 잘 서술되면, 치료사는 내담자가 1~10점 사이의 척도를 상상하면서 목표에 대한 현재의 진전 정도를 사정하도록 청한다. 1점은 문제가 최악인 상황이고 10점은 문제가 사라졌거나 내담자가 잘 대처하여 더 이상 문제가 되지 않는 것을 말한다.

문제가 최악인 상황 　　　　　　　　　　　　　　　　　　　　치료 목표

1 ←------------------------→ 10

내담자의 평가는 자신이 목표로부터 떨어져 있는 정도를 사정할 수 있게 한다. 이후 같은 척도를 사용하여 내담자가 목표에 다가가기 위해 해야 하는 구체적인 행동을 결정하며 진전 상태를 평가할 수 있다. 만약 내담자가 새로운 문제를 말하면, 치료사는 다른 척도로 원하는 목표 점수와 목표에 대한 진전 정도를 평가한다.

해결중심 치료와 같이 직접적인 접근에서는 변화에 대한 내담자의 동기를 평가하는 것이 중요하다. 드 세이저(1988)에 따르면 해결중심 치료사는 내담자를 방문형, 불평형, 고객형으로 구분한다.

방문형visitor은 실제로는 치료에 관심이 없는 사람이다. 방문형 내담자는 판사, 부모, 학교 교장과 같은 타인의 강요로 오게 됐으나 불만도 별로 없고 상담실에 있고 싶어 하지도 않는다. 치료사는 이러한 내담자에게 어떤 제안이라도 해서는 안 되며, 치료가 필요하다고 설득해서도 안 된다.

방문형 내담자에게는 어떻게 그들이 의뢰되었으며 진짜 내담자가 누구라고 생각하는지에 관심을 가지는 것이 중요하다. 즉 누가 상담을 받고 싶어 하는가이다. 만약 상담소에 온 내담자가 누군가의 압력 때문에 오게 되었다면, 그 누군가를 만족시키기 위해 내담자가 해야 하는 것이 무엇인지 물어보는 것은 유용한 전략이다.

"그래서 어머니가 참견하지 못하게 하려면 무엇을 해야 하나요?"

"당신이 더 이상 상담을 받지 않아도 되게 하기 위해 우리가 최소한 해야 할 일은 무엇일까요?"

불평형complainant 내담자는 분명한 불만거리를 가지고 있으나 대부분은 타인에 관한 것이다. 부모는 종종 자녀 문제 때문에 치료를 청한다. 자녀의 나이가 어리면 부모는 자녀 문제의 해결에 관여할 필요를 느낄 수 있다. 그러나 자녀의 나이가 많으면 약물, 우울증, 수줍음과 같은 문제를 가진 자녀만이 치료의 대상이며, 부모는 종종 자신이 해결책의 일부가 아니라고 생각할 수 있다. 아내는 "남편이 대화를 하지 않아요."라며 부부치료에 참여하는 반면, 남편은 종종 아내의 기분에 맞추려고 치료에 온다.

불평형 내담자에게는 다른 가족 구성원의 문제 행동의 예외를 알아차려 보도록 제안하는 것이 도움이 될 수 있다. 해결중심 치료사는 불평형 내담자의 관점을 수용하고 칭찬하며 다음의 예시처럼 불만에 대한 예외를 눈여겨보도록 제안할 수 있다.

내담자 : 딸에 관한 것이에요. 그 애가 하는 일이란 친구들과 돌아다니는 거예요. 숙제를 하지도 않고, 집안일도 절대 돕지 않아요.

치료사 : 그러면 제가 어떻게 도움을 드릴 수 있을까요?

내담자 : 제가 했던 어떤 것도 아무 소용이 없는 것 같아요. 그 애는 철이 들거나 자신에 대해 책임을 지고 싶어 하지도 않아요.

이러한 내담자들과는 해결중심 치료사는 문제 대화에서 해결중심의 대화로 전환을 꾀한다.

> 치료사 : 따님과 좀 더 편하게 살려면 어떤 일이 일어나야 할까요?
>
> 내담자 : 숙제를 하기 시작해야죠. 그 애보고 고등학교를 마치지 않으면 할 수 있는 것이 없
> 다고 계속 말하고 있지요.
>
> 치료사 : 그것은 큰 변화처럼 보이네요. 만약 정말로 그런 일이 있어났다고 상상해 보세요.
> 따님이 숙제를 하기 시작했다면 따님은 어머님이 자신을 대할 때 어떻게 달라졌다
> 고 말할까요?
>
> 내담자 : 그 애는 제가 잔소리하는 것을 싫어해요. 그래서 아마도 제가 예전보다 잔소리를 덜
> 한다고 말할 거예요.

딸을 문제로 보는 내담자의 생각에 치료사가 어떻게 이의를 제기하지 않는지 주목하라. 그럼에
도 불구하고 하나의 해결책에 관해 이야기함으로써 어머니가 해결책의 일부로 어떻게 행동을 달
리할 수 있는가에 대해 대화하게 된다. 이것은 어머니로 하여금 덜 잔소리하는 것이 더 생산적이
될 수 있음을 볼 수 있게 한다.

불평형에 속하는 내담자 중에는 이 예시에 나오는 어머니보다 덜 유연한 사람도 있다. 모든 것
이 다른 사람의 잘못이라고 한결같이 주장하는 사람도 보아 왔다. 이러한 내담자에게 "제가 어떻
게 도움이 되길 바라셨나요?"라고 언제든 물어볼 수 있다. 그러고는 그처럼 다루기 어려운 사람
에게 영향을 주려면 어떻게 달리 행동해야 할지에 대해 함께 전략을 세운다.

고객형customer 내담자는 분명한 불만거리를 갖고 있으나 행동을 취할 준비가 되어 있다. 이 유
형과는 직접적으로 목표를 설정하며 해결책을 찾을 수 있다. 변화하려는 준비가 된 사람과 작업
하는 것은 훨씬 쉽다.

드 세이저가 말하고자 하는 요점은 방문형, 불평형, 고객형과 같은 구분은 성격 특성이 아니라
치료적 관계에 관한 것이므로 유동적이라는 것이다. 분명한 동기가 없는 불평형 내담자에게 치료
사가 할 일은 해결중심적인 대화를 하고, 내담자를 칭찬하며, 가능하면 문제의 예외를 관찰하는
과제를 주는 것이다. 내담자를 변화하라고 압박하는 대신 관심을 문제에서 해결책으로 돌리게 함
으로써 내담자는 변화하려는 고객형으로 바뀔 수 있다.

◆ 치료 기법

해결중심 치료 기법은 두 가지의 기본적인 전략에 근거하여 구성되어 있다. 첫 번째는 내담자의
준거 틀에 초점을 잘 맞추어 **목표**를 발전시키는 것이다. 두 번째는 예외에 기초하여 해결책을 만들
어 내는 것이다(De Jong & Berg, 2002). 치료는 일반적으로 단기이며(평균 3~5회), 1회 더 상담하
는 것으로 충분할 수도 있다는 가정하에 예약은 1회씩 잡는다.

문제 기술

치료는 내담자 문제에 대한 설명으로 시작된다. "제가 어떻게 도움이 되면 좋을까요?" 해결중심 치료사는 내담자의 준거 틀 내에서 작업하기 위해 애를 쓴다. 내담자의 언어를 최대한 사용하며 내담자의 지각에 대해 묻고 조심스럽게 인정한다.

> 치료사 : 그래서 당신은 자신이 체계적이지 못한 것에 대해 무엇인가를 하고 싶다고 말하는 건가요?
>
> 내담자 : 네, 제가 해야 하는 일의 반도 못하고 있어요. 또 마지막 순간에 과제를 제출하느라 허둥지둥하죠. 이런 제가 싫어요! 어떨 때는 이런 일을 하고 싶지 않은 것처럼 생각 돼요.
>
> 치료사 : 그래서 당신이 체계적이지 못한 이유가 정말로 이 일을 좋아하지 않기 때문이고, 그 래서 기분이 가라앉아 있다는 거군요. 이 말이 맞나요?

내담자에게 문제를 해결하기 위해 이미 시도해 왔던 것에 대해 묻는 것은 좋은 생각이다. 사람들은 대개 문제를 해결하기 위해 다양한 방법을 시도하며, 이러한 노력은 더 혹은 덜 성공적이었을 것이다. 어느 쪽이든 해결을 위해 이전에 시도한 것은 내담자가 무엇이 효과가 있었고 무엇이 없었는지를 지각하는 데 중요한 역할을 한다.

목표 설정

내담자의 문제에 대한 설명과 문제와 관련하여 해온 것에 대해 듣고 인정하고 나서, 다음 단계로 분명하고 구체적인 목표를 설정한다. 해결중심 치료사는 모호하고 불분명한 목표를 다음과 같은 질문을 통해 구체적이고 행동적인 용어로 전환하도록 돕는다.

"구체적으로 이것을 어떻게 하실 건가요?"

"두 분께서는 문제가 해결된 것을 언제 아시게 될까요? 사정이 어떻게 달라져 있을까요?"

"당신이 올바른 방향으로 가고 있다는 것을 말해 줄 첫 번째 신호(혹은 가장 작은 변화)는 무엇이 될까요? 그 밖에 다른 것은요?"

목표가 명확할수록 진전 정도를 측정하기가 더 쉽다. 예를 들어 한 여성이 남편과 더욱 잘 지내고 싶다고 말한다면 해결중심 치료사는 다음과 같이 물을 것이다. "두 분이 잘 지내게 된다면 어떤 일이 일어날지에 대해 좀 더 구체적으로 말해 주실 수 있나요? 무엇을 다르게 행동할까요? 남편은 무엇을 보면 두 분이 잘 지내는 것을 구체적으로 알 수 있을까요?"

이 예시에서 더 좋은 관계를 갖고 싶어 하는 여성에게 치료사가 "당신은 무엇을 다르게 행동할까요?"라고 질문하는 것에 주목하라. 해결중심 치료 과정의 일부는 내담자가 다른 사람을 어떻게 변화시키는가보다는 자신이 취할 수 있는 건설적인 행동에 대해 생각하도록 돕는 것이다. 유용한 목표는 구체적이고 긍정적인 행동을 포함한다. 유용한 목표는 적당하여 성취하기 수월한 것이다. 내담자가 자신이 원하는 만큼 건설적으로 변화하지 못하는 이유 중에는 목표를 지나치게 과한 용어로 정의하는 것이 있다.

사례연구

최근에 이혼한 한 여성이 자신의 삶을 정상 궤도로 회복하고 싶어 했는데, 그녀는 담배를 끊고, 직장을 얻고, 9kg을 감량하고, 데이트를 시작하고 싶어 했다. 치료사는 그녀가 직장을 얻는 것에 먼저 집중하고, 체중 감량과 금연 시도는 스트레스를 조금 덜 받게 될 때까지 미룰 것을 제안했다.

언젠가 인수 버그가 자신의 삶을 통제하기 어려워 보이는 한 여성과 인터뷰하였는데, 내담자에게 상황이 더 나아지기 위해서 무슨 일이 일어나야 할지에 대해 물었다. 그 여성은 자신이 너무 많은 문제를 가지고 있기 때문에 잘 모르겠다고 답했다. "오직 기적만이 도움을 줄 수 있겠지만, 그것은 너무 큰 기대 같아요." 버그는 내담자의 언어를 끄집어내어 "그래요, 기적이 일어났다고 상상해 보시고, 당신이 이곳에 가지고 온 그 문제가 해결이 되었다면 당신의 삶에 무엇이 달라질까요?"(De Jong & Berg, 2002, p. 85)라고 물었다.

놀랍게도 너무나 압도되고 무력해 보였던 이 여성은 잘 기능하는 가족에 대한 그림을 명확하고 현실적으로 설명하기 시작했다. 그리하여 해결중심 치료의 핵심적인 부분인 **기적질문**miracle question이 탄생하게 되었다. 다음은 드 세이저(1988)가 기적질문에 대해 설명한 것이다.

> 자, 제가 이상한 질문 한 가지를 할 거예요. 오늘 밤 당신이 자고 있고 집안 전체가 조용해진 사이에 기적이 일어났다고 상상해 보세요. 기적이란 당신이 오늘 여기에 가져온 문제가 해결되었다는 것입니다. 그러나 당신은 자고 있었기 때문에 기적이 일어난 것을 모르지요. 그래서 다음 날 아침에 깨어났을 때, 무엇이 달라져 있다면 기적이 일어나 오늘 여기에 가지고 온 문제가 해결된 것을 알 수 있을까요? (p. 5)

기적질문은 내담자로 하여금 가능성을 무제한으로 상상하게 하고, 목적에 대한 그림을 마음속에 그릴 수 있게 한다. 마치 완벽한 서브를 머릿속에 떠올리는 것이 테니스 선수에게 도움을 주는 것과 비슷하다. 또한 기적질문은 내담자가 문제 외의 것을 보게 하여, 문제를 제거하는 것 자체가 아니라 문제 때문에 하지 못했던 것을 하기를 원한다는 사실을 알 수 있게 해준다. 만약 치료사가 문제에도 불구하고 이러한 일을 하도록 내담자를 격려한다면, 그 문제는 갑자기 그처럼 크게 보이지 않을 수 있다.

예를 들어, 메리가 폭식증이 없다면 사람들과 더 친밀하게 지내고 더 재미있을 것 같다고 말한다고 하자. 만약 치료사의 격려로 메리가 대인관계의 위험을 감수하고 좀 더 재미를 갖게 된다면 그녀의 폭식증은 덜 문제가 되고, 그녀의 인생에서도 덜 장애가 되어 결과적으로 이 증상을 통제하는 능력이 증가할 수도 있다.

예외 탐색

문제의 예외 상황—내담자에게 문제가 없을 때를 면밀히 조사하는 것—은 내담자가 이미 어떠한 잠재적인 해결책을 가지고 있음을 깨닫게 한다. **예외질문**exception question은 다음과 같이 할 수 있다.

> "최근에 문제가 일어났지만 문제가 되지 않았을 때(혹은 덜 심했거나 좀 더 다루기 쉬웠던 때)는 언제였나요?"
> "문제가 일어나지 않을 때는 무엇이 다른가요?"
> "당신은 배우자가 당신에게 뭔가 긍정적인 일을 했다는 사실을 어떻게 알려 주었나요?"

최근에 일어난 예외를 발견하는 것이 가장 유용한데, 내담자가 매우 상세히 기억할 수 있기 때문이다. 그리고 조금 전에 일어난 예외이기 때문에 다시 일어나기 쉽다. 이러한 때를 찾고 그때 무엇이 달랐는지를 탐색해 봄으로써 내담자는 이러한 예외를 확장시킬 수 있는 단서를 발견한다. 뿐만 아니라 내담자가 이전에 문제를 피할 수 있었거나 극복할 수 있었던 것을 알게 되면, 문제에 대한 시각이 변화될 수 있다. 문제를 이겨내기가 덜 어려워 보이는 것이다.

예를 들어, 폭식증이 있는 메리는 지난주에 폭식과 하제 사용의 욕구가 있었으나 그렇게 하지 않았음을 기억할 수 있다. 메리는 그때 부모로부터 떨어져 살고 있었으며 그들을 실망시키고 싶지 않았음을 발견한다. 메리는 지금이 더욱 독립적이 되어야 할 때라고 결정할 수 있다.

예외를 탐색하는 것은 치료사와 내담자가 과거의 성공을 발판으로 삼게 해준다. 실패한다면 치료사는 상황이 더 나빠지지 않는지, 그것을 어떻게 다루었는지에 대해 물을 수 있다. 그러고는 이 성취를 발판으로 삼는다. **대처질문**coping question은 단지 견디는 것만으로도 내담자가 자신이 알고 있는 것보다 더 자원이 많음을 인식하도록 도울 수 있다.

> "그렇게 어려운 상황에서 견딜 수 있게 해준 것은 무엇인가요?"
> "어떻게 상황이 더 나빠지지 않았죠?"
> "상황이 더 나빠지지 않도록 무엇을 해왔나요?"

만약 내담자가 답을 한다면, 치료사는 이에 기초하여 어떻게 인내심을 유지할 수 있었는지, 그리고 얼마나 그런 노력을 더 할 수 있을지에 대해 질문할 수 있다.

해결중심 치료사는 이전의 해결책, 예외와 목표에 대한 증거를 찾기 위해 상담 시간의 대부분을 주의 깊게 듣는다. 증거가 나오면 치료사는 열광하고 지지한다. 그다음 치료사는 앞장서서 해결 대화를 한다. 이것은 전통적인 문제중심 치료와는 다른 기술을 요구한다. 문제중심 치료사는 문제의 원인이나 문제를 유지시키는 것에 대한 단서 중 놓친 것에 관심이 있는 반면, 해결중심 치료사는 진전과 해결에 관한 단서 중 놓친 것에 집중한다. 이본 돌란(personal communication)은 이 과정을 다음의 짧은 사례에서 보여 준다.

사례연구

어머니 : 우리 딸은 집에 오면 저를 무시하고 마치 제가 없는 것처럼 행동해요. 학교에서 오면 자기 방으로 그냥 들어가 버리지요. 자기 방에서 뭘 하는지 누가 알겠어요? 잘하는 일은 아닌 것 같아요.

딸 : 우리가 늘 싸운다고 엄마가 말하니까 방으로 들어간 거고, 그래서 우리는 싸우지 않았죠.

어머니 : 보셨죠? 딸이 저를 피하려 한다는 걸 인정하고 있어요. 얘가 왜 예전처럼 집에 와서 학교나 다른 일에 대해 조금이라도 말하지 않는지 모르겠어요.

치료사 : 잠깐만요. 딸이 언제 '그랬던' 거죠? 세릴, 네가 집에 와서 학교에서 있었던 일을 말했던 게 언제였지?

딸 : 예전에는 자주 그랬어요. 지난 학기에 그랬죠.

치료사 : 지난번에 네가 그렇게 했을 때에 대해 말해 줄 수 있겠니?

어머니 : 제가 말할 수 있어요. 사실은 지난주였어요. 딸이 과학 프로젝트에 뽑혔다고 흥분해 있었죠.

치료사 : 좀 더 자세히 말해 주세요. 그날이 언제였죠?

어머니 : 지난주 수요일일 거예요.

치료사 : 그리고 딸이 집에 와서는?

어머니 : 흥분해서 집에 왔지요.

치료사 : 어머니는 무엇을 하고 있었나요?

어머니 : 저녁을 차리던 중이었어요. 딸이 흥분해서 들어오기에 무슨 일이 있었는지 물었고, 딸은 과학 프로젝트가 뽑혀서 학교에 전시하게 됐다고 했어요.

치료사 : 와, 참 자랑스러운 일이네요.

어머니 : 그렇죠.

치료사 : 그 후에 무슨 일이 일어났나요?

어머니 : 음, 우리는 그것에 대해 이야기했고, 딸은 과학 프로젝트에 관한 모든 것을 이야기했어요.

치료사 : 세릴, 너는 이 일을 기억하니?

딸 : 물론이죠. 지난주 일이에요. 저는 꽤 행복했어요.

치료사 : 그러면 너는 이것이 좋은 대화, 엄마와 너 사이에 좋은 대화였다고 말할 수 있니?

딸 : 물론이요. 바로 그거예요. 제가 늘 제 방으로 들어가는 건 아니에요.

치료사 : 지난주 그때 두 분이 서로 대화하기가 더 쉬워지도록 한 뭔가가 있었나요?

딸 : 어머니가 들어줬어요. 다른 일을 하지 않고.

어머니 : 딸은 흥분해 있었죠.

치료사 : 와! 참 좋은 예군요. 감사합니다. 제가 물어볼 게 있어요. 세릴이 자기에게 즐겁고 중요한 일을 어머니께 말하고, 어머니는 다른 일을 하지 않고 온전히 딸의 이야기를 듣는 일이 더 많이 일어난다면, 이것이 두 분이 말하는 '좀 더 나은 의사소통'일까요?

딸 : 네, 맞아요.

어머니 : 그렇죠.

이 예에서 치료사는 다양한 해결중심 개입을 사용하고 있다. 첫째로, 치료사는 문제의 예외 — 문제가 생길 수 있었지만 생기지 않았던 때 — 를 찾으려고 주의 깊게 경청했다. 두 번째, 치료사는 예외에 대해 더 자세한 내용을 얻고 이에 대해 축하하면서 예외를 강조하였다. 셋째, 치료사는 만약 이러한 예외가 더 많이 일어난다면 그들의 목표가 어떻게 이루어질지에 대해 물음으로써 예외를 목표와 연결시켰다.

척도질문

척도질문scaling question은 구체적인 행동의 변화나 목적을 확인하기 어려운 경우, 예를 들면 우울증과 의사소통과 같은 모호한 주제에 대해 치료사와 내담자가 이야기하도록 돕기 위해 소개되었다. 다음은 버그와 드 세이저(1993)의 척도질문의 사용에 관한 설명이다.

치료사는 우울한 내담자에게 다음과 같이 질문한다. "1에서 10점까지의 척도에서 1점은 저에게 전화할 때 우울했던 점수이고, 10점은 기적이 일어난 다음 날의 기분이라고 합시다. 지금은 몇 점쯤 될까요?"

내담자가 2점이라고 말한다면 치료사는 다음과 같이 말할 수 있다. "저에게 전화할 때보다 조금 나아졌군요. 어떻게 해서 좋아졌죠?" 또는 "3점이 되기 위해서는 무엇을 해야 할까요?"라고 물을 수 있다. 그럼으로써 치료사와 내담자는 '나는 우울하다' 또는 '우울하지 않다'라는 식으로 문제를 나누면서 정체되기보다는, 목표를 향한 작은 변화라도 인식하고 더하게 할 수 있다.

척도질문은 내담자가 자신의 결심을 지킬 수 있다고 확신하는 정도를 수량화하기 위하여 사용된다. "1점에서 10점까지의 척도에서 당신이 이번 주 동안 충동을 억제할 수 있다고 확신하는 정도는 몇 점인가요?" 임상 실제에서 이 기법은 '증명해 보라'는 의미가 내포되어 있다. 내담자가 반응을 하면 그다음 질문은 내담자가 성공 확률을 높이기 위해서 무엇을 할 것인가에 대한 것이다. "이번에는 그 말을 지키기 위해 무엇을 해야 하나요?" 척도질문은 내담자의 저항과 퇴보를 예상하고 무장해제하면서 또한 변화에 전념하는 것을 격려하는 유용한 방법이다.

다음은 의사소통이 개선되기를 원한 어느 부부의 사례에서 척도질문을 사용한 예이다.

사례연구

치료사 : 이제 문제와 목표를 점수로 재어 보려고 해요. 1점은 여러분이 전혀 대화를 하지 않고 다투거나 항상 피하는 등 최악인 경우예요. 그리고 10점은 여러분이 완벽한 의사소통을 통해 늘 이야기를 하고 전혀 싸우지 않는 거예요.

수잔 : 꽤 비현실적이군요.

(계속)

> 치료사 : 그렇게 된다면 이상적이겠죠. 그래서 두 분이 최악이었을 때를 몇 점이라고 할까요? 아마 제게 오기 직전이 최악일 수도 있고요.
>
> 수잔 : 꽤 어렵군요. 잘 모르겠어요. 2점이나 3점 정도인 것 같아요.
>
> 짐 : 네, 저는 2점이요.
>
> 치료사 : 좋아요. (적는다) 부인은 2점이나 3점, 남편은 2점. 치료가 성공적으로 끝나서 몇 점이 되면 만족할까요?
>
> 짐 : 8점이면 행복하다고 할 수 있을 것 같아요.
>
> 수잔 : 물론 10점이면 좋겠지만 비현실적이에요. 네, 저도 그래요. 8점이면 좋아요.
>
> 치료사 : 지금 현재는 몇 점인가요?
>
> 수잔 : 조금 나아졌다고 할 수 있어요. 이이가 저와 함께 여기에 와 있고, 노력하고 있으니까요. 아마도 4점 정도?
>
> 짐 : 반가운 얘기네요. 아내가 그렇게 높은 점수를 줄 것이라고 생각하지 못했어요. 저는 5점이에요.
>
> 치료사 : 좋아요. 아내는 4점이고 남편은 5점이군요. 그리고 치료가 성공해서 8점이길 바라고요. 그렇죠?

이 개입에는 중요한 두 가지 요소가 있다. 첫 번째는 해결중심 사정 기법이다. 즉 매 상담 회기에 사용하여 치료사와 내담자가 진전 정도를 측정할 수 있다. 두 번째로 척도질문은 그 자체가 강력한 개입인데, 치료사가 이전의 해결책과 예외에 집중하고 새롭게 변화하게 해주기 때문이다.

첫 상담 이전에 변화한 것처럼, 매 회기 사이에 일어날 수 있는 일은 세 가지이다. 즉 상황이 나아지거나, 유지되거나, 나빠지는 것이다. 만약 한 회기에서 다음 회기 사이에 점수가 올라가고 상황이 나아진다면, 치료사는 내담자를 칭찬하고 그러한 변화가 어떻게 일어나게 할 수 있었는지에 대한 세부사항을 알아낸다. 이는 변화를 지지하고 견고히 할 뿐 아니라 내담자가 같은 행동을 더 하도록 유도한다. 만약 상황이 그대로 유지되고 있다면 내담자는 그 상태에 머무르고 있거나 상황을 더 나쁘게 만들지 않았다는 점에서 칭찬을 받는다. "어떻게 이 상황이 더 나빠지지 않게 할 수 있었나요?" 흥미로운 사실은 이 질문이 내담자로 하여금 변화한 것을 설명하게 한다는 것인데, 이런 경우 치료사는 내담자를 칭찬하고 그런 변화를 더 하도록 지지하고 격려한다.

사례연구

> 치료사 : 수잔, 지난주에 좋은 의사소통을 하는 정도가 4점이라고 했지요. 이번 주는 어떤지 궁금하군요.
>
> 수잔 : (잠시 머뭇거림) 5점이요.
>
> 치료사 : 5점! 왜! 정말로 일주일 만에요?
>
> 수잔 : 네, 우리는 이번 주에 의사소통을 더 잘했다고 생각해요.
>
> 치료사 : 어떻게 의사소통했죠?
>
> 수잔 : 짐 덕분이라고 생각해요. 제 이야기에 더 귀 기울이려고 노력하는 것처럼 보였어요.
>
> 치료사 : 훌륭하군요. 그가 당신의 이야기에 귀 기울였을 때의 예를 들어 줄 수 있나요?
>
> 수잔 : 네. 예를 들면 어제요. 그이는 일할 때, 보통 하루에 한 번씩 전화를 하지요. 그리고….

(계속)

> *치료사* : 죄송하지만 잠깐만요 그가 하루에 한 번 전화를 한다고 하셨나요?
> *수잔* : 네.
> *치료사* : 좀 놀랐는데요. 모든 남편이 부인에게 매일 전화하는 것은 아니기 때문이죠.
> *수잔* : 그이는 항상 그래 왔어요.
> *치료사* : 당신은 그걸 좋아하나요? 그 점에서는 그가 바뀌지 않길 원하나요?
> *수잔* : 네. 물론이죠.
> *치료사* : 죄송해요, 계속하세요. 당신은 그가 어제 전화한 것에 대해 말하고 있었어요.
> *수잔* : 음, 전화는 대개 빨리 끝나죠. 하지만 저는 그이에게 제가 갖고 있었던 문제에 대해 말했고, 그이는 오랫동안 들어 줬고, 또 보살펴 주는 듯 느껴졌고, 좋은 아이디어를 주었어요. 좋았죠.
> *치료사* : 당신은 바로 그런 것을 바라는군요. 그는 당신이 문제나 다른 것에 대해 말할 때, 들어 주고 좋은 아이디어를 주지요? 지지해 주나요?
> *수잔* : 네.
> *치료사* : 짐, 당신이 직장에서 그녀에게 전화를 걸고, 이야기를 들어 주는 것을 수잔이 좋아한다는 것을 알고 있었나요?
> *짐* : 네, 그런 것 같아요. 저는 이번 주에 정말 노력했어요.
> *치료사* : 굉장해요. 두 분께서 이번 주에 의사소통을 더 잘하기 위해 하신 일이 또 뭐가 있나요?

이 예시는 치료사가 부부와 함께 척도점수를 살펴봄으로써 진전 정도를 파악하는 도구로 사용했음을 보여 준다. 치료사는 내담자가 척도점수를 올리기 위해 스스로 해왔던 작은 변화에 대한 정보를 더 많이 수집했다. 이것은 부부가 효과 있는 일을 계속해서 하도록 자연스럽게 제안하는 것이다.

칭찬

"어떻게 그렇게 하셨어요?"라거나 더욱 정확하게는 "와! 어떻게 그렇게 하셨어요?"라는 칭찬 형태의 질문으로 전달된다. 이런 표현은 그 사람이 이미 무언가를 성취해 왔다는 사실에 주목한다. "과거에 직업이 있었나요?"라는 질문보다는 "과거에 어떤 직업을 가졌나요?"라고 질문한다. 그렇게 하는 것이 내담자로 하여금 자신의 성공 경험을 설명하게 하며 자신감을 높이는 데 도움이 된다.

칭찬compliment이 효과적이기 위해서는 하지 말아야 할 행동이 아니라, 더 해야 할 행동에 초점을 맞춰야 한다. 대부분의 내담자는 무엇이 잘못인지 알고 있지만, 반복해서 하는 비효과적인 해결책을 피하는 방법에 대해서는 생각하지 못하고 있다. 칭찬은 성공적인 전략을 부각시키며 내담자가 효과적으로 하고 있는 것에 초점을 맞추게 하는 데 사용될 수 있다.

다음은 이본 돌란의 사례로, 내담자가 자신의 삶을 낮게 하려는 노력을 지지하고 높이는 데 칭찬이 얼마나 예술적으로 사용될 수 있는지를 보여 준다.

사례연구

1회기

治療士 : 오늘 상담실을 떠날 때, 어떤 일이 일어나면 이곳에 온 것이 도움이 됐다고 하실까요?

內談者 : 우리 어머니요. 어머니는 알츠하이머를 앓고 계신데 저를 미치게 하죠.

治療士 : 힘드시겠군요.

內談者 : 선생님은 몰라요. 어머니는 가스 불 끄는 걸 잊어버리고, 어떨 때는 현관문을 열어 두죠. 제가 말해 주지 않으면 옷 입는 것도 잊어버려요. 어머니를 매번 지켜야 하니 짓눌리는 느낌이에요.

治療士 : 어머니와 항상 함께 있다는 말이군요?

內談者 : 일주일에 두세 번 오는 분이 계세요. 그러면 저는 식료품점에 갈 수 있고 머리를 자르거나 심부름을 하는 것과 같은 기본적인 일을 하죠. 가끔은 친구를 만나기도 해요. 그 외의 시간에는 일을 하거나 어머니를 돌봐요.

治療士 : 네, 집에서도 일하고 밖에서도 일을 하신다고요?

內談者 : 네. 손톱 관리사예요. 시간제로 일하고 있어요.

治療士 : 직장생활을 하면서 온종일 보호자 역할을 한다니 감동입니다. 할 일이 참 많은 것 같군요. 그 일을 어떻게 다 해낼 수 있는지 상상하기 어렵군요.

內談者 : (머뭇거림) 그래서 여기에 오게 된 것 같아요. 좀 힘들어요.

治療士 : 정말로 끊임없이 노력이 필요한 것 같군요. 대부분의 사람들은 이러한 상황에 짓눌리는 느낌이 들 거예요.

內談者 : 듣기 좋군요. 하지만 저도 뭔가는 해야죠.

治療士 : 제가 잘 이해하고 있는지 봅시다. 당신은 덜 짓눌리는 방법을 찾고 싶은가요, 아니면 상황을 변화시키고 싶은가요, 아니면 다른 것을 원하시나요?

內談者 : 사실은 선생님이 말씀하신 것 모두예요. 우리 어머니는 나아지지 않아요. 그러나 전 계속 이런 식으로 살 수 없어요. (눈물을 글썽임)

治療士 : 이런 상황에 도움이 되는 이상한 질문이 하나 있어요. 그런데 좀 많이 이상한 질문이랍니다. 이 이상한 질문을 해도 괜찮을까요?

內談者 : 좋아요.

治療士 : 오늘 밤 집에 가서 저녁을 먹는다고 상상해 봅시다. 아마도 텔레비전을 보는 등 평소에 하는 일을 하시겠죠. (내담자가 고개를 끄덕임) 그리고 결국 밖은 어두워졌고, 평소처럼 잘 준비를 합니다. 집은 차츰 조용해지고 어머니도 주무시고, 당신도 잠이 듭니다. 밤에 당신이 잠든 사이에 정말로 이상한 일이 일어나지요. 일종의 기적이랄까, 흔히 말하는 기적은 아니고요. 이 기적은 대처할 수 있는 방법을 찾았다거나, 어머니와 관련된 상황이 바뀌어 당신이 매우 만족해하는 기적을 말합니다. 자, 지금이 기적이 발생한 후의 아침이라고 상상해 봅시다. 잠에서 깨어났어요. 그러나 당신이 잠이 든 사이에 기적이 일어났기 때문에 기적이 일어난 사실을 모르지요. 그렇다면 무엇인가 달라졌다는 것, 즉 기적이 일어났고 일이 나아졌다는 것을 알 수 있는 첫 번째 단서는 무엇일까요?

內談者 : 잘 모르겠어요. (내담자가 고개를 숙이고 있는 동안 긴 정적이 흐르다 내담자가 먼 곳을 응시한 채) 일단 저는 일어났다는 사실이 매우 기쁠 거예요. 하루가 시작되기를 고대하고 있어요.

治療士 : 하루가 어떻게 시작되죠?

內談者 : 곧바로 일어나서 화사한 외출복을 차려입는 건데, 빨래를 이미 다 해 뒀으니 그럴 수 있을 거예요.

治療士 : 그래서 준비된 화사한 외출복을 입을 수 있군요. 그리고 또 무엇이 있을까요?

(계속)

내담자 : 어머니가 옆에 계시겠지만, 어머니에게 화내지 않을 거예요. 어머니가 제 집에 계신 것에 분개하지도 않고요. 알츠하이머를 앓고 있는 것이 어머니의 잘못은 아니니까요. 함께 마실 커피를 끓이고, 개를 밖으로 내보내고, 날씨가 좋다면 밖으로 나가 집 뒤의 베란다에서 어머니와 함께 아침을 먹을 것 같아요. 머핀이나 과일 같은 음식을요.

치료사 : 좋아 보이는데요….

내담자 : 사실 제가 살고 있는 곳이 참 아름다워요. 집 뒤의 베란다에서 보면 경치가 대단하지요….

치료사 : 그 밖의 다른 것은요?

내담자 : 일하러 가지 않아도 되겠죠. 기적이니까요, 그렇죠? (웃음)

치료사 : 대신에 무엇을 할 건가요?

내담자 : 아마 산책을 할 것 같아요. 어머니와 함께할 수 없는 유일한 것이죠. 기적이 일어나면 어머니가 안 계신다고 말하기는 싫지만, 만약 안 계신다면 저는 산책을 할 수 있겠죠.

치료사 : 그래서 산책하는 것이 당신의 기적 중 하나군요. 다른 것은 없나요?

내담자 : 산책 후에 친구에게 전화할 거예요. 거의 한 달 동안 친구와 이야기를 하지 못했거든요.

치료사 : 친구에게 전화할 것이고요. 무슨 이야기를 할지 궁금한데요.

내담자 : 어머니나 제 몸무게에 대한 불평을 하지는 않을 거예요.

치료사 : 대신에 무엇을 할지 궁금해요.

내담자 : 기적이 일어난 상태니까, 의사가 감량하라고 한 만큼 체중도 줄였겠죠.

치료사 : 그래서 여분의 체중이 빠졌고, 그 외에 다른 것은요?

내담자 : 음, 가끔 밤에 외출할 거예요. 어쩌면 데이트도 할 거고요.

치료사 : 데이트요?

내담자 : 네.

치료사 : 그 밖에 더 무엇이 있나요?

내담자 : 별로 없어요. 제가 만약 돈을 많이 가졌다면요, 그 외에는…. 잘 모르겠어요. (시선을 내리깔며 한숨을 쉬며) 지금의 제 삶은 그것과 동떨어져 있는 것 같아요.

치료사 : 제가 잘 이해한 건지 봅시다. 척도 하나를 상상해 보세요. (펜을 꺼내 종이에 선을 긋고 숫자를 적어 넣는다.) 이쪽 끝은 1인데 문제가 최악인 상태예요. 그리고 다른 쪽은 10인데 당신이 문제에 잘 대처하고 있으며 누구도 상상할 수 없는 최고의 방법으로 대처하는 것을 의미해요. 사실 당신은 기적이 실제로 일어난 것처럼 삶을 꾸려 가고 있어요. 당신은 현재 당신의 상태가 척도의 어느 지점에 있다고 생각하나요? (치료사는 내담자에게 펜을 건네주고, 내담자는 선의 중앙에서 약간 왼쪽에 점을 찍는다.)

내담자 : 4점이에요.

치료사 : 4점. 어떻게 3점이나 2점이 아닌 4점인가요?

내담자 : 음, 우리 집에는 일주일에 두 번 오는 분이 있어요. 그리고 아마도 언니를 집에 오게 하거나 언니가 어느 주말 밤에 어머니를 모시고 자기 집으로 가게 할 수 있어요. 언니가 제안했거든요….

치료사 : 그것이 당신이 할 수 있는 일인가요? 만약 그렇게 할 수 있다면 무슨 상관이 있을까요?

내담자 : 아마도 있을 거예요. 하룻밤만이라도 주말에 놀러 나갈 수 있다면 척도점수가 올라갈 거예요. 함께 갈 친구를 찾아야겠죠. 제 친구 대부분은 남편이나 아이가 있는 몸이라서요.

치료사 : 그렇게 했다고 치면 그것 때문에 뭔가 달라질까요?

내담자 : 네. 그렇게 된다면 4.5점이 될 것 같아요.

치료사 : 차이가 생겼네요. 궁금한 게 있어요. 10점은 이상적인 점수죠. 아시다시피 기적이에요. 그러면 당신이

(계속)

참아낼 수 있는 가장 낮은 점수는 몇 점인가요? 비교적 만족스러운 점수 말이죠. 10점인가요, 아니면 그보다는 좀 낮은 점수인가요?

내담자 : 농담하시나요? 저는 7점이면 만족해요.

치료사 : 정말요? 7점이면 어떨 것 같은지 말씀해 주세요.

내담자 : 살을 4.5kg 뺐고, 빨래가 다 되어 있고, 주말 계획이 있고 어머니를 지켜볼 사람을 구했겠고, 청소해 주는 여자가 일주일에 하루 와서 청소를 하고 어머니를 지켜볼 거예요. 만약 어머니가 정신적으로 더 나빠져서 집에 모실 수 없는 때가 올 경우를 생각해서 언니와 함께 계획을 세우고요.

치료사 : 제가 보기에는 꽤 많은 일이군요. 모든 것이 7점인가요?

내담자 : 그렇다면 8점이겠네요.

치료사 : 알겠습니다. 우리가 함께 이야기했던 것에 대해 생각하기 위한 잠깐의 휴식 시간을 가지려 합니다. 하지만 그 전에, 제가 미처 물어보지 못했거나 알아야 될 중요한 것이 있나요?

내담자 : 없어요.

치료사 : 좋아요. 그럼 10분 후에 돌아오겠습니다.

휴식

치료사 : (다시 들어와서) 안녕하세요. 당신이 말한 모든 것에 대해 많이 생각해 보았습니다. 생각한 것을 잊지 않으려고 적어 왔지요.

내담자 : 정말요? (호기심을 가지고 바라본다.)

치료사 : 적어 온 것을 읽어 드릴까요?

내담자 : 물론이죠.

치료사 : 당신이 대단한 여성이라는 생각이 먼저 들었습니다. 직장생활을 유지하면서 알츠하이머에 걸린 노모를 보살피고, 개도 두 마리 돌보고 있고. 그리고 당신에게 친구들이 있다는 사실은 다른 사람들도 당신이 갖고 있는 무언가를 보고 있다는 겁니다. 어쩌면 저와 같은 것을 보고 있거나, 또는 다른 것을 말이에요. 당신은 또 현실적이에요. 당신은 집의 일이 힘들고 스트레스가 많아지자, 문제를 극복할 수 있는 최선의 방법을 찾기 위해 누군가와 상의하기로 마음먹었죠. 조치를 취하기로 결심한 거예요.

내담자 : 사실 저는 매우 현실적이에요. 저희 어머니는 언제나 현실적이셨어요. 그러셔야 했거든요. 어머니는 홀로 저희를 기르셨어요. 저도 어머니를 어느 정도 닮은 것 같아요. 어렸을 때는 어머니를 전혀 닮고 싶지 않았지만요. 정말이에요! 하지만 제 친구들은 그렇게 보지 않는 것 같아요. 친구들은 아마도 저의 다른 면을 볼 거예요. 아마 제가 정말로 강하고, 유머가 있다고 생각할 거예요.

치료사 : 그래요? 상상이 가요. 친구들이 왜 당신을 강하다고 생각하는지에 대해 나눌 이야깃거리가 많을 것 같군요.

내담자 : 네, 저도 그렇게 생각해요. 아마도요. (약간 당황스러워 보이면서 미소를 짓는다.)

치료사 : 괜찮으시다면, 다음 한 주 동안 조금이라도 점수가 8점 쪽으로 가도록 당신이 한 일에 대해 기억해 두었으면 하는데 어떠세요?

내담자 : 좋아요. 한번 해 볼게요.

2회기 : 1주일 후

내담자는 지난 토요일 밤에 언니와 형부에게 어머니를 부탁하고, 함께 갈 친구가 없어서 혼자 영화를 보러 외출했다. 그리고 어머니와 두 번 베란다에서 아침을 즐겼다. 그리고 지역사회의 '체중 지킴이'라는 기관에 연락하였고 다닐 생각을 하는 중이었다. 도움이 될 만한 그 외의 것이 있었느냐고 치료사가 묻자, 내담자는 자신이 어릴 때 어머니가 해준 모든 것이 도움이 되었다고 했다. 그것을 기억하는 것이 어머니에 대해 분개하기보

(계속)

다는 사랑을 느끼게 하였다는 것이다. 내담자는 자신을 4.5점이라고 평가했다. 치료사는 내담자를 칭찬했으며 하고 있는 것을 계속해서 하도록 청했다.

3회기 : 2주일 후

내담자는 '체중 지킴이'에 가입했다. 내담자는 이제 밤에 텔레비전을 보면서 초콜릿을 먹는 것의 즐거움을 포기했다고 말하며 낙담했다. 어머니가 내담자를 힘들게 하고 화낸 적이 두 번 있었다. 그럼에도 불구하고 내담자는 자신을 다시 4.5점이라고 평가했다. 어떻게 4.5점을 유지할 수 있었는지 물어보자, 내담자는 체중 감량을 위해 무언가를 했다는 사실이 도움이 됐다고 대답했다.

4회기 : 2주일 후

내담자는 자신을 5점으로 평가했으며 1.4kg 감량했다. 간병인이 집에 오지 않는 날에 어머니를 돌봐줄 수 있는 노인 보호소 이용 가능성을 탐색하고 있었다. 내담자는 '아주 좋았던 일주일'이라고 말했다. 치료사는 내담자가 체중을 감량한 것과 노인 보호 프로그램을 찾는 데 도전한 것을 칭찬했다.

5회기 : 3주일 후

내담자는 스스로를 6.5점이라고 평가했다. 내담자는 체중을 감량하고 언니와 어머니의 장기 요양에 관해 상의한 것, 그리고 이 상황에 대해 대체로 '덜 외롭게' 느낀 덕분이라고 말했다. 내담자는 여전히 노인 보호소의 가능성에 대해 살펴보고 있었다. 그녀는 때때로 자신이 불쌍하게 여겨지지만, 자신이 처한 상황에 덜 화가 났다고 말했다. 치료사는 이러한 상황이 대부분의 사람을 어렵게 한다고 정상화시켰다. 치료사는 무엇 때문에 척도점수가 조금이라도 높아졌는지 물어보았다. 내담자는 정말로 모르겠다고 말하면서 생각해 보겠다고 했다. 내담자는 일이 '대체로 잘되고' 있다고 말했으며 한 달 뒤에 오겠다고 했다.

6회기 : 4주일 후

내담자는 미소 지으며 들어왔다. 내담자는 눈에 띄게 날씬해졌고, 머리를 새롭게 잘랐으며, 어머니의 사진을 가지고 왔다. 내담자의 언니와 형부가 지난 주말 어머니를 돌보았고, 내담자는 한 친구와 가까운 도시로 여행을 다녀왔다. 그녀는 자신을 6점이라고 평가했다. 언니가 한 달에 한 번 주말마다 어머니를 모셔가기로 하여 내담자는 휴식을 취할 수 있게 되었다. 내담자는 여전히 힘든 상황이지만 기분이 한결 나아졌다고 말했다. 또한 내담자는 일주일에 하루를 퇴근 후 지역의 YMCA에 가서 수영을 할 예정이고, 그 덕분에 무언가가 달라졌다고 생각했다. 더불어 내담자는 교회에서 사회 활동을 하려는 중이었고, 그것 때문에 어머니도 모시고 갈 수 있다고 했다. 이 모든 일 덕분에 내담자는 자신을 6점이라고 평가하였다. 내담자는 원래 목표 점수가 7점이라고 했으나, 6점이 충분하다고 하여 치료를 종결할 수 있다고 했다. 그리고 만약 점수가 5점 아래로 떨어지기 시작하면 전화로 추후 치료 일정을 잡겠다고 했다.

최근 소식

3년이 흐른 후, 치료사는 동네 식료품점에서 내담자와 마주쳤다. 간단히 안부를 주고받은 후, 내담자와 언니는 결국 어머니를 요양원에 보냈지만, 가능한 한 오랫동안 집에서 어머니를 돌볼 수 있어서 기뻤다고 했다. 되돌아보면 정말로 힘든 시간이었지만, 어머니가 해주었던 일에 보답할 수 있었다는 사실이 내담자에게 큰 의미로 남았다.

치료사는 "어떻게 그렇게 친절하고, 사랑이 많고, 관대한 사람이 된 거죠?"라고 내담자를 칭찬했다.

내담자는 잠시 부드럽고 희미한 미소를 짓더니 "아마 어머니에게서 받은 것일 거예요."라고 대답했다. 그러고는 복도에 선 채 팔을 뻗어 치료사를 잠시 포옹했고, 치료사도 따라서 그녀를 안아 주었다. 그리고 작별 인사를 나누었다.

◆ 휴식 취하기와 피드백 주기

해결중심 치료는 종종 팀 접근을 사용하는데, 여러 명의 동료가 일방경 뒤에서 상담을 관찰한다. 팀의 유무와 상관없이 치료사는 상담 끝부분에 보통 5~10분 정도 짧게 휴식 시간을 갖는다. 이 시간 동안 치료사(팀과 함께 혹은 혼자서)는 내담자를 위해 간단한 메시지를 만든다.

해결중심적 사고에서 보면 실제로 작업을 하는 사람은 내담자이므로, 샤리, 마덴, 다모니와 밀러(Sharry, Madden, Darmony, & Miller, 2001)는 휴식 시간이 어떻게 협력적인 사고를 촉진시키는 데 사용될 수 있는지에 대해 설명하고 있다.

> 곧 상담을 마칠 시간인데 여기서 10분 정도 휴식 시간을 가지려 합니다. 이 시간에 우리가 함께 이야기했던 것에 대해 생각해 보시기 바랍니다. 우리가 한 이야기 중에서 중요한 생각, 혹은 결정하거나 계획해야 하는 일에 대한 것입니다. 그리고 이 상담이 도움이 되었는지, 만약 이 회기가 도움이 되었다면 앞으로 어떻게 개입하고 싶은지에 대해 생각하셔도 좋습니다. 생각하시는 동안, 저는 동료들과 자문 시간을 가지면서 그들의 생각도 듣고 당신이 이야기한 것에 대해서도 함께 생각해 볼 것입니다. 다시 상담실로 돌아와서는, 오늘 당신이 상담에서 인상 깊었던 점에 대해 듣고 싶습니다. 저도 당신에 대해 팀이 생각한 것을 알려드릴게요. 그리고 나서 오늘의 상담이 도움이 되도록 우리가 함께 잘 정리할 수 있겠습니다. (pp. 71-72)

메시지는 치료사가 상담을 통해 내담자가 말한 것, 즉 문제, 문제의 배경, 내담자의 목표, 상담 전 변화와 강점에 대해 요약하면서 시작한다. 질문으로는 "오늘 말씀해 주신 것은…", "제가 한 말이 맞나요?", "제가 중요한 것을 빠뜨렸거나, 혹은 더 하실 말씀이 있으신가요?" 등이 있다.

이러한 요약은 치료사의 반응을 잘 보여 주는 말을 한 뒤에 한다. 예를 들면 "그렇게 우울하시다니 놀랍지 않아요!"라는 공감의 표현이라든가, "정말 상처를 많이 받으셨을 거예요."라고 정서적 충격을 반영하거나, "상황이 더 좋아지도록 얼마나 많이 노력하셨는지, 참 감동받았습니다."라고 상담 전 변화나 강점에 대해 칭찬한 후에 하도록 한다. 그리고 내담자의 공유된 목표에 대해 언급하는 것이다.

치료사는 긍정적인 것을 더 쌓는 것에 대해 제안을 한다. "당신에게는 패트릭이 학교에서 하는 행동 중에 계속했으면 하는 것은 무엇인지를 주목하시기를 제안합니다.", "패트릭, 너는 학교에서 친구와 선생님과 하는 일의 어떤 점이 좋으며, 어떤 일이 계속 일어나기를 바라는지 주목하기를 바란다."

해결중심 치료에서 보편적으로 제안하는 내용은 다음과 같다.

1. **첫 상담 공식 과제**(de Shazer, 1985). "지금부터 다음에 만날 때까지 당신이 가족 내에서 계속 일어나기를 바라는 일을 관찰하고 오시기 바랍니다."

2. **효과적인 행동을 더 하라.** "두 분은 대체로 산책할 때 대화를 할 수 있다고 하셨으니, 한두 번 더 대화해 보신 후 어떻게 되는지 봅시다."

3. **무언가 다르게 행동하라.** "당신은 재닌이 자기 숙제에 책임지도록 하는데, 그 애가 가끔 실패했다고 하셨죠. 좀 다른 것을 해 보셔야 할 것 같네요." 만약 내담자가 "나는 성이 날 때까지 계속해서 똑같은 말을 했어요."라고 말할 때 무언가 다른 것을 하도록 제안하는 것은 내담자가 자신만의 해결 방법을 찾게 만든다. 무언가 다르게 행동하라는 제안은 일종의 실험처럼 주어질 수 있는데, 인수 버그의 다음 사례에 잘 기술되어 있다. 아들의 유분증 증상으로 화가 난 부모에게 무언가 다른 방법을 시도해 볼 것을 제안했다. 그들은 아들의 소아용 변기에 물과 장난감 보트를 넣고 아들에게 그의 임무는 그 보트를 가라앉히는 것이라고 했다(Berg & Dolan, 2001). 효과는 만점이었다.

4. **천천히 하라.** 이 제안은 MRI 모델에서 따온 것으로, 급격한 변화를 시도하려는 것을 경계하고, 변화로 인해 생길 수 있는 부정적 결과에 대해 미리 내담자에게 질문함으로써, 내담자가 변화에 대한 두려움과 저항을 이길 수 있도록 만들어졌다. "이상해 보이는 질문인데요, 지금처럼 모든 것이 지속될 경우 어떤 이득이 있을까요?"

5. **반대로 행동하라.** 이 제안도 MRI 모델에서 가져온 것으로, 많은 문제는 해결 방법 때문에 유지되고 있다는 생각에 기초한다. 내담자에게 자신이 사용해 온 방법을 반대로 시도해 볼 것을 권하는 것은 부부 중 한 사람, 혹은 자녀와 문제가 있는 한쪽 부모처럼 2명 사이에 존재하는 문제에 특히 유용하다. 자녀의 나쁜 행동을 꾸짖는 것이 효과가 없었다면, 자녀가 잘한 행동을 칭찬하도록 격려할 수도 있다. 만약 남편이 아내와 '관계'에 대해 대화하는 것을 회피하는 것이 효과가 없다면, 남편의 기분이 내킬 때 대화를 시도해 볼 수 있다.

6. **예측 과제**(de Shazer, 1988). "당신이 오늘 밤 잠들기 전에, 그 문제가 내일은 나아질지 아니면 똑같을지에 대해 예측해 보세요. 내일 밤에 당신의 예측과 비교해 보세요. 어떻게 해서 예측이 맞았거나 틀렸는지에 대해 생각해 보세요. 다시 만날 때까지 이 과제를 매일 밤 반복해 보세요."

이처럼 메시지의 칭찬과 과제는 계속 해결중심 접근의 기본이 되고 있는데, 가족이 문제보다는 해결 방법에 초점을 두도록 그들의 자원을 끌어내고 강점을 이용하도록 격려한다.

◆ **이후의 회기**

이후의 회기는 발견, 확장 그리고 진전 정도를 알아본다. 가족들이 이 후의 회기에 다시 올 때, 해결중심 치료사는 협동적인 관계 형성에 노력을 하고, 내담자와 가족이 그들의 목표에 다가가기 위한 노력을 매우 자세하게 탐색한다.

"무엇이 나아졌나요?" 혹은 "당신이 좋아하는 어떤 일이 일어났나요?"

"더 말씀해 주세요. 두 분께서 어떻게 해냈는지 하나씩 설명해 주세요."

"와! 근사해 보여요. 어떤 부분이 특히 즐거웠나요?"

"그의 무엇이 좋아졌나요? 그래서 다음 단계는 무엇일까요? 당신은 현재 진전 정도를 1에서 10점 척도에서 5점이라고 말했어요. 6점은 어떤 모습일까요?"

만약 눈에 띌 만한 진전이 없다면, 다음과 같이 대처질문을 할 수 있다.

"어떻게 상황이 더 나빠지지 않게 할 수 있었나요?"

"무엇이 도움이 될 것 같나요?"

"다음 단계는 어떻게 되어야 한다고 생각하나요?"

"물론이죠, 그 사람들에게 우리가 일을 거의 다 했다고 말해 주면요."

부부를 위한 해결중심 치료의 과정을 보여 주기 위해, 마이클 호이트(Michael Hoyt, 2002)가 보고한 사례를 요약하려 한다.

사례연구

29세인 프랭크와 30세인 리자이나는 7개월간 동거해 왔는데 리자이나가 임신한 3개월 전부터 그들은 다투길 일삼는 듯 보였다.

　치료사는 "어서 오세요. 오늘 우리가 함께 자리한 목적은 두 분이 여기에 가지고 온 문제에 대해 함께 작업하면서 해결책을 찾아보는 것이지요. 무슨 일이신가요?"라며 말문을 열었다.

　리자이나는 싸우는 것에 지쳤다고 말했다. 최근에 그녀와 프랭크가 한 일은 싸움뿐인 것처럼 보였다.

　리자이나의 불평에 대해 프랭크는 "흥, 모든 게 다 내 잘못이군!"이라고 답했다.

　몇 분의 다툼이 있은 후, 치료사가 끼어들며 말했다. "잠깐만요! 두 분이 여기에 온 이유는 두 분 관계를 나아지게 하기 위해서가 아닌가요?" 그들은 고개를 끄덕였다. "그래서 두 분이 여기에 있는 거죠. 두 분은 예전에 잘 지내왔기 때문에 그 방법을 알고 있죠. 두 분이 여기 오신 것은 어떻게 하면 옛날의 행복한 상태로 되돌아가는지 아는 데 도움을 받고 싶어서인 것 같은데요. 맞나요?"

　그들은 동의했으나 열의는 별로 없었다.

　그다음 치료사는 1점(최악)부터 10점(최고)까지의 척도상에서 현재 그들의 관계가 몇 점인지 각각에게 물어보았다. 두 사람 모두 2점이라고 했다.

　"좋아요." 치료사는 말했다. "그렇다면 작업할 여지가 있군요." 그리고 치료사는 두 사람에게 3점 혹은 4점 수준으로 가기 위해 무엇을 해야 할 것 같은지 물어보았다.

　두 사람 모두 아무런 생각이 없었다. 그래서 치료사는 기적질문을 했다. "오늘 여러분이 주무시는 동안 기적이 일어났다고 상상해 봅시다…. 그리고 여러분이 이곳에 올 때 가져왔던 문제가 해결되었어요! 내일 당신이 깨어났을 때, 어떤 것을 보면 '와, 상황이 좋아졌는데?'라고 말할 수 있을까요?"

　그들은 둘 다 웃었다.

　그리고 리자이나가 말했다. "우리가 들볶지 않고 잘 지내는 거죠."

(계속)

"그래요." 프랭크가 말했다. "우리는 이야기를 나누고, 그녀가 저에게 많이 화를 내지 않고요."

치료사는 재빨리 이 목표를 구체화시켰다. "두 분이 잘 지내게 될 때 뭐라고 말하고 행동할까요?"

그리고 나서 부부는 그들의 만남과 연애, 즐거웠던 휴가 그리고 함께 아이를 행복하게 키우고 싶은 희망에 대해 이야기했다. 그들이 다시 싸우자 치료사는 그들의 긍정적인 경험 쪽으로 방향을 돌렸다. "몇 분이라도 두 분이 잘 지냈던 때는 언제였나요?"라고 재촉하듯이 물었고, 부부는 최근에 잠깐 좋았던 순간을 말했다. 치료사는 예외 상황을 확장시키기 위해 많은 질문을 하였고, 대화는 점차 좀 더 낙관적이 되었다.

상담이 종결될 쯤, 치료사는 만남이 도움이 되었는지, 만약 그렇다면 어떻게 도움이 됐는지 물었다. 그러자 부부는 싸우지 않고 대화를 한 것과 예전에 잘 지내왔던 것을 환기시켜 준 것이 도움이 됐다는 점에 동의했다. 치료사는 그들이 상담소에 온 것은 서로에 대한 관심과 아기를 위해 행복한 가정을 꾸리려는 희망을 보여 주는 것이라고 칭찬하였다. 그리고는 부부가 다음 약속을 잡을 생각이 있는지 물어보았고, 부부는 그렇다고 했다. 치료사는 어떤 것이든 상황이 나아지게 하기 위해 부부가 시도한 것을 관찰해 오는 과제를 내주었다. "완벽하지는 않더라도, 당신이나 배우자가 하거나 하려고 하는 긍정적인 일을 살펴보도록 노력하세요."

2회기에서 프랭크와 리자이나는 2~3일간 매우 좋은 시간을 보냈다고 말했다. 치료사가 칭찬하며 "어떻게 그렇게 할 수 있었나요?"라고 물었다. 그러나 그들은 곧 프랭크가 직장에서 늦게 집으로 돌아온 날 저녁에 다퉜던 이야기를 했다. 치료사는 끼어들면서 프랭크가 실수를 한 것이라고 말했다. 치료사는 사람들이 잘못하고 있는지를 파악하려는 치료사들이 있지만 자신은 사람들이 잘하고 있는 것을 파악하여 더 하도록 돕는다고 하였다.

그랬더니 프랭크는 싸움한 다음 날, 리자이나가 직장에 있는 그에게 전화하여 사과했다고 말했다. "제가 늦게 온 것이 잘못이란 걸 알고 있어요. 하지만 그런 식으로 고함을 지르면 정말 상처받아요."

"그녀가 전화해서 사과를 했나요?"

"네. 정말 고마웠어요."

"당신이 전화했다고요?"

이처럼 프랭크와 리자이나가 여전히 다툰 것에 대해 화가 났을지라도, 치료사는 그들이 다툼을 잊기 위해 건설적인 노력을 했던 점에 초점을 맞추도록 도움을 주었다. 치료사는 그들이 서로에 대해 좀 더 긍정적인 감정을 회복하게 하였으므로 그들이 서로에 대해 감사히 느끼는 것이 무엇이며 감사함을 어떻게 표현하는지 계속해서 물었다.

프랭크는 자신이 상처를 받으면 회피하는 것이 리자이나를 더욱 화나게 했다는 것을 시인했다. 이 시점에서 그는 불평형에서 고객형 내담자로 바뀌는 중이었다.

그리고 나서 치료사는 부부가 긴장 상황을 어떻게 더 잘 다룰 수 있을지 물어보았고, 그들은 이에 대해 의논하며 한두 가지 역할극을 하였다.

상담 끝부분에 치료사는 다시 한 번 리자이나와 프랭크가 노력한 것에 대해 칭찬했고, 그들이 계속 일어나기를 바라는 일이 일어나면 기록해 오라고 제안했다. 언제 다시 상담실에 오는 것이 좋을지 묻자, 치료사의 제안을 실천하는 데 3주면 될 것이라고 말했다.

부부는 각자 시도한 긍정적인 것에 대해 이야기하며 세 번째 상담을 시작했다. 리자이나는 프랭크가 집안일을 더 많이 도와주게 된 것에 고마워했고, 그는 그녀의 칭찬에 활짝 웃었다. 그들은 관계에 대한 점수를 각각 5~6점 사이라고 했다.

그러나 부부는 아기의 방에 놓을 물건을 살 때 한 번 심하게 다투었다고 말했다. 리자이나는 프랭크가 더 열의를 보이지 않는 것에 짜증이 난 반면, 그는 자신이 타협하고 적응해 왔던 것에 대해 그녀가 고마워하지 않는다고 느꼈다. 치료사는 이러한 불평 이면의 감정을 추구하기보다는 부부가 성공적으로 타협했던 예를 물어보았다. "좌절을 건설적으로 대처했던 때에는 무엇을 다르게 했나요?" 이처럼 방향을 재설정하는 것은 부부

(계속)

로 하여금 자신들의 상처와 분노에 휩쓸리지 않을 때 어떻게 함께 작업할 수 있는지에 대해 더 생각하도록 도움을 주었다.

이번 상담에서는 각자가 한 것이지만 두 사람이 같은 마음으로 작업한 것으로 보이는 일을 살펴보는 과제를 주었다. 또한 치료사는 두 사람이 함께할 수 있는 즐거운 외출거리를 골라 보도록 제안했다.

4회기는 3주 후에 실시됐다. 부부는 리자이나가 임신한 후로 최고로 즐거웠던 3주였다고 했다. 치료사는 "왜"라고 하면서 칭찬했고 그들이 건설적으로 한 것에 초점을 맞추도록 자세하게 물어보았다. 이 시점에서 둘의 관계에 대해 리자이나는 9점, 프랭크는 10점이라고 했다. 치료사는 그들의 협동 작업에 대해 축하했고 3주 후에 추후 상담을 하기로 하였다.

5회기에서 리자이나는 피곤하다고 불평했다. 프랭크도 초과 근무로 피곤하다고 했으나 리자이나에게 동정과 지지를 표현했다. 부부는 계속해서 잘해 왔다고 말했다. 지금 약속을 취소할까 생각까지 했으나 자신들의 진전 정도를 검토하고 어떻게 하면 앞으로 계속 잘해 나갈 수 있을지에 대해 이야기를 하러 왔다고 했다. 부부가 이제껏 성취한 것에 대해 이야기하자, 치료사는 그들이 건설적으로 한 모든 것에 대해 칭찬했다.

이어서 치료사는 미래에 다시 문제가 생긴다면 어떻게 협동 작업을 할 것인지 물었다. 부부는 미래에 문제가 생길 수도 있지만 자신들이 문제를 해결할 수 있다는 것을 배웠다고 했다. "이제는 말다툼이 시작되면 멈추고 기억하죠. … 우리가 여기서 이야기했던 것들을…. 선생님이 말했던 '해결대화'를 어떻게 사용하며, 어떻게 우리가 싸워 왔는지, 어떻게 해야 서로를 존중하는 건지, 필요하다면 어떻게 시간의 여유를 가져야 하는지와 서로의 이야기를 경청하는 방법 등 말이지요."

치료사가 그들에게 상담 약속을 잡고 싶은지 묻자, 그들은 지금은 아니고 필요하면 전화하겠다고 했다.

"저는 그들이 잘 지내길 바랐으며, 그들의 이야기를 써서 책에 싣는 것을 동의하는지 물었어요. 그들은 '물론이죠.'라고 하면서 '그 사람들에게 우리가 일을 거의 다 했다고 말해 주세요.'라고 했어요."

◆ 어린이 면접

피터 더용과 인수 버그(2008)는 아동을 면접할 때 다음과 같은 가이드라인을 제시하였다.

◆ 아동에게 긍정적인 말을 할 수 있는 것을 찾는다. 예를 들면 "운동화가 색깔이 참 예쁘다.", "그 모자의 팀이 네가 좋아하는 팀이니?"과 같다.

◆ 관계질문을 한다. "네가 학교에서 제일 좋아하는 과목이 무엇이냐고 어머니한테 물으면 어머니는 뭐라고 말하실까?", "어머니는 네가 나에게 말하기 부끄러운 것이 있다면 어떤 이야기를 해주실까?", "어머니는 너에게 무엇을 보면 여기에 이제 그만 와도 된다고 하실까?"

◆ '왜' 질문을 피한다. '어째서'라고 질문하는 것이 낫다.

◆ "몰라요."라는 말에 반응을 한다. "이게 어려운 질문이긴 한데 만일 네가 알면 뭐라고 말할까? 혹은 친한 친구가 뭐라고 할까?"

◆ 능력을 추측한다. "나는 너한테 그럴 만한 이유가 분명히 있다고 생각해…. 나한테 그 이유를 말해 줄 수 있겠니?"

모델의 이론과 결과에 대한 평가

대중성으로 판단한다면, 해결중심 치료는 우리 시대의 치료라고 할 수 있다. 해결중심 치료는 현재 세계적으로 가장 많이 사용되는 심리치료 접근(Trepper, Dolan, McCollum, & Nelson, 2006)이고, 치료의 신속함 덕분에 의료보험 회사의 사랑을 받고 있으며, 치료 제공자는 스스로를 해결중심적이라고 정의하고 싶어 한다. 이 접근은 치료보다는 대처에 초점을 두는 실용성 덕분에 거의 모든 문제에 적용 가능하다. 이 접근은 부부치료(예 : Hoyt & Berg, 1998; Hudson & O'Hanlon, 1992; Murray & Murray, 2004), 가족치료(Campbell, 1999; McCollum & Trepper, 2001), 아동의 행동장애(Conoley, Graham, Neu, Craig, O'Pry et al., 2003; Corcoran, 2002; Lee, 1997), 자살충동 환자의 가족(Softas-Nall & Francis, 1998), 가정 폭력(Lipchik & Kubicki, 1996), 성 학대(Dolan, 1991; Tambling, 2012), 알코올 중독(Berg & Miller, 1992; de Shazer & Isebaert, 2003), 성치료(Ford, 2006), 지나치게 지적인 자녀를 둔 가족(Lloyd & Dallos, 2008; Zang, Yan, Du, & Liu, 2014), 그리고 조현병(Eakes, Walsh, Markowski, Cain, & Swanson, 1997)에 적용하였다.

그 외에 해결중심 관점(Dolan, 1998; O'Hanlon, 1999; Weiner-Davis, 1992)으로 쓰인 자기계발 서적이 대량 있다. 또한 해결중심 모델은 전통적인 임상 실제 외 분야에서도 적용되고 있다. 어떤 치료사들은 해결중심 치료의 기법을 자신들의 가족치료 모델, 대부분의 경우에는 구조주의 가족치료(예 : 척도질문, 기적질문), 물질남용을 하는 사춘기 청소년들을 치료할 때(Springer & Orsborn, 2002), 입양(Becker, Carson, Seto, & Becker, 2002), 갈등이 낮은 이혼(Ramish, McVicker, & Sahin, 2009) 등에 통합해서 사용하기도 한다. 해결중심 치료는 전통적인 가족치료 분야 이외에도 가정의학 클리닉에 개입하기도 하고(Pichot & Dolan, 2003), 사회사업 기관에서의 중재(Pichot & Dolan, 2003), 요양 기관nursing care(Tuyn, 1992), 교육 환경과 시범학교(Franklin & Streeter, 2004; Rhodes & Ajamal, 1995), 그리고 업무 제도business system(Berg & Cauffman, 2002) 등에도 적용된다.

매력적인 명칭 외에 무엇이 해결중심 치료를 그렇게 인기 있게 만든 것인가? 이 접근은 단기이고 실용적이지만 이런 특성을 가진 가족치료는 많다. 아마도 해결중심 치료의 가장 강력한 두 가지 요소는 효과적인 것에 기초하는 것과 사람들이 원하지 않는 것보다는 원하는 것을 확인하도록 돕는 점일 것이다.

예외를 찾는 것은 간단하지만 강력한 개입이다. 도움을 청하는 내담자는 종종 자신의 문제가 일어나지 않는 때를 중요하지 않게 생각하는데, 이러한 사건들이 우연히 일어나거나 일관되지 않기 때문이다. 과거의 성공과 잠재 능력에 주의를 기울이게 함으로써 사람들이 갖고 있는 최적의 대처 전략을 재발견하도록 돕는다. 다른 접근의 치료사와는 달리, 해결중심 치료사는 내담자에게 무엇을 해야 하는가를 가르치는 대신 내담자가 이미 알고 있는 방법을 기억하도록 돕는다.

처음 기적질문을 접할 때는 또 다른 종류의 술책처럼 들릴 수도 있으나, 이 질문은 강력한 도구로 인간이 현재만을 바라보는 것이 아니라, 할 수 있는 일을 상상하는 놀라운 능력을 끌어낸다. 상상의 위대한 점 중 하나는 아주 조금만 격려해도 사람이 자신을 미숙하거나 실패한 것으로 보기보다는 성공한 것으로 볼 수 있게 한다는 것이다(Singer, 1981). 긍정적인 사고를 공허한 낙관주의 이상으로 만드는 것은 해결중심 치료사가 내담자를 보다 밝은 미래로 향할 수 있도록 코치하고 안내자의 역할을 하기 때문이다. 문제해결적인 태도는 상황에 압도되어 있다고 느끼는 내담자와 임상 현장에서 작업하기에 특히 잘 맞을 것이다.

비평가에게는 해결중심 치료가 단순해 보이고, 문제중심 대화 대신 해결중심 대화에 초점을 맞추는 것이 인위적으로 비춰져 왔다. 어떤 모델이라도 초기 발전 단계에서 그러하듯이, 해결중심 치료도 종종 요리책 형식으로 소개되었다. 이는 해결중심 치료가 공식화된 기술의 묶음으로 간소화될 수 있는 것처럼 보이게 만들었다.

그렇다면 해결중심 치료에서는 기적질문을 하고 문제가 문제시되지 않았던 시기를 묻기만 하면 되는 것인가? 물론 아니다. 모든 새로운 치료 모델을 보면 그 나름대로 강조해야 할 특별한 것이 있다. 해결중심 치료의 경우 그것은 기적질문, 예외탐색, 척도질문, 그리고 칭찬이다. 해결중심 치료의 독특한 특징은 거짓말처럼 쉽게 설명되나, 효율적으로 실행하려면 다른 치료와 마찬가지로 굉장한 기술이 필요하다.

해결중심 치료에 관한 두 번째 비판은 해결중심적 대화를 강조하여 내담자의 공감과 이해를 차단할 수도 있다는 것이다. 사람들은 자신의 이야기를 하고 싶어 한다. 치료를 받으러 온 내담자는 누군가가 자신의 문제를 이해하고 해결해 주길 원한다. 걱정하는 사람에게 걱정할 필요가 없다고 안심시키는 것은 마음을 놓이지 않게 한다. 그것은 만약 당신이 사물의 밝은 면만을 본다면 걱정하는 마음을 갖지 않을 것이기 때문에 당신의 감정이 타당하지 않다고 믿게 한다. 대부분의 사람은 자신을 이해하고 있지 않다고 느끼는 사람에 의해 변화되고 싶어 하지 않는다.

해결중심 치료가 진정으로 협력적인가 하는 논란이 자주 제기되어 왔다(Efran & Schenker, 1993; Efron & Veendendaal, 1993; Miller, 1994; Nylund & Corsiglia, 1994; O'Hanlon, 1996; Storm, 1991; Wylie, 1990). 어떤 사람은 치료사가 내담자로 하여금 긍정적인 것만 논의하게 하고 부정적인 것은 무시하게 하는 경향을 보이기 때문에 '해결이 강요된solution-forced 치료'라고 불렀다. 에프란과 셴커(1993)는 "해결중심 치료에서 내담자가 치료사의 면전에서 불평을 참는 법을 배운 게 아님을 어떻게 확신할 수 있는가?"라고 질문한다.

최근 들어 해결중심 치료사는 치료적 관계의 중요성을 강조해 왔다. 예를 들어 이브 립치크는 다음과 같이 말하였다. "해결책 구축의 속도와 성공 여부는 치료 과정에서 내담자가 속한 현실과의 연결을 유지하는 치료사의 능력에 달려 있다. 이것은 전체의 협력적 과정을 위한 토대이며, 차축을 회전시키는 윤활유이다"(Friedman & Lipchik, 1999, p. 329). 다른 치료에서처럼 해결중심 접근에서도 치료사가 자신의 계획대로 하려고 서두른 나머지 내담자의 이야기를 경청하고 내담자가 자신이 이해받는다고 느끼게 하는 데 실패한다면 치료는 효과적이지 않을 수 있다.

해결중심 치료의 인기를 고려할 때, 이 치료의 효과성을 검증한 연구가 많지 않은 것은 유감스러운 일이다. 지금까지 나온 해결중심 치료에 관한 연구의 대부분은 해결중심 치료사들 스스로가 한 것이다. 드 세이저와 밀워키에 있는 단기치료센터의 동료들은 초기 추후 연구에서 내담자의 진전 정도를 조사하여 좋은 성공률을 얻었다(예 : De Jong & Hopwood, 1996; de Shazer, 1985; de Shazer et al., 1986). 최근 드 세이저와 이세바어트(de Shazer & Isebaert, 2003)는 벨기에의 어느 병원에서 해결중심 치료를 받은 남성 알코올 중독자에 대한 추후 연구 보고서를 발행했다. 퇴원한 지 4년이 된 118명의 환자 중, 84%가 개선됐다고 평가했다. 가능한 경우 가족 구성원을 접촉하여 환자들의 보고를 확인했다.

해결중심 치료에 관한 효과성 연구를 체계적으로 고찰한 것으로, 본드와 동료들(Bond et al., 2013)은 38개의 연구를 고찰하였는데, 대부분의 사례연구가 방법론으로 취약하였지만 아동들의 내면화, 외현화 행동을 치료하는 데 잠정적인 지지를 보여 주었다. 그들이 내린 결론은 해결중심 치료는 증상이 심각하지 않은 초기 치료에 도움이 된다는 것이었다.

요약

해결중심 치료는 MRI 모형의 우아함을 취하고 우뚝 섰다. 한 모델은 내담자가 효과 없는 것을 적게 하도록 돕는 반면, 다른 모델은 효과 있는 것을 더 하도록 한다. 이 실용적인 두 접근은 모두 제시된 불평에 초점을 맞추고 최대한 빨리 이것을 해결하는 것이 목표이다. 그렇게 하기 위하여 MRI 모델에서는 실패한 해결책을 제거하려고 찾고, 해결중심 접근은 잊고 있던 해결책을 다시 쓰려고 찾는다.

이 두 모델의 또 다른 차이는 MRI 모형이 행동에 초점을 맞추는 반면 해결중심 모델은 행동뿐 아니라 인지를 강조한다는 점이다. MRI 치료사는 내담자가 다른 방식으로 행동하기를 촉구하나, 해결중심 치료사는 사물을 다른 시각으로 바라보기를 권한다(Shoham, Rohrbaugh, & Patterson, 1995). 문제가 지속되는 이유는 상황을 정의하는 방식과 잘못된 방향의 행동을 고수하기 때문이다. 사람이 문제에서 빠져나오지 못하는 것은 문제의 밑바닥까지 가보려 해서 코끝에 있는 해결책을 간과하기 때문이다.

이런 생각이 문제중심적 대화를 해결중심적 대화로 바꾸는 기법을 발달시키게 했다. 이러한 기법에는 예외질문("문제가 없는 때를 생각할 수 있습니까?"), 기적질문("당신이 잠자리에 든 후 기적이 일어났고, 당신이 깨었을 때 당신의 문제가 해결되었다고 가정해 봅시다. 무엇이 달라져 있을까요?"), 척도질문("1에서 10까지의 척도에서 당신이 전화했을 때와 비교하여 지금 기분은 어떤가요?"), 대처질문("그렇게 나쁜 상황에서 어떻게 대처할 수 있었어요?"), 첫 상담 공식 과제("오늘부터 다음 주까지 당신이 계속되기를 원하는 것 중 어떤 일이 일어나는지 관찰해 보세요."), 칭찬하기("와! 그런 것을 생각해 내다니 참 현명한 것 같군요!") 등이 있다. 이런 기법은 치료 작업을 단기로 하고, 내담자가 부정적으로 경험한 것에 머물지 않도록 가능하면 빨리 사용된다.

최근에는 치료사들이 기법이 강조되는 것에 대해 의문을 제기하면서 해결중심 모델 효과의 핵심은 치료사-내담자 관계의 질일 수 있다고 생각했다. 이러한 생각은 내담자와 더 협동하게 하는데, 그러기 위해서 치료사는 해결중심 기법을 사용하기 전에 내담자의 감정을 인정하고 확인한다.

해결중심 치료는 심리치료 분야에서 지속적으로 큰 관심을 끌고 있다. 이 모델의 인기 요인 중 일부는 보험회사가 제한하는 상담 회기의 범위 내에서 효과적인 방법을 찾으려 애쓰는 상담자들과 관련이 있다. 덧붙이면 해결중심 치료의 기술은 비교적 배우기 쉽다. 기초는 몇 차례 워크숍에 참여해도 배울 수 있는 정도이다. 이 접근의 이러한 긍정적인 특성으로 인해 많은 치료사가 더 즐길 수 있게 되는데, 배우기 쉽다는 점이 일부 치료사로 하여금 자신의 상담이 정체되었을 때 치료가 피상적인 탓이라고 일축하게 만들기도 한다. 이들은 이 기법이 해결 지향적인 철학의 맥락에서만 효과가 있다는 점을 이해하지 못하는데, 철학에 동화하는 데에는 시간이 걸린다.

비평가들은 치료사가 내담자를 칭찬만 하고 예외를 찾으며 낙관적으로 달랠 때 정말로 내담자를 존중하는 대화를 하는지 의문을 가진다. 그처럼 계속적으로 긍정적인 대화만 함으로써 내담자의 의문점과 고통에 침묵하는 것이 아닌가? 해결중심 치료사는 해결중심 접근 방식에 맞지 않는 내담자의 지각을 존중하는 방법을 찾을 수 있는가? 내담자는 자신의 지각에 결코 도전하거나 문제를 제기하지 않는 치료사의 피드백을 신뢰할 수 있는가? 내담자는 자신의 기분이 나아지기를 너무도 원하는 치료사에게 치료 결과에 대해 정직하게 말할 수 있는가?

반면에 모델의 장점을 부각시키는 질문이 있다. 예를 들면, 치료사가 분명하고 구체적인 지침을 갖고 있어 치료가 모호하거나 방향을 잃지 않게 하는 것이 중요하지 않은가? 사람이 미래의 목표를 상상하며 자신의 장점에 초점을 두도록 돕는 것이 문제와 결점에 초점을 두는 것보다 힘을 더 북돋아 주는 것이 아닌가? 사람들의 고통 경험이 자신의 생각이나 말하는 방식에 매여 있다면 고통에 머무는 것보다 고통에서 빠져나오게 하는 언어를 사용하는 게 낫지 않은가?

제12장

이야기 치료

삶을 다시 말하기

학습 목표

◆ 이야기 치료의 주요 인물과 그들의 공헌에 대해 나열
   하라.

◆ 이야기 치료의 주요 신념을 설명하라.

◆ 이야기 치료의 건강한 가족과 건강하지 못한 가족발
   달을 설명하라.

◆ 이야기 치료 관점에서 치료 목표와 목표를 달성하기
   위한 조건을 설명하라.

◆ 이야기 치료의 진단과 치료 개입에 대해 논의하고,
   실증하라.

◆ 이야기 치료를 지지하는 연구들에 대해 논의하라.

이야기 치료는 탈 근대적 혁명에 대한 완벽한 표현이다. 모든 지식은 발견되는 것이 아니라 구성되는 것이라고 한다면, 가족치료에서 사람들의 행동 방식에만 초점을 맞추기보다 사람들이 의미를 구성하는 방식에 관심을 갖게 된 것은 자연스러운 변화라고 할 수 있다.

이 치료 방법의 기본 전제는 개인의 경험이 근본적으로 애매모호하다는 것이다. 이 말은 인간의 경험이 이해할 수 없는 것이거나 불분명하다는 것을 의미하는 것은 아니다. 오히려 자신의 경험을 포함해서 인간의 경험을 이해하는 것은 결코 단순히 경험을 관찰하는 것으로 끝나는 문제가 아니라는 것이다. 인간 경험의 요소들은 그 요소들을 조직하고 함께 묶어 주고 그것에 의미를 부여하고 우선순위를 매기는 과정을 통해서만 이해될 수 있다는 것이다. 즉 경험이 근본적으로 '모호하다'라는 말은 그 의미가 고유하지 않다거나 분명하지 않다는 것이 아니라 다양하게 해석될 수 있다는 데 있다.

대중 앞에서 말하기 전에 대부분의 사람들이 느끼는 가슴 뛰는 긴장을 '무대 공포'라고 부르는

것과 '흥분'이라고 부르는 것 간의 차이를 고려해 보자. 무대 공포라고 말하면 극복해야 할 증상이 되고, 흥분이라고 말하면 인정받기를 바라는 사람이 많은 사람들 앞에 섰을 때 자연스럽게 일어나는 정서적 반응임을 뜻한다.

사람들이 불안을 경험하는지 아니면 흥분을 경험하는지는 그들이 이러한 동요하는 감정을 어떻게 해석하느냐에 달려 있다. 전략적 치료사들은 내담자들에게 그들의 경험에 대한 재구성 또는 새로운 해석을 전해 준다. "다음에 말할 때는 무서워하는 것이 아니라 자신이 흥분한 것이라고 생각해 보세요." 그러나 이야기 치료사들은 사람들이 자신에 대해 구성하는 이야기에 치료사들의 해석이 들어맞지 않으면 소용없다고 생각한다. 자신이 따분하고 매력이 없다고 생각하는 삶의 이야기를 가진 사람은, 누군가가 아무리 열심히 그를 확신시키려고 노력해도, 떨리는 손을 흥분 때문이라고 보는 것은 어려울 것이다. 이 사람이 자신에 대해 새롭고 보다 긍정적인 이야기를 구성하도록 도움을 받는다면, 전략주의에서 말하는 재구성은 불필요할 것이다. 일단 내담자 자신이 자신에 대해 좋게 생각하기 시작한다면 자신의 말을 다른 사람들도 인정할 것이라고 믿게 된다.

자기 패배적인 행동 패턴에 초점을 두는 사이버네틱스의 은유와는 달리, 이야기 은유는 자신의 문제에 대해 스스로 하는 이야기, 즉 자기 패배적인 인지에 초점을 둔다. 사이버네틱스 은유를 사용하는 치료는 부적응적 상호작용 패턴을 차단하여 상호작용 패턴을 변화시키는 것을 의미한다. 한편 이야기 은유는 내담자 스스로 자신과 자신의 문제를 다른 방식으로 볼 수 있도록 유도하면서 그들의 사고를 확장시키는 데 초점을 맞춘다.

주요 인물에 대한 묘사

이야기 운동의 창시자인 마이클 화이트는 오스트레일리아 애들레이드에 살았다. 마이클과 부인 셰릴Cheryl White은 애들레이드에 위치한 덜위치 센터Dulwich Centre에서 치료를 실시하고, 자신들의 방법론에 의거해 치료사들을 훈련시키고, 자신들의 방법론을 소개하는 책을 출판하였다. 1970년대에 화이트는 행동 패턴 중심의 체계적 모델보다는 사람들이 세상을 구성하는 방법에 대해 언급한 베이트슨에게 더 관심이 있었다. 베이트슨과 인간을 비인간화시키는 사회적 제도를 비판했던 푸코의 영향을 받은 화이트는 사람들의 행동 그 자체보다는 사람들을 그렇게 행동하도록 만드는 사회적 제도에 많은 관심을 가지며 그만의 관점을 발전시켰다. 이렇게 화이트는 사람들의 문제 행동에 초점을 맞추기보다 문제가 사람들에게 어떻게 영향을 미치는지에 대해 연구하면서 자신의 이론을 세웠다. 그러나 불행하게도 화이트는 2008년에 작고하였다.

뉴질랜드 오클랜드 출신의 가족치료사 데이비드 엡스턴은 두 번째로 영향력 있는 이야기 운동의 선두자이다. 엡스턴은 인류학에 관심을 가지던 중 이야기 치료와 만나게 되었고, 이야기 치료가 사이버네틱스보다 내담자들에게 더 유용하다고 믿게 되었다. 오랫동안 문학에 관심이 있었던 그는, *Australian and New Zealand Journal of Family Therapy*의 스토리 코너Story Corner에 글을 쓰면서 몇 년 동안 이야기꾼으로 활동했었다.

엡스턴은 이야기 치료 이론과 실천을 뿌리내리게 하는 데 많은 공헌을 하였는데, 특히 내담자들이 자신의 새로운 이야기를 유지하기 위해서는 지지적인 공동체가 필요함을 강조하였다. 그는 유사한 문제로 어려움을 겪고 있는 내담자들의 모임인 자조 '연맹'의 발전을 육성하였고, 특히 뉴질랜드의 반섭식장애자 '연맹'을 형성하게 하였다. 특히 그는 치료 과정 중에 내담자들에게 편지를 쓰도록 격려하였는데, 이 방법은 치료사와의 면담이 끝나 치료사를 더 이상 만나지 않을 때라도 자신들의 편지를 다시 읽고 스스로 문제를 해결할 수 있다고 믿었기 때문이다.

질 프리드먼Jill Freedman과 진 콤스Gene Combs는 일리노이 주 에번스턴에서 훈련센터를 운영하고 있다. 이야기 치료 진영에 합류하기 전 그들은 전략적 가족치료사이자 사회 활동가였는데, 상당 부분 정치적 영향력을 주장하는 화이트의 접근에 끌렸다. 이들의 전략적 치료와 정치적 활동주의의 연합은 저명한 이야기 치료사들의 특징이 되었다. 프리드먼과 콤스는 이야기에 관한 아이디어를 치료뿐만 아니라 자문과 공동체 작업에도 적용해 왔다. 그들의 저서 이야기치료 : 선호하는 이야기의 사회적 구성Narrative Therapy(1996)은 이야기 치료에 대한 탁월한 안내서이다.

제프리 지메르만Jeffrey Zimmerman과 비키 디커슨Vicki Dickerson은 베이 지역 가족치료 훈련센터Bay Area Family Therapy Training Associate의 공동 설립자였고, 존 닐John Neal과 함께 팔로 알토의 MRI에서 이야기 치료를 가르쳤다. 이 두 사람의 독창적인 치료사들은 다루기 어려운 청소년들과 부부들을 대상으로 이야기 치료를 처음 사용했다(Dickerson & Zimmerman, 1992; Zimmerman & Dickerson, 1993). 그리고 *If Problems Talked: Narrative Therapy in Action*(Zimmerman & Dickerson, 1996)도 이야기 치료 분야에 많은 공헌을 하였다.

캐나다 밴쿠버의 스테판 마디간(Stephan Madigan, 1994; Madigan & Epston, 1995) 또한 이야기 이론에 크게 공헌하였으며, 밴쿠버에 반섭식장애 연맹을 세웠는데, 이는 몸에 대한 수치심과 죄의식을 갖도록 조장하는 매체들의 이미지를 거부하기 위해 지지와 격려를 제공하는 민초활동 조직이다. 다른 저명한 이야기 치료사로는 케임브리지 가족 연구소의 케테 바인가르텐Kaethe Weingarten, 셀리안 로스Sallyann Roth, 빌 마센Bill Madsen, 오클라 호마 털사의 재닛 애덤스 위스콧Janet Adams-Wescott이 있다.

이론적 발달

이야기 접근법은 처음에 정신분석의 **해석학적**hermeneutic 전통에서 시작하였지만 새로운 심리치료의 방향을 제시하였다. 프로이트 이후에 고전적 분석가들은 경험을 해석하는 단 하나의 올바른 방식이 존재한다고 믿었다. 내담자는 그들의 동기가 무의식적이기 때문에 꿈이나 증상을 이해할 수 없지만, 정신분석적 이론의 진실을 소유한 분석가는 마치 고고학자가 과거의 파묻힌 유적을 발굴하듯이 무의식적인 의미를 발견할 수 있다고 주장하였다.

그러다 1980년대에 도널드 스펜스Donald Spence, 로이 셰이퍼Roy Schafer, 폴 리쾨르Paul Ricoeur와 같은 수정주의자들이 정신분석적 현실에 대한 이러한 실증주의적 개념에 반대하면서 논쟁이 시작되었다. 그들은 경험의 진실은 발견되는 것이 아니라 창조된다고 보았다. 이제 치료의 목표는 역사적이고 사실적인 진실로부터 이해할 수 있는 이야기로 전환되었다. 치료는 사실적인 그림을 재생하는 것이 아니라 자기이해self-coherence의 진실을 구성하는 데 있다. 이들에 의하면 이제 치료사는 고고학자가 아니라 인류학자나 소설가 쪽에 더 가깝게 되었다.

가족치료사는 이야기 은유가 매우 치료적임을 발견하였다. 내담자의 이야기에 대해 질문하면서, 이야기의 설명이 사람들의 지각에 얼마나 많은 영향을 주는지를 깨닫게 되었다. 삶의 이야기는 플롯에 맞지 않는 경험을 걸러 내고, 만일 걸러질 수 없으면 그렇게 할 수 있을 때까지 사건을 왜곡한다. 다음의 예를 생각해 보자.

사례연구

남편 팀의 말에 의하면 부인 케일라는 결코 만족하는 법이 없었다. 그녀는 언제나 불평뿐이었다. 아파트도, 가구도, 옷장도 모든 것이 충분히 좋게 느껴지지 않았다. 무엇을 가진다고 해도 더 많은 것을, 더 좋은 것을 원했다.

그러나 부인은 남편이 무슨 말을 하는지 알지 못했다. 사실 부인은 완벽하게 만족하고 있었다. 한 가지 예외는 있었다. 잡지에 나온 아름다운 소파나 예쁜 옷을 볼 때마다 팀에게 보여 주면서 "이것 좀 보세요. 우리도 이런 것을 사야겠어요!"라고 말한 것이다. 부인의 입장에서는 단지 원하는 마음을 소리 내어 표현한 것뿐이었다. 그러나 어떤 것도 요구하지 않고 자란 남편에게는 부인의 말이 불평처럼 느껴졌다. 그러나 분명한 것은 남편의 마음을 상하게 했던 것은 부인이 말한 것이 아니라 부인의 말을 남편이 어떻게 해석하였느냐에 달렸다는 점이다.

좀 더 깊이 들여다보니 남편은 자신의 성취에 대해 결코 만족하지 않고 있다는 사실이 드러났다. 칭찬에 인색한 어머니 밑에서 성장하면서 팀은 언젠가는 큰일을 하겠다는 꿈을 가지고 있었지만 불행하게도 그 꿈은 실현되지 못했다. 물론 다른 사람들은 그를 칭찬했지만 그는 여전히 어린 시절 품어 왔던 광대하고도 멋진 꿈을 비밀리에 품고 있었다.

남편은 스스로 자기를 인정하지 못했기 때문에 다른 사람들이 아무리 인정해도 받아들이지 않았다. 치료사는 남편을 지배하고 있는 이야기를 다루지 않고는 그의 행동을 변화시킬 수 없다. 남편은 자신의 성공을 인정하지 않기 때문에 배우자가 그냥 하는 말을 자신을 비난하는 소리로 해석하였다. 남편은 아무리 많은 성공을 이루었다 해도 자신의 성공을 믿지 않기 때문에 배우자가 그냥 하는 말을 자기식대로 해석하면서 불행하게 살아가고 있었다.

이야기 치료사는 문제가 개인에게(정신분석에서) 혹은 가족에게(가족체계에서) 내재해 있다는 것을 암시하는 가족체계 모델과 정신분석 모델의 기능주의적 입장을 반대한다. 대신에 사람들이 자신을 협소하고 자기패배적 관점으로 해석하도록 세뇌되었기 때문에 문제가 발생하는 것이라고 믿었다(White, 2007).

사회가 사람들에게 그들이 문제라고 설득하는 방법에 대응하기 위하여, 이야기 치료사는 문제를 **외재화**externalize시킨다. 내담자들은 문제를 가지거나 문제가 되는 대신에, 자신들의 문제에 맞서 씨름하는 사람이라고 스스로를 생각하도록 격려한다. 내담자도 가족도 문제가 아니다. 문제가 바로 문제이다. 따라서 이야기 치료사는 문제를 유지시키는 상호작용이나 구조적인 결함에는 관심이 없다. 가족이 문제에 미치는 영향에는 관심이 없지만, 문제가 가족에게 미치는 영향에는 관심을 갖는다.

이야기 치료사들이 문제의 원천이 되는 가족으로부터 주의를 돌려 문화적인 믿음과 실행으로 향할 때, 미셸 푸코(1965, 1980)의 저서에 관심을 가졌다. 미셸 푸코는 프랑스의 사회철학자로 사회 내의 다양한 담론이 어떻게 소외된 집단을 사물화하고 비인간화하는지를 폭로하는 데 그의 삶을 헌신했다. 푸코는 사회에서 지배적인 이야기를 구성하는 사람들이 복종시키는 힘을 가졌을 뿐만 아니라, 사회의 판단자들(의사, 교육자, 목회자, 심리치료사, 정치가, 저명인사)이 정한 기준에 따라 사람들의 신체, 성취, 인격을 판단(이야기)하는데, 이 판단을 그대로 내재화시켜 진실이라고 믿게 된다고 보았다. 푸코의 영향을 받은 화이트는 절대적인 진리는 없다는 **사회구성주의**social constructionism의 공리를 취하여 사람들의 삶을 억압하는 기존의 진리를 해체하는 방향으로 나아갔다.

가족역동

이야기 치료사는 가족역동에 대해서 거의 아무 말도 하지 않는다. 그들은 가족이 가족 구성원들의 증상에 대한 책임이 없다고 믿기 때문이다. 내담자의 가족이 실패했다고 생각하지 않고, 이들은 가족이 아무 생각 없이 그들이 속한 사회의 영향을 받아 프로그램된 것이라고 받아들였다. 문제의 초점이 개인의 심리역동에서, 가족에서, 사회로 확대되었다.

◆ 정상 가족 발달

이야기 치료사는 무엇이 정상인지를 판단하는 것을 피할 뿐 아니라, 사람을 분류하는 그 자체를 거부한다. 푸코가 정상에 대한 이론이 특권과 억압의 형태를 영속시키기 위해 사용된 방식을 어떻게 비판했는지 상기해 보라. 역사적으로 힘이 있는 사람들이 정상과 비정상의 기준을 제시하고 판단하면서 힘이 없는 사람들을 억압하고 지배해 왔다.

가족치료사는 *DSM*-5 진단에 의거해서 사람들을 진단하는 것에 대한 비판을 쉽게 이해하지만, 경직된 경계선, 세대 간 연합, 밀착관계와 같은 가족치료의 개념 역시 사람들을 비인간화한다는 비판을 직면하기는 어려울 것이다. 그러나 탈근대주의 이야기 치료사가 된다는 것은 그러한 범주화를 모두 포기하는 것을 뜻한다. 정상과 비정상으로 사람을 분류하는 것을 피하고, 무엇이 문제를 일으키고 무엇이 문제를 해결하는지에 대한 일반적인 원칙도 거부한다. 그들은 어떤 방법으로도 사람들 위에 서서 판단하지 않으려 하며, 대신 사람들이 자신의 경험을 이해하도록 돕기 위해 애쓴다.

이야기 치료사는 치료사와 내담자를 동등한 위치에 놓으려고 하였고, 치료사가 시도하려는 것을 비밀스러운 것으로 만들지 않고, 내담자도 치료에 대해 알고 치료적 신념도 알게 해준다. 동시에 내담자도 자신에 대해 치료사에게 이야기할 것을 권면하였다. 내담자가 자신이 처한 문화적 배경에 대해 치료사에게 알려 줄 것과, 만일 치료사가 하는 것이 자신의 경험과 맞지 않는 것이라면 언제든지 치료사에게 알려 주고 고쳐 줄 것을 권면한다(Freedman & Combs, 1996).

비록 이야기 치료사가 판단하지 않으려고 노력할지라도, 사람들과 그들이 어떻게 변하는지에 대한 가설을 갖지 않는다는 것은 불가능하다. 앞에서 설명한 개념으로부터 우리는 이야기 치료사가 정상 가족에 대해 가졌던 기본적인 특정 가설을 추출해 낼 수 있다. (1) 사람들은 좋은 의도를 가지고 있다. 그들은 문제를 원하거나 필요로 하지 않는다. (2) 사람들은 자신을 둘러싼 이야기에 의해 깊이 영향을 받는다. (3) 사람들이 문제가 아니다. (4) 사람들은 자신의 문제와 자신이 내재화한 문화적인 신화로부터 분리된 이야기를 만들고 강화하면서 새로운 대안의 이야기를 만들 수 있다.

◆ 행동장애의 발달

사람들이 구성한 이야기가 도움이 되지 않는 방법으로 삶을 해석하도록 만들 때, 사람들은 문제와 함께 수렁으로 빠져드는 경향이 있다. 이러한 문제는 도움이 되지 않는 이야기가 고정된 채 남아 있는 한, 사건에 대해 좀 더 선호되는 다른 이야기를 보지 못하게 하면서 유지되기 쉽다.

> 10대인 딸을 혼자 키우고 있는 한 어머니는 자기 혼자서는 절대로 부모 역할을 충분할 수 없다고 믿기 때문에 부모로서 자신이 할 수 있는 모든 역할을 하려고 애쓰고 있다. 딸이 귀가 시간을 어길 때, 그녀는 극단적으로 반응하곤 했다. 우리의 사회는 완벽한 부모가 되기 위해서 딸이 해서는 안 되는 것에만 초점을 맞추고, 긍정적인 것은 지나쳐 버리게 만든다. 결국 한부모로서 어머니가 더 강력하게 딸이 늦거나 담배꽁초를 현관에 흘리는 것은 항상 알아차리게 만드는 반면, 딸이 숙제를 다 끝마쳤거나 자발적으로 설거지를 할 때는 알아차리지 못하게 한다. 결과적으로 딸의 일탈은 어머니의 부정적 이야기를 확고하게 만든다.
>
> 딸 역시 엄마의 잘못은 잘 캐내지만 엄마가 잘하고 있는 것은 기억하지 못하고 지나쳐 버린다. 그러면서 딸 역시 자기는 엄마를 만족시키지 못하고, 결국은 사람들을 만족시키지

(계속)

못하는 사람이라고 이야기를 만들어 버린다. 딸은 점차 '반항'을 하고 통제를 당하게 된다. 이는 그녀로 하여금 어머니가 무엇을 생각하는지에 신경을 쓰지 않게 만들고, 대신에 밤늦게 파티를 하는 것처럼 자신을 기분 좋게 하는 일이라면 무엇이든지 탐닉하게 만든다.

한마디로 양쪽 모두 통제와 반항이라는 패턴에 고정될 뿐 아니라, 좀 더 구체적으로는 통제와 반항의 사건만을 알아차리는 패턴에 고정되어 있다.

이 분석은 다른 가족치료 학파가 상극의 모녀 사이의 상호작용 사이클이 상승하는 사례를 보는 것과 하나도 다를 것이 없어 보일지도 모른다. 그러나 차이가 있다면, 이야기 접근법은 모녀 사이의 행동에 초점을 두지 않는다는 것이다. 이야기 치료사는 모녀가 상호 도움이 되지 않는 방식으로 행동하고 반응하는 역기능적인 피드백 고리에 빠져 있다는 사이버네틱스 개념을 거부한다. 대신 그들은 모녀가 대화를 순서대로 이야기하는 방식에 집중한다. 그들이 알아차리는 것(늦게 옴, 야단침)뿐 아니라 그것을 어떻게 해석하는가에 영향을 미치는 것은, 바로 그들의 이야기(완벽한 어머니가 되어야 함, 실수를 지적당함)가 어떻게 진행되는지에 초점을 맞춘다.

이야기 치료사들은 이러한 편협한 패턴을 **문제가 포화된 이야기**problem-saturated story라고 언급한다. 문제가 포화된 이야기는 일단 이것이 사람들을 장악하면, 문제 이야기를 영속시키는 방식으로 상대에게 반응하도록 사람들을 부추긴다. 자녀의 비행에 초점을 맞추는 한, 부모는 자녀를 비난하고 통제하는 것에 관심을 갖게 될 것이다. 또한 부모가 자신을 괴롭힌다고 생각하는 한, 아이들은 반사적이고 반항적으로 남아 있으려고 한다. 그들의 반응은 점점 더 동일한 반응을 불러일으키고 문제 이야기를 더욱 견고하게 만든다.

폐쇄적이고 경직된 이야기는 사람들을 취약하게 만들어 파괴적인 정서에 압도당하게 한다. 이야기 치료사는 이러한 파괴적 정서 상태를 외부 침입자로 묘사하기를 좋아한다. 이야기 치료사는 실제로 문제되는 감정이나 신념을 낯선 존재로 보지 않지만, 그러한 감정적 반응이 사회적으로 구성된다는 점에서 이것은 외부에 있다고 믿는다. 문제를 외재화하면 죄의식과 비난을 줄여 준다. 딸이 문제가 아니라 '반항성'이 문제이다. 어머니가 문제가 아니라 '과민성'이 문제이다. 모녀는 서로에게가 아니라 반항성과 과민성에 맞서 싸우기 위해 하나가 될 수 있다.

변화기제

대부분의 치료사들과는 달리 이야기 치료사들은 치료적 중립을 강조하지 않는다. 오히려 증상을 지닌 내담자와 한편이 되어서 내담자를 위기에 처넣은 사람들에게 대항하여 전쟁에 나간 장군처럼 용감하게 싸운다.

◆ 치료 목표

이야기 치료사는 문제의 해결사가 아니다. 대신 이야기 치료사는 내담자들이 문제에 포화된 이야기와 파괴적인 사회문화적 가설에서 스스로를 분리시켜 자신에 대한 새롭고 좀 더 건설적인 관점을 갖기 위한 여지를 갖도록 돕는다. 이야기 치료는 내담자의 정체성을 결함이 있는 상태에서 벗어나게 만든다. 이야기 치료사는 가족 구성원으로 하여금 갈등에 직면하게 하는 방법이 아니라, 사람들을 문제와 분리시켜 공동의 적과 싸우도록 가족을 연합시킨다. 치료는 가족의 역사를 철저히 살펴 **독특한 결과**unique outcome(성공한 사례) 혹은 '빛나는 사건' — 그들이 문제에 저항하거나 문제 이야기와 반대되는 방식으로 행동했던 때 — 을 찾음으로써 이루어진다.

따라서 이야기 치료사들은 치료를 정치적 영역, 즉 시대적으로 잘못된 편견으로부터 잘못된 생각을 해체시키고, 자신들의 삶의 주인이 되게 하려고 한다. 문제가 포화된 데서 자유를 찾게 하고, 가족 구성원들이 긍정적인 마음으로 이해심을 가지고 자신들의 문제를 다루는 내담자에게 공동체적 지지를 해줄 수 있도록 연합되게 한다.

만약 앨리스가 남자들과 관계 맺는 방식 때문에 자신을 동반 의존적이라고 생각한다면, 이야기 치료사는 이러한 상태의 원인을 탐색하지도 않고, 이 패턴을 변화시킬 제안을 하지도 않을 것이다. 대신 치료사는 동반 의존이 그녀에게 어떤 의미인지에 대해 질문하고, 이러한 생각이 그녀에게 미치는 부정적인 영향에 부여할 명사를 생각해 내도록 할 것이다.

예를 들어 만약 앨리스가 그녀의 동반 의존이 자신을 비난하게 만든다고 말한다면, 치료사는 그녀가 살아온 자기 비하적인 삶의 영향을 물을 것이다. 그리고 가족 구성원들에게 앨리스가 자기비하를 패배시킬 수 있도록 도울 것을 요청할 것이다. 그리고 그녀가 더 좋은 방식으로 남자들과 관

가족의 싸움은 다른 구성원에 대한 부정적 이야기 때문에 더 과열되곤 한다.

Nancy Ney/Photodisc/Getty Images

계를 맺었던 때를 강조하라고 할 것이다. 치료사는 또한 우리 사회의 여성에 대한 시각이 어떻게 앨리스로 하여금 자기 비하를 하도록 힘을 발휘했는지를 함께 고민해 볼 것이다.

◆ 행동 변화의 조건

이야기 치료는 내담자가 비생산적인 이야기를 해체deconstruct하고, 새롭고 보다 생산적인 이야기를 재구성reconstruct하도록 돕는다. 앞에서 언급했듯이, 문예비평으로부터 차용된 용어인 **탈구성** deconstruction은 가설에 의문을 제기하는 것을 의미한다.

재구성reconstruction은 경험에 대해 새롭고 좀 더 낙관적인 이야기를 창조하는 것이다. 이야기 치료사는 문제로부터 사람들을 분리시키도록 돕기 위해 외재화하는 대화를 사용한다. 이것은 무능력하게 만드는 가설을 해체하는 하나의 방법이다. 예를 들어 '샐리의 게으름'이라고 말하는 대신, '질질 끄는 버릇'이 그녀를 장악하는 순간에 대해 질문할 것이다. 일단 문제가 외재화되고 보다 경험에 가까운 용어로 재정의되면, 사람은 문제에 대해 저항하기 시작할 수 있다. 문제를 외재적인 것으로 봄으로써 이야기 치료사는 그들의 삶에 미쳤던 영향에 도전하도록 가족을 자유롭게 한다.

외재화하는 대화에서 치료사는 효과질문을 한다(예: 문제가 당신에게 어떻게 영향을 미쳤나? 당신의 태도는? 당신 자신에 대한 당신의 생각은? 당신의 관계는?). 이 가정을 통해 문제가 영향을 미친 분야는 확장되고, 내담자는 그들의 삶에서 문제의 세력이 덜 강한 영역을 알아차리기 시작할 수 있다. 내담자가 독특한 결과를 알아차릴 수 있는 곳은 바로 이러한 영역 안에서이다. 독특한 결과는 내담자가 문제의 영향에 저항하는 순간, 문제의 이야기를 말하게 되면서 예측하지 못한 경험을 하게 되는 것을 말한다. 독특한 결과를 확인하는 것은 사건을 구성하는 새롭고 좀 더 힘을 부여하는 방법인 대항책을 위한 공간을 만들어 준다.

자신을 우울하다고 생각하는 한 남자는 우울의 안경을 통해 삶을 보게 되니까 삶이 어두울 수밖에 없다. 결국 우울이 생활양식, 생애가 된다. 그러나 만약 이 남자가 "자기 의심self-doubt을 하는 생각이 나를 지배하려고 한다."고 생각하기 시작한다면, 그렇지 않았던 순간을 기억하게 할 수 있을 것이다. 이런 기억은 새롭고 좀 더 낙관적인 이야기를 엮어 갈 수 있는 시작을 제공한다.

이야기 치료사가 내담자 스스로에 대한 지각을 바꾸기 위해 외재화하는 대화를 사용한 것처럼, 이들은 또한 가족 구성원의 서로에 대한 지각을 반목과 분열로 이끄는 **일반화 관점**totalizing view(모든 반응을 한 관점으로 보는 것)으로부터 변화시키려고 노력한다. 따라서 10대 자녀를 '무책임하다'고(마치 무책임이 10대 자녀 존재의 전부인 것처럼) 보는 부모는, 반대로 자녀의 입장에서는 '불공평한' 것으로 보이기 쉽다. 비슷하게 자신의 자녀를 '게으르다'고 전체화하는 부모는 '억지로 밀어붙이거나', '요구가 많은' 부모로 보일 것이다. 두 쪽 모두 그러한 양극화된 시각에 고정되어 있는 한, 자신들이 원하는 것에 초점을 맞추기보다는 다른 사람들의 생각이 잘못되었다는 것을 고치려 하거나 반항하는 데 바빠서 자신에게 집중하여 자신이 원하는 삶을 살 시간이 없다.

치료

◆ 진단

이야기 치료의 진단은 내담자의 경험, 내담자의 문제에 대한 가설, 그리고 가족의 이야기를 듣는 것으로부터 시작한다. 가족의 이야기를 듣는 것은 단지 정보를 모으는 것만은 아니다. 내담자가 문제에 대해 수동적이고, 패배적인 입장에서 문제를 이겨 낼 수 있는 힘이 있는 상태로 옮겨 가기 위한 탈구성적 질문을 한다.

일단 문제가 외부의 존재로 구현되면, 치료사는 먼저 가족에게 주는 **문제의 영향 지도**를 그리고, 다음에는 가족에게 미치는 문제의 영향 지도를 그린다. 문제가 가족에게 주는 영향을 도식화할 때, 치료사는 문제가 그들의 삶에 주는 고통을 탐색한다. 이러한 질문에 대한 내담자의 응답은 대개 자기 자신에 대한 부적절함을 드러낸다.

사례연구

네 아이를 혼자 키우고 있는 알리샤는 남자 친구와 동거하고 있다. 그녀는 네 살 된 아들 저메인이 유치원에서 말썽을 일으켜서 치료에 왔다. 일주일에 두세 번 저메인은 아이들과 싸움을 했고, 아이들을 때리고 깨물었다. 저메인은 집에서도 문제였다. 그는 다른 형제자매들과 꽤 잘 지내기는 하지만, 어머니가 무언가를 시키면 자주 악을 쓰며 떼를 썼다. 알리샤는 아들에게 지나치게 관대하게 대했다는 것을 인정하였고, 이제는 무기력한 상태에 이르렀다는 사실도 인정하게 되었다.

"어떻게 해야 할지 모르겠어요." 그녀가 말했다. "저는 모든 것을 다해 봤어요. 아무것도 도움이 되지 않았어요. 남자 친구는 자기가 저메인을 제대로 훈육할 수 있다고 하지만, 저는 그 친구가 애를 야비하게 대할 것이 염려가 되요. 그는 나 때문에 아이가 그렇게 됐다고 생각해요. 최근에 남자 친구는 화를 내고, 저녁 식사 후에 혼자 외출을 하곤 해요. 그래서 저는 아이들과 혼자 남게 되요."

치료사는 알리샤의 문제에 대한 이야기에 내재되어 있는 행동의 전망을 알기 위해서뿐만 아니라, 경험에서 얻은 의식의 전망을 탐색하기 위해서 다음과 같은 질문을 던진다.

"당신은 아드님과의 문제 때문에 어머니로서 당신 자신에 대하여 어떤 결론을 내렸습니까?"

"당신은 이 문제 때문에 남자 친구와 당신의 관계에 대하여 어떤 결론을 내렸습니까?"(관계가 문제를 초래한 것이 아니라 문제가 관계에 영향을 주고 있다는 것을 주목하라.)

이 질문은 알리샤가 불행한 이야기를 하도록 할 뿐만 아니라, 그 문제가 그녀를 괴롭히고 있다는 것을 자각하게 한다. 그리고 알리샤는 가족이 문제가 아니라, 가족이 적을 상대로 함께 싸우고 있다고 인식하기 시작하였다.

문제에 대한 가족 구성원의 영향을 도식화할 때, 치료사는 그들을 억압하는 문제에 대해 어느 정도까지 맞설 수 있는지를 탐색한다. 이 정보를 얻기 위해서 가족 구성원들이 자신들의 능력을 인정하도록 격려한다. 다음 형식의 질문이 유용하다.

"비슷한 문제를 가지고 있는 대부분의 사람들이 일반적으로 하는 실수를 당신은 어떻게 피할 수 있었습니까?"

"최근에 이 문제가 당신을 힘들게 했을 때, 당신이 그렇게 되도록 놓아두지 않았던 순간이 있습니까?"

"당신은 어떻게 그렇게 했습니까?"

이렇게 도식화하는 과정은 치료사와 가족 사이에 공감과 이해를 만들어 낼 뿐 아니라, 가족에게 힘을 부여하는 경험이 되기도 한다.

사례연구

알리샤가 어머니로서의 자기 능력에 대해 비판적으로 표현하여도, 그녀가 아들에게 단호했고, 아들이 물어뜯고 소리를 지르고 난리법석을 피웠지만 결국 어머니 말을 듣고 순종하게 할 수 있었던 때를 기억하게 하였다. 이 평가의 단계에서는 치료사는 알리샤가 좀 더 낙관적이 되도록 설득하려고 하지 않았다. 오히려 치료사는 내담자가 자신이 문제라고 보는 것과는 달리 잘했던 사건만 기억할 수 있도록 돕는 것에 국한했다.

우리는 기억에 대해 과거를 저장하여 원하면 마음대로 불러낼 수 있는 녹음기나 사진기로 생각하려는 경향이 있다. 그러나 기억은 그런 것이 아니다. 기억은 이야기해 주는 사람이다. 그것은 어떤 것은 강조하고 어떤 것은 빠뜨림으로써 형태와 의미를 만들어 낸다. 평가의 과정에서 이야기 치료사는 문제의 이야기, 즉 고통(병리가 아닌)의 이야기로 시작하여, 내담자의 기억에서 두 가지 면을 탐색한다. 문제 이야기는 개인의 실패로서가 아니라 지배, 소외, 좌절감의 이야기로서 이해된다. 이때 치료사는 내담자가 이야기의 다른 측면—용기와 끈기를 높이 평가하는 측면, 희망을 주는 측면—의 기억을 찾도록 돕는다.

◆ 치료 기법

이야기 개입은 질문의 형태를 취한다. 이야기 치료사는 결코 어떤 것을 주장하거나 해석하지 않는다. 그들은 단지 내담자가 주도하는 것을 따라 계속해서 질문을 하고, 종종 내담자의 대답을 반복해서 따라 말하거나 받아 적기도 한다.

첫 회기에서 이야기 치료사는 사람들이 어떻게 시간을 보내는지 발견하는 것으로 시작한다. 이것은 긴 이야기를 듣지 않고도 내담자가 어떻게 스스로를 보고 있는지, 그리고 그러한 과거의 이야기와 자주 동반되는 비난의 속성을 치료사가 평가할 수 있는 기회가 된다. 치료사는 사람들의 재능과 능력에 특별한 주의를 기울인다. 협조적인 분위기를 만드는 수단으로 지메르만과 디커슨(1996)은 치료사가 내담자에게 하고 싶은 질문을 하도록 격려한다. "좋아요. 전문가로서 또는 한 사람으로서 나에 대해 알고 싶은 어떤 것이 있나요?"

또한 내담자가 원하면 자신에 대한 기록을 보게 해준다. 그리고 치료사는 각 사람이 말할 때 기록을 하는데, 이것은 중요한 요점을 잊지 않게 할 뿐 아니라 내담자에게 그의 시각이 존중되고 있다는 느낌을 준다.

외재화 대화

이야기 치료사는 내담자에게 문제가 포화된 이야기를 하도록 요청한 다음에, 가족이 그들의 경험을 어떻게 평가하는지를 알아채기 위해 경청한다. 그리고 나서 치료사는 외재화를 통해서 내담자를 문제로부터 분리시킨다. 이때 문제가 포화된 이야기의 파괴적 영향을 분명하게 드러나게 하면서 내담자와 파트너라는 관계를 형성한다.

각 구성원은 문제에 대한 각자의 견해를 말하도록 요청한다. 치료사는 문제의 영향을 도식화하면서, 문제의 원인보다는 그 효과에 대해 질문한다(원인을 묻는 질문은 보통 비난의 속성을 낳게 된다).

> "죄의식이 당신에게 어떻게 영향을 미쳤습니까?"
> "그것은 어떤 다른 효과를 도래합니까?"
> "죄의식이 당신에게 뭐라고 말합니까?"

밝혀진 문제에 대한 치료사의 질문은, 문제가 사람들에 의해 소유된 것이 아니라 문제가 사람들을 소유하려 한다는 암시를 준다. 예를 들어, 딸의 속이는 태도 때문에 딸을 신뢰하지 못하겠다는 부모에게 치료사는 "당신 딸의 속이는 행동이 당신을 괴롭히는군요?"라고 다시 반응하지 않는다. 대신 치료사는 "속이는 **행동**이 딸과 부모를 분열하는 행동을 하도록 만드는군요. 맞나요?"라고 말할 것이다.

때로는 상호작용의 패턴이 외재화된다. 예를 들면, 10대 딸의 몰래 하는 행동에 대해 점점 강한 통제로 반응하는 부모의 경우, 비키 디커슨은 이 패턴을 조장하고 있는 분열을 강조하는 것을 선택했다. 부모와 자녀 모두 의견 일치를 볼 수 있었던 것은 그들을 분열시키는 불화를 좋아하지 않는다는 점이었다. 그러므로 딸의 몰래 하는 태도나 부모의 불신을 문제라고 판단하는 대신, 불화가 바로 두 사람의 적이 되는 것이다. 불화가 부모에게 딸을 믿을 수 없다고 말하였고, 불화가 딸을 더 비밀스럽게 만들면서 부모로부터 떨어지라고 말하였다. 불화는 그들이 함께 힘을 합쳐 대항할 수 있는 어떤 대상이 된 것이다(Zimmerman & Dickerson, 1996).

문제는 거의 언제나 의인화되는데, 가족 구성원의 삶을 지배하려 드는 반갑지 않은 침입자로 묘사된다. 예를 들어, 한 여자의 섭식 문제를 논하는 동안, **식욕부진증**이 그녀로 하여금 굶어야 한다고 어떻게 설득하고 있는지를 묻는다. 공포증 아이에게는 그 **공포**가 얼마나 자주 공포감을 느끼도록 만들 수 있는지, 또 얼마나 자주 그 아이가 거기에 대항할 수 있는지를 묻는다. 죄의식에 사로잡힌 어머니에게는 어떻게 자기 **혐오**가 자신의 양육 방식에 대해 나쁘게 느끼도록 만들고 있는지를 묻는다.

이러한 질문은 그들의 집안에 있는 가상적 실체에 대해 말하는 것이 익숙하지 않은 가족에게는 혼란스러울 수 있다. 외재화를 단지 하나의 속임수로 여기는 치료사 역시 처음에는 이러한 방식으로 말하는 게 어색할 수 있다. 이러한 방식에 익숙하기 위해서는 치료사 자신의 삶의 문제들을 이분법적으로 양극화시키거나 오해를 일으키게 하는 적으로 생각하면 된다(내담자뿐만 아니라 치료사에게도 도움이 될 것이다).

외재화가 처음에는 받아들이기 어려운 개념일지도 모르지만, 자기 비난을 최소화하는 데 굉장히 도움이 된다. 예를 들어 자신을 불안하거나, 불안을 가진 사람이라고 생각하는 한 여성은 문제를 내면화하고 불안이 자신인 것처럼 보게 되었다. 시간이 지나면서 사람들은 자신과 문제를 동일시하게 된다. 그들은 문제의 존재가 그들의 잘못된 특성을 증명한다고 믿는다.

이러한 사고방식은 자신감에 치명적인 영향을 미친다. 문제가 외재화될 때, 그것은 마치 그 사람이 문제 뒤에 있는 것을 몰래 들여다볼 수 있는 것처럼 만들고, 가족 구성원도 문제가 그 사람 뒤에 숨어 있었다는 것으로 바라보게 되면서 좀 더 건강한 사람으로 볼 수 있게 된다. '불안한 여자'가 자신을 자기비판과 씨름하고 있는 사람으로 볼 수 있도록 돕는 것은 문제와 동일시하는 것으로부터 자유롭게 하고 문제에 대해 뭔가를 할 수 있는 능력을 발견하도록 격려한다. 마이클 화이트는 문제가 계속 살아남기 위하여 그 효과에 의존하기 때문에, 문제에 대항하고 그들에게 영향을 주도록 허용하지 않음으로써 내담자는 문제의 존속 체계를 끊을 수 있다고 제안한다.

외재화는 치료사가 '부적절한 행동'에 몰두하고 있는 내담자에 대해 좀 더 공감적인 시선을 발달시킬 수 있도록 돕는다. 예를 들어, 어떤 여자를 연기하거나 성미가 까다롭거나 경계성 성격장애를 가진 사람으로 보기보다 버려짐의 두려움, 분노 같은 감정에 사로잡혀 있는 사람으로 생각하는 것은, 그녀를 공감하는 일을 좀 더 쉽게 만들어 준다. 치료사가 내담자보다 그들이 감정적으로 반응하는 것을 싫어할 수 있다. 바로 거기서부터, 그러한 감정에 사로잡히는 것을 피할 수 있었던, 또는 감정이 주는 압력에도 불구하고 다르게 반응할 수 있었던 순간을 찾아볼 수 있다.

사례연구

윌리엄 마센(2007)은 한 사례를 보고하였다. 젊은 여성 마리가 우울하다고 하면서 자기가 부족하다고 말하기 시작하였다. 마리가 자신에 대한 불신에 대해 검토하고 있었을 때, '마리'는 기대만큼 살고 있지 못한 것에 대한 두려움을 묘사했다. "저는 날씬하지 않아요, 저는 매력적이지도 않아요. 저는 중산층 부모님께 어울릴 만큼 좋은 직업도 없어요. 그리고 성적 매력도 없어요."

마센이 마리가 갖고 있는 잘못된 기대를 탐색하자 마리가 성에 대한 자신의 잘못된 고정관념에 대해 생각하기 시작하였다. "마리, 당신이 갖고 있는 기대는 날씬해지기 위해 굶주리게 하고, 성형수술을 받게 하고, 부모님을 만족시키기 위해 내가 싫어하는 직업을 얻고, 남자 친구를 위한 성적 노예가 되게 하는 거예요."라고

(계속)

그녀를 부추길 것이다. 그때 마리는 자신이 어떤 방향으로 살아야 할지 생각하게 되었다.

마리는 자신의 기대가 사회로부터 영향을 받았다고 깨닫자 자기 혐오로부터 벗어나기 시작하였다. 이렇게 되면 자신뿐만 아니라 오히려 사회문화적 가치관에 빠져 있는 부모님과 남자 친구에게 좀 더 동정적인 시선을 가질 수 있게 되었다. 마리는 "그들은 단지 중산층의 성공 안에 잡혀 있을 뿐이에요. 그리고 남자 친구는 예쁜 바비 인형 같은 여자를 껴안지 않고는 진짜 남자가 되지 못할까 봐 걱정하는 것뿐이에요."라고 말했다.

셀리안 로스와 데이비드 엡스턴(1996)은 치료사로 하여금 문제를 외재적인 것으로 생각하는 것이 어떤 것인지를 파악하도록 돕는 훈련을 개발하였다. 그들은 집단원들이 자기 혐오 같은 문제를 가졌다고 설정하고, 다른 사람들이 돌아가면서 그를 인터뷰하게 한다. 인터뷰하는 사람은 자기 혐오 역할을 하는 사람에게 다음과 같은 질문을 할 수 있다. "당신은 어떤 상황에서 그렇게 X의 세계로 빠져들게 되었는가?", "당신은 X의 가족과 친구들의 삶에 어떻게 개입하고 있는가?"

누가 통제를 하고 있는가, 사람인가 혹은 문제인가

치료사는 문제가 어떻게 가족을 분열시키고 지배해 왔는지, 또 이에 대하여 가족 구성원들이 문제를 얼마나 통제할 수 있었는지를 여러 회기에 걸쳐 탐색한다. 이것을 **상대적 영향력 질문**이라 부르는데, 이러한 과정을 통해서 가족 구성원들은 문제가 그들 사이를 갈라놓고 자신들을 통제하면서 구성원들 사이의 관계를 악화시키는 데 성공했다는 것을 분명하게 알게 된다.

"제니를 점령한 폭식증이 당신이 딸과 함께 하고 싶은 것을 빼앗아 갔습니까?"

"우울증이 아버지를 지배하려고 할 때, 그것이 가족생활에 어떻게 영향을 미치고 있습니까?"

"심술이 조이가 소리치고 비명을 지르도록 할 때, 당신의 반응은 심술을 더 부추기나요, 아니면 덜 부추기나요?"

다음의 사례는 제임스 도노번James Donovan의 **단기 대상관계 부부치료**Short-Term Couple Therapy(Neal, Zimmerman, & Dickerson, 1999)에 실린 사례연구에서 발췌한 것으로, 존 닐이 문제의 상대적 영향을 어떻게 탐색하는지 보여 주고 있다.

사례연구

존(치료사) : 자, 도움받고 싶은 문제가 무엇인가요?

래리 : 글쎄요, 단순히 하나가 아닌데요. 음, 확실히 돈이 문제에요. 돈이 다른 문제들을 악화시키고 있어요. 대화도 문제고, 성관계도 문제네요.

존 : 아, 돈이 문제이고, 그것이 대화와 성관계를 한층 악화시킨다고요?

래리 : 네.

존 : 잠시 후에 다시 돌아가 그 문제에 대해 질문을 할 것입니다. 그러나 괜찮다면, 먼저 엘리자베스

(계속)

에게 같은 질문을 하고 싶군요. 괜찮겠습니까? (그가 고개를 끄덕인다.) 엘리자베스, 당신의 경험
은 무엇입니까?

엘리자베스 : 모두 사실이에요. 우리는 이전에 상담을 받았어요. 그리고 발전도 있었지요. 분노가 줄어들고 대
화를 시작하게 되었어요. 그런데 우리가 하던 옛날 방식으로 다시 빠져들었네요.

　　　존 : 분노가 감소했다는 것을 경험하고 진보가 있는 것처럼 느껴졌던 때가 있었군요. 그런데 다시 이
전에 하던 방식으로 돌아갔고요.

엘리자베스 : 우리의 에너지를 집중해야 할 다른 것들이 조금 생겼어요. 서로에게 집중하지 않으면서 서로를
보지 않아요. 그렇게 우리는 멀어진 채 있어요.

　　　존 : 이런 것(거리가 멀어진 것)을 두 사람이 함께 만들었네요?

엘리자베스 : 네.

　　　존 : 당신이 그 거리를 알아차릴 때, 그 거리가 당신에게 어떤 영향을 미치고 있나요?

엘리자베스 : 슬퍼요. 그리고 무엇을 해야 할지 정말 잘 모르겠어요. 만약 우리가 상담에 가야 한다는 것을 몰
랐다면 벽난로 뒤에 두고 왔을 거예요. 그러나 여기에서는 그것을 꺼내려고 기다려요. 우리는 상
담에 오지 않으면, 정말 서로 대화하지 않아요.

　　　존 : 그 거리가 당신을 슬프고 무엇을 해야 할지 모르게 만드는군요. 그리고 그것은 당신이 무언가를
벽난로 뒤에 두게 하는군요. 무언가는 대화이고, 그 대화를 벽난로 뒤에 둔다는 것을 의미하나요?

엘리자베스 : 저는 우리 관계를 벽난로 뒤에 두어요. 우리는 그냥저냥 살아갈 수 있어요. 그러나 저는 우리 관
계가 그렇게 되는 것을 원하지 않아요. 끔찍해요. 하지만 잘 지내지 못하는 것보다는 그냥 그렇
게 조용히 사는 것이 더 나을 거예요. (그녀는 울기 시작한다.)

　　　존 : 그 거리 또는 싸움이 커질 때 당신이 특정한 방법으로 남편을 보게 하나요?

엘리자베스 : 네, 저는 정말 비판적이 되요. 남편은 제가 그렇게 하는 것이 자기를 모욕한다고 생각해요. 하지
만 저는 남편을 비판하려고 하는 게 아니에요. 오히려 제가 비난받는다고 느껴요. 제가 원하는
것은 남편이 나를 좀 더 생각해 주고 가까워지는 것이에요. 그렇지만 저는 남편으로부터 그런
것을 받을 수가 없어요.

　　　존 : 당신은 자신이 뭔가를 더 원하고 있고, 이러한 감정이 당신으로 하여금 래리를 비판적이고 비난
하는 방식으로 보도록 하고 있다는 것을 발견하고 있군요. 이러한 감정은 또한 당신이 부부관계
를 특정한 방식으로 보도록 만드나요?

　치료사는 남편에게 돌아가서 다음의 몇 분 동안 '효과'질문을 계속 던진다. 부부 문제의 효과에 대해 애써
탐색한 후, 마침내 닐은 외재화하는 언어를 사용하여 그들의 경험을 요약할 수 있다.

　　　존 : 자, 제가 잘 이해했는지 확인하기 위해 제가 이해한 바를 요약하도록 할게요. 확실한 것은 두 사
람 사이에 문제를 만드는 것에 대해 이야기 나누는 것이 어렵다는 것과, 돈 문제가 가장 어렵다
는 것이지요. 그리고 이런 문제가 거리를 만들고 있어요. 그 거리는 엘리자베스가 말을 할 때, 래
리로 하여금 "그럼 그 문제에 대해 이야기해 보자."라고 하면서 문제를 꺼내기보다 철회하게 만
들고 있어요. 그리고 그 거리는 엘리자베스가 문제를 끄집어 낼 수 없고, 부부관계를 구석에 있
는 '벽난로 뒤'에 두는 입장에 서 있도록 하네요. 만약 그녀가 그것을 꺼낸다면, 그녀는 잘못된
말을 하게 될 것이고요. 이러한 문제가 거리를 만들었던 방법에도 불구하고 두 사람이 대화할
방법을 발견했던 순간들이 있었어요. 그럼에도 불구하고 엘리자베스는 지난 몇 년 동안 돈을 다
루는 것이 얼마나 어려운지에 대해 마음을 터놓는 방법을 찾았지요. 그리고 엘리자베스, 당신은
래리가 순간에 좀 더 존재하게 된다는 것을 알아차렸지요, 맞나요? (두 부부는 동의의 뜻으로 고
개를 끄덕였다.)

문제 이야기의 행간 읽기

이 상대적 영향력 질문을 하면서 치료사는 내담자가 문제의 효과를 피할 수 있었던 사건이나 독특한 결과를 경청하고, 그것이 어떻게 이루어졌는지 상술하도록 요청한다.

"분노가 당신을 지배하려 들지만 당신이 그렇게 하도록 허용하지 않았던 때를 기억할 수 있습니까? 어떻게 그렇게 하였지요?"

"신경성 식욕부진증이 당신 딸의 몸에 대해 말하는 거짓말을 딸이 믿지 않았던 때가 있었습니까?"

"제니가 알코올 중독에서 느끼는 굉장한 압박감에 저항하였을 때, 당신은 그 성취의 위대함을 인정하였습니까?"

이러한 독특한 결과는 새롭고 좀 더 선호되는 이야기를 형성하는 주춧돌이 된다.

사례연구

*Collaborative Therapy with Multi-stressed Families*에서 빌 마센(2007)은 한 비서직을 가지고 있는 내담자인 프랭과의 치료 작업을 보여 주고 있다. 그녀는 상사와의 입씨름으로 미치고 화가 난 이후, 근로자 지원 프로그램에 연결되어 치료에 왔다. 프랭은 그녀 자신이 우울하고 와해되었으며 상사에 의해 위협당한다고 설명했다. 그녀는 잠을 잘 못자고 일에 집중할 수도 없었다.

첫 회기에서 프랭은 그녀가 쓸모없고 호감이 가지 않게 느껴진다는 것과 함께, 학대적인 아버지와 학창 시절 괴롭힘을 당했던 고통스러운 일에 대해 이야기했다. 프랭을 사로잡고 있었던 우울은 강력했고, 그것의 영향으로부터 제외되는 상황을 그녀가 인지하려고 할 때면, 재빨리 보잘것없는 것으로 여기면서 없애 버렸다.

두 번째 회기에서 프랭은 밤새도록 공상 과학 영화를 보고 온 후 피곤해 보였다. 그녀는 기존의 모든 공상 과학 영화와 친숙하고 또 열심히 보는 열렬한 팬이었다. 그녀는 녹초가 되어 있었지만, 첫 번째 회기에서 보였던 것과 완전히 대조적으로 눈에 생기가 있었다. 이 회기에서 프랭이 어린 시절 괴롭힘을 당하면 공상 과학 영화를 끊임없이 보면서 괴로움을 극복했던 이야기를 했을 때, 마센은 이것을 고통스러운 현실로부터의 탈출이라고 생각했다. 그리고 어떤 과학소설이 탈출구가 아닌 들어가는 길이 될지에 대해 궁금해하기 시작했다.

프랭이 다가올 과학소설 협회 모임에 대해 열정적으로 말할 때, 마센은 그녀에게 누군가가 그 모임에서 그녀를 본다면 어떤 모습일지 설명해 보도록 요청했다.

그녀는 "큰 아이"라고 대답했다. 또한 "재미있는 것을 하고, 엉뚱한 복장을 하고, 스스로 즐기고 있는 팬, 자신감 있고 사람들을 두려워하지 않는 소녀, 친절하고 개방적인 어떤 사람."이라고 말했다. 그들은 협회 모임이 우울로부터 자유로워지는 지대와도 같다는 것에 동의했다. 그리고 다음의 대화가 이어졌다.

프랭 : 있잖아요, 그것은 내가 우울의 바다에 살고 있고, 나를 우울하게 만들 수 없는 피난처의 섬들이 있는 것과 같아요. 협회 모임처럼, 어떤 것은 좀 더 큰 섬이기도 하고 어떤 것들은 매우 작은 섬이기도 해요. 어떤 것은 너무 작아서 섬이라고 할 수조차 없어요. 그것들은 저로 하여금 계속해서 물 위에서 쳐다보게 만드는 산호초 같아요.

빌 : 그 섬들의 어떤 부분이 좋나요?

프랭 : 바다로부터 아무 소리도 듣지 못할 거예요. 바다는 저를 죽일 거예요. 그 섬들이 나를 지탱하고 있어요.

(계속)

그들은 그녀가 초등학교 때 놀림당하고 조롱당하는 일로 힘들어했던 경험에 대해 좀 더 이야기했다. 그리고 결국 섬과 산호초에 대한 그녀의 은유로 돌아갔다.

빌 : 당신은 섬과 같이 당신이 설 수 있는 좀 더 견고한 장소를 갖기를 원하는 것에 대해 이야기했죠. 섬 안에 그러한 산호초를 만들기 위해 무엇이 일어날 필요가 있다고 생각하나요?

프랭 : 저는 산호초에게 항상 일어나는 것을 더할 필요가 있어요. 침전물을 더하는 것이요. 침전물은 제가 누구인지 기억하고 우울에 의해 파괴되지 않도록 도와줄 제 주위 사람들이에요.

뒤에 이어진 회기들에서 프랭과 치료사는 그녀가 삶에서 견고한 바탕이 되는 것처럼 느끼는 것과 그녀를 행복하게 만들고 그녀에게 가장 좋은 것을 말해 주는 사람들을 구체화하면서 살을 붙였다. 이러한 성공적인 치료를 되돌아보면서 마센은 다음과 같이 비평했다.

치료사로 일하면서 너무나 자주, 우리는 내담자의 능력, 기술, 비법의 섬들보다 문제의 바다에 집중하게 된다. 내담자를 도우려는 우리의 시도가 종종 치료사와 내담자로 하여금 문제에 대해 더 배우게 하고 내담자의 저항과 극복에 대해서는 덜 배우게 되는 결과를 낳는다는 것은 풍자적이고 비극적인 역설이다. 다시 말하지만 문제의 영향력을 간과하지 않고, 문제의 영향력에 대한 우세하고 비극적인 이야기를 내담자의 영웅적 반대 이야기와 함께 나란히 놓는 것은 매우 중요하다.

전체 이야기 다시 쓰기

내담자가 살아온 역사로부터 수집된, 문제와 관련된 능력의 증거를 가지고 그들이 어떤 종류의 사람인지에 대한 새로운 이야기를 시작할 수 있다. 이러한 연결을 위해 치료사는 문제를 극복했던 과거와 현재의 승리가 내담자에 대해 무엇이라고 말하는지를 물어보면서 시작한다.

"그때 우울을 패배시킬 수 있었다는 사실이 당신에 대해 무엇이라고 말합니까?"

"그렇게 하기 위해서 당신의 아들은 어떤 자질을 가져야만 합니까?"

치료사는 또한 새로운 자기 이야기self-narrative를 지탱해 줄 증거를 좀 더 찾기 위해 문제에 관련된 일화를 넘어서 역사적인 범위까지 확장할 수 있다.

"당신이 얼마나 분노를 잘 처리할 수 있었는지 제가 이해할 수 있도록 당신의 과거에 대해서 더 말해 줄 수 있습니까?"

"이때 공포에 대항할 수 있었다는 것이 그리 놀랍지도 않은 그 아이에 대해 알고 있는 사람은 누구입니까?"

새로운 자기 이야기가 어느 정도 모양이 잡혀갈 즈음, 치료사는 미래로 초점을 옮겨 새로운 이야기에 맞는 앞으로의 변화를 상상하게 한다.

"이제 자신에 대해서 여러 가지를 알게 되셨는데 이러한 발견이 자기 혐오 관계에 어떤 영향을 끼칠까요?"

자기 이야기에는 과거, 현재, 미래가 있게 되었다. 이제 이야기가 완성되었다.

다음에서 존 닐이 두 사람 사이를 멀게 만드는 의사소통에 대해 부부치료를 받은 부부가 새로운 이야기를 쓰는 과정으로 옮겨 가는 것을 볼 수 있다.

사례연구

존(치료사) : 자, (래리를 바라보며) 불충분하다고 느끼는 것과 (엘리자베스를 바라보며) 과도한 책임감을 느끼는 것은 당신들의 관계를 방해해 오고 있습니다. 그러나 당신(엘리자베스)은 때때로 그것이 당신이 아니라고 느껴 왔다고 말했지요?

엘리자베스 : 네, 제가 그것에 대해 방어적이지 않고… 화가 나지도 않는다고 생각했던 때가 두 번 있었어요. 그리고 상황은 일반적으로 더 나았어요.

존 : 그 두 번의 순간 동안, 당신 자신에 대해 더 낫게 느끼고 있었군요.

엘리자베스 : 네, 저는 래리가 힘들어한다는 것을 이해할 수 있었고, 제가 이해한다는 것을 그가 알도록 했어요. 그래서 우리는 대화를 더 잘 해오고 있어요.

존 : 이것이 거리감에게 문제를 안겨 주었나요?

엘리자베스 : (웃으면서) 네, 그렇다고 말할 수도 있겠죠.

래리 : (역시 웃으며) 저도 동의합니다.

존 : (엘리자베스에게) 자신에 대해 좀 더 낫게 느꼈던 그 순간에 대해 좀 더 이야기해 주실 수 있겠어요?

엘리자베스 : 음, 아마 제가 방어적이지 않았기 때문에 그도 좀 더 예전과 같았던 것 같아요. 저에게 정말 귀를 기울여 주었어요.

존 : 그리고 그것이 당신에게 어떻게 영향을 미쳤나요?

엘리자베스 : 음, 정말 좋았어요. (웃음) 그것이 거리감에게 문제를 준 것이었죠.

존 : (래리를 바라보며) 당신 역시 두 사람 사이에 있었던 어떤 차이를 인식했나요? 당신은 무엇을 경험했죠?

래리 : 상황이 더 나아졌어요. 그리고 저도 더 좋게 느끼고 있어요.

존 : 그것을 언제 인식했죠? 무슨 일이 있었나요?

래리 : 엘리자베스가 달라졌고, 저는 선생님이 말씀하신 것에 대해 생각했어요. 불충분하다는 감정이 모든 사람에게 있다는 것이요. 그것이 사실이라는 것을 항상 알았지만, 제 자신에 대해 나쁘게 느끼는 측면에 대해서는 결코 생각해 보지 못했어요.

존 : 그것은 거리감에게 얼른 도망치라고 하는 데 도움이 되었나요?

래리 : (다시 웃으며) 가끔은요.

존 : 엘리자베스가 이러한 순간에 당신을 다르게 보고 있다는 것이 놀라운가요?

래리 : 그렇지는 않아요. 저도 제가 달라졌다고 생각해요.

바람직한 성장은 사실 과거에도 했던 적이 있다. 그럼에도 불구하고 현재의 문제에 묻혀 잘 생각하지 못할 뿐이다. 치료사는 부부가 처음에 서로에게 끌렸던 시기, 서로가 가깝게 느꼈던 바람직한 과거에 대해서 회상하게 한다.

존 : 이것은 예전에 두 사람의 관계에서 더 많은 부분을 차지했던 어떤 친밀감인가요?

래리 : 네, 지금보다 훨씬 더 그랬어요.

(계속)

> 존 : 만약 당신이 그 시절을 다시 돌이켜본다면, 아이가 생기기 이전이었나요?
>
> *래리* : 네.
>
> 존 : 만약 그때 당신이 미래를 들여다보고, 지난 몇 주를 볼 수 있었다면, 당신과 엘리자베스 중 한 사람은 두 사람이 거리감에게 당장 도망치라고 이야기하고 있는 것에 놀랄 것 같나요?
>
> *래리* : 아니요, 전혀요.
>
> 존 : 그때 당신에게 진실이었던 어떤 것에게 말하는 것인가요?
>
> *래리* : 네, 저는 항상 우리가 서로를 이해하기 원한다고 느꼈어요. 그녀는 저를 이해하기 위해 노력했고 저도 그녀를 위해 존재하는 것을 참 잘했다고 생각해요.
>
> *엘리자베스* : 확실히 맞는 말이에요. 그것은 제가 래리에게 매력을 느끼는 것들 중 하나였어요. 제가 존중받는 다고 느꼈고, 우리는 진정한 부부였어요.

새로운 이야기 강화하기

이야기 치료사는 자기self가 사회적인 상호작용 안에서 형성되는 것이라고 믿기 때문에, 내담자는 자신을 위한 새로운 이야기를 구성할 때 그들의 진보를 지지하는 청중을 발견하도록 돕는 다. 내담자는 자신의 새로운 이야기를 믿어 줄 수 있는 과거로부터의 사람, 즉 자신이 능력 있게 행동했던 예를 확인하고 덧붙여 줄 수 있는 사람과 접촉하도록 요청받을 것이다. 내담자는 또한 자기 삶에서 자신의 새 이야기에 대해 지지적인 목격자, 또는 '동맹자'의 역할을 할 수 있는 사람들을 모집하도록 격려받을 것이다. 때때로 동맹이 형성되는데, 이는 문제를 거부하는 서로의 노력을 강화하기 위해 비슷한 문제를 가진 사람들로 구성된 지지 그룹이다. 예를 들어 벤쿠버 반식욕부진증/반폭식증 연맹(Madigan, 1994)은 회보를 기획하고 미디어를 감시하면서 회사 사장과 신문사, 그리고 마른 여성을 이상형으로 표현하고 식이요법을 강요하는 잡지 회사에 편지를 보내면서 미디어를 감시하고 있다.

데이비드 엡스턴은 치료적 대화를 상담 회기 너머로 확장하기 위해 편지 쓰기의 활용을 선도했다. 이러한 편지는 때때로 내담자가 무엇을 견뎌 왔는가, 새로운 이야기의 윤곽, 계속 성장할 수 있다는 내담자의 능력에 대한 치료사의 확신을 전달한다. 이러한 기법의 이점으로는 대화 후 말이 사라지는 것과는 달리 글은 사라지지 않는다는 것이다. 내담자는 엡스턴에게 수년 전 그가 보냈던 편지를 다시 읽고 그들이 겪어 왔던 것과 얼마만큼 발전했는가에 대해 상기한다고 말했다 (Epston, 1994).

치료적 편지를 위한 가이드라인

◆ 될 수 있으면 내담자의 언어를 사용한다.

◆ 불행이 내담자의 삶을 붙잡고 있었다는 것은 인정해 준다.

◆ 폐쇄적 질문보다 감정을 개방할 수 있는 질문을 한다.

◆ 사람을 문제로부터 분리하는 것을 긍정적이고 열정적으로 표현한다.

◆ 내담자들의 삶을 힘들게 만든 어려움들과 싸우기 위해서 치료사가 내담자 편이라는 입장을 분명히 한다.

◆ 의견이나 제안은 반드시 잠정적으로 표현한다. 그래서 내담자가 스스로 생각하고 고려해서 결정하게 한다.

◆ 내담자의 강점과 능력을 드러내 준다.

◆ 치료사가 가족으로부터 배운 것을 강조하고, 가족과 작업하면서 배운 것도 강조한다.

다음의 편지들은 이야기 치료사들이 쓸 수 있는 편지의 사례이다.

"윌리엄 씨에게,

지난 목요일에 우리가 만나지 못해 섭섭했습니다. 아마도 일이 많이 바쁘셨던 것 같습니다. 부인의 말씀에 의하면 그때 아이들의 싸움이 두 사람 사이에 틈을 만들어 놓은 것 같습니다. 제가 정확하게 부인을 이해했다면 부인은 '형제간의 경쟁'이 있으리라고는 생각했지만 이렇게 손을 쓸 수 없을 정도로 악화될 것이라고는 생각하지 못하셨을 거라고 생각합니다.

그 이야기를 듣고 무슨 좋은 제안이 떠오르지 않을까 생각해 보고 있습니다. 그러나 제 제안보다 두 분이 제안할 수 있는 것이 있다면 매우 유용할 것 같습니다. 만일 어떤 생각이 떠오르면 부인과 의논하셔서 부인이 저에게 그 제안을 전달해 주실 수 있겠습니까?"

"마리온, 레이몬드 씨에게,

저와 만난 이후에 중요한 것들을 생각해 보셨으리라 믿습니다. 그래서 제가 1회기 후에 두 분에게 어떤 질문을 하리라고 생각하셨으리라 생각해서 지금 질문을 드려도 놀라지 않으시리라 생각됩니다.

레이몬드 씨, 마리온 씨에게 화를 터뜨리고 싶은 충동을 어떻게 피할 수 있었나요? 그리고 어떻게 당신이 집을 나갈 것이라는 생각이 마리온 씨에게 떠올랐을까요?

마리온 씨, 어떻게 레이몬드 씨를 포기하고자 하는 마음을 내려놓을 수 있으셨습니까? 남편에게 당신의 마음을 전달할 수 있는 또 다른 방법을 알고 계십니까?

저는 두 분이 이 주제에 대해 생각을 해보시기를 바랍니다. 아참, 지난 회기 후에 어떤 생각이 떠오르지는 않으셨는지요?"

"칼라, 맥스 씨에게,

두 분과 함께 이렇게 이야기를 나눌 수 있어서 기쁩니다. 지난번 만남에 대해서 우리의 생각을 듣고 싶으실 것 같아 편지를 씁니다.

칼라 씨, 지난번 만남에서 느낀 것은 본인은 잘 모르시겠지만 그 전 상담 후에 엄청난 성장을 하셨습니다. 당신이라는 사람으로 만들어진 상태에서 도망 나오고자 큰 발걸음을 떼셨습니다. 이제, 과거에서 벗어나 당신이라는 진짜 존재가 되는 새로운 길을 탐색하시고 계십니다.

이 사람 저 사람이 이래라 저래라 하는 바람에 당신이 원하는 것을 하지 못하고 감정을 꾹 눌러 왔었는데 이제는 자신의 입장을 말할 수 있게 되셨습니다. 내 목소리와 내 의견을 찾아서 표현하시게 되었습니다.

막스 씨, 칼라의 마음으로부터 나오는 초대를 받아들여야 하는 위험한 상태에 빠졌다는 것을 깨달으신 것을 축하드립니다. 이제 막스 씨가 칼라 씨의 마음을 알게 되고, 미래에 그런 초대를 거절할 수 있다는 것을 순간적으로 알아차릴 수 있는 능력도 있다는 것을 알게 되었습니다. 그렇게 할 때 칼라 씨가 자기 자신이 되려는 것을 지지할 것이라는 것이 분명해졌습니다.

우리는 두 분이 삶과 관계 내에서 많은 성장을 하신 것을 자랑스럽게 느낍니다."

이러한 모든 노력—입증자와 청중을 모집하고, 팀과 동맹을 형성하고, 편지를 쓰고 증명서를 발급하는 것—은 변화를 창출하고 유지할 때 상호작용이 중요함을 강조하는 사회구성주의자와 맥락을 같이한다. 사람들이 새로운 정체감을 견고하게 만들기 위해 그들은 수정된 이야기를 확인하고 강화시켜 주며, 이에 반대되는 문화 메시지와 가족 메시지를 거스를 수 있게 하는 공동체가 필요하다. 목표는 단지 문제를 해결하는 것이 아니기 때문에, 치료 회기에서 일어나는 것은 단지 시작이 될 뿐이다. 개인의 삶을 움직이는 전체적인 방식을 변화시켜야 한다.

각 회기를 종료할 때, 이야기 치료사는 외재화하는 언어를 반드시 사용하고 언급되었던 독특한 성과를 강조하면서, 무엇이 일어났는가를 요약한다. 이러한 요약은 엡스턴이 내담자에게 보내는 편지에 종종 쓰는 것이다. 이러한 재검토의 효과는 치료사가 내담자와 함께 있었고 그들의 활짝 핀 새로운 정체성을 축하하고 있다는 것을 내담자에게 전달해 준다는 것이다. 치료사에 의해 격려를 받는다는 느낌은 매우 고무적일 수 있다.

파괴적인 문화적 가치관을 해체하기

때때로 이야기 치료사는 좀 더 명백한 문화적 이야기와 연결을 만든다. 예를 들어, 식욕부진증인 여성에게 그녀의 가치가 외모에 달려 있다는 믿음이 어떻게 내면으로 들어가게 되었는지에 대해 질문할 수 있다. 이것은 미국 사회에서 여성들의 지위에 관한 다른 질문으로 이어지게 된다. 이와 유사하게 폭력적인 남성에게는 남성이 결코 약하거나 부드러우면 안 된다는 것을 그가 어떻게 믿게 되었는지 질문할 것이고, 그 남성이 수용하는 메시지의 해체가 잇따라 이루어질 것이다.

사례연구

문화적인 태도를 해체하는 것이 어떤 것인지 명확히 보여 주기 위해, 메리 사이크스 와일리(Mary Sikes Wylie, 1994)가 기술한 화이트의 사례 중 하나를 제시하고자 한다.

화이트를 찾아온 존에 대해, "그는 결코 울지 않는 사람이었지."라고 화이트가 말했다. 그는 그의 감정을 표현할 수 없었고, 가족에게서 고립되고 단절되어 있었기 때문에 화이트에게 왔다. 아이 때 존은 집과 오스트레일리아의 초등학교에서 다정함이나 '부드러움'을 보이는 것은 남자답지 못하며 혹독한 벌 그리고 잔혹하고 공개적인 수치를 당할 것이라는 가르침을 받아 왔다. 화이트는 존에게 그의 '사적인' 심리적 고통과 그의 젊은 시절을 지배했던 완고하게 성차별적이고 공격적인 사내다움을 강조하는 '공적인' 문화적 관습과의 연계에 대한 정보를 끌어내면서, 정치적이면서도 개인적인 일련의 질문을 하였다. "당신은 어떻게 이러한 생각과 습관(부적절하고 충분히 남자답지 못하다고 느끼는 감정 등)에 빠져들었습니까? 이러한 감정을 키운 훈련 배경은 무엇입니까? 모욕을 주는 의식(학교 권위로부터의 공적인 매질, 스포츠를 못한다고 혹은 충분히 강하고 굳세지 못하다고 선생님이나 학생들에 의해 놀림을 당함)이 당신을 당신 자신의 삶에서 소외시켰다고 생각합니까? 그것들이 당신의 결격 사유였습니까? 이러한 관습이 남자가 되는 다른 방식을 인정하는 데 당신을 도와주었습니까 아니면 방해하였습니까?" (p. 43)

이러한 방식으로 남성적 이미지를 해체한 후에 화이트는 존을 도와 그가 그것에 저항했던 때를 기억하게 하고, 그러한 사회화에도 불구하고 친절하고 사랑하는 모습으로 남아 있으려는 그의 고결한 노력을 인정하게 하였다.

스니키푸의 사례

화이트의 치료는 대변을 가리지 못하는 아이의 가족치료 사례에서 생생하게 볼 수 있다(White, 1989).

사례연구

우리가 '스니키푸Sneaky Poo'라고 부르게 된 것이 가족에게 미치는 영향을 도식화할 때 다음의 것을 발견하였다.

1. 스니키푸는 언제나 닉을 속여서 그의 놀이 상대로 만들려 하였지만, 닉은 스니키푸가 자기보다 '한 수 위에 있도록' 놔두지 않았던 많은 순간을 기억할 수 있었다. 닉이 '더럽히고', '칠하고', '온통 바르면서' 협조할 수도 있었지만, 그렇게 하기를 거절했다. 그는 속임수에 빠져 이런 일을 하지 않았다.
2. 최근 스니키푸가 수를 심하게 비참한 느낌으로 몰아간 때가 있었지만, 그녀는 거기에 저항하고 대신 레코드를 틀었다. 이 경우에도 그녀는 부모로서 그리고 인간으로서 자신의 능력을 의심하기를 거부했다.
3. 론은 스니키푸가 자기를 다른 사람으로부터 고립시키려 할 때, 당황하지 않았던 순간을 기억할 수 없었다. 그러나 스니키푸가 자기에게 요구하는 것이 밝혀지고 난 후, 그는 이 요청에 대항한다는 생각에 흥미를 느끼는 듯 보였다.
4. 닉과의 관계에서 수가 아직도 즐긴다고 생각되는 측면이 있고, 론이 닉과의 관계를 유지하려고 여전히 몇몇 시도를 하고 있으며, 그리고 닉은 부모와의 관계에서 스니키푸가 모든 사랑을 다 파괴한 것은 아니라는 생각을 가지고 있다는 사실이 입증되었다.

(계속)

스니키푸의 삶에 닉, 수와 론이 끼친 영향에 대해 확인한 후, 나는 이 예들과 관련된 의미를 수행하도록 격려하는 질문을 소개하여, 그들이 그들의 삶과 관계를 '다시 써 나가도록' 했다.

어떻게 그들은 이와 같은 방식으로 문제에 대해서 효과적으로 관리할 수 있었는가? 어떻게 이것이 인간 으로서 그들과 그들의 관계에 반영되었는가? 이러한 성공이 문제로부터 삶을 되찾기 위해 그들이 취하게 될 그 이상의 단계에 어떤 생각을 주고 있는가? 이런 질문에 대하여 닉은 스니키푸가 그를 속이지 못하게 할 준비가 되어 있으며, 더 이상 그것의 꾀에 빠져 놀이 상대가 되지 않겠다고 결심했다. (pp. 10-11)

2주 후 화이트는 닉이 스니키푸와 용감하게 싸웠고 오직 하나의 사소한 일만 있었으며, 그가 훨씬 강하고 행복해 보인다는 것을 발견하였다. 수와 론도 그 싸움에서 자기 몫을 하였다. 수는 스니키푸가 그녀에게 죄책 감을 느끼도록 요구하는 데 협조하지 않으려고 노력하면서, 스니키푸가 그녀를 쓰러뜨리려 할 때 그녀 자신을 대접하기 시작하였고, 론은 자신을 고립시키려 드는 스니키푸의 시도에 대항하여 문제를 친구들에게 말함으로 써 맞서 싸웠다. 화이트는 다음과 같이 설명한다.

나는 이 성공이 그들이 인간으로서 소유하는 특질에 대해, 그리고 그들 관계의 속성에 대해 무엇을 말했는 지를 성찰하고 숙고하도록 가족을 격려했다. 또한 나는 이 사실이 스니키푸와의 현재의 관계에 대해 암시하 는 바를 돌아보도록 격려했다. 이 논의에서 가족 구성원은 스니키푸의 초대를 거절하기 위해 할 수 있는 그 이상의 수단을 확인하였다. (p. 11)

화이트는 가족이 회기 중간에도 이 노력을 확장하였고, 세 번째 회기에는 그들이 스니키푸가 패배했다는 것 을 확신한다고 보고하였다. 6개월 후 후속 회기에서도 그들은 여전히 잘 해나가고 있었다.

모델의 이론과 결과에 대한 평가

문제를 외재화하고 비관적인 삶의 이야기를 탈구성하고 내담자에게 확고한 신념을 전달하는 방법 등을 통해 이야기 치료사들은 변화를 위한 강력한 기법을 만들어 왔다. 질문 형태의 개입을 통해 저항을 일으키기 쉬운 충고를 내담자에게 덜 전달하게 되고, 치료사와 내담자가 협력하고 있다는 느낌을 갖게 한다.

이야기 치료의 가장 강력한 두 가지 요소는 이야기 은유 그 자체와 문제를 외재화하는 기법이다. 이야기 접근법의 강점과 약점은 인지에 초점을 맞추는 데 있다. 사이버네틱스 모델을 거부할때 이야기 치료사들은 가족이 잘못된 무언가를 가지고 있다는 생각을 부인하였다. 불행히도 이야기 치료사들은 이미 그 전부터 가족치료의 세 가지 결정적 특징에 등을 돌렸던 것 같다. 그것은 (1) 심리적인 증상은 종종 가족 갈등과 관련된다는 것을 인식하는 것, (2) 인간의 문제를 상호작용적인 것, 즉 둘(상보성, 상호성) 혹은 셋(삼각관계)으로 보도록 사고하는 것, (3) 가족을 하나의 단위로 보는 것이다.

문제를 해체되어야 할 이야기로만 보는 것은 어떤 가족의 경우 외재화된 문제와 싸우기 위해 결탁한다고 해도 사라지지 않는 실제적인 갈등을 간과하게 한다. 예를 들면, 인생이 공허한 부모는 자녀가 성장하도록 허용하는 것이 힘들다. 그들이 자녀로 하여금 반항심과 싸우도록 돕고 나면, 그 공허감은 사라지게 될까?

　사람들의 경험을 다시 이야기하는 과정에서 이야기 치료사들은 종종 언짢은 감정(분노, 공포, 불안, 우울)에 대한 시각을 탐색하기보다는 피해야 하는 골칫거리로 치부하기도 한다. 그들은 분노 혹은 공포가 내담자를 어떻게 '패배시키는지'에 대해 묻지만, 내담자가 왜 화가 났는지 또는 무엇을 두려워하는지에 대해서는 거의 묻지 않는다.

　가족치료의 초기에는 가족을 병리적인 관점에서 보았고 문제를 유지하게 만든다는 점 때문에 비난을 받기도 했다. 이야기 운동은 이 분야를 협력적인 방향으로 변화하게 했다. 그러나 초기 치료사들의 우월의식을 거부하고(Phipps & Vorster, 2009), 내담자들을 좀 더 인간적으로 대우하려고 하다 보니 가족체계론적 관점을 지나치게 경시했다. 가족치료의 가장 큰 공헌 중 하나는 내담자와 내담자들의 상황, 즉 가족들을 치료 현장으로 데리고 온 것이다. 그러나 이러한 태도는 비록 이야기 치료가 질병 모델을 거부한 것처럼 보일지라도, 결국 자신들이 그렇게 강하게 반대하던 질병 모델과 유사하게 질병이 발발한 맥락을 무시하고 가족 구성원들 사이의 상호 관계적인 근원을 이해하는 노력을 회피한다.

　대부분의 이야기 치료사들은 이야기 치료가 "일차적으로는 문제를 그들의 문화적인 맥락에 자리하게 하는 것"(Freedman, 1996)이라는 비키 디커슨의 진술에 동의할 것이다. 즉 그것은 사회에 퍼져 있는 자기 가치와 조화로운 관계를 어렵게 만드는 보편적이지만 검토되지 않은 편견들을 밝히고 그것에 도전하도록 내담자를 돕는 것이다. 그러나 내담자 자신들이 그렇게 느끼지 않는다면 어떻게 할 것인가?

　일부 치료사들은 아직도 엄격한 치료적 중립성을 보이는 사례를 만들지만, 이제 많은 치료사들은 때때로 문화적인 가설에 문제를 제기하는 것이 필요하다는 데 동의한다. 대중문화가 도움이 되지 않는 가치들을 조장하는 것은 사실이다. 그렇다면 자신을 속이지 않으면서도 그러한 영향으로부터 사람들이 해방되도록 돕는 최선의 방법은 무엇일까? 이것은 매우 복잡한 질문인데, 이야기 치료는 이러한 방법 중 하나이다. 이들이 보여 주는 사례를 통해 모든 가족치료사들이 이 주제와 더욱 씨름하게 되기를 바란다.

❖ ❖ ❖

　이야기 치료 모델은 1990년대에 사람들의 인기를 끌었다. 그러나 사람들은 곧 새로운 모델에 뒤통수를 맞은 듯했다. 이 모델의 접근법은 지나치게 복잡하게 보이면서도 한편으로는 간단해 보이기도 했다. 더불어 또 다른 모양의 인지치료인 것 같으면서도 이야기뿐인 것처럼 보였기 때문이다.

　이러한 부정적인 면은 두 가지 측면에서 발생한다. 첫째는 이 모델이 내담자의 이야기를 외재화로 축소시키고, 언어의 장난같이 보이는 이야기 측면이 강화되면서 정치적 측면이 약화된 것이다. 이야기 치료의 어떤 기법은 다른 모델에 통합되어 버렸다(예 : Eron & Lund, 1996). 또 체계적 관점의 상실로 많은 비난을 받았다(Minuchin, 1998). 레비(2006)는 최근 이 문제에 대해 언급하고 있지만 이야기 치료의 메타포와 체계적 접근을 구별할 수 있는 자료가 없다. 그래도 이 모델의 유용한 점이 있다면 심리내적 혹은 체계적 접근에서 이야기 메타포를 차용할 수 있다는 점이다 (Dickerson, 2007).

두 번째 측면은 사회구성주의를 거부했다는 점이다. 이 비판은 복잡한 논쟁이다. 21세기에서는 증거 중심의 치료 방법들, 다층적 접근법들이 중요하게 여겨지면서 이론가들은 이야기 치료에서 멀어지기 시작했다.

이런 비판이 주류를 이루고 있지만 한편으로는 이야기 치료도 조금씩 발전하고 있다. 케테 바인가르텐의 저서 *Common Shock: Witnessing Violence Every Day*(2003)에서 이야기 치료를 넘어서 사회구성주의자로서의 정신을 바탕으로 인간의 심리와 행동을 이해할 수 있는 틀을 보여 주고 있다. 빌 마센은 저서 *Collaborative Therapy with Multistressed Families*(2007)에서 어려운 환경에 처한 집단에 이야기 치료를 적용하는 방법에 대해 이야기하고 있다. 인디애나대학교에서 성gender에 대해 가르치고 있는 헬렌 그레밀리온Helen Gremillion은 인류학 저서인 *Feeding Anorexia*(2003)에서 섭식장애를 앓고 있는 젊은 여성과 현대 인류학과 이야기 치료 접근법을 연결한 모델을 적용하고 있다. 비키 디커슨은 이야기 치료식으로 생각하는 방법에 대해 저서인 *Who cares What You're Supposed to Do?*(2004a)에서 젊은 여성들이 자신들의 삶의 어려움을 뚫고 살아가도록 도움을 주는 방법을 제시하고 있다. 아트 피셔Art Fisher와 노바 스코샤Nova Scotia는 이야기 치료를 전국을 돌며 폭력적 남성들에게 적용하고 있다.

치료사들도 근래에 이 방법이 임상에 있어서 효과적인지를 테스트하는 연구를 시작하였다. 이에 대한 자료들로는 혼합가족(Shalay & Borwnlee, 2007), 이민 부부의 투쟁(D'Urso, Reynaga, & Patterson, 2009), 동성애자·양성애자 청소년들이 부모에게 커밍아웃하는 경험(Saltzburg, 2007), 노숙자의 정체감을 형성하게 하는 집단 작업(Fraenkel, Hameline, & Shannon, 2009), 우울한 개인과 가족 간의 대화를 촉진시키는 작업(Lemmons, Eisler, Migerode, Heireman, & Demyttenaere, 2007), 최근에 사례연구에 의하면 아동기 암 환자(Hedtke, 2014), 뇌손상 환자(Butera-Prinzi, Charles, & Strory, 2014), 그리고 그 외 만성 질환 환자(Aldalla & Novis, 2014)의 가족들에게 이야기 치료가 유용할 수 있는 가능성이 있다는 것을 보여 주고 있다. 애착이론과 이야기 치료를 섭식장애자에게 적용하기 위한 제안(Dallos, 2001, 2004), 외도와 관련된 부부치료(Duba, Kindsvatter, & Lara, 2008), 아동 학대에 관한 논문(May, 2005)이 있다.

요약

이야기 접근법은 두 가지의 체계적인 은유(개인적인 이야기와 사회적인 구성)를 중심으로 만들어진다. 기억이 말을 할 때 그것은 역사적 진실보다 더 많은 영향을 미치는 이야기적 진실을 말하는 것이다. 치료사에게 보이는 '사실'은 일면 역사적 진실임과 동시에 구성된 것이다. 가족이 공유하는 현실을 형성하는 구성은 상호적인 이해와 공유된 편견을 나타내는데, 일부는 도움이 되지만 일부는 그렇지 않다.

　이야기 치료사들은 문제를 외재화함으로써 도움이 되지 않는 이야기들을 끊으려 한다. 사건의 비관적인 해석에 도전함으로써 치료사들은 희망을 위한 공간을 만든다. 독특한 결과를 찾는 것은 새롭고 좀 더 낙관적인 이야기가 그려질 수 있는 시작이 된다. 마지막으로 내담자들은 자신이 더 선호하는 노선을 따라 삶을 회복하는 데 그들의 진보를 격려해 줄 지지집단을 만들게 된다.

　이야기 치료의 전략은 세 단계로 이루어진다. (1) 문제를 고통으로 다시 쓰고(외재화) 그것의 원인보다 효과에 초점을 맞춘다. (2) 문제에 대한 예외 상황 또는 부분적인 승리, 효과적인 행동의 사례를 찾는다. 그리고 (3) 지지집단을 확보한다. 새롭고 더 선호하는 해석을 강화하도록 격려함으로써 인지적 구성을 사적인 통찰을 넘어 사회적으로 확장할 수 있게 한다.

　이들 전략이 임상에서 실행될 때, 다음과 같은 일련의 정교한 질문을 사용한다.

- ◆ **해체하는 질문** : 문제를 외재화한다. "우울증이 당신 귀에 뭐라고 속삭입니까?", "이 문제로 인해 당신의 관계에 대해 어떤 결론을 끌어냈습니까?"
- ◆ **공간을 열어 주는 질문** : 독특한 성과를 찾는다. "논쟁이 당신의 관계를 지배할 수 있었지만 그렇지 않았던 때가 있었습니까?"
- ◆ **선호질문** : 독특한 성과들이 더 선호하는 경험을 나타내는 것인지 확인한다. "이런 방식으로 사태를 다루는 것이 더 나았습니까, 더 나빴습니까?", "그것은 긍정적인 발전이었습니까 아니면 부정적인 것이었습니까?"
- ◆ **이야기 개발 질문** : (더 선호하는) 독특한 성과의 씨앗으로부터 새로운 이야기를 개발한다. "이것은 당신이 그전에 했던 것과 어떻게 다릅니까?", "이런 방식에 누가 어떤 역할을 하였습니까?", "당신 안에 이러한 긍정적인 변화를 가장 먼저 알아차릴 수 있는 사람은 누구일 것 같습니까?"
- ◆ **의미질문** : 자기의 부정적인 이미지에 도전하고 긍정적인 힘을 강조한다. "그것을 할 수 있었음에 대해 그것이 당신에게 뭐라고 말합니까?"
- ◆ **이야기를 미래로 확장하는 질문** : 변화를 지지하고 긍정적인 발전을 강화한다. "내년에는 어떨 것 같습니까?"

　이야기 치료의 사회구성주의 기초는 이 접근법이 정치적인 색조를 띠게 하는 반면, 가족역동과 갈등을 중요시하지 않게 한다. 가족 내 역기능적 상호작용을 들여다보는 대신, 이야기 치료사들은 가족 밖에서 문화의 가치와 제도의 파괴적인 영향을 찾는다. 치료사들은 가족 구성원들이 이러한 가치와 실행에 대항하여 힘을 합치도록 한다. 그들은 중립을 지키는 대신 옹호하는 입장을 취한다.

제13장

비교 분석

모델들의 본질적 차이점

학습 목표

◆ 다양한 가족치료 모델의 기본 개념을 설명하라.

◆ 다양한 모델들의 가족과 건장하지 못한 가족의 발달에 대해 비교하여 설명하라.

◆ 다양한 모델들의 진단 및 개입 방법을 비교하고 설명하라.

◆ 세 가지 다른 통합 모델을 설명하라.

◆ 지역 정신건강 가족치료에 대해 설명하라.

가족치료 분야는 여러 학파가 서로 경합을 이루는 가운데 발전되어 왔다. 이러한 다양성으로 인해 풍부하면서도 상이한 문헌이 많이 나왔는데, 이 문헌들은 활기찬 가족치료의 발전을 입증해 주면서도 동시에 어떤 가족치료 방법을 선택할지 혼란스럽게 만들기도 한다. 이러한 모델에 대한 요약을 〈표 13.1〉에 제시했다. 우리는 이 장에서 가족치료의 모델을 비교 분석해 보려고 한다.

이론적 발달

이론은 우리가 아는 것을 조직해 주기 때문에 가족들이 무엇을 하는지를 이해하는 데 도움을 준다. 심각하게 혼란스러운 상태의 구성원들의 관계를 쫓아가는자−거리를 두는 자 역동, 밀착과 유리, 문제가 포화된 이야기로 조직하면 우리는 가족을 이해하기 수월하다. 자녀 사이의 논쟁을 중재하기 위해서 효과도 없는 시도를 반복적으로 하는 것이 밀착이라는 것을 알아차리는 순간에, 치료사는 부모처럼 자녀들의 논쟁에 끼어들기보다는 자녀들이 서로 싸우면서 문제를 해결하도록 개입하지 않는다. 가족치료 이론들은 바로 이러한 기능들을 하고 있기 때문에 각 이론이 어떤 기능을 하는지 비교하면서 평가해 보고자 한다.

표 13.1 가족치료 모델

	보웬 이론	전략적 이론	구조적 이론
설립자	머레이 보웬	돈 잭슨 제이 헤일리	살바도르 미누친
중요한 이론적 개념	자아 분화	항상성 피드백 고리	하위 구조 경계선
중점적 문제 역동	삼각관계 정서적 반응	같은 것을 더하기 해결	밀착/유리
중요한 기술	가계도 과정질문	재구성 지시하기	행동하기 경계선 설정
	경험적 이론	정신역동적 이론	인지행동 이론
설립자	버지니아 사티어 칼 위태커	나단 애커먼 헨리 딕스 이반 보스조르메니-나지	제럴드 패터슨 로버트 리버만 리처드 스튜어트
중요한 이론적 개념	진실성 자기 실현	추동 자기대상 내적 대상	강화 소거 도식
중점적 문제역동	감정적 억압 신비화	갈등 투사적 동일시 고착과 퇴행	우연적 강화 회피적 통제
중요한 기술	대면 구조화된 훈련	침묵 해석	기능적 분석 긍정적 통제기술
	해결중심 이론	이야기 접근법	
설립자	스티브 드 세이저 인수 김 버그	마이클 화이트 데이비드 엡스턴	
중요한 이론적 개념	언어는 현실을 강조한다.	이야기 치료 사회구성주의	
중점적 문제역동	문제에 대한 이야기	문제가 포화된 이야기	
중요한 기술	해결에 초점 맞추기 예외 확인하기	외재화 단일한 결론 끌어내기 호의적 지지자 창출	

◆ 체계로서의 가족

의사소통 가족치료는 가족을 체계로 보는 관점을 소개하였다. **체계**system는 각 부분의 기능의 합보다 더 복잡한 기능을 한다. 이 말은 부분들은 각각의 기능이 있는데, 부분들이 합해지면 부분들 각각의 기능을 단순히 합쳐 놓은 것보다 더 복잡한 기능이 나타난다는 것이다.

가족치료에서 체계이론을 믿지 않는다는 것은 이제는 물이 산소와 수소의 결합임을 믿지 않는 것처럼 여겨진다. 그러나 포스트모더니즘은 20세기의 모더니즘을 상징하는 체계이론을 비판하고 있다. 이들은 체계적 관점이 인간이 배제된 것이라고 비판하였다. 이들의 관점은 행동에서 의미로, 가족 구성원들에 대한 배려 쪽으로 강조점이 옮겨 가고 있다.

가족치료사는 체계적 관점에서 가족 구성원들의 문제를 해결하려 하지만 동시에 개인의 심리 내면의 역동도 놓치지 않아야 한다. 그러나 현실에서는 매우 노련한 치료사가 아니면 언제 개인의 경험을 다루어야 할지, 언제 상호작용의 패턴에 초점을 맞추어야 할지 잘 모른다.

◆ 안정과 변화

의사소통 치료사는 가족은 항상성을 유지하면서 동시에 변화를 추구하는 체계로서 일정한 규칙의 지배를 받는다(Jakson, 1965)고 말하고 있다. 그러나 가족이 변화하는 환경에 적응하기 위해서는 규칙을 수정하고 체계를 변화시킬 수 있어야 한다.

항상성과 변화라는 가족의 이중적인 특성은 의사소통, 구조주의, 전략주의 모델의 가족치료사가 가장 잘 이해하고 있다. 그들은 가족이 본래부터 병리적인 것이 아니라 변화하는 환경에 적응하는 데 실패하여 도움을 청한다고 생각한다.

이러한 원리를 무시하는 치료사는 누구나 병리적인 측면을 지나치게 강조하는 오류에 빠지게 된다. 만일 어떤 치료사가 문제를 안고 있는 가족을 대하였을 때, 그들이 어쩌면 일시적인 난관에 봉착했을지도 모른다고 생각하지 못한다면 자기가 만나고 있는 가족에 대한 단순한 조율보다 더 철저한 정밀 검사가 필요하다고 생각하기 십상이다. 장기적인 목표가 강조되는 치료에서는 이와 같은 과잉치료가 이루어질 소지가 있다. 정신분석 학파, 경험주의 학파, 그리고 장기 가족치료사는 자기들이 대면하고 있는 가족에게 기본적인 재조직이 필요하다고 생각하는 경향이 있다. 그들에게는 장기치료라는 대수술을 위한 도구가 갖추어져 있어서, 내담자가 이런 수술을 필요로 한다고 여기는 경향이 있다.

가족치료의 개척자들(버지니아 사티어는 전적으로 예외이지만)은 가족이 지니고 있는 항상성을 유지하려는 내적 힘은 과대평가하면서도, 가족이 지니고 있는 융통성과 풍부한 자원에 대해서는 과소평가하는 경향이 있었다. 이러한 생각으로 인해서 치료사는 자신이 자극을 주는 자, 통제하는 자, 전략을 세우는 자인 양 행동하였다. 가족이 이해할 수 없는 체계의 강압에 의해 문제에 직면한 결과 치료사와의 만남이 이루어지고, 이를 통해 가족을 이해하기 위한 일련의 작업이 시작된다.

가족치료에 대한 새로운 접근 방식 중 다수는 가족이 나타내는 저항과 씨름하기보다는 그들이 가지고 있는 자원을 이끌어 내는 데 초점을 맞췄다. 이러한 모델은 치료사로 하여금 가족은 억지로 끌어내지 않으면 결코 변화되지 않을 것이라고 단정 짓기보다는, 가족을 도와서 문제를 해결하도록 그들과 협력하게 하였다. 해결중심 치료와 같은 협력적인 접근에서는 변화가 쉬운 것이라 가정하는데, 이는 낙천주의만큼이나 고지식한 것으로 여겨진다.

◆ 과정/내용

대부분의 가족치료 학파는 가족 구성원의 상호작용 **과정**process을 강조한다. 정신분석 및 경험주의 치료사는 방어는 줄이면서 생각과 감정을 공개적으로 표현하게 하려고 애를 쓴다. 가족집단 치료 및 의사소통 치료사는 활발한 상호작용을 증진시켜 가족 구성원이 그들 사이의 서로 다른 의사소통의 비일치적 수준을 줄이도록 돕고 있다. 보웬 학파의 체계 치료사는 삼각관계를 차단하여 가족 구성원이 '나-입장'을 취하도록 격려한다. 전략주의 치료사는 상호작용의 결과로 발생한 문제를 찾아내어 그러한 문제가 발생하지 않도록 한다. 행동주의자는 부모에게는 긍정적인 통제를 이용하도록 가르치고 부부에게는 고압적인 의사소통을 지양하도록 가르친다. 구조주의 치료사는 경계를 재조정하여 위계 조직을 강화한다.

과정에 대한 중요성을 주장하면서도, 가족치료사는 **내용**content적인 이슈에도 관심을 기울인다. 정신분석 치료사는 때때로 가족 개개인과 그들의 과거의 기억에 집중한 나머지 과정에 대한 시선을 놓쳐 버린다. 마찬가지로 경험주의 치료사는 가족의 구성원 개개인과 함께 일하는 동안 감정적인 방어를 극복해 내도록 그들을 돕는 데 지나치게 집착하는 경향이 있다. 그렇게 해서 야기되는 위험은 치료사가 개인적인 표현에 영향을 미치는 가족 내에서의 상호작용적 과정을 간과해 버릴 수 있다는 것이다.

행동주의 가족치료사는 행동과 연루된 상호작용적 패턴을 무시하고 행동만을 유리시킴으로써 내용에만 치중하고 과정을 무시한다. 그들은 직접적인 교육의 역할을 강조함으로써 가족 상호작용의 과정을 방해한다. 교사가 학생들 앞에 서서 강의를 하는 동안에는 학생들이 개인적으로 무엇을 하고 있는지를 제대로 관찰할 수 없는 법이다.

보웬의 체계치료에서는 과정에 대한 개념이 중심이 되고 있다. 보웬의 체계치료를 피상적으로만 이해한 사람들은 삼각관계, 융합 및 분화 과정에 대해서는 모르면서 단순히 가족 간의 결속을 새롭게 정립시켜 주는 치료라는 생각을 할 수도 있다. 구조적 가족치료와 의사소통 치료의 경우에도 과정에 대한 문제가 언제나 중심이 되고 있는 것은 마찬가지이다.

체계론적 사고를 덜 강조하는 가족치료의 최근 모델은 과정을 중시하는 경향에서 벗어나고 있다. 이야기 구성주의 치료사는 가족의 상호작용 유형보다는 가족 구성원이 자신의 문제에 대해 이해하는 방식에 더욱 관심을 쏟는다. 즉 그들은 행동의 변화에 관심을 쏟기보다는 이야기의 확장에 더욱 관심을 쏟고 있다. 마찬가지로 해결중심 치료사는 어떻게 해서 문제가 생기게 되었는지에 대해서는 관심이 없기 때문에, 그들 역시 가족을 둘러싸고 있는 과정은 무시해 버린다. 그들이 관심을 쏟는 유일한 과정은 문제가 문제로 여겨지지 않는 '예외적' 상호작용에 대한 것이다.

◆ 단자, 이자, 삼자 모델

어떤 치료사들(예 : 심리교육 치료사)은 환자라고 하면 여전히 한 개인을 생각하며, 환자 외의 나머지 가족은 단지 그 사람의 치료를 위한 보조적인 인물로 여길 뿐이다. 심리교육 치료사도 심각한 정신질환(예 : 조현병, 양극성장애)을 다루고 있지만, 그들이 생각하는 가족의 영향력은 체계이론적인 가족치료사에 의해서 다루어진 거의 대부분의 치료 사례에 비해 훨씬 더 미미하다.

그러나 이야기 치료사의 경우는 다르다. 인지에 초점을 맞추는 이야기 치료사의 관심은 개인에게 집중되어 있으며, 그들은 가족치료의 다음과 같은 세 가지 두드러진 특성, (1) 심리적 증상은 종종 가족 갈등에서 빚어진다는 점, (2) 인간의 문제를 두 사람이나 세 사람 사이의 상호작용(상보성, 삼각관계)의 문제로 생각하는 것, (3) 가족을 한 단위로 취급하는 견해를 무시한다. 비록 이야기 치료사가 치료 방식에서 가족의 갈등을 무시하지만, 문제를 생소한 침입자로 재정의하려는 치료사의 노력은 문제의 영향력으로부터 벗어나기 위해 온 가족이 함께 뭉치게 하는 효과를 가져온다. 신경성 식욕부진증과 같이 병 자체가 저절로 심각해지는 경우보다는 가족 갈등으로 발생하는 아동의 등교거부 혹은 일탈행위 경우보다 더 효과적이다.

정신분석적 치료사는 한 사람의 내담자와 만나든 가족과 만나든, 성격역동에 대해서 생각하는 경향이 있다. 그들은 현재의 가족관계를 과거에 내면화된 가족 관계의 소산으로 생각한다. 그래서 그들은 때때로 현재 살을 맞대고 살아가는 가족보다는 사람들을 지배하고 있는 과거의 정신적인 환영에 더욱 관심을 기울인다. 행동주의 치료사는 **단자 모델**monadic model을 사용해서 문제 아이의 증상에 대해서 가족이 정의한 대로 문제로 받아들인다. 따라서 이 아이의 행동을 수정하기 위해서는 부모를 가르쳐야 한다고 주장한다. 경험주의적 치료사는 내담자가 자신의 감정을 묻어 놓지 않고 드러내도록 돕기 위해서 개인에게 초점을 맞춘다.

실제적으로 어떠한 생명체도 단자관계라는 관점으로 올바르게 이해할 수는 없다. 아마도 새의 알이 자기 보존적이라는 특성을 지닌 단일체에 가장 가깝지 않을까 생각한다. 어린 생명체는 생명 유지에 필요한 모든 영양분이 들어 있는 껍질로 감싸여 있다. 그렇다 하더라도 이런 관점만으로는 충분하지 않다. 왜냐하면 알과 주변 환경 사이에 열의 교감이 이루어지기 때문이다. 어미 새가 따뜻하게 품어 주지 않으면, 껍질 속의 어린 새는 죽고 말 것이다.

사람들이 상대방과의 관계 속에서 활동한다는 사실을 깨우치기 위해서는 이자 모델이 필요하다. 편히 누워 자유연상을 하고 있는 정신분석 환자의 경우에도, 분석가에게 보이는 반응을 통해서 기억과 꿈을 여과해 나간다. 가족치료사는 치료에서 대개 이자 모델을 사용한다. 치료 장면에 비록 대가족이 함께 참여하더라도, 초점은 통상 가족 내의 쌍들이나 가족 단위에 맞춰진다.

두 사람이 보다 원만한 관계를 맺도록 돕는다고 해서 치료사가 항상 이인만을 생각하고 있다는 것을 의미하지는 않는다. 행동주의 부부치료사는 두 배우자와 함께 치료는 하지만 부부 각자를 의사소통 기술에 있어서 미숙한, 독자적인 개체로서 대한다. 진정한 **이자 모델**dyadic model은 두 사람이 관계를 맺을 때 서로가 서로로부터 동떨어진 것이 아니라는 사실을 인식하는 데 있다. 그들은 서로가 서로를 규정하고 있는 것이다. 이러한 모델을 적용해 보면, 어떤 부인에게서 나타나는 광장공포증은 그녀의 남편에 대한 반작용이면서 남편에게 영향을 미치려는 수단으로도 생각해 볼 수 있을 것이다. 이와 마찬가지로, 아내의 행동을 수정하기 위해서 그녀를 치료소로 보내려는 남편의 행동은, 아내의 삶에서 남편으로서의 역할을 받아들이기를 거부하는 몸짓으로 볼 수도 있다.

모든 학파의 가족치료사는 이자 모델 개념, 즉 무의식적 욕구 상보성, 표현적/도구적, 투사적 동일시, 공생, 친밀성, 퀴드 프로 쿼, 이중 구속, 대칭적/보완적, 쫓아가는 자/거리를 두는 자, 행동 계약 등을 사용한다. 어떤 용어는 비록 두 사람 이상의 사람이 연관되어 있더라도 이자 모델의 사고에 그 바탕을 두고 있다. 예를 들면, 가족과 가족치료사와의 관계를 고분고분하다거나 혹은 반항적이라는 용어를 사용하는 경우이다. 그리고 역전이, 지배적인, 과다 경쟁 등의 용어는 단 한 사람이 관여될 때 쓰이는 것 같다. 그 밖의 개념, 즉 경계, 연합, 융합, 유리와 같은 개념은 셋이나 그 이상의 단위를 포괄할 수 있지만, 흔히 두 단위를 지칭할 때 사용된다.

삼자 모델triadic model의 장점은 주어진 맥락 안에서 이루어지는 행동에 대한 이해를 보다 폭넓게 할 수 있다는 점이다. 가령, 어떤 소년이 어머니가 강한 규율로써 가르치지 않으면 그릇되게 행동하는 경우, 그녀에게 아들을 더욱 엄격하게 대하도록 일러 준다고 해도, 그녀의 행동이 자기 남편과 맺는 관계로부터 오는 것이라면 별다른 효과를 내지 못할 것이다. 아마도 그녀는 자기 남편의 권위를 제어하려는 한 방법으로 어긋나는 행동을 하도록 자기 아들을 교묘하게 부추기고 있는지도 모른다. 혹은 그녀의 무능력이 빌미가 되어서 남편으로 하여금 강한 사람이 되게 함으로써 남편과의 관계를 정립하고 있는지도 모를 일이다.

머레이 보웬은 인간의 행동은 항상 삼각관계의 기능이라고 말했다. 사티어 역시 인간의 기본 단위를 부모-자녀 간의 삼인군의 관계로 이해하였다. 삼자 모델 사고가 보다 폭넓은 이해를 할 수 있게 해준다고 해서 그것이 곧 가족치료사가 치료 장면에 언제나 모든 관련자를 다 포함시켜야 된다는 말은 아니다. 문제의 초점은 얼마나 많은 이가 상담 장면에 참여하느냐가 아니라, 치료사가 얼마나 가족의 전체 구조 안에서 문제를 보고 있느냐 하는 것이다. 구조주의 치료사는 두 사람 사이의 유리나 밀착은 제삼자와의 상호관계의 기능이라고 지속적으로 강조했다. 의사소통 치료사는 삼각관계에 대해 이야기하지만 두 사람 단위로 생각하는 경향이 있다. 비록 헤일리와 셀비니 파라졸리가 삼각관계를 인식하고 있었음에도 대부분의 전략적 치료사도 마찬가지이다.

삼인군 개념이 가족의 문제를 이해하는 데 도움이 된다고 해서 가족치료사가 모든 가족 구성원을 반드시 만나야 한다는 것은 아니다. 중요한 것은 상담실에 가족 구성원들이 모이는 것이 아니라 치료사가 가족의 문제를 전체 맥락에서 제대로 이해하는 것이다.

◆ 경계선

사람들 사이의 경계에 대한 가장 유용한 개념은 머레이 보웬과 살바도르 미누친의 저서들에 정리되어 있다. 보웬은 자기와 가족 사이의 경계에 대해서 가장 잘 기술하였으며, 미누친은 여러 하위체계 사이의 경계에 대해서 아주 잘 기술하였다. 보웬은 개인은 **융합**fusion과 분화의 연속선상에 다양하게 놓여 있는 것으로 보았다. 미누친은 경계란 산만한 경계에서 경직된 경계에 이르기까지 다양하며, 그 결과로 **밀착**enmeshment과 **유리**disengagement가 나타나는 것으로 보았다.

보웬의 생각은 분리와 개별화에 대한 정신분석적 강조를 반영한 것으로서(Mahler, Pine, & Bergman, 1975), 오이디푸스 콤플렉스에서 오는 공격성의 해소와 가정 이탈의 문제에 특별한 주의를 기울이고 있다. 이 모델에 따르면, 우리는 홀로 서기를 배움으로써 자기 자신이 되어 간다. 보웬의 치료는 자기와 타인 사이의 경계를 강화시켜 나가도록 강조하는 다소 일방적인 측면이 있었다. 그는 지나치게 경직된 경계선에서 발생하는 정서적인 고립이라는 문제점에 대해서는 그것을 인위적인 산물로 여겨 별다른 주의를 기울이지 않았으며, 그러한 고립을 근본적으로는 심리적인 독립이 결여된 인위적인 산물—일종의 방어기제—로 여겼다. 보웬은 다양한 용어—일체감, 융합, 미분화, 감정적 반사행동—를 사용했는데, 그 모든 용어는 그의 가장 큰 관심사였던 위험, 즉 사람들이 관계 속에서 자기 자신을 잃어버리게 될지도 모르는 위험을 대변하고 있다.

미누친은 더욱 균형이 잡힌 견해를 피력하였는데, **경계**boundary가 너무 경직되거나 산만해서 발생하는 문제점을 기술하였다. 산만한 경계에서는 하위체계가 기능하기 위해 바깥 세계로부터 너무 많은 간섭을 받아야 하며, 경직된 경계의 경우에는 서로 간의 지지가 너무 부족하다. 보웬은 오직 하나의 경계 문제로 융합을 거론하고, 단 하나의 목표인 분화에 대해서만 기술하였다. 융합은 질병과 같이 악성이거나 괜찮은 경우로 드러날 수 있다. 미누친은 두 가지 가능성—밀착과 유리—에 대해서 언급하고 있는데, 그의 치료는 특정한 경우에 맞도록 고안된 것이다.

보웬의 융합과 미누친의 밀착은 둘 다 모호해진 경계를 다루지만, 그 두 용어가 동의어는 아니다. 융합은 개인의 심리적 특성이지만 개별화의 반대 개념이다. 융합의 역동은 다른 사람과의 관계에 영향을 미치지만(특히 반응성과 삼각관계의 형태로), 융합은 개인 안에서 일어나는 현상이며 밀착은 **사람들** 사이에서 일어나는 현상이다.

또한 두 용어의 개념적 차이는 치료에서도 차이점을 가져 온다. 보웬의 체계를 따르는 치료사는 개개인의 접촉을 유지하면서 또한 자율성을 강조한다. 그리고 여기서의 성공은 개인의 분화로써 측정된다. 구조주의자는 체계에 동참해서 경계를 강화시키거나 약화시킴으로써 연합을 재편성하면서도 독특성을 강조한다. 그리고 여기서의 성공은 가족 전체의 조화로운 기능성으로 측정된다.

가족역동

◆ 정상 가족 발달

과거에 대해서 관심을 가지는 가족치료사 중에서 특히 보웬 및 정신분석 학파가 정상적인 발달에 대해서 가장 많이 언급하고 있다. 비록 대부분의 가족치료 학파가 가족이 어떻게 출발했는지에 대해서 관심을 쏟지는 않지만, 보웬 및 정신분석 학파에서는 결혼 선택에 관해서 많이 거론하고 있다. 보웬은 분화, 융합, 삼각관계에 관해서 거론했던 반면에, 정신분석 학파적 입장의 저자들은 무의식적 요구 상보성, 투사적 동일시, 이상화에 대해서 언급한다. 그러나 같은 현상을 기술하기 위해서 양자가 사용하는 용어는 다른 것처럼 보인다. 정신역동적 치료사는 원가족으로부터 전이의 대상으로서 배우자를 선택해서 결혼하는 것이라 보고 있으며, 이때 사람들은 자신의 성숙 수준에 맞는 배우자를 선택한다. 보웬은 사람들이 상대를 선택함에 있어 원가족에서 익숙한 관계 패턴을 반복할 수 있는 상대를 선택하며, 또한 분화 수준이 비슷한 사람을 배우자로 선택한다고 했다.

사람들이 같은 성품의 상대와 결혼하는 현상에 대한 몇 가지 설명이 있다. 보웬 및 정신분석 학파 역시 사람들이 어떻게 해서 겉으로만 봐서는 서로 다른 것처럼 보이는데도 서로 잘 들어맞고 자기 자신의 부족한 점을 보완해 줄 배우자를 선택하게 되는지에 대해서 거론하고 있다. 강박관념에 사로잡힌 이들은 히스테리컬한 사람과 결혼하는 경향이 있다고 한다. 그리고 보웬에 의하면, 일체감을 지향하는 이들은 때때로 거리를 두려는 사람들과 결혼을 한다. 이와 같이 보웬 학파와 정신역동적 학파는 서로 같은 견해를 가졌으면서도 다른 학파들과는 구별된다. 양편은 모두 인간의 성격이 지닌 다양한 측면을 인정하며, 성공적인 관계의 정립은 배우자 간에 공유할 수 있는 관심사와 가치관이 있느냐는 사실뿐만 아니라, 대상 이미지의 내적 특성에 의해서도 좌우되는 것으로 여긴다.

비록 그들이 과거를 강조하지는 않지만, 대개의 다른 가족치료 학파에서는 정상 가족 발달의 과정을 서술하는 몇 가지 개념을 가지고 있다. 예를 들어 의사소통 치료사는 퀴드 프로 쿼 (Jakson, 1965)를 말하면서 정상적인 결혼생활에서의 상호 교환을 설명한다. 행동주의 치료사는 같은 현상을 사회교환 이론으로 설명한다(Thibaut & Kelley, 1959). 버지니아 사티어는 정상 가족이란 그 안에서 이루어지는 의사소통이 직접적이고 솔직하며, 차이점이 은폐되기보다는 노출되고, 감정이 공개적으로 표현된다고 하였다. 그녀는 그러한 조건하에서는 사람들이 확실한 관계를 맺기 위해서 필요한 경우라면 위험까지도 받아들일 수 있는, 건강한 자존감을 발전시켜 나간다고 믿었다.

미누친(1974)의 주장에 따르면, 유능한 가족치료사가 되기 위해서는 보통의 가족생활에 대한

Ciaran Griffin/Stockbyte/Getty Images

상대방에게 영향을 미치고 있는 사회문화적 힘을 고려하지 않고는 관계를 결코 제대로 이해할 수 없다.

지적이며 정서적인 이해가 필요하다. 치료사는 기능적인 구조와 역기능적인 구조를 구별할 수 있어야 하며, 또한 병리적인 구조와 단지 전환기에 들어서 있는 구조를 구별할 수 있어야 한다.

구조적 가족치료는 내담자 가족의 조직이 적절한가를 살펴보는 데서 시작되므로, 때로는 이상적인 기준을 강압적으로 주입하려는 것처럼 보이기도 한다. 그러나 실제로 정상적이라는 기준은 기능성이라는 관점에서 정의되며, 구조적 가족치료사는 서로 다른 유형이라도 똑같이 기능적일 수 있음을 인식한다. 하위체계 경계의 선명성은 하위체계의 구성보다 더욱 중요한 문제이다. 예를 들어, 아버지와 첫째 아이로 이루어진 하위체계는 책임과 권위의 한계가 분명할 경우 더욱 효과적인 부모 하위체계로서의 기능을 발휘할 수 있다. 밀착과 유리의 유형은 비정상성의 표시라기보다는 오히려 선호되는 방식으로 보인다.

대부분의 가족치료사는 가족을 개조해야 한다고는 생각하지 않으며, 가족이란 어떠해야 하는가를 규정하는 모델은 별로 필요하지 않다고 믿는다. 그 대신에 그들은 구조가 아니라 기능이라는 관점에서 야기되는 특정한 문제—문제를 지속시키는 상호작용, 문제를 품고 있는 사연, 잊혀져 버린 해결책—에 개입한다. 그들이 관찰하는 유형은 역기능적이다. 따라서 용어 자체가 지적하고 있는 바와 같이 기능적이란 바로 그 반대의 측면일 수도 있다.

◆ 행동장애의 발달

가족치료의 초기 단계에서 환자는 자신의 증상을 통해서 가족의 안정을 유지시키는 희생자—'희생양'—로 여겨졌다. 많은 문헌을 보면 평화를 유지하는 역기능적인 방법, 즉 희생양 만들기, 가성친밀감, 고무담장, 가족 투사 과정, 이중 구속, 위장 등에 대해서 기술하고 있다. 이런 악의적인 방법은 젊은이들을 분열시키지만, 그 대신 가족을 하나로 결속시키는 데 도움을 주었다. 그것은 악의적인 영향력에 대한 단순하면서도 만족할 만한 설명이었다. 그 누구도 바로 부모를 나무랄 수는 없었지만—그들의 은밀한 강압은 결코 의도적인 것은 아니었다—이러한 설명은 부모의 과실과 실패를 지적한 것이었으며, 또한 그러한 설명에는 신비한 힘이 깃들어 있었다. 조현병이란 바로 가족을 위해 아이들이 희생된 것이라는 견해는 매력적이긴 하지만 결코 사실은 아니었다.

오늘날 가족치료사는 문제의 원인이 무엇이냐에 대해서보다는 오히려 어떻게 가족이 의도하지 않게 문제를 지속시켜 나가는지에 대해 더 관심을 기울이고 있다.

◆ 경직된 체계

조현병 가족의 초기 관찰자들은 그들의 경직성을 강조하였다. 원은 정신병을 앓고 있는 가족이 외부의 영향에 어떻게 저항하는가를 극화하기 위해서 **고무담장**rubber fence이라는 용어를 만들어 썼으며, 그들이 보이는 조화의 경직성을 묘사하기 위하여 의사친밀성 혹은 **가성친밀성**pseudomutuality이라는 용어를 만들어 냈다. R. D. 랭은 자녀가 자기 자신의 개성을 발달시키는 것을 견디지 못하는 부모가 자신들의 경험을 부인하기 위해서 위장mystification을 어떻게 사용하는지를 보여 주었다. 의사소통 학파 치료사는 조현병 가족이 보이는 극에 달하는 소란은 그들이 가족의 규칙을 변화시키는 기제가 부족한 데서 오는 것으로 보았다. 이들은 새로움과 변화는 저항해야 하는 이변으로 규정하고, 부정적인 피드백 기제에 프로그램화되어 있는 것으로 보았다.

정신질환을 앓는 환자가 있는 가족을 항상성이라는 견고한 막으로 둘러싸여 있는 가족으로 보는 전통적인 견해는 1980년대에 셀비니 파라졸리에 의해서 받아들여졌는데, 그녀는 '더러운 게임'이라는 개념에 담아서 그러한 현상을 설명하였다. 캐럴 앤더슨과 마이클 화이트는 그들의 경직성은 바로 가족이 지니고 있는 심각한 문제가 기승을 부린 결과이며, 또한 정신건강 전문가가 그것을 비난한 결과라고 설명하면서, 장애가 있는 가족을 부정적인 시각으로 보는 데 대해 반론을 제기하였다.

항상적 경직성의 기능이라는 관점에서 가족 문제를 설명하는 것은 전략주의 치료학파의 기본 개념 중의 하나가 되었다. 이들은 역기능적인 가족이란 문제가 일어났을 때 제한된 방식의 해결책밖에 제시하지 못하는 가족으로 보았다. 시도했던 해결책이 성공을 거두지 못할 때도, 그러한 가족은 완강하게 같은 시도를 계속한다. 행동주의 치료사도 행동을 통제하려고 시도했던 그릇된 노력의 결과가 바로 증상이라고 보는 견해에서는 비슷한 관점을 보인다. 부모는 자녀의 잘못된 행실에 벌을 주고 있다고 생각하지만, 실제로는 그러한 행동에 관심을 보임으로써 오히려 그 행동을 강화하는 격이 되고 만다.

정신분석 및 경험주의 이론에 따르면, 갈등, 발달 정체, 정서적 억압의 형태로 나타나는 심리내적 경직성이 바로 가족의 경직성에 기여하는 개인의 공헌이다. 정신분석가는 병리적 가족이란 변화를 거부하는 **닫힌 체계**closed system와 같다고 생각한다. 스트레스가 과도해지면 역기능적인 가족은 이전의 발달 수준으로 퇴행하는데, 거기서는 해결되지 않은 갈등 때문에 고착이 일어나고 만다.

경험주의적 치료에서는 역기능적 가족을 정서적으로 경직된 가족으로 표현한다. 살아 있음을 깨닫기 위해서 때때로 다른 것을 찾으려 노력해야만 하는 것이 사실이라면, 병리적 가족은 보트가 흔들리는 것을 두려워한 나머지 어리석게 행동하고 생동감을 잃어버린다. 증상을 나타내는 자는 생명력에 역행하는 가족에 의한 희생자이다.

구조적 가족치료사는 가족의 경직성을 하위체계 사이의 경계선 문제로 보았지만, 그렇다고 구조적 문제를 가족의 어떤 결점 때문이라고 보지는 않는다. 위기를 극복하기 위해서 전에는 기능적이었던 구조를 재조정하지 못할 때 정상적인 가족이 문제를 만드는 것으로 보아야 할 것이다. 가족치료사는 이 점에 관해서 매우 확고해야 한다. 즉 증세를 보이는 가족이라고 할지라도 때로는 기본적으로 매우 건전하다. 그들은 그저 변화를 요구하는 환경에 적응하기 위한 도움을 필요로 하는 것이다.

해결중심 치료 및 이야기 치료사는 가족의 구성원을 문제 발생에 연루시키는 개념을 피하려고 한다. 두 학파에서는 가족 내에서의 개인의 힘에 초점을 맞추고자 하며, 문제를 극복하기 위해서 그들이 힘을 쏟았던 때에 주목한다. 이 모델들이 문제로 인식하는 것은 바로 자신을 패배자라고 생각하게 만드는 경직된 습관이라고 본다. 해결중심 치료사는 패배주의적 사고의 원류를 파헤치지 않고 그대로 둔다. 이야기 치료사는 우리의 문화에서 나타나는 독소적이며 사람을 억누르는 믿음의 체계에 초점을 맞추는데, 그러한 믿음의 체계가 가족의 구성원에 의해 내재화된다. 경직된 것은 가족이 아니라 바로 사회인 것이다.

◆ 병리적인 삼각관계

행동장애에 대한 몇몇 가족치료 학파의 설명을 들어 보면 병리적 삼각관계가 핵심적인 개념이다. 그러한 설명 중에서 보웬의 이론이 가장 세련된 것이다. 보웬은 두 사람 사이에 충돌이 빚어졌을 때, 가장 극심하게 불안감을 느끼는 사람이 제삼의 인물을 끌어들여 어떻게 '삼각관계를 형성'하게 되는지를 설명하였다. 이 모델은 병리체계에 대해서 돋보이는 설명을 들려 줄 뿐만 아니라, 치료사에게는 일종의 경종을 울리고 있는 셈이다. 어떤 치료사가 정서적인 충돌 상태에서 어느 한편과 긴밀하게 연결되면, 그때는 치료사마저도 해결책을 제시해 주기는커녕 오히려 문제의 일부가 되어 버리기 때문이다.

정신분석이론에 따르면, 오이디푸스 콤플렉스 상태에서의 갈등은 노이로제의 근원이 된다. 여기서 삼각관계가 가족의 상호작용에 의해서 발단이 되기는 하지만, 이 관계는 개인 심리 안에서 형성되고 유지된다. 어머니의 다정함은 매력적으로 느껴질 것이고 아버지의 시기심은 위협을 느끼게 하겠지만, 아버지를 내쳐 버리고 어머니를 차지하고 싶다는 욕망은 헛된 환상이다. 이러한 갈등에서의 병리적인 고착은 가족이라는 바깥 세계에서 연유되지만, 그런 갈등은 바로 아이의 마음이라는 내적 공간에 침잠된다.

구조주의 가족이론은 두 하위체계 간의 역기능적 경계가 제삼자의 경계와 서로 호혜적으로 연결되는 삼각관계의 틀에 기초하고 있다. 아버지와 아들의 밀착은 아버지와 어머니의 유리를 반영한다. 그리고 홀로 된 어머니와 자녀와의 유리는 그녀가 가족 외의 사람들과 지나치게 연루된 데서 일어나는 현상이다. 구조주의 이론은 또한 갈등 우회 삼인군을 설명하기 위해서 병리적인 삼각관계의 개념을 사용하는데, 이러한 관계에서 부모는 그들의 갈등을 자녀에게로 돌려 버린다. 미누친, 로스먼, 베이커(1978)는 갈등관계에 있는 부모가 그들이 받는 스트레스를 정신·신체적 증상을 앓고 있는 자녀에게 전수할 때 일어나는 생리적인 변화까지도 입증했다.

전략적 치료사는 전형적으로 이자 모델을 가지고 일하는데, 이러한 관계에서 한 사람의 증상은 이를 변화시키고자 하는 다른 사람들의 노력에 의해서 지속되는 것이다. 그러나 헤일리와 셀비니, 파라졸리는 **세대 간 연합**cross-generational coalition이라는 형태로 일어나는 삼각관계의 모델을 이용한다. 헤일리(1977)가 이를 '도치된 삼각관계'라고 불렀듯이, 이러한 연합은 부모와 자녀가 서로 결탁하여 암암리에 다른 부모에게 반기를 들 때 생기는 현상이다.

근래에 발전한 학파에서는 삼각관계의 기능에 초점을 덜 맞추는데, 이는 이러한 학파들이 가족이 문제를 어떻게 만들었는지에 관심이 없기 때문이다. 가족의 역동을 무시하는 것이 바로 이야기 치료나 해결중심 접근의 강점이라는 논쟁도 있는데, 이를 통해서 치료사가 좋아하는 사고의 습관을 제한하는 데 주의를 기울일 수 있기 때문이다. 동시에 가족역동을 무시하는 것이 바로 이 학파들의 약점이기도 한데, 특히 가족과 함께 협동하지 않으면 해결되지 않는 공통의 문제와 연관된 갈등의 경우에는 더욱 그렇다.

치료

◆ 진단

행동주의 치료사는 진단에 큰 가치를 두고 규격화된 절차를 사용한다. 진단을 강조하는 이 학파의 장점은 기초 자료를 근거로, 확실한 목표를 제시하고, 치료적 결과를 측정할 수 있다는 데 있다. 단점은 규격화된 면접과 질문지를 사용하기 때문에 가족이 실제로 행동하는 장면을 관찰하기 힘들다는 것이다. 이들은 가족의 일부(어머니와 자녀들, 아니면 결혼한 부부)만을 만나기 때문에 가족의 전체 맥락을 파악하기 힘들다는 것이다. 또 치료사가 질문지에 의존하여 가족을 이해하기 때문에 가족이 보고하는 내용만을 알 수밖에 없다.

구조주의 치료사 역시 진단을 강조하지만, 진단은 관찰에 근거를 두고 있다. 실연은 밀착과 유리를 관찰할 수 있는 기회를 치료사에게 제공한다. 이 학파에서 시행하는 진단 절차의 긍정적인 측면은 상담 현장에서 가족 사이에 일어나는 상호작용의 유형을 관찰할 수 있고, 가족 구성원 모두가 치료에 참여하고, 내담자가 원하는 목표를 향해 조직해서 구체적으로 표현할 수 있다는 점이다(Minuchin, Nichols, & Lee, 2007).

보웬 학파 역시 가족 전체를 고려하는 데 아주 뛰어나다. 그러나 구조주의 학파와는 달리, 보웬 학파는 가족이 말한 것과 가족의 과거를 중점적으로 다루기 때문에 현재보다는 과거에, 그리고 인지에 치중한다.

정신분석이론은 그 범위가 광대하다. 이 학파에서는 현재 보여 주는 자료보다 그 자료 뒤에 숨어 있는 매우 깊고 오래된 엄청난 자료들을 탐색한다. 그러나 자료에 대한 해석이 왜곡될 수 있고, 치료사로 하여금 그들이 관찰하기를 기대하고 있는 것만 보도록 할 위험성도 안고 있다. 경험주의치료는 이러한 장점이나 단점을 찾아볼 수 없다. 이들은 감정이 어떻게 억압되었는지에 따라 진단을 내린다. 그들은 숨겨진 것을 찾아내는 데 연연하지 않는 경향이 있고, 지금 현재 없는 것을 밝히려고 시도하지도 않는다.

최신의 두 학파인 이야기 치료와 해결중심 치료는 어떠한 형식의 진단도 피하려고 한다. 해결중심 치료사는 내담자가 안고 있는 문제에만 머무는 것이 아니라 긍정적인 것을 찾아 강조하는 것이 특징이다. 그들은 또한 문제의 해결책은 반드시 문제가 일어난 방식과 연관되어 있는 것은 아니라고 믿는다. 이야기 치료사는 가족 안에서 문제를 지속시키는 것을 찾는 것은 그들이 멀리하고 싶은 심판자의 자세를 취하는 것이라고 믿는다. 이들은 문제를 의인화하고, 문제의 원인보다는 효과에 대해 이야기함으로써 문제가 어떻게 생겼는지에 맞추던 초점을 다른 방향으로 바꾼다. 이에 따른 위험은 실제적인 갈등을 간과할 수 있고, 갈등의 원인을 일으키는 개인의 책임을 면책한다는 점이다. 문제와 갈등이 단순히 그것을 무시해 버린다고 해서 결코 없어지는 것은 아니다.

◆ 결정적 개입

가족치료사는 매우 다양한 기법을 사용하는데, 어떤 이들은 그들이 추종하는 모델을 따르고, 어떤 이들은 자신들의 인격과 경험을 따른다. 우리가 아무리 각 학파에서 많이 통용되는 기법에만 한정해서 관심을 기울인다 하더라도, 기법을 모두 나열하자면 길고 복잡하기 마련이다. 어떤 기법들, 이를테면 질문을 던진다거나, 느낌을 반영한다거나, 의사소통을 분명하게 하는 기법은 가족치료를 시행하는 모든 이가 실질적으로 사용하는 것이다. 이처럼 공통된 기법은 실제의 치료 장면에서 통합적으로 발전되어 온 것이다. 그렇다고 하더라도 각각의 접근 방식은 한두 가지의 독창적이고 결정적인 기법에 의존하고 있다.

정신분석적 가족치료에는 중요한 기법 두 가지가 있다. 그중에서 첫 번째 기법인 해석은 널리 알려져 있기는 하지만, 치료사가 그 기법을 잘 이해하지는 못하고 있다. 적절하게 사용했을 경우, 해석은 무의식적인 의미를 밝혀 준다. 해석은 단순한 의견의 진술이 아니다. "당신이 실제로 말문을 닫아 버리기에 앞서 자신의 느낌을 상대방에게 토로할 필요가 있다."는 식의 충고나, "당신이 그에게 계속해서 편지를 보내는 한, 로맨스는 끝나지 않는다."거나 또는 "당신이 그에게 매료되었던 몇 가지 이유는 무의식적인 욕망에서 기인한 것이다."라는 식의 이론이 아니다. 그것은 또한 "당신은 아무려면 어떻겠느냐고 말하지만, 당신은 정작 화가 나 있었던 것이다."라는 식의 직면도 아니다. 해석이란 무의식적인 의미에 관해서 설명해 주는 것이다. 예를 들면 다음과 같다. "당신은 항상 당신과 부딪히고야 마는 당신 아들의 못된 습관에 대해서 이야기를 해 왔어요. 당신이 이전에 했던 말로 미루어보아 제가 생각하기로는, 당신이 그렇게 화를 내는 데는 당신의 남편에 대한 편향된 자세 때문인 면이 있지요. 당신의 남편도 똑같은 행동을 하지만, 당신은 그에게 말을 붙이기를 매우 두려워한다고 생각해요. 그래서 당신은 아들에게 그처럼 불같이 화를 내게 된 것이지요."

분석적 가족치료에 있어서 두 번째의 결정적 기법은 **침묵**이다. 치료사의 침묵은 그로 하여금 내담자가 마음속으로 무엇을 생각하는지를 발견하게 해주며, 가족이 지닌 자원을 시험해 볼 수 있게 해준다. 치료사의 침묵은 또한 최종의 해석을 내리는 데도 힘을 보탠다. 치료사가 침묵을 지키게 되면 가족 구성원이 말하게 된다. 이때 그들은 치료사의 생각에 반응하기보다는 자신들의 생각에 따라서 말한다. 만일 치료사가 저지하지 않을 것이라는 것을 알게 되면 그들은 서로에게 반응하고 응답한다. 이를 통해서 만일 침묵이 아니었다면 얻을 수 없었을 좋은 정보를 얻을 수 있다. 만일 어떤 아버지가 치료 초기에 "문제는 저의 우울증에 있습니다."라고 말하기 시작했는데, 치료사가 "얼마 동안이나 당신은 우울증에 시달려 왔습니까?"라고 묻는다면, 그가 자신의 우울증을 두고서 마음속에 어떤 생각을 떠올리고 있는지, 혹은 그의 아내가 남편의 불평에 대해서 어떻게 반응하고 있는지를 치료사가 발견해 내지는 못할 것이다.

경험주의 치료에서의 결정적인 기법은 **직면**이다. 직면은 감정적인 반응을 불러일으키기 위해서나, 때로는 감정을 누그러뜨리는 데도 강력하게 사용된다. 경험주의적 치료사에게 있어서 내담자에게 입을 다물라고 한다거나 혹은 성실하지 못하다고 내담자를 나무라는 일은 흔히 있는 일이다. 직면은 때때로 개인적인 개방과도 혼합되는데, 이는 경험주의 학파에서 두 번째로 중시하는 기법이다. 경험주의자는 정서적인 표현을 자유롭게 할 수 있는 모델로 자신을 활용한다. 끝으로 대부분의 경험주의 치료사는 **구조화된 훈련 기법**을 구사한다. 이러한 훈련에는 역할놀이, 심리극, 조각 기법, 그리고 가족그림 그리기 등이 포함된다. 이러한 기법을 구사하는 이유는 치료 장면에서 정서적인 경험을 쌓는 것에 자극을 제공한다는 데 있다. 반면에 이 기법의 두드러진 단점은 인위적이라는 점이다. 가족 구성원이 조직화된 훈련을 통해서 흉금을 조금 털어놓을 수야 있겠지만, 그렇다고 해서 그것이 가정에서의 일상적인 상호작용에까지 연결되지는 않을 것이다.

대부분의 사람이 강화를 행동치료와 연관시키지만, 강화는 행동주의 가족치료에서 사용되는 기법은 아니다. 행동주의 가족치료에서 중요한 기법은 관찰과 교육이다. 행동주의 가족치료사는 유관강화를 신중하게 관찰함으로써 치료를 시작한다. 그들의 목표는 문제 행동의 선행 요인과 그 결과를 밝혀내는 것이다. 그들이 일단 행동에 대한 **기능적인 분석**을 끝마치고 나면, 이번에는 교사가 되어서 가족이 무심코 바람직하지 못한 행동을 어떻게 강화시키고 있는지를 가르친다. 교사로서 그들이 가장 마음속 깊이 새기고 있는 지침은 긍정적인 통제를 어떤 방식으로 활용하느냐 하는 것이다. 그들은 좋지 않은 행동을 보고서 벌을 주기보다는 좋은 행동에 대해 보상을 해주는 것이 더 효과적이라는 것을 부모에게 가르친다. 부부에게는 일상적으로 상대방을 깎아내리는 말다툼 대신에 상대방에게 잘해 주려고 노력하라고 가르친다.

긍정적인 통제—바람직한 행동에 대한 보상—는 가족치료에서 가장 유용한 원리 중 하나이다. 이 원리는 가족에게나 치료사에게 매우 유용한 지침이다. 부모와 마찬가지로 치료사도 실수를 저지른 데 대한 자신의 책임을 질타하는 경향이 있다. 불행한 일이지만 만일 당신이 자신의 감정을 꾹꾹 누르고 지내는 사람이고, 자녀를 망쳐 놓는 사람이며, 강압적인 통제 방법을 쓰는 사람이라는 말을 듣는다면 당신은 감정이 고조된 나머지 적절한 대응조차 하지 못하게 될 것이다. 비록 사람들의 실수를 지적해 줄 필요가 있을지는 모르겠으나, 그들의 행동에 대한 긍정적인 측면을 칭찬하는 데 집중하는 것이 더욱 효과적이다. 가족치료사 중에서 이러한 점을 가장 잘 이해하고 있는 이들은 가족이 지닌 장점을 활용한다고 주장하는 구조주의 치료사와 바르게 행동하려고 노력하는 가족을 지지하기 위해서 맥락의 변화와 긍정적인 암시 기법을 활용하는 전략주의 및 밀라노 학파의 치료사, 그리고 적극적인 사고는 예술의 한 형태라고까지 추켜세웠던 해결중심 치료사와 이야기 치료사이다.

행동주의 치료사가 인지적 측면에 쏟는 관심이 증가하면서, 생산적이지 못한 행동을 드러내고 그런 행동에 깔려 있는 가정에 도전을 가하는 데 힘을 기울여 왔다. 이런 측면은, 그들이 인지행동 모델을 효과적으로 사용할 때 일어난다. 내담자에 대해 우울한 사람은 누구든 자신과 세상과 미래를 어둡게 바라본다는 진부한 가정을 하는 행동주의 치료사와 가정을 세우지 않고 설교하지 않는 치료사 사이에는 예리한 차이가 있음이 관찰되고 있다. 이러한 인지행동주의자는 내담자가 실제로 믿고 있는 것을 찾아내고, 그러한 가정의 타당성을 스스로 검증하는 것을 도와주기 위해서 소크라테스식 질문을 사용한다.

보웬 체계의 치료사 역시 교육자이지만, 그들은 다른 방식을 사용한다. 그들은 사람들에게 자기 자신에 대해서는 책임을 질 수 있어야 하며, 또한 책임을 짐으로써 가족 전체의 체계를 어떻게 변화시킬 수 있는가를 가르친다. **자신에 대해서 책임을 진다**는 것은 당신이 무엇을 생각하며 어떻게 느끼는가를 분명히 하는 것이며—어머니가 어떻게 말하거나 또는 뉴욕타임스에서 읽은 것이 아니라, 정말로 자신이 믿는 것—다른 사람을 대하는 데 있어서 자신의 신념에 진실해진다는 것을 의미한다. 당신은 다른 사람을 변화시키거나 그들이 달라지기를 원하는 데 책임을 지려 해서는 안 된다. 당신은 다만 자신에 대해서만 말하고, 자기 자신의 가치관을 지켜 나갈 수 있으면 된다. 이러한 입장을 견지할 때의 위력은 대단한 것이다. 만일 내담자가 자신은 자신이고, 다른 이들은 자기와는 다름을, 바로 그들 자신을 받아들일 수만 있다면, 그들은 더 이상 누군가가 변해야 한다는 생각을 지닌 채 관계를 맺으려고 시도할 필요가 없을 것이다. 그렇게 되면 내담자는 지나치게 실망하거나 감정적으로 대응하지 않으면서도 다른 사람들과 접촉할 수 있을 것이다.

분화에 대해 가르치는 것 외에도 보웬 학파의 치료사는 두 가지 중요한 기법을 사용한다. 그것은 **삼각관계를 회피하는 것**과 **단절되었던 가족관계를 복원**시키는 것이다. 이 세 가지 지침을 함께 고수하게 되면 그 사람은 자기의 가족체계에 대한 전체 네트워크를 변화시킬 수 있게 된다. 당신의 배우자가 바가지를 긁는다면, 당신의 자녀가 복종하지 않는다면, 당신의 어머니가 한 번도 찾아오지 않는다 해도 당신은 변화를 꾀할 수 있다. 다른 학파의 치료에서는 가족 전체를 치료에 포함시킴으로써 변화의 지렛대로 이들을 이용한다. 그러나 보웬 학파는 각 개인이 자기 자신이 되어서 다른 사람들과 관계를 맺고, 그들이 갈등을 빚고 있는 사람들과 직접 만나서 그 갈등을 해소하라고 가르친다. 이는 개인에게 어디서든 지속시킬 수 있는 변화의 수단을 마련해 주는 것이다.

의사소통 가족치료사는 가족치료의 이론적인 기초 형성에 크게 기여하였기 때문에, 그들의 기법만을 따로 분리해 내기가 어려울 정도이다. 아마도 그들의 가장 큰 업적으로는 의사소통 방법이 매우 다층적이라는 것을 알리고 가장 중요한 것은 직접적인 의사소통 뒤에 숨어 있는 은밀한 부분이라는 것을 밝혀낸 것이다. 이들의 치료 목적은 은밀한 것이 드러나도록 하는 것이다. 처음에는 **의사소통을 분명히** 하고 숨겨진 메시지를 밝혀내는 것으로 치료가 이루어졌다. 그러나 이러한 직접적인 접근 방법이 저항에 부딪히게 되었을 때, 치료사는 가족 기능이 드러나도록 하는 새로운 규칙을 만들고 이미 존재하는 규칙의 변화를 촉진하기 위해서 지시 기법을 사용하기 시작했다.

전략주의 치료는 의사소통이론의 한 분파이며, 전략주의자가 사용하는 기법은 의사소통치료사가 사용하던 기법을 개선한 것이다. 그러한 기법 중에서 주요한 기법은 **재구조화, 지시, 긍정적인 암시** 등이다. 전략주의 치료사는 우선 문제를 자세하게 묘사하는 것으로 시작하며, 그러고 난 후에 문제의 해결을 시도한다. 그 과정에서 그들은 가족이 구사하는 언어와 품고 있는 기대에 특별한 관심을 쏟는다. 그들은 가족이 어떤 관점을 지니고 있는지를 알아내기 위해서 긍정적인 암시 기법을 활용한다. 그리고 나서 그들은 가족의 관점을 바꾸기 위해서 맥락의 변화 기법을 사용하며, 또한 가족의 문제를 지속시키는 행동을 중단시키기 위해서 지시 기법을 활용한다.

지시는 체질화된 항상성의 유형을 깨뜨리기 위해서 고안된 것인데, 이러한 지시는 가족이 집에 돌아가서 실행하도록 주어지며, 때로는 역설적이기도 하다. 전략주의 치료사는 내담자에게 맞추어 치료하는 방법을 강조하지만, 일반적으로는 저항을 막기 위해서 간접적인 개입이 필요하다고 주장하고 있다. 이러한 주장이 때로는 맞기도 하지만, 항상 올바른 것은 아니다. 어떤 가족은 저항을 하는가 하면 또 다른 가족은 저항을 하지 않는다. 그러한 저항은 가족 내에서 일어나는 것이 아니라, 치료사와 가족 사이에서 발생하는 상호작용의 질과 관련이 있는 것이다. 가족에게 치료사의 충고를 따를 능력이 없으며, 충고를 따르려 들지도 않을 것이라는 선입견을 가지고 있는 치료사는 예상했던 저항에 부딪힐 것이다.

구조적 가족치료 역시 행동을 취하는 치료의 한 형태지만, 이 접근 방식에 있어서 행동은 치료 기간 중에 일어난다. 이러한 체계에서 결정적인 기법은 행동화와 경계 설정이다. 치료사가 가족이 서로 이야기를 나누도록 만들거나 때로는 그들 간의 대화를 저지하게 되면 경직되어 있던 경계가 다소 느슨해진다. 치료사가 가족 개개인과 하위경계의 자율성을 지지하게 되면 산만하던 경계는 견고해진다.

모든 치료 모델이 세워졌던 1980년대를 전후해서 기대를 모았던 몇 가지 기법이 나타나게 되었다. 스티브 드 세이저와 동료들은 가족 구성원이 노력을 기울였으나 결국에는 포기해 버린 문제들을 성공적으로 해결하는 데 초점을 맞추는 기법을 더욱 발전시켰다. 이 결과로 해서 나타나게 된 기법이 해결중심 치료였다. 마이클 화이트도 문제의 외재화 기법―문제를 의인화시켜서 억압적인 의지 때문에 문제가 발생하게 되었음을 가족에게 알려주는 기법—을 발전시켰다. 이 기법은 가족 구성원으로 하여금 공동의 적에 함께 대처해 나가도록 하는 강력한 장치이다.

실제적으로 외재화는 하나의 개념이지 기법이 아니다. 이야기 치료의 결정적인 기법은 지속적이고도 강력한 일련의 질문 기법이다. 이러한 질문으로 내담자의 쓰라린 경험을 알아내려는 노력이 시작되고, 그런 다음에는 이해를 넘어서 내담자에게 자신이 안고 있는 문제를 흉악한 자라고 생각해 보도록 강하게 자극한다. 또한 가차 없는 일련의 질문을 통해서 내담자가 지니고 있는 부정적인 이미지에 도전을 가하고, 이를 통해서 자기 자신에 대해서 자부심을 가져도 괜찮겠다는 생각을 하게 만들며, 자신의 운명은 자신의 손에 달렸다고 확신하게 하는 것이다.

결론

가족치료는 궁극적으로 임상적 분야이고, 결과를 측정할 수 있다는 점이 가치가 있다. 다음에는 가족치료 분야에서 효과성이 증명된 가장 중요한 개념과 방법을 자의적으로 선택하였다.

가족기능에 대한 이론들은 과학적이면서 동시에 실용적인 목적이 있다. 가장 유용한 이론들은 가족을 하나의 체계로 취급한다. 역동을 항상성과 변화의 개념으로 설명하고 있다. 가족 구성원들의 대화 내용 저변에 있는 역동에 대해 설명하고 있다. 인간관계의 삼각구도를 형성하려는 본성을 인식하고 있다. 핵가족을 폐쇄된 체계가 아니라 개방된 관계맥락 체계로 본다. 개인, 하위체계, 가족들의 응집을 보호하기 위해 경계선의 기능을 인식하고 있다.

치료사들은 정상적인 것보다는 병리적인 것에 좀 더 관심을 가지게 된다. 그러나 치료 목표를 세우고, 무엇이 문제이고, 무엇을 변화시켜야 할지, 정상적인 것이 무엇인지를 아는 것이 치료에 도움이 된다. 정상적인 가족 기능의 유용한 개념은 구조주의 모델에서 말하는 변화가 가능한 개방체계, 의사소통 학파의 규칙이 적절하게 있으면서 정직하고 직접적인 의사소통, 행동주의의 강제 대신 긍정적 통제, 전략주의의 변화하는 환경에 적응하고 만일 잘 맞지 않으면 새로운 방법을 찾으려는 체계의 유연성, 보웬의 독립적이면서도 친밀한 자기가 되어가는 분화 과정 등이 있다.

대부분의 행동장애에 대한 가족치료의 개념은 체계와 상호작용에 초점이 맞춰져 있다. 그리고 정신분석적, 보웬 학파, 이야기 치료, 경험주의 모델은 관계 관점에 심층심리 측면을 더했다. 이들은 내면의 경험과 외부의 행동과의 연결을 도와주고 있다. 이혼한 사람들이 초혼에서 했던 잘못된 행동을 지속적으로 반복하는 것만을 보더라도 가족에서 드러나는 것들이 성격의 산물이라는 것을 지지하고 있다. 가족 내의 개인의 역기능에 대한 중요한 개념은 보웬의 융합의 개념이다. 경험주의의 정서의 억압과 모험에 대한 두려움도 중요한 개념이다. 정신분석에서의 발달지연의 개념, 내면의 대상관계, 본능적 갈등, 인정에 대한 갈증 등도 중요한 개념이다.

이러한 개인의 역동에 대한 개념은 유용한 연결점이지만, 가족치료 분야에서 중요한 개념은 체계적 이론의 관점에서 행동장애를 설명하는 것이다. 개인의 열망이나 변화하는 환경에 적응하는 데 부적절한 지나치게 경직된 체계, 가족의 안정성을 위해 가족 구성원의 증상을 촉발하고 증진 시키는 융합, 부적절한 위계질서, 지나치게 강력하게 혹은 지나치게 늘어지는 가족구조, 병리적 삼각관계 등의 개념이 있다.

지금까지 다양하고 중요한 방법론적인 차이를 설명하고 다양한 학파의 분명한 기법의 차이점을 설명하였다. 결과적으로 볼 때 다양한 변인들이 함께 작용하기 때문에 어떤 변인이 얼마만큼의 영향을 미쳤는지를 아는 것은 쉽지 않다. 더 나아가 우리가 기법에 대해서 말하면 말할수록 가족치료를 단순히 기법의 분야로 취급하는 잘못을 저지를 수 있다. 가족을 연구한다는 것은 수수께끼를 해결하는 것 같다. 가족을 치료하는 것은 고통과 분노를 다시 경험하게 하면서 치료하는 예술이다. 이론가들의 목표는 분류하고, 해석하기 위한 이론이다. 치료사의 일은 치유인데, 치유를 위해서는 이론도 필요하지만 치료사의 신념, 인내심, 그리고 돌봄이 필수적이다. 가족들을 치료하는 것은 이론과 기법의 영역이 아니고, 사랑의 행동이다.

통합적 모델

인간은 지각, 감정, 행동의 복합적 존재이고, 신체적 · 심리적 · 사회적 영향을 받는 복잡한 존재이기 때문에 하나 이상의 방법론의 요소들을 통합하는 모델이 필요하다. 어떤 치료 모델도 이 모든 차원들을 다루지 않고는 성공하기 힘들다. 반면에 이것저것 모아서 치료를 하다 보면 어떤 한 요인에 집중하기가 힘들다는 논쟁도 있다. 좋은 약재라고 하여 무조건 섞는 것이 능사는 아니라는 것이다.

다음 내용에서 보겠지만, 통합은 세 종류의 접근이 있다. 첫째는 **절충 모델**eclecticism로서 다양한 모델과 방법을 사용하는 것이다. 두 번째는 상대적으로 순전한 모델로서 다른 방법론에서 몇 가지를 선택해서 차용하는 **선택적 차용 모델**selective borrowing이다. 세 번째는 **맞춤 설계 통합 모델**specially designed integrative model이다.

절충 모델

첫 회기에서 여러분은 무엇을 하는가? 모든 가족 구성원들이 참여할 것을 확인하고, 만나면 각각의 구성원과 인사를 하고, 모두 편안한 상태에 있도록 노력한다. 그리고 현재 힘든 문제가 무엇이냐고 묻는다. 그다음에는?

14세의 아들이 무례하고 공손하지 못하다고 어머니가 호소한다고 가정해 보자. 당신은 어머니의 감정에 초점을 맞출 것인가? 남편은 어떻게 생각하고 있는지 물을 것인가? 어머니가 사춘기 자녀에게 말하는 방식에 대해 시연해 볼 것인가? 예외적인 것에 관하여 질문할 것인가? 이중 어떤 것이라도 도움이 될 수 있다. 그러나 이 모든 것을 한꺼번에 다 해 보려고 한다면 초점을 잃을 수도 있을 것이다.

효과적인 통합은 다양한 모델을 가지고 여기서 조금 저기서 조금씩 취하는 것 이상의 것을 포함하고 있다. 효과적으로 통합하는 데 있어 피해야 할 것이 두 가지 있다. 첫째는 개념적인 초점 없이 기술을 가져오는 것이다. 이런 경우 문제는 임상적 모순으로서 이론적 정확성이 전혀 없는 것이다.

> 정신역동 접근법으로 슈퍼비전을 받아 온 학생이 사례 회의에서 발표하겠다고 요청했는데, 초기에는 잘 진행된 이후에 어려움에 빠진 사례이다. 사례연구 모임에 참석한 사람들은 정신역동 모델에 익숙하지 않았고, 참석자들은 그 학생이 성취한 것에 대해 감동했다. 그러나 토론 시간이 되었을 때에 몇 명의 학생은 다양한 접근법, 예를 들어 인지행동 접근, 구조적 접근, 이야기 치료, 또는 자신들에게 익숙한 접근법을 시도해야 한다고 제안했다.

두 번째 피해야 하는 것은 흐르는 강 한가운데에서 말을 갈아타는 것이다. 거의 모든 치료는 어떤 부분에서든 어려움에 빠질 때가 있다. 이런 일이 발생하면 초보자는 다른 모델로 바꾸려고 시도할 수도 있다. 만일 구조적 접근으로 진행이 잘되지 않을 때 이야기 치료 접근을 사용할 수도 있다. 여기서의 문제는 거의 모든 전략은 잠깐은 진행되지만 그 이후에는 막히게 된다는 것이다. 치료 진행이 막히는 것은 모델을 바꾸었기 때문이 아니라, 막히는 것이 내담자의 문제의 핵심이 될 수 있다는 신호이다. 이때는 연장을 날카롭게 만들 시간이지, 연장을 버려야 하는 때가 아니다.

선택적 차용 모델

선택적으로 차용하기 위해서는 한 패러다임에 확실한 기반을 두는 것이 필요하다. 결과적으로 여러 개의 접근법을 종합할 수 있거나 하나 이상의 접근법에 숙달된 치료사는 모든 것을 한번에 다 배운 것이 아니다. 개념상의 초점 없이 여기저기서 기법을 가져와 사용하는 것은 혼합형의 절충주의이다. 효과적인 차용은 기법의 뒤범벅을 의미하는 것이 아니며, 치료가 일시적인 난관에 봉착했을 때마다 한 접근법에서 다른 접근법으로 옮겨 가는 것을 의미하는 것도 아니다. 다른 접근법으로부터 기법을 가져올 때는 이미 사용하고 있는 기본 패러다임에 적합한 기법을 사용하면 더 효과가 있을 것이다.

딸이 무책임하다고 끊임없이 비난하는 어머니와 지속적으로 무책임하게 행동하는 딸의 사례를 다루는 구조주의 치료사를 생각해 보려고 한다. 만일 어머니가 한발 양보해서 비난하는 것을 멈추면 딸은 위협을 덜 느끼게 되고, 자신에 대해 좀 더 책임을 지기 시작할 것이다. 또는 딸이 좀 더 책임을 갖게 되면 어머니도 뒤로 물러설 수도 있다. 그러나 두 사람이 서로 상대방을 비난하는 행동을 계속하는 한 누구도 악순환을 깰 수가 없다.

치료사가 문제를 외재화하는 이야기 치료 기법을 시도할 수 있다. '잔소리'와 '무책임'이 어머니와 딸을 양극화시키는 대신에 두 사람 관계를 불화라는 관점에서 생각해 보도록 설득할 수 있다. 이렇게 생각을 바꾸는 것은 두 사람 관계를 좀 더 협조적인 방법으로 회복하도록 여지를 두는 것이다. 그러나 어머니와 딸의 다툼이 속박(과도한 밀착관계)의 산물이라면, 두 사람을 좀 더 조화로운 방법으로 이끄는 접근법은 문제를 해결할 수 없을 것이다.

이 사례는 단지 가상적인 것만은 아니다. 다음은 이러한 상황에서 치료사가 실제로 외재화 기법을 사용하는 방법을 보여 준다.

사례연구

어머니와 딸의 갈등을 속박의 결과로 보았기 때문에 치료사는 우선적으로 어머니에게 남편과의 관계를 소원하게 하는 갈등에 관해 말하도록 했다. 부부관계가 가까워지기 시작했을 때 어머니는 딸이 하는 일이나 하지 않는 일에 대해 덜 염려하게 되었다.

딸과 개별 상담을 하면서 치료사는 외재화 기법 사용이 매우 유용한 것을 발견했다. 어머니의 잔소리 때문에 딸은 심하게 책임을 회피하는 것이 습관이 되었고, 결과적으로 학교 성적이 떨어지게 되었다. 학교 숙제가 있을 때 딸은 엄마의 '잔소리'에서 느끼는 똑같은 강압적인 감정을 느끼곤 하였다.

치료사가 이러한 점을 지적했지만 딸은 이미 어머니의 거친 성격을 내면화하기 시작했다. 딸은 "저는 아주 게으른 것 같아요."라고 말했는데, 그것은 자기 성취적 예언이 되었다. 치료사는 언제 질질 끄는 것이 자신을 이겼는지, 그리고 언제 질질 끌지 않았는지에 관하여 질문했다. 이러한 접근 방법은 딸이 자신의 부정적인 내면화를 분리하도록 돕는 데 효과적인 것이 입증되었다. 딸은 학교 숙제를 제때 할 수 있게 되었다.

맞춤 설계 통합 모델

대부분의 치료사는 자신이 가지고 있는 기본적인 모델에 아이디어와 임상 기술을 접목시키며 결국에는 여러 모델을 선별적으로 차용하는 반면, 어떤 치료사들은 현존하는 모델을 보완하고자 새로운 통합적인 모델을 만들어 내기도 한다. 어떤 통합적인 모델은 하나의 우산 아래 모든 범주의 접근법을 포함하는 포괄적인 체계이기도 하고, 또 다른 통합적인 모델은 단순히 한 접근법에 다른 요소를 결합한 혼합 모델이기도 하다.

◆ 문제중심의 메타구조 통합치료

문제중심의 메타구조 통합치료Integrative Problem-Centered Metaframeworks Therapy, IPCM 모델은 여러 치료사들(Douglas Breunlin, William Pinsof, William Russell, Jay Lebow) 그리고 노스웨스턴대학의 가족치료센터의 동료들에 의해 만들어졌다. IPCM은 일반체계 이론(von Bertalanffy, 1968)과 일치하며, 인간의 문제는 하위체계의 위계질서, 사람, 관계, 가족, 공동체, 사회에 내재되어 있다고 본다(Breunlin, Pinsof, Russell, & Lebow, 2011). 이러한 접근은 현재 문제에 초점을 맞추고, 가족이 문제를 해결하는 것을 막는 요인을 찾아내는 것을 목표로 한다(Breunlin, Schwartz, & Mac Kune-Karrer, 1992).

치료사들이 정해진 기법에 안주하는 시대에 메타 모델의 포괄적인 접근은 다양한 인간의 경험에 초점을 맞출 수 있게 한다. 또한 개입을 위한 다양한 선택의 폭을 제공한다. 더불어 직접적이고 단순한 개입으로 치료를 시작하며, 필요한 경우에만 점차적으로 복잡하고 경비가 많이 드는 모델을 사용할 수 있는 비용 절감적인 방법이다(Pinsof, Breunlin, Russell, & Lebow, 2011). 어떤 가족은 행동주의적 개입에 반응할 것이지만 또 다른 가족은 보다 깊이 있는 개입을 필요로 할 수도 있다. 그러나 서로 다른 치료사가 가족 구성원을 만난다면 혼란스러울 것이다. 이런 측면에서 IPCM 치료사들은 같은 입장에서 협조적으로 작업을 진행할 수 있으며 동시에 비용이 가장 저렴하다는 장점이 있다.

예를 들면, 우울한 한 여성이 여러 문제에 동시에 노출될 수 있다. 내면에서는 자신을 위해서 시간을 좀 더 할애해야겠다는 생각에 죄책감을 느끼거나 아이들이 친구가 없다고 불평하는 것 때문에 죄책감을 느낄 수 있다. 가족의 수준에서는 일중독과 출세에 눈이 먼 남편과 재혼하여 집안일과 양육을 혼자 감당해야만 하거나, 충동적인 아들 때문에 혼자서 온 집안을 아이 꽁무니를 뒤쫓아다니면서 지내야 하거나, 아이를 돌봐 주는 친정어머니와 양육 방법 차이로 싸우고 있을지도 모른다. 또는 전남편이 아들을 만난 다음에 아이가 산만해졌을 수도 있다. 마지막으로 사회문화적으로 집안일과 양육은 전부 여성이 감당해야 한다는 가치관과 여성은 가족에 헌신해야 하고 이기적이 돼서는 안 된다는 가치관 때문에 힘들어할 수도 있다.

IPCM 접근의 예를 들어 보자. 60대 부부가 지난 몇 년 동안 서로 비난하고 격렬한 싸움을 하고 있었다. 문제는 남편의 임포텐스였다. 두 사람의 이야기를 들어보니, 부인은 남편이 자신과 성관계를 하지 않는 것이 자신의 여성적인 매력이 사라졌기 때문이라고 생각하고

(계속)

있었다. 한편 남편은 늙어 가면서 성적 에너지가 사라지고 있다고 믿고 있었다. 이러한 결론은 두 사람 모두에게 고통스럽기 때문에 정직한 대화를 회피하고 화만 내고 있었다.

치료사는 두 사람과 개인적으로 만나 그들이 자신의 고통을 이야기하면서 상대방에 대해 잘못된 판단을 하고 있다는 것을 깨닫게 해주었다. 그렇지 않았다면 치료사는 아마 임포텐스에 대해 생물학적 접근을 하였을 것이다. 만일 두 사람의 문제가 개선되지 않는다면 치료사는 점검되지 않은 노화 과정에 대해서 이야기할지도 모른다. 이래도 문제가 해결되지 않는다면 초점을 내면의 걸림돌로 전환하고, 두 사람 중 한 사람 혹은 두 사람 모두 개인 상담을 받게 의뢰할 것이다.

◆ 이야기 해결 접근법

전략적 가족치료가 인기를 잃은 이유 중에 하나는 기계적인 가설과 조작적인 치료 기법 때문이다. 사이버네틱스 모델을 적용한 전략가들은 가족을 다루기 어려우며, 이성적으로 설득할 수 없다고 보았다. 또한 가족 역사는 치료와 관련이 없는 것이라 여겨졌으며, 치료가 관념적이었던 탓에 때로는 비인격적으로 느껴지기도 했다. 이러한 사고방식은 가족들이 효과가 없는 해결 방법을 적용하기 때문에 난처해진다는 것을 통찰하기에는 적절하지 못했다.

에런과 룬드는 단기전략적 치료사로서 1980년대 초부터 공동으로 연구를 시작하였다. 그들은 이야기 치료에 매력을 느끼고 있었지만 전략적 접근법도 포기하고 싶지 않았다. 그리하여 그들은 두 접근법을 합치게 되었다. 그 결과로서 나온 이야기 해결 접근법은 **선호하는 관점**preferred view의 개념을 중심으로 했다. 에런과 룬드(1996)는 사람들이 그들 스스로를 어떻게 보기 원하는지 그리고 다른 사람에게 어떻게 보여지기를 원하는지에 대해 강한 선호 관점을 가지고 있다고 가정한다.

◆ 선호하는 관점은 사람들이 소유하고 싶고, 다른 사람들의 관심을 받고 싶어 하는 속성을 말한다. 예를 들면, '단호함', '관심', '책임감' 등이다.
◆ 선호하는 관점은 개인 행동의 속성을 구체화한다. "내가 싸우지 않은 이유는 나는 이성적이고 독립적이며 나의 일을 잘 관리할 수 있기 때문입니다."
◆ 선호하는 관점은 사람들이 살아가기 위한 희망, 꿈, 의지 등을 의미한다. "저는 자신을 희생한 어머니와는 다르게 살고 싶어요."

에런과 룬드는 사람들이 선호하는 관점에 따라 살지 못할 때 문제가 발생한다고 생각했다. 이러한 모순을 설명하기 위해 그들은 MRI 모델의 재구성 기법과 이야기 치료의 이야기 다시하기를 조합하여 사용했다. 그들은 사람들이 자신이 선택한 의도, 자신의 행동에 대한 인식, 자신에 대한 다른 사람들의 생각들 사이에서 부조화를 경험할 때 문제가 될 수 있는 방식으로 생각하고 행동하기 시작한다고 주장했다.

    Narrative Solutions in Brief Therapy(1996)에서 에런과 룬드는 은퇴 후에 우울해지고 폐기종이 시작된 알의 예를 소개했다.

사례연구

알은 자신을 생산적이고 쓸모 있는 사람이라고 여겼다. 그러나 그는 과거만큼 활동적이지 못할 수도 있고, 가족이 더 이상 그를 의지할 사람으로 생각하지 않을 수도 있다는 점을 걱정했다. 알이 선호하는 것과 인식하는 것이 일치하지 않는 것은 알을 슬프고 무기력하게 만들었다.

    알은 자신이 원했던 사람이라고 느꼈던 시절에 대한 질문을 받았을 때, 몇 가지 이야기를 회상했다. 그 이야기는 가족에게 친밀하고 도움이 되길 좋아했던 한 남자를 표현했다. 그는 또한 도전적인 상황에서 자신의 삶을 통제할 수 있었던 시간도 회상했다. 예를 들어, 그는 가족관계에 나쁜 영향을 준다는 이유로 술을 끊기로 결심했었다. 알이 좋아했던 특성(예 : 도움이 되고, 관심을 가지고, 자제하고, 가족 구성원들과 통하는 것)을 하나하나 열거하며 이러한 상황을 다시 생각하게 됨에 따라 그는 희망을 갖게 되었다. 또한 자신이 되고 싶었던 사람과 현재 자신이 행동하는 방식 사이의 차이를 인지하게 되었다.

    치료사가 알에게 문제없는 미래를 상상해 보라고 했을 때 그는 덜 우울하고 가족과 더 어울리는 그림을 떠올릴 수 있었다. 알은 병과 퇴직으로 무너져 내린 아버지의 뒤를 따르지 않고, 폐기종을 이겨 내고 다른 사람들에게 도움이 되는 자신의 모습을 떠올릴 수 있었다.

조지프 에런(왼쪽)과 토머스 룬드(오른쪽)은 이야기 해결 치료를 개발하였다.

에런과 룬드(1996)는 치료사들이 도움이 되는 대화를 잘 이끌어 나갈 수 있도록 **미스터리 질문**mystery questions을 한다. 예를 들어, "X(열심히 일하고, 생산적인 것)를 좋아하는 특성을 가지고 있는 사람이 어떻게 Y(무기력하게 행동하고, 우울하게 느끼는 것)라는 상황에 빠지게 되었나?"와 같은 질문은 내담자들을 덜 위협적인 상황으로 몰고 가며, 사람들로 하여금 자신의 문제가 무엇인지 다시 생각해 보게 한다. 자신들의 생각에 문제가 있음을 깨닫게 된다면 곧 문제 상황에서 벗어기 위해 노력할 것이다.

사례연구

알은 치료사의 질문에 답을 찾는 데 흥미를 갖기 시작하였다. 그러자 알은 치료사에게 자신의 행동이 가족에게 어떤 영향을 미치고 있는지 가족을 만나 알아보라고 했다. 알은 치료사에게 자신의 병에 대해 이야기하는 과정에서 과거에 자신이 얼마나 능숙하게 자신의 문제를 해결해 왔는지에 대해서 말하기 시작하였다. 이러한 과정에서 알은 가족이 자신을 아무 가치가 없는 사람이라고 생각하지 않고 자신을 어떻게 도와야 할지 잘 몰라서 힘들어한다는 것을 깨닫게 되었다. 그 후 알이 가족과 함께 상담을 하면서 가족이 어떻게 해주는 것이 도움이 되고 또는 안 되는지를 말하였고 그의 우울증은 나아졌다.

◆ 통합적 부부치료

통합적 부부치료로 저명한 행동주의 가족치료사인 워싱턴대학교의 닐 제이콥슨은 UCLA의 앤드류 크리스텐슨과 함께 기존의 전통적인 행동주의 부부치료의 저조한 성공률을 개선하기 위해 연구했다. 그들은 기존의 의사소통 훈련, 갈등해결, 문제해결을 행동주의적으로 혼합한 것에 인본주의적 요소를 포함시킬 때 치료 결과가 개선된다는 사실을 발견했다. 그들이 발전시킨 이러한 접근 방식은 그들의 새 저서 *Integrative Couple Therapy*(Jacobson & Christensen, 1996)에 상세히 서술하였다.

전통적인 행동주의 부부치료는 행동교환 모델을 바탕으로 한다. 부부가 서로에게 어떤 영향을 미치는지를 기능 분석을 통해 보여 준 이후, 서로에게 일어나기 원하는 변화를 강화하는 것에 관하여 가르친다.

장기간 결혼생활을 해 온 사람은 이러한 접근에서 놓친 부분을 알 수 있다. 치료는 변화에 관한 것일 수도 있지만 성공적인 관계는 어느 정도의 개인차와 실망을 수용하는 것도 포함한다. 불행한 결혼생활에서 관계 개선을 위해 행동의 변화가 필요할 때도 있지만, 배우자의 어떠한 면은 전체적인 것의 한 부분이기 때문에 힘든 시기를 통과하며 오랫동안 함께 살아온 배우자는 이러한 것을 수용할 수 있다. 바로 이런 **수용적인 면**을 제이콥슨과 크리스텐슨이 새로운 접근 방법에 덧붙였다.

전통적인 행동주의 치료에서 가르침과 설교와는 대조적으로, 통합적 부부치료는 지지와 감정이입을 강조하는데, 그것을 치료사가 부부가 서로에게 보여 주기 원하는 것과 같다. 도움이 되는 분위기를 만들기 위해서, 이 접근법은 **공식화** 단계부터 시작하며, 이것은 부부가 서로 비난을 멈추고 수용하고 변화하기 위해 자신을 개방하는 것을 돕는 것이 목표이다. 공식화는 세 가지의 요소로 구성되어 있다. 가장 중요한 갈등을 정의하는 주제, 상호작용의 파괴적 패턴을 설명하는 **양극화** **과정**, 그리고 일단 폭발하면 양극화되어 싸우는 순환적 반응을 깨지 못하게 하는 **공동의 덫**이다.

부부 문제에서 공통적인 주제는 친밀감과 거리감에 관련된 갈등, 통제하려는 욕구는 있으나 책임을 지려고 하지 않음, 성생활에 대한 불일치 등이다. 부부는 이러한 차이를 배우자의 결함으로 보고 해결해야 할 문제로 보는 반면에, 제이콥슨과 크리스텐슨은 부부의 어떤 차이점은 피할 수 없는 것으로 보도록 격려한다. 수용적인 태도는 상대방을 변화시키기 위해 끊임없이 노력함으로써 만들어지는 순환 과정을 깰 수 있다. 또 이러한 공식화 단계가 계속됨에 따라, 부부는 자신들이 배우자의 피해자가 아니라 서로를 힘들게 했던 상호작용 유형의 희생자라는 것을 보기 시작한다. 마이클 화이트의 외재화와 같이, 그 부부는 공동의 적인 상호작용 유형과 싸우기 위해 연합할 수 있다. 예를 들어 제이콥슨은 부부에게 상호작용 유형을 설명해 보라고 요청했다.

남편은 "우리는 친밀한 것인지 그렇지 않은지에 관해 싸워요. 아내가 원하는 만큼 가깝지 못할 때 아내는 가까워지도록 저에게 강요했고, 그러면 저는 뒤로 물러나게 됩니다. 그렇게 되면 더 많은 강요를 받게 돼요. 물론 가끔씩은 아내가 강요하기 이전에 제가 먼저 물러서기도 합니다. 사실 보통 그렇게 시작되죠."라고 대답했다. (Jacobson & Christensen, 1996, p. 100)

공식화 과정은 스트레스가 많은 부부가 서로 비난하는 언어적 특성을 사용하는 대신에, 부부가 함께 만들어 낸 상호작용 유형을 사용하여 부부 싸움을 설명하도록 돕는 것에 초점을 둔다.

변화를 만들어 내는 전략에는 행동교환, 의사소통 기술 훈련과 같은 행동주의 부부치료의 두 가지 기본적인 요소가 포함된다. 행동교환 접근은 대상물과 굳은 신념의 약속을 포함하고, 부부는 원하는 것을 교환하는 것을 배우거나 같은 것을 되돌려 받을 수 있다는 희망을 가지고 호감을 주는 행동을 시작하는 것을 배우도록 한다. 예를 들면, 배우자 각자는 상대방에게 더 큰 기쁨을 줄 수 있는 행동 목록을 만들도록 한다. 배우자가 자신을 위해서 할 수 있는 것에 관하여 질문하는 것이 아니라 나 자신이 배우자를 위해서 할 수 있는 것이 무엇인지를 질문하는 것이다. 각자가 목록을 만든 후 배우자를 기쁘게 해줄 것이라고 생각하는 것을 시작하도록 하고, 바람직한 행동이 관계에 영향을 주는 것을 관찰하도록 한다.

두 번째 구성 요소인 의사소통 훈련은 경청하는 것과 불평이 아니라 직접적인 방식으로 자신을 표현하는 방법을 가르치는 것이다. 적극적인 경청과 '나-진술I-statement'을 배우는 것은 과제 읽기, 교육, 그리고 연습을 통해서 이루어진다. 자신을 방어하지 않고 의사소통하는 것을 배워 감에 따라 부부는 갈등을 더 잘 해결할 수 있을 뿐만 아니라 서로를 더 많이 수용할 수 있게 된다.

통합적 부부치료의 효율성을 평가하기에는 너무 성급할 수도 있다. 그러나 이것은 전통적인 행동주의적 가족치료를 넘어 발전한 것으로 보일 수 있다. 이러한 변화의 중요성은 한 모델의 방법론을 향상시키는 것뿐만 아니라 행동을 변화시키는 행동적인 치료 방법에 좀 더 인간적인 것을 다룬다는 것이다. 수용과 연민을 강조하는 통합적 부부치료는 상호 간에 양육적 관계의 중요성을 인정하면서 해결중심 치료에서부터 전략적 이야기 치료에 이르는 21세기의 다른 가족치료와 합류하고 있다.

◆ 변증법적 행동주의

변증법적 행동치료dialectical behavior therapy, DBT는 리네한(Marsha Linehan, 1993)이 경계성 성격장애를 겪으면서 자살충동을 느끼는 사람들을 치료하기 위해 개발하였지만 이후 위기 상황에 빠진 복합 성격장애를 가진 사람들을 치료하는 데 활용된 심리교육 접근 방법이다. DBT는 인지행동주의의 정서조절 기법과 고통의 인내, 수용, 마음챙김, 자각과 현실 검증의 기법을 사용하였다. 이 기법에 '변증법적'이라는 이름을 붙인 이유는 이 기법이 정서적으로 취약한 사람과 그들이 처한 비지지적인 환경과의 상호작용을 강조하기 위함이다. 변증법적인 관점에 따르면 어떤 위치에 있든 상대적인 위치가 있다. 좀 더 정확하게 말하자면 사람들은 항상 서로 반대되는 생각을 동시에 갖고 있다는 것이다. DBT 치료사들은 이렇게 양가적인 생각 중 파괴적인 생각을 따르지 않게 하기 위해 노력한다. 한 예로, 자살을 생각하는 사람도 살고 싶은 마음과 죽고 싶은 마음을 동시에 가지고 있다. 따라서 치료사는 살고 싶은 마음을 선택하게 한다. 이러한 방법은 개인을 위해 만들어진 것이지만 나중에는 가족들에게도 적용되었다(Fruzzetti, Santiseban, & Hoffmn, 2007).

마음챙김 중재 방법은 불교 전통에서 유래된 것인데, 이 방법은 자신의 신체적 감각, 생각, 지각에 대해 차분한 자각 상태를 유지하는 것과 관련 있다. 마음챙김 훈련은 강박장애, 경계성 성격장애, 불안장애, 섭식장애, 약물 및 알코올 중독과 같은 고통스러운 정서적 경험에 유용한 치료 방법이다. 마음챙김은 DBT에서 가르치는 다른 기술들의 기반이 된다. 이는 화가 나는 상황에서 느끼는 강력한 정서를 받아들이고 인내할 수 있도록 도와준다.

'관계 마음챙김'은 자기 자신, 배우자, 자녀, 다른 가족 구성원들에 대한 자각(특히 정서와 욕망)을 발달시킨다. 또한 판단 밑에 있는 분노와 슬픔, 실망을 자각하고 그러한 감정들을 내려놓는 데 관심을 집중시킨다. 가족들은 사랑하는 식구들과 매일의 삶의 행동과 상호작용에 초점을 맞추고 가족과 같이 있을 때 함께하는 법에 대해 배운다.

DBT의 대인관계 반응은 자기주장을 하도록 가르치는 대인관계 기술과 비슷하다. 원하는 것 말하기, 싫다면 '아니'라고 말하기, 대인관계 갈등에 대처하기 등의 마치 효과적인 전략이 포함된다(Linehan, 1997). 심리교육과 같은 맥락에서 접근하는 이 방법은 가족 구성원들이 비판적이지 않은 관심과 적극적 경청, 다른 사람의 감정을 이해해 주고, 문제 행동에 대해서는 좀 더 이해하고, 용서하는 행동을 취할 수 있게 돕는다(Fruzzetti, 2006).

DBT 부모교육 기술은 (1) 자녀의 안전에 대한 관심, (2) 건강한 자녀 발달에 대한 교육, (3) 관계 챙김, (4) 부정적 반응 줄이기, (5) 인정하는 기술, (6) 부모양육의 갈등을 통합, (7) 긍정적인 부모자녀 관계 만들기, (8) 효과적인 한계 설정하기, (9) 갈등을 이해하고 인정하기, (10) 자녀의 능력 키우기이다(Hoffman & Fruzzetti, 2005). 이러한 기술들은 6~8가족을 함께 교육시킨다. 강의는 매주 실시하고, 12주에서 6개월까지 진행된다(Linehan, 1993).

◆ 다른 통합 모델

우리가 가장 혁신적인 사례들을 선발했지만, 사실상 모두를 설명할 수 없을 만큼 많은 통합적인 접근이 있다. 대부분의 것은 새로운 것이지만 어떤 모델은 오래 되었음에도 관심을 끌지 못했다.

1983년 캐럴 앤더슨과 수잔 스튜어트는 가족치료에서 가장 유용한 통합적 지침서 중 하나를 집필했다. 또 다른 2개의 통합적 접근은 래리 펠드먼(Larry Feldman, 1990)과 윌리엄 니콜스(William Nichols, 1995), 알란 구르만(Alan Gurman, 1981, 2002)이 계획한 것이다. 가족치료 학파를 초월한 실용적인 충고는 로버트 타이비(Robert Taibbi, 2007)의 *Doing Family Therapy*에서 확인할 수 있다. 다른 사람들은 구조적인 것과 전략적 치료(Liddle, 1984; Stanton, 1981), 전략적인 것과 행동적인 것(Alexander & Parsons, 1982), 심리역동과 체계이론(Kirschner & Kirschner, 1986; Nichols, 1987; Sander, 1979; Scharff, 1989; Slipp, 1988), 경험주의와 체계이론(Duhl & Duhl, 1981; Greenberg & Johnson, 1988)의 통합을 시도했다.

❖ ❖ ❖

다른 통합적인 접근들은 주류의 가족치료만큼 관심을 받지 못했다. 이들 중에는 스콧 헨겔러의 다중체계 모델multisystemic model(Henggeler & Borduin, 1990)과 하워드 리들의 다중차원 가족치료 multidimensional family therapy(Liddle, Dakoff, & Diamond, 1991)가 있다. 이 접근들은 문제 청소년에 대한 연구에서 발전된 것으로, 이들의 문제를 한 학파나 체계로 다루기에는 한계가 있기 때문이다.

리들은 약물남용, 도심의 청소년에 관한 연구를 진행하면서 통합적인 접근법을 발전시켰다. 그의 다중차원 가족치료는 약물과 문제 행동의 위험 요인 모델, 발달병리학, 가족체계 이론, 사회지지 이론, 동료군집 이론과 사회학습 이론을 통합했다. 실제로 이 모델은 구조주의 가족치료, 부모훈련 프로그램, 청소년을 위한 기술훈련, 인지행동적 기법을 혼합하였다.

리들의 접근법 중 가장 유용한 것 하나는 개인적인 접근과 체계적인 접근을 통합한 모델이다. 그는 실연의 구조적 기법을 자유롭게 이용하면서 가족 구성원들이 가족 대화에 더 효과적으로 참여할 수 있도록 지도하기 위해 가족 구성원들을 개별적으로 자주 만났다. 리들은 가정 밖에서 발생하는 청소년들의 경험에 집중하기 위해 개별 면담을 한다. 약물 사용이나 성행동과 같은 민감한 문제들은 개별 면담에서 좀 더 안전하게 탐색할 수 있다. 청소년 만남의 필요성은 가족의 영향에 대한 인식이 증가하고 있음을 반영한 것이다.

다루기 힘든 어린이에 대해 연구한 사우스캐롤라이나대학교의 스콧 헨겔러와 동료들은 체계 중심의 가족치료systems-oriented family therapy를 개선하고자 노력했다. (1) 특히 학교와 또래 친구들이 있는 환경에 가족들도 있는 매우 친숙한 체계에 대해 좀 더 적극적으로 접근했다. 더불어 (2) 문제를 평가할 때 개인의 발달 단계상의 문제를 포함시켰으며, (3) 인지행동적인 접근을 통합했다(Henggeler & Borduin, 1990). 다중체계 모델은 학대나 방임 때문에 상담을 받으러 온 청소년 범죄자와 가족들에 관한 몇 개의 연구 결과에서 효과를 보였다. 이러한 이유 때문에 정부의 지원을 받는 기관 가운데 매우 높은 신뢰를 받았으며, 헨겔러는 많은 지원금을 받을 수 있었다.

◆ 지역사회 가족치료

많은 가족치료사들이 빈민 가정을 대상으로 치료 활동을 시작하지만 가족치료 하나만으로 빈곤한 가정이 당면한 여러 문제를 다루는 것이 얼마나 비효율적인지 알게 되면, 곧 실망하여 중산층 환자를 대상으로 한 치료로 전향하게 된다. 그러나 라몬 로자노Ramon Rojano에게는 가족치료의 한계를 인식하는 것이 정반대의 효과를 냈다.

로자노에 의하면 빈민들의 가장 큰 장애물은 대중의 인간성을 빼앗는 관료체제의 통제에서 비롯된 무력감과 좋은 직업과 집을 갖고자 하는 꿈은 있으나, 그것을 성취할 길이 없어 보이는 데서 오는 희망의 상실감이다. 로자노는 내담자들이 지역사회와 다시 관계를 형성하고 자신들의 권리를 주장할 수 있는 힘이 있음을 알게 하기 위해, 자신의 지식과 협조체계에 개인적인 자원을 활용했다. 그는 가족의 생존을 위해 필수적인 것들, 즉 탁아, 직업, 음식, 주거를 도왔는데 이것은 전통적인 개별 사회사업의 핵심적인 것이었으며, 그러한 도움은 생존을 넘어 희망을 심어 주기 시작했다.

로라 마코비츠(Laura Markowitz, 1997)는 로자노의 작업에 대해 다음과 같이 설명했다.

> 라몬 로자노는 귀찮게 하는 전문가이다. 국가의 생활보호를 받는 편모가 10대 아들이 무단결석으로 학교에서 퇴학당할 위기에 처하여 상담을 요청한 사례를 설명하고자 한다. 땅딸막하고 활동적인 로자노는 의자를 앞으로 끌어당기면서 스페인 특유의 악센트로 꼬치꼬치 캐물을 것이고, 길 잃은 양을 우리로 몰아넣듯이 아들에게 주의를 집중할 것이다. 그가 몇 분간 질문을 한 이후에 아들은 자신에게 무슨 일이 일어나고 있었는지 인정하고, 만일 졸업할 수 있다면 학교에 출석하겠다고 약속할 것이다. 물론 오랫동안 들어 본 적이 없는 솔직한 목소리를 듣게 될 것이다. 이런 상황에 놀라 있을 때 로자노는 여기에 그치지 않을 것이다. 아들은 학교를 졸업하면 곧 직업을 가져야 하는 15세 소년이 될 것이고, 프로그램을 다루는 사람으로부터 제안을 받을 것이다. 로자노는 전화번호를 적어 소년의 손에 직접 쥐어 줄 것이고, 로자노는 소년의 눈을 쳐다보며 몇 번씩 이름을 부르며 소년이 혹시나 거리를 방황하거나 갱단에 속하게 되지나 않을까 자신이 진심으로 염려하고 있다는 것을 확실하게 알려 준다. 이 정도면 당신은 상담을 끝내도 좋다고 생각하는가? 그렇지 않다. 그는 소년의 어머니에 대한 계획도 가지고 있다. 그는 어머니에게 집을 사는 것에 대해 생각해 본 적이 있는지와 같은 한 번도 생각해 보지 못했을 법한 터무니없는 질문을 할 수도 있다. 어머니는 수입이 없이 겨우 살아가는 편모이다. 그러나 로자노는 어머니 내면에 있는 힘을 끌어내겠다는 확신을 갖고 있다. 그는 돈이 없는 사람이 집을 사도록 돕는 사회단체의 이름과 주소를 적어서 손에 쥐어 줄 것이다. (pp. 25-26)

로자노는 내담자들에게 희망도 없고 사람들과 관계도 끊어진 상태라 한 번도 생각해 본 적이 없는 것들, 이를테면 교육위원회를 운영하는 문제, 대학에 진학하는 것, 사업을 시작하거나 지지 프로그램에 참여하는 것에 대해 질문할 것이다. 이러한 질문을 할 수 있는 이유는 로자노가 내담자의 잊어버렸던 강점을 볼 수 있기 때문이며, 많은 사람들과의 관계망을 갖고 있기 때문이다.

또한 로자노는 지역사회가 지원하는 것만으로는 불충분하다는 것을 알고 있다. 앞의 사례에서 지속적인 가족치료를 받고 아들과의 관계가 회복되어 편모가 일을 시작하기 전에는 집을 갖고 싶다는 꿈은 사라질 것이다.

다시 한 번 통합적 접근은 새로운 사고방식이 필요하다는 것을 알게 되었다. 로자노는 내담자가 상담실에서 종종 본래적 힘을 받아들인다 하더라도 치료가 상담실에서만 일어난다고 하는 태도에서 벗어나야 했다. 왜 그것을 거리로 가지고 나가 전체적인 체계를 이야기하지 않는가? 그것은 답이 명료한 질문처럼 보이지만 자신이 처해 있는 상황에만 갇혀 있다면 그렇게 명료하지도 않을 것이다.

요약

가족치료가 개발된 이후 수십 년간 다양한 모델이 발전되었으며, 대부분의 가족치료사는 이러한 모델 중의 한 모델의 추종자가 되었다. 각 모델은 가족생활의 특정한 부분에 집중하였다. 경험주의자는 사람들이 감정을 털어놓게 하였고, 행동주의자는 좀 더 기능적인 행동을 강화하도록 도왔고, 보웬주의자는 스스로 생각할 수 있게 가르쳤다. 이와 같이 그들의 관심에 집중함으로써 전통적 모델의 실무자들은 변화를 만들어 내는 것에 초점을 두었다. 이러한 과정에서 그들이 편협하고 경쟁적인 것이 있었다면 어떠한 불이익이 있었을까?

불이익은 다른 접근법에 대한 통찰을 무시함으로써 치료의 효과성과 적용에 있어 제한을 받는 것이다. 그러나 이러한 편협한 태도는 발달적인 견해로 이해될 수도 있다. 즉 각 모델의 고유한 통찰을 강화시켜 나가는 데 필요한 단계로 볼 수도 있다. 각 학파가 진리를 추구하기 위해서 필요했으며, 그들은 그 진리가 그들 생각의 모든 잠재력을 찾아 줄 것이라고 보았다. 만일 그렇다면 그러한 시기는 지나갔다. 대부분의 가족치료 학파는 충분히 오랫동안 접근법을 확립하고 가치를 증명했다. 이것이 통합의 시기가 되었다고 보는 이유이다.

마지막으로 효과적인 통합적 접근은 분명한 방향을 가지고 있어야 한다. 통합적 입장을 취하다 보면 지나치게 융통성이 많아지는 것이 문제이다. 가족은 자신들의 문제를 피하기 위해서 치료사를 끌어들이려고도 한다. 훌륭한 가족치료는 집에서 대화할 수 있는 환경을 만들지만, 그렇게 할 수 없을 수도 있다. 그러나 이러한 대화는 치료사가 저항을 피하기 위해서 한 유형의 개입에서 다른 유형의 개입으로 갑자기 변화한다면 일어나지 않을 것이다.

제14장

가족치료 개입에 대한 연구

임상실습에 관한 과학적 연구

Florencia Lebensohn-Chialvo
애리조나대학교

학습 목표

◆ 가족치료에서 연구와 임상이 분리된 이유에 대해 설명하라.

◆ 가족치료를 배울 때의 방법론적 쟁점에 대해 설명하라.

◆ 다양한 증상들의 치료에 있어서 가족치료의 효과성에 대해 설명하라.

◆ 과정 중심의 연구 목적과 연구 결과에 대해 설명하라.

◆ 가족치료에서 연구와 임상의 분리를 줄이기 위한 미래의 방향에 대해 설명하라.

가족치료가 발전하면서 가족치료의 효과, 개입 방법 등에 대한 연구도 지속적으로 발전하였다. 또 이러한 연구 결과는 가족치료가 다양한 임상 문제를 치료하는 데 성공적이라는 검증을 충분히 해주었다. 그럼에도 불구하고 이런 연구 결과가 실제 치료 현장에는 거의 영향을 미치지 못하였다. 이 장에서는 가족치료의 연구와 치료 현장 사이의 엄청난 괴리를 탐색하고, 연구 방법론에 대해서 알아보고, 가족치료의 결과와 과정에 대한 연구를 통해서 과학적 연구와 실제 치료 사이의 괴리를 좁힐 수 있는 전략을 제시하고자 한다.

별개의 세계 : 연구와 임상

가족치료의 어떤 요소들은 일찌감치 실증적 연구를 이끌어내어 모델들을 지지하게 하였다(예 : Minuchin, Montalvo, Guerney, Rosman, & Schumer, 1967). 이들 선구자들이 사용한 치료 방법들이 그리 세련된 것은 아니었지만, 이러한 연구들은 학문 공동체의 관심을 끌기에 충분하였다.

가족치료 분야의 가장 큰 장점은 지속적으로 이론을 바탕으로 한 치료가 풍부하게 이루어지는 데 있다. 대부분의 고전적 가족치료 방법론들은 (1) 문제를 유지하기 위해 가족들이 어떻게 상호 작용하는지, 그리고 더 중요한 (2) 가족의 문제를 제거하기 위해 치료사는 무엇을 할 것인지에 관해 잘 발달된 검증 가능한 이론들이 있다. 그러나 풍부한 이론적 논문들과 치료 기법들의 발전에도 불구하고 변화기제에 관한 강력한 실증적 연구가 새롭게 관심을 끄는 다른 모델(예 : 불안과 우울감에 대한 인지행동 치료) 등과 비교할 때 충분히 이루어지지 않고 있다. 그 이유는 가족치료가 가족 기능과 관련된 정신치료 분야로부터는 지속적인 인정을 받고 있지만 연구자들이나 대학원의 교수들은 인지행동주의나 혹은 다른 실증적으로 지지를 받고 있는 모델에 더 많이 끌리기 때문이다. 이렇게 가족치료가 치료사들에게는 엄청난 인기를 끌고 있음에도 불구하고 학문 분야에서는 충분한 관심을 받지 못하고 있는 것이 현실이다.

다른 정신건강 분야처럼 가족치료 분야도 분열되어 있다. 세계 도처에는 자신들의 모델을 열심히 가르치고, 또 적용하는 숙련된 치료사들이 많다. 연구자들은 자신들의 모델의 효과와 치료적 개입에 대한 검증 연구를 활발하게 진행하고 있다. 그러나 불행하게도 이러한 연구 논문들도 자신들의 모델에 대한 연구이기 때문에 중립성을 상실하고 있다는 점이 문제이다.

한편 몇몇 연구자들은 연구 결과가 치료 현장에 미치는 영향이 별로 없는지에 대해, 즉 치료사들이 왜 연구 결과를 무시할 뿐만 아니라 연구자들과 함께 연구하기를 주저하는지에 대한 원인을 밝히기 위해 질적 연구를 실시하였다.

어떤 치료사들은 임상에 대한 연구는 치료 현장에서는 필요 없다고 생각한다는 것을 발견하게 되었는데, 사실 이런 결과는 전혀 놀라운 일이 아니다(Lebow, 1988; Robinson, 1994). 치료 현장에서 오랫동안 치료에 임한 숙련된 치료사들에게는 이 말이 맞을 수도 있다. 이들은 이미 자신들의 치료가 현실적으로 내담자들을 치료하는 데 효과가 있다는 것을 잘 알고 있기 때문이다. 그러나 어떤 치료사들은 임상에 관한 연구들을 잘 이해할 수 없기 때문에 별로 도움이 되지 않는다는 견해도 있다(Beutler, Williams, & Wakefield, 1993; Sprenkle, 2003).

정서중심 치료사인 조나단 샌드버그 박사가 연구 결과가 자신의 치료에 미치는 영향에 대한 토론을 하고 있다. 당신의 치료에 이론을 통합할 수 있는 방법에 어떤 것이 있는가?
www.youtube.com/watch?v=r5g6-NVADzQ&list=UUM9AhFoYkgeO4ZRmKFwx1eA&index=39

연구 논문을 해석할 충분한 능력을 갖추지 못한 치료사들도 있기 때문이기도 하다(Sandberg, Johnson, Robila, & Miller, 2002). 이유야 어떠하든 이렇게 가족치료에 대한 과학적 연구와 임상이 분리되면 연구자들이나 치료사들 모두에게 손해이다(예 : Sprenkle, 2003).

이러한 괴리를 줄이기 위해서는 치료사들이 가족치료에 관한 연구를 실시하는 연구자들의 기본적인 실험 방법을 이해하는 것이 중요하다.

가족치료 효과성 연구의 방법론적 과제

지난 수 세기 동안 여러 요인으로 인해 치료 효과성에 대한 과학적 연구가 진행되어 왔다. 임상의학 분야는 이미 약물 처방에 대한 의료처치 효과에 대해 무작위적 임상 실험을 통해 연구해 왔다. 정신과 의사들도 정서적·행동적 증상에 대한 약물치료의 효과에 대해 비슷한 연구 방법을 적용하여 점검하기 시작하였다. 임상심리학자들도 실험심리학의 방법을 사용하여 행동치료의 효과성에 대한 연구를 시작하였다. 동시에 치료와 예방 프로그램의 효과성을 평가하는 방법들이 등장하게 되었으며, 이러한 프로그램들은 학교, 상담실, 건강지원센터와 같은 기관의 프로그램을 보완하는 데 사용되었다. 마지막으로 정부지원 프로그램을 위해서는 가장 비용이 덜 들고 효과적인 치료 방법론을 찾는 것이 필요하기 때문에 과학적으로 효과성이 입증된 근거중심, 그리고 임상중심의 치료 방법론을 찾고자 이 분야의 연구에 박차를 가하고 있다. 최근에는 어떤 특정한 모델만을 사용하는 치료사들의 치료 효과가 높은 경우에 그 모델의 효과 요인들을 찾아내는 연구에 초점을 모으고 있다(Perepletchikova et al., 2007).

실증적 연구를 실시하려는 연구자는 변인을 통제하기 위하여 요인분석을 해야 하는데 가족치료에 대한 연구는 이 점이 매우 어렵다. 가족 구성원들의 복잡한 상호작용과 상호작용에 영향을 미치기 위한 치료 방식의 복잡성 때문에 가족치료에 관한 연구는 매우 복잡하기 때문이다.

특정한 가족치료 개입을 위한 연구를 제대로 진행하기 위해서는 개입 방법이 충실히 지켜져야 한다. 한 예로, 구조주의 치료의 효과성을 연구하기 위해서는 구조주의적 차원에서 과제를 설명한 다음에 연구가 진행되어야 한다. 구조주의 혹은 전략주의적 치료를 실시한다고 해서 치료 현장에서 실제로 그 모델로 치료가 실행되고 있다는 것을 의미하지는 않기 때문이다. 그렇기 때문에 연구 모델에 따라 치료가 충실히 진행되는지를 확인할 수 있는 프로그램 매뉴얼을 개발하고 치료사들이 이 매뉴얼의 가이드라인에 따라 실험이 확실하게 진행되는지를 평가하는 체크리스트도 있어야 한다.

어떤 신약의 치료 효과를 테스트하기 위해 연구자가 실험대상자를 무작위로 선택할 때도 신약과 치료 질병과의 효과성을 입증하기 위해 다른 약물치료를 받고 있는 대상자는 제외시킨다. 예를 들어, 고혈압을 위한 신약의 효과성을 연구하기 위해서는 비만 약을 먹고 있는 사람은 연구대상자에서 제외시켜야 신약 효과에 대한 실험의 신뢰도를 확보할 수 있다. 가족치료 연구자들도 이와 같이 단 한 가지 증상을 지닌 가족을 선택하여 실험을 할 수 있으나 이런 방식의 연구는 지나치게 엄격하다고 할 수 있다. 한 예로 우울증의 증상을 지닌 가족은 다른 증상들도 함께 가지고 있을 수 있기 때문이다. 따라서 가족치료사들은 연구하고자 하는 증상과 더불어 다른 증상을 가진 가족을 제외시키기보다 다른 증상이 있더라도 한 가지 증상에만 초점을 맞추어 연구를 진행하기도 한다.

초기 연구에는 다양한 가족치료 모델의 효과성을 입증하기 위한 방법으로 치료를 실시한 가족들에게 변화가 일어났는지를 확인하는 **사례연구** 방법을 많이 사용하였다. 그러나 캠벨과 스탠리(Campbell & Stanley, 1963)가 가족이 가족치료를 받지 않았더라도 좋아졌을 가능성이 얼마든지 있다고 주장한 것처럼, 최근의 연구에서 행복하지 않은 부부 중 3분의 2가 치료를 받지 않았음에도 불구하고 5년 후 만났을 때 행복하게 살고 있다는 사실이 밝혀졌다(Waite & Luo, 2002). 어쩌면 서로 조금만 노력하여도 행복한 부부생활이 가능하다는 사실에 대한 방증일지도 모른다. 그리고 그런 부부의 노력이 반드시 치료사의 상담실에서만 이루어지는 것은 아니다.

시간이 흐르면서 변화가 일어날 수 있는 가능성을 통제하기 위해 연구자들은 실험 대상에 포함되지 않는 사람들로 형성된 **비교집단**을 사용하여 연구를 실시하였다. 치료를 받은 집단과 아무 처치도 안 한 비교집단을 비교했을 때 치료를 받은 집단이 효과가 있다면 이 변화는 그냥 발생한 것이 아니라는 것을 증명할 수 있기 때문이다. 비교집단에게 어떤 치료도 실시하지 않는 것이 비윤리적이라고 하면 일반적인 치료를 한 다음에 특정한 치료 방법론을 실시한 집단과 비교를 하는 것도 한 방법이 될 것이다.

연구자들은 가족치료 개입의 **효과성**을 평가하기 위해서 치료가 엄격하게 통제된 조건에서 실행되었는지, 아니면 치료가 실제 치료 현장에서 자연스럽게 이루어졌는지를 구분해야 한다. 치료 결과를 측정할 때는 정신질환 증상 혹은 행동 문제 등, 개인의 문제 증상이 좋아졌는지를 측정한다. 또는 부부 갈등이나 부모와 자녀 간의 의사소통이 좋아졌는지 등을 측정한다. 가족치료 개입은 몇 주 정도의 매우 짧은 기간에 이루어지기 때문에 치료 효과가 지속되는지를 **추후 상담**을 통해 확인해야 한다. 이에 대한 연구들은 가족치료의 효과가 초기에는 미미해도 몇 달 후에 혹은 몇 년이 지난 다음에 나타날 수 있다는 것을 보여 주고 있다. 마지막으로 정부기관이나 보험회사들이 치료비용에 대해 민감해지기 시작하면서 비용 대비 상담의 효과에 대한 연구도 많아지고 있다.

고전적인 연구들과 함께 최근에는 가족치료의 개입 과정에 대한 연구 기법을 개발하여 치료적 효과를 측정할 수 있는 방법들을 고안하고 있다. 이러한 연구들을 통해 긍정적 변화를 이루기 위한 가장 효과적인 활동, 방식, 과정을 알 수 있게 되었다. 또한 물질남용의 증상을 해결하기 위해 치료 개입을 한 결과 가족체계의 변화가 일어나는 경우에, 매개변인에 대한 연구를 통하여 효과적인 치료 결과를 이룰 수 있기 때문에 매개변인 분석 연구도 이루어지고 있다.

또 어떤 연구는 특정 치료적 개입이 특정 개인이나 가족에게 가장 효과적인가를 찾고자 한다. 이러한 연구들은 치료 개입과 결과 사이 변인의 잠재적 **중개변인**을 측정하려 한다. 중개변인은 참가자의 특징인데 예를 들면 나이, 성별, 가족구성, 혹은 가족배경 등이 될 수 있다. 예를 들어 어떤 치료적 개입은 사춘기 자녀 가족에게는 적절한데 다른 가족에게는 그리 효과적이지 않다면 여기서는 사춘기 자녀의 나이가 중개변인이라고 할 수 있다. 이렇게 중개변인을 찾아낼 수 있다면 한 가족에게 가장 긍정적이고 효과적인 치료 개입 방법을 찾거나 조정할 수 있다.

그러나 치료 개입의 효과성을 판단하는 데 있어 단 하나의 연구 결과에 의존하는 것은 위험하다. 이런 위험을 피하고자 연구자들은 똑같은 실험을 실시해 보고, 또 상호연관성이 있는 연구를 실시한다. 이런 연구들의 결과가 일치할 때 효과성을 인정을 받을 수 있기 때문이다. 이렇게 연구 결과를 재확인하는 연구들은 다양한 방법으로 이루어지는데, 그중의 하나가 메타분석이다. 메타분석은 한 주제에 대해 실행된 다양한 연구들의 결과 전체를 다시 분석해서 전체적인 치료의 효과 크기를 계산한다.

가족중심 치료 개입의 효과성에 대한 연구 결과

개인, 부부, 가족 문제 영역에서 가족중심의 치료 개입이 효과가 있다는 연구 결과가 광범위하게 또 충분하게 증명되고 있다. 여기에서는 (1) 아동기 장애, (2) 성인 장애, (3) 관계성의 문제에 대한 가족중심 치료 개입의 타당성에 대한 연구들에 대해 살펴보고자 한다.

◆ 아동기 문제에 대한 가족치료 개입

문제의 외현화

아동이 외부로 드러내는 품행장애부터 주의력결핍 과잉행동장애ADHD까지 다양한 증상을 치료하는 데 가족치료가 효과적이라는 것이 증명되었다. 메타분석 연구들에서 보여 주듯이 다양한 외현화 증상(예: 공격성, 비행)(Chamberlain & Rosicky, 1995; Kazdin & Weisz, 1998), 특히 매카트McCart와 동료들은 최근에 메타분석을 통해서 행동주의적 부모훈련(제9장 참조)의 효과를 확인하였다. 이런 집단 교육이 아동기의 문제 행동을 줄이는 데 개인치료보다 훨씬 효과가 크다(McCart, Priester, Davis, & Azen, 2006).

행동장애

메타분석(예: Baldwin, Christian, Berkeljon, Shadish, & Bean, 2012; Woolfenden, Williams, & Peat, 2002; Curtis, Ronan, & Borduin, 2004)에 의하면 기능적 가족치료FFT와 다중체계 치료MST, 다중 가족치료MDFT가 청소년 비행 치료에 좀 더 효과가 있는 것으로 드러났다. FFT는 약물남용, 문제 행동과 상습 비행과 관련된 치료에서 치료와 문제 행동 감소에 더 효과적임이 밝혀졌다(Gordon, Arbuthnot, Gustafson, & McGreen, 1988; Sexton & Turner, 2010). 반면 MST는 가족관계를 개선하는 데 효과적이었다(Henggeler et al., 1986; Henggeler, Melton, & Smih 1992; Borduin et al., 1995; Timmons-Mitchell et al., 2006). 행동장애와 정신병리 증상(Henggeler et al., 1986; Borduin et al., 1995; Henggeler et al., 1997), 또래관계와의 사회성 개선(Henggeler et al., 1986; Henggeler, Melton, & Smih 1992), 상습적 비행 개선(Henggeler et al., 1991; Borduin et al., 1995;

Henggeler et al., 1997; Timmons-Mitchell et al., 2006)에도 효과가 있다. 몇몇 외국에서의 MST 연구에서도 같은 결과를 보여 주었다(예 : Ogden & Halliday-Boykins, 2004; Ogden & Hagen, 2006).

물질남용

몇몇 가족치료 접근이 청소년 물질남용 치료에 효과적임이 밝혀졌다. 가족체계가 청소년 물질남용 문제의 원인과 유지에 중요한 역할을 한다는 것이 밝혀지고(예 : Muck er al., 2001), 동시에 가족치료가 개인치료, 치료공동체, 물질남용 치료 프로그램, 12단계 프로그램보다 청소년의 물질남용 치료에 효과적임이 밝혀졌다(Williams & Chang, 2000). 좀 더 구체적으로 말하자면 가족 기반 치료 개입, 특히 FFT, BSFT, MDFT가 여러 메타분석 연구에서 치료적 효과가 높다는 것이 밝혀졌다. 물질남용뿐만 아니라 물질남용과 연관된 행동 문제를 다루는 데도 개인치료, 집단치료보다 더 효과적임이 밝혀졌다(Baldwin st al., 2010; Becker & Curry, 2008; Tanner Smith, JoWilson, & Lipsey, 2013; Waldron & Turner, 2008). 지금은 이런 문제에 가족치료가 효과적이라는 연구가 충분히 이루어졌기 때문에, 어떤 특징이 있는 내담자에게 이러한 치료 개입이 효과적인가라는 부분으로 연구의 초점이 옮겨 가고 있다. 최근에 MDFT가 13~16세 사이의 어린 청소년들에게, 또 다른 증상들을 동반하고 있는 내담자에게 CBT에 비해서 치료 효과가 높다는 것이 밝혀졌다(Hendriks, van der Schee, & Blanken, 2012).

주의력결핍 과잉행동장애

주의력결핍 과잉행동장애 치료에는 약물치료가 주 치료 방법이지만 점차 가족치료를 함께 병행했을 때 치료적 효과가 높다는 것이 밝혀지게 되면서 가족치료의 중요성이 강조되었다. 가족치료는 가족 구성원의 문제를 발생시키는 관계 패턴을 유지시키는 역동을 알 수 있게 해주기 때문에 개인치료에 보완적인 치료 개입이 될 수 있다. 근래 2개의 메타 분석연구는 유치원 아동에게는 행동치료보다는 부모가 개입되는 부모훈련 프로그램이 보다 더 효과적임이 밝혀졌다(Lee, Niew, Yang, Chen, & Lin, 2012; Rajwan, Chacko, & Moeller, 2012). 체계적 관점의 논문들도 약물치료와 더불어 가족 기반 행동치료 개입이 더 좋은 치료 효과를 거두었다고 보고하고 있다(예 : Anastopoulos, Shelton & Barkley, 2005; DuPaul, Eckert,& Vilardo, 2012). 흥미로운 것은 가족 기반 치료적 접근이 불안장애와 ADHD 치료에도 권장되고 있고, 최근의 연구에서는 부모 관리 훈련과 가족 기반 인지행동 치료가 아동의 ADHD와 불안 증상 치료 후 추수상담과 6개월 이후의 추수상담에 적절하다는 의견이 제시되었다는 것이다(Jarrett & Ollendick, 2012). ADHD가 외부 행동과 심리적 측면의 다양한 문제들을 동반하고 있기 때문에 가족 기반 개입이 효과가 있다는 연구 결과는 가족 구성원들 간의 상호작용이 문제의 원인과 유지의 역할을 할 가능성을 제시해 주고 있다.

내면화된 장애

외현화된 장애에 대한 연구에 비해 내면화된 장애의 가족중심 치료 개입 효과에 대한 연구 결과는 불분명하다. 아동 우울증과 신경성 식욕부진증 치료에는 가족치료가 도움이 되는 것으로 확인되었지만, 아동 불안장애 치료 효과에 대해서는 좀 더 많은 연구가 필요하다.

아동기 우울증

최근의 연구보고서에 의하면 아동 우울증에 인지행동 개입과 가족중심 개입이 똑같이 효과가 있는 것으로 나타났다(Stark, Banneyer, Wang, & Arora, 2012). 특히 애착 기반 가족치료 접근이 우울증 증상과 자살환상을 줄여 주는 것으로 드러났다(Diamond et al., 2002; Diamond et al., 2010). 부모가 정서장애를 가지고 있는 가족의 청소년이 우울증에 걸렸을 때는 특히 가족 집단 인지행동치료가 도움이 된다는 것이 밝혀졌다(예 : Compas et al., 2011). 그러나 부모 개입의 효과성을 확실히 주장하기에 앞서 좀 더 많은 연구가 필요하다.

아동기 불안장애

아동 불안장애에 가족 개입 치료에 대한 효과성 연구 결과는 다양하다. 최근의 가족 중심 개인 인지행동 치료를 포함해서 부모자녀 상호작용, 지나친 부모의 통제, 갈등, 과보호 방식을 재구조화하기 위한 노력들이 있어 왔다(Siqueland, Rynn, & Diamond, 2005). 그러나 불행하게도 다양한 조건을 포함한 치료와 CBT의 치료 개입과는 별 차이가 없는 것으로 드러났다. CBT 치료 개입의 경우 불안장애가 있는 부모의 불안 증상이 감소될 때 가족 기능이 향상되는 효과가 있었다(Barmish & Kendall, 2005; Barrett & Shortt, 2003; Diamond & Josephson, 2005; Kaslow, Broth, Smith, & Collins, 2012; Reynolds, Wilson, Austin, & Hooper, 2012). 또한 분리불안(예 : Pina, Zerr, Gonzales, & Orbitz, 2009)과 아동 강박장애에 부모 개입 치료가 도움이 된다는 연구 결과 보고가 증가하고 있다(예 : Watson & Rees, 2008). 그러나 치료 과정에 부모가 개입하는 것이 개인치료와 약물치료보다 아동치료에서 효과적이라는 점을 증명하기 위해서는 좀 더 많은 연구가 이루어져야 된다. 따라서 증상의 시작과 유지에 기여하는 가족역동을 파악한 후에 적절하게 두 모델을 적용하거나 가족과는 연관이 없는 부분의 기능적 문제라면 가족이 자녀를 지지할 수 있는 능력을 키우는 것이 유효하다.

섭식장애

가족중심의 섭식장애 치료 개입은 미누친과 동료들로부터 시작되었다(Minuchin, Rosaman, &

Baker, 1978). 그 이후로 많은 학자들에 의해서 모슬리Maudsley 방법이라고 불리는 가족중심 치료 개입family based treatment, FBT의 치료 효과성에 대한 연구가 이루어졌다. 이 방법론은 이론적 근거는 없지만, 치료 효과 검증 연구에서는 뚜렷하게 효과가 있다는 것이 증명되었다.

최근의 연구에서는 사춘기 내담자에게도 부모의 개입을 포함한 치료adolescent-focused treatment, AFT 가 지표상에서 더 효과적이며 특히 다양한 정신병리 증상을 동반하고 있는 사춘기 섭식장애 치료에 효과적이라는 것이 나타났다. 그러나 1년 후 실시한 추후 상담에서는 오히려 FBT가 재발률이 낮다고 보고하고 있다. FBT 치료를 받은 사례 중 2개의 연구에서 4~5년 후의 결과가 더 좋았던 것으로 나타났다. 그리고 FBT가 AFT보다 1년 후의 재발병과 재입원이 낮은 것으로 나타났다 (Lock, LeGrange, Agras, Moye, Bryson, & Jo, 2010). 2개의 장기연구는 FBT로 성공적으로 나아진 사춘기 내담자가 4~5년 후에도 효과가 지속되는 사례를 제시했다(Couturier & Lock, 2006; Eisler, Dare, Russell, Szmukler, le Grange, & Dodge, 1997). FBT가 성공적으로 보완이 된다면 국내외에서 더 많이 적용될 수 있을 것이라 기대하고 있다(Couturier, Isserlan, & Lock, 2006; Loeb, Walsh, Lock, le Grange, Marcus, Weaver, & Dobrow, 2007). FBT의 요인들을 조사해 보면 신경성 폭식증 (le Grange, Crosby, Rathouz, & Leventhal, 2007) 치료에도 효과적인 것으로 예측되지만 좀 더 많은 연구가 필요하다.

요약

다양한 아동의 외현화된 장애에 가족치료가 유용하다는 실증적 지지는 충분하다. 사춘기 물질남용, 행동장애 치료에 가족 기반 개입이 다른 어떤 방법보다 효과적이라는 것이 입증되었고, 이러한 상황을 치료하는 주요한 치료 개입 방법으로 자리매김하게 되었다. ADHD와 같은 증상에 가족치료의 어떤 요인이 효과적이라는 것이 밝혀진다면 이런 청소년의 증상 치료에 많은 도움이 될 것이다.

한편 내면화된 아동장애에 가족중심의 치료 개입이 효과적이라는 연구 결과는 아직 충분하지 않기 때문에 확고하게 효과적이라고 주장하기는 어렵다. 아동 우울증이나 불안장애의 경우 인지행동 개인치료와 함께 가족치료를 통합한 치료를 실시할 때 어느 정도 효과적이라는 연구 결과가 있고, 섭식장애의 경우에는 가족치료와 함께 치료 개입을 할 경우에 효과가 높다는 주장이 점차 지지를 받고 있다.

◆ 성인 장애의 가족치료 개입

우울증, 물질남용, 조현병, 양극성장애 등 같은 성인 장애에 가족을 포함한 치료를 실시할 때의 치료적 효과에 대한 많은 연구가 진행되었다. 특히 성인의 경우에는 가족 혹은 부부 갈등이 스트레스를 발생시키기 때문에 이 장애들을 치료할 때 가족을 포함시키는 것은 이들이 드러내는 갈등을 통해 가족기능의 발생과 유지에 구체적인 원인을 발견할 수 있고, 이것을 표적으로 치료 계획을 세울 수 있게 한다.

우울증

부부 갈등과 우울증 사이의 연관성은 실증적 연구를 통해 입증되었다(Beach, Katz, Kim, & Brody, 2003; O'Leary, Christian, & Mendell, 1994; Whisman, Uebelacker, & Weinstock, 2004). 그 결과 많은 치료사들은 개인의 우울증을 치료하기 위한 대체 방법으로 부부치료를 선택하고 있다. 경험주의, 구조주의 부부치료, 정서중심 부부치료, 인지행동주의 부부치료, 상호관계 부부치료, 체계적 부부치료를 포함시킨 메타분석 연구에서도 부부치료가 우울 증상의 감소에 개인치료와 비슷한 효과가 있다는 결과가 나왔다(Barbato & D'Avanzo, 2008; Whisman, Johnson, Be, & Li, 2012). 이런 연구는 부부치료를 하는 것이 결혼의 고통을 줄이는 데 개인치료보다 효과적이고, 또 결혼의 고통이 개인의 우울증에 기여했을 가능성이 높다는 점을 시사하고 있다. 즉 부부관계의 갈등이 우울 발생의 원인일 수도 있으며, 치료 종결 시에 증상이 다시 나타나게 하거나 더 나빠지게 할 수 있다(Gilliam & Cottone, 2005; Whisman, 2001). 이 분야의 여러 연구가 있음에도 불구하고 개인치료와 부부치료를 직접 비교하여 효과성을 측정한 연구는 별로 없다.

물질남용

물질남용 치료에 대해 다양한 부부치료 모델이 적용되어 왔다(제10장 참조). 요약해서 말하자면, 단기 절주, 일반 물질남용 치료에 배우자가 함께 참여하는 것이 치료의 핵심이라고 할 정도로 매우 중요하게 여긴다(Fals-Stewart, Birchler, & Kelley, 2006; Fals-Stewart, Klosterman, Yates, O'Farrell, & Birchler, 2005). 그러나 장기 치료에서는 배우자의 참여 효과에 대한 효과가 불분명하다. 근래에 물질남용 연구와 함께 외상후 스트레스장애 치료에 배우자를 포함시킨 치료에 대한 연구들이 나오고 있다. 이런 연구들이 의미 있는 이유는 외상후 스트레스장애로 인해 고통받는 사람들이 물질남용 문제를 함께 가지고 있는 경우가 많기 때문이다. 이런 관계에 대한 연구 논문은 몇 개의 인지행동 부부치료에 대한 연구가 있을 뿐이다(Monson et al., 2012; Rotunda, O'Farrell, Murphy, & Babey, 2008). 정서중심 부부치료가 외상후 스트레스장애와 부부 갈등을 감소시킨다는 보고가 있다(Dalton, Greenman, Classen, & Johnson, 2013). 그러나 지금까지의 연구는 희망적이기는 하지만 아직까지는 충분하지는 않다(Rotunda, O'Farrell, Murphy, & Babey, 2008,; Sautter, Glynn, Thompson, Fraklin, & Han, 2009).

중증 정신질환

초기 가족치료의 적용 중 일부는 조현병을 치료하기 위해 고안되었다(제1장 참조). 그러나 점차 조현병과 양극성장애의 병인에 대한 연구가 발전하면서, 주요 정신질환에 대한 취약성이 유전적이고 신경 생물학적인 특징에 의해 영향을 받는다는 새로운 이론과 함께 생물학적 요인으로 관심이 옮겨 갔다. 이것은 조현병이 보이는 좀 더 극심한 여러 증상을 감소시키는 데 도움이 되었던 약물치료학의 발전에도 기인한다. 약물치료가 조현병 치료에 효과적이기는 하지만 조현병의 특정 부적 증상들에 대한 효과는 미비했다. 그리고 조현병 환자 가족들의 정서적 분위기에 대한 연구에서는 표현된 감정(비판적이고, 적대적이고, 과도하게 참견하는 가족의 분위기를 반영)과 같은 요인이 재발과 일반적인 가족의 기능에 심각한 영향을 미친다는 것을 발견했다(Miklowitz, 2004). 이것은 조현병을 위한 심리교육적 가족 프로그램의 발달로 이어졌고, 그러한 프로그램을 양극성장애 구성원을 둔 가족에게도 적용하였다.

이러한 프로그램들은 증상의 재발을 감소시키고 독립적으로 다시 기능할 수 있도록 돕기 위해 고안된 것들이다. 가족 심리교육에는 두 가지 주요 목표가 있는데, 정신질환을 가진 개인을 위해 가장 좋은 치료와 성과를 얻는 것과 개인의 회복을 돕고자 노력하는 가족 구성원들을 지지하는 것이다. 이것은 종종 가족의 분위기가 증상을 어떻게 자극하는지, 가족들이 이것을 예방하기 위해 표현된 감정을 어떻게 감소시킬 수 있는지에 초점을 맞춘다. 이 프로그램은 인지행동 치료와 지지적 치료 모델을 기반으로 만들어졌다.

최근의 메타분석은 심리교육 가족치료가 조현병 및 양극성장애에 매우 효과적임이 증명되었다(Loabban et al., 2013; Pfammatter, Junghan, & Brenner, 2006; Pharoah, Mari, Rashbone, & Wong, 2006; Pilling et al., 2002; Pitschel-Walz, Leucht, Bauml, Kissling, & Engel, 2001). 이러한 결과 약물치료와 더불어 심리교육을 실시하는 것이 효과적이라는 것이 증명되었다. 이에 따라 병원 입원이나 정신약물 치료에 가족 심리교육을 병행해야 한다는 결론이 내려진다. 이러한 교육은 또한 가족 구성원들에게 병리에 대한 이해를 높이고, 부정적 정서표현을 감소시키고, 사회적응을 개선시키는 데 도움이 된다(Pfammatter et al., 2006).

◆ 관계 문제에 대한 가족치료 개입

애착장애

불안정 애착을 가진 아이들을 치료하기 위해 부모와 양육자를 직접 애착관계 증진 프로그램에 참여시켜 훈련시키는 프로그램들이 개발되었다. 그러나 몇몇 치료사 협회들은 안아주기, 재탄생 경험하기 등의 치료 기법들은 강제적인 측면이 있다고 여겨 이러한 치료 개입에 대해 부정적인 입장을 취하고 있다(AACAP, 2005; Chaffin et al., 2006).

그러나 아동의 애착에 대한 실증적 연구가 충분히 있고, 최근에는 다양한 치료 개입 방법의 효과성에 대한 메타분석 연구가 이들 프로그램의 효과성을 인정하고 있다. 베이커먼스 크라넨버그, 판 아이젠도른, 유퍼(Bakermans-Kranenburg, van Ijzendoorn, Juffer, 2003)는 아동의 안정 애착 증진을 위해 자녀 양육 초기 시기에 어머니의 민감성을 증진시키는 프로그램의 효과성에 대해 연구를 하였다. 이들은 어머니가 아이의 불편한 신호를 빨리 알아채는 훈련과 유아를 안아 주는 방법을 배운 경우에 어머니의 민감성과 아이의 애착 형성에 도움이 된다는 것을 알게 되었다. 가장 효과적인 방법은 행동에 초점을 맞춘 16회기 프로그램이었다. 또 이들의 다른 메타분석 연구에서도 6개월 된 아이의 경우 부모의 내면에 대한 작업보다 부모의 민감성을 증진시키는 프로그램에 참여시켰을 때 부모와 아이 사이의 관계 증진에 더 효과적이라는 것을 발견하였다(Bakermans-Kranenburg, van Ijzendoorn & Juffer, 2005). 최근의 메타분석 연구는 초기 어머니와 아기의 애착관계가 불안정한 경우 이러한 프로그램의 효과성이 높다는 것을 발견하였다(Klein Velderman, Bakermans-Kranenburg, Juffer, & van Ijzendoorn, 2006). 점차 애착관계에 대한 연구가 증가하고 있는 가운데 불안정 애착관계의 자녀들에게 가장 도움이 되는 프로그램을 찾아내는 연구가 더욱 요구되고 있다.

아동 학대

아동 학대 치료를 위한 효과적인 모델을 고안하는 데는 많은 도전이 따른다(Cicchetti & Toth, 2005). 무엇보다 아동 학대에 대한 대부분의 정의는 법적 정의로서 훈육과 부모 역할에 대한 명확한 기준이 없기 때문이다. 또 사회가 다문화적 형태로 변화하기 때문에 각각의 사회문화적 배경에 따라 사회적 관습이 다르기 때문에 모든 구성원에게 적용할 수 있는 자녀 양육에 관한 기준을 정한다는 것이 매우 어렵기 때문이다.

그럼에도 불구하고 최근에는 많은 연구자들이 아동 학대 피해자를 치료하기 위한 다양한 프로그램을 점검하고 있다. 이러한 프로그램들은 가족 기반의 프로그램으로서 주로 부모와 자녀가 함께 참여하는 상담치료, 가정방문, 학교 기반 프로그램, 부모교육 등이다. 최근의 연구 결과는 구조화된 치료 모델로서 적어도 6개월 이상 실시되는 프로그램이 가장 효과적이라는 사실을 발견하게 되었다. 이들 프로그램들은 부모 역할 기술, 가족 지지, 그리고 아동의 외상후 적응 등의 영역을 다루고 있다(Lundahl, Nimer & Parsons, 2006; MacLeod & Nelson, 2000; Skowron & Reinemann, 2005).

근래에 가족 기반 치료 방법 중 부모-자녀 상호작용 치료Parent-Child Interaction Therapy, PCIT 모델이 경험적으로 지지를 받고 있다(Chaffin et al., 2004; Timmer, Urquiza, Zebell, & McGarth, 2005). MST(Schaeffer, Swenson, Tuerk, & Henggeler, 2013; Sweenson, Schaeffer, Henggeler, Faldowski,& Masyhew, 2010), 인지행동 가족치료(Kolko & Swenson, 2002; Rynyon & Deblinger, 2013)도 지지를 받고 있다. 예를 들면, PCIT 프로그램 처방을 받았던 어머니, 아동 학대 위험성이 높은 어머니에게 이 프로그램을 실시한 뒤에 아동보호소의 경고, 아동 학대 가능성, 그리고 학대 민감도가 높은 가족에서 아동 학대가 뚜렷하게 감소했다(Thomas & Zimmer-Gembeck, 2011). 물질남용 부모와 자녀 학대가 공존하는 가족에게 적용한 MST 적응 프로그램도 일반적인 지역사회 프로그램보

다 더 효과적이라는 사실이 드러나고 있다. 또 MST 프로그램에 참여한 가족에서 부모의 물질남용과 학대의 감소, 그리고 가족분리 치료가 감소되는 것을 발견하게 되었다(Schaeffer et al., 2013).

이런 연구 과정에서 성적 학대를 위한 치료 개입 프로그램을 개발하는 것이 급선무라는 사실을 깨닫게 되었다. 코코란과 필라이(Corcoran & Pillai, 2008)는 그들의 최근의 메타분석 연구에서 내면화된 또는 외현화된 행동, 특히 성적 행동과 외상후 스트레스 증상에서 아동 단독 치료보다는 공격적인 부모가 아닌 경우에 부모와 아동을 같이 치료하는 것이 더 효과적이라는 것을 발견하였다.

가족치료 과정에 대한 연구

가족치료의 연구는 어떤 모델이 효과적인지를 확인하기 위해 고안되었다. 이러한 연구들은 가족의 변화 정도, 변화 종류에 대한 치료 결과에 대한 연구들이다. 한편 이러한 연구들에서 치료 효과의 발생 요인, 변화 과정의 원인, 변화를 위한 구체적 기법, 치료사와 내담자와 치료적 관계의 적절한 조합 등에 관한 정보는 충분히 얻지 못하고 있다. 이러한 질문에 대한 답은 어떤 치료적 요인들이 원하는 효과를 이끌어 냈는지를 찾아내는 치료 과정에 대한 연구를 통해서만 밝혀질 수 있다.

치료 과정에 대한 연구process research는 실증적 연구 결과를 치료사들에게 제공하여 이론과 실제 치료를 연결시켜 임상에 도움을 주기 위한 것이다(Pinsof & Wynne, 2000). 그러나 치료사들은 이러한 연구 결과에 그리 관심이 없고 지금까지 해오던 방식을 유지하려 한다. 하지만 매우 힘든 사례를 좀 더 효과적으로 다루기 위해 이러한 연구 결과에 관심을 가지는 것이 도움이 될 것이다. 가족치료 과정에 대한 연구 결과를 가족치료사들이 적용하기를 바라는 마음에서 이러한 연구들을 소개하고자 한다.

치료사들은 주로 치료사-내담자 관계 과정을 평가하는 행동관찰에 의거한 연구를 한다. 실연과 같은 특정한 기법을 관찰평가체계 기법(Allen-Eckert, Fong, Nichols, Watson, & Liddle, 2001)을 사용하여 연구하거나, 일반 치료사들의 지지와 방어 방식에 대해 연구하기도 한다(Waldron, Turner, Barton, Alexander, & Cline, 1997). 근래에는 특정 기법의 매뉴얼에 따른 치료 과정의 충성도, 또 그 결과에 대한 연구도 이루어지고 있다. 한 예는 호그Hogue와 동료들의 치료사 행동평가체계Therapist Behavior Rating Scale-Competence, TBRS-C 개발이다(Hogue et al., 2008). 또한 로빈스와 동료들(Robbnins, Feaster, Horigian, Puccinelli, Henderson, & Szapocznik, 2011)은 청소년 물질남용 치료를 위한 단기 전략적 가족치료에서 치료사와 내담자의 연결, 그리고 치료 회기 유지가 치료에 미치는 영향을 통제집단을 통해 연구하였다. 이러한 연구는 치료사가 가족 구성원들의 상호작용 패턴을 재구성, 재구조화하는 능력과 청소년 내담자의 치료 과정 참여도 증가와 비례한다는 사실을 증명하였다.

아직 충분히 탐색하지 못한 과정 연구는 단일 사례연구이다. 전통적으로 단일 사례연구는 치료 기법, 사례 이해, 가설 세우기 등의 치료사의 능력 개발을 촉진시키기 위해 오랜 기간 동안 사용되어 왔다. 근래에 들어서 단일 사례연구도 좀 더 체계적이고 실험적인 방법론으로 검증하는 연구가 진행되고 있다. 이렇게 전통적인 단일 사례연구는 나름대로의 한계를 지니고 있다. 특히 연구대상의 통제 조건, 객관적 검증, 대안적 설명, 그리고 다른 사례들을 설명할 수 있는 일반화(Kazdin, 2011)의 취약점 등이다. 단일 사례실험은 이러한 결점을 보완하여 행동 변화의 치료적 개입에 대한 체계적 평가를 할 수 있도록 고안되어야 한다. 이러한 연구에 있어서 중요한 구성 요인들은 평가, 실험 설계, 그리고 자료 평가이다. 이러한 연구를 하려는 연구자들은 무엇보다 전체 치료 목표를 제시해야 하고, 동시에 행동 변화를 위한 목표를 명확하게 제시해야 한다. 그리고 목표 행동의 세밀한 변화까지도 측정할 수 있는 측정도구가 있어야 하고, 이러한 변화를 일주일 사이에도 여러 번 탐색해야 한다.

치료사들의 경험이 더 중요하다는 태도, 그리고 치료 과정의 세밀한 부분을 탐색하기 힘들다는 이유 때문에 실험적 사례연구가 활성화되지 못하고 있다. 예를 들어, 한 연구자가 청소년 물질남용을 효과적으로 치료하기 위해 가족 기반의 치료 개입을 선택하기 위해 단일 사례실험을 고안할 때를 생각해 보자. 우선 초담 면접 회기 과정에서 연구자는 가족과 함께 목표를 세우고 그 목표를 구체적이고 측정 가능한 목표로 바꿀 수 있어야 한다. 또한 연구자는 문제를 지니고 있는 청소년과 가족의 상호작용에서 발생하는 미세한 변화를 찾아낼 수 있는 측정도구가 있어야 한다. 그리고 치료 과정을 매일 혹은 일주일 단위로 측정해야 하고, 치료 개입으로 인한 청소년과 가족 행동의 변화와 결과를 분석하는 과정이 따라야 한다.

◆ 공통 요인

과정연구는 효과적인 가족치료의 **공통 요인**을 연구하는 데 매우 적절한 방법이다. 지속적으로 실시되는 효과성의 비교연구에서 어떤 특정 방식의 모델이 다른 모델보다 더 효과적이라는 결과는 발견하지 못하고 있다. 그 이유는 모델만이 치료적 효과의 중요 요인은 아니기 때문이다. 그렇다면 무엇이 치료를 효과적으로 만드는가? 모델의 차이점에도 불구하고 공통적인 치료적 효과를 일으키는 공통 요인은 무엇일까? 치료 효과가 내담자에 달렸는가? 치료사 아니면 접근 방식에 달렸는가? 치료의 효과성의 공통 요인에 대한 연구는 아직도 새로운 연구 영역이지만 미래 가족치료 연구에 매우 흥미로운 새로운 방향이 될 것이라는 데는 의심의 여지가 없다(Sprenkle, Davis, & Lebow, 2009).

공통 요인에 대한 연구를 통해 몇몇 중요한 사실을 발견하게 되었다. 예를 들면, 치료사들이 치료를 효과적으로 진행하기 위해서 자신들의 역할에 초점을 맞추지만 치료 효과는 통제의 중심이 손 데이비스 박사가 토론하는 부부 및 가족 치료의 공통 요인에 대한 비디오를 시청하라. 당신은 공통 요인에 대해서 어떻게 생각하는가?
www.youtube.com/watch?v=YSS_1oWFXiA

내담자 자신들의 내면에 있을 때 치료적 효과가 증진되는 것을 발견하게 되었다(Tallman & Bohart, 1999). 또 내담자가 좀 더 많은 자원을 가지고 있을 때 치료 과정에 더 적극적으로 참여하고, 더 많은 도움을 받을 수 있다. 치료사의 입장에서는 치료사의 치료적 방법론보다 치료사의 자신감이 더 중요하다는 것을 발견하였다(Blow, Sprenkle, & Davis, 2007). 더 나아가 자신의 치료적 방법론의 숙련보다 측은지심의 마음가짐이 치료적 효과에 더 중요하다는 연구 결과를 얻게 되었다.

◆ 치료 동맹

개인 심리치료에서는 내담자와의 치료적 관계가 가장 중요한 효과적 치료 요인이라고 여겨지기 때문에(Orlinsky & Howard, 1986), 개인 심리치료 분야에서는 치료사와 내담자와의 공감, 협조적 관계에 대한 내담자의 관점에 대한 연구가 많은 데 비해 가족치료 분야에서는 이러한 연구는 매우 적은 편이다. 이러한 이유 중의 하나는 가족치료사들은 치료적 관계보다는 치료 기법의 중요성을 강조하기 때문이다. 또 다른 이유는 가족치료에서는 치료사와 가족 구성원들 사이의 치료적 관계를 맺는 과정이 복잡하기 때문이다. 치료사와 내담자와의 관계만 다루면 되는 개인 상담과 달리 가족치료는 여러 사람이 개입하기 때문에 관계 형성이 복잡할 뿐만 아니라 한 가족 구성원과 동맹을 맺으면 다른 나머지 가족 구성원들은 소외감을 느낄 수 있다.

프리들랜더, 에스쿠데로, 헤더링턴(Friedlander, Escudero, & Heatherington, 2006)은 지난 40여 년 동안 가족치료에 관한 많은 질적, 양적 연구들을 되짚어볼 때, 치료적 동맹이 치료 과정의 지속성과 긍정적 결과를 얻는 데 매우 중요하다는 연구 결과를 보고하고 있다. 몇몇 자기보고와 행동관찰에 의한 측정 연구 방식들은 치료적 동맹관계를 구체적으로 평가하는 방법들로 고안되었다. 가장 많이 사용되는 방법은 부부치료 동맹 스케일Couple Therapy Alliance Scale, CTAS(Pinsof & Catherall, 1986)과 가족치료 동맹 스케일Family Therapy Alliance Scale, FTAS, 그리고 좀 간략한 형식의 CTAS-r, FTAS-r(Pinsof, Zinbarg, & Knobloch-Fedders, 2008)이다. 밴더빌트 치료 동맹 스케일Vanderbilt Therapy Alliance Scale(Shelef & Diamond, 2008)과 가족치료 동맹관찰 시스템System for Observing Family Therapy Alliances(Friedlander et al., 2006; Escudero, & Heatherington, 2006)도 다양한 측면의 동맹관계를 관찰·측정하는 방법으로 사용되고 있다.

부부 및 가족 치료의 치료적 개입, 내담자의 지속적인 치료 과정 참여, 긍정적 치료적 결과에 대한 치료적 동맹에 관한 연구 결과가 있다. 근래에 24쌍의 부부와 가족치료에 대한 메타분석에서(Friedlandr, Escudero, Heatherington, & Diamond, 2011) 치료적 동맹과 치료적 관계 유지 및 긍정적 결과에 치료적 동맹이 약간의 긍정적 영향을 준다는 것을 발견하였다. 이러한 결과는 개인 상담에 대한 연구와 비슷하였다(Horvath, DelRe, Flückiger, & Symonds, 2011). 대부분의 연구들이 치료적 동맹, 치료의 지속성, 치료 결과 측정 등의 상관관계에 대한 연구였다면 근래에 들어서는 이들의 상관관계를 일반화할 수 있는지에 대한 연구가 진행되고 있다.

부부중심 치료에 관한 연구는 치료적 동맹과 부부 적응과의 관계에서 중재 역할이 성별과 관련되어 있다고 보고하고 있다(Bourgeois, Sabourin, & Wright, 1990; Symonds & Horvath, 2004). 가족과 관련된 연구에서 어떤 연구자들은 치료적 동맹과 치료 유지에는 가족의 역할이 영향을 미친다고 보고하고 있는데, 가족 구성원 중 어떤 사람과 치료사와의 강력한 동맹이 치료 과정에 영향을 미친다는 것이다. 셸레프와 다이아몬드(Shelef & Diamond, 2008)는 외현화 증상을 지닌 청소년의 치료에서 내담자보다는 부모와의 강력한 동맹이 치료 결과에 더 큰 영향을 미친다고 보고하고 있다. 유사한 패턴이 가족중심의 섭식장애치료에서도 나타나고 있음을 발견하였다. 로빈스, 터너, 알렉산더와 페레스(Robbins, Turner, Alexander, & Perez, 2003)는 물질남용 청소년 치료에서는 내담자 부모와 치료사와의 동맹의 형평성이 중요하다고 보고하고 있다. 이 관계에서 형평성이 유지되지 못할 때 치료가 완결될 수 있는 확률은 낮아진다(Robbins et al., 2006). MDFT 같은 치료 방법에서는 내담자-어머니와 치료사와의 동맹관계가 이차 상담 회기에서 단단하게 이루어질 때 치료가 지속될 가능성이 높다고 보고하고 있다(Robbinset al., 2008). 단기 전략치료에서도 내담자 가족과 치료사 간의 치료적 동맹이 좋을수록 상담이 지속되는 경향을 보였다. 이러한 결과가 보여 주는 것은 개인과의 동맹과 동맹의 형평성이 치료 효과에 영향을 미친다는 것이다.

또한 치료사와 내담자 사이의 동맹은 문화적이고 인류학적인 관심사에 의해 영향을 받을 수도 있다. 잭슨 길포드, 리들, 테헤다, 다코프(Jackson-Gilfort, Liddle, Tejeda, Dakof, 2001)는 문화적으로 특정한 주제에 대한 토론은 약물을 사용하고 있는 아프리카계 미국인 남성 청년의 치료 참여도를 높였다고 밝혔다. 한 회기 안에서 아프리카계 미국인 남자로서 경험하는 분노, 소외, 소년기에서 성인으로 넘어가는 과정의 의미 등을 포함한 특정 주제에 대한 탐색은 치료에 대한 부정적인 반응을 줄여 주거나 증가시키는 역할을 한다. 이런 주제에 대한 토론은 청소년들이 치료에 적극적으로 참여하게 하고 부정적인 태도를 줄이는 주제로 옮겨 가게 된다. 추가로, 플리커와 동료들(Flicker et al., 2008)은 내담자와 차별적인 동맹이 끼치는 영향은 히스패닉 가족과 백인 가족에서 다르게 나타난다고 보고한다. 첫 상담에서 치료사가 차별적인 동맹을 맺을 경우 백인 가족이 상담을 더 많이 중단하였다. 이러한 경고에 대해서는 개인의 이익을 중요시하는 개인주의보다 가족을 중요시하는 가족의 가치관과 연관되어 있다고 설명할 수 있다.

이와 같은 연구들은 치료적 동맹이 치료적 효과를 내는 데 영향을 미치고 있다는 사실을 확인해 주고 있다. 그럼에도 불구하고 앞으로 치료적 동맹과 치료 효과와의 상관관계를 일반화시킬 수 있을 만큼의 연구보고가 뒤따라야 할 것이다.

◆   **가족치료 분야에 결정적인 변화를 이끌어 낸 사건**

어떤 연구자들은 치료적 효과를 연구하기 위해 구체적인 기법에 집중하는 한편, 또 어떤 연구자들은 가족 구성원의 상호작용 과정에서 드러나는 상호작용이나 문제를 찾아서 의미 있는 변화를 일으키고 문제를 해결할 수 있는 중심적 사건에 집중한다. 예를 들면 로빈스와 동료들은 상담 진행 과정 중에 치료사가 하는 행동(즉 청소년의 행동을 정상화시키기 위한 치료사의 비판적이지 않은 반영)을 관찰하고 점수를 매기는 방식의 연구를 제안하였다(Robbins, Alexander, Newell, & Turner, 1996). 버틀러와 동료들(Butler et al., 2011)은 부부치료에서 실연의 효과를 측정하였다. 이들의 관찰연구 방식을 통해 부부간의 애착관계가 어떻게 형성되는지, 무엇 때문에 부부간에 책임감이 향상되었는지 등에 관한 다양한 연구에서 치료사가 중심이 되는 것보다는 부부가 치료 과정에 책임을 지게 하는 것이 효과적임이 드러났다. 버틀러와 왐플러(Butler & Wampler, 1999)는 '부부 책임'이라고 표현하는 전략의 효과를 연구하였다. 이 '부부 책임' 기법에서는 치료사가 직접적으로 지시하거나 해석해 주는 기법보다 실연, 제안 등의 방식이 더 효과적임이 드러났다. '부부 책임' 방식을 적용하였을 때 내담자들은 갈등 감소와 책임의식 고조의 평가를 하였다. 이러한 연구 결과들은 부부치료에서 치료사 중심보다 부부들이 직접적으로 실연을 통해서 경험하는 것이 좀 더 도움이 된다는 사실이 증명되었다.

어떤 사건이 치료 효과를 높였는가에 대한 연구는 많은 결과를 도출하였다. 예를 들어, 프리들랜더, 헤더링턴, 존슨, 스코브론(1994)은 가족들이 유리된 관계에서 서로 친밀한 관계로 변화할 수 있었던 구조적 가족치료의 사례들을 확인했다. 그들은 탐색 유도적 접근exploratory inductive approach을 사용하면서 회기 동안 서로의 연결이 성공적으로 유지되었던 사건을 찾아냈다. 비록 각 가족의 문제에 대한 해결책을 특징짓는 일관된 패턴은 없었지만, 연결이 유지되는 기간은 일반적으로 적극적인 치료사의 요청 그리고 전략과 관련이 있었다. 치료사는 어려운 문제를 겪음으로써 얻게 되는 이점에 대해 가족 구성원들의 생각과 감정을 말하게 하는 한편, 가족 구성원이 다른 사람의 관점을 듣도록 하는 전략을 사용했다. 정리하자면 치료사의 자질 또는 기법의 활용에 따라 치료 효과가 좌우된다는 결론을 얻게 되었다. 다이아몬드와 리들(1996, 1999)은 부부 갈등, 정서적 분리, 문제해결 과정에서의 부정적 상호작용 등에 MDFT 기법을 사용하였을 때 효과적이었음을 볼 수 있었다. 이들은 치료사가 재구성을 통해 부정적인 정서를 찾아내고 해결할 때 가족이나 부부의 문제해결에 도움이 된다는 것을 확인하였다.

마이클 니콜스와 그의 제자들은 실연에 초점을 둔 고도의 훈련을 거친 경험이 많은 가족치료사들에 대해 연구해 왔다(Nichols & Fellenberg, 2000). 그들은 가족이 갈등을 뚫고 나가는 것과 가족 구성원 간의 관계 변화는 치료사의 적극적이고 지시적인 도움이 가장 중요한 요인으로 작용하는 복잡한 과정임을 발견하였다. 실연이 성공적이기 위해서는 실연 이전에 가족을 준비시키고, 계획을 구체화하고, 대화의 필요성에 대해 설명하며, 대화의 방향을 제시하고, 불필요한 간섭을 자제하게 하며, 실연 과정에 적극적으로 참여할 것을 요구하고, 의사소통 방법에 대해 미리 주지시키는 것이 성공의 중요한 요인이었다.

이들 연구 팀의 추가적인 연구에서 발견된 가장 효과적인 회기들의 경우 치료사가 명확하고 집중된 체계적 목표(예 : 일반적인 문제해결을 작업하기보다 부모의 유리된 관계를 극복하도록 돕는 것)를 확립하고 추진할 때 강력한 변화가 일어났다(Favero, 2002; Fellenberg, 2003; Miles, 2004). 그러나 해먼드와 니콜스(Hammond & Nichols, 2008)는 공감적인 치료적 동맹이 이러한 집중적이고 강력한 개입을 효과적으로 만드는 전제 조건이라는 것을 발견했다. 즉 집중적이고 강력한 개입은 가족치료에서 변화를 발생시키는 데 중요한 것처럼 보이지만, 가족 구성원들은 치료사가 그들과 공감적인 동맹을 형성했을 때 그러한 강력한 도전들을 기꺼이 수용한다는 것이다.

연구에 있어서 어려운 과제는 치료 효과가 나타날 때 중재 역할을 한 것이 무엇인지 찾아내는 것이다. 컴퍼스와 동료들(Compas, et al., 2010)은 인지행동주의 치료사 집단이 사춘기 자녀의 내재화·외현화된 증상을 다룬 사례를 무작위적으로 선택하여 연구를 진행하였다. 연구를 통해 이들의 증상은 부모의 변화에 달렸다는 사실을 발견하였다. 주요 우울증의 병력을 지닌 부모가 있는 가족들이 실험대상인 경우에 사춘기 내담자의 2차 통제 대처 방식과 긍정적 부모 양육 태도가 치료적 개입이 우울증, 내면화, 외현화된 증상에 긍정적 결과를 얻었다. MDFT를 청소년 물질남용 연구에서 적용하였을 때의 헨더슨과 동료들(Henderson et al., 2009)은 부모가 치료와 결과사이의 관계를 모니터한 경우에 사춘기 내담자의 약물중독을 중단시키는 것과 추후 결과에 긍정적인 효과를 미치고 있다는 연구 결과를 발표하고 있다. 이러한 연구들은 의견은 치료 개입의 주요 요소들을 분리하여 연구하는 것이 중요하다는 결론을 얻게 되었다.

몇몇 연구자들은 연구가 필요한 영역과 주제가 무엇이냐를 찾아내기 위한 탐색 실험을 주도하였다. 한 예로, 로크와 동료들(2008)은 신경성 폭식증 환자에게 가족 근거 치료를 했을 때의 중재 효과성을 연구하였다. 연구를 통해 이들 환자들의 치료에는 인지가 중재 역할을 했다는 것이 발견되었다. 마지막으로 샌리와 니엑(Shanley & Niec, 2010)은 행동주의적 부모 역할훈련에서 부모들을 그 자리에서 코칭하면서 중재 기능을 탐색하였다. 이들 모두 현재 그들이 사용한 연구 방법이 많이 부족하다는 사실을 깨닫게 되었고, 결국에는 치료 효과를 증진시키는 기제를 알기 위해서는 체계적 연구가 필요하다는 결론을 내렸다.

미래의 방향

이 장에서는 광범위한 연구의 결과, 가족치료 분야를 연구하는 과학자들이 행동과 정서 차원에서 가족치료 개입과 예방 프로그램을 폭넓게 발전시켜 나가는 것을 확인할 수 있었다. 치료 효과, 치료 과정에 대한 과학적인 연구 방법이 개발되었고, 이러한 방법을 통해 치료 과정에 대한 연구가 진행되면서 이 분야에 대한 연구가 과학적으로 발전하게 되었다. 그러나 아직도 체계적이고 실증적인 실험이 충분히 이루어지지 않고 있기 때문에 앞으로 이러한 방향으로 연구가 지속되어야 할 것이다. 즉 가장 좋은 치료 방법이 무엇인지 탐색하고, 그 방법을 실험을 통해서 확인하고, 임상에 적용하여 효과적인 치료로 이어질 수 있도록 해야 할 것이다. 그러나 아직까지도 이러한 연구는 임상과학과 임상치료라는 두 갈래 방향으로 나뉘어 진행되고 있다.

몇몇 연구자들은 과학과 임상 사이의 차이점을 해결하고 연구가 치료사들에게 실질적인 도움을 주기 위한 제안을 하였다(예 : Black & Lebow, 2013; Dattilio, Piercy, & Davis, 2014; Jacobs, Kissil, Scott, & Davey, 2010). 윌리엄스, 패터슨, 밀러(2006)는 개인, 부부, 가족치료사들은 모두 과학적 연구 결과를 중요시하기보다는 임상 효과를 다루는 연구를 기반으로 치료를 실시하는 것이 한 방법이라고 말하고 있다. 즉 치료사들이 연구 방법론은 잘 몰라도 임상 효과를 포함한 다양한 연구 결과를 치료에 활용해야 한다고 주장하고 있다. 카람과 스프렝클(Karam & Sprenkle, 2010)은 결혼 및 가족 치료사의 훈련 과정도 변화해야 할 필요가 있다고 주장하고 있다. 교수도 학생들이 (1) 임상 현장에서 작업하는 데 도움을 줄 수 있는 실험연구에 대해 감사히 생각하고, (2) 실험 결과를 해석하고 평가할 수 있는 능력을 키워야 하며, (3) 치료에 관한 실험 결과에 대한 논쟁의 여지를 염두에 두어야 하고, (4) 치료 개입 방법들의 변화 요인에 대해 알아야 한다고 주장하였다. 다틸리오, 피어시, 데이비스(Dattilio, Piercy, & Davis, 2014)도 연구 결과가 치료사들에게 도움이 될 수 있도록 양적 연구 혹은 혼합 방식의 연구, 과정 연구 등을 실시하는 데 치료사들을 연구에 포함시켜야 한다고 주장하였다. 그들은 또한 비통제 상황에서의 자연스러운 방식의 연구가 필요하다고 제안하였다. 예를 들면 치료사의 사례에서 찾아낸 자료들을 이야기나 비디오로 제시하는 방법 등이다.

가족치료가 내담자의 삶에서의 통찰을 존중하면서 내담자와 좀 더 협동적인 작업을 하는 반면에 가족치료 실험연구자들은 오히려 치료사들과 협력하기보다는 자기들만의 세계에 빠져 있다. 그들의 연구는 오히려 연구를 위한 연구가 된 경우들이 많아 현장의 치료사들과 협력하기 어려우며, 충분한 도움을 제공하지 못하고 있다.

몇몇 숙련된 치료사들은 두 영역의 전문가들이 협력하여 서로에게 관심을 가지고 그들의 방향성과 경험 역시 통합할 수 있어야 한다고 주장한다(예 : Western, Novotny, & Thompson-Brenner, 2004). 연구자들이 실제 현장에서 일어나는 치료의 효과를 바탕으로 연구를 진행할 때 자신들의 단점을 극복할 수 있지 않을까? 이렇게 치료사와 연구자들이 서로 협력하게 된다면 그들의 연구를 현장에 응용하고 적용하는 데 더 효과적일 수도 있다. 앞서 언급했다시피 한 개인의 변화에 집중하여 치료의 효과를 검증하는 것은 현장에 있는 치료사들이 더 나을 수 있기 때문이다. 연구자들에게는 한 사례를 분석하여 변화기제를 찾으려는 전통적인 양적 연구 방법이 미래의 치료 발전에 도움을 준다고 주장하는 반면에 임상가들은 산 사례 연구와 같은 질적 연구 방법이 더 효과적이라고 주장한다.

정리하자면 아쉽게도 두 영역 모두 발전하고 있지만, 서로 협력하기보다는 저마다의 영역에 한정되고 있는 지금 같은 관계가 한동안은 유지될 것으로 보인다.

용어해설

가계도(genogram) 가족체계를 설명하는 도식으로, 네모는 남성을 동그라미는 여성을 표현하며, 수평선은 결혼관계, 수직선은 자녀와의 관계를 표현

가성상호성(pseudomutuality) 조현병적 증상을 가진 가족의 특징으로, 외관상으로만 가족이 조화를 이루고 있는 것처럼 보이는 현상을 설명하는 리만 원의 개념

가성적대감(pseudohostility) 조현병적 증상을 가진 가족의 특징으로, 외관상으로만 가족이 피상적 언쟁을 하고 있는 것처럼 보이는 현상을 설명하는 리만 원의 개념

가장 기법(pretend technique) 마다네스의 재미난 역설적 기법. 가족들로 하여금 증상이 나타났을 때처럼 가장해서 행동하게 하면 증상은 이미 거짓 행동이 되기 때문에 증상이 되지 못함

가족 구조(family structure) 가족 구성원들의 상호작용 방식을 결정하는 기능적인 가족의 조직

가족 규칙(family rule) 반복되는 행동 패턴을 묘사하는 용어

가족그림 그리기(family drawing) 경험주의 가족치료 기법. 가족치료에 참석한 가족 구성원들 각자에게 가족의 모습을 그리게 하는 작업. 때로는 가족 구성원들 모두 참여하여 가족그림을 그리기도 함

가족생활주기(family life cycle) 부모를 떠나 결혼을 하고, 자녀를 낳고, 은퇴하는 등 일반적으로 가족의 구조에 변화가 필요한 가족생활의 단계

가족 신화(family myth) 마치 신화가 어떻게 형성되었는지 모르면서도 구성원들이 믿음으로 공유하듯이, 가족 구성원들이 왜 믿어야 하는지를 모르면서도 지켜야만 된다고 믿는 과거의 실재를 왜곡하는 신념들

가족의식(family ritual) 셀비니 파라졸리와 밀라노 학파에서 사용하는 기법. 가족체계의 규칙을 변화시키기 위해 가족들에게 일련의 행동을 하도록 지시하는 기법

가족지도(family map) 사티어가 사용한 가족체계의 구조와 관계를 보여 주는 도식

가족집단치료(family group therapy) 집단치료 모델 방식으로 실시하는 가족치료

가족 조각(family sculpting) 사티어 경험주의 가족치료학파의 기법으로, 가족 구성원들의 상호작용을 신체적 자세로 조각하여 잠재적 차원에서 심리 내적 그리고 상호작용을 변화시킴

가족체계(family system) 각 각의 가족 구성원들이 하나의 집합체로 조직되어 기능하는 체계

가족 투사 과정(family projection process) 보웬의 개념으로, 부부의 갈등이 자녀 혹은 배우자에게 투사되는 과정

가족 항상성(family homeostasis) 가족들이 변화를 거부하면서 기존의 상태를 유지하려는 경향

강화(reinforcement) 특정 행동의 발생 비율을 높이는 사건, 행동, 또는 사물. 긍정적인 강화물은 반응의 비율을 높이는 것. 부정적인 강화물은 반응의 비율을 낮추는 것

강화 교환(reinforcement reciprocity) 가족들 간에 보상을 주는 행동을 교환하는 것

격화(intensity) 강한 정서, 반복적 개입 또는 압력을 지속적으로 사용하여 부적응적 교류를 변화시키는 미누친의 기법

경계선(boundary) 개인, 하위체계, 가족의 온전함을 보호하고 강화하는 정서적인 벽을 설명하는 구조적 가족치료의 개념

경계선 설정(boundary making) 관계를 맺고 있는 사람과 세상과의 경계선을 타협하여 설정하기

고객형 내담자(customer) 문제에 대해 불평할 뿐만 아니라, 문제해결의 동기가 충분히 있는 내담자

고무담장(rubber fence) 조현병적 가족의 경직된 경계를 가리키는 리만 원의 용어. 이러한 가족은 주위 환경과 최소한의 접촉만을 허용함

고전적 조건 형성(classical conditioning) 음식과 같

은 무조건적인 자극(UCS)을 제시하면 침이 나오는 것과 같은 무조건적인 반응(UCR)이 일어남. 벨소리와 같은 조건적인 자극(CS)을 무조건적인 자극과 짝지어 제시하다 보면 조건적 자극만으로도 동일한 반응을 나타내는 학습의 한 형태

고착(fixation)   초기 발달 단계에 정체되어 있는 애착이나 행동 양상

공감(empathy)   어떤 사람이 진정으로 느끼고 있는 것, 그리고 생각하는 것에 대해 이해하고 인정하는 것

과정(process)   가족 또는 집단의 구성원들이 어떻게 관계를 맺는지에 관한 개념

과정 연구(process research)   치료사와 내담자가 치료 과정에서 서로에게 끼치는 영향에 대한 연구

관리의료 가족치료(medical family therapy)   신체적 질병을 가진 사람들을 치료하기 위해서 의사와 다른 건강 돌봄 전문가들이 함께 협업하여 치료하는 일종의 심리교육 가족치료

관리의료제도(managed care)   치료비용을 관리하는 제도로서, 제삼자인 보험회사가 치료를 베푸는 사람, 비용, 그리고 누가 치료를 받을 수 있고 몇 회기의 치료를 받을 수 있는지를 결정하는 제도

구성주의(constructivism)   실재의 주관적 구성을 강조하는 상대주의적 관점으로서, 가족 내에서 치료사가 보는 것은 사실에 입각한 것이라기보다는 치료사의 선입견에 더 많은 영향을 받은 것이라는 사실을 암시함

구조(structure)   관계의 유형을 정의하고 안정화시키는 반복적 상호작용의 유형

긍정적 의미부여(positive connotation)   가족의 응집력을 증진시키고 치료에 대한 저항을 피하기 위해 가족의 행동에 포함된 긍정적 동기를 알리는 셀비니 파라졸리의 기법

긍정적 피드백(positive feedback)   체계가 시도하고 있는 방향을 확인하고 강화하기 위한 정보제공

기본가정 이론(basic assumption theory)   비온의 개념으로 집단 구성원들이 원래의 집단의 목표에서 벗어나 싸우기-도망가기, 의존하기, 편 가르기 등의 구성원들의 무의식적 패턴이 드러난다는 이론

기적질문(miracle question)   내담자가 아침에 일어 났을 때 문제가 말끔히 해결되어 있다면, 어떠한 모습을 통해 문제의 해결을 확인할 수 있겠냐고 묻는 해결중심 치료의 질문. 내담자들이 목표와 잠재적인 해결책을 찾을 수 있도록 돕기 위해 사용함

내면 가족체계 모델(internal family systems model)   사티어의 부분들의 잔치 기법을 세밀하게 발전시킨 리처드 슈워츠에 의해 시작된 심리치료 모델로 체계론적 원리와 심리내적 역동 과정을 이해할 수 있는 기법들로 이루어져 있음

내사(introjection)   원시적인 형태의 동일시로, 타인의 어떤 면을 내면화해서 자기 이미지로 만드는 것

내용(content)   가족 구성원들이 이야기하는 것

내적 대상(internal object)   어린 시절 자신을 돌보아 준 사람에 의해 형성된 자기 자신이나 타인에 대한 정신적 이미지나 환상

네트워크 치료(network therapy)   환자의 문제를 해결하기 위해 다수의 가족들과 친구들을 모아놓고 치료하는 로스 스펙의 치료 방법

능력 조형하기(shaping competence)   부정적인 행동을 비판하기보다 생산적인 행동을 지지하고 강화시킴

다세대 전수 과정(multigenerational transmission process)   다양한 정도의 미성숙을 가족 내의 다른 자녀에게 투사하는 머레이 보웬의 개념으로서, 가족의 정서 과정에 가장 심하게 연루된 자녀는 자아의 분화가 가장 더디며, 다음 세대로 그 여파가 이어짐

다중가족집단치료(multiple family group therapy)   여러 가족을 집단 형태의 형식으로 한꺼번에 치료를 실시하는 방식. 피터 래커와 머레이 보웬이 시작함

다중충격치료(multiple impact therapy)   로버트 맥그리거가 개발한 집중적 위기 상황의 가족치료로서 가족 구성원들이 나뉘어 치료 팀에 치료를 받는 형태

단선적 인과관계(linear causality)   어떤 사건의 원인과 결과가 분명한 경우. A가 B의 원인임

단자 모델(monadic model)   한 사람 혹은 대상의 특성을 토대로 한 설명. 예를 들면, 조니는 반항적 기질 때문에 물건을 훔침

닫힌 체계(closed system) 주위 환경과 구조 또는 물질을 교환하지 않는 체계

대상관계(object relation) 어린 시절 부모-자녀 간의 상호작용을 기초로 형성되는 자기와 타인에 대한 내면화된 이미지들로, 이것이 타인과 관계를 맺는 양상을 결정함

대상관계 이론(object relations theory) 멜라니 클라인으로부터 연유되어 영국학파(비온, 페어베언, 건트립, 위니콧)에 의해 발전된 정신분석이론으로 성적·공격적 충동보다 관계와 애착을 인간 관심의 중심 이슈로 보는 이론

대처질문(coping question) 해결중심 치료에서 내담자가 어려운 상황들을 잘 이겨냈다는 것을 깨닫게 해주기 위한 질문

대칭관계(symmetrical relationship) 동등하고 평행적인 관계

도구적 리더(instrumental leader) 의사결정과 과제수행 기능. 전통적 가족에선 남편의 역할

도식(schema) 사람들이 세상과 세상의 기능에 대해 지니고 있는 기본 인지적 신념. 사람들은 자신의 도식을 통해 자신의 경험을 구조화함

독특한 결과(unique outcome) 내담자 자신은 자각하지 못했을지라도, 문제로부터 영향을 받지 않았던 순간들을 일컬음. 이야기 치료사들은 내담자가 가지고 있는 자신에 대한 부정적인 관점에 도전할 수 있도록 하기 위한 방법으로 독특한 결과들을 찾아냄

동귀결성(equifinality) 다양한 방법으로 주어진 최종 목표에 도달하는 복잡한 체계의 능력

동시치료(concurrent therapy) 두 사람 이상의 내담자를 각기 다른 치료사들이 치료를 실시

동일시(identification) 단순한 모방이 아닌 존경하는 대상의 특질을 닮으려는 경향

라이브 슈퍼비전(live supervision) 슈퍼비전 방식 중의 하나. 슈퍼바이저가 치료사가 실시하는 치료과정을 관찰하면서 필요한 전략이나 기법을 치료사에게 제시하는 방식

맥락(context) 개인, 가족, 더 큰 집단을 둘러싸고 영향을 주는 대인관계적 환경

맥락치료(contextual therapy) 관계적 윤리를 강조하는 보스조르메니-나지의 모델

메타커뮤니케이션(metacommunication) 모든 메시지는 보고와 명령이라는 두 가지 수준을 가지고 있음. 메타커뮤니케이션은 명령을 암시하거나 메시지 자체를 인정하는 역할을 함

무의식(unconscious) 자신은 의식하지 못하는 기억, 감정, 충동들. 자주 명사로 사용되지만 형용사로 사용하는 것이 더 적절한 용법임

문제가 포화된 이야기(problem-saturated story) 내담자가 치료에 대해 가지고 있는 일상적이고 비관적인 이야기들로, 그들이 문제 상황에서 빠져나가지 못하게 함

문화(culture) 일정한 영역에서 살고 있는 사람들이 공유하는 행동과 경험

문화적 능력(cultural competence) 다른 사람들의 행동 방식에 익숙함과 더 나아가 예민함

미분화된 가족자아집합체(undifferentiated family ego mass) 정서적 연합 또는 가족들이 정서적으로 융합되어 있는 상태를 가리키는 보웬의 초기 용어로서, 특히 조현병 환자의 가족에게서 두드러지게 나타남

미스터리 질문(mystery question) 내담자로 하여금 그들의 문제가 어떻게 그들의 좋은 것을 앗아갔는지에 대해 의문을 갖게 하고, 거꾸로 그 문제를 외재화할 수 있게 하기 위해 고안된 질문

민족성(ethnicity) 공통의 조상을 통해 공유하고 있는 가치와 풍습을 발전시켜 온 그 민족 고유의 특징

밀착(enmeshment) 모호한 심리적 경계에 의한 자율성의 상실을 가리키는 미누친의 용어

반영(mirroring) 단순한 칭찬이 아닌 타인이 느끼는 감정을 이해하고 수용함을 나타내는 코헛의 용어

반영 팀(reflecting team) 치료 회기 후 관찰 팀이 가족과 함께 그들의 반응에 대해 이야기하게 하는 톰 앤더슨의 기법

방문자형 내담자(visitor) 치료에 참여하기를 원하지도 않고, 불평도 없는 어떤 것도 하려고 하지 않는 내담자

보이지 않는 충성심(invisibile loyalty) 자신의 가족들을 돕기 위해서 어린이들이 취하는 무의식적 참

여를 나타내는 보스조르메니-나지의 용어

부모화된 자녀(parental child) 동생들을 돌보기 위해 부모의 권위를 이양받은 자녀. 대가족 혹은 한부모 가족에서 부모가 부모의 책임을 포기했을 때 의도적 혹은 부적절하게 적응한 자녀

부부 분열(marital schism) 겉으로 드러난 병리적 부부 갈등을 일컫는 리츠의 용어

부부 왜곡(marital skew) 부부 중 한 사람이 상대방을 지배하고 있는 병리적 부부관계를 지칭하는 리츠의 용어

부정적 피드백(negative feedback) 체계의 이탈을 교정하기 위해 체계에 정보를 제공하여 항상성을 회복시킴

분리-개별화(separation-individuation) 2개월가량의 유아가 어머니와의 공생적 유대에서 벗어나 자신의 자율적 기능을 발달시키는 과정

불가해(mystification) 랭의 개념으로 많은 가족들이 거부 혹은 재명명화를 통해 자녀들의 경험을 왜곡시키는 것을 의미

불변의 처방(invariant prescription) 마라 셀비니 파라졸리의 기법으로 부모와 자녀를 분리시키기 위해 부모를 자녀들 몰래 나가도록 지시하는 기법

불평형 내담자(complainant) 해결중심 치료에서 불평을 늘어놓기만 하고 현재 문제를 해결하려고 하지는 않는 내담자

블랙박스 은유(black box concept) 사람들의 마음은 복잡하기 때문에 마음속에서 무엇이 진행되고 있는지를 연구하기보다는 입력과 출력(행동 커뮤니케이션)을 연구하는 것이 더 낫다는 생각

사이버네틱스(cybernetics) 체계 내의 통제 과정인 피드백에 대한 연구. 긍정적 및 부정적 피드백 고리를 분석하는 연구

사회교환 이론(theory of social exchange) 사람은 관계를 맺는 데 있어 보상을 극대화하고 비용을 최소화하기 위해 노력한다는 티보와 켈리의 이론

사회구성주의(social constructionism) 구성주의와 마찬가지로 지식의 객관적인 기초에 대한 개념에 도전하는 이론으로서 지식과 의미는 문화적으로 공유된 가설에 의해 구성된다고 봄

사회학습 이론(social learning theory) 학습이론뿐 아니라 사회 및 발달 심리학의 원리를 사용하여 행동을 이해하고 다루는 이론

삼각관계(triangle) 세 사람으로 구성된 하나의 체계로서 보웬에 의하면, 인간관계에서 안정된 가장 작은 단위

삼각화(triangulation) 두 사람 간에 갈등이 있을 때 제삼자를 끌어들여 갈등을 우회하는 것으로, 두 사람 간의 관계를 안정시키는 역할을 함

삼자 모델(triadic model) 세 사람 혹은 세 가지 사물 간의 상호작용을 토대로 하는 설명. 예를 들면, 조니는 어머니를 무시하도록 은연중에 부추기는 아버지에 의해 물건을 훔치게 됨

상대적 영향력 질문(relative influence question) 문제가 내담자를 지배하고 있는 정도와 내담자가 문제를 통제할 수 있는 정도를 탐색하기 위한 질문

상보성(complementarity) 관계에서 각 사람이 결핍된 것을 보충하려는 두 사람 사이의 경향

상호보완적 관계(complementary relationship) 다르지만 서로 잘 맞는 관계. 한쪽이 가진 속성은 다른 쪽의 결핍된 부분을 보완함

선호하는 관점(preferred view) 사람들의 자신에 대한 생각, 다른 사람에게 보여지기를 원하는 방식을 일컫는 에런과 룬드의 용어

세대 간 연합(cross-generational coalition) 가족구성원 중 제삼자를 반대하기 위해 한편이 되는 부모-자녀 간의 부적절한 동맹

소멸(extinction) 강화를 하지 않음으로써 행동을 제거하는 것

순환적 인과관계(circular causality) 사건들이 일련의 상호작용의 고리 또는 반복적인 주기를 통해 서로 연관성을 가진다는 개념

순환적 질문(circular questioning) 밀라노 학파에서 개발한 면담 기법으로, 가족 간의 차이점을 부각시키기 위한 질문

시련(ordeal) 내담자의 증상보다 더 힘든 일을 시켜 증상을 제거하려는 역설적 치료의 한 기법

실연(enactment) 가족 구조를 형성하는 교류를 관찰한 다음 변화시키기 위해 구조적 가족치료에서 사용되는 상호작용을 의미함

심리교육 가족치료(psychoeducational family therapy)

심각한 조현병을 앓고 있는 가족 구성원을 돕기 위해 가족 구성원들을 교육시키는 일종의 심리치료 방법

애착이론(attachment)　심리적 압박을 받을 때 양육자 혹은 보호자에게 가깝게 있으려 하는 선천적 성향

억제 기법(restraining)　가족에게 변화하지 말라고 제안하는 방법으로 저항을 극복하려는 전략적 기법

역설(paradox)　수용할 만한 전제로부터 나온 타당한 추론에 근거한 자기 모순적 표현

역설적 명령(paradoxical injunction)　전략주의 기법으로, 치료사가 가족 구성원에게 그들의 증상 행동을 지속하라고 지시함. 만일 그들이 치료사의 명령을 따르면 자신들이 증상을 통제할 수 있다는 것을 증명하는 것이고, 이차 이익을 얻을 수 있음. 만일 반항을 하게 되면 증상을 포기하게 됨

역전이(countertransference)　내담자를 향한 치료사의 감정적이고 반사적인 반응

역할(rehearsal)　부부치료에서 서로 상대의 역할을 경험해 보게 하는 것

역할놀이(role-playing)　새로운 반응 기제를 연습하기 위해 혹은 감정을 드라마화하기 위해 중요 부분을 행동화해 내는 기법

연합(coalition)　제삼자에 맞서 두 사람 또는 사회적 단위들 사이에서 맺는 동맹

연합부부치료(conjoint marital therapy)　두 사람 혹은 더 많은 사람들을 치료 회기에 함께 참여시켜 치료를 실시하는 방식

열린 체계(open system)　환경으로부터 정보나 에너지 물질 등을 교환하는 체계

예외(exception)　내담자가 일시적으로나마 문제를 드러내지 않았던 시기. 해결중심 치료사들은 내담자의 성공적인 문제해결 기술을 토대로 삼게 하기 위해 이러한 예외에 집중함

예외질문(exception question)　해결중심 치료에서 내담자를 돕기 위해 그들이 문제를 해결했던 때를 기억하도록 돕기 위한 질문

외재화(externalization)　마치 문제가 사람 바깥에 있는 것처럼 의인화하는 마이클 화이트의 기법

원가족(family of origin)　한 개인의 부모와 형제들로서, 대체로 출가하기 전의 핵가족을 말함

위계구조(hierarchical structure)　세대 간의 분명한 경계를 토대로 한 가족 기능. 이러한 구조 내에서는 부모의 통제와 권위가 유지됨

유관계약(contingency contracting)　가족끼리 바람직한 행동을 할 때 서로 보상을 주기로 약속하는 행동치료 기법

유관관리(contingency management)　보상과 처벌을 통하여 행동을 조성하는 기법

유리(disengagement)　가족 내에서 개인 및 하위체계들 간의 경계가 지나치게 경직되었을 때 일어나는 심리적 고립을 가리키는 미누친의 용어

융합(fusion)　자신과 타인과의 심리적 경계가 모호하고, 정서적·지적 기능이 혼합된 상태로서, 분화의 반대 개념

의사소통 이론(communications theory)　언어적 및 비언어적 메시지 교환에 관한 관계의 연구

의식(ritual)　'가족의식'에 대한 설명 참조

이상화(idealizaiton)　어린이가 부모와 관계를 맺을 때나 부부간의 관계에서 일어나는 정상 발달 과정의 한 부분으로, 다른 사람의 미덕을 과장하는 경향

이야기 치료(narrative therapy)　내담자의 경험에 대해 내담자 자신이 구성하는 이야기의 역할을 강조하는 치료적 접근법

이자 모델(dyadic model)　두 사람 간의 상호작용을 토대로 한 설명. 예를 들면, 조니는 어머니의 관심을 끌기 위해 물건을 훔침

이중구속(double bind)　중요한 대상으로부터 수준이 다른 모순적 메시지를 받았을 때 그것을 피하거나 의견을 제시할 수 없을 때 일어나는 갈등

이차 수준의 사이버네틱스(second-order cybernetics) 체계를 관찰하거나 변화시키려는 사람은 결국 그 체계의 일부라는 개념

이차 수준의 변화(second-order change)　체계의 구조와 기능에 발생하는 근본적인 변화

인식론(epistemology)　지식에 대해 연구하는 철학의 한 학파. 베이트슨이 세계관 혹은 신념체계를 의미할 때 사용함

인지행동 치료(cognitive-behavior therapy)　행동의 강화뿐 아니라 태도의 변화를 강조하는 치료

일반체계 이론(general systems theory) 루트비히 폰 베르탈란피에 의해 발달된 이론으로, 환경으로부터의 지속적인 입력과 출력을 통해 자신을 유지해 나가는 생물체에 대한 생물학적 모델

일차 수준의 변화(first-order change) 체계 자체는 변하지 않고 유지되면서 체계 내에서 발생하는 피상적인 변화

자격(entitlement) 타인에게 윤리적인 행동을 함으로써 획득할 수 있는 자격을 나타내는 보스조르메니-나지의 용어

자기대상(self object) 다른 사람을 성적이거나 공격적 대상으로 보는 것이 아니고, 독립된 개인으로 보는 것도 아니고, 자기의 연장으로 보는 사람을 나타내는 코헛의 용어

자기심리학(self psychology) 성충동과 공격성보다 애착과 인정의 욕구를 강조하는 코헛의 정신분석 이론

자기애(narcissism) 자기 중시. 대부분의 사람들이 병적 자기애로 여기는 것은 과장된 자기 중시임

자아분화(differentiation of self) 이성과 감정의 심리적 분리, 타인으로부터의 자기 독립을 의미하는 융합의 반대 개념

재구성(reconstruction) 경험에 대한 새롭고 좀 더 낙관적인 이야기들을 재창조하는 방법

재명명(reframing) 치료적 변화를 보다 용이하게 하기 위해 특정 행동에 대한 가족의 표현을 재명명하는 것으로서, 예를 들어 '우울하다'는 말을 '게으르다'는 말로 재명명할 수 있음

저항(resistance) 환자나 가족들이 치료의 진행을 반대하거나 지연시키는 것

적응(accommodation) 체계의 요소들이 그들의 기능과 조화를 이루기 위해 자동적으로 적응하는 것. 그러나 사람들은 이러한 적응을 위해 노력해야 하기도 함

전략적 치료(strategic therapy problem) 문제를 유지하는 상호작용의 순서를 변화시키기 위한 실용적 전략

전이(transference) 미해결된 초기의 가족관계에 근거하여 왜곡된 정서적 반응을 현재의 관계에서 표출하는 기제

정서적 단절(emotional cutoff) 미해결된 정서적 애착으로부터의 도피를 가리키는 보웬의 용어

정서적 반응(emotional reactivity) 상황에 거리를 두고 객관적 태도로 침착하게 반응하는 것이 아닌, 상황에 부적절한 부정적 감정으로 대처하는 방식

정서중심 부부치료(emotionally focused couples therapy) 애착이론에 바탕을 둔 치료 모델로, 레슬리 그린버그와 수잔 존슨이 개발. 부부 사이의 갈등의 원인인 애착관계에서 채우지 못한 갈망을 채우도록 도와주는 모델

조작적 조건화(operant conditioning) 사람 또는 동물이 특정한 행동을 수행한 것에 대해 보상을 해 줌으로써 행동을 변화시키고자 하는 학습의 한 형태. 행동치료에서 가장 주요한 접근법

조현병적 어머니(schizophrenogenic mother) 자녀가 조현병을 갖도록 만드는 공격적이고 지배적인 어머니의 사고를 가리키는 라이히만의 용어

조형(shaping) 아주 조금씩 변화를 강화시키는 행동주의 학파의 기법

중립성(neutrality) 균형을 잃지 않고 가족을 수용하는 것에 대한 셀비니 파라졸리의 용어

증상의 기능(function of the symptom) 증상은 위협적인 갈등을 분산시키거나, 위협으로부터 가족을 보호하기 위해 발생한다는 것을 설명하는 용어

증상 처방(prescribing the symptom) 환자가 증상을 포기하거나 또는 증상이 자율적인 통제 아래 있다는 것을 인정하도록 강요하는 역설적 기법

지시(directive) 가족의 문제를 지속시키는 항상적 형태의 행동을 중단시키기 위해 고안된 과제 부여

지적된 환자(identified patient, I.P) 증상의 소유자 또는 공식적인 환자를 의미

조현병에 대한 삼대의 가설(three-generational hypothesis of schizophrenia) 보웬의 개념으로 자아분화 수준이 낮은 부모가 결혼을 통해 자녀들을 낳았을 때 점차 자아 수준이 더 낮아지게 되는데, 삼대에 걸쳐 점차 자아분화가 낮아지면서 결국에는 조현병 환자를 만들어 낸다는 내용

집단역동(group dynamics) 단지 집단 내 개인들이 가진 성격이 아닌 집단 자체가 가지는 속성들로 인해 나타나는 집단 구성원들의 상호작용

척도질문(scaling question) 내담자들은 그들이 어떻게 자신의 문제를 해결하고 싶은지, 문제가 얼마나 나쁜 상황인지, 지난 회기 때보다 얼마나 더 좋아졌는지 등에 대해 1~10까지의 척도를 사용하여 점수를 매김. 만약 문제의 척도가 4라면, 치료사는 왜 그것이 1이 아닌지에 대해 또는 어떻게 내담자가 5로 옮겨 갈 수 있는지에 대해 물을 수 있음

첫 상담 공식 과제(formula first-session task) 해결중심 치료사들은 일상적으로 첫 회기가 끝날 무렵 내담자에게 상담의 결과로 그들의 삶에서 변화되기를 원치 않는 것에 대해 물음. 이 과제는 그들 삶에 있는 강점에 초점을 맞추고 해결을 향한 과정을 시작하게 함

체계(system) 상호연관되어 함께 기능하는 요인들의 집단

체계이론(systems theory) 서로 연관이 되어 있는 요소들이 하나의 전체로서 상호작용하는 것에 대한 연구에 대한 용어. 일반체계 이론과 사이버네틱스 이론을 포함함

칭찬(compliment) 해결중심 치료에서 지지와 힘을 키우기 위해서 사용하는 것

퀴드 프로 쿼(quid pro quo) 언어적으로 '무엇을 위한 무엇'으로 동등한 교환 또는 대치

타임아웃(time-out) 바람직하지 않은 행동의 강화된 결과를 제거함으로써 그것을 소멸시키는 기법. 자녀를 구석에 앉히거나 자신의 방으로 가게 하는 것은 이 기법의 전형적인 형태임

탈구성(deconstruction) 당연하게 여겨지는 범주와 가설을 검토함으로써 의미를 탐색하고, 가능한 좀 더 새롭고 건강한 이야기를 만들어 내는 탈근대주의 방법

탈근대주의(postmodernism) 지식을 상대적이고 맥락에 의존하는 것으로 보는 현대의 반실증주의. 현대 과학을 특징짓는 객관성에 대한 가설들에 의문을 제기함

탈삼각화(detriangulation) 개인이 두 사람의 정서적 영역에서 벗어나는 과정

탈선(runaway) 가족이나 체계를 통제할 수 없게 만드는 확인되지 않은 긍정적 피드백

토큰 강화법(token economy) 어떤 항목이나 행동을 강화하기 위해 축적되고 교환될 수 있는 점수를 사용하는 보상체계

퇴행(regression) 스트레스 상황에서 미성숙한 단계의 기능으로 되돌아가는 것

투사적 동일시(projective identification) 상대방의 행동이 탐탁하지 않게 생각하는 자신의 모습과 비슷할 경우, 다른 사람의 행동을 자신의 모습과 동일한 것으로 여겨 상대방 역시 그렇게 행동하도록 유인하는 자아방어기제의 하나

표현적 리더(expressive leader) 사회적·정서적 기능을 제공. 전통적 가족에서의 부인의 역할

프리맥 원리(premack principle) 나타날 확률이 낮은 행동(선호되지 않는 활동)을 강화하기 위해 나타날 확률이 높은 행동(선호되는 활동)을 사용하는 것

피드백 고리(feedback loop) 체계에서 출력한 것 중 일부가 되돌아오는 것으로서, 정해진 범위 안에서 출력을 유지하기 위해(부정적 피드백) 또는 체계를 수정할 필요를 신호로 알리기 위해(긍정적 피드백) 사용됨

하위체계(subsystem) 세대, 성, 기능에 의해 결정되는 가족 내 좀 더 작은 단위

합류(joining) 가족의 신뢰를 얻고 저항을 피하기 위해 가족을 수용하고 적응해 가는 구조적 가족치료의 용어

항상성(homeostasis) 가족 내 균형이 유지되는 상태

해결중심 치료(solution-focused therapy) 가족들이 이미 발달시켜 온 문제해결책의 중요성을 강조하는 치료 방식에 대한 스티브 드 세이저의 용어

해석학(hermeneutics) 기본적으로 인간의 경험과 지식은 애매하기 때문에 철학, 문학, 더 나아가 언어, 비언어 의사소통까지 포함하여 이미 부여된 의미를 재탐색하고 재해석을 시도하는 학문

해체주의(deconstruction) 당연하게 여겨졌던 가설들을 재고하고 가능한 더 새롭고 건강한 의미에 대해 탐색하는 탈근대주의적 접근

행동교환 이론(behavior exchange theory) 비용효과율에 의해 지속되는 관계 속 행동에 대한 이론

행위의 기능분석(functional analysis of behavior) 조작적 행동 치료에서 특정 행동과 그것을 이끌어 내고 강화하는 것에 대한 연구

혐오 통제(aversive control) 바람직하지 않은 반응을 제거하기 위해 처벌과 비판을 사용하는 것으로, 역기능 가족 안에서 흔히 사용됨

협동적 모델(collaborative model) 치료사의 역할에 대해 평등주의자들이 가지는 견해. 가족치료의 전통적인 접근을 권위주의로 보는 비판가들에 의해 주창됨

형태발생(morphogenesis) 체계가 새로운 맥락에 적응하기 위해 자기 구조를 변화시키는 과정

혼합가족(blended family) 재혼 가족

확대가족(extended family) 세대를 걸친 친족들의 네트워크

희생양(scapegoat) 가족 내에서 갈등이나 비판으로 대체된 대상으로, 보통 지적된 환자를 의미함

각 장에 필요한 추천 도서

서론

Minuchin, S. 1974. *Families and Family Therapy*. Cambridge, MA: Harvard University Press.

Nichols, M. P. 1987. *The Self in the System*. New York: Brunner/Mazel.

Nichols, M. P. 2008. *Inside Family Therapy*, 2nd ed. Boston: Allyn & Bacon.

제1장

Ackerman, N. W. 1958. *The Psychodynamics of Family Life*. New York: Basic Books.

Bell, J. E. 1961. *Family Group Therapy*. Public Health Monograph No. 64. Washington, DC: U.S. Government Printing Office.

Bowen, M. 1960. A Family Concept of Schizophrenia. In *The Etiology of Schizophrenia*, D. D. Jackson, ed. New York: Basic Books.

Greenberg, G. S. 1977. The Family Interactional Perspective: A Study and Examination of the Work of Don D. Jackson. *Family Process* 16:385–412.

Haley, J. 1963. *Strategies of Psychotherapy*. New York: Grune & Stratton.

Jackson, D. D. 1957. The Question of Family Homeostasis. *The Psychiatric Quarterly Supplement* 31:79–90.

Jackson, D. D. 1965. Family Rules: Marital Quid Pro Quo. *Archives of General Psychiatry* 12:589–94.

Lederer, W., and D. D. Jackson. 1968. *Mirages of Marriage*. New York: Norton.

Satir, V. 1964. *Conjoint Family Therapy*. Palo Alto, CA: Science and Behavior Books.

Vogel, E. F., and N. W. Bell. 1960. The Emotionally Disturbed Child as the Family Scapegoat. In *The Family*, N. W. Bell and E. F. Vogel, eds. Glencoe, IL: Free Press.

Watzlawick, P., J. H. Beavin, and D. D. Jackson. 1967. *Pragmatics of Human Communication*. New York: Norton.

Weakland, J. H. 1960. The "Double-Bind" Hypothesis of Schizophrenia and Three-Party Interaction. In *The Etiology of Schizophrenia*, D. D. Jackson, ed. New York: Basic Books.

제2장

Anderson, C., and S. Stewart. 1983. *Mastering Resistance: A Practical Guide to Family Therapy*. New York: Guilford Press.

Madsen, W. C. 2007. *Collaborative Therapy with Multi-Stressed Families*, 2nd ed. New York: Guilford Press.

Minuchin, S., and H. C. Fishman. 1981. *Family Therapy Techniques*. Cambridge, MA: Harvard University Press.

Minuchin, S., M. P. Nichols, and W.Y. Lee. 2007. *Assessing Families and Couples: From Symptom to System*. Boston, MA: Allyn & Bacon.

Patterson, J. E., L. Williams, C. Grauf-Grounds, and L. Chamow. 1998. *Essential Skills in Family Therapy*. New York: Guilford Press.

Sheinberg, M., F. True, and P. Fraenkel. 1994. Treating the Sexually Abused Child: A Recursive, Multimodel Program. *Family Process* 33:263–76.

Taibbi, R. 1996. *Doing Family Therapy: Craft and Creativity in Clinical Practice*. New York: Guilford Press.

Trepper, T. S., and M. J. Barrett. 1989. *Systemic Treatment of Incest: A Therapeutic Handbook*. New York: Brunner/Mazel.

Walsh, F. 1998. *Strengthening Family Resilience*. New York: Guilford Press.

제3장

Bateson, G. 1971. *Steps to an Ecology of Mind*. New York: Ballantine.

Bateson, G. 1979. *Mind and Nature*. New York: Dutton.

Bertalanffy, L. von. 1950. An Outline of General System Theory. *British Journal of the Philosophy of Science* 1:134–65.

Bertalanffy, L. von. 1967. *Robots, Men and Minds*. New York: Braziller.

Bowlby, J. 1988. *A Secure Base: Clinical Application of Attachment Theory*. London: Routledge.

Carter, E., and M. McGoldrick, eds. 1999. *The Expanded Family Life Cycle: A Framework for Family Therapy*, 3rd ed. Boston, MA: Allyn & Bacon.

Davidson, M. 1983. *Uncommon Sense: The Life and Thought of Ludwig von Bertalanffy*. Los Angeles, CA: Tarcher.

Dell, P. F. 1985. Understanding Bateson and Maturana: Toward a Biological Foundation for the Social

Sciences. *Journal of Marital and Family Therapy* 11:1–20.

Haley, J. 1985. Conversations with Erickson. *Family Therapy Networker* 9 (2):30–43.

Hoffman, L. 1981. *Foundations of Family Therapy.* New York: Basic Books.

Meadows, D. H. *Thinking in Systems: A Primer.* White River Junction, VT: Chelsea Green.

Wiener, N. 1948. *Cybernetics or Control and Communication in the Animal and the Machine.* Cambridge, MA: Technology Press.

제4장

Anonymous. 1972. Differentiation of Self in One's Family. In *Family Interaction*, J. Framo, ed. New York: Springer.

Bowen, M. 1978. *Family Therapy in Clinical Practice.* New York: Jason Aronson.

Carter, E., and M. M. Orfanidis. 1976. Family Therapy with One Person and the Family Therapist's Own Family. In *Family Therapy: Theory and Practice*, P. J. Guerin, ed. New York: Gardner Press.

Fogarty, T. F. 1976a. Systems Concepts and Dimensions of Self. In *Family Therapy: Theory and Practice*, P. J. Guerin, ed. New York: Gardner Press.

Fogarty, T. F. 1976b. Marital Crisis. In *Family Therapy: Theory and Practice*, P. J. Guerin, ed. New York: Gardner Press.

Guerin, P. J., L. Fay, S. Burden, and J. Kautto. 1987. *The Evaluation and Treatment of Marital Conflict: A Four-Stage Approach.* New York: Basic Books.

Guerin, P. J., T. F. Fogarty, L. F. Fay, and J. G. Kautto. 1996. *Working with Relationship Triangles: The One-Two-Three of Psychotherapy.* New York: Guilford Press.

Guerin, P. J., and E. G. Pendagast. 1976. Evaluation of Family System and Geogram. In *Family Therapy: Theory and Practice*, P. J. Guerin, ed. New York: Gardner Press.

Kerr, M. E., and M. Bowen. 1988. *Family Evaluation.* New York: Norton.

제5장

Cecchin, G. 1987. Hypothesizing, Circularity and Neutrality Revisited: An Invitation to Curiosity. *Family Process* 26:405–13.

Fisch, R., J. H. Weakland, and L. Segal. 1982. *The Tactics of Change: Doing Therapy Briefly.* San Francisco, CA: Jossey-Bass.

Haley, J. 1976. *Problem-Solving Therapy.* San Francisco, CA: Jossey-Bass.

Haley, J. 1980. *Leaving Home.* New York: McGraw-Hill.

Haley, J., and M. Richeport-Haley. 2007. *Directive Family Therapy.* New York: Haworth Press.

Jackson, D. D. 1961. Interactional Psychotherapy. In *Contemporary Psychotherapies*, M. T. Stein, ed. New York: Free Press of Glencoe.

Jackson, D. D. 1967. *Therapy, Communication and Change.* Palo Alto, CA: Science and Behavior Books.

Keim, J. 1998. Strategic Therapy. In *Case Studies in Couple and Family Therapy*, F. Dattilio, ed. New York: Guilford Press.

Lederer, W., and D. D. Jackson. 1968. *Mirages of Marriage.* New York: Norton.

Madanes, C. 1981. *Strategic Family Therapy.* San Francisco, CA: Jossey-Bass.

Madanes, C. 1984. *Behind the One-Way Mirror.* San Francisco, CA: Jossey-Bass.

Price, J. 1996. *Power and Compassion: Working with Difficult Adolescents and Abused Parents.* New York: Guilford Press.

Rabkin, R. 1972. *Strategic Psychotherapy.* New York: Basic Books.

Selvini Palazzoli, M., L. Boscolo, G. Cecchin, and G. Prata. 1978. *Paradox and Counterparadox.* New York: Jason Aronson.

Tomm, K. 1987. Interventive Interviewing: Part 1. Strategizing as a Fourth Guideline for the Therapists. *Family Process* 26:3–14.

Watzlawick, P., J. H. Beavin, and D. D. Jackson. 1967. *Pragmatics of Human Communication.* New York: Norton.

Watzlawick, P., J. Weakland, and R. Fisch. 1974. *Change: Principles of Problem Formation and Problem Resolution.* New York: Norton.

제6장

Colapinto, J. 1991. Structural Family Therapy. In *Handbook of Family Therapy*, Vol. II, A. S. Gurman and D. P. Kniskern, eds. New York: Brunner/Mazel.

Minuchin, S. 1974. *Families and Family Therapy.* Cambridge, MA: Harvard University Press.

Minuchin, S., and H. C. Fishman. 1981. *Family Therapy Techniques.* Cambridge, MA: Harvard University Press.

Minuchin, S., and M. P. Nichols. 1993. *Family Healing: Tales of Hope and Renewal from Family Therapy.* New York: Free Press.

Minuchin, S., M. P. Nichols, and W.-Y. Lee. 2007. *Assessing Families and Couples: From Symptom to Psyche.* Boston, MA: Allyn & Bacon.

Nichols, M. P. 1999. *Inside Family Therapy.* Boston,

MA: Allyn & Bacon.

Nichols, M. P., and S. Minuchin. 1999. Short-Term Structural Family Therapy with Couples. In *Short-Term Couple Therapy*, J. M. Donovad, ed. New York: Guilford Press.

제7장

Duhl, F. J., D. Kantor, and B. S. Duhl. 1973. Learning, Space and Action in Family Therapy: A Primer of Sculpture. In *Techniques in Family Therapy*, D. A. Bloch, ed. New York: Grune & Stratton.

Gil, E. 1994. *Play in Family Therapy*. New York: Guilford Press.

Greenberg, L. S., and S. M. Johnson. 1988. *Emotionally Focused Therapy for Couples*. New York: Guilford Press.

Keith, D. V., and C. A. Whitaker. 1977. The Divorce Labyrinth. In *Family Therapy: Full-Length Case Studies*, P. Papp, ed. New York: Gardner Press.

Napier, A. Y., and C. A. Whitaker. 1978. *The Family Crucible*. New York: Harper & Row.

Neill, J. R., and D. P. Kniskern, eds. 1982. *From Psyche to System: The Evolving Therapy of Carl Whitaker*. New York: Guilford Press.

Satir, V. M., and M. Baldwin. 1984. *Satir Step by Step: A Guide to Creating Change in Families*. Palo Alto, CA: Science and Behavior Books.

Schwartz, R. C. 1995. *Internal Family Systems Therapy*. New York: Guilford Press.

Whitaker, C. A., and D. V. Keith. 1981. Symbolic-Experiential Family Therapy. In *Handbook of Family Therapy*, A. S. Gurman and D. P. Kniskern, eds. New York: Brunner/Mazel.

제8장

Ackerman, N. W. 1966. *Treating the Troubled Family*. New York: Basic Books.

Boszormenyi-Nagy, I. 1972. Loyalty Implications of the Transference Model in Psychotherapy. *Archives of General Psychiatry* 27:374–80.

Boszormenyi-Nagy, I. 1987. *Foundations of Contextual Therapy*. New York: Brunner/Mazel.

Dicks, H. V. 1967. *Marital Tensions*. New York: Basic Books.

Meissner, W. W. 1978. The Conceptualization of Marriage and Family Dynamics from a Psychoanalytic Perspective. In *Marriage and Marital Therapy*, T. J. Paolino and B. S. McCrady, eds. New York: Brunner/Mazel.

Middleberg, C. V. 2001. Projective Identification in Common Couples Dances. *Journal of Marital and Family Therapy* 27:341–52.

Mitchell, S. A. 1988. *Relational Concepts in Psychoanalysis*. Cambridge, MA: Harvard University Press.

Nadelson, C. C. 1978. Marital Therapy from a Psychoanalytic Perspective. In *Marriage and Marital Therapy*, T. J. Paolino and B. S. McCrady, eds. New York: Brunner/Mazel.

Nichols, M. P. 1987. *The Self in the System*. New York: Brunner/Mazel.

Sander, F. M. 1989. Marital Conflict and Psychoanalytic Theory in the Middle Years. In *The Middle Years: New Psychoanalytic Perspectives*, J. Oldham and R. Liebert, eds. New Haven, CT: Yale University Press.

Scharff, D., and J. S. Scharff. 1987. *Object Relations Family Therapy*. New York: Jason Aronson.

Stern, M. 1985. *The Interpersonal World of the Infant*. New York: Basic Books.

Zinner, J., and R. Shapiro. 1976. Projective Identification as a Mode of Perception of Behavior in Families of Adolescents. *International Journal of Psychoanalysts* 53:523–30.

제9장

Barton, C., and J. F. Alexander. 1981. Functional Family Therapy. In *Handbook of Family Therapy*, A. S. Gurman and D. P. Kniskern, eds. New York: Brunner/Mazel.

Dattilio, F. M. 1998. *Case Studies in Couple and Family Therapy: Systemic and Cognitive Perspectives*. New York: Guilford Press.

Dattilio, F. M. 2010. *Cognitive-Behavioral Therapy with Couples and Families*. New York: Guilford Press.

Epstein, N., S. E. Schlesinger, and W. Dryden. 1988. *Cognitive-Behavioral Therapy with Families*. New York: Brunner/Mazel.

Falloon, I. R. H. 1988. *Handbook of Behavioral Family Therapy*. New York: Guilford Press.

Gordon, S. B., and N. Davidson. 1981. Behavioral Parent Training. In *Handbook of Family Therapy*, A. S. Gurman and D. P. Kniskern, eds. New York: Brunner/Mazel.

Jacobson, N. S., and G. Margolin. 1979. *Marital Therapy: Strategies Based on Social Learning and Behavior Exchange Principles*. New York: Brunner/Mazel.

Kaplan, H. S. 1979. *The New Sex Therapy: Active Treatment of Sexual Dysfunctions*. New York: Brunner/Mazel.

Masters, W. H., and V. E. Johnson. 1970. *Human Sexual Inadequacy*. Boston: Little, Brown.

Patterson, G. R. 1971. *Families: Application of Social*

Learning Theory to Family Life. Champaign, IL: Research Press.

Stuart, R. B. 1980. *Helping Couples Change: A Social Learning Approach to Marital Therapy.* New York: Guilford Press.

Weiss, R. L. 1978. The Conceptualization of Marriage from a Behavioral Perspective. In *Marriage and Marital Therapy*, T. J. Paolino and B. S. McCrady, eds. New York: Brunner/Mazel.

제10장

Andersen, T. 1991. *The Reflecting Team.* New York: Norton.

Anderson, C. M., D. Reiss, and B. Hogarty. 1986. *Schizophrenia and the Family: A Practitioner's Guide to Psycho Education and Management.* New York: Guilford Press.

Avis, J. M. 1992. Where Are All the Family Therapists? Abuse and Violence within Families and Family Therapy's Response. *Journal of Marital and Family Therapy* 18:225–32.

Fontes, L. A. 2008. *Interviewing Clients across Cultures.* New York: Guilford Press.

Fowers, B., and F. Richardson. 1996. Why is Multiculturalism Good? *American Psychologist* 51:609–21.

Gergen, K. 1985. The Social Constructionist Movement in Modern Psychology. *American Psychologist* 40:266–75.

Goldner, V. 1985. Feminism and Family Therapy. *Family Process* 24:31–47.

Goodrich, T. J., ed. 1991. *Women and Power: Perspectives for Family Therapy.* New York: Norton.

Greenan, D. E., and G. Tunnell. 2002. *Couples Therapy with Gay Men: A Family Systems Model for Healing Relationships.* New York: Guilford Press.

Hare-Mustin, R. T., and J. Marecek. 1988. The Meaning of Difference: Gender Theory, Postmodernism and Psychology. *American Psychologist* 43:455–64.

Held, B. S. 1995. *Back to Reality: A Critique of Postmodern Theory in Psychotherapy.* New York: Norton.

Kellner, D. 1991. *Postmodern Theory.* New York: Guilford Press.

Krestan, J., and C. Bepko. 1980. The Problem of Fusion in the Lesbian Relationship. *Family Process* 19:277–89.

Laird, J., and R. J. Green. 1996. *Lesbians and Gays in Couples and Families: A Handbook for Therapists.* San Francisco, CA: Jossey-Bass.

Luepnitz, D. 1988. *The Family Interpreted: Feminist*

Theory in Clinical Practice. New York: Basic Books.

McDaniel, S., J. Hepworth, and W. Doherty. 1992. *Medical Family Therapy.* New York: Basic Books.

McGoldrick, M., J. Pearce, and J. Giordano. 2007. *Ethnicity and Family Therapy*, 3rd ed. New York: Guilford Press.

Rolland, J. 1994. *Helping Families with Chronic and Life-Threatening Disorders.* New York: Basic Books.

Walsh, F., ed. 1993. *Normal Family Processes*, 2nd ed. New York: Guilford Press.

제11장

de Shazer, S. 1988. *Clues: Investigating Solutions in Brief Therapy.* New York: Norton.

de Shazer, S. 1991. *Putting Difference to Work.* New York: Norton.

de Shazer, S., Y. Dolan, H. Korman, T. Trepper, I. K. Berg, and E. McCollum. 2007. *More than Miracles: The State of the Art of Solution-Focused Brief Therapy.* Binghamton, NY: Haworth Press.

Dolan, Y. 1991. *Resolving Sexual Abuse: Solution-Focused Therapy and Ericksonian Hypnosis for Adult Survivors.* New York: Norton.

Lipchik, E. 2011. *Beyond Technique in Solution-Focused Therapy.* New York: Guilford Press.

Miller, S., M. Hubble, and B. Duncan. 1996. *Handbook of Solution-Focused Brief Therapy.* San Francisco, CA: Jossey-Bass.

Walter, J., and J. Peller. 1992. *Becoming Solution-Focused in Brief Therapy.* New York: Brunner/Mazel.

제12장

Bruner, J. S. 1986. *Actual Minds, Possible Worlds.* Cambridge, MA: Harvard University Press.

Diamond, J. 2000. *Narrative Means to Sober Ends: Treating Addiction and its Aftermath.* New York: Guilford Press.

Dickerson, V. C., and J. Zimmerman. 1992. Families with Adolescents: Escaping Problem Lifestyles. *Family Process* 31:341–53.

Eron, J., and T. Lund. 1996. *Narrative Solutions in Brief Therapy.* New York: Guilford Press.

Freedman, J., and G. Combs. 1996. *Narrative Therapy: The Social Construction of Preferred Realities.* New York: Norton.

Gilligan, S., and R. Price. 1993. *Therapeutic Conversations.* New York: Norton.

Minuchin, S. 1998. Where is the Family in Narrative Family Therapy? *Journal of Marital and Family Therapy* 24:397–403.

Phipps, W. D., and C. Vorster. 2009. Narrative

Therapy: A Return to the Intrapsychic Perspective? *South African Journal of Psychology* 39:32–45.

White, M. 1989. *Selected Papers*. Adelaide, Australia: Dulwich Centre Publications.

White, M. 1995. *Re-Authoring Lives: Interviews and Essays*. Adelaide, Australia: Dulwich Centre Publications.

White, M., and D. Epston. 1990. *Narrative Means to Therapeutic Ends*. New York: Norton.

Zimmerman, J., and V. Dickerson. 1996. *If Problems Talked: Narrative Therapy in Action*. New York: Guilford Press.

제13장

Anderson, C., and S. Stewart. 1983. *Mastering Resistance: A Practical Guide to Family Therapy*. New York: Guilford Press.

Dattilio, F. M. 1998. *Case Studies in Couple and Family Therapy: Systemic and Cognitive Perspectives*. New York: Guilford Press.

Eron, J., and T. Lund. 1996. *Narrative Solutions in Brief Therapy*. New York: Guilford Press.

Goldner, V. 1998. The Treatment of Violence and Victimization in Intimate Relationships. *Family Process* 37:263–86.

Jacobson, N. S., and A. Christensen. 1996. *Integrative Couple Therapy*. New York: Norton.

Sluzki, C. E. 1983. Process, Structure and World Views: Toward an Integrated View of Systemic Models in Family Therapy. *Family Process* 22:469–76.

Taibbi, R. 2007. *Doing Family Therapy*, 2nd ed. New York: Guilford Press.

제14장

Alexander, J. F., A. Holtzworth-Munroe, and P. B. Jameson. 1994. Research on the Process and Outcome of Marriage and Family Therapy. In *Handbook of Psychotherapy and Behavior Change*, 4th ed., A. E. Bergin and S. L. Garfield, eds. New York: John Wiley and Sons.

Barbato, A., and B. D'Avanzo. 2008. Efficacy of Couples Therapy as a Treatment for Depression: A Meta-Analysis. *Psychiatric Quarterly* 79 (2):121–32.

Blanchard, V. L., A. J. Hawkins, S. A. Baldwin, and E. B. Fawcett. 2009. Investigating the Effects of Marriage and Relationship Education on Couples'

Communication Skills: A Meta-Analytic Study. *Journal of Family Psychology* 23 (2):203–14.

Blow, A. J., D. H. Sprenkle, and S. D. Davis. 2007. Is Who Delivers the Treatment More Important than the Treatment Itself? The Role of the Therapist in Common Factors. *Journal of Marital and Family Therapy* 33:298–317.

Carr, A. 2009a. The Effectiveness of Family Therapy and Systemic Interventions for Child-Focused Problems. *Journal of Family Therapy* 31:3–45.

Carr, A. 2009b. The Effectiveness of Family Therapy and Systemic Interventions for Adult-Focused Problems. *Journal of Family Therapy* 31:46–74.

The Cochrane Collaboration. 2011. *Cochrane Reviews*. Retrieved from http://www.cochrane.org/index.htm

Friedlander, M. L., V. Escudero, and L. Heatherington. 2006. *Therapeutic Alliances in Couple and Family Therapy: An Empirically Informed Guide to Practice*. Washington, DC: American Psychological Association.

O'Farrell, T. J., and W. Fals-Stewart. 1999. Treatment Models and Methods: Family Models. In *Addictions: A Comprehensive Guidebook*, B. S. McCrady and E. E. Epstein, eds., pp. 287–305. New York: Oxford University Press.

Pinsof, W. M., and J. L. Lebow, eds. 2005. *Family Psychology: The Art of the Science*. New York: Oxford University Press.

Pitschel-Walz, G., S. Leucht, J. Bäuml, W. Kissling, and R. Engel. 2001. The Effect of Family Interventions on Relapse and Rehospitalization in Schizophrenia: A Meta-Analysis. *Schizophrenia Bulletin* 27:73–92.

Sexton, T. L., J. C. Kinser, and C. W. Hanes. 2008. Beyond a Single Standard: Levels of Evidence Approach for Evaluating Marriage and Family Therapy Research and Practice. *Journal of Family Therapy* 30:386–98.

Sprenkle, D. H., S. D. Davis, and J. L. Lebow. 2009. *Common Factors in Couple and Family Therapy: The Overlooked Foundation of Effective Practice*. New York: Guilford.

Stith, S., and K. Rosen. 2003. Effectiveness of Couples Treatment for Spouse Abuse. *Journal of Marital and Family Therapy* 29 (3):407–26.

가족치료 분야의 중요한 저서 목록

가족체계 일반이론

Carter, E., and M. McGoldrick, eds. 1999. *The Expanded Family Life Cycle: A Framework for Family Therapy*, 3rd ed. Boston, MA: Allyn & Bacon.

Guerin, P. J., T. F. Fogarty, L. F. Fay, and J. G. Kautto. 1996. *Working with Relationship Triangles: The One-Two-Three of Psychotherapy*. New York: Guilford Press.

Hoffman, L. 1981. *Foundations of Family Therapy*. New York: Basic Books.

Kerr, M. E., and M. Bowen. 1988. *Family Evaluation*. New York: Norton.

Minuchin, S. 1974. *Families and Family Therapy*. Cambridge, MA: Harvard University Press.

Nichols, M. P. 2008. *Inside Family Therapy*, 2nd ed. Boston, MA: Allyn & Bacon.

Paolino, T. J., and B. S. McCrady, eds. 1978. *Marriage and Marital Therapy*. New York: Brunner/Mazel.

Watzlawick, P., J. H. Beavin, and D. D. Jackson. 1967. *Pragmatics of Human Communication*. New York: Norton.

가족치료와 문화

Boyd-Franklin, N. 1989. *Black Families in Therapy: A Multisystems Approach*. New York: Guilford Press.

Davis, L., and E. Proctor. 1989. *Race, Gender, and Class: Guidelines for Practice with Individuals, Families and Groups*. Upper Saddle River, NJ: Prentice Hall.

Fontes, L. A. 2008. *Interviewing Clients across Cultures*. New York: Guilford Press.

Pedersen, p. 1987. The Frequent Assumptions of Cultural Bias in Counseling. *Journal of Multicultural Counseling and Development* 15:16–24.

Pinderhughes, E. 1989. *Understanding Race, Ethnicity, Power: The Key to Efficacy in Clinical Practice*. New York: Free Press.

Sue, D. W., and D. Sue. 1990. *Counseling the Culturally Different: Theory and Practice*, 2nd ed. New York: Wiley.

Walsh, F. 1998. *Re-Visioning Family Therapy*. New York: Guilford Press.

결혼

Dicks, H. V. 1967. *Marital Tensions*. New York: Basic Books.

Guerin, P. J., L. Fay, S. Burden, and J. Kautto. 1987. *The Evaluation and Treatment of Marital Conflict: A Four-Stage Approach*. New York: Basic Books.

Lederer, W., and D. D. Jackson. 1968. *Mirages of Marriage*. New York: Norton.

Lerner, H. G. 1985. *The Dance of Anger: A Woman's Guide to Changing Patterns of Intimate Relationships*. New York: Harper & Row.

Scarf, M. 1987. *Intimate Partners: Patterns in Love and Marriage*. New York: Random House.

Solot, D., and M. Miller. 2002. *Unmarried to Each Other*. New York: Marlowe & Company.

확대가족과 시부모

Guerin, P. J., ed. 1976. *Family Therapy: Theory and Practice*. New York: Gardner Press.

Lerner, H. G. 1989. *The Dance of Intimacy: A Woman's Guide to Courageous Acts of Change in Key Relationships*. New York: Harper & Row.

McGoldrick, M., and R. Gerson. 1985. *Genograms in Family Assessment*. New York: Norton.

가족과 어린 자녀

Brazelton, T. B. 1983. *Infants and Mothers: Differences in Development*, rev. ed. New York: Dell.

Combrinck-Graham, L., ed. 1988. *Children in Family Contexts: Perspectives on Treatment*. New York: Guilford Press.

Faber, A., and E. Mazlish. 1974. *Liberated Parents, Liberated Children*. New York: Grosset & Dunlap.

Ginott, H. 1969. *Between Parent and Child*. New York: Macmillan.

Nichols, M. P. 2004. *Stop Arguing with Your Kids*. New York: Guilford Press.

Patterson, G. 1975. *Families: Application of Social Learning Theory to Family Life*. Champaign, IL: Research Press.

가족과 성인 자녀

Bank, S., and M. Kahn. 1982. *The Sibling Bond*. New York: Basic Books.

Blos, p. 1979. *The Adolescent Passage: Developmental Issues*. New York: International Universities Press.

Faber, A., and E. Mazlish. 1987. *Siblings without Rivalry*. New York: Norton.

Fishel, E. 1979. *Sisters: Love and Rivalry inside the Family and Beyond*. New York: Quill/William

Morrow.

Micucci, J. 1998. *The Adolescent in Family Therapy.* New York: Guilford Press.

Schlaadt, R., and P. Shannon. 1986. *Drugs of Choice*, 2nd ed. Upper Saddle River, NJ: Prentice Hall.

Sells, S. 1998. *Treating the Tough Adolescent.* New York: Guilford Press.

이혼, 재혼, 양부모

Ahrons, C., and R. Rodgers. 1987. *Divorced Families: A Multidisciplinary Developmental View.* New York: Norton.

Isaacs, M. B., B. Montalvo, and D. Abelsohn. 1986. *The Difficult Divorce.* New York: Basic Books.

Vaughan, D. 1986. *Uncoupling: Turning Points in Intimate Relationships.* New York: Oxford University Press.

Visher, E., and J. Visher. 1988. *Old Loyalties, New Ties: Therapeutic Strategies with Stepfamilies.* New York: Brunner/Mazel.

성인이 되어서 집을 떠날 때와 자녀 양육 이후에 관한 책

Levinson, D. 1978. *The Seasons of a Man's Life.* New York: Ballantine.

Nichols, M. P. 1987. *Turning Forty in the Eighties.* New York: Fireside/Simon & Schuster.

Viorst, J. 1986. *Necessary Losses.* New York: Simon & Schuster.

가족치료 기법

Anderson, C., and S. Stewart. 1983. *Mastering Resistance: A Practical Guide to Family Therapy.* New York: Guilford Press.

Dattilio, F. M. 1998. *Case Studies in Couple and Family Therapy: Systemic and Cognitive Perspectives.* New York: Guilford Press.

Donovan, J. M. 1999. *Short-Term Couple Therapy.* New York: Guilford Press.

Fisch, R., J. H. Weakland, and L. Segal. 1982. *The Tactics of Change: Doing Therapy Briefly.* San Francisco, CA: Jossey-Bass.

Gerson, M.-J. 1996. *The Embedded Self: A Psychoanalytic Guide to Family Therapy.* New York: Analytic Press.

Guerin, P. J., L. Fay, S. Burden, and J. Kautto. 1987. *The Evaluation and Treatment of Marital Conflict: A Four-Stage Approach.* New York: Basic Books.

Minuchin, S., and H. C. Fishman. 1981. *Family Therapy Techniques.* Cambridge, MA: Harvard University Press.

Minuchin, S., and M. P. Nichols. 1993. *Family Healing: Tales of Hope and Renewal from Family Therapy.* New York: Free Press.

Minuchin, S., M. P. Nichols, and W.-Y. Lee. 2006. *Assessing Families and Couples: From Symptom to System.* Boston: Allyn & Bacon.

Taibbi, R. 2007. *Doing Family Therapy*, 2nd ed. New York: Guilford Press.

White, M., and D. Epston. 1990. *Narrative Means to Therapeutic Ends.* New York: Norton

참고문헌

가족 발달주기 단계, 가족치료 역사의 중요한 사건

Einstein, Albert. On the Method of Theoretical Physics, Oxford University Press, 1933.

서론

Anna Karénina, Translated by Nathan Haskell Dole(Thomas Y. Crowell & Co., New York, 1887).

제1장

Bateson, G., D. D. Jackson, J. Haley, and J. Weakland. 1956. Toward a Theory of Schizophrenia. *Behavioral Sciences* 1:251–64.

Bell, J. E. 1961. *Family Group Therapy*. Public Health Monograph No. 64. Washington, DC: U.S. Government Printing Office.

Bell, J. E. 1962. Recent Advances in Family Group Therapy. *Journal of Child Psychology and Psychiatry* 3:1–15.

Bell, J. E. 1975. *Family Group Therapy*. New York: Jason Aronson.

Bion, W. R. 1948. Experience in Groups. *Human Relations* 1:314–29.

Boszormenyi-Nagy, I., and G. L. Spark. 1973. *Invisible Loyalties: Reciprocity in Intergenerational Family Therapy*. New York: Harper & Row.

Bowen, M. 1961. Family Psychotherapy. *American Journal of Orthopsychiatry* 31:40–60.

Bowlby, J. P. 1949. The Study and Reduction of Group Tensions in the Family. *Human Relations* 2:123–38.

Broderick, C. B., and S. S. Schrader. 1981. The History of Professional Marriage and Family Therapy. In *Handbook of Family Therapy*, A. S. Gurman and D. P. Kniskern, eds. New York: Brunner/Mazel.

Dicks, H. V. 1964. Concepts of Marital Diagnosis and Therapy as Developed at the Tavistock Family Psychiatric Clinic, London, England. In *Marriage Counseling in Medical Practice*, E. M. Nash, L. Jessner, and D. W. Abse, eds. Chapel Hill: University of North Carolina Press.

Epstein, N. B., D. S. Bishop, and L. M. Baldarin. 1981. McMaster Model of Family Functioning. In *Normal Family Problems*, F. Walsh, ed. New York: Guilford Press.

Fromm-Reichmann, F. 1948. Notes on the Development of Treatment of Schizophrenics by Psychoanalytic Psychotherapy. *Psychiatry* 11:263–74.

Gritzer, P. H., and H. S. Okum. 1983. Multiple Family Group Therapy: A Model for All Families. In *Handbook of Family and Marital Therapy*, B. B. Wolman and G. Stricker, eds. New York: Plenum Press.

Guerin, P. J. 1976. Family Therapy: The First Twenty-Five Years. In *Family Therapy: Theory and Practice*, P. J. Guerin, ed. New York: Gardner Press.

Gurman, A. S. 2008. *Clinical Handbook of Couple Therapy*, 4th ed. New York: Guilford Press.

Gurman, A. S. 2011. Couple Therapy Research and the Practice of Couple Therapy: Can We Talk? *Family Process* 50:280–92.

Haley, J. 1962. Whither Family Therapy? *Family Process* 1:69–100.

Haley, J. 1963. *Strategies of Psychotherapy*. New York: Grune & Stratton.

Hoffman, L. 1981. *Foundations of Family Therapy*. New York: Basic Books.

Howells, J. G. 1971. *Theory and Practice of Family Psychiatry*. New York: Brunner/Mazel.

Jackson, D. D. 1954. Suicide. *Scientific American* 191:88–96.

Jackson, D. D. 1965. Family Rules: Marital Quid Pro Quo. *Archives of General Psychiatry* 12:589–94.

Jackson, D. D., and J. H. Weakland. 1959. Schizophrenic Symptoms and Family Interaction. *Archives of General Psychiatry* 1:618–21.

Jackson, D. D., and J. H. Weakland. 1961. Conjoint Family Therapy, Some Considerations on Theory, Technique, and Results. *Psychiatry* 24:30–45.

Kaslow, F. W. 1980. History of Family Therapy in the United States: A Kaleidoscopic Overview. *Marriage and Family Review* 3:77–111.

Laing, R. D. 1960. *The Divided Self*. London: Tavistock.

Laing, R. D. 1965. Mystification, Confusion and Conflict. In *Intensive Family Therapy*, I. Boszormenyi-Nagy and J. L. Framo, eds. New York: Harper & Row.

Laqueur, H. P. 1966. General Systems Theory and Multiple Family Therapy. In *Handbook of Psychiatric Therapies*, J. Masserman, ed. New York:

Grune & Stratton.

Laqueur, H. P. 1976. Multiple Family Therapy. In *Family Therapy: Theory and Practice*, P. J. Guerin, ed. New York: Gardner Press.

Lebow, J. Whither Family Therapy: Alive and Flowering Amidst the Changes. *Family Process* 53:365–70.

Levy, D. 1943. *Maternal Overprotection*. New York: Columbia University Press.

Lewin, K. 1951. *Field Theory in Social Science*. New York: Harper.

Lidz, T., A. Cornelison, S. Fleck, and D. Terry. 1957a. Intrafamilial Environment of the Schizophrenic Patient. I: The Father. *Psychiatry* 20:329–42.

Lidz, T., A. Cornelison, S. Fleck, and D. Terry. 1957b. Intrafamilial Environment of the Schizophrenic Patient. II: Marital Schism and Marital Skew. *Psychiatry* 114:241–8.

MacGregor, R. 1967. Progress in Multiple Impact Theory. In *Expanding Theory and Practice in Family Therapy*, N. W. Ackerman, F. L. Bateman, and S. N. Sherman, eds. New York: Family Services Association.

MacGregor, R. 1972. Multiple Impact Psychotherapy with Families. In *Family Therapy: An Introduction to Theory and Technique*, G. D. Erickson and T. P. Hogan, eds. Monterey, CA: Brooks/Cole.

Madanes, C. 1981. *Strategic Family Therapy*. San Francisco, CA: Jossey-Bass.

McFarlane, W. R. 1982. Multiple-Family Therapy in the Psychiatric Hospital. In *The Psychiatric Hospital and the Family*, H. T. Harbin, ed. New York: Spectrum.

Minuchin, S. 1974. *Families and Family Therapy*. Cambridge, MA: Harvard University Press.

Minuchin, S., B. Montalvo, B. G. Guerney, B. L. Rosman, and F. Schumer. 1967. *Families of the Slums*. New York: Basic Books.

Minuchin, S., and M. P. Nichols. 1993. *Family Healing*. New York: Free Press.

Minuchin, S., M. D. Reiter, and C. Borda. 2014. *The Craft of Family Therapy: Challenging Certainties*. New York: Routledge.

Mittleman, B. 1948. The Concurrent Analysis of Married Couples. *Psychoanalytic Quarterly* 17:182–97.

Nichols, M. P., and S. Tafuri. 2013. Techniques of Structural Family Assessment: A Qualitative Analysis of How Experts Promote a Systemic Perspective. *Family Process* 52:207–15.

Ruevini, U. 1975. Network Intervention with a Family in Crisis. *Family Process* 14:193–203.

Selvini Palazzoli, M., L. Boscolo, G. Cecchin, and G. Prata. 1978. *Paradox and Counterparadox*. New York: Jason Aronson.

Sexton, T., and C. Datachi. 2014. The Development and Evolution of Family Therapy Research. *Journal of Family Therapy* 37:259–61.

Skynner, A. C. R. 1976. *Systems of Family and Marital Psychotherapy*. New York: Brunner/Mazel.

Speck, R. V., and C. A. Attneave. 1973. *Family Networks*. New York: Pantheon.

Stierlin, H. 1972. *Separating Parents and Adolescents*. New York: Quadrangle/New York Times Books.

Watzlawick, P. A., J. H. Beavin, and D. D. Jackson. 1967. *Pragmatics of Human Communication*. New York: Norton.

Whitaker, C. A. 1958. Psychotherapy with Couples. *American Journal of Psychotherapy* 12:18–23.

Whitaker, C. A. 1975. Psychotherapy of the Absurd: With a Special Emphasis on the Psychotherapy of Aggression. *Family Process* 14:1–16.

Whitaker, C. A. 1976. A Family Is a Four-Dimensional Relationship. In *Family Therapy: Theory and Practice*, P. J. Guerin, ed. New York: Gardner Press.

Whitaker, C. A., and T. P. Malone. 1953. *The Roots of Psychotherapy*. New York: Balkiston.

Wynne, L. C. 1961. The Study of Intrafamilial Alignments and Splits in Exploratory Family Therapy. In *Exploring the Base for Family Therapy*, N. W. Ackerman, F. L. Beatman, and S. N. Sherman, eds. New York: Family Services Association.

Wynne, L. C., I. Ryckoff, J. Day, and S. I. Hirsch. 1958. Pseudomutuality in the Family Relationships of Schizophrenics. *Psychiatry* 21:205–20.

제2장

AAMFT. 2011. *Code of Ethical Principles*. Washington, DC: American Association for Marriage and Family Therapy.

ACA. 2014. *ACA Code of Ethics*. Alexandria, VA: American Counseling Association.

Avis, J. M. 1992. Where Are All the Family Therapists? Abuse and Violence within Families and Family Therapy's Response. *Journal of Marital and Family Therapy* 18:223–33.

Bentovim, A., A. Elton, J. Hildebrand, M. Tranter, and E. Vizard, eds. 1988. *Child Sexual Abuse within the Family*. London: Wright.

Bograd, M. 1984. Family Systems Approaches to Wife Battering: A Feminist Critique. *American Journal of Orthopsychiatry* 54:558–68.

Bograd, M. 1992. Values in Conflict: Challenges to Family Therapists' Thinking. *Journal of Marital and Family Therapy* 18:243–57.

Boszormenyi-Nagy, I., and G. Spark. 1973. *Invisible Loyalties: Reciprocity in Intergenerational Family Therapy*. New York: Harper & Row.

Brown, P. D., and K. D. O'Leary. 1995. *Marital Treatment for Wife Abuse: A Review and Evaluation*. Paper presented at the Fourth International Family Violence Research Conference, Durham, NC July.

Campbell, K. A., L. J. Cook, B. J. LaFleur, and H. T. Keenan. 2010. Household, Family, and Child Risk Factors after an Investigation for Suspected Child Maltreatment: A Missed Opportunity for Prevention. *Archives of Pediatric Adolescent Medicine* 164:943–9.

Doherty, W. 1991. Family Therapy Goes Postmodern. *Family Therapy Networker* 15 (5):36–42.

Edelson, E., and R. Tolman. 1992. *Intervention for Men Who Batter*. Newbury Park, CA: Sage.

Edwards, D. L., and E. Gill. 1986. *Breaking the Cycle: Assessment and Treatment of Child Abuse and Neglect*. Los Angeles, CA: Association for Advanced Training in Behavioral Science.

Feldman, C. M., and C. A. Ridley. 1995. The Etiology and Treatment of Domestic Violence Between Adult Partners. *Clinical Psychology: Science and Practice* 2:317–48.

Furniss, T. 1991. *The Multiprofessional Handbook of Child Sexual Abuse: Integrated Management, Therapy, and Legal Intervention*. London: Routledge.

Goldner, V. 1992. Making Room for Both/And. *The Family Therapy Networker* 16 (2):55–61.

Goldner, V. 1998. The Treatment of Violence and Victimization in Intimate Relationships. *Family Process* 37:263–86.

Gondolf, E. W. 1995. Gains and Process in State Batterer Programs and Standards. *Family Violence and Sexual Assault Bulletin* 11:27–8.

Hansen, M. 1993. Feminism and Family Therapy: A Review of Feminist Critiques of Approaches to Family Violence. In *Battering and Family Therapy: A Feminist Perspective*, M. Hansen and M. Harway, eds. Newbury Park, CA: Sage.

Herman, J. L. 1992. *Trauma and Recovery*. New York: Basic Books.

Holtzworth-Munroe, A., J. C. Meehan, U. Rehman, and A. D. Marshall. 2002. Intimate Partner Violence: An Introduction for Couple Therapists. In *Clinical Handbook of Couple Therapy*, 3rd ed., A. Gurman and N. Jacobson, eds. New York: Guilford Press.

Jacobson, N. S., and A. Christensen. 1996. *Integrative Couple Therapy*. New York: Guilford Press.

Johnson, M. P. 1995. Patriarchal Terrorism and Common Couple Violence: Two Forms of Violence against Women. *Journal of Marriage and the Family* 57:283–94.

Kitchens, J. M. 1994. Does This Patient Have an Alcohol Problem? *Journal of the American Medical Association* 272:1782–7.

McGoldrick, M., J. Pearce, and J. Giordano. 2005. *Ethnicity and Family Therapy*, 3rd ed. New York: Guilford Press.

Minuchin, S., and M. P. Nichols. 1993. *Family Healing: Tales of Hope and Renewal from Family Therapy*. New York: Free Press.

Nichols, M. P. 2009. *The Lost Art of Listening*, 2nd ed. New York: Guilford Press.

Patterson, J. E., L. Williams, L. Grauf-Grounds, and L. Chamow. 1998. *Essential Skills in Family Therapy: From the First Interview to Termination*. New York: Guilford Press.

Ramchandani, P., and P. H. Jones. 2003. Treating Psychological Systems in Sexually Abused Children. *The British Journal of Psychiatry* 183:484–90.

Rasmussen, B. 2013. The Basics of Healthcare Reform. *Family Therapy* 12:10–15.

Schwartz, R. C. 1995. *Internal Family Systems Therapy*. New York: Guilford Press.

Scott, K., and M. Straus. 2007. Denial, Minimization, Partner Blaming and Intimate Aggression in Dating Partners. *Journal of Interpersonal Violence* 22:851–71.

Sheinberg, M., F. True, and P. Fraenkel. 1994. Treating the Sexually Abused Child: A Recursive, Multi-Modal Program. *Family Process* 33:263–76.

Smith, S., K. Rosen, E. McCollum, and C. Thomsen. 2004. Treating Intimate Partner Violence within Intact Couple Relationships: Outcome of Multi-Couple versus Individual Couple Therapy. *Journal of Marital and Family Therapy* 30:305–18.

Trepper, T. S., and M. J. Barrett. 1989. *Systemic Treatment of Incest: A Therapeutic Handbook*. New York: Brunner/Mazel.

Walsh, F. 1998. *Strengthening Family Resilience*. New York: Guilford Press.

제3장

Ainsworth, M. D. S. 1967. *Infancy in Uganda: Infant Care and the Growth of Attachment*. Baltimore, MD: Johns Hopkins University Press.

Bateson, G. 1956. *Naven*. Stanford, CA: Stanford University Press.

Bateson, G. 1979. *Mind and Nature*. New York: Dutton.

Bibb, A., and G. J. Casimir. 1996. Hatian Families. In *Ethnicity and Family Therapy*, M. McGoldrick, J. Giordano, and J. K. Pearce, eds. New York: Guilford Press.

Bowen, M. 1978. *Family Therapy in Clinical Practice*. New York: Jason Aronson.

Bowlby, J. 1958. The Nature of the Child's Tie to His Mother. *International Journal of Psycho-Analysis* 41:350–73.

Bowlby, J. 1973. *Attachment and Loss: Vol. 2. Separation*. New York: Basic Books.

Bowlby, J. 1988. A Secure Base: Clinical Applications of Attachment Theory. London: Routledge.

Boyd-Franklin, N. 1989. *Black Families in Therapy: A Multisystems Approach*. New York: Guilford Press.

Buckley, W. 1968. Society as a Complex Adaptive System. In *Modern Systems Research for the Behavioral Scientist: A Sourcebook*, W. Buckley, ed. Chicago, IL: Aldine.

Burlingham, D., and A. Freud. 1944. *Infants without Families*. London: Allen & Unwin.

Carter, E., and M. McGoldrick, eds. 1980. *The Family Life Cycle: A Framework for Family Therapy*. New York: Gardner Press.

Carter, E., and M. McGoldrick. 1999. *The Expanded Family Life Cycle*, 3rd ed. Boston, MA: Allyn & Bacon.

Chodorow, N. 1978. *The Reproduction of Mothering*. Berkeley: University of California Press.

Conway, F., and J. Siegelman. 2005. Dark Hero of the Information Age: In Search of Norbert Wiener, the Father of Cybernetics. New York: Basic Books.

Davidson, M. 1983. *Uncommon Sense*. Los Angeles, CA: Tarcher.

Duvall, E. 1957. *Family Development*. Philadelphia, PA: Lippincott.

Easterbrook, M. A., and M. E. Lamb. 1979. The Relationship between Quality of Infant–Mother Attachment and Infant Competence in Initial Encounters with Peers. *Child Development* 50:380–7.

Falicov, C. J. 1998. *Latino Families in Therapy*. New York: Guilford Press.

Feeney, J. A. 1995. Adult Attachment and Emotional Control. *Personal Relationships* 2:143–59.

Foerster, H. von. 1981. *Observing Systems*. Seaside, CA: Intersystems.

Haley, J. 1976. *Problem-Solving Therapy*. San Francisco, CA: Jossey-Bass.

Harlow, H. 1958. The Nature of Love. *American Psychologist* 13:673–85.

Hazan, C., and P. R. Shaver. 1987. Romantic Love Conceptualized as an Attachment Process. *Journal of Personality and Social Psychology* 52:511–24.

Heims, S. 1991. *The Cybernetics Group*. Cambridge, MA: MIT Press.

Hill, R., and R. Rodgers. 1964. The Developmental Approach. In *Handbook of Marriage and the Family*, H. T. Christiansen, ed. Chicago, IL: Rand McNally.

Jackson, D. D. 1957. The Question of Family Homeostasis. *Psychiatric Quarterly Supplement* 31:79–90.

Jackson, D. D. 1959. Family Interaction, Family Homeostasis, and Some Implications for Conjoint Family Therapy. In *Individual and Family Dynamics*, J. Masserman, ed. New York: Grune & Stratton.

Johnson, S. 2002. *Emotionally Focused Couple Therapy with Trauma Survivors: Strengthening Attachment Bonds*. New York: Guilford Press.

Kelly, G. A. 1955. *The Psychology of Personal Constructs*. New York: Norton.

Lee, E. 1996. Asian American Families: An Overview. In *Ethnicity and Family Therapy*, M. McGoldrick, J. Giordano, and J. K. Pearce, eds. New York: Guilford Press.

Lieberman, A. F. 1977. Preschoolers' Competence with a Peer: Relations with Attachment and Peer Experience. *Child Development* 48:1277–87.

Lock, A., and T. Strong. *Social Constructionism: Sources and Stirrings in Theory and Practice*. London: Cambridge University Press.

Lorenz, K. E. 1935. Der Kumpan in der Umvelt des Vogels. In *Instinctive Behavior*, C. H. Schiller, ed. New York: International Universities Press.

Luepnitz, D. A. 1988. *The Family Interpreted: Feminist Theory in Clinical Practice*. New York: Basic Books.

Mahler, M., F. Pine, and A. Bergman. 1975. *The Psychological Birth of the Human Infant*. New York: Basic Books.

Main, M. 1977. Sicherheit und wissen. In *Entwicklung der Lernfahigkeit in der sozialen umwelt*, K. E. Grossman, ed. Munich: Kinder Verlag.

Main, M., and D. Weston. 1981. The Quality of the Toddler's Relationships to Mother and Father: Related to Conflict Behavior and Readiness to Establish New Relationships. *Child Development* 52:932–40.

Matas, L., R. Arend, and L. A. Sroufe. 1978.

Continuity of Adaptation in the Second Year: The Relationship between Quality of Attachment and Later Competence. *Child Development* 49:547–56.

Maturana, H. R., and F. J. Varela, eds. 1980. *Autopoiesis and Cognition: The Realization of the Living.* Boston, MA: Reidel.

Meyrowitz, J. 1985. *No Sense of Place.* New York: Oxford University Press.

Minuchin, P., J. Colapinto, and S. Minuchin. 2007. *Working with Families of the Poor*, 2nd ed. New York: Guilford Press.

Minuchin, S. 1974. *Families and Family Therapy.* Cambridge, MA: Harvard University Press.

Minuchin, S. 1991. The Seductions of Constructivism. *Family Therapy Networker* 15 (5):47–50.

Minuchin, S., and M. P. Nichols. 1993. *Family Healing: Tales of Hope and Renewal from Family Therapy.* New York: Free Press.

Minuchin, S., W.-Y. Lee, and G. M. Simon. 1996. *Mastering Family Therapy: Journeys of Growth and Transformation.* New York: Wiley.

Robertson, J. 1953. *A Two-Year Old Goes to the Hospital* [Film]. London: Tavistock Child Development Research Unit.

Sroufe, L. A. 1979. The Coherence of Individual Development: Early Care, Attachment and Subsequent Developmental Issues. *American Psychologist* 34:834–41.

Walters, M., B. Carter, P. Papp, and O. Silverstein. 1988. *The Invisible Web: Gender Patterns in Family Relationships.* New York: Guilford Press.

Waters, E. 1978. The Reliability and Stability of Individual Differences in Infant–Mother Attachment. *Child Development* 49:483–94.

Waters, E., J. Wippman, and L. A. Sroufe. 1979. Attachment, Positive Affect and Competence in the Peer Group: Two Studies of Construct Validation. *Child Development* 51:208–16.

Watzlawick, P., eds. 1984. *The Invented Reality.* New York: Norton.

Watzlawick, P., J. H. Beavin, and D. D. Jackson. 1967. *Pragmatics of Human Communication.* New York: Norton.

White, M., and D. Epston. 1990. *Narrative Means to Therapeutic Ends.* New York: Norton.

Wiener, N. 1948. *Cybernetics or Control and Communication in the Animal and the Machine.* Cambridge, MA: MIT Press.

제4장

Alexander, P. C., S. Moore, and E. R. Alexander. 1991. Intergenerational Transmission of Violence. *Journal of Marriage and the Family* 53:657–67.

Amato, P. R. 1996. Explaining the Intergenerational Transmission of Divorce. *Journal of Marriage and the Family* 58:628–40.

Anonymous. 1972. Differentiation of Self in One's Family. In *Family Interaction*, J. Framo, ed. New York: Springer.

Bartle-Haring, S., and D. Probst. 2004. A Test of Bowen Theory: Emotional Reactivity and Psychological Distress in a Clinical Sample. *The American Journal of Family Therapy* 32:419–35.

Bohlander, J. R. 1995. *Differentiation of Self, Need-Fulfillment, and Psychological Well-Being in Married Women.* Unpublished doctoral dissertation, New York University.

Bowen, M. 1966. The Use of Family Theory in Clinical Practice. *Comprehensive Psychiatry* 7:345–74.

Bowen, M. 1971. Family Therapy and Family Group Therapy. In *Comprehensive Group Psychotherapy*, H. Kaplan and B. Sadock, eds. Baltimore, MD: Williams & Wilkins.

Bowen, M. 1974. Toward the Differentiation of Self in One's Family of Origin. In *Georgetown Family Symposium*, Vol. 1, F. Andres and J. Lorio, eds. Washington, DC: Department of Psychiatry, Georgetown University Medical Center.

Bowen, M. 1976. Theory in the Practice of Psychotherapy. In *Family Therapy: Theory and Practice*, P. J. Guerin, ed. New York: Gardner Press.

Carter, B., and M. McGoldrick. 1999. *The Expanded Family Life Cycle*, 3rd ed. Boston, MA: Allyn & Bacon.

Carter, E., and M. M. Orfanidis. 1976. Family Therapy with One Person and the Family Therapist's Own Family. In *Family Therapy: Theory and Practice*, P. J. Guerin, ed. New York: Gardner Press.

Coco, E. L, and L. J. Courtney. 2003. A Family Systems Approach for Preventing Adolescent Runaway Behavior. *Family Therapy* 30:39–50.

Davis, B., and L. C. Jones. 1992. Differentiation of Self and Attachment among Adult Daughters. *Issues in Mental Health Nursing* 13:321–31.

Elieson, M. V., and L. J. Rubin. 2001. Differentiation of Self and Major Depressive Disorders: A Test of Bowen Theory among Clinical, Tradition, and Internet Groups. *Family Therapy* 29:125–42.

Feng, D., R. Giarrusso, V. L. Bengston, and N. Frye. 1999. Intergenerational Transmission of Marital

Quality and Marital Instability. *Journal of Marriage and the Family* 61:451–63.

Fogarty, T. F. 1976b. Marital Crisis. In *Family Therapy: Theory and Practice*, P. J. Guerin, ed. New York: Gardner Press.

Gehring, T. M., and D. Marti. 1993. The Family System Test: Differences in Perception of Family Structures between Nonclinical and Clinical Children. *Journal of Child Psychology and Psychiatry* 34:363–77.

Griffin, J. M., and R. A. Apostal. 1993. The Influence of Relationship Enhancement Training on Differentiation of Self. *Journal of Marital and Family Therapy* 19:267–72.

Guerin, P. G., L. Fay, S. Burden, and J. Kautto. 1987. *The Evaluation and Treatment of Marital Conflict: A Four-Stage Approach*. New York: Basic Books.

Guerin, P. J. 1971. A Family Affair. In *Georgetown Family Symposium*, Vol. 1. Washington, DC.

Guerin, P. J., and T. F. Fogarty. 1972. Study Your Own Family. In *The Book of Family Therapy*, A. Ferber, M. Mendelsohn, and A. Napier, eds. New York: Science House.

Guerin, P. J., T. F. Fogarty, L. F. Fay, and J. G. Kautto. 1996. *Working with Relationship Triangles: The One-Two-Three of Psychotherapy*. New York: Guilford Press.

Haber, J. E. 1984. An Investigation of the Relationship between Differentiation of Self, Complementary Psychological Need Patterns, and Marital Conflict. Unpublished doctoral dissertation, New York University.

Haber, J. E. 1993. A Construct Validity Study of a Differentiation of Self Scale. *Scholarly Inquiry for Nursing Practice* 7:165–78.

Hertlein, K. M., and J. M. Killmer. 2004. Toward Differentiated Decision-Making: Family Systems Theory with the Homeless Clinical Population. *American Journal of Family Therapy* 32:255–70.

Herz, F., ed. 1991. *Reweaving the Family Tapestry*. New York: Norton.

Johnson, S., and J. Lebow. 2000. The "Coming of Age" of Couple Therapy: A Decade Review. *Journal of Marital and Family Therapy* 26:23–38.

Kerr, M. 1971. The Importance of the Extended Family. In *Georgetown Family Symposium*, Vol. 1. Washington, DC.

Kerr, M., and M. Bowen. 1988. *Family Evaluation*. New York: Norton.

Kolbert, J. B., L. M. Crothers, and J. E. Field. 2013. Clinical Interventions with Adolescents Using a Family Systems Approach. *The Family Journal* 21:87–94.

Lerner, H. G. 1985. *The Dance of Anger: A Woman's Guide to Changing Patterns of Intimate Relationships*. New York: Harper & Row.

Lerner, H. G. 1989. *The Dance of Intimacy: A Woman's Guide to Courageous Acts of Change in Key Relationships*. New York: Harper & Row.

Licht, C., and D. Chabot. 2006. The Chabot Emotional Differentiation Scale: A Theoretically and Psychometrically Sound Instrument for Measuring Bowen's Intrapsychic Aspect of Differentiation. *Journal of Marital and Family Therapy* 32:167–80.

MacKay, L. 2012. Trauma and Bowen Family Systems Theory: Working with Adults Who Were Abused as Children. *Australian and New Zealand Journal of Family Therapy* 33:232–41.

McGoldrick, M., and R. Gerson. 1985. *Genograms in Family Assessment*. New York: Norton.

McGoldrick, M., J. Pearce, and J. Giordano. 1982. *Ethnicity in Family Therapy*. New York: Guilford Press.

Miller, R. B., L. N. Johnson, J. G. Sandberg, T. A. Stringer-Seibold, and L. Gfeller-Strouts. 2000. An Addendum to the 1997 Outcome Research Chart. *American Journal of Family Therapy* 28:347–54.

Nichols, M. P. 1986. *Turning Forty in the Eighties*. New York: Norton.

Peleg, O. 2008. The Relation between Differentiation of Self and Marital Satisfaction: What Can Be Learned from Married People over the Course of Life? *The American Journal of Family Therapy* 36:388–401.

Peleg, O., and M. Yitzhak. 2011. Differentiation of Self and Separation Anxiety: Is There a Similarity between Spouses? *Contemporary Family Therapy: An International Journal* 33:25–36.

Peleg-Popko, O. 2002. Bowen Theory: A Study of Differentiation of Self, Social Anxiety and Physiological Symptoms. *Contemporary Family Therapy* 25:355–69.

Protinsky, H., and J. K. Gilkey. 1996. An Empirical Investigation of the Construct of Personality Authority in Late Adolescent Women and Their Level of College Adjustment. *Adolescence* 31:291–6.

Richards, E. R. 1989. Self Reports of Differentiation of Self and Marital Compatibility as Related to Family Functioning in the Third and Fourth Stages of the Family Life Cycle. *Scholarly Inquiry for Nursing Practice* 3:163–75.

Sher, K. J., B. S. Gershuny, L. Peterson, and G. Raskin. 1979. The Role of Childhood Stressors in the

Intergenerational Transmission of Alcohol Use Disorders. *Journal of Studies on Alcohol* 58:414–27.

Skowron, E. A. 2000. The Role of Differentiation of Self in Marital Adjustment. *Journal of Counseling Psychology* 47:229–37.

Skowron, E. A., and M. L. Friedlander. 1998. The Differentiation of Self Inventory: Development and Initial Validation. *Journal of Counseling Psychology* 45:235–46.

Troll, L., and V. L. Bengston. 1979. Generations in the Family. In *Contemporary Theories about the Family*, Vol. 1, W. R. Burr, R. Hill, F. I. Nye, and I. L. Reiss, eds. New York: Free Press.

U.S. Bureau of the Census. 2014. *Statistical Abstract of the United States*, 133rd ed. Washington, DC: U.S. Government Printing Office.

Vuchinich, S., R. E. Emery, and J. Cassidy. 1988. Family Members as Third Parties in Dyadic Family Conflict: Strategies, Alliances, and Outcomes. *Child Development* 59:1296–302.

West, J. D., J. J. Zarski, and R. Harvill. 1986. The Influence of the Family Triangle on Intimacy. *American Mental Health Counselors Association Journal* 8:166–74.

Whitbeck, L., D. Hoyt, R. Simons, R. Conger, G. Elder, F. Lorenz, and S. Huck. 1992. Intergenerational Continuity of Parental Rejection and Depressed Affect. *Journal of Personality and Social Psychology* 63:1036–45.

Whitehouse, P. J., and G. Harris. 1998. The Intergenerational Transmission of Eating Disorders. *European Eating Disorders Review* 6:238–54.

Wood, B., J. B. Watkins, J. T. Boyle, J. Nogueira, E. Zimand, and L. Carroll. 1989. The "Psychosomatic Family" Model: An Empirical and Theoretical Analysis. *Family Process* 28:399–417.

제5장

Alexander, J., and B. Parsons. 1982. *Functional Family Therapy*. Monterey, CA: Brooks Cole.

Andersen, T. 1987. The Reflecting Team: Dialogue and Meta-Dialogue in Clinical Work. *Family Process* 26:415–7.

Boscolo, L. 1983. Final Discussion. In *Psychosocial Intervention in Schizophrenia: An International View*, H. Stierlin, L. Wynne, and M. Wirsching, eds. Berlin: Springer-Verlag.

Boscolo, L., and P. Bertrando. 1992. The Reflexive Loop of Past, Present, and Future in Systemic Therapy and Consultation. *Family Process* 31:119–33.

Boscolo, L., G. Cecchin, L. Hoffman, and P. Penn. 1987. *Milan Systemic Family Therapy*. New York: Basic Books.

Cecchin, G. 1987. Hypothesizing, Circularity and Neutrality Revisited: An Invitation to Curiosity. *Family Process* 26:405–13.

Eron, J., and T. Lund. 1993. An Approach to How Problems Evolve and Dissolve: Integrating Narrative and Strategic Concepts. *Family Process* 32:291–309.

Eron, J., and T. Lund. 1996. *Narrative Solutions in Brief Therapy*. New York: Guilford Press.

Fisch, R. 1978. Review of Problem-Solving Therapy, by Jay Haley. *Family Process* 17:107–10.

Fisch, R., J. Weakland, and L. Segal. 1982. *The Tactics of Change*. San Francisco, CA: Jossey-Bass.

Gaulier, B., J. Margerum, J. A. Price, and J. Windell. 2007. *Defusing the High-Conflict Divorce: A Treatment Guide for Working with Angry Couples*. Atascadero, CA: Impact.

Goldman, A., and L. Greenberg. 1992. Comparison of Integrated Systemic and Emotionally Focused Approaches to Couples Therapy. *Journal of Consulting and Clinical Psychology* 60:962–9.

Haley, J. 1963. *Strategies of Psychotherapy*. New York: Grune & Stratton.

Haley, J. 1973. *Uncommon Therapy*. New York: Norton.

Haley, J. 1976. *Problem-Solving Therapy*. San Francisco, CA: Jossey-Bass.

Haley, J. 1981. *Reflections on Therapy*. Chevy Chase, MD: Family Therapy Institute of Washington, DC.

Haley, J. 1984. *Ordeal Therapy*. San Francisco, CA: Jossey-Bass.

Haley, J. 1996. *Learning and Teaching Therapy*. New York: Guilford Press.

Haley, J., and M. Richeport-Haley. 2007. *Directive Family Therapy*. New York: Haworth Press.

Hoffman, L. 1983. A Co-Evolutionary Framework for Systemic Family Therapy. In *Diagnosis and Assessment in Family Therapy*, J. Hansen and B. Keeney, eds. Rockville, MD: Aspen Systems.

Jackson, D. D. 1965. Family Rules: The Marital Quid Pro Quo. *Archives of General Psychiatry* 12:589–94.

Jackson, D. D. 1967. Aspects of Conjoint Family Therapy. In *Family Therapy and Disturbed Families*, G. H. Zuk and I. Boszormenyi-Nagy, eds. Palo Alto, CA: Science and Behavior Books.

Jackson, D. D., and J. H. Weakland. 1961. Conjoint Family Therapy: Some Consideration on Theory, Technique, and Results. *Psychiatry* 24:30–45.

Keim, J. 1998. Strategic Family Therapy. In *Case Studies in Couple and Family Therapy*, F. Dattilio, ed.

New York: Guilford Press.

Keim, J., and J. Lappin. 2002. Structural-Strategic Marital Therapy. In *Clinical Handbook of Couple Therapy*, A. S. Gurman and N. S. Jacobson, eds. New York: Guilford Press.

Langsley, D., P. Machotka, and K. Flomenhaft. 1971. Avoiding Mental Hospital Admission: A Follow-Up Study. *American Journal of Psychiatry* 127:1391–4.

Madanes, C. 1981. *Strategic Family Therapy*. San Francisco, CA: Jossey-Bass.

Madanes, C. 1984. *Behind the One-Way Mirror*. San Francisco, CA: Jossey-Bass.

Marayuma, M. 1968. The Second Cybernetics: Deviation-Amplifying Mutual Causal Processes. In *Modern Systems Research for the Behavioral Scientist*, W. Buckley, ed. Chicago, IL: Aldine.

Papp, P. 1980. The Greek Chorus and Other Techniques of Paradoxical Therapy. *Family Process* 19:45–57.

Parsons, B., and J. Alexander. 1973. Short-Term Family Intervention: A Therapy Outcome Study. *Journal of Consulting and Clinical Psychology* 41:195–201.

Penn, P. 1982. Circular Questioning. *Family Process* 21:267–80.

Penn, P. 1985. Feed-Forward: Further Questioning, Future Maps. *Family Process* 24:299–310.

Price, J. 1996. *Power and Compassion: Working with Difficult Adolescents and Abused Parents*. New York: Guilford Press.

Robbins, M. S., J. F. Alexander, and C. W. Turner. 2000. Disrupting Defensive Family Interactions in Family Therapy with Delinquent Adolescents. *Journal of Family Psychology* 14:688–701.

Robbins, M. S., D. J. Feaster, V. E. Horigian, M. J. Rohrbaugh, V. Shoham, K. Bachrach, and J. Szapocznik. 2012. Brief Strategic Family Therapy versus Treatment as Usual: Results of a Multisite Randomized Trial for Substance Using Adolescents. *Journal of Consulting and Clinical Psychology* 79:713–27.

Robbins, M. S., C. C. Mayorga, W. B. Mitrani, J. Szapocznik, C. W. Turner, and J. F. Alexander. 2008. Adolescent and Parent Alliances with Therapists in Brief Strategic Family Therapy with Drug-Abusing Hispanic Adolescents. *Journal Marital and Family Therapy* 34:316–28.

Robbins, M. S., C. W. Turner, J. F. Alexander, and G. A. Perez. 2003. Alliance and Dropout in Family Therapy for Adolescents with Behavior Problems: Individual and Systemic Effects. *Journal Family Psychology* 17:534–44.

Ruesch, J., and G. Bateson. 1951. *Communication: The Social Matrix of Psychiatry*. New York: Norton.

Rynes, K. N., M. J. Rohrbaugh, F. Lebensohn-Chialvo, and V. Shoham. 2014. Parallel Demand/Withdraw Processes in Family Therapy for Adolescent Drug Use. *Psychology of Addictive Behaviors* 28:420–30.

Santisteban, D. A., J. D. Coatsworth, A. Perez-Vidal, W. M. Kurtines, S. J. Schwartz, A. LaPerrier, and J. Szapocznik. 2003. Efficacy of Brief Strategic Family Therapy in Modifying Hispanic Adolescent Behavior Problems and Substance Use. *Journal of Family Psychology* 17:121–33.

Selvini Palazzoli, M. 1993. *Major Mental Disorders, Distorted Reality and Family Secrets*. Unpublished manuscript.

Selvini Palazzoli, M. 1981. *Self-Starvation: From the Intrapsychic to the Transpersonal Approach to Anorexia Nervosa*. New York: Jason Aronson.

Selvini Palazzoli, M. 1986. Towards a General Model of Psychotic Games. *Journal of Marital and Family Therapy* 12:339–49.

Selvini Palazzoli, M., L. Boscolo, G. Cecchin, and G. Prata. 1978a. *Paradox and Counterparadox*. New York: Jason Aronson.

Selvini Palazzoli, M., L. Boscolo, G. Cecchin, and G. Prata. 1978b. A Ritualized Prescription in Family Therapy: Odd Days and Even Days. *Journal of Marriage and Family Counseling* 4:3–9.

Selvini Palazzoli, M., L. Boscolo, G. Cecchin, and G. Prata. 1980. Hypothesizing—Circularity—Neutrality: Three Guidelines for the Conductor of the Session. *Family Process* 19:3–12.

Selvini Palazzoli, M., and M. Viaro. 1988. The Anorectic Process in the Family: A Six-Stage Model as a Guide for Individual Therapy. *Family Process* 27:129–48.

Shoham, V., R. R. Bootzin, M. R. Rohrbaugh, and H. Urry. 1996. Paradoxical versus Relaxation Treatment for Insomnia: The Moderating Role of Reactance. *Sleep Research* 24a:365.

Shoham, V., and M. J. Rohrbaugh. 2002. Brief Strategic Couple Therapy. In *Clinical Handbook of Couple Therapy*, A. S. Gurman and N. S. Jacobson, eds. New York: Guilford Press.

Shoham, V., M. J. Rohrbaugh, T. R. Stickle, and T. Jacob. 1998. Demand-Withdraw Couple Interaction Moderates Retention in Cognitive-Behavioral versus Family-Systems Treatments for Alcoholism. *Journal of Family Psychology* 12:557–77.

Shoham, V., M. J. Rohrbaugh, S. E. Trost, and M. Muramoto. 2006. A Family Consultation Intervention for Health-Compromised Smokers. *Journal of Substance Abuse Treatment* 31:395–402.

Shoham-Salomon, V., R. Avner, and R. Neeman. 1989. You're Changed If You Do and Changed If You Don't: Mechanisms Underlying Paradoxical Interventions. *Journal of Consulting and Clinical Psychology* 57:590–8.

Shoham-Salomon, V., and A. Jancourt. 1985. Differential Effectiveness of Paradoxical Interventions for More versus Less Stress-Prone Individuals. *Journal of Counseling Psychology* 32:449–53.

Stanton, D., T. Todd, et al. 1982. *The Family Therapy of Drug Abuse and Addiction*. New York: Guilford Press.

Szapocznik, J., A. Perez-Vidal, A. L. Brickman, F. H. Foote, O. Heris, and W. M. Kurtines. 1988. Engaging Adolescent Drug Abusers and Their Families in Treatment: A Strategic Structural Systems Approach. *Journal of Consulting and Clinical Psychology* 56:552–7.

Tomm, K. 1987a. Interventive Interviewing: Part I. Strategizing as a Fourth Guideline for the Therapist. *Family Process* 26:3–13.

Tomm, K. 1987b. Interventive Interviewing: Part II. Reflexive Questioning as a Means to Enable Self-Healing. *Family Process* 26:167–84.

Watzlawick, P., J. Beavin, and D. Jackson. 1967. *Pragmatics of Human Communication*. New York: Norton.

Watzlawick, P., J. Weakland, and R. Fisch. 1974. *Change: Principles of Problem Formation and Problem Resolution*. New York: Norton.

Weakland, J., and R. Fisch. 1992. Brief Therapy—MRI Style. In *The First Session in Brief Therapy*, S. H. Budman, N. F. Hoyt, and S. Friedman, eds. New York: Guilford Press.

Weakland, J., and W. Ray, eds. 1995. *Propagations: Thirty Years of Influence from the Mental Research Institute*. Binghamton, NY: Haworth Press.

제6장

Barkley, R., D. Guevremont, A. Anastopoulos, and K. Fletcher. 1992. A Comparison of Three Family Therapy Programs for Treating Family Conflicts in Adolescents with Attention-Deficit Hyperactivity Disorder. *Journal of Consulting and Clinical Psychology* 60:450–63.

Campbell, T., and J. Patterson. 1995. The Effectiveness of Family Interventions in the Treatment of Physical Illness. *Journal of Marital and Family Therapy* 21:545–84.

Chamberlain, P., and J. Rosicky. 1995. The Effectiveness of Family Therapy in the Treatment of Adolescents with Conduct Disorders and Delinquency. *Journal of Marital and Family Therapy* 21:441–59.

Eisler, I., M. Simic, G. F. Russell, and C. Dare. 2007. A Randomized Controlled Treatment Trial of Two Forms of Family Therapy in Adolescent Anorexia Nervosa: A Five-Year Follow-Up. *Journal of Child Psychology and Psychiatry* 6:552–60.

Elizur, J., and S. Minuchin. 1989. *Institutionalizing Madness: Families, Therapy, and Society*. New York: Basic Books.

Grief, G., and L. Dreschler. 1993. Common Issues for Parents in a Methadone Maintenance Group. *Journal of Substance Abuse Treatment* 10:335–9.

Jones, K. E., C. L. Lettenberger, and K. Wickel 2011. A Structural/Strategic Lens in the Treatment of Children with Obesity. *The Family Journal* 14:340–6.

Lock, J., D. LeGrange, W. Agras, and C. Dare. 2001. *Treatment Manual for Anorexia Nervosa: A Family-Based Approach*. New York: Guilford Press.

Lock, J., D. LeGrange, W. Agras, A. Moye, S. W. Bryson, and B. Jo. 2010. Randomized Clinical Trial Comparing Family-Based Treatment with Adolescent-Focused Individual Therapy for Adolescents with Anorexia Nervosa. *Archives of General Psychiatry* 10:1025–32.

Minuchin, S. 1974. *Families and Family Therapy*. Cambridge, MA: Harvard University Press.

Minuchin, S., L. Baker, B. Rosman, R. Liebman, L. Milman, and T. C. Todd. 1975. A Conceptual Model of Psychosomatic Illness in Children. *Archives of General Psychiatry* 32:1031–8.

Minuchin, S., and H. C. Fishman. 1981. *Family Therapy Techniques*. Cambridge, MA: Harvard University Press.

Minuchin, S., B. Montalvo, B. Guerney, B. Rosman, and F. Schumer. 1967. *Families of the Slums*. New York: Basic Books.

Minuchin, S., and M. P. Nichols. 1993. *Family Healing: Tales of Hope and Renewal from Family Therapy*. New York: Free Press.

Minuchin, S., M. P. Nichols, and W.-Y. Lee. 2007. *A Four-Step Model for Assessing Families and Couples: From Symptom to Psyche*. Boston, MA: Allyn & Bacon.

Minuchin, S., B. Rosman, and L. Baker. 1978.

Psychosomatic Families: Anorexia Nervosa in Context. Cambridge, MA: Harvard University Press.

Mitrani, V. B., B. E. McCabe, M. J. Burns, and D. J. Feaster. 2012. Family Mechanisms of Structural Ecosystems Therapy for HIV-Positive Women in Drug Recovery. *Health Psychology* 31:591–600.

Nichols, M. P., and S. Tafuri. 2013. Techniques of Structural Family Assessment: A Qualitative Analysis of How Experts Promote a Systemic Perspective. *Family Process* 52:207–15.

Robbins, M. S., J. F. Alexander, and C. W. Turner. 2000. Disrupting Defensive Family Interactions in Family Therapy with Delinquent Adolescents. *Journal of Family Psychology* 14:688–701.

Robbins, M. S., C. Mayorga, V. Mitrani, J. Szapocznik, C. Turner, and J. Alexander. 2008. Parent Alliances with Therapists in Brief Adolescents. *Journal of Marital and Family Therapy* 34:316–28.

Robbins, M. S., C. W. Turner, J. F. Alexander, and G. A. Perez. 2003. Alliance and Dropout in Family Therapy for Adolescents with Behavior Problems: Individual and Systemic Effects. *Journal Family Psychology* 17:534–44.

Santisteban, D., J. Coatsworth, A. Perez-Vidal, W. Kurtines, S. Schwartz, A. LaPerriere, and J. Szapocznik. 2003. The Efficacy of Brief Strategic Family Therapy in Modifying Hispanic Adolescent Behavior Problems and Substance Use. *Journal of Family Psychology* 17 (1):121–33.

Santisteban, D., J. Coatsworth, A. Perez-Vidal, V. Mitrani, M. Jean-Gilles, and J. Szapocznik. 1997. Brief Structural/Strategic Family Therapy with African American and Hispanic High-Risk Youth. *Journal of Community Psychology* 25:453–71.

Simon, G. M. 1995. A Revisionist Rendering of Structural Family Therapy. *Journal of Marital and Family Therapy* 21:17–26.

Skelton, J. A., C. Buehler, M. B. Irby, and J. G. Grzywacz. 2012. Where are Family Theories in Family-Based Obesity Treatment? *International Journal of Obesity* 36:891–900.

Stanton, M. D., and T. C. Todd. 1979. Structural Family Therapy with Drug Addicts. In *The Family Therapy of Drug and Alcohol Abuse*, E. Kaufman and P. Kaufmann, eds. New York: Gardner Press.

Szapocznik, J., A. Perez-Vidal, A. L. Brickman, F. H. Foote, O. Heris, and W. M. Kurtines. 1988. Engaging Adolescent Drug Abusers and Their Families in Treatment: A Strategic Structural Systems Approach. *Journal of Consulting and Clinical Psychology* 56:552–7.

Szapocznik, J., A. Rio, E. Murray, R. Cohen, M. Scopetta, A. Rivas-Vazquez, et al. 1989. Structural Family versus Psychodynamic Child Therapy for Problematic Hispanic Boys. *Journal of Consulting and Clinical Psychology* 57:571–8.

Weaver, A., C. G. Greeno, S. C. Marcus, R. A. Fusco, T. Zimmerman, and C. Anderson. 2013. Effects of Structural Family Therapy on Child and Maternal Mental Health Symptomatology. *Research on Social Work Practice* 23:294–303.

제7장

Adamson, N. J. 2013. Emotionally Focused Therapy with Couples Facing Breast Cancer: A Theoretical Foundation and Descriptive Case Study. *Journal of Psychosocial Oncology* 31:712–26.

Andreas, S. 1991. *Virginia Satir: The Patterns of Her Magic.* Palo Alto, CA: Science and Behavior Books.

Arad, D. 2004. If Your Mother Were an Animal, What Animal Would She Be? Creating Play Stories in Family Therapy: The Animal Attribution Story-Telling Technique (AASTT). *Family Process* 43:249–63.

Bing, E. 1970. The Conjoint Family Drawing. *Family Process* 9:173–94.

Bowlby, J. 1969. *Attachment and Loss: Vol. 1. Attachment.* New York: Basic Books.

Bowlby, J. 1988. *A Secure Base.* New York: Basic Books.

Denton, W. H., B. R. Burleson, T. E. Clark, C. P. Rodriguez, and B. V. Hobbs. 2000. A Randomized Trail of Emotion-Focused Therapy for Couples in a Training Clinic. *Journal of Marital and Family Therapy* 26:65–78.

Dessaulles, A., S. M. Johnson, and W. H. Denton. 2003. Emotion-Focused Therapy for Couples in the Treatment of Depression: A Pilot Study. *The American Journal of Family Therapy* 31:245–53.

Duhl, B. S., and F. J. Duhl. 1981. Integrative Family Therapy. In *Handbook of Family Therapy*, A. S. Gurman and D. P. Kniskern, eds. New York: Brunner/Mazel.

Duhl, F. J., D. Kantor, and B. S. Duhl. 1973. Learning, Space and Action in Family Therapy: A Primer of Sculpture. In *Techniques of Family Psychotherapy*, D. A. Bloch, ed. New York: Grune & Stratton.

Geddes, M., and J. Medway. 1977. The Symbolic Drawing of Family Life Space. *Family Process* 16:219–28.

Gehrke, S., and M. Kirschenbaum. 1967. Survival Patterns in Conjoint Family Therapy. *Family Process* 6:67–80.

Gil, E. 1994. *Play in Family Therapy*. New York: Guilford Press.

Greenberg, L. S., C. L. Ford, L. Alden, and S. M. Johnson. 1993. In-Session Change in Emotionally Focused Therapy. *Journal of Consulting and Clinical Psychology* 61:78–84.

Greenberg, L. S., and S. M. Johnson. 1985. Emotionally Focused Couple Therapy: An Affective Systemic Approach. In *Handbook of Family and Marital Therapy*, N. S. Jacobson and A. S. Gurman, eds. New York: Guilford Press.

Greenberg, L. S., and S. M. Johnson. 1986. Affect in Marital Therapy. *Journal of Marital and Family Therapy* 12:1–10.

Greenberg, L. S., and S. M. Johnson. 1988. *Emotionally Focused Therapy for Couples*. New York: Guilford Press.

Greenberg, L. S., and S. M. Johnson. 2010. *Emotionally Focused Therapy for Couples*. New York: Guilford Press.

Greenberg, L. S., S. Warwar, and W. Malcolm. 2010. Emotion-Focused Couples Therapy and the Facilitation of Forgiveness. *Journal of Marital and Family Therapy* 36:28–42.

Irwin, E., and E. Malloy. 1975. Family Puppet Interview. *Family Process* 14:179–91.

Johnson, S. M. 1998. Emotionally Focused Couple Therapy. In *Case Studies in Couple and Family Therapy*, F. M. Dattilio, ed. New York: Guilford Press.

Johnson, S. M. 2003. The Revolution in Couple Therapy: A Practitioner–Scientist Perspective. *Journal of Marital and Family Therapy* 29:365–84.

Johnson, S. M. 2004. The Practice of Emotionally Focused Couple Therapy: Creating Connection, 2nd ed. New York: Brunner-Routledge.

Johnson, S., B. Bradley, J. Furrow, A. Lee, G. Palmer, D. Tilley, and S. Woolley. 2005. *Becoming an Emotionally Focused Therapist: The Workbook*. New York: Brunner/Routledge.

Johnson, S. M., and W. Denton. 2002. Emotionally Focused Couple Therapy: Creating Secure Connections. In *Clinical Handbook of Couple Therapy*, 3rd ed., A. S. Gurman and N. S. Jacobson, eds. New York: Guilford Press.

Johnson, S. M., and L. S. Greenberg. 1985. Emotionally Focused Couples Therapy: An Outcome Study. *Journal of Marital and Family Therapy* 11:313–7.

Johnson, S. M., and L. S. Greenberg. 1988. Relating Process to Outcome in Marital Therapy. *Journal of Marital and Family Therapy* 14:175–83.

Johnson, S. M., J. Hunsley, L. Greenberg, and D. Schindler. 1999. Emotionally Focused Couples Therapy: Status and Challenges. *Clinical Psychology: Science and Practice* 6:67–79.

Johnson, S. M., C. Maddeaux, and J. Blouin. 1998. Emotionally Focused Therapy for Bulimia: Changing Attachment Patterns. *Psychotherapy* 35:238–47.

Kaplan, M. L., and N. R. Kaplan. 1978. Individual and Family Growth: A Gestalt Approach. *Family Process* 17:195–205.

Kempler, W. 1968. Experiential Psychotherapy with Families. *Family Process* 7:88–89.

Kempler, W. 1973. *Principles of Gestalt Family Therapy*. Oslo: Nordahls.

Kempler, W. 1981. *Experiential Psychotherapy with Families*. New York: Brunner/Mazel.

Kwiatkowska, H. Y. 1967. Family Art Therapy. *Family Process* 6:37–55.

Laing, R. D. 1967. *The Politics of Experience*. New York: Ballantine.

Lieberman, M. A., I. D. Yalom, and M. B. Miles. 1973. *Encounter Groups: First Facts*. New York: Basic Books.

Mahrer, A. R. 1982. *Experiential Psychotherapy: Basic Practices*. New York: Brunner/Mazel.

Marcuse, H. 1955. *Eros and Civilization*. New York: Beacon Press.

McLean, L. M., T. Walton, G. Rodin, M. Epslen, and J. M. Jones. 2013. A Couple-Based Intervention for Patients and Caregivers Facing End-Stage Cancer: Outcomes of a Randomized Controlled Trial. *Psycho-Oncology* 2:28–38.

Napier, A. Y., and C. A. Whitaker. 1978. *The Family Crucible*. New York: Harper & Row.

Nichols, M. P., and M. Zax. 1977. *Catharsis in Psychotherapy*. New York: Gardner Press.

Papp, P., M. Scheinkman, and J. Malpas. 2013. Breaking the Mold: Sculpting Impasses in Couples Therapy. *Family Process* 52:33–45.

Pierce, R., M. P. Nichols, and J. DuBrin. 1983. *Emotional Expression in Psychotherapy*. New York: Gardner Press.

Rogers, C. R. 1951. *Client-Centered Therapy*. Boston, MA: Houghton Mifflin.

Satir, V. M. 1964. *Conjoint Family Therapy*. Palo Alto, CA: Science and Behavior Books.

Satir, V. M. 1972. *Peoplemaking*. Palo Alto, CA: Science and Behavior Books.

Satir, V. M., and M. Baldwin. 1983. *Satir Step by Step:*

A Guide to Creating Change in Families. Palo Alto, CA: Science and Behavior Books. (Adapted from)

Schwartz, R. C. 1995. *Internal Family Systems Therapy*. New York: Guilford Press.

Schwartz, R. C. 1998. Internal Family Systems Therapy. In *Case Studies in Couple and Family Therapy*, F. M. Dattilio, ed. New York: Guilford Press.

Schwartz, R. C. 2001. *Introduction to the Internal Family Systems Model*. Oak Park, IL: Trailheads Publications.

Simon, R. 1989. Reaching Out to Life: An Interview with Virginia Satir. *The Family Therapy Networker* 13 (1):36–43.

Sullivan, H. S. 1953. *The Interpersonal Theory of Psychiatry*. New York: Norton.

Tie, S., and S. Poulsen. 2013. Emotionally Focused Couple Therapy with Couples Facing Terminal Illness. *Contemporary Family Therapy: An International Journal* 35:557–67.

Whitaker, C. A. 1958. Psychotherapy with Couples. *American Journal of Psychotherapy* 12:18–23.

Whitaker, C. A. 1967. The Growing Edge. In *Techniques of Family Therapy*, J. Haley and L. Hoffman, eds. New York: Basic Books.

Whitaker, C. A. 1975. Psychotherapy of the Absurd: With a Special Emphasis on the Psychotherapy of Aggression. *Family Process* 14:1–16.

Whitaker, C. A. 1976a. The Hindrance of Theory in Clinical Work. In *Family Therapy: Theory and Practice*, P. J. Guerin, ed. New York: Gardner Press.

Whitaker, C. A. 1976b. A Family Is a Four-Dimensional Relationship. In *Family Therapy: Theory and Practice*, P. J. Guerin, ed. New York: Gardner Press.

Whitaker, C. A., and D. V. Keith. 1981. Symbolic-Experiential Family Therapy. In *Handbook of Family Therapy*, A. S. Gurman and D. P. Kniskern, eds. New York: Brunner/Mazel.

Whitaker, C. A., and T. P. Malone. 1953. *The Roots of Psychotherapy*. New York: Blakiston.

Whitaker, C. A., J. Warkentin, and T. P. Malone. 1959. The Involvement of the Professional Therapist. In *Case Studies in Counseling and Psychotherapy*, A. Burton, ed. Englewood Cliffs, NJ: Prentice Hall.

제8장

Ackerman, N. W. 1958. *The Psychodynamics of Family Life*. New York: Basic Books.

Ackerman, N. W. 1966. *Treating the Troubled Family*. New York: Basic Books.

Allen, D. M. 2001. Integrating Individual and Family Systems Psychotherapy to Treat Borderline Personality Disorder. *Journal of Psychotherapy Integration* 11:313–31.

Barnhill, L. R., and D. Longo. 1978. Fixation and Regression in the Family Life Cycle. *Family Process* 17:469–78.

Bentovim, A., and W. Kinston. 1991. Focal Family Therapy. In *Handbook of Family Therapy*, Vol. II, A. S. Gurman and D. P. Kniskern, eds. New York: Brunner/Mazel.

Blanck, G., and R. Blanck. 1972. Toward a Psychoanalytic Developmental Psychology. *Journal of the American Psychoanalytic Association* 20:668–710.

Blum, H. P. 1987. Shared Fantasy and Reciprocal Identification: General Considerations and Gender Disorder. In *Unconscious Fantasy: Myth and Reality*, H. P. Blum et al., eds. New York: International Universities Press.

Boszormenyi-Nagy, I. 1987. *Foundations of Contextual Therapy*. New York: Brunner/Mazel.

Boszormenyi-Nagy, I., J. Grunebaum, and D. Ulrich. 1991. Contextual Therapy. In *Handbook of Family Therapy*, Vol. II, A. S. Gurman and D. P. Kniskern, eds. New York: Brunner/Mazel.

Boszormenyi-Nagy, I., and D. N. Ulrich. 1981. Contextual Family Therapy. In *Handbook of Family Therapy*, A. S. Gurman and D. P. Kniskern, eds. New York: Brunner/Mazel.

Bowen, M. 1965. Family Psychotherapy with Schizophrenia in the Hospital and in Private Practice. In *Intensive Family Therapy*, I. Boszormenyi-Nagy and J. L. Framo, eds. New York: Harper & Row.

Catherall, D. R. 1992. Working with Projective Identification in Couples. *Family Process* 31:355–67.

Christogiorgos, S., E. Stavrou, M. A. Widdershoven-Zervaki, and J. Tsiantis. 2010. Brief Psychodynamic Psychotherarpy in Adolescent Depression: Two Case Studies. *Psychoanalytic Psychotherapy* 24:262–78.

Cutner, N. 2014. The Impact of Insecure Attachment on Mothering: A New Mother's Story. *Journal of Infant, Child & Adolescent Psychiatry* 13:37–50.

Dare, C., I. Eisler, G. Russell, J. Treasure, and L. Dodge. 2001. Psychological Therapies for Adults with Anorexia Nervosa: Randomised Controlled Trial of Outpatient Treatments. *The British Journal of Psychiatry* 178:216–21.

Diaz Bonino, S. 2013. From Torment to Hope: Countertransference in Parent-Infant Psychoanalytic

Psychotherapy. *Infant Observation* 16:59–75.

Dicks, H. V. 1963. Object Relations Theory and Marital Studies. *British Journal of Medical Psychology* 36:125–9.

Dicks, H. V. 1967. *Marital Tensions*. New York: Basic Books.

Emanuel, L. 2012. Holding On; Being Held; Letting Go: The Relevance of Bion's Thinking for Psychoanalytic Work with Parents, Infants and Children under Five. *Journal of Child Psychotherapy* 38:268–83.

Fairbairn, W. D. 1952. *An Object-Relations Theory of the Personality*. New York: Basic Books.

Framo, J. L. 1970. Symptoms from a Family Transactional Viewpoint. In *Family Therapy in Transition*, N. W. Ackerman, ed. Boston: Little, Brown.

Freud, S. 1905. Fragment of an Analysis of a Case of Hysteria. In *Collected Papers*. New York: Basic Books.

Freud, S. 1909. Analysis of a Phobia in a Five-Year-Old Boy. In *Collected Papers*, Vol. III. New York: Basic Books.

Freud, S. 1921. Group Psychology and the Analysis of the Ego. In *Standard*, vol. 17, ed. London: Hogarth Press.

Greenson, R. R. 1967. *The Theory and Technique of Psychoanalysis*. New York: International Universities Press.

Guntrip, H. 1969. *Schizoid Phenomena, Object Relations Theory and the Self*. New York: International Universities Press.

Jackson, D. D. 1967. The Individual and the Larger Context. *Family Process* 6:139–47.

Jacobson, E. 1954. *The Self and the Object World*. New York: International Universities Press.

Katz, B. 1981. Separation–Individuation and Marital Therapy. *Psychotherapy: Theory, Research and Practice* 18:195–203.

Kirschner, D., and S. Kirschner. 1986. *Comprehensive Family Therapy: An Integration of Systemic and Psychodynamic Treatment Models*. New York: Brunner/Mazel.

Klein, M. 1946. Notes on Some Schizoid Mechanisms. *International Journal of Psycho-Analysis* 27:99–110.

Kohut, H. 1971. *The Analysis of the Self*. New York: International Universities Press.

Kohut, H. 1977. *The Restoration of the Self*. New York: International Universities Press.

Langs, R. 1982. *Psychotherapy: A Basic Text*. New York: Jason Aronson.

Lidz, T., A. Cornelison, and S. Fleck. 1965. *Schizophrenia and the Family*. New York: International Universities Press.

Mackay, J. L. 2002. A Psychodynamic Understanding of Trauma and Adolescence: A Case Study. *Southern African Journal of Child and Adolescent Mental Health* 14:24–36.

Mahler, M. S., F. Pine, and A. Bergman. 1975. *The Psychological Birth of the Human Infant*. New York: Basic Books.

Meissner, W. W. 1978. The Conceptualization of Marriage and Family Dynamics from a Psychoanalytic Perspective. In *Marriage and Marital Therapy*, T. J. Paolino and B. S. McCrady, eds. New York: Brunner/Mazel.

Minuchin, S. 1989. Personal Communication. In *Institutionalizing Madness*, J. Elizur and S. Minuchin, eds. New York: Basic Books.

Morey, C. M. 2008. Impaired Agency in Schizophrenia: Family Therapy with a Young Adult Patient. *Journal of Family Psychotherapy* 19:345–57.

Nichols, M. P. 1987. *The Self in the System*. New York: Brunner/Mazel.

Oberndorf, C. P. 1938. Psychoanalysis of Married Couples. *Psychoanalytic Review* 25:453–75.

Paris, E. 2013. Interrupting Trauma and Advancing Development: Considering Parent Education in Contemporary Psychoanalytic Treatment. *Clinical Social Work Journal* 41:84–92.

Salomonsson, B. 2013. Transference in Parent-Infant Psychoanalytic Treatments. *The International Journal of Psychoanalysis* 94:767–92.

Sander, F. M. 1979. *Individual and Family Therapy: Toward an Integration*. New York: Jason Aronson.

Sander, F. M. 1989. Marital Conflict and Psychoanalytic Therapy in the Middle Years. In *The Middle Years: New Psychoanalytic Perspectives*, J. Oldham and R. Liebert, eds. New Haven, CT: Yale University Press.

Scharff, D., and J. Scharff. 1987. *Object Relations Family Therapy*. New York: Jason Aronson.

Segal, H. 1964. *Introduction to the Work of Melanie Klein*. New York: Basic Books.

Shapiro, R. L. 1968. Action and Family Interaction in Adolescence. In *Modern Psychoanalysis*, J. Marmor, ed. New York: Basic Books.

Skynner, A. C. R. 1976. *Systems of Family and Marital Psychotherapy*. New York: Brunner/Mazel.

Skynner, A. C. R. 1981. An Open-Systems, Group Analytic Approach to Family Therapy. In *Handbook of Family Therapy*, A. S. Gurman and D. P. Kniskern, eds. New York: Brunner/Mazel.

Slipp, S. 1984. *Object Relations: A Dynamic Bridge between Individual and Family Treatment*. New York: Jason Aronson.

Slipp, S. 1988. *Technique and Practice of Object Relations Family Therapy*. New York: Jason Aronson.

Stein, M. 1956. The Marriage Bond. *Psychoanalytic Quarterly* 25:238–59.

Stern, D. 1985. *The Interpersonal World of the Infant*. New York: Basic Books.

Stierlin, H. 1977. *Psychoanalysis and Family Therapy*. New York: Jason Aronson.

Sullivan, H. S. 1953. *The Interpersonal Theory of Psychiatry*. New York: Norton.

Szasz, T. S. 1961. *The Myth of Mental Illness*. New York: Hoeber-Harper.

Trowell, J., I. Joffe, J. Campbell, C. Clemente, F. Almqvist, M. Soininem, et al. 2007. Childhood Depression: A Place for Psychotherapy. An Outcome Study Comparing Individual Psychodynamic Psychotherapy and Family Therapy. *European Journal of Child and Adolescent Psychiatry* 16:157–67.

Vogel, E. F., and N. W. Bell. 1960. The Emotionally Disturbed as the Family Scapegoat. In *The Family*, N. W. Bell and E. F. Vogel, eds. Glencoe, IL: Free Press.

Winnicott, D. W. 1965a. *The Maturational Process and the Facilitating Environment: Studies in the Theory of Emotional Development*. New York: International Universities Press.

Winnicott, D. W. 1965b. The Maturational Process and the Facilitating Environment: Studies in the Theory of Emotional Development. New York: International Universities Press.

Wynne, L. C. 1965. Some Indications and Contradictions for Exploratory Family Therapy. In *Intensive Family Therapy*, I. Boszormenyi-Nagy and J. L. Framo, eds. New York: Harper & Row.

Wynne, L., I. Ryckoff, J. Day, and S. Hirsch. 1958. Pseudomutuality in the Family Relations of Schizophrenics. *Psychiatry* 21:205–20.

Zinner, J., and R. Shapiro. 1976. Projective Identification as a Mode of Perception and Behavior in Families of Adolescents. *International Journal of Psychoanalysis* 53:523–30.

제9장

Alexander, J. F., and B. V. Parsons. 1973. Short-Term Behavioral Intervention with Delinquent Families: Impact on Family Process and Recidivism. *Journal of Abnormal Psychology* 51:219–25.

Alexander, J., and B. V. Parsons. 1982. *Functional Family Therapy*. Pacific Grove, CA: Brooks/Cole.

Arunothong, W., and S. Waewsawangwong. 2012. An Evaluation Study of Parent Management Training (PMT) in Northern Thailand. *ASEAN Journal of Psychiatry* 13:31–48.

Azrin, N. H., J. B. Naster, and R. Jones. 1973. Reciprocity Counseling: A Rapid Learning-Based Procedure for Marital Counseling. *Behavior Research and Therapy* 11:365–83.

Baer, D. M., and J. A. Sherman. 1969. Reinforcement Control of Generalized Imitation in Young Children. *Journal of Experimental Child Psychology* 1:37–49.

Bandura, A. 1969. *Principles of Behavior Modification*. New York: Holt, Rinehart & Winston.

Bank, L., J. H. Marlowe, J. B. Reid, G. R. Patterson, and M. R. Weinrott. 1991. A Comparative Evaluation of Parent Training for Families of Chronic Delinquents. *Journal of Abnormal Child Psychology* 19:15–33.

Barton, C., and J. F. Alexander. 1981. Functional Family Therapy. In *Handbook of Family Therapy*, A. S. Gurman and D. P. Kniskern, eds. New York: Brunner/Mazel.

Baucom, D. H., N. B. Epstein, and J. LaTaillade. 2002. Cognitive-Behavioral Couple Therapy. In *Clinical Handbook of Couple Therapy*, 3rd ed., A. S. Gurman and N. S. Jacobson, eds. New York: Guilford Press.

Baucom, D. H., V. Shoham, K. T. Mueser, A. D. Daiuto, and T. R. Stickle. 1998. Empirically Supported Couples and Family Therapies for Adult Problems. *Journal of Consulting and Clinical Psychology* 66:53–88.

Baumann, A. A., M. M. Rodriguez, and N. G. Amador. 2014. Parent Management Training-Oregon Model in Mexico City: Integrating Cultural Adaptation Activities in an Implementation Model. *Clinical Psychology: Science and Practice* 21:32–47.

Beck, A. T. 1976. *Cognitive Therapy and the Emotional Disorders*. New York: International Universities Press.

Beck, A. T., A. J. Rush, B. F. Shaw, and G. Emery. 1979. *Cognitive Therapy of Depression*. New York: Guilford Press.

Christophersen, E. R., C. M. Arnold, D. W. Hill, and H. R. Quilitch. 1972. The Home Point System: Token Reinforcement Procedures for Application by Parents of Children with Behavioral Problems. *Journal of Applied Behavioral Analysis* 5:485–97.

Crits-Christoph, P., E. Frank, D. L. Chambless, F. Brody, and J. F. Karp. 1995. Training in

Empirically Validated Treatments: What Are Clinical Psychology Students Learning? *Professional Psychology: Research and Practice* 26:514–22.

Crowe, M. 1988. Indications for Family, Marital, and Sexual Therapy. In *Handbook of Behavioral Family Therapy*, I. R. H. Falloon, ed. New York: Guilford Press.

Dattilio, F. M. 1994. Families in Crisis. In *Cognitive-Behavioral Strategies in Crisis Interventions*, F. M. Dattilio and A. Freeman, eds. New York: Guilford Press.

Dattilio, F. M. 1997. Family Therapy. In *Casebook of Cognitive Therapy*, R. Leahy, ed. Northvale, NJ: Jason Aronson.

Dattilio, F. M. 1998. Case Studies in Couples and Family Therapy: Systemic and Cognitive Perspectives. New York: Guilford Press.

Dattilio, F. M. 1999. The Pad and Pencil Technique. *Journal of Family Psychotherapy* 10 (1):75–78.

Dattilio, F. M. 2005. The Restructuring of Family Schemas: A Cognitive-Behavioral Perspective. *Journal of Marital and Family Therapy* 31:15–30, by the American Association for Marriage and Family Therapy. Reproduced with permission of the American Association for Marriage and Family Therapy in the format, republish in a book, via Copyright Clearance Center.

Dattilio, F. M. 2010. *Cognitive-Behavioral Therapy with Couples and Families.* New York: Guilford Press.

Dattilio, F. M., and C. A. Padesky. 1990. *Cognitive Therapy with Couples.* Sarasota, FL: Professional Resource Exchange.

Dishion, T. J., S. E. Nelson, and K. Kavanagh. 2003. The Family Check-Up with High-Risk Young Adolescents: Preventing Early-Onset Substance Use by Parent-Monitoring. *Behavior Therapy* 34:553–71.

Ellis, A. 1962. *Reason and Emotion in Psychotherapy.* New York: Lyle Stuart.

Ellis, A. 1978. Family Therapy: A Phenomenological and Active-Directive Approach. *Journal of Marriage and Family Counseling* 4:43–50.

Epstein, N. B., and D. H. Baucom. 2002. *Enhanced Cognitive-Behavior Therapy for Couples: A Contextual Approach.* Washington, DC: American Psychological Association.

Epstein, N., and S. E. Schlesinger. 1996. Cognitive-Behavioral Treatment of Family Problems. In *Casebook of Cognitive-Behavior Therapy with Children and Adolescents*, M. Reinecke, F. M. Dattilio, and A. Freeman, eds. New York: Guilford Press.

Epstein, N., S. E. Schlesinger., and W. Dryden, eds. 1988. *Cognitive-Behavioral Therapy with Families.*

New York: Brunner/Mazel.

Falloon, I. R. H. 1985. *Family Management of Schizophrenia: A Study of the Clinical, Social, Family and Economic Benefits.* Baltimore: Johns Hopkins University Press.

Falloon, I. R. H., and F. J. Lillie. 1988. Behavioral Family Therapy: An Overview. In *Handbook of Behavioral Family Therapy*, I. R. H. Falloon, ed. New York: Guilford Press.

Fals-Stewart, W., G. R. Birchler, and M. L. Kelley. 2006. Learning Sobriety Together: A Randomized Clinical Trial Examining Behavioral Couples Therapy with Alcoholic Female Patients. *Journal of Consulting and Clinical Psychology* 74:579–91.

Fals-Stewart, W., T. B. Kashdan, T. J. O'Farrell, and G. R. Birchler. 2002. Behavioral Couples Therapy for Drug-Abusing Patients: Effects on Partner Violence. *Journal of Substance Abuse Treatment* 22:87–96.

Fals-Stewart, W., K. Klosterman, B. T. Yates, T. J. O'Farrell, and G. R. Birchler. 2005. Brief Relationship Therapy for Alcoholism: A Randomized Clinical Trial Examining Clinical Efficacy and Cost-Effectiveness. *Psychology of Addictive Behaviors* 19:363–71.

Fals-Stewart, W., T. J. O'Farrell, and G. R. Birchler. 2001. Behavioral Couples Therapy for Male Methadone Maintenance Patients: Effects on Drug-Abusing Behavior and Relational Adjustment. *Behavior Therapy* 32:391–411.

Fals-Stewart, W., T. J. O'Farrell, M. Feehan, G. R. Birchler, S. Tiller, and S. K. McFarlin. 2000. Behavioral Couples Therapy versus Individual-Based Treatment for Male Substance-Abusing Patients: An Evaluation of Significant Individual Change and Comparison of Improvement Rates. *Journal of Substance Abuse Treatment* 18:249–54.

Ferster, C. B. 1963. Essentials of a Science of Behavior. In *An Introduction to the Science of Human Behavior*, J. I. Nurnberger, C. B. Ferster, and J. P. Brady, eds. New York: Appleton-Century-Crofts.

Follette, W. C., and N. S. Jacobson. 1988. Behavioral Marital Therapy in the Treatment of Depressive Disorders. In *Handbook of Behavioral Family Therapy*, I. R. H. Falloon, ed. New York: Guilford Press.

Forehand, R., M. W. Roberts, D. M. Doleys, S. A. Hobbs, and P. A. Resnick. 1976. An Examination of Disciplinary Procedures with Children. *Journal of Experimental Child Psychology* 21:109–20.

Forgatch, M. S., and D. S. DeGarmo. 1999. Parenting Through Change: An Effective Prevention Program for Single Mothers. *Journal of Consulting and Clinical Psychology* 67:711–24.

Forgatch, M. S., and D. S. DeGarmo. 2002. Extending and Testing the Social Interaction Learning Model with Divorce Samples. In *Antisocial Behavior in Children and Adolescents: A Developmental Analysis and Model for Intervention*, J. B. Reid, G. R. Patterson, and J. Snyder, eds. Washington, DC: American Psychological Association.

Forgatch, M. S., and D. S. DeGarmo. 2011. Sustaining Fidelity in Following the Nationwide PMTO Implementation in Norway. *Prevention Science* 12:235–46.

Forgatch, M. S., D. S. DeGarmo, and Z. G. Beldavs. 2005. An Efficacious Theory-Based Intervention for Stepfamilies. *Behavior Therapy* 36:357–65.

Forgatch, M. S., and G. R. Patterson. 1998. Behavioral Family Therapy. In *Case Studies in Couple and Family Therapy*, F. M. Datillio, ed. New York: Guilford Press.

Gomez, D., A. J. Bridges, A. R. Andrews, T. A. Cavell, F. A. Pastrana, S. J. Gregus, and C. A. Ojeda. 2014. Delivering Parent Management Training in an Integrated Primary Care Setting: Description and Preliminary Outcome Data. *Cognitive and Behavioral Practice* 21:296–309.

Gottman, J. M. 1994. *What Predicts Divorce?* Hillsdale, NJ: Erlbaum.

Gottman, J., and L. Krokoff. 1989. Marital Interaction and Satisfaction: A Longitudinal View. *Journal of Consulting and Clinical Psychology* 57:47–52.

Gurman, A. S., and D. P. Kniskern. 1981. Family Therapy Outcome Research: Knowns and Unknowns. In *Handbook of Family Therapy*, A. S. Gurman and D. P. Kniskern, eds. New York: Brunner/Mazel.

Hayes, S. C. 2004. Acceptance and Commitment Therapy and the New Behavior Therapies: Mindfulness, Acceptance and Relationship. In *Mindfulness and Acceptance: Expanding the Cognitive-Behavioral Tradition*, S. C. Hayes, V. M. Folette, and M. M. Linehan, eds. New York: Guilford Press.

Heyman, R. E., J. M. Eddy, R. L. Weiss, and D. Vivan. 1995. Factor Analysis of the Marital Interaction Coding System (MICS). *Journal of Family Psychology* 9:209–15.

Hickman, M. E., and B. A. Baldwin. 1971. Use of Programmed Instruction to Improve Communication in Marriage. *The Family Coordinator* 20:121–5.

Hogan, D. R. 1978. The Effectiveness of Sex Therapy: A Review of the Literature. In *Handbook of Sex Therapy*, J. LoPiccolo and L. LoPiccolo, eds. New York: Plenum Press.

Huber, C. H., and L. G. Baruth. 1989. *Rational-Emotive Family Therapy: A Systems Perspective*. New York: Springer.

Jacobson, N. S. 1981. Behavioral Marital Therapy. In *Handbook of Family Therapy*, A. S. Gurman and D. P. Kniskern, eds. New York: Brunner/Mazel.

Jacobson, N. S., and A. Christensen. 1996. *Integrative Couple Therapy: Promoting Acceptance and Change*. New York: Norton Books.

Kanfer, F. H., and J. S. Phillips. 1970. *Learning Foundations of Behavior Therapy*. New York: Wiley.

Kaplan, H. S. 1974. *The New Sex Therapy: Active Treatment of Sexual Dysfunctions*. New York: Brunner/Mazel.

Kaplan, H. S. 1979. *Disorders of Sexual Desire and Other New Concepts and Techniques in Sex Therapy*. New York: Brunner/Mazel.

Kelley, M. L., and W. Fals-Stewart. 2007. Treating Paternal Drug Abuse with Learning Sobriety Together: Effects on Adolescents versus Children. *Drug and Alcohol Dependence* 92:228–38.

Kelley, M. L., and W. Fals-Stewart. 2008. Treating Paternal Alcoholism with Learning Sobriety Together: Effects on Adolescents versus Preadolescents. *Journal of Family Psychology* 21:435–44.

Kjobli, J., and T. Ogden. 2012. A Randomized Effectiveness Trial of Brief Parent Training in Primary Care Settings. *Prevention Science* 13:616–26.

Knox, D. 1971. *Marriage Happiness: A Behavioral Approach to Counseling*. Champaign, IL: Research Press.

Lazarus, A. A. 1965. The Treatment of a Sexually Inadequate Male. In *Case Studies in Behavior Modification*, L. P. Ullmann and L. Krasner, eds. New York: Holt, Rinehart & Winston.

Leslie, L. A. 1988. Cognitive-Behavioral and Systems Models of Family Therapy: How Compatible Are They? In *Cognitive-Behavioral Therapy with Families*, N. Epstein, S. E. Schlesinger, and W. Dryden, eds. New York: Brunner/Mazel.

Lobitz, N. C., and J. LoPiccolo. 1972. New Methods in the Behavioral Treatment of Sexual Dysfunction. *Journal of Behavior Therapy and Experimental Psychiatry* 3:265–71.

Locke, H. J., and K. M. Wallace. 1959. Short-Term Marital Adjustment and Prediction Tests: Their

Reliability and Validity. *Journal of Marriage and Family Living* 21:251–5.

Mahoney, M. J. 1977. Reflections on the Cognitive Learning Trend in Psychotherapy. *American Psychologist* 32:5–13.

Masters, W. H., and V. E. Johnson. 1970. *Human Sexual Inadequacy.* Boston: Little, Brown.

Morris, S. B., J. F. Alexander, and H. Waldron. 1988. Functional Family Therapy. In *Handbook of Behavioral Family Therapy*, I. R. H. Falloon, ed. New York: Guilford Press.

Nichols, M. P. 2009. *The Lost Art of Listening*, 2nd ed. New York: Guilford Press.

Nichols, M. P., and R. C. Schwartz. 2006. *Family Therapy: Concepts and Methods*, 6th ed. Boston: Allyn & Bacon.

Northey, W. F. 2002. Characteristics and Clinical Practices of Marriage and Family Therapists: A National Survey. *Journal of Marital and Family Therapy* 28:487–94.

Patterson, G. R. 1986. The Contribution of Siblings to Training for Fighting: A Microsocial Analysis. In *Development of Antisocial and Prosocial Behavior: Research, Theories, and Issues*, D. Olweus, J. Block, and M. Radke-Yarrow, eds. Orlando, FL: Academic Press.

Patterson, G. R., T. J. Dishion, and P. Chamberlain. 1993. Outcomes and Methodological Issues Relating to Treatment of Anti-Social Children. In *Effective Psychotherapy: A Handbook of Comparative Research*, T. R. Giles, ed. New York: Plenum Press.

Patterson, G. R., and M. S. Forgatch. 1995. Predicting Future Clinical Adjustment from Treatment Outcomes and Process Variables. *Psychological Assessment* 7:275–85.

Patterson, G. R., and J. Reid. 1970. Reciprocity and Coercion; Two Facets of Social Systems. In *Behavior Modification in Clinical Psychology*, C. Neuringer and J. Michael, eds. New York: Appleton-Century-Crofts.

Pierce, R. M. 1973. Training in Interpersonal Communication Skills with the Partners of Deteriorated Marriages. *The Family Coordinator* 22:223–7.

Premack, D. 1965. Reinforcement Theory. In *Nebraska Symposium on Motivation*, D. Levine, ed. Lincoln: University of Nebraska Press.

Reid, J. B., J. M. Eddy, R. A. Fetrow, and M. Stoolmiller. 1999. Description and Immediate Impacts of a Preventive Intervention for Conduct Problems. *American Journal of Community Psychology* 27:483–517.

Rimm, D. C., and J. C. Masters. 1974. *Behavior Therapy: Techniques and Empirical Findings.* New York: Wiley.

Rinn, R. C. 1978. Children with Behavior Disorders. In *Behavior Therapy in the Psychiatric Setting*, M. Hersen and A. S. Bellack, eds. Baltimore, MD: Williams & Wilkins.

Ruff, S., J. L. McComb, C. J. Coker, and D. H. Sprenkle. 2010. Behavioral Couples Therapy for the Treatment of Substance Abuse: A Substantive and Methodological Review of O'Farrell, Fals-Stewart, and Colleagues' Program of Research. *Family Process* 49:439–56.

Schwebel, A. I., and M. A. Fine. 1992. Cognitive-Behavioral Family Therapy. *Journal of Family Psychotherapy* 3:73–91.

Schwitzgebel, R. 1967. Short-Term Operant Conditioning of Adolescent Offenders on Socially Relevant Variables. *Journal of Abnormal Psychology* 72:134–42.

Schwitzgebel, R., and D. A. Kolb. 1964. Inducing Behavior Change in Adolescent Delinquents. *Behaviour Research and Therapy* 9:233–8.

Semans, J. H. 1956. Premature Ejaculation: A New Approach. *Southern Medical Journal* 49:353–7.

Sigmarsdottir, M., and E. V. Gudmundsdottir. 2013. Implementation of Parent Management Training-Oregon Model (PMTOTM) in Iceland: Building Sustained Fidelity. *Family Process* 52:216–27.

Skinner, B. F. 1953. *Science and Human Behavior.* New York: Macmillan.

Stuart, R. B. 1971. Behavioral Contracting within the Families of Delinquents. *Journal of Behavior Therapy and Experimental Psychiatry* 2:1–11.

Stuart, R. B. 1975. Behavioral Remedies for Marital Ills: A Guide to the Use of Operant-Interpersonal Techniques. In *International Symposium on Behavior Modification*, T. Thompson and W. Docken, eds. New York: Appleton.

Stuart, R. B. 1976. An Operant Interpersonal Program for Couples. In *Treating Relationships*, D. H. Olson, ed. Lake Mills, IA: Graphic Publishing.

Teichman, Y. 1992. Family Treatment with an Acting-Out Adolescent. In *Comprehensive Casebook of Cognitive Therapy*, A. Freeman and F. M. Dattilio, eds. New York: Plenum.

Thibaut, J., and H. H. Kelley. 1959. *The Social Psychology of Groups.* New York: Wiley.

Umana, R. F., S. J. Gross, and M. T. McConville. 1980. *Crisis in the Family: Three Approaches.* New York:

Gardner Press.

Vincent, J. P., R. L. Weiss, and G. R. Birchler. 1975. A Behavioral Analysis of Problem Solving in Distressed and Nondistressed Married and Stranger Dyads. *Behavior Therapy* 6:475–87.

Weekes, G. R., and N. Gambescia. 2000. *Erectile Dysfunction: Integrating Couple Therapy, Sex Therapy and Medical Treatment*. New York: Norton.

Weekes, G. R., and N. Gambescia. 2002. *Hypoactive Sexual Desire: Integrating Sex and Couple Therapy*. New York: Norton.

Weiss, R. L., H. Hops, and G. R. Patterson. 1973. A Framework for Conceptualizing Marital Conflict, a Technology for Altering It, Some Data for Evaluating It. In *Behavior Change: Methodology, Concepts and Practice*, L. A. Hamerlynch, L. C. Handy, and E. J. Marsh, eds. Champaign, IL: Research Press.

Wills, T. A., R. L. Weiss, and J. Issac. 1978. *Behavior vs. Cognitive Measures as Predictors of Marital Satisfaction*. Paper presented at the Western Psychological Association meeting, Los Angeles.

Wills, T. A., R. L. Weiss, and G. R. Patterson. 1974. A Behavioral Analysis of the Determinants of Marital Satisfaction. *Journal of Consulting and Clinical Psychology* 42:802–11.

Wolpe, J. 1958. *Psychotherapy by Reciprocal Inhibition*. Stanford, CA: Stanford University Press.

AG Charges Ex-UB Researcher in Fraud. 2010. *Business First* February 16. Retrieved from http://www.bizjournals.com/buffalo/stories/2010/02/15/daily10.html

제10장

Ahn, Y. J., and M. M. Miller. 2009. Can MFTs Address Spirituality with Clients in Publically Funded Agencies? *Contemporary Family Therapy* 32:102–16.

Ahrons, C., and R. Rogers. 1989. *Divorced Families: Meeting the Challenges of Divorce and Remarriage*. New York: Norton.

Andersen, T. 1991. *The Reflecting Team*. New York: Norton.

Anderson, C. M. 1995. *Flying Solo*. New York: Norton.

Anderson, C. M., D. Reiss, and G. E. Hogarty. 1986. *Schizophrenia and the Family: A Practitioner's Guide to Psychoeducation and Management*. New York: Guilford Press.

Anderson, H. 1993. On a Roller Coaster: A Collaborative Language Systems Approach to Therapy. In *The New Language of Change*, S. Friedman, ed. New York: Guilford Press.

Anderson, W. T. 1990. *Reality Isn't What It Used to Be*. San Francisco: Harper & Row.

Atkinson, B. J. 2005. *Emotional Intelligence in Couples Therapy: Advances from Neurobiology and the Science of Intimate Relationships*. New York: Norton.

Atkinson, J. M., and D. A. Coia. 1995. *Families Coping with Schizophrenia: A Practitioner's Guide to Family Groups*. New York: Wiley.

Atwood, J., and C. Gallo. 2010. *Family Therapy and Chronic Illness*. New Brunswick, NJ: Aldine/Transaction.

Bailey, E. 1999. *Children in Therapy: Using the Family as a Resource*. New York: Norton.

Barth, R., J. Pietrzak, and M. Ramier. 1993. *Families Living with Drugs and HIV*. New York: Guilford Press.

Beavers, W., and R. Hampson. 1990. *Successful Families: Assessment and Intervention*. New York: Norton.

Billingsley, A. 1968. *Black Families in White America*. Englewood Cliffs, NJ: Prentice-Hall.

Blow, A. J., D. H. Sprenkle, and S. D. Davis. 2007. Is Who Delivers the Treatment More Important Than the Treatment Itself? The Role of the Therapist in Common Factors. *Journal of Marital and Family Therapy* 33:298–317.

Boyd-Franklin, N. 1989. *Black Families in Therapy: A Multisystems Approach*. New York: Guilford Press.

Boyd-Franklin, N. 1993. Race, Class, and Poverty. In *Normal Family Processes*, F. Walsh, ed. New York: Guilford Press.

Boyd-Franklin, N. 2003. Race, Class, and Poverty. In *Normal Family Processes: Growing Diversity and Complexity*, 3rd ed., F. Walsh, ed. New York: Guilford Press.

Boyd-Franklin, N., and B. H. Bry. 2000. *Reaching Out in Family Therapy: Home-Based, School, and Community Interventions*. New York: Guilford Press.

Boyd-Franklin, N., G. Steiner, and M. Boland. 1995. *Children, Families, and HIV/AIDS*. New York: Guilford Press.

Bringle, R. 1995. Sexual Jealousy in the Relationships of Homosexual and Heterosexual Men: 1980 and 1994. *Personal Relationships* 2:313–25.

Brothers, B. J., ed. 1992. *Spirituality and Couples: Heart and Soul in the Therapy Process*. New York: Haworth Press.

Brown, G. W., J. L. T. Birley, and J. K. Wing. 1972.

The Influence of Family Life on the Course of Schizophrenic Disorders: A Replication. *British Journal of Psychology* 121:241–58.

Brownlee, K., J. Vis, and A. McKenna. 2009. Review of the Reflecting Team Process: Strengths, Challenges, and Clinical Implications. *The Family Journal* 17:139–45.

Bryant, A. S., and S. Demian. 1994. Relationship Characteristics of American Gays and Lesbians: Findings from a National Survey. *Journal of Gay & Lesbian Social Services* 1:101–17.

Burton, L. A., ed. 1992. *Religion and the Family*. New York: Haworth Press.

Campbell, T. 1986. Family's Impact on Health: A Critical Review and Annotated Bibliography. *Family Systems Medicine* 4:135–48.

Carl, D. 1990. *Counseling Same-Sex Couples*. New York: Norton.

Chartier, M. R. 1986. Marriage Enrichment. In *Psychoeducational Approaches to Family Therapy and Counseling*, R. F. Levant, ed. New York: Springer.

Combrinck-Graham, L. 1989. *Children in Family Contexts*. New York: Guilford Press.

Cooper, A. 2002. *Sex and the Internet: A Guide for Clinicians*. New York: Brunner-Routledge.

Cortes, L. 2004. Home-Based Family Therapy: A Misunderstanding of the Role and a New Challenge for Therapists. *The Family Journal* 12:184–8.

Cose, E. 1993. *The Rage of the Privileged Class*. New York: HarperCollins.

Cose, E. 2011. *The End of Anger*. New York: Ecco/HarperCollins.

Dattilio, F., ed. 1998. *Case Studies in Couple and Family Therapy*. New York: Guilford Press.

Davidson, R. J. 2001. The Neural Circuitry of Emotion and Affective Style: Prefrontal Cortex and Amygdala Contributions. *Social Science Information* 40 (1):11–37.

Davidson, R. J. 2003. Seven Sins in the Study of Emotion: Correctives from Affective Neuroscience. *Brain and Cognition* 52:129–32.

Davis, S. D., and F. P. Piercy. 2007. What Clients of Couple Therapy Model Developers and Their Former Students Say about Change, Part II: Model-Independent Common Factors and Integrative Framework. *Journal of Marital and Family Therapy* 33:344–63.

Delmonico, D., and E. Griffin. 2008. Cybersex and the E-Teen: What Marriage and Family Therapists Should Know. *Journal of Marital and Family Therapy* 34:431–44.

Doherty, W. 1996. *The Intentional Family*. Reading, MA: Addison-Wesley.

Donovan, J. M., ed. 1999. *Short-Term Couple Therapy*. New York: Guilford Press.

Duncan, G. J., and J. Brooks-Gunn. 1997. *Consequences of Growing Up Poor*. New York: Russell Sage Foundation.

Ehrenreich, B. 1999. Nickel-and-dimed: On (Not) Getting by in America. *Harpers* January:37–52.

Elizur, J., and S. Minuchin. 1989. *Institutionalizing Madness: Families, Therapy and Society*. New York: Basic Books.

Elkin, M. 1990. *Families under the Influence*. New York: Norton.

Emery, R. 1994. *Renegotiating Family Relationships: Divorce, Child Custody, and Mediation*. New York: Guilford Press.

Erickson, M. J., L. Hecker, and D. Kirkpatrick. 2002. Clients' Perceptions of Marriage and Family Therapists Addressing the Religious and Spiritual Aspects of Clients' Lives. *Journal of Family Psychotherapy*. Taylor & Francis online.

Falicov, C. 1983. *Cultural Perspectives in Family Therapy*. Rockville, MD: Aspen Systems.

Falicov, C. 1988. *Family Transitions: Continuity and Change over the Life Cycle*. New York: Guilford Press.

Falicov, C. 1998. *Latino Families in Therapy*. New York: Guilford Press.

Falloon, I. J. R., J. L. Boyd, C. W. McGill, J. Razani, H. B. Moss, and A. M. Gilderman. 1982. Family Management in the Prevention of Exacerbations of Schizophrenia. *New England Journal of Medicine* 306:1437–40.

Figley, C. 1985. *Trauma and Its Wake: The Study and Treatment of Post-Traumatic Stress Disorder*. New York: Brunner/Mazel.

Floyd, F. J., H. Markham, S. Kelly, S. L. Blumberg, and S. M. Stanley. 1995. Preventive Intervention and Relationships Enhancement. In *Clinical handbook of couples therapy*, N. S. Jacobson and A. S. Gurman, eds. New York: Guilford Press.

Fontes, L. A. 2008. *Interviewing Clients across Cultures*. New York: Guilford Press.

Freeman, J., D. Epston, and D. Lobovits. 1997. *Playful Approaches to Serious Problems*. New York: Norton.

Friedrich, W. 1990. *Psychotherapy of Sexually Abused Children and Their Families*. New York: Norton.

Friesen, B. J., and N. M. Koroloff. 1990. Family-Centered Services: Implications for Mental Health Administration and Research. *Journal of Mental Health Administration* 17 (1):13–25.

Gallup. 2007. Gallup poll on religion is American life. Gallup online.

Gergen, K. 1985. The Social Constructionist Movement in Modern Psychology. *American Psychologist* 40:266–75.

Gil, E. 1994. *Play in Family Therapy*. New York: Guilford Press.

Gillispie, J., and J. Gackenbach. 2007. *Cyber Rules: What You Really Need to Know about the Internet*. New York: Norton.

Ginsberg, B. G. 2000. Relationship Enhancement Couples Therapy. In *Comparative Treatments of Relationship Disorders*, F. M. Dattilio and L. J. Bevilacqua, eds. New York: Springer.

Goldberg, P., B. Peterson, K. Rosen, and M. Sara. 2008. Cybersex: The Impact of a Contemporary Problem on the Practices of Marriage and Family Therapists. *Journal of Marital and Family Therapy* 34:469–80.

Goldner, V. 1985. Feminism and Family Therapy. *Family Process* 24:31–47.

Goldstein, M. J., E. H. Rodnick, J. R. Evans, P. R. May, and M. Steinberg. 1978. Drug and Family Therapy in the Aftercare Treatment of Acute Schizophrenia. *Archives of General Psychiatry* 35:1169–77.

Gonyea, J. 2004. Internet Sexuality: Clinical Implications for Couples. *American Journal of Family Therapy* 32:375–90.

Goodrich, T. J. 1991. Women, Power, and Family Therapy: What's Wrong with This Picture. In *Women and Power: Perspectives for Family Therapy*, T. J. Goodrich, ed. New York: Norton.

Gottman, J. M. 1999. *The Marriage Clinic: A Scientifically Based Marital Therapy*. New York: Norton.

Green, R. J. 1998. Training Programs: Guidelines for Multicultural Transformations. In *Re-Visioning Family Therapy*, M. McGoldrick, ed. New York: Guilford Press.

Green, R. J., and V. Mitchell. 2002. Gay and Lesbian Couples in Therapy: Homophobia, Relational Ambiguity, and Social Support. In *Clinical Handbook of Couple Therapy*, 3rd ed., A. S. Gurman and N. S. Jacobson, eds. New York: Guilford Press.

Greenan, D., and G. Tunnell. 2003. *Couple Therapy with Gay Men*. New York: Guilford Press.

Guerney, B. G., Jr., ed. 1977. *Relationship Enhancement: Skills Training for Therapy Problem Prevention and Enrichment*. San Francisco, CA: Jossey-Bass.

Haley, J. 1976. *Problem-Solving Therapy*. San Francisco, CA: Jossey-Bass.

Haley, J. 1980. *Leaving Home*. New York: McGraw-Hill.

Hansen, J. C. 1982. *Therapy with Remarried Families*. Rockville, MD: Aspen Systems.

Hardy, K. 1993. War of the Worlds. *Family Therapy Networker* 17:50–57.

Hare-Mustin, R. 1987. The Problem of Gender in Family Therapy Theory. *Family Process* 26:15–27.

Henggeler, S. W., and C. M. Borduin., eds. 1990. *Family Therapy and Beyond: A Multisystemic Approach to Treating the Behavior Problems of Children and Adolescents*. Pacific Grove, CA: Brooks/Cole.

Hines, P. M., and N. Boyd-Franklin. 1982. Black Families. In *Ethnicity and Family Therapy*, M. McGoldrick, J. K. Pierce, and J. Giordano, eds. New York: Guilford Press.

Hines, P. M., and N. Boyd-Franklin. 1996. African American Families. In *Ethnicity and Family Therapy*, 2nd ed., M. McGoldrick, J. K. Pierce, and J. Giordano, eds. New York: Guilford Press.

Hook, J. N., E. L. Worthington, D. E. Davis, and D. C. Atkins. 2014. Religion and Couple Therapy. *Psychology of Religion and Spitituality* 6:94–101.

Hooley, J. M., S. A. Gruber, L. A. Scott, J. B. Hiller, and D. A. Yurgelun-Todd. 2005. Activation in Dorsolateral Prefrontal Cortex in Response to Maternal Criticism and Praise in Recovered Depressed and Healthy Control Participants. *Biological Psychiatry* 57:807–12.

Imber-Black, E. 1988. *Families and Larger Systems: A Family Therapist's Guide Through the Labyrinth*. New York: Guilford Press.

Imber-Black, E., J. Roberts, and R. Whiting. 1988. *Rituals in Families and Family Therapy*. New York: Norton.

Ingoldsby, B., and S. Smith. 1995. *Families in Multicultural Perspective*. New York: Guilford Press.

James, K., and L. MacKinnon. 1990. The "Incestuous Family" Revisited: A Critical Analysis of Family Therapy Myths. *Journal of Marital and Family Therapy* 16:71–88.

Johnson, T., and M. Keren. 1998. The Families of Lesbian Women and Gay Men. In *Re-Visioning Family Therapy*, M. McGoldrick, ed. New York: Guilford Press.

Jordan, J., A. Kaplan, J. Miller, I. Stiver, and J. Surrey, eds. 1991. *Women's Growth in Connection: Writings from the Stone Center*. New York: Guilford Press.

Kahn, M., and K. G. Lewis. 1988. *Siblings in Therapy*. New York: Norton.

Krestan, J. 1988. Lesbian Daughters and Lesbian Mothers: The Crisis of Disclosure from a Family

Systems Perspective. *Journal of Psychotherapy and the Family* 3:113–30.

Laird, J. 1993. Lesbian and Gay Families. In *Normal Family Processes*, 2nd ed., F. Walsh, ed. New York: Guilford Press.

Laird, J., and R. J. Green. 1996. *Lesbians and Gays in Couples and Families: A Handbook for Therapists*. San Francisco, CA: Jossey-Bass.

LaSala, M. 2004a. Extradyadic Sex and Gay Male Couples: Comparing Monogamous and Nonmonogamus Relationships. *Families in Society: The Journal of Contemporary Social Services* 85 (3):405–11.

LaSala, M. 2004b. Monogamy of the Heart: Extradyadic Sex and Gay Male Couples. *Journal of Gay & Lesbian Social Services* 17 (3):1–24.

LaSala, M. 2010. *Coming Out, Coming Home: Helping Families Adjust to a Gay or Lesbian Child*. New York: Columbia University Press.

Law, D., D. Crane, and D. Russell. 2000. The Influence of Marital and Family Therapy on Health Care Utilization in a Health-Maintenance Organization. *Journal of Marital and Family Therapy* 26:281–91.

LeDoux, J. 1996. *The Emotional Brain*. New York: Simon & Schuster.

Lee, E. 1997. *Working with Asian Americans*. New York: Guilford Press.

Leff, J., L. Kuipers, R. Berkowitz, R. Eberlein-Vries, and D. Sturgeon. 1982. A Controlled Trial of Social Intervention in the Families of Schizophrenic Patients. *British Journal of Psychiatry* 141:121–34.

Lehr, R., and P. MacMillan. 2001. The Psychological and Emotional Impact of Divorce: The Noncustodial Fathers' Perspective. *Families in Society* 82:373–82.

Lev, A. I. 2004. *Transgender Emergence: Therapeutic Guidelines for Working with Gender-Variant People and Their Families*. New York: Hayworth.

Lev, A. I. 2006. Transgender Emergence within Families. In *Sexual Orientation and Gender Expression in Social Work Practice: Working with Gay, Lesbian, Bisexual, and Transgender People*, D. F. Morrow and L. Messinger, eds. New York: Columbia University Press.

Lindblad-Goldberg, M., M. M. Dore, and L. Stern. 1998. *Creating Competence from Chaos*. New York: Norton.

Luepnitz, D. 1988. *The Family Interpreted: Feminist Theory in Clinical Practice*. New York: Basic Books.

Madanes, C. 1990. *Sex, Love and Violence*. New York: Norton.

Mallon, G. P. 1999. Practice with Transgendered Children. In *Social Services with Transgendered Youth*, G. P. Mallon, ed. New York: Harrington Park Press.

Markowitz, L. 1993. Walking the Walk. *Family Therapy Networker* 17:19–31.

McAdoo, H., ed. 2002. *Black Children: Social, Educational and Parental Environments*, 2nd ed. Thousand Oaks, CA: Sage.

McDaniel, S., J. Hepworth, and W. Doherty. 1992. *Medical Family Therapy*. New York: Basic Books.

McFarlane, W. R. 1991. Family Psychoeducational Treatment. In *Handbook of Family Therapy*, Vol. II, A. S. Gurman and D. P. Kniskern, eds. New York: Brunner/Mazel.

McFarlane, W. R., and W. L. Cook. 2007. Family Expressed Emotion prior to the Onset of Schizophrenia. *Family Process* 46:185–97.

McGoldrick, M., ed. 1998. *Re-Visioning Family Therapy*. New York: Guilford Press.

McGoldrick, M., J. Pearce, and J. Giordano. 1982. *Ethnicity and Family Therapy*. New York: Guilford Press.

McGoldrick, M., J. Pearce, and J. Giordano. 2007. *Ethnicity and Family Therapy*, 3rd ed. New York: Guilford Press.

McWey, L., J. Humphreys, and A. Pazdera. 2011. Action-Oriented Evaluation of an In-Home Family Therapy Program for Families at Risk for Foster Placement. *Journal of Marital and Family Therapy* 37:137–52.

Micucci, J. 1998. *The Adolescent in Family Therapy*. New York: Guilford Press.

Miklowitz, D. J., and M. Goldstein. 1997. *Bipolar Disorder: A Family-Focused Treatment Approach*. New York: Guilford Press.

Miller, J. B. 1986. *Toward a New Psychology of Women*, 2nd ed. Boston: Beacon.

Minuchin, P., J. Colapinto, and S. Minuchin. 1998. *Working with Families of the Poor*. New York: Guilford Press.

Minuchin, S., and H. C. Fishman. 1981. *Techniques of Family Therapy*. Cambridge, MA: Harvard University Press.

Minuchin, S., B. Montalvo, B. Guerney, B. Rosman, and F. Schumer. 1967. *Families of the Slums*. New York: Basic Books.

Minuchin, S., M. P. Nichols, and W. Y. Lee. 2006. *Assessing Families and Couples: From Symptom to System*. Boston: Allyn & Bacon.

Mirkin, M. P. 1990. *The Social and Political Contexts of*

Family Therapy. Boston: Allyn & Bacon.

Mitchell, K., D. Finkelhor, and J. Wolak. 2001. Risk Factors for and Impact of Online Sexual Solicitation of Youth. *Journal of the American Medical Association* 285:3011–4.

Morawetz, A., and G. Walker. 1984. *Brief Therapy with Single-Parent Families*. New York: Brunner/Mazel.

Muesser, K. T., and S. M. Glynn. 1995. *Behavioral Family Therapy for Psychiatric Disorders*. Boston: Allyn & Bacon.

Ngu, L., and P. Florsheim. 2011. The Development of Relational Competence among Young High-Risk Fathers across the Transition to Parenthood. *Family Process* 50:184–202.

Nichols, M. P. 2004. *Stop Arguing with Your Kids*. New York: Guilford Press.

Nichols, M. P. 2009. *The lost art of listening*, 2nd ed. New York: Guilford Press.

Okun, B. 1996. *Understanding Diverse Families*. New York: Guilford Press.

Olson, D. H. 1996. *PREPARE/ENRICH Counselor's Manual*. Minneapolis, MN: Life Innovations.

Orbach, S. 1997. *Fat Is a Feminist Issue*. Edison, NJ: BBS.

Patterson, J., L. Williams, C. Graul-Grounds, and L. Chamow. 1998. *Essential Skills in Family Therapy*. New York: Guilford Press.

Pearlman, S. F. 2006. Terms of Connection: Mother-Talk about Female-To-Male Transgender Children. In *Interventions with Families of Gay, Lesbian, Bisexual, and Transgender People from Inside Out*, J. J. Bigner and A. R. Gottlieb, eds. Binghamton, NY: Harrington Park Press.

Peluso, P. R., C. R. Figley, and L. J. Kisler. 2013. Changing Aging, Changing Family Therapy: Practicing with 21st Century Realities. In *Helping traumatized families*, 2nd ed., P. R. Peluso, R. E. Watts, and M. Parsons, eds. New York: Routledge.

Pinderhughes, E. 1989. *Understanding Race, Ethnicity and Power: The Key to Efficacy in Clinical Practice*. New York: Free Press.

Pittman, F. 1987. *Turning Points: Treating Families in Transition and Crisis*. New York: Norton.

Prest, L., and J. Keller. 1993. Spirituality in Family Therapy. *Journal of Marital and Family Therapy* 19:137–48.

Price, J. 1996. *Power and Compassion: Working with Difficult Adolescents and Abused Parents*. New York: Guilford Press.

Reitz, M., and K. Watson. 1992. *Adoption and the Family System*. New York: Guilford Press.

Richards, P. S., and A. E. Bergin 2005. *A Spiritual Strategy for Counseling and Psychotherapy*, 2nd ed. Washington, DC: American Psychological Association.

Rojano, R. 2004. The Practice of Community Family Therapy. *Family Process* 43:59–77.

Rolland, J. 1994. *Helping Families with Chronic and Life-Threatening Disorders*. New York: Basic Books.

Root, M., P. Fallon, and W. Friedrich. 1986. *Bulimia: A Systems Approach to Treatment*. New York: Norton.

Roth, S., and B. Murphy. 1986. Therapeutic Work with Lesbian Clients: A Systemic Therapy View. In *Women and Family Therapy*, M. Ault-Riche and J. Hansen, eds. Rockville, MD: Aspen Systems.

Saba, G., B. Karrer, and K. Hardy. 1989. *Minorities and Family Therapy*. New York: Haworth Press.

Sager, C., H. S. Brown, H. Crohn, T. Engel, E. Rodstein, and L. Walker. 1983. *Treating the Remarried Family*. New York: Brunner/Mazel.

Sanders, G. 1993. The Love that Dares Not Speak Its Name: From Secrecy to Openness in Gay and Lesbian Affiliations. In *Secrets in Families and Family Therapy*, E. Imber-Black, ed. New York: Norton.

Schmaling, K. B., and T. C. Sher. 2000. *The Psychology of Couples and Illness: Theory, Research, and Practice*. Washington, DC: American Psychological Association.

Schwartz, R. C. 1995. *Internal Family Systems Therapy*. New York: Guilford Press.

Schwartzman, J. 1985. *Families and Other Systems: The Macrosystemic Context of Family Therapy*. New York: Guilford Press.

Selekman, M. 1997. *Solution-Focused Therapy with Children*. New York: Guilford Press.

Seligman, M., and R. B. Darling. 1996. *Ordinary Families, Special Children: A Systems Approach to Childhood Disability*, 2nd ed. New York: Guilford Press.

Sells, S. 1998. *Treating the Tough Adolescent*. New York: Guilford Press.

Siegel, D. J. 1999. *The Developing Mind: How Relationships and the Brain Interact to Shape Who We Are*. New York: Guilford Press.

Silliman, B., S. M. Stanley, W. Coffin, H. J. Markman, and P. L. Jordan. 2002. Preventive Intervention for Couples. In *Family Psychology: Science-Based Interventions*, H. A. Liddle, D. A. Santisban, R. F. Levant, and J. H. Bray, eds. Washington, DC: American Psychological Association.

Smith, C., and D. Nylund. 1997. *Narrative Therapies*

with Children and Adolescents. New York: Guilford Press.

Sparks, J., J. Ariel, E. Pulleyblank Coffey, and S. Tabachnik. 2011. A Fugue in Four Voices: Sounding Themes and Variations on the Reflecting Team. *Family Process* 50:115–28.

Sprenkle, D. 1985. *Divorce Therapy*. New York: Haworth Press.

Stahmann, R. F., and W. J. Hiebert. 1997. *Premarital and Remarital Counseling: The Professional's Handbook*. San Francisco, CA: Jossey-Bass.

Stanton, M. D., T. Todd, et al. 1982. *The Family Therapy of Drug Abuse and Addiction*. New York: Guilford Press.

Steinglass, P., L. Bennett, S. J. Wolin, and D. Reiss. 1987. *The Alcoholic Family*. New York: Basic Books.

Surrey, J. L. 1991. The "Self-in-Relation": A New Theory of Women's Development. In *Women's Growth in Connection*, J. V. Jordan, A. G. Kaplan, J. B. Miller, I. P. Stiver, and J. L. Surrey, eds. New York: Guilford Press.

Taibbi, R. 2007. *Doing Family Therapy*, 2nd ed. New York: Guilford Press.

Thompson, S. J., K. Bender, J. Lantry, and P. M. Flynn. 2007. Treatment Engagement: Building Therapeutic Alliance in Home-Based Treatment with Adolescents and Their Families. *Contemporary Family Therapy* 29:39–55.

Treadway, D. 1989. *Before It's Too Late: Working with Substance Abuse in the Family*. New York: Norton.

Trepper, T. S., and M. J. Barrett. 1989. *Systemic Treatment of Incest: A Therapeutic Handbook*. New York: Brunner/Mazel.

U.S. Bureau of the Census. 2014. *ProQuest Statistical Abstract of the United States*. Lanham, MD: Bernan Press.

Vaughn, C., and J. Leff. 1976. The Measurement of Expressed Emotion in the Families of Psychiatric Patients. *British Journal of Psychology* 15:157–65.

Vaughn, C. E., K. S. Snyder, S. Jones, W. B. Freeman, and I. R. H. Falloon. 1984. Family Factors in Schizophrenic Relapse: Replication in California of British Research on Expressed Emotion. *Archives of General Psychiatry* 41:1169–77.

Visher, E., and J. Visher. 1979. *Stepfamilies: A Guide to Working with Stepparents and Stepchildren*. New York: Brunner/Mazel.

Visher, E., and J. Visher. 1988. *Old Loyalties, New Ties: Therapeutic Strategies with Stepfamilies*. New York: Brunner/Mazel.

Wachtel, E. 1994. *Treating Troubled Children and Their Families*. New York: Guilford Press.

Walker, G. 1991. *In the Midst of Winter: Systemic Therapy with Families, Couples, and Individuals with AIDS Infection*. New York: Norton.

Wallerstein, J., and J. Kelly. 1980. *Surviving the Breakup: How Children and Parents Cope with Divorce*. New York: Basic Books.

Walsh, F. 1982. *Normal Family Processes*. New York: Guilford Press.

Walsh, F. 1993. *Normal Family Processes*, 2nd ed. New York: Guilford Press.

Walsh, F. 1998. *Strengthening Family Resistance*. New York: Guilford Press.

Walsh, F., ed. 1999. *Spiritual Resources in Family Therapy*. New York: Guilford Press.

Walsh, F., and M. McGoldrick., eds. 1991. *Living Beyond Loss: Death in the Family*. New York: Norton.

Weiss, R., and J. Schneider. 2006. *Untangling the Web: Sex, Porn, and Fantasy Obsession in the Internet Age*. New York: Alyson Books.

White, J. 1972. Towards a Black Psychology. In *Black Psychology*, R. Jones, ed. New York: Harper & Row.

Wright, L. M., and J. M. Bell. 2009. *Beliefs and Illness: A Model for Healing*. Calgary, Canada: 4th Floor Press.

제11장

Becker, K. W., D. K. Carson, A. Seto, and C. A. Becker. 2002. Negotiating the Dance: Consulting with Adoptive Systems. *The Family Journal* 10:80–86.

Berg, I. K. 1994a. *Family-Based Services: A Solution-Focused Approach*. New York: Norton.

Berg, I. K. 1994b. A Wolf in Disguise Is Not a Grandmother. *Journal of Systemic Therapies* 13:13–14.

Berg, I. K., and L. Cauffman. 2002. Solution Focused Corporate Coaching. *Lernende Organisation* January/February:1–5.

Berg, I. K., and S. De Shazer. 1993. Making Numbers Talk: Language in Therapy. In *The New Language of Change*, S. Friedman, ed. New York: Guilford Press.

Berg, I. K., and Y. Dolan. 2001. *Tales of Solutions: A Collection of Hope-Inspiring Stories*. New York: Norton.

Berg, I. K., and S. Miller. 1992. *Working with the Problem Drinker: A Solution-Focused Approach*. New York: Norton.

Bond, C., K. Woods, N. Humphrey, W. Symes, and L. Green. 2013. Practitioner Review: The Effectiveness of Solution-Focused Brief Therapy with Children and Families: A Systematic and Critical Evaluation of the Literature from 1990–2010. *Journal of Child Psychology and Psychiatry* 54:707–23.

Campbell, J. 1999. Creating the "Tap on the Shoulder": A Compliment Template for Solution-Focused Therapy. *American Journal of Family Therapy* 27:35–47.

Conoley, C. W., J. M. Graham, T. Neu, M. C. Craig, A. O'Pry, S. A. Cardin, et al. 2003. A Solution-Focused Family Therapy with Three Aggressive and Oppositional-Acting Children: An N=1 Empirical Study. *Family Process* 42:361–74.

Corcoran, J. 2002. Developmental Adaptations of Solution-Focused Family Therapy. *Brief Treatment and Crisis Intervention* 2:301–13.

De Jong, P., and I. K. Berg. 2002. *Interviewing for Solutions*, 2nd ed. Pacific Grove, CA: Brooks/Cole.

De Jong, P., and I. K. Berg. 2008. *Interviewing for Solutions*, 3rd ed. Pacific Grove, CA: Brooks/Cole.

De Jong, P., and L. E. Hopwood. 1996. Outcome Research on Treatment Conducted at the Brief Family Therapy Center. In *Handbook of Solution-Focused Brief Therapy*, S. D. Miller, M. A. Hubble, and B. L. Duncan, eds. San Francisco, CA: Jossey-Bass.

de Shazer, S. 1985. *Keys to Solutions in Brief Therapy*. New York: Norton.

de Shazer, S. 1988. *Clues: Investigating Solutions in Brief Therapy*. New York: Norton.

de Shazer, S. 1991. *Putting Difference to Work*. New York: Norton.

de Shazer, S., and I. K. Berg. 1993. Constructing Solutions. *Family Therapy Networker* 12:42–43.

de Shazer, S., I. K. Berg, E. Lipchik, E. Nunnally, A. Molnar, W. Gingerich, et al. 1986. Brief Therapy: Focused Solution Development. *Family Process* 25:207–21.

de Shazer, S., Y. Dolan, H. Korman, T. Trepper, I. K. Berg, and E. McCollum. 2007. *More than Miracles: The State of the Art of Solution-Focused Brief Therapy*. Binghamton, NY: Haworth Press.

de Shazer, S., and L. Isebaert. 2003. The Bruges Model: A Solution-Focused Approach to Problem Drinking. *Journal of Family Psychotherapy* 14:43–52.

Dolan, Y. 1991. *Resolving Sexual Abuse: Solution-Focused Therapy and Ericksonian Hypnosis for Survivors*. New York: Norton.

Dolan, Y. 1998. *One Small Step: Moving beyond Trauma and Therapy to a Life of Joy*. Watsonville, CA: Papier-Mache Press.

Eakes, G., S. Walsh, M. Markowski, H. Cain, and M. Swanson. 1997. Family-Centered Brief Solution-Focused Therapy with Chronic Schizophrenics: A Pilot Study. *Journal of Family Therapy* 19:145–58.

Efran, J., and M. Schenker. 1993. A Potpourri of Solutions: How New and Different Is Solution-Focused Therapy? *Family Therapy Networker* 17 (3):71–74.

Efron, D., and K. Veenendaal. 1993. Suppose a Miracle Doesn't Happen: The Non-Miracle Option. *Journal of Systemic Therapies* 12:11–18.

Ford, J. J. 2006. Solution-Focused Sex Therapy for Erectile Dysfunction. *Journal of Couple and Relationship Therapy* 5:65–79.

Franklin, C., and C. L. Streeter. 2004. *Solution-Focused Alternatives for Education: An Outcome Evaluation of Gaza High School*. Retrieved from http://www.utexas.edue/ssw/faculty/franklin

Friedman, S., and E. Lipchik. 1999. A Time-Effective, Solution-Focused Approach to Couple Therapy. In *Short-Term Couple Therapy*, J. M. Donovan, ed. New York: Guilford Press.

Hoyt, M. F. 2002. Solution-Focused Couple Therapy. In *Clinical Handbook of Couple Therapy*, 3rd ed., A. S. Gurman and N. S. Jacobson, eds. New York: Guilford Press.

Hoyt, M. F., and I. K. Berg. 1998. Solution-Focused Couple Therapy: Helping Clients Construct Self-Fulfilling Realities. In *Case Studies in Couple and Family Therapy: Systemic and Cognitive Perspectives*, F. M. Dattilio, ed. New York: Guilford Press.

Hudson, P., and W. H. O'Hanlon. 1992. *Rewriting Love Stories: Brief Marital Therapy*. New York: Norton.

Lee, M. Y. 1997. A Study of Solution-Focused Brief Family Therapy: Outcomes and Issues. *The American Journal of Family Therapy* 25:3–17.

Lipchik, E. 2011. *Beyond Technique in Solution-Focused Therapy*. New York: Guilford Press. (Adapted from)

Lipchik, E., and A. Kubicki. 1996. Solution-Focused Domestic Violence Views: Bridges toward a New Reality in Couples Therapy. In *Handbook of Solution-Focused Brief Therapy*, S. Miller, M. Hubble, and B. Duncan, eds. San Francisco, CA: Jossey-Bass.

Lloyd, H., and R. Dallos. 2008. First Session Solution-Focused Brief Therapy with Families Who Have a Child with Severe Intellectual Disabilities: Mothers' Experiences and Views. *Journal of Family Therapy* 30:5–28.

McCollum, E. E., and T. S. Trepper. 2001. *Creating Family Solutions for Substance Abuse*. New York: Haworth Press.

Miller, S. 1994. The Solution-Conspiracy: A Mystery in Three Installments. *Journal of Systemic Therapies*

13:18–37.

Murray, C. E., and T. L. Murray. 2004. Solution-Focused Premarital Counseling: Helping Couples Build a Vision for Their Marriage. *Journal of Marital and Family Therapy* 30:349–58.

Nylund, D., and V. Corsiglia. 1994. Becoming Solution-Focused in Brief Therapy: Remembering Something Important We Already Knew. *Journal of Systemic Therapies* 13:5–12.

O'Hanlon, W. 1996. Case Commentary. *Family Therapy Networker* January/February:84–85.

O'Hanlon, W. 1998. Possibility Therapy: An Inclusive, Collaborative, Solution-Based Model of Psychotherapy. In *The Handbook of Constructive Therapies*, M. H. Hoyt, ed. San Francisco, CA: Jossey-Bass.

O'Hanlon, W. 1999. *Do One Thing Different: And Other Uncommonly Sensible Solutions to Life's Persistent Problems*. New York: Morrow.

O'Hanlon, W., and M. Weiner-Davis. 1989. *Search of Solutions: A New Direction in Psychotherapy*. New York: Norton.

Park, E. S. 1997. An Application of Brief Therapy to Family Medicine. *Contemporary Family Therapy* 19:81–88.

Pichot, T., and Y. Dolan. 2003. *Solution-Focused Brief Therapy: Its Effective Use in Agency Settings*. New York: Haworth Press.

Ramish, J. L., M. McVicker, and Z. S. Sahin. 2009. Helping Low-Conflict Divorced Parents Establish Appropriate Boundaries Using a Variation of the Miracle Question: An Integration of Solution-Focused Therapy and Structural Family Therapy. *Journal of Divorce and Remarriage* 14:481–95.

Rhodes, J., and Y. Ajmal. 1995. *Solution-Focused Thinking in Schools*. London: BT Press.

Sharry, J., B. Madden, M. Darmody, and S. D. Miller. 2001. Giving Our Clients the Break: Applications of Client-Directed, Outcome-Informed Clinical Work. *Journal of Systemic Therapies* 20:68–76.

Shoham, V., M. Rohrbaugh, and J. Patterson. 1995. Problem- and Solution-Focused Couple Therapies: The MRI and Milwaukee Models. In *Clinical Handbook of Couple Therapy*, N. S. Jacobson and A. S. Gurman, eds. New York: Guilford Press.

Singer, J. L. 1981. *Daydreaming and Fantasy*. Oxford: Oxford University Press.

Softas-Nall, B. C., and P. C. Francis. 1998. A Solution-Focused Approach to Suicide Assessment and Intervention with Families. *The Family Journal: Counseling and Therapy for Couples and Families*

6:64–66.

Springer, D. W., and S. H. Orsbon. 2002. Families Helping Families: Implementing a Multifamily Therapy Group with Substance-Abusing Adolescents. *Health and Social Work* 27:204–7.

Storm, C. 1991. The Remaining Thread: Matching Change and Stability Signals. *Journal of Strategic and Systemic Therapies* 10:114–7.

Tambling, R. B. 2012. Solution-Oriented Therapy for Survivors of Sexual Assault and their Partners. *Contemporary Family Therapy* 34:391–401.

Trepper, T. S., Y. Dolan, E. E. McCollum, and T. Nelson. 2006. Steve de Shazer and the Future of Solution-Focused Therapy. *Journal of Marital and Family Therapy* 32:133–9.

Tuyn, L. K. 1992. Solution-Oriented Therapy and Rogerian Nursing Science: An Integrated Approach. *Archives of Psychiatric Nursing* 6:83–89.

Walter, J., and J. Peller. 1992. *Becoming Solution-Focused in Brief Therapy*. New York: Brunner/Mazel.

Weiner-Davis, M. 1992. *Divorce-Busting*. New York: Summit Books.

Wittgenstein, L. 1958. *The Blue and Brown Books*. New York: Harper & Row.

Wylie, M. S. 1990. Brief Therapy on the Couch. *Family Therapy Networker* 14:26–34, 66.

Zhang, W., T. Yan, Y. Du, and X. Liu. 2014. Effects of Solution-Focused Brief Therapy Group Work on Promoting Post-Traumatic Growth of Mothers Who Have a Child with ASD. *Journal of Autism and Developmental Disorders* 44:2052–6.

제12장

Abdalla, L. H., and A. L. Novis. 2014. Uh oh! I Have Received an Unexpected Visitor: The Visitor's Name is Chronic Disease. A Brazilian Family Therapy Approach. *Australian and New Zealand Journal of Family Therapy* 35:100–4.

Butera-Prinzi, F., N. Charles, and K. Story. 2014. Narrative Family Therapy and Group Work for Families Living with Acquired Brain Injury. *Australian and New Zealand Journal of Family Therapy* 35:81–99.

Dallos, R. 2001. ANT-Attachment Narrative Therapy. *Journal of Family Psychotherapy* 12:43–72.

Dallos, R. 2004. Attachment Narrative Therapy: Integrating Ideas from Narrative and Attachment Theory in Systemic Family Therapy with Eating Disorders. *Journal of Family Therapy* 26:40–65.

Dickerson, V. 2004a. Allies against Self-Doubt. *Journal of Brief Therapy* (Special Edition):83–95.

Dickerson, V. 2004b. *Who Cares What You're Supposed to Do? Breaking the Rules to Get What You Want in Love, Life, and Work*. New York: Perigee.

Dickerson, V. 2007. Remembering the Future: Situating Oneself in a Constantly Evolving Field. *Journal of Systemic Therapy* 26:23–37.

Dickerson, V., and J. Zimmerman. 1992. Families with Adolescents: Escaping Problem Lifestyles. *Family Process* 31:341–53.

Duba, J. D., A. Kindsvatter, and T. Lara. 2008. Treating Infidelity: Considering Narratives of Attachment. *The Family Journal* 16:293–9.

D'Urso, S., S. Reynaga, and J. E. Patterson. 2009. The Emotional Experience of Immigration for Couples. In *Multicultural Couple Therapy*, M. Rastogi and T. Volker, eds. Thousand Oaks, CA: Sage Publications.

Epston, D. 1994. Extending the Conversation. *Family Therapy Networker* 18:30–37, 62.

Eron, J., and T. Lund. 1996. *Narrative Solutions in Brief Therapy*. New York: Guilford Press.

Foucault, M. 1965. *Madness and Civilization: A History of Insanity in the Age of Reason*. New York: Random House.

Foucault, M. 1980. *Power/Knowledge: Selected Interviews and Other Writings*. New York: Pantheon.

Fraenkel, P., T. Hameline, and M. Shannon. 2009. Narrative and Collaborative Practices in Work with Families that Are Homeless. *Journal of Marital and Family Therapy* 35:325–42.

Freedman, J. 1996. AFTA Voices on the Annual Meeting. *American Family Therapy Academy Newsletter* Fall:30–32.

Freedman, J., and G. Combs. 1996. *Narrative Therapy: The Social Construction of Preferred Realities*. New York: Norton.

Gremillion, H. 2003. *Feeding Anorexia*. Chapel Hill, NC: Duke University Press.

Hedtke, L. 2014. Creating Stories of Hope: A Narrative Approach to Illness, Death and Grief. *Australian and New Zealand Journal of Family Therapy* 35:4–19.

Lemmons, G. M., I. Eisler, L. Migerode, M. Heireman, and K. Demyttenaere. 2007. Family Discussion Group Therapy for Major Depression: A Brief Systemic Multi-Family Group Intervention for Hospitalized Patients and Their Family Members. *Journal of Family Therapy* 29:49–68.

Levy, J. 2006. Using a Metaperspective to Clarify the Structural-Narrative Debate in Family Therapy. *Family Process* 45:55–74.

Madigan, S. 1994. Body Politics. *Family Therapy Networker* 18:27.

Madigan, S., and D. Epston. 1995. From "Spy-Chiatric Gaze" to Communities of Concern: From Professional Monologue to Dialogue. In *The Reflecting Team in Action*, S. Friedman, ed. New York: Guilford Press.

Madsen, W. C. 2007. *Collaborative Therapy with Multistressed Families*, 2nd ed. New York: Guilford Press.

May, J. C. 2005. Family Attachment Narrative Therapy: Healing the Experience of Early Childhood Maltreatment. *Journal of Marital and Family Therapy* 31:221–37.

Minuchin, S. 1998. Where Is the Family in Narrative Family Therapy? *Journal of Marital and Family Therapy* 24:397–403.

Neal, J., J. Zimmerman, and V. Dickerson. 1999. Couples, Culture and Discourse. In *Short-Term Couple Therapy*, J. Donovan, ed. New York: Guilford Press.

Phipps, W. D., and C. Vorster. 2009. Narrative Therapy: A Return to the Intrapsychic Perspective. *South African Journal of Psychology* 39:32–45.

Roth, S. A., and D. Epston. 1996. Developing Externalizing Conversations: An Introductory Exercise. *Journal of Systemic Therapies* 15:5–12.

Saltzburg, S. 2007. Narrative Therapy Pathways for Re-Authoring with Parents of Adolescents Coming Out as Gay, Lesbian, and Bisexual. *Contemporary Family Therapy* 29:57–69.

Shalay, N., and K. Brownlee. 2007. Narrative Family Therapy with Blended Families. *Journal of Family Psychotherapy* 18:17–30.

Weingarten, K. 2003. *Common Shock: Witnessing Violence Every Day*. New York: Dutton.

White, M. 1989. *Selected Papers*. Adelaide, South Australia: Dulwich Centre Publications.

White, M. 2007. *Maps of Narrative Practice*. New York: Norton.

Wylie, M. S. 1994. Panning for Gold. *Family Therapy Networker* 18:40–48.

Zimmerman, J., and V. Dickerson. 1993. Bringing Forth the Restraining Influence of Pattern in Couples Therapy. In *Therapeutic Conversations*, S. Gilligan and R. Price, eds. New York: Norton.

Zimmerman, J., and V. Dickerson. 1996. *If Problems Talked: Narrative Therapy in Action*. New York: Guilford Press.

제13장

Alexander, J., and B. Parsons. 1982. *Functional Family Therapy*. Pacific Grove, CA: Brooks/Cole.

Anderson, C., and S. Stewart. 1983. *Mastering Resistance: A Practical Guide to Family Therapy*. New York: Guilford Press.

Breunlin, D., W. Pinsof, W. P. Russell, and J. Lebow. 2011. Integrative Problem-Centered Metaframeworks Therapy I: Core Concepts and Hypothesizing. *Family Process* 50:293–313.

Breunlin, D., R. Schwartz, and B. Mac Kune-Karrer. 1992. *Metaframeworks: Transcending the Models of Family Therapy*. San Francisco, CA: Jossey-Bass.

Duhl, B., and F. Duhl. 1981. Integrative Family Therapy. In *Handbook of Family Therapy*, A. Gurman and D. Kniskern, eds. New York: Brunner/Mazel.

Eron, J., and T. Lund. 1996. *Narrative Solutions in Brief Therapy*. New York: Guilford Press.

Feldman, L. 1990. *Multi-Dimensional Family Therapy*. New York: Guilford Press.

Fruzzetti, A. E. 2006. *The High Conflict Couple: A Dialectical Behavior Therapy Guide to Finding Peace, Intimacy, and Validation*. Oakland, CA: New Harbinger.

Fruzzetti, A., D. Santiseban, and P. Hoffman. 2007. Dialectical Behavior Therapy with Families. In *Dialectical Behavior Therapy in Clinical Practice*, L. Dimeff and K. Koerner, eds. New York: Guilford Press.

Greenberg, L. S., and S. M. Johnson. 1988. *Emotionally Focused Therapy for Couples*. New York: Guilford Press.

Haley, J. 1977. Toward a Theory of Pathological Systems. In *The Interactional View*, P. Watzlawick and J. Weakland, eds. New York: Norton.

Henggeler, S., and C. Borduin. 1990. *Family Therapy and Beyond: A Multisystemic Approach to Treating the Behavior Problems of Children and Adolescents*. Pacific Grove, CA: Brooks/Cole.

Hoffman, P. D., and A. E. Fruzzetti. 2005. Psychoeducation. In *Textbook of Personality Disorders*, J. M. Oldham, A. Skodal, and D. Bender, eds. Washington, DC: American Psychological Association.

Jackson, D. D. 1965. Family Rules: The Marital Quid Pro Quo. *Archives of General Psychiatry* 12:589–94.

Jacobson, N., and A. Christensen. 1996. *Integrative Couple Therapy*. New York: Norton.

Kirschner, D., and S. Kirschner. 1986. *Comprehensive Family Therapy*. New York: Brunner/Mazel.

Liddle, H. A. 1984. Toward a Dialectical-Contextual-Coevolutionary Translation of Structural-Strategic Family Therapy. *Journal of Strategic and Systemic Family Therapies* 3:66–79.

Liddle, H. A., G. A. Dakoff, and G. Diamond. 1991. Adolescent Substance Abuse: Multidimensional Family Therapy in Action. In *Family Therapy with Drug and Alcohol Abuse*, 2nd ed., E. Kaufman and P. Kaufman, eds. Boston: Allyn & Bacon.

Linehan, M. 1993. *Cognitive-Behavioral Treatment of Borderline Personality Disorder*. New York: Guilford Press.

Linehan, M. 1997. Validation and Psychotherapy. In *Empathy and Psychotherapy*, A. Bohart and L. S. Greenberg, eds. Washington, DC: American Psychological Association.

Mahler, M. S., F. Pine, and A. Bergman. 1975. *The Psychological Birth of the Human Infant*. New York: Basic Books.

Markowitz, L. 1997. Ramon Rojano Won't Take No for an Answer. *Family Therapy Networker* 21:24–35.

Minuchin, S. 1974. *Families and Family Therapy*. Cambridge, MA: Harvard University Press.

Minuchin, S., M. P. Nichols, and W.-Y. Lee. 2007. *Assessing Couples and Families: From Symptom to System*. Boston: Allyn & Bacon.

Minuchin, S., B. Rosman, and L. Baker. 1978. *Psychosomatic Families: Anorexia Nervosa in Context*. Cambridge, MA: Harvard University Press.

Nichols, M. P. 1987. *The Self in the System*. New York: Brunner/Mazel.

Nichols, W. C. 1995. *Treating People in Families: An Integrative Framework*. New York: Guilford Press.

Pinsof, W., D. Breunlin, W. P. Russell, and J. Lebow. 2011. Integrative Problem-Centered Metaframeworks Therapy II: Planning, Conversing, and Reading Feedback. *Family Process* 50:314–36.

Sander, F. M. 1979. *Individual and Family Therapy: Toward an Integration*. New York: Jason Aronson.

Scharff, J., ed. 1989. *The Foundations of Object Relations Family Therapy*. New York: Jason Aronson.

Slipp, S. 1988. *Technique and Practice of Object Relations Family Therapy*. New York: Jason Aronson.

Stanton, M. D. 1981. An Integrated Structural/Strategic Approach to Family and Marital Therapy. *Journal of Marital and Family Therapy* 7:427–40.

Taibbi, R. 2007. *Doing Family Therapy*, 2nd ed. New York: Guilford Press.

Thibaut, J. W., and H. H. Kelley. 1959. *The Social Psychology of Groups*. New York: Wiley.

Von Bertalanffy, L. 1968. *General Systems Theory: Foundations, Development, Applications.* New York: Braziller.

제14장

AACAP. 2005. Practice Parameters for the Assessment and Treatment of Children and Adolescents with Reactive Attachment Disorder of Infancy and Early Childhood. *Journal of the American Academy of Child and Adolescent Psychiatry* 44 (11):1206–19.

Allen-Eckert, H., E. Fong, M. P. Nichols, N. Watson, and H. A. Liddle. 2001. Development of the Family Therapy Enactment Scale. *Family Process* 40 (4):469–78.

Anastopoulos, A., T. Shelton, and R. Barkley. 2005. Family-Based Psychosocial Treatments for Children and Adolescents with Attention-Deficit/Hyperactivity Disorder. In *Psychosocial Treatments for Child and Adolescent Disorders. Emprically Based Strategies for Clinical Practice*, 2nd ed., E. Hibbs and P. Jensen, eds. Washington, DC: American Psychological Association.

Bakermans-Kranenburg, M. J., M. H. Van Ijzendoorn, and F. Juffer. 2003. Less Is More: Meta-Analyses of Sensitivity and Attachment Interventions in Early Childhood. *Psychological Bulletin* 129:195–215.

Bakermans-Kranenburg, M. J., M. H. Van Ijzendoorn, and F. Juffer. 2005. Disorganized Infant Attachment and Preventive Interventions: A Review and Meta-Analysis. *Infant Mental Health Journal* 26:191–216.

Baldwin, S. A., S. Christian, A. Berkeljon, W. R. Shadish, and R. Bean. 2012. The Effects of Family Therapies for Adolescent Delinquency and Substanced Abuse: A Meta-Analysis. *Journal of Marital and Family Therapy* 38:281–304.

Barbato, A., and B. D'Avanzo. 2008. Efficacy of Couples Therapy as a Treatment for Depression: A Meta-Analysis. *Psychiatric Quarterly* 79 (2):121–32.

Barmish, A. J., and P. C. Kendall. 2005. Should Parents Be Co-Clients in Cognitive-Behavioral Therapy for Anxious Youth? *Journal of Clinical Child and Adolescent Psychology* 34 (3):569–81.

Barrett, P. M., and A. L. Shortt. 2003. Parental Involvement in the Treatment of Anxious Children. In *Evidence-Based Psychotherapies for Children and Adolescents*, A. E. Kazdin and J. R. Weisz, eds. New York: Guilford Press.

Beach, S. R. H., J. Katz, S. Kim, and G. H. Brody. 2003. Prospective Effects of Marital Satisfaction on Depressive Symptoms in Established Marriages: A Dyadic Model. *Journal of Social and Personal Relationships* 20:355–71.

Becker, S. J., and J. F. Curry. 2008. Outpatient Interventions for Adolescent Substance Abuse: A Quality of Evidence Review. *Journal of Consulting and Clinical Psychology* 76 (4):531–43.

Beutler, L. E., R. E. Williams, and P. J. Wakefield. 1993. Obstacles to Disseminating Applied Psychological Science. *Applied and Preventive Psychology* 2:53–58.

Black, D. A., and J. Lebow. 2012. Systemic Research Controversies and Challenges. In *Family Psychology*, J. H. Bray and M. Stanton, eds. Malden: Wiley-Blackwell.

Blow, A. J., D. S. Sprenkle, and S. D. Davis. 2007. Is Who Delivers the Treatment More Important than the Treatment Itself?: The Role of the Therapist in Common Cactors. *Journal of Marital and Family Therapy* 33:298–317.

Borduin, C. M., B. J. Mann, L. T. Cone, S. W. Henggeler, B. R. Fucci, D. M. Blaske, et al. 1995. Multisystemic Treatment of Serious Juvenile Offenders: Long-Term Prevention of Criminality and Violence. *Journal of Consulting and Clinical Psychology* 63:569–78.

Bourgeois, L., S. Sabourin, and J. Wright. 1990. Predictive Validity of Therapeutic Alliance in Group Marital Therapy. *Journal of Consulting and Clinical Psychology* 58 (5):608–13.

Butler, M. H., J. M. Harper, and M. S. Mitchell. 2011. A Comparison of Attachment Outcomes in Enactment-Based versus Therapist-Centered Therapy Process Modalities in Couple Therapy. *Family Process* 50:203–20.

Butler, M. H., and K. S. Wampler. 1999. Couple-Responsible Therapy Process: Positive Proximal Outcomes. *Family Process* 38 (1):27–54.

Campbell, D. T., and J. C. Stanley. 1963. *Experimental and Quasi-Experimental Designs for Research.* Chicago: Rand McNally.

Chaffin, M., R. Hanson, B. E. Saunders, T. Nichols, D. Barnett, C. Zeanah, et al. 2006. Report of the APSAC Task Force on Attachment Therapy, Reactive Attachment Disorder, and Attachment Problems. *Child Maltreatment* 11:76–89.

Chaffin, M., J. F. Silovsky, B. Funderburk, L. A. Valle, E. V. Brestan, and T. Balachova. 2004. Parent-Child Interaction Therapy with Physically

Abusive Parents: Efficacy for Reducing Future Abuse Reports. *Journal of Consulting and Clinical Psychology* 72:500–10.

Chamberlain, P., and J. G. Rosicky. 1995. The Effectiveness of Family Therapy in the Treatment of Adolescents with Conduct Disorders and Delinquency. *Journal of Marital and Family Therapy* 21 (4):441–59.

Cicchetti, D., and S. L. Toth. 2005. Child Maltreatment. *Annual Review of Clinical Psychology* 1 (1):409–38.

Compas, B. E., J. E. Champion, R. Forehand, D. A. Cole, K. L. Reeslund, J. Fear, et al. 2010. Coping and Parenting: Mediators of 12-Month Outcomes of a Family Group Cognitive-Behavioral Preventive Intervention with Families of Depressed Parents. *Journal of Consulting and Clinical Psychology* 78 (8):623–34.

Compas, B. E., R. Forehand, J. C. Thigpen, G. Keller, E. J. Hardcastle, D. A. Cole, et al. 2011. Family Group Cognitive-Behavioral Preventive Intervention for Families of Depressed Parents: 18- and 24-Month Outcomes. *Journal of Consulting and Clinical Psychology* 79 (4):488–99.

Corcoran, J., and V. Pillai. 2008. A Meta-Analysis for Parent-Involved Treatment for Child Sexual Abuse. *Research on Social Work Practice* 18 (5):453–64.

Couturier, J., L. Isserlan, and J. Lock. 2006. Family-Based Treatment for Adolescents with Anorexia Nervosa: A Dissemination Study. *International Journal of Eating Disorder* 18:199–209.

Couturier, J., and J. Lock. 2006. What Is Remission in Adolescent Anorexia Nervosa? A Review of Various Conceptualizations and a Quantitative Analysis. *International Journal of Eating Disorder* 39:175–83.

Curtis, N., K. Ronan, and C. Borduin. 2004. Multisystemic Treatment: A Meta-Analysis of Outcome Studies. *Journal of Family Psychology* 18 (3):411–9.

Dalton, J., P. Greenman, C. Classen, and S. M. Johnson. 2013. Nurturing Connections in the Aftermath of Childhood Trauma: A Randomized Controlled Trial of Emotionally Focused Couple Therapy (EFT) for Female Survivors of Childhood Abuse. *Couple and Family Psychology: Research and Practice* 2:209–21.

Dattilio, F. M., F. P. Piercy, and S. D. Davis. 2014. The Divide between "Evidence-Based" Approaches and Practitioners of Traditional Theories of Family Therapy. *Journal of Marital and Family Therapy* 40:5–16.

Diamond, G. S., and A. Josephson. 2005. Family-Based Treatment Research: A 10-Year Update. *Journal of the American Academy of Child and Adolescent Psychiatry* 44 (9):872–87.

Diamond, G., and H. A. Liddle. 1996. Resolving a Therapeutic Impasse between Parents and Adolescents in Multidimensional Family Therapy. *Journal of Consulting and Clinical Psychology* 64 (3):481–8.

Diamond, G., and H. A. Liddle. 1999. Transforming Negative Parent–Adolescent Interactions: From Impasse to Dialogue. *Family Process* 38 (1):5–26.

Diamond, G. S., B. F. Reis, G. M. Diamond, L. Siqueland, and L. Issacs. 2002. Attachment-Based Family Therapy for Depressed Adolescents: A Treatment Development Study. *Journal of American Academy Child Adolescent Psychiatry* 41 (10):1190–6.

Diamond, G. S., M. B. Wintersteen, G. K. Brown, G. M. Diamond, R. Gallop, K. Shelef, et al. 2010. Attachment-Based Family Therapy for Adolescents with Suicidal Ideation: A Randomized Controlled Trial. *Journal of American Academy of Child and Adolescent Psychiatry* 49 (2):122–31.

DuPaul, G., T. Eckert, and B. Vilardo. 2012. The Effects of School-Based Interventions for Attention Deficit Hyperactivity Disorder: A Meta-Analysis 1996–2010. *School Psychology Review* 41:387–412.

Eisler, I., C. Dare, G. F. Russell, G. Szmukler, D. Le Grange, and E. Dodge. 1997. Family and Individual Therapy in Anorexia Nervosa: A Five-Year Follow-Up. *Archives of General Psychiatry* 54:1025–30.

Fals-Stewart, W., G. R. Birchler, and M. L. Kelley. 2006. Learning Sobriety Together: A Randomized Clinical Trial Examining Behavioral Couples Therapy with Alcoholic Female Patients. *Journal of Consulting and Clinical Psychology* 74:579–91.

Fals-Stewart, W., K. Klosterman, B. T. Yates, T. J. O'Farrell, and G. R. Birchler. 2005. Brief Relationship Therapy for Alcoholism: A Randomized Clinical Trial Examining Clinical Efficacy and Cost-Effectiveness. *Psychology of Addictive Behaviors* 19:363–71.

Favero, D. 2002. *Structural Enactments as Methods of Change in Family Therapy*. Unpublished doctoral dissertation, Virginia Consortium Program in Clinical Psychology, Virginia Beach.

Fellenberg, S. 2003. *The Contribution of Enactments to Structural Family Therapy: A Process Study*. Unpublished doctoral dissertation, The Virginia Consortium Program in Clinical Psychology, Virginia Beach.

Flicker, S. M., C. W. Turner, H. B. Waldron, J. L. Brody, and T. J. Ozechowski. 2008. Ethnic Background, Therapeutic Alliance, and Treatment Retention in Functional Family Therapy with Adolescents Who Abuse Substances. *Journal of Family Psychology* 22 (1):167–70.

Friedlander, M. L., V. Escudero, and L. Heatherington. 2006. *Therapeutic Alliances in Couple and Family Therapy: An Empirically Informed Guide to Practice.* Washington, DC: American Psychological Association.

Friedlander, M. L., V. Escudero, L. Heatherington, and G. M. Diamond. 2011. Alliance in Couple and Family Therapy. *Psychotherapy* 48:25–33.

Friedlander, M. L., V. Escudero, A. Horvath, L. Heatherington, A. Cabero, and M. Martens. 2006. System for Observing Family Therapy Alliances: A Tool for Research and Practice. *Journal of Counseling Psychology* 53:214–25.

Friedlander, M. L., L. Heatherington, B. Johnson, and E. A. Skowron. 1994. Sustaining Engagement: A Change Event in Family Therapy. *Journal of Counseling Psychology* 41 (4):438–48.

Gilliam, C. M., and R. Cottone. 2005. Couple or Individual Therapy for the Treatment of Depression: An Update of the Empirical Literature. *American Journal of Family Therapy* 33:265–72.

Gordon, D. A., J. Arbuthnot, K. E. Gustafson, and P. McGreen. 1988. Home-Based Behavioral-Systems Family Therapy with Disadvantaged Juvenile Delinquents. *The American Journal of Family Therapy* 16 (3):243–55.

Hammond, R., and M. P. Nichols. 2008. How Collaborative Is Structural Family Therapy? *The Family Journal: Counseling and Therapy for Couples and Family* 16 (2):118–24.

Henderson, C. E., C. L. Rowe, G. A. Dakof, S. W. Hawes, and H. A. Liddle. 2009. Parenting Practices as Mediators of Treatment Effects in an Early-Intervention Trial of Multidimensional Family Therapy. *The American Journal of Drug and Alcohol Abuse* 35:220–6.

Hendriks, W., E. van der Schee, and V. Blanken. 2012. Matching Adolescents with a Cannabis Use Disorder to Multidimensional Family Therapy or Cognitive Behavioral Therapy: Treatment Effect Moderators in a Randomized Controlled Trial. *Drug and Alcohol Dependence* 125:119–26.

Henggeler, S. W., C. M. Borduin, G. B. Melton, B. J. Mann, L. Smith, J. A. Hall, et al. 1991. Effects of Multisystemic Therapy on Drug Use and Abuse in Serious Juvenile Offenders: A Progress Report from Two Outcome Studies. *Family Dynamics of Addition Quarterly* 1:40–51.

Henggeler, S. W., G. B. Melton, M. J. Brondino, D. G. Scherer, and J. H. Hanley. 1997. Multisystemic Therapy with Violent and Chronic Juvenile Offenders and Their Families: The Role of Treatment Fidelity in Successful Dissemination. *Journal of Consulting and Clinical Psychology* 60:821–33.

Henggeler, S. W., G. B. Melton, and L. A. Smith. 1992. Family Preservation Using Multisystemic Therapy: An Effective Alternative to Incarcerating Serious Juvenile Offenders. *Journal of Consulting and Clinical Psychology* 60 (6):953–61.

Henggeler, S. W., D. J. Rodick, C. M. Borduin, C. L. Hanson, S. M. Watson, and J. R. Urey. 1986. Multisystemic Treatment of Juvenile Offenders: Effects on Adolescent Behavior and Family Interaction. *Developmental Psychology* 22 (1):132–41.

Hogue, A., S. Dauber, P. Chinchilla, A. Fried, C. Henderson, J. Inclan, et al. 2008. Assessing Fidelity in Individual and Family Therapy for Adolescent Substance Abuse. *Journal of Substance Abuse Treatment* 35 (2):137–47.

Horvath, A. O., A. C. Del Re, C. Flückiger, and D. Symonds. 2011. Alliance in Individual Psychotherapy. *Psychotherapy* 48 (1):9–16.

Jackson-Gilfort, A., H. A. Liddle, M. J. Tejeda, and G. A. Dakof. 2001. Facilitating Engagement of African American Male Adolescents in Family Therapy: A Cultural Theme Process Study. *Journal of Black Psychology* 27 (3):321–40.

Jacobs, S., K. Kissil, D. Scott, and M. Davey. 2010. Creating Synergy in Practice: Promoting Complementarity between Evidence-Based and Postmodern Approaches. *Journal of Marital and Family Therapy* 36:185–96.

Jarrett, M. A., and T. H. Ollendick. 2012. Treatemnt of Comorbid Attention-Deficit/Hyperactivity Disorder and Anxiety in Children: A Multiple Baseline Design Analysis. *Journal of Consulting and Clinical Psychology* 80:239–44.

Karam, E. A., and D. H. Sprenkle. 2010. The Research-Informed Clinician: A Guide to Training the Next-Generation MFT. *Journal of Marital and Family Therapy* 36:307–19.

Kazdin, A. E. 2011. *Single-Case Research Designs: Methods for Clinical and Applied Settings.* New York: Oxford University Press.

Kazdin, A. E., and J. R. Weisz. 1998. Identifying and Developing Empirically Supported Child and Adolescent Treatments. *Journal of Consulting and Clinical Psychology* 66 (1):19.

Klein Velderman, M., M. J. Bakermans-Kranenburg, F. Juffer, and M. H. Van IJzendoorn. 2006. Effects of Attachment-Based Interventions on Maternal Sensitivity and Infant Attachment: Differential Susceptibility of Highly Reactive Infants. *Journal of Family Psychology* 20 (2):266–74.

Kolko, D. J., and C. C. Swenson. 2002. *Assessing and Treating Physically Abused Children and Their Families: A Cognitive Behavioral Approach.* Thousand Oaks, CA: Sage Publications.

Lebow, J. 1988. Research into Practice/Practice into Research. *Journal of Family Psychology* 1:337–51.

Lee, P., W. Niew, H. Yang, V. C. Chen, and K. Lin. 2012. A Meta-Analysis of Behavioural Parent Training for Children with Attention-Deficit Hyperactivity Disorder. *Research in Developmental Disabilities* 33:2040–9.

Le Grange, D., R. D. Crosby, P. J. Rathouz, and B. L. Leventhal. 2007. A Randomized Controlled Comparison of Family-Based Treatment and Supportive Psychotherapy for Adolescent Bulimia Nervosa. *Archive of General Psychiatry* 64 (9):1049–56.

Lobban, F., A. Postlethwaite, D. Glenworth, V. Pinfold, L. Wainwright, G. Dunn, and G. Haddock. 2013. A Systematic Review of Randomized Controlled Trials of Interventions Reporting Outcomes for Relatives of People with Psychosis. *Clinical Psychology Review* 33:372–82,

Lock, J., D. Le Grange, W. S. Agras, A. Moye, S. W. Bryson, and B. Jo. 2010. A Randomized Clinical Trial Comparing Family Based Treatment to Adolescent Focused Individual Therapy for Adolescents with Anorexia Nervosa. *Archive of General Psychiatry* 67:1025–32.

Lock, J., D. Le Grange, and R. Crosby. 2008. Exploring Possible Mechanisms of Change in Family-Based Treatment for Adolescent Bulimia Nervosa. *Journal of Family Therapy* 30:260–71.

Loeb, K. L., T. B. Walsh, J. Lock, D. Le Grange, S. Marcus, J. Weaver, et al. 2007. Open Trial of Family-Based Treatment for Adolescent Anorexia Nervosa: Evidence of Successful Dissemination. *Journal of the American Academy of Child and Adolescent Psychiatry* 46:792–800.

Lundahl, B. W., J. Nimer, and B. Parsons. 2006. Preventing Child Abuse: A Meta-Analysis of Parent Training Programs. *Research on Social Work Practice* 16 (3):251–62.

Macleod, J., and G. Nelson. 2000. Programs for the Promotion of Family Wellness and the Prevention of Child Maltreatment: A Meta-Analytic Review. *Child Abuse and Neglect* 24 (9):1127–49.

McCart, M., P. Priester, W. Davies, and R. Azen. 2006. Differential Effectiveness of Cognitive-Behavioral Therapy and Behavioral Parent-Training for Antisocial Youth: A Meta-Analysis. *Journal of Abnormal Child Psychology* 34:527–43.

Miklowitz, D. J. 2004. The Role of Family Systems in Severe and Recurrent Psychiatric Disorders: A Developmental Psychopathology View. *Development and Psychopathology* 16 (3):667–88.

Miles, D. 2004. *The Effectiveness of Therapist Interventions in Structural Family Therapy: A Process Study.* Unpublished doctoral dissertation, Virginia Consortium Program in Clinical Psychology, Virginia Beach.

Miller, S. D., and M. A. Hubble. 2004. Further Archeological and Ethnological Findings on the Obscure, Late 20th Century, Quasi-Religious Group Known as "The Therapists" (A Fantasy about the Future of Psychotherapy). *Journal of Psychotherapy Integration* 14:38–65.

Minuchin, S., B. Montalvo, B. Guerney, B. Rosman, and F. Schumer. 1967. *Families of the Slums.* New York: Basic Books.

Minuchin, S., B. L. Rosman, and L. Baker. 1978. *Psychosomatic Families: Anorexia Nervosa in Context.* Cambridge, MA: Harvard University Press.

Monson, C., S. Fredman, A. MacDonald, N. Pukay-Martin, P. A. Resnick, and P. Schnurr. 2012. Effect of Cognitive-Behavioral Couple Therapy for PTSD: A Randomized Controlled Trial. *JAMA* 308:700–9.

Muck, R., K. A. Zempolich, J. C. Titus, M. Fishman, M. D. Godley, and R. Schwebel. 2001. An Overview of the Effectiveness of Adolescent Substance Abuse Treatment Models. *Youth and Society* 33:143–68.

Nichols, M. P., and S. Fellenberg. 2000. The Effective Use of Enactments in Family Therapy: A Discovery-Oriented Process Study. *Journal of Marital and Family Therapy* 26 (2):143–52.

Ogden, T., and K. A. Hagen. 2006. Virker MST? Kommentarer Til En Systematisk Forskingsomversikt og Meta-Analyse av MST [Does MST Work: Comments on a Systemic Review and Meta-Analysis of MST]. *Nordish Sosialt Arbeid* 26:222–33.

Ogden, T., and C. A. Halliday-Boykins. 2004. Multisystemic Treatment of Antisocial Adolescents in Norway: Replication of Clinical Outcomes Outside of the US. *Child and Adolescent Mental Health* 9 (2):77–83.

O'Leary, K. D., J. L. Christian, and N. R. Mendell. 1994. A Closer Look at the Link between Marital Discord and Depressive Symptomatology. *Journal of Social and Clinical Psychology* 13 (1):33–41.

Orlinsky, D. E., and K. I. Howard. 1986. Process and Outcome in Psychotherapy. In *Handbook of Psychotherapy and Behavior Change*, 3rd ed., S. Garfield and A. Bergin, eds. New York: Wiley.

Pereira, T., J. Lock, and J. Oggins. 2006. Role of Therapeutic Alliance in Family Therapy for Adolescent Anorexia Nervosa. *The International Journal of Eating Disorders* 39 (8):677–84.

Perepletchikova, F., T. A. Treat, and A. E. Kazdin. 2007. Treatment Integrity in Psychotherapy Research: Analysis of the Studies and Examination of the Associated Factors. *Journal of Consulting and Clinical Psychology* 75:829–41.

Pfammatter, M., U. Junghan, and H. Brenner. 2006. Efficacy of Psychological Therapy in Schizophrenia: Conclusions from Meta-Analysis. *Schizophrenia Bulletin* 32 (Suppl. 1):S64–80.

Pharoah, F., J. Mari, J. Rathbone, and W. Wong. 2006. Family Intervention for Schizophrenia. *Cochrane Database of Sytematic Reviews* (2):CD000088. DOI: 10. 1002/14651858. CD000088, pub. 2.

Pilling, S., P. Beddington, E. Kuipers, P. Farety, J. Geddes, G. Orbach, et al. 2002. Psychological Treatments in Schizophrenia: I. Meta-Analysis of Family Intervention and Cognitive Behavior Therapy. *Psychological Medicine* 32:763–82.

Pina, A., A. Zerr, N. Gonzales, and C. Ortiz. 2009. Psychosocial Interventions for School Refusal Behavior in Children and Adolescents. *Child Development Perspectives* 3:11–20.

Pinsof, W. B., and D. R. Catherall. 1986. The Integrative Psychotherapy Alliance: Family, Couple and Individual Therapy Scales. *Journal of Marital and Family Therapy* 12:137–51.

Pinsof, W. M., and L. Wynne. 2000. Toward Progress Research: Closing the Gap between Family Therapy Practice and Research. *Journal of Marital and Family Therapy* 26:1–8.

Pinsof, W. M., R. Zinbarg, and L. M. Knobloch-Fedders. 2008. Factorial and Construct Validity of the Revised Short Form Integrative Psychotherapy Alliance Scales for Family, Couple, and Individual Therapy. *Family Process* 47 (3):281–301.

Pitschel-Walz, G., S. Leucht, J. Bauml, W. Kissling, and R. Engel. 2001. The Effect of Family Interventions on Relapse and Rehospitalization in Schizophrenia: A Meta-Analysis. *Schizophrenia Bulletin* 27:73–92.

Rajwan, E., A. Chacko, and M. Moeller. 2012. Nonpharmacological Intervention for Preschool ADHD: State of the Evidence and Implications for Practice. *Professional Psychology: Research and Practice* 43:520–6.

Reynolds, S., C. Wilson, J. Austin, and L. Hooper. 2012. Effects of Psychotherapy for Anxiety in Children and Adolescents: A Meta-Analysis Review. *Clinical Psychology Review* 32:251–62.

Robbins, M. S., J. F. Alexander, R. M. Newell, and C. W. Turner. 1996. The Immediate Effect of Reframing on Client Attitude in Family Therapy. *Journal of Family Psychology* 10 (1):28–34.

Robbins, M. S., D. J. Feaster, V. E. Horigian, M. J. Puccinelli, C. Henderson, and J. Szapocznik. 2011. Therapist Adherence in Brief Strategic Family Therapy for Adolescent Drug Abusers. *Journal of Consulting and Clinical Psychology* 79 (1):43–53.

Robbins, M. S., H. A. Liddle, C. W. Turner, G. A. Dakof, J. F. Alexander, and S. M. Kogan. 2006. Adolescent and Parent Therapeutic Alliances as Predictors of Dropout in Multidimensional Family Therapy. *Journal of Family Psychology* 20 (1):108–16.

Robbins, M. S., C. C. Mayorga, V. B. Mitrani, J. Szapocznik, C. W. Turner, and J. F. Alexander. 2008. Adolescent and Parent Alliances with Therapists in Brief Strategic Family Therapy with Drug-Using Hispanic Adolescents. *Journal of Marital and Family Therapy* 34 (3):316–28.

Robbins, M. S., C. W. Turner, J. F. Alexander, and G. A. Perez. 2003. Alliance and Dropout in Family Therapy for Adolescents with Behavior Problems: Individual and Systemic Effects. *Journal of Family Psychology* 17 (4):534–44.

Robinson, E. H. 1994. Critical Issues in Counselor Education: Mentors, Models, and Money. *Counselor Education and Supervision* 33:339–43.

Rotunda, R., T. O'Farrell, M. Murphy, and S. Babey. 2008. Behavioral Couples Therapy for Comorbid Substance Use Disorders and Combat-Related Posttraumatic Stress Disorder among Male Veterans: An Initial Evaluation. *Addictive Behaviors* 33:180–7.

Rynyon, M., and E. Deblinger. 2013. *Combined Parent-Child Cognitive Behavioral Therapy. An Approach to Empower Families At-Risk for Child Physical Abuse.*

New York: Oxford University Press.

Sandberg, J. G., L. N. Johnson, M. Robia, and R. B. Miller. 2002. Clinician Identified Barriers to Clinical Research. *Journal of Marital and Family Therapy* 28:61–67.

Schaeffer, C. M., C. C. Swenson, E. H. Tuerk, and S. W. Henggeler. 2013. Comprehensive Treatment of Co-Occurring Child Maltreatment and Parental Substance Abuse: Outcomes from a 24-month Pilot Study of the MST-Building Stronger Families program. *Child Abuse & Neglect* 37:596–607.

Sautter, F. J., S. M. Glynn, K. E. Thompson, L. Franklin, and X. Han. 2009. A Couple-Based Approach to the Reduction of PTSD Avoidance Symptoms: Preliminary Findings. *Journal of Marital and Family Therapy* 35 (3):343–9.

Sexton, T., and C. W. Turner. 2010. The Effectiveness of Functional Family Therapy for Youth with Behavioral Problems in a Community Practice Setting. *Journal of Family Psychology* 24 (3):339–48.

Shanley, J. R., and L. N. Niec. 2010. Coaching Parents to Change: The Impact of in Vivo Feedback on Parents' Acquisition of Skills. *Journal of Clinical Child and Adolescent Psychology* 39 (2):282–7.

Shelef, K., and G. M. Diamond. 2008. Short Form of the Revised Vanderbilt Therapeutic Alliance Scale: Development, Reliability, and Validity. *Psychotherapy Research* 18 (4):433–43.

Siqueland, L., M. Rynn, and G. S. Diamond. 2005. Cognitive Behavioral and Attachment Based Family Therapy for Anxious Adolescents: Phase I and II Studies. *Journal of Anxiety Disorders* 19 (4):361–81.

Skowron, E., and D. Reinemann. 2005. Effectiveness of Psychological Interventions for Child Maltreatment: A Meta-Analysis. *Psychotherapy: Theory, Research, Practice, Training* 42 (1):52–71.

Sprenkle, D. H. 2003. Effectiveness Research in Marriage and Family Therapy: Introduction. *Journal of Marital and Family Therapy* 29:85–96.

Sprenkle, D. H., S. D. Davis, and J. L. Lebow. 2009. Common Factors in Couple and Family Therapy: The Overlooked Foundation of Effective Practice. New York: Guilford Press.

Stark, K. D., K. N. Banneyer, L. A. Wang, and P. Arora. 2012. Child and Adolescent Deflession in the Family. *Couple and Family Psychology: Research and Practice* 1:161–89.

Swenson, C. C., C. M. Schaeffer, S. W. Henggeler, R. Faldowski, and A. M. Mayhew. 2010. Multisystemic Therapy for Child Abuse and Neglect: A Randomized Effectiveness Trial. *Journal of Family*

Psychology 24 (4):497–507.

Symonds, D., and A. O. Horvath. 2004. Optimizing the Alliance in Couple Therapy. *Family Process* 43 (4):443–55.

Tallman, K., and A. C. Bohart. 1999. The Client as Common Factor: Clients as Self Healers. In *The Heart and Soul of Change: What Works in Therapy*, M. A. Hubble, B. L. Duncan, and S. D. Miller, eds. Washington, DC: APA Press.

Tanner-Smith, E. E., S. Jo Wilson, and M. W. Lipsey. 2013. The Comparative Effectiveness of Outpatient Treatment for Adolescent Substance Abuse: A Meta-Analysis. *Journal of Substance Abuse Treatment* 44:145–58.

Thomas, R., and M. J. Zimmer-Gembeck. 2011. Accumulating Evidence for Parent-Child Interaction Therapy in the Prevention of Child Maltreatment. *Child Development* 82:177–92.

Timmer, S., A. Urquiza, N. Zebell, and J. McGarth. 2005. Parent Child Interaction Therapy. Application to Physically Abusive Parent-Child Dyads. *Child Abuse and Neglect* 29:825–42.

Timmons-Mitchell, J., M. B. Bender, M. A. Kishna, and C. C. Mitchell. 2006. An Independent Effectiveness Trial of Multisystemic Therapy with Juvenile Justice Youth. *Journal of Clinical Child and Adolescent Psychology* 35:227–36.

Waite, L. J., and Y. Luo. 2002. *Marital Quality and Marital Stability: Consequences for Psychological Well-Being.* Paper presented at the meetings of the American Sociological Association, Chicago, IL, August.

Waldron, H. B., and C. W. Turner. 2008. Evidence-Based Psychosocial Treatments for Adolescent Substance Abuse. *Journal of Clinical Child and Adolescent Psychology* 37 (1):238–61.

Waldron, H. B., C. W. Turner, C. Barton, J. F. Alexander, and V. B. Cline. 1997. Therapist Defensiveness and Marital Therapy Process and Outcome. *American Journal of Family Therapy* 25 (3):233–43.

Watson, H. J., and C. S. Rees. 2008. Meta-Analysis of Randomized, Controlled Treatment Trials for Pediatric Obsessive-Compulsive Disorder. *Journal of Child Psychology and Psychiatry* 49:489–98.

Westen, D., C. M. Novotny, and H. Thompson-Brenner. 2004. The Empirical Status of Empirically Supported Psychotherapies: Assumptions, Findings, and Reporting in Controlled Clinical Trials. *Psychological Bulletin* 130 (4):631–63.

Whisman, M. A. 2001. The Association between Depression and Marital Dissatisfaction. In *Marital and Family Processes in Depression*, S. R. H. Beach, ed. Washington, DC: American Psychological Association.

Whisman, M. A., D. P. Johnson, D. Be, and A. Li. 2012. Couple-Based Interventions for Depression. *Couple and Family Psychology: Research and Practice* 1:185–98.

Whisman, M. A., L. A. Uebelacker, and L. M. Weinstock. 2004. Psychopathology and Marital Satisfaction: The Importance of Evaluating Both Partners. *Journal of Consulting and Clinical Psychology* 72:830–8.

Williams, R., and S. Chang. 2000. A Comprehensive and Comparative Review of Adolescent Substance Abuse Treatment Outcome. *Clinical Psychology: Science and Practice* 7:138–66.

Williams, L. M., J. E. Patterson, and R. B. Miller. 2006. Panning for Gold: A Clinician's Guide to Using Research. *Journal of Marital and Family Therapy* 32 (2):17–32.

Woolfenden, S., K. Williams, and J. Peat. 2002. Family and Parenting Interventions for Conduct Disorder and Delinquency a Meta-Analysis of Randomized Controlled Trials. *Archives of Diseases in Childhood* 86 (4):251–6.

찾아보기

지은이

마이클 P. 니콜스 Ph.D.

미국 윌리엄메리대학 교수로 재직 중이다. 가족치료 활동을 하며 가족치료에 대해 교육하고 있다. 위스콘신대학교에서 학사학위를, 로체스터대학교에서 박사학위를 받았다. 그는 수많은 논문을 발표하였고, 저서로는 듣는 것만으로 마음을 얻는다(*The Lost Art of Listening*), *Inside Family Therapy*, *Stop Arguing with Your Kids*가 있다. 또한 미누친, 와이-융 리와 함께 *Assessing Families and Couples: From Symptom to System*을 공동 저술하였다.

션 D. 데이비스

미국 알리안트국제대학교 교수로 재직 중이다.

옮긴이

김영애 Ph.D.

한국사티어변형체계치료학회의 회장을 맡고 있으며, 김영애가족치료연구소에서 전문가 훈련 및 상담을 하고 있다. 미국 클레어몬트신학대학원 석·박사 학위를 받았으며, 현재 미국부부가족치료학회 슈퍼바이저 및 국내학회들의 슈퍼바이저로 활동하고 있다.

 저서로는 사티어모델: 이론과 실제, 사티어모델: 핵심개념과 실제적용, 아름다운 사람 만들기, 사티어 빙산의사소통, 성격심리학 등이 있고, 역서로는 Nichols의 가족치료 이론과 실제, 가족치료 현장으로의 초대, 부부가족치료기법, 사티어모델: 가족치료의 지평을 넘어서, 버지니아 사티어 명상록, 방어기제를 다루는 상담기법 등이 있다.